Eugen Kreidler

Die Eisenbahnen
im Zweiten Weltkrieg

Eugen Kreidler

Die Eisenbahnen im Zweiten Weltkrieg

Studien und Dokumente zur Geschichte des Zweiten Weltkrieges

herausgegeben vom
Arbeitskreis für Wehrforschung in Stuttgart

Nikol Verlagsgesellschaft mbH & Co. KG
Hamburg

Die Eisenbahnen im Zweiten Weltkrieg

Autorisierte Sonderausgabe für die Nikol Verlagsgesellschaft mbH & Co. KG
2001

Umschlaggestaltung: Callena Creativ GmbH, 19412 Jülchendorf
Die Abbildungen auf dem Einband/Schutzumschlag
sind dem Buch entnommen.
Druck: GGP Media, Pößneck
Printed in Germany

ISBN 3-933203-52-X

Inhalt

Zweiter Teil: Der Einsatz der Eisenbahnen im Kriege

Einleitung

Seit Beendigung der Kriegshandlungen sind 30 Jahre vergangen, ohne daß eine Gesamtdarstellung des Einsatzes der Eisenbahnen im Machtbereich der Achsenmächte für die Wehrmacht und Kriegswirtschaft veröffentlicht worden ist. Dies ist verwunderlich, wenn man bedenkt, welch entscheidende Bedeutung das Verkehrswesen, insbesondere die Eisenbahnen, im Zweiten Weltkrieg gehabt haben. Bisher liegen nur wenige Veröffentlichungen ehemaliger Reichsbahnangehöriger und anderer über einige spezielle Themen vor.

Die Hauptverwaltung der Deutschen Bundesbahn hat Anfang der fünfziger Jahre den Reichsbahndirektionspräsidenten a. D. Geheimrat Dr. Sarter, der bereits eine Darstellung der deutschen Eisenbahnen im Ersten Weltkrieg veröffentlicht hatte, mit der Bearbeitung eines Buches über die Geschichte der Deutschen Reichsbahn im Zweiten Weltkrieg beauftragt. Unter seiner Führung wurde von einer Arbeitsgruppe dafür einschlägiges Material gesammelt und erste Unterlagen für die Herausgabe eines Buches erarbeitet. Nach dem Tode von Dr. Sarter im Jahre 1957 kamen die Arbeiten zum Stillstand. Das Ergebnis der Materialsammlung konnte nur verhältnismäßig bescheiden sein, da bei den Rückzügen und im allgemeinen Zusammenbruch zu viele Akten von Bedeutung verloren gegangen und so gut wie alle Verschlußsachen vernichtet worden waren. Bei der großen Rohstoffnot nach dem Kriege sind dann noch manche Akten den Altstoffsammlungen zum Opfer gefallen. Viele Unterlagen wurden nur deswegen vernichtet, weil sie einen Dienststempel mit dem Hakenkreuz des Dritten Reiches trugen. Besonders zu bedauern ist, daß keinerlei zusammenhängende Sammlungen von Betriebs- und Verkehrslagemeldungen mehr vorhanden sind.

Ein kleiner Teil der Akten des Reichsverkehrsministeriums, des Verwaltungsrates der Deutschen Reichsbahn-Gesellschaft und des Reichsbahnzentralamtes Berlin befindet sich im Zentralarchiv in Potsdam und ist derzeit nicht zugänglich.

Das gesammelte Material der Deutschen Bundesbahn wird jetzt bei der Bundesbahndirektion Nürnberg im Archiv des Verkehrsmuseums aufbewahrt. Es ist von unterschiedlicher Qualität und nach regionalen und fachlichen Gesichtspunkten in Mappen und Anlagen geordnet. Die Mappen enthalten Unterlagen der Reichsbahndirektionen, Eisenbahnbetriebsdirektionen, Reichsverkehrsdirektionen, Feldeisenbahnkommandos und der Generaldirektion der Ostbahn, der Generalverkehrsdirektion Osten, der Wehrmachtverkehrsdirektionen und späteren Hauptverkehrsdirektionen sowie auch der Reichsbahnzentralämter und Generalbetriebsleitungen, während die Anlagen Protokolle, Niederschriften, Denkschriften, Statistiken, Akten und anderes Material geordnet nach Sachgebieten enthalten. Die gesamte Sammlung bedarf noch der Archivierung.

Auch bei den militärischen Akten ist die Quellenlage für unser Thema mäßig. Bemerkenswert ist, daß der General der Eisenbahntruppen einen Teil seiner wertvollen Handakten vor der Vernichtung bewahrt hat. Hervorzuheben sind die einschlägigen Bestände des Bundesarchivs — Militärarchivs in Freiburg i. Br., ferner die Ausarbeitungen ehemaliger Transportoffiziere für die Historical Division der amerikanischen Armee, die allerdings nur bedingt verwertbar sind, da sie kurz nach Kriegsende ohne jegliche Unterlagen angefertigt worden sind. Von Bedeutung sind auch Akten des ehemaligen Reichsministers für Rüstung und Kriegsproduktion im Bundesarchiv in Koblenz. Viele wichtige Fakten über die Eisenbahnen sind im Kriegstagebuch des Oberkommandos der Wehrmacht und des Generalstabchefs Generaloberst Halder zu finden.

Auch bei der mühsamen Durchsicht der umfangreichen Nachkriegsliteratur wurden viele interessante Einzelhinweise über die Eisenbahnen und das Wehrmachttransportwesen gefunden. Für die Bearbeitung sind auch Zeitschriftenaufsätze aus den Jahren 1933 bis 1944 benutzt worden. Trotz ihres zeitbedingten Charakters enthalten sie wichtige Angaben, die anderwärts nicht zu finden sind.

Das umfangreiche Quellen- und Schrifttumverzeichnis und zahlreiche Hinweise in Fußnoten soll speziell interessierten Lesern die eingehendere Beschäftigung mit dem Thema erleichtern. Der Anhang enthält statistische Angaben über die Deutsche Reichsbahn und andere Verkehrsträger, aus denen die erbrachten Verkehrs- und Betriebsleistungen ersichtlich sind.

Bereits im Kriege hatte ich die Absicht, später ein Buch über die militärische Nutzung der Eisenbahnen zu schreiben. Leider ist der größte Teil der von mir eigens dafür gesammelten Unterlagen am Ende des Krieges verlorengegangen. Nachdem immer noch keine Veröffentlichung über die Geschichte der Eisenbahnen im Zweiten Weltkrieg vorliegt, habe ich mich dann entschlossen, das ursprüngliche Thema zu erweitern und eine Gesamtdarstellung zu wagen.

Mit dieser Darstellung soll die vorhandene Lücke in der Kriegsliteratur geschlossen werden, wobei eingeräumt wird, daß diese Arbeit nur ein erster Beitrag dazu sein kann. Ich fühle mich hierfür legitimiert, da ich mit kurzen Unterbrechungen von 1934 bis Kriegsende mit eisenbahnmilitärischen Angelegenheiten befaßt und von Anfang 1942 bis zur Kapitulation beim Chef des Transportwesens tätig war.

In die Darstellung wurden auch Geschehnisse der Vorkriegszeit einbezogen, soweit sie für die Entwicklung zum Kriege von Bedeutung waren. Umfang und Dauer des Zweiten Weltkrieges, die Vielzahl der Ereignisse, sowie die veränderte Kriegstechnik und ihre Auswirkungen auf den Verkehr machten die Behandlung des Themas nicht einfach. Der weitgespannte Rahmen und die Vielzahl der Fakten erforderten eine gewisse Generalisierung der Darstellung.

Auch die Gliederung des umfangreichen Stoffes war schwierig. Es erwies sich als zweckmäßig, ihn nach historischen und fachlichen Gesichtspunkten zu gliedern. Im historischen Teil wurde das Geschehen regional nach Kriegsschauplätzen behandelt. Nur so war eine einigermaßen zusammenhängende Darstellung der Geschehnisse auf den einzelnen Kriegsschauplätzen ohne Wiederholungen möglich. Zeitliche Überschneidungen ließen sich allerdings nicht ganz vermeiden. Mit der gewählten Gliederung war es möglich, im zweiten Teil spezielle Sachgebiete zusammenhängend zu behandeln, worauf es mir besonders ankam.

Die Einflußnahme der Nationalsozialistischen Deutschen Arbeiterpartei (NSDAP) auf die Reichsbahn und ihre Auswirkungen wurden nur am Rande behandelt, sie würden den Rahmen des Buches sprengen. Gelegentlich schien mir ein Blick auf andere Verkehrsträger und auf die Transportverhältnisse bei den Gegnern interessant und angebracht.

Die „Reichsbahn-Gesellschaft" wurde nur in besonderen Fällen zitiert, sonst wurde der Begriff „Reichsbahn" benutzt. „Rußland" und das Wort „russisch" ist stets im Sinne von „Sowjetunion" bzw. von „sowjetisch" zu verstehen.

Mit der vorliegenden Arbeit soll nicht zuletzt der vielen pflichtbewußten und tapferen Eisenbahner und Eisenbahnerinnen gedacht werden, die über ein halbes Jahrzehnt unter ungewöhnlich harten Bedingungen arbeiten mußten. Ungezählte von ihnen, niemand kennt ihre Zahl, haben bei ihrem Einsatz Leben oder Gesundheit eingebüßt.

Zum Gelingen dieses Buches haben viele Kollegen und andere Helfer durch Rat und Tat beigetragen. Ihnen sei hiermit der gebührende Dank ausgesprochen.

Erster Teil

DIE EISENBAHNEN IM KRIEGSGESCHEHEN

I Zwischen den beiden Weltkriegen

1. Die Nachkriegszeit bis 1932

Nach viereinhalb Jahren des Ersten Weltkrieges waren die deutschen Eisenbahnen in ihrem Leistungsvermögen stark geschwächt und materiell schwer heruntergewirtschaftet[1]. Ihre Lage wurde durch die in dem Waffenstillstandsabkommen vom 11. 11. 1918[2] festgelegten zusätzlichen Abgaben von 5 000 Lokomotiven, 150 000 Wagen und erheblichen Mengen sonstigen Materials noch mehr verschlechtert.

Auf Grund des Artikels 89 der Verfassung des Deutschen Reiches vom 11. August 1919[3] kam die Überleitung aller deutschen Staatsbahnen in Eigentum und Verwaltung des Reiches („Verreichlichung") zustande, ein Ziel, das bekanntlich Bismarck nicht erreichen konnte und das auch während des Ersten Weltkrieges vergeblich angestrebt wurde. Grundlage bildete ein Staatsvertrag[4] zwischen den Ländern und dem Deutschen Reich. Am 1. Mai 1920 ging der Betrieb der „Reichseisenbahnen" auf das Deutsche Reich über. Der Wiederaufbau, namentlich die Beseitigung der Kriegsschäden und die Erfüllung des Nachholbedarfs, wurde sehr erschwert durch die Inflation (1921—1923) und die französisch-belgische Besetzung des Rhein- und Ruhrgebietes im Jahre 1923[5].

Die Reichsverfassung von 1919 sah die Verwaltung der Deutschen Reichsbahn als selbständiges Wirtschaftsunternehmen vor (Autonomie). Erst nach der Währungsreform wurde durch eine Notverordnung von 12. Februar 1924[6] das selbständige Unternehmen „Deutsche Reichsbahn" gegründet, das den Bestimmungen der Reichsverfassung (Artikel 92) in finanzieller Hinsicht entsprach (Sondervermögen des Reiches).

Da die deutschen Eisenbahnen nach Artikel 240 des Versailler Vertrages für die Kriegsschulden hafteten, mußte auf Grund des Reichsgesetzes vom 30. August 1924 die Deutsche Reichsbahn in Höhe von 11 Milliarden Reichsmark an das Ausland ver-

[1] Eine eingehende Teildarstellung des deutschen Eisenbahnwesens der Kriegs- und ersten Nachkriegszeit findet sich in dem vom Reichsverkehrsministerium herausgegebenen Werk „Die Deutschen Eisenbahnen 1910—1920", Berlin 1923; vgl. auch Sarter (1) und Schneider, Albert. In dem vom Reichsarchiv herausgegebenen Werk „Der Weltkrieg 1914 bis 1918" ist über das Deutsche Feldeisenbahnwesen nur der erste Band: „Die Eisenbahnen zu Kriegsbeginn", Berlin 1928 erschienen.

[2] Rönnefarth, H., S. 36 f.

[3] RGBl. 1919 I, S. 1383.

[4] RGBl. 1920 I, S. 773.

[5] Dazu: Ruhrbesetzung und Reichsbahn. Herausgegeben von der Deutschen Reichsbahn Gesellschaft, Berlin 1925.

[6] RGBl. 1924 II, S. 57

pfändet werden, was eine jährliche Reparationszahlung von 660 Millionen Reichsmark bedeutete.

In der Organisation der Reichsbahn mußten dem Ausland gegenüber starke Zugeständnisse gemacht werden, wie die Bildung einer besonderen Gesellschaft mit ausländischem Kommissar, die Annahme eines internationalen Schiedsgerichtes und damit einer sehr eingeschränkten Aufsicht des Reiches. Dennoch wahrten die Organe der Gesellschaft (Generaldirektor Dorpmüller und Verwaltungsrat) den deutschen Charakter des Unternehmens[7].

In der Verfassung blieb in Artikel 96 die Verpflichtung aller Eisenbahnen bestehen, den Anforderungen des Reiches auf die Benutzung der Eisenbahnen zum Zwecke der Landesverteidigung Folge zu leisten. Der Paragraph 23 des Reichsbahngesetzes von 1924 hielt die technischen Vergünstigungen für militärische Transporte aufrecht, solange nicht durch neue Vereinbarungen zwischen Reichsregierung und Reichsbahngesellschaft Abänderungen erfolgten.

Schon bald nach dem Ersten Weltkrieg waren die Eisenbahnen genötigt, Schutzmaßnahmen für Ordnung und Sicherheit auf dem Bahngebiet zu treffen[8]. Am 22. November 1920 bat der Reichsverkehrsminister den Reichsinnenminister um umgehende kommissarische Beratung über Maßnahmen zum Schutz des Reichsbahnbetriebes, da dieser durch die verkleinerte Reichswehr und die Umgestaltung der Schutzpolizei nicht mehr gewährleistet war[9].

Wegen der Eigenart des Betriebes und der ausgedehnten Anlagen konnte und wollte die staatliche Ordnungspolizei diese Aufgaben nicht übernehmen. So entstanden unabhängig vom Fahndungsdienst schon 1919 die ersten Ansätze zu einem organisierten Selbstschutz bei den Reichsbahndirektionen. Nach dem Vorbild der Einwohnerwehren wurden auf freiwilliger Basis Bahn- und Verkehrswehren, meist aus ehemaligen Soldaten, gebildet. Ihr erster größerer Einsatz fand im März 1921 bei den Unruhen in Thüringen gegen Aufständische unter der Führung von Max Hölz statt. Nachdem am 5. April 1921 vom Reichsverkehrsministerium Richtlinien für den Bahnschutz und die Sicherstellung des Eisenbahnbetriebes bei inneren Unruhen und Streiks[10] in Kraft gesetzt waren, gingen die Reichsbahndirektionen außerhalb der besetzten Gebiete an die Bildung einer freiwilligen, nicht ständigen Bahnschutztruppe heran. Daneben versah die Bahnpolizei mit den Sonderdienstzweigen Fahndungsdienst und Streifendienst den Ordnungsdienst der Deutschen Reichsbahn. Hierbei hatte der Fahndungsdienst ähnliche Aufgaben wie die Kriminalpolizei und der Streifendienst solche der Schutzpolizei[11]. Der Bahnschutz konnte zur Verstärkung des Schutzdienstes bei der Abwehr ernster Gefahren herangezogen werden. Seine Angehörigen machten ihren regelmäßigen Eisenbahndienst und wurden nur im Bedarfsfalle zum Einsatz herangezogen. Bei der

[7] Sarter (3)—Kittel—Kalb, S. 7 ff.
[8] Hülsenkamp, S. 391.
[9] Heiges, S. 40.
[10] Heiges, S. 62.
[11] Vgl. Schweitzer, S. 39—42.

Niederwerfung der Aufstände in Sachsen und an der Ruhr kamen 1923 Bahnschutzkräfte zum Einsatz[12].

Nachdem in der zweiten Hälfte der zwanziger Jahre auch in Deutschland die Notwendigkeit eines zivilen Luftschutzes erkannt worden war, wurde 1927 mit dessen Organisation begonnen. Zu diesem Zeitpunkt leitete auch die Reichsbahn ihre ersten Luftschutzmaßnahmen ein[13]. Neben den allgemein gültigen Grundsätzen für den zivilen Luftschutz erforderten die Eigenarten der Anlagen und des Betriebes der Eisenbahnen besondere Maßnahmen, die erstmals 1932 bekanntgegeben wurden[14]. Die Aufgaben des Eisenbahnluftschutzes wurden in den kommenden Jahren erweitert. Nach den Richtlinien über Maßnahmen zum Schutz der Bahnanlagen gegen Angriffe aus der Luft (Eluri) von 1937 hatte der Eisenbahnluftschutz die Durchführung des Betriebes, die Sicherung der Transporte der Wehrmacht sowie der Reisenden und Güter, richtiges Verhalten der Bediensteten und ihren Schutz sowie schnellste Beseitigung entstandener Schäden zu gewährleisten[15].

Im Jahre 1930 endete die Besetzung der linksrheinischen Gebiete und des Saargebietes. In Baden, Bayern, Sachsen und Württemberg wurde 1930 die preußisch-hessische Ämterorganisation eingeführt, bei der in den Betriebsämtern die Fachgebiete Betrieb und Bau vereinigt waren. Diese Organisationsform hat sich im Krieg in vieler Hinsicht als zweckmäßig erwiesen.

Ab 1931 wurden die seit dem Ersten Weltkrieg gültigen schwarzen Militärfahrpläne durch grüne M-Fahrpläne ersetzt, bei deren Aufstellung die inzwischen eingetretenen Veränderungen an Bahnhöfen und Strecken und besonders die erhöhte Höchstgeschwindigkeit der Güterzüge auf V=45 km/h Berücksichtigung fanden. Im Jahre 1932 wurde vom Reichsverkehrsminister eine „Studie über Vorbereitungen zur Durchführung plötzlich notwendiger eisenbahnmilitärischer Höchstleistungen im Bedarfsfalle" (Stube) herausgegeben. Mittels dieser Studie hatten die Bahnbevollmächtigten die Strecken- und Ladeleistungen neu zu berechnen[16] und die Umstellung des Betriebes auf Höchstleistungen vorzubereiten.

Nach dem Ersten Weltkrieg blieb der Militärverkehr infolge der geringen Stärke der Reichswehr schwach. Während der kommunistischen Aufstände in Mitteldeutschland in den ersten Nachkriegsjahren wurden verschiedentlich Truppentransporte gefahren, deren schnelle Durchführung die Unterdrückung der Aufstände beschleunigt hat[17].

Wie bei den Eisenbahnen ergaben sich nach Ende des verlorenen Krieges auch bei der militärischen Organisation einschneidende Änderungen. An der Spitze des mili-

[12] Heiges, S. 87.

[13] Hampe (4). In diesem ausgezeichneten Werk, an dem der Luftschutzreferent des Reichsverkehrsministeriums, Ministerialrat Hülsenkamp, mitgearbeitet hat, wurde der Eisenbahnluftschutz erstmalig ausführlich behandelt.

[14] „Richtlinien für Maßnahmen zum Schutze von Bahnanlagen gegen Angriffe aus der Luft" (Eluri), gültig ab 1. April 1932.

[15] DV 1104 Richtlinien über Maßnahmen zum Schutz der Bahnanlagen gegen Angriffe aus der Luft (Eluri), gültig vom 1. 1. 1937, Berlin (geheim).

[16] Erlaß der Deutschen Reichsbahn-Gesellschaft 21 G/Bm Bef 12 vom 18. 7. 1932, Abschrift in Unterlagensammlung des Verfassers.

[17] Emrich, S. 4—6; Hülsenkamp, S. 394.

tärischen Transportwesens stand bis dahin der Chef des Feldeisenbahnwesens im Großen Hauptquartier, Generalleutnant Groener. Das Preußische Kriegsministerium vertrat für alle Bundesstaaten die Interessen der bewaffneten Macht an der militärischen Nutzung der Eisenbahnen. Bis 1918 standen dem Großen Generalstab als der zentralen Führung des deutschen Militärs auf Seiten des Verkehrs das Reichs-Eisenbahn-Amt und die einzelnen Ländereisenbahnen gegenüber. Die Rechte des Reichs-Eisenbahn-Amtes beschränkten sich auf die Erhebung von Leistungsunterlagen und die Übermittlung von militärischen Forderungen beim Neu- und Ausbau von Eisenbahnanlagen. Im Rahmen dieser Zuständigkeit konnte das Reichs-Eisenbahn-Amt unmittelbar mit den Bevollmächtigten für Militärangelegenheiten, den Bahnbevollmächtigten[18] der Eisenbahndirektionen verkehren. Bei der Planung und Anforderung von Transportleistungen, auch im Rahmen der Mobilmachungsvorbereitungen, waren weder das Reichs-Eisenbahn-Amt noch die Leitungen der Ländereisenbahnen eingeschaltet. Die Transportleistungen forderten die Linienkommandanturen unmittelbar bei den Bahnbevollmächtigten an. Geplant wurden die Truppentransporte in der 5. Abteilung des Großen Generalstabes ohne Beteiligung der Eisenbahnen, allein auf Grund festgelegter Streckenleistungen sowie Ein- und Ausladeleistungen der Bahnhöfe (EAV). Ein solches Verfahren war möglich, solange die festgelegten Leistungsfähigkeiten der Eisenbahnen für Militärtransporte weder durch Feindeinwirkungen noch durch Sabotagen nennenswert in Frage gestellt waren.

Nach Artikel 160 des Versailler Vertrages durfte ab 31. März 1920 die Gesamtstärke des Deutschen Heeres 100 000 Mann nicht überschreiten. Der Große Generalstab mußte aufgelöst werden.

Am 1. September 1919 traten die für den Krieg geltenden militärischen Bestimmungen der Militär-Eisenbahn-Ordnung mit wenigen Ausnahmen außer Kraft[19]. Der Kriegsbetrieb nach Paragraph 18 der MEO war zu Ende. Aus den Linienkommandanturen wurden wieder wie vor dem Kriege Linienkommissionen[20]. Damit hatten die Militäreisenbahnbehörden keinerlei Anordnungsbefugnisse mehr und waren auf den Weg der Leistungsanforderungen verwiesen.

Am 1. Oktober 1919 wurde das alte preußische Kriegsministerium aufgelöst und das Reichswehrministerium eingerichtet. Groener, der 1. Generalquartiermeister, nahm den Abschied aus dem Heeresdienst und ging in die Politik. Er war vom 25. 6. 1920 bis 13. 8. 1923 Reichsverkehrsminister. Unter dem Reichswehrminister wurde die Stellung eines Chefs der Heeresleitung als oberstem Befehlshaber aller Truppen geschaffen, dem wiederum eine Heeresleitung mit einer Reihe von Ämtern unterstellt wurde, deren wichtigstes das Heeres- und Truppenamt (getarnter Generalstab) war. Damit hatte auch die Eisenbahn-(5.)Abteilung ihr Ende gefunden. Die im Frieden anfallenden eisenbahnmilitärischen Aufgaben übernahm die 7. Abteilung des Truppenamtes (T 7).

18 MEO § 5, Randziffer 13.

19 Militär-Eisenbahn-Ordnung (MEO) von 1899; Zeitung des Vereins deutscher Eisenbahnverwaltungen, Jg. 1919, S. 697; Verkehrsministerialblatt für Bayern. Eisenbahndienstlicher Teil, Jg. 1919, S. 193 f.

20 Vgl. Rohde, S. 53.

Das Reichswehrministerium (Chef der Heeresleitung) sah nach dem Kriege in der Eisenbahn auch für die Zukunft das unentbehrliche Hilfsmittel der Kriegführung neuzeitlicher Heere. Dies kommt in seinen Grundsätzen für die militärische Ausnützung der Eisenbahn- und Schiffahrtswege[21] eindeutig zum Ausdruck. Von 1921 ab fanden unter Leitung der Heerestransportabteilung wieder alljährlich Eisenbahnübungsreisen statt[22], um die operativen Möglichkeiten zu untersuchen und ihre transporttechnische Durchführbarkeit zu erproben. Anfänglich litten diese Übungsreisen noch unter dem Mangel an genauen Unterlagen über die Leistungsfähigkeit der Strecken und Bahnhöfe. Diese wurden erst Anfang der dreißiger Jahre neu erarbeitet[23].

Im Jahre 1926 forderte die Interalliierte Kontrollkommission in der sogenannten Nollet-Note nachdrücklich die Auflösung der 7. Abteilung und ihrer Außenstellen. Daraufhin wurde die 7. Abteilung in die 1. Abteilung (Operationsabteilung) des Truppenamtes eingegliedert, was in Wirklichkeit eine getarnte Aufrechterhaltung der Transportabteilung war[24]. Diese Organisation bestand bis 1935. Die Linienkommissionen wurden am 31. 10. 1926 aufgehoben. An ihre Stelle traten Transportoffiziere[25].

Zu dieser Entwicklung bemerkt der damalige Reichswehrminister Geßler: „Nun war es für das Reichsheer wesentlich, daß die Transportoffiziere mit ihren speziellen Aufgaben im Ernstfalle vertraut gemacht und dafür geschult wurden. Die Lösung dieses Problems nach der notwendigen Umorganisation führte zu einer sehr langwierigen Auseinandersetzung mit dem Reichsverkehrsministerium, das die Transportoffiziere lediglich auf Aufgaben des 100 000-Mann-Heeres im Frieden beschränken wollte. Diese Auseinandersetzungen mit dem Reichsverkehrsministerium waren fast schwieriger als die mit der Kontrollkommission; sie wurden erst unter meinem Nachfolger Groener zum endgültigen positiven Abschluß gebracht“[26].

Rechtliche Grundlage für die Zusammenarbeit zwischen Eisenbahn und Militär nach dem Ersten Weltkrieg blieb weiterhin die Militär-Eisenbahn-Ordnung von 1899. Sie galt für alle dem allgemeinen Verkehr dienenden Eisenbahnen Deutschlands. 1931 erhielt sie auf Grund von Artikel 91 und 96 der Verfassung des Deutschen Reiches vom 11. 8. 1919 eine neue Fassung[27]. Diese Militär-Eisenbahn-Ordnung behandelt die Organisation im Frieden und legt die Zuständigkeiten des Reichswehr- und Reichsverkehrsministers sowie der Transportoffiziere und Bahnbevollmächtigten fest.

Mit der Gründung der Deutschen Reichsbahn (1920) stand dem Militär zum ersten Male eine einheitliche Eisenbahnverwaltung gegenüber. Die Aufgaben des Reichs-Eisenbahn-Amtes übernahm im wesentlichen das Reichsverkehrsministerium. Transport-

[21] HDv. 309 vom 23. Juni 1923. Herausgegeben vom Reichswehrministerium (Chef der Heeresleitung), Berlin, Unterlagensammlung des Verfassers.

[22] Vgl. Niederschrift über die Eisenbahnübungsreise 1924, S. 1, Unterlagensammlung des Verfassers.

[23] Niederschrift über die Eisenbahnübungsreise 1924, S. 3.

[24] Mittermaier in einer Zuschrift zum Aufsatz Krumpelt (1), S. 606.

[25] Gemeinsamer Erlaß des Reichswehrministers Dr. Geßler Nr. 340.10.26 I.T.A. u. des Reichsverkehrsministers Dr. Krohne Nr. E II 24, Nr. 3239 vom 20. 6. 1926, veröffentlicht in Heeresverordnungsblatt Nr. 24 vom 25. 10. 1926, S. 100, gedruckt in: Die Reichsbahn, Jg. 1926, S. 669 f.

[26] Geßler, S. 225. — Geßler war vom 27. 3. 1920 bis 14. 1. 1928 Reichswehrminister.

[27] RGBl. 1931 II, S. 565.

leistungen wurden im Frieden weiterhin unmittelbar von den Transportoffizieren bei den Bahnbevollmächtigten angefordert.

Die militärischen Interessen der Reichswehr an der Benützung der Eisenbahnen wurden von der Heerestransportabteilung im Truppenamt des Reichswehrministeriums (T 7) vertreten. Dazu verfügte sie über Transportoffiziere bei den oberen Kommandobehörden und über Transportverbindungsoffiziere bei den Eisenbahnverwaltungen. Sie waren der Heerestransportabteilung unmittelbar unterstellt. Transportplanungen für Manöver und Mobilmachung wurden in der „Heeres-Transport-Kommission für Eisenbahnen" (HTK) bearbeitet[28]. Ihr gehörten neben dem Leiter der Heerestransportabteilung als militärischem Mitglied (MM) der Referent 21 der Hauptverwaltung der Deutschen Reichsbahn-Gesellschaft als eisenbahntechnisches Mitglied (EM) an[29].

Im Winter 1929/30 berief der Chef der Organisationsabteilung im Truppenamt der Heeresleitung (T 2), der spätere Chef des Oberkommandos der Wehrmacht Keitel, einen Ausschuß von Referenten verschiedener Reichsministerien. Auf dem Wege über dieses Gremium schlug die Heeresleitung den zivilen Ressorts die Übernahme gewisser militärischer Aufgaben vor, um die Reichswehr von Aufgaben zu entlasten und sie in einem eventuellen Krieg für reine Kampfaufgaben frei zu machen. So sollten z. B. der Bahn- und der Postschutz vom Personal der Reichsbahn bzw. der Reichspost und der Grenzschutz vom Zolldienst übernommen werden. Da für die Landesverteidigung allein der Reichswehrminister verantwortlich war, bestand für die anderen Reichsministerien keine Verpflichtung, militärische Aufgaben zu übernehmen, zumal der Vertrag von Versailles alle Mobilmachungsvorarbeiten verbot. Der Reichskanzler und der Reichsinnenminister kannten dieses Ansinnen[30]. Durch die Übernahme des Bahnschutzes und von Sperraufgaben wurde die Reichsbahn in erheblichem Maße mit artfremden Aufgaben befaßt, für die sie nie ausreichend entschädigt worden ist.

Für das Jahr 1930 wurde erstmalig ein fester Mobilmachungsplan bearbeitet[31], der für den Ernstfall mit Hilfe von Freiwilligen und den vorhandenen schwachen ausgebildeten Reserven die Aufstellung eines Heeres von 21 Divisionen vorsah. Man glaubte dabei mit 150 000 Reservisten rechnen zu können[32].

2. Die Wiederaufrüstung und Ausdehnung des deutschen Machtbereiches

Nach der 1929 einsetzenden Weltwirtschaftskrise, die auch in Deutschland schlimme Auswirkungen hatte und dem Scheitern der Genfer Abrüstungskonferenz im Februar 1932 gewannen die Nationalsozialisten zunehmend an Boden. Reichspräsident v. Hindenburg ernannte am 30. Januar 1933 Hitler zum Reichskanzler. Mit dem Gesetz zur

[28] Vgl. Niederschrift über die Eisenbahnübungsreise 1926, S. 16; vgl. Rohde, S. 53.
[29] Siehe Organogramm, Seite 326.
[30] Vgl. Meinck (1), S. 411.
[31] IMT Bd. XX, S. 656. Aussage von v. Manstein; vgl. Brüning, S. 247.
[32] Görlitz (1), S. 377.

Behebung der Not von Volk und Reich (Ermächtigungsgesetz) vom 24. 3. 1933[1] erhielt Hitler die uneingeschränkte gesetzgebende und ausführende Gewalt. Die demokratische Republik von Weimar war zu Ende und der Ausbau des nationalsozialistischen Staates begann.

In den ersten fünf Jahren nach dem Machtwechsel beschäftigte sich die nationalsozialistische Regierung vorwiegend mit dem inneren Ausbau des Staates. Mit dem Gesetz über den Neubau des Reiches vom 30. Juni 1934[2] hob die Reichsregierung die Volksvertretungen der Länder auf und übertrug die Hoheitsrechte der Länder auf das Reich. Gleichzeitig wurden die Landesregierungen der Reichsregierung und die Statthalter, die durch das zweite Gleichschaltungsgesetz vom 7. April 1933[3] als besondere staatsrechtliche Organe des Reiches in den Ländern eingesetzt waren, der Dienstaufsicht des Reichsinnenministers unterstellt.

Schon bald nach der Machtübernahme beschloß die neugebildete Reichsregierung am 4. 4. 1933 die Bildung eines Reichsverteidigungsrates[4]. Seine Aufgabe war, die militärischen, politischen, wirtschaftlichen und propagandistischen Maßnahmen zu planen und in Übereinstimmung zu bringen, die für den Aufbau einer neuen Wehrmacht und zur vollen Ausschöpfung der Wehrkraft des Reiches im Falle eines Krieges notwendig zu verbinden waren. Der Reichsverkehrsminister war nicht Mitglied des Reichsverteidigungsrates und sollte nur bei Bedarf zugezogen werden. Neben dem Reichsverteidigungsrat wurde ein Reichsverteidigungsausschuß gebildet, der die Durchführung der Beschlüsse des Reichsverteidigungsrates sicherzustellen hatte. Den Vorsitz in diesem Ausschuß führte der Chef des Oberkommandos der Wehrmacht. Zu diesem Gremium gehörten Fachberater aller in Betracht kommenden obersten Reichsbehörden. Die Reichsbahn wurde durch Reichsbahndirektor Dr.-Ing. Ebeling, den späteren Leiter der Gruppe Landesverteidigung im Reichsverkehrsministerium (Mineis L) vertreten. Durch den Reichsverteidigungsausschuß wurden alle staatlichen Organisationen in den Fragen zur Vorbereitung eines Kriegsfalles einheitlich ausgerichtet[5].

Im Frühjahr 1935 begann die organisatorische Umbildung des Truppenamtes in den Generalstab des Heeres. Die Transportgruppe $T\,1_{IV}$ wurde als 5. Abteilung wieder Transportabteilung. Sie bereitete alljährlich die Mobilmachungs- und Aufmarschtransporte vor und war auf dem Gebiete des Transportwesens auf der Eisenbahn und Binnenschiffahrt federführend für die ganze Wehrmacht[6]. Aus der Quartiermeistergruppe $T\,1_{V}$ entstand die 6. Abteilung (Nachschubabteilung). In der Kriegsgliederung des Wehrmachttransportwesens waren analog der Friedensorganisation Transportkommis-

[1] RGBl. 1933 I, S. 141.
[2] RGBl. 1934 I, S. 75.
[3] RGBl. 1933 I, S. 173.
[4] Müller-Hillebrand Bd. I, S. 21. — Dieser Beschluß wurde nicht veröffentlicht.
[5] Meinck (2), S. 86.
[6] Erfurth (3), S. 184 u. 187; die ab 1. 10. 1937 gültige Organisation des Transportwesens der Wehrmacht im Frieden ist in den Anlagen 1 bis 6 im Erlaß des Reichskriegsministers (Oberbefehlshaber der Wehrmacht) Az. 43a, 5. Abt. (IVf.), Gen. St. d. H./Nr. 3500/37 vom 20. 9. 1937 festgelegt, BA—MA Freiburg i. Br., H 12/221.

sionen und zwar die Kriegstransportleitung (KTL), Feldtransportkommissionen (FTK) und Transportkommissionen (Trakos) vorgesehen[7].

Für den Verteidigungsfall war die gesamte Überführung des Staatswesens aus dem Friedens- in den Kriegszustand festzulegen. Dieses Problem wurde im Reichsverteidigungsgesetz vom 21. Mai 1935[8] geregelt, das nicht veröffentlicht wurde. Nach diesem Gesetz konnte Hitler allein nicht nur den Verteidigungszustand für das ganze Reich oder Teile davon und die Mobilmachung anordnen, sondern auch den Krieg erklären[9].

Im Zuge der Wiederaufrüstung stellte sich die Frage, ob die Leistungsfähigkeit und Beweglichkeit der Reichsbahn den strategischen Forderungen genügte. Dazu verfaßte die 5. Abteilung des Generalstabes 1936 eine Denkschrift über die Notwendigkeit des strategischen Ausbaus der deutschen Eisenbahnen, in der den Eisenbahnen für die Kriegführung ein hoher Rang eingeräumt wurde und auch entsprechend umfangreiche Forderungen auf materielle Verbesserung gestellt wurden. Es handelte sich um ein Programm in Höhe von rd. 500—600 Millionen Reichsmark, das auf mehrere Jahre verteilt werden sollte. Dies ist um so bemerkenswerter, als in jener Zeit führende Männer wie Todt glaubten, die Eisenbahn durch den Kraftwagen ersetzen zu können. In der Denkschrift kommt u. a. zum Ausdruck: „Trotz der zunehmenden Mobilisierung wird die Eisenbahn auf absehbare Zeit ihre Rolle als das leistungsfähigste und das schnellste Massentransportmittel behalten. Sie bleibt das Rückgrat der strategischen Beweglichkeit des Heeres. Durch die Entwicklung können allerdings erhebliche Störungen und Verzögerungen eintreten. Diese Erschwernisse durch die Luftwaffe können aber auf ein erträgliches Maß herabgemindert werden, je mehr leistungsfähige Transportstraßen und Umleitungsmöglichkeiten für operative Truppenbewegungen zur Verfügung stehen. Die Luftgefahr bedingt also vermehrte Vorbereitungen"[10].

Am 16. März 1935 wurde die allgemeine Wehrpflicht eingeführt[11]. Die künftige Friedensstärke des Heeres wurde auf 36 Infanteriedivisionen festgesetzt. Daneben waren drei Panzerdivisionen in Aufstellung[12]. Von diesem Zeitpunkt an kamen wieder mehr Transportleistungen für die Wehrmacht (Rekrutentransporte, Manövertransporte, Material- und Rüstungstransporte) auf.

Ein Jahr später erklärte Hitler am Samstag, dem 7. März 1936 vor dem Reichstag, daß Deutschland die Bestimmungen des Versailler Vertrages über die Entmilitarisierung des westlichen Reichsgebietes nicht mehr anerkenne, da der Abschluß des französisch-sowjetischen Beistandspaktes vom 2. 5. 1935[13] das europäische Gleichgewicht verändert habe und daß im gleichen Augenblick deutsche Truppen das Rheinland wieder besetzten. Zweck dieses Unternehmens war die volle Wiederherstellung der Souveränität in der entmilitarisierten Zone. Dazu hatte die Reichsbahn kurzfristig einen

[7] Siehe Organogramm, Seite 326.
[8] IMT Bd. XXX, Dok. 2261 (Text), S. 60—62.
[9] Müller-Hillebrand Bd. I, S. 27.
[10] Denkschrift über die Notwendigkeit des strategischen Ausbaues der deutschen Eisenbahnen, zu Nr. 141/41 gKdos. Ch. d. Trspw. Pl. Abt., BA—MA Freiburg i. Br., H 12/186.
[11] RGBl. 1935 I, S. 375.
[12] Vgl. Müller-Hillebrand Bd. III, S. 202.
[13] Rönnefarth, H. S., S. 130—132.

Transportauftrag besonderer Art zu erledigen. Ungewöhnlich war nicht der Umfang sondern die Art der Bearbeitung, Transportanordnung und Geheimhaltung. Die militärischen Befehle für die Wiederbesetzung des Rheinlandes am 7. März 1936 wurden am 2. März 1936 durch den Kriegsminister und obersten Befehlshaber der Wehrmacht, von Blomberg, ausgegeben und waren an die Oberbefehlshaber des Heeres und der Marine sowie an den Luftfahrtminister und Oberbefehlshaber der Luftwaffe gerichtet[14]. Daraufhin wurden am 4. März die Bahnbevollmächtigten der beteiligten Reichsbahndirektionen in Berlin mit der strikten Weisung auf Geheimhaltung unterrichtet und an Ort und Stelle mit der sofortigen Bearbeitung der Transporte beauftragt. In der Nacht vom 6. zum 7. März gingen dann die Fahrplananordnungen etwa 16—20 Stunden vor der Durchführung telegraphisch zu den Dienststellen hinaus. Die Zahl der Züge war gering. Durch den Bezirk der Reichsbahndirektion Essen, bei der ich damals tätig war, fuhren höchstens acht Züge. Hoßbach[15] gibt fälschlich eine Gesamtzahl von 90 Zügen an, die in späteren Veröffentlichungen u. a. von Braubach[16] und Meinck[17] wiederkehrt. Nach Jodls Aussage in Nürnberg überschritten nur drei Bataillone den Rhein in Richtung Aachen, Trier und Saarbrücken, und für die Besetzung des gesamten Rheinlandes wurde nur eine einzige Division eingesetzt. Die Schätzungen des alliierten Geheimdienstes lagen wesentlich höher: 35 000, also etwa drei Divisionen[18]. Rohde bringt die reibungslose Durchführung der Rheinlandbesetzung in Zusammenhang mit der „angemessenen technischen Ausstattung der Reichsbahn"[19], obwohl von besonderen Anforderungen bei den wenigen Zügen überhaupt keine Rede sein kann. Die Züge liefen am Sonntag, dem 8. März, in den Morgenstunden minutiös auf den Ausladebahnhöfen ein. Eine vorsorgliche Fahrplanbearbeitung für den Rücktransport der einmarschierten Truppenteile im Falle einer Intervention Frankreichs hat nicht stattgefunden.

Am 24. Juni 1937 gab der Reichskriegsminister eine Weisung für die einheitliche Kriegsvorbereitung der Wehrmacht heraus. Sie begann mit dem Satz: „Die allgemeine politische Lage berechtigt zu der Vermutung, daß Deutschland mit keinem Angriff von irgend einer Seite zu rechnen hat" und fährt fort: „Ebensowenig besteht von Seiten Deutschlands die Absicht, einen europäischen Krieg zu entfesseln"[20]. Ende 1937 war der Aufbau der deutschen Wehrmacht so weit fortgeschritten, daß Hitler auch territoriale Expansionen ins Auge faßte.

Mit der Übernahme des Oberbefehls über die Wehrmacht durch Hitler im Februar 1938 war die Exekutivgewalt des Staates in seiner Hand vereinigt[21]. Auch das neue Reichsverteidigungsgesetz vom 4. 9. 1938[22] gab Hitler als Inhaber der gesamten Staatsgewalt das Recht, für das Reichsgebiet oder Teile davon den Verteidigungszustand zu

[14] IMT Bd. II, Dok. C—159 u. C—194, S. 381.
[15] Hoßbach (1), S. 84.
[16] Braubach, S. 19.
[17] Meinck (2), S. 151 f.
[18] IMT Bd. XV, S. 387.
[19] Rohde, S. 39.
[20] Weisung für die einheitliche Kriegsvorbereitung der Wehrmacht, gültig vom 1. 7. 1937 bis voraussichtlich 30. 9. 1938, in: IMT Bd. XXXIV, Dok. 175—C, S. 734 ff.
[21] Busch, S. 615.
[22] IMT Bd. XXIX, Dok. 2194 PS (Text), S. 319—326.

erklären, die Mobilmachung zu befehlen und den Krieg zu erklären. Mit Erklärung des Verteidigungszustandes war der Reichsverkehrsminister für die unmittelbaren Belange der Wehrmacht an die Forderungen des Oberbefehlshabers der Wehrmacht gebunden[23]. Am 30. 8. 1939 wurde ein Ministerrat für Reichsverteidigung gebildet[24]. Der Reichsverkehrsminister gehörte diesem Gremium als ständiges Mitglied nicht an.

Nach Erlaß des zweiten Reichsverteidigungsgesetzes wurde die Organisation des Wehrmachttransportwesens geändert. Das Oberkommando der Wehrmacht hob alle Transportkommissionen auf und machte die Transportoffiziere zu Transportkommandanten[25]. Die Transportoffiziere hatten bereits am 1. 10. 1937 die Bezeichnung Transportkommandanten erhalten, ohne daß sich deren Aufgabenbereich nennenswert änderte[26].

Am Sonntag, dem 13. 3. 1938 sollte in Österreich eine von Bundeskanzler Schuschnigg angesetzte Volksabstimmung stattfinden. Hitler wollte keine Abstimmung. Er ordnete am Abend des 10. März die Mobilmachung der 8. Armee an, und befahl am 11. 3. den Einmarsch für den 12. März. Einen vorbereiteten Plan dafür gab es nicht. Der Aufmarsch und Einmarsch auf der Bahn und der Straße konnte nur noch improvisiert werden.

Nach der Aufmarschanweisung des Oberbefehlshabers des Heeres sollten die 17. und 27. Inf. Div. sowie die Kettenteile der 2. Pz. Div. mit der Bahn befördert werden. Am Morgen des 11. 3. lief die erste Welle der Transporte an, die in den Räumen um Berchtesgaden, Freilassing, Simbach und Passau ausgeladen wurde. Die zweite Welle der 17. und 27. Inf. Div. begann am 12. 3. Wegen der aufgetretenen Betriebsschwierigkeiten in Österreich mußte die 17. Inf. Div. bereits in Salzburg und westlich davon ausgeladen werden. Der erste Zug der 27. Inf. Div. traf am 13. 3. um 16.30 Uhr in Wien ein, der letzte am Abend des 15. 3[27].

Der Ablauf des Unternehmens ließ schwere Mängel bei der Mobilmachung erkennen[28]. Bei den Truppentransporten auf der Straße und der Eisenbahn traten in Österreich erhebliche Verkehrsstockungen auf, was bei der kurzfristigen Improvisation im Nachbarland nicht verwunderlich war.

Durch den Anschluß Österreichs war die Tschechoslowakei politisch und strategisch in eine bedrohliche Zwangslage geraten. Am 20. 5. 1938 gab Hitler den Auftrag zur

[23] Reichsverteidigungsgesetz vom 4. 9. 1938, § 5 und § 14 (3).

[24] Reichsverteidigungsgesetz vom 4. 9. 1938, § 10.

[25] Siehe Organogramm, Seite 326. — Vgl. Reichsverteidigungsgesetz vom 4. 9. 1938, § 14 (3). — Praktisch und sichtbar wirkte sich die Organisationsänderung nur bei den Transportübungsaufgaben (Trüa) aus. Bis 1938 wurden die Befehle für die Trüa von der Transportkommission Eisenbahn (TKE) ausgegeben. Sie enthielten sowohl Anweisungen für die TO als auch für die Bbv und wurden daher sowohl von dem militärischen als auch von dem eisenbahntechnischen Mitglied der TKE unterschrieben. Nach 1938 wurden die Befehle für die Trüa von dem OKH, 5. Abt., ausgegeben und enthielten nur Anweisungen für den Transportkommandanten, waren auch nur vom Leiter der 5. Abteilung des Generalstabes unterzeichnet. Abdrucke dieser militärischen Anweisungen erhielten die Bbv mit besonderen Ausführungsbestimmungen des RVM, die vom Leiter der Gruppe RVM (L) unterzeichnet waren. Die Ausführungsbestimmungen beschränkten sich ausschließlich auf eisenbahntechnische Bestimmungen.

[26] Rohde, S. 51.

[27] Friedrich, S. 25; nach Guderian (1), S. 48, traf die Inf. Div. erst am 14. 3. in Wien ein.

[28] IMT Bd. XX, S. 660 (Aussage von v. Manstein).

Überarbeitung der „Weisung Grün"[29] mit Termin 2. 10. und am 12. 7. befahl er große Sommer- und Herbstmanöver an der Grenze zur Tschechoslowakei vorzubereiten[30]. Zur Sicherstellung des Aufmarsches gegen die Tschechoslowakei wurde im Juni ein Sofortprogramm für den beschleunigten Ausbau des Eisenbahnnetzes in Schlesien, Bayern und Österreich aufgestellt[31]. Die Bauten sollten im wesentlichen bis 25. 9. 1938 fertiggestellt sein, was auch tatsächlich der Fall war. Am 9. 9. fand eine Besprechung zwischen Hitler, Halder und anderen Generalen über den „Fall Grün" statt[32]. Eine Mobilmachung durfte nicht stattfinden, die Bereitstellung der Einmarschtruppen mußte getarnt bei Herbstmanövern in Schlesien, Sachsen und Bayern und beim Reichsparteitag in Nürnberg durchgeführt werden. Eine Erörterung beim Chef des Oberkommandos der Wehrmacht am 15. 8. 1938 über eine Terminverkürzung kam zu dem Ergebnis, daß sie nicht möglich sei[33]. Am 16. 9. erging der Befehl an die Reichsbahn, Leermaterial so bereitzustellen, daß der Aufmarsch ab 28. 9. gefahren werden konnte[34]. Zur Sicherstellung des Leermaterials wurde die Wagenstellung für den Westwall bereits ab 17. 9. eingeschränkt.

Die politische Auseinandersetzung mit der Tschechoslowakei trieb immer mehr ihrem Höhepunkt zu. In der Tschechoslowakei wurde am 23. 9. die gesamte Mobilmachung befohlen. Am Tag darauf kam der Eisenbahnverkehr über die Grenze zum Erliegen[35]. Durch das Münchner Abkommen[36] vom 29. 9. wurde die akute Kriegsgefahr noch einmal gebannt. Dann begann am 1. 10. die Besetzung der Sudetendeutschen Gebiete, die am 10. 10. beendet war. Für den Aufmarsch waren größere Truppenbewegungen auf der Eisenbahn durchzuführen.

Kaum war die Eingliederung der Sudetendeutschen Gebiete durchgeführt, da gab Hitler trotz des Garantieversprechens im Münchner Abkommen am 21. 10. eine Weisung zur Vorbereitung der Besetzung der ganzen Tschechoslowakei heraus[37]. Im Wiener Schiedsspruch[38] vom 2. 11. wurden Ungarn einige Gebietsteile zugesprochen. Durch weiteren politischen Druck Hitlers wurden am 14. 3. 1939 die Slowakei und die Karpatho-Ukraine selbständige Staaten. In dem Protektoratsvertrag mit der Slowakei vom 18. bzw. 23. 3. 1939[39] erhielt Deutschland das Recht dort Truppen zu stationieren. Ferner wurden engste wirtschaftliche und finanzielle Zusammenarbeit und der Ausbau des Verkehrs- und Transportwesens in der Slowakei vereinbart.

[29] Auswärtiges Amt — Akten zur Deutschen Auswärtigen Politik 1918—1945, Serie D, Bd. II, Nr. 175, gedruckt in Freund Bd. I, S. 27 f.

[30] Freund Bd. I, S. 68 (Erläuterungen zu 3).

[31] OKH 5. Abt. Gen. St. d. H. Nr. 1758/38 gK. vom 22. 6. 1938. BA—MA Freiburg i. Br., H 12/186.

[32] Auswärtiges Amt — Akten zur Deutschen Auswärtigen Politik 1918—1945, Bd. II, Nr. 448, gedruckt in Freund Bd. I, S. 111—115.

[33] IMT Bd. XXVIII, Dok. 1780 PS, S. 370 f., Jodl Tagebuch, 15. 9. 1938.

[34] IMT Bd. XXVIII, Dok. 1780—PS, S. 381, Jodl-Tagebuch, 16. 9. 1938.

[35] Holtz (1), S. 2047 f. — Der öffentliche Eisenbahnverkehr ruhte vom 24. 9. bis 30. 10.

[36] RGBl. 1938 II, S. 853; Rönnefarth, H., S. 154—157.

[37] IMT Bd. XXXIV, Dok. 136—C, S. 477—480.

[38] Auswärtiges Amt — Akten zur Deutschen Auswärtigen Politik 1918—1945, Bd. IV, Nr. 99, gedruckt in Freund Bd. I, S. 299—301.

[39] RGBl. 1939 I, S. 607.

Am 15. 3. 1939 marschierten deutsche Truppen überraschend in Prag ein. Am 16. 3. proklamierte Hitler auf der Burg in Prag das Protektorat Böhmen und Mähren[40]. Nach Artikel 8 des Erlasses vom 16. 3. 1939 über die Schaffung des Protektorates Böhmen und Mähren führte das Reich die unmittelbare Aufsicht über das Verkehrswesen sowie über das Post- und Fernmeldewesen. Gemäß Artikel 9 gehörte das Protektorat zum Zollgebiet des Reiches und unterstand seiner Zollhoheit. Die Selbständigkeit der Karpatho-Ukraine war nur von kurzer Dauer. Am 23. 3. wurde sie von Ungarn besetzt. Hierdurch entstand eine unmittelbare Grenze zwischen Ungarn und Polen. Zehn Tage später gab Hitler den Auftrag, den Polenfeldzug „Fall Weiß" auf den 1. 9. 1939 vorzubereiten.

Nach Abschluß des Vertrages mit Litauen über die Abtretung des Memellandes an das Reich vom 22. 3. 1939[41] fand am 23. 3. der Einmarsch ins Memelland statt. Bei dem geringen Ausmaß dieser Aktion fielen für die Eisenbahn keine Transportaufgaben an.

Zwischen Rumänien und dem Deutschen Reich wurde am 23. 3. 1939 ein langfristiger Wirtschaftsvertrag abgeschlossen, in dem auch der Ausbau des Verkehrs- und Transportwesens, des Straßennetzes und der Wasserwege vereinbart wurde[42].

In einem Memorandum der Reichsregierung an die polnische Regierung vom 27. 4. 1939 war u. a. die Rückkehr Danzigs zum Reich und eine exterritoriale Eisenbahn- und Autoverbindung zwischen dem Reich und Ostpreußen gefordert worden[43].

Mit der Sowjetunion wurde am 23. 8. 1939 ein Nichtangriffs- und Konsultativpakt und ein Wirtschaftsabkommen abgeschlossen[44]. Ostpolen, Estland, Finnland sowie Südosteuropa fielen der russischen, Westpolen, Litauen der deutschen Interessensphäre zu. In einer Rahmenvereinbarung wurde der Transitverkehr mit Rumänien geregelt.

3. Auswirkungen der Wiederaufrüstung bei der Reichsbahn

Das verkehrspolitische Ziel der nationalsozialistischen Reichsregierung bestand nicht darin, die Eisenbahnen zu fördern, sondern Deutschland dem Kraftverkehr zu erschließen. Motorisierung und der Bau moderner Autostraßen hatten den Vorrang und wurden mit allen Mitteln gefördert. Die Reichsbahn hatte dazu nicht nur Kapital, sondern auch Teile ihrer Verwaltungsorganisation und Personal zur Verfügung zu stellen.

Die zunehmende Heranziehung der Eisenbahn für die Landesverteidigung und Wiederaufrüstung führte zunächst zu bedeutsamen organisatorischen Neuerungen. Den Bahnbevollmächtigten wurden im Jahre 1934 Luft- und Bahnschutzdezernenten beigestellt. Die für den Bahnbevollmächtigten besonders eingerichteten Büros genossen eine gewisse Sonderstellung, sie haben im Laufe der Zeit einen beachtlichen Umfang

[40] RGBl. 1939 I, S. 485.
[41] RGBl. 1939 II, S. 608.
[42] RGBl. 1939 II, S. 780 ff.
[43] Auswärtiges Amt — Akten zur Deutschen Auswärtigen Politik 1918—1945, Serie D, Bd. VI, S. 288 ff., gedruckt in Freund Bd. II, S. 236.
[44] Rönnefarth, H., S. 173—176.

angenommen. Eine ähnliche Ausweitung erfuhren die Transportdienststellen der Wehrmacht. In der Hauptverwaltung der Reichsbahn wurde 1936 eine Gruppe Landesverteidigung (Gruppe L) eingerichtet, die dem Generaldirektor unmittelbar unterstellt war. Bis dahin bestand im Reichsverkehrsministerium und bei der Hauptverwaltung der Reichsbahn nur je ein Referat für die Landesverteidigung. Bemerkenswert ist die Einheitlichkeit, Zielstrebigkeit, Gründlichkeit und das Tempo, mit dem die eisenbahnmilitärischen Angelegenheiten der Landesverteidigung in der Gruppe L des Reichsverkehrsministeriums unter Leitung von Reichsbahndirektor Ebeling organisiert wurden.

In Zusammenarbeit mit den zuständigen Reichsbehörden wurden ab 1935 auch weitere Maßnahmen für die Reichsverteidigung auf dem Gebiete des Bahn- und Luftschutzes eingeleitet[1]. Schon kurz nach der Machtübernahme waren nach dem Reichstagsbrand am 28. 2. 1933 Teile des Bahnschutzes aufgerufen worden, um kommunistische Anschläge auf Bahnanlagen zu verhindern. Am 4. 3. war der Bahnschutz auf Ersuchen der Reichsregierung zum ersten Mal in ganz Deutschland eingesetzt worden. Der Einsatz dauerte etwa 10 Tage. Die mit der Einsetzung von Reichsstatthaltern eingeleitete und mit dem Neuaufbaugesetz vorangetriebene Entwicklung zu einer im Reichsministerium des Innern zusammengefaßten Reichspolizei hatte mit der Einsetzung Himmlers als Chef der Deutschen Polizei ihren Abschluß erfahren. Von ihm wurde in der ersten Hälfte des Jahres 1936 die Einrichtung einer Polizeibehörde als vordringlich betrieben. Mit Erlaß des Chefs der Ordnungspolizei vom 30. 6. 1936 wurde ein Amt „Reichsverteidigung" eingerichtet, das unter anderem für den Bahn-, Post- und Wasserschutz zuständig war. Dieses Amt wurde im Dezember 1937 in das Amt „Reichsverteidigung und ziviler Luftschutz" erweitert[2]. Der Bahnschutz blieb, was die Organisation und die Ausbildung anbelangt, trotz der Zentralisierung der Schutzpolizei weiterhin selbständig. Bei der Übertragung der Bahnschutzaufgaben für den Fall eines Krieges an die Reichsbahn war offensichtlich mitbestimmend, daß der Reichswehr hierfür im Gegensatz zum Ersten Weltkrieg keine Landwehr mehr zur Verfügung stand und daß sie von solchen Aufgaben entlastet werden sollte.

Die Bahnbewachung mußte mobilmachungsmäßig vorbereitet werden. Da der vorhandene Bahnschutz für die Bahnbewachung während der Mobilmachung und des Aufmarsches nicht ausreichte, wurden hierfür Ergänzungsmannschaften eingezogen. Die Heranziehung der Ergänzungsmannschaften zum verstärkten Bahnschutz erfolgte auf Grund einer Notdienstverordnung[3]. Das Stammpersonal hatte die Reichsbahn bereitzustellen und auszubilden.

Der Dienst im verstärkten Bahnschutz galt als Dienstleistung im Sinne des Kriegsleistungsgesetzes. Für Angehörige des verstärkten Bahnschutzes war völkerrechtlicher Schutz im Sinne des Haager Abkommens betr. die Gesetze und Gebräuche des Landkrieges vom 18. 10. 1907 vorgesehen. Die Beziehungen des verstärkten Bahnschutzes

[1] Auf Grund des Luftschutzgesetzes vom 26. 6. 1935, RGBl. 1935 I, S. 827 f.
[2] Neufeldt, Huck, Tessin, S. 58.
[3] Notdienstverordnung (NDVO) vom 15. 10. 1938 (RGBl. 1938 I, S. 1444), bekanntgegeben mit Erlaß RVM L 4g Rs/Bm Besch 225 (g)/52.502 Po vom 4. 9. 1939; Hinweis in Erlaß 15.561 Pwhp vom 2. 2. 1939, Unterlagensammlung des Verfassers.

zur Reichsverteidigung durften im Frieden nach außen hin nicht erkennbar sein. Er galt als Hilfspolizei-Organisation der Reichsbahn[4]. Durch den Bahnschutz entstanden der Reichsbahn hohe Ausgaben, die mit ihrer Aufgabe als Transportunternehmen nichts zu tun hatten.

Neben den eigentlichen Schutzaufgaben der Bahnbewachung waren der Reichsbahn bereits 1934 militärische Sperraufgaben übertragen worden. Hierfür wurden unter Mitwirkung von ehemaligen Reichswehroffizieren besondere Ausbildungsschulen in Wahn, Rothenburg/Oder und in München-Freimann eingerichtet. Ausbildung und Ausrüstung von Eisenbahnern für Sperraufgaben, zu der anfänglich auch die Rheinbrücken gehörten, waren hervorragend und unterschieden sich in keiner Weise von der der Eisenbahnpioniere[5]. Die Sicherung und Sperrung der Rheinbrücken wurde 1937 wieder von der Wehrmacht übernommen[6].

An Stelle fehlender Eisenbahntruppen mußte die Reichsbahn Eisenbahnkolonnen für die Wiederherstellung von Fernsprechanlagen, Stellwerken, Bahnbetriebswerken und Wasserversorgungsanlagen sowie Betriebs- und Maschinenkolonnen für die Inbetriebnahme neuer Strecken aufstellen und bereithalten. Hierfür wurden besondere Bauzüge bereitgestellt. Das Stammpersonal war von der Eisenbahn zu stellen, die Ergänzungsmannschaften wurden eingezogen. Insgesamt belief sich der Einsatzbestand auf rd. 16 000 Mann, davon rd. 5 700 Eisenbahner[7]. Die Kolonnen mußten spätestens am 2. Mobilmachungstag einsatzbereit sein.

Im Zuge der allgemeinen Aufrüstung wurden auch die umfangreichen und vielseitigen Luftschutzmaßnahmen der Reichsbahn mit großem Nachdruck vorangetrieben. Dazu gehörte vor allem der Ausbau des Flugmelde- und Warndienstes, des Sicherheits- und Hilfsdienstes, des Selbstschutzes und des Werkschutzes. Als weitere Luftschutzmaßnahmen wurden die Verdunklung der Betriebsanlagen und Fahrzeuge, der Schutz des Personals gegen Sprengbomben und Feuerschutz vorbereitet. Alle diese Maßnahmen, besonders der Schutzraumbau, erforderten sehr hohe Aufwendungen.

4. Die Deutsche Reichsbahn in den Jahren 1933 bis Kriegsbeginn[1]

Im Jahre 1933 machten sich alsbald die Auswirkungen der politischen Ereignisse bemerkbar. Die zwischen der Hauptverwaltung und den Reichsbahndirektionen in Bayern stehende „Gruppenverwaltung Bayern" und die ihr angegliederten Ämter wurden

[4] Vgl. Anweisung für den verstärkten Bahnschutz (gKdos.). Herausgegeben von der Deutschen Reichsbahn-Gesellschaft im Mai 1936, Prüfnummer 558. BA—MA Freiburg i. Br., H 12/222.

[5] Schreiben an den Generaldirektor der Deutschen Reichsbahn-Gesellschaft, Az. 43n 40, 5. Abt. (IVb), Gen. St. d. H., Nr. 70/137, gKdos. vom 3. 2. 1937, betr. Ausbildung der Eisenbahnsperrtrupps mit Ausbildungsplan. BA—MA Freiburg i. Br., H 12/222, Eisenbahntruppen, Bahnschutz.

[6] Befehl des militärischen Mitglieds der Transportkommission für Eisenbahn, Az. 43n 40, 5. Abt. (IVb), Gen. St. d. H./Nr. 126/37, gKdos. vom 5. 2. 1937, BA—MA Freiburg i. Br., H 12/222, Eisenbahntruppen, Bahnschutz, siehe Anhang Seite 346.

[7] BA—MA Freiburg i. Br., Aktenvermerk ohne Verfasser und Datumsangabe, vermutlich von der 5. Abt. in Aktenstück H 12/222, Eisenbahntruppen, Bahnschutz.

[1] Diesem Abschnitt liegen u. a. Angaben der Geschäftsberichte der Deutschen Reichsbahn (Weißbücher) zugrunde. — Statistische Angaben über die Deutsche Reichsbahn befinden sich im Anhang, Seite 329 ff.

am 1. 9. 1933 aufgelöst. Als Äquivalent erhielt das Land Bayern ein für das gesamte Reichsgebiet zuständiges neues Zentralamt für Konstruktion und Beschaffung in München.

Zum ersten Male seit 1929 nahm der Güterverkehr wieder zu, während der Reiseverkehr leicht rückläufig blieb. Der Betriebsapparat war nicht voll ausgenützt. Eine größere Zahl von Güterwagen war abgestellt. Trotz Ausmusterung von über 1 100 Dampflokomotiven waren am Jahresende noch rd. 2 000 Lokomotiven überzählig. Rund 70 000 Arbeiter wurden neu eingestellt. Im Rahmen des Arbeitsbeschaffungsprogramms der Reichsregierung zur Verminderung der Arbeitslosigkeit wurden mehr Unterhaltungs- und Erneuerungsarbeiten ausgeführt. Auch beim rollenden Material (Lokomotiven, Reise- und Güterwagen) waren einige bemerkenswerte Neubeschaffungen zu verzeichnen.

Am 27. 6. 1933 wurde das Gesetz über die Errichtung des Unternehmens Reichsautobahn veröffentlicht[2]. Insgesamt war der Bau von 7 000 km Reichsautobahnen vorgesehen. Für die Durchführung dieses Vorhabens wurde am 23. 8. die „Gesellschaft Reichsautobahn" als Zweigunternehmen der Deutschen Reichsbahn gegründet.

Im April des Jahres 1934 wurden mit Hilfe des Gesetzes zur Vereinfachung und Verbilligung der Verwaltung vom 27. 2.[3] der Staatsvertrag zwischen den Ländern und dem Reich vom 30. 4. 1920 aufgehoben. Dadurch wurde der Weg für weitere Vereinfachungen der inneren Betriebsorganisation durch Aufhebung von Direktionsbezirken frei; bis dahin hatten die Länder ihre Zustimmung für solche Maßnahmen versagt. Zum Jahresende wurde die Reichsbahndirektion Oldenburg aufgelöst. Ferner wurde die Rückgliederung des Saargebietes vorbereitet. Im Februar 1934 wurde ein Reichsverkehrsrat unter dem Vorsitz des Reichsverkehrsministers gebildet, der alle Verkehrsträger umfaßte und alle Verkehrsinteressenten in sich vereinigte[4]. Die Oberbetriebsleitungen erhielten zum 1. 10. eine neue Geschäftsanweisung, die etwas mehr den betrieblichen Erfordernissen angepaßt, aber nicht grundlegend geändert war. Durch das Gesetz zur Ordnung der nationalen Arbeit vom 20. 1.[5] wurde das Betriebsrätegesetz außer Kraft gesetzt und damit die Betriebsvertretungen beseitigt.

Die Verkehrsbelebung setzte sich fort, der Güterverkehr (Wagenstellung) nahm gegenüber 1933 um 12% zu; auch die Leistungen im Personenverkehr stiegen an. Beim Lokomotivpark traten keine nennenswerten Änderungen ein. Der Bestand an Personen- und Güterwagen nahm ab. Der Personalbestand erhöhte sich um rd. 37 000 Köpfe. Im Bahnschutzdienst wurde durch Neuausbildung eine Verjüngung der Kräfte eingeleitet. Für die Bahnbevollmächtigten und ihre Mitarbeiter wurden gesicherte Arbeitsräume eingerichtet, die sie im Bedarfsfalle jederzeit beziehen konnten.

Die Bautätigkeit nahm durch Fortsetzung des im Vorjahr begonnenen Arbeitsbeschaffungsprogramms und durch Mittel der „Deutschen Gesellschaft für öffentliche Ar-

[2] RGBl. 1933 II, S. 509. Weitere Einzelheiten über die Organisation der Gesellschaft Reichsautobahn bei Volk.

[3] RGBl. 1934 I, S. 130—132.

[4] Geschäftsbericht der Deutschen Reichsbahn-Gesellschaft über das Geschäftsjahr 1934, S. 130.

[5] RGBl. 1934 I, S. 45 ff.

beiten" und der sogenannten „Werteschaffenden Arbeitslosenfürsorge" stark zu. Die Oberbauerneuerung war etwas geringer als im Vorjahr, ein wesentlicher Teil diente der Herrichtung zahlreicher Strecken für erhöhte Fahrgeschwindigkeiten.

Mit der Rückkehr des Saarlandes am 1. März 1935 wurde die Reichsbahndirektion Trier nach Saarbrücken verlegt und mit der dortigen Eisenbahndirektion des Saargebietes zur Reichsbahndirektion Saarbrücken vereinigt. Die günstige Wirtschaftsentwicklung brachte einen weiteren Verkehrsanstieg mit sich, der den Betriebsapparat nahezu voll in Anspruch nahm. Die Betriebsleistungen überschritten bereits diejenigen von 1930, obwohl die Wagenstellung noch 6% niedriger war. Durch die großen Massenveranstaltungen der Partei und durch Tarifermäßigungen waren die Sonderzugkilometer 454% höher als 1932. Um die ständig steigenden Transportaufgaben besser bewältigen zu können, wurden die betriebsleitenden Stellen, insbesondere die Zug- und Bahnhofsüberwachungen, vermehrt. Der Bestand an Lokomotiven, Reise- und Güterwagen nahm nur geringfügig zu. Trotz sehr reger Bautätigkeit war die Erneuerung des Oberbaues geringer als im Jahre 1934. Der mit dem Stahlwerksverband für die Lieferung von Oberbaustoffen abgeschlossene Liefervertrag 1934 umfaßte 360 000 Tonnen, das waren 120 000 Tonnen weniger als im Jahre zuvor.

Von der Saarbahn wurden rd. 12 000 Eisenbahner übernommen. Der Personalbestand stieg insgesamt um rd. 25 000 Köpfe. Für die großen Bauvorhaben der Reichsautobahnen stellte die Reichsbahn 5 500 Beamte und Angestellte zur Verfügung.

Im Bahnschutz wurde die Schießausbildung gefördert. Für die zunehmenden Aufgaben der Landesverteidigung wurden die erforderlichen Spezialisten ausgebildet. Das Baustoffbeschaffungsprogramm erfuhr durch die Verminderung der Zentralämter auf je eines in Berlin und in München eine wesentliche Straffung.

Während der olympischen Spiele in Garmisch-Partenkirchen, Berlin und Kiel herrschte ein sehr starker Reiseverkehr. Die weiter beträchtlich gestiegenen Verkehrsanforderungen im Güter- und Reiseverkehr erforderten die äußerste Ausnutzung des Fahrzeugparks. Im Herbst 1936 traten erstmalig Ausfälle in der Wagenstellung auf. Die Betriebsleistungen kamen nahe an die des letzten Hochkonjunkturjahres 1929 heran.

Trotz der steigenden Verkehrsleistungen hat sich der Bestand an rollendem Material nicht nennenswert vergrößert. Die umfangreiche Bautätigkeit hielt weiterhin an, der Oberbau konnte noch planmäßig unterhalten und erneuert werden, obwohl die Reichsbahn 40 000 Tonnen weniger Oberbaustoffe als im Vorjahr erhielt[6]. Am 18. Januar wurde das Fernsprech-Großnetz (Basa) in Betrieb genommen. Damit verfügte die Reichsbahn über das modernste Fernsprechsystem in ganz Europa. Der Personalbestand stieg nur um rd. 3 700 Köpfe. Bei der Gewinnung von Nachwuchs traten ernste Schwierigkeiten auf.

Mit dem Jahre 1936 ging der erste Vierjahresplan zu Ende. Die großzügigen und weitreichenden Maßnahmen zum Wiederaufbau der deutschen Wirtschaft hatten eine beachtliche Produktionssteigerung und Verkehrszunahmen mit sich gebracht. Am 18. Ok-

[6] Die planmäßige Unterhaltung und Erneuerung war möglich, weil noch auf Beschaffungen aus dem Vorjahre zurückgegriffen werden konnte. Vgl. Geschäftsbericht der Deutschen Reichsbahn über das Geschäftsjahr 1936.

tober proklamierte Hitler den zweiten Vierjahresplan[7], um Deutschland im Hinblick auf einen möglichen Krieg weitgehend von den Rohstofflieferungen des Auslandes, besonders von Eisenerz, Treibstoffen und Gummi unabhängig zu machen. Die Reichsbahn war gehalten, durch tarifliche, betriebliche und bauliche Maßnahmen die Verwendung einheimischer Stoffe zu fördern.

Anfang 1937 wurden die noch bestehenden internationalen Bindungen der Reichsbahnverfassung[8] in der Regierungserklärung vom 31. 1. und dem darauf beruhenden Gesetz zur Neuregelung der Verhältnisse der Deutschen Reichsbank und der Deutschen Reichsbahn vom 10. 2.[9] für erloschen erklärt. Die deutschen Eisenbahnen wurden unter Beseitigung der Gesellschaftsform wieder in die unmittelbare Verwaltung des Reiches zurückgeführt. Der Generaldirektor der Deutschen Reichsbahngesellschaft Dorpmüller wurde unter Beibehaltung seines bisherigen Amtes am 2. 2. zum Verkehrsminister ernannt. Damit waren Aufsicht und Leitung der Reichsbahn in einer Hand. Kurz zuvor hatte sein Amtsvorgänger Freiherr von Eltz-Rübenach das ihm verliehene goldene Parteiabzeichen an Hitler zurückgeschickt[10].

Die Hauptverwaltung der Deutschen Reichsbahn-Gesellschaft ging im Reichsverkehrsministerium auf. Der Staatssekretär und die Ministerialdirektoren wurden Vorstandsmitglieder. An Stelle des Verwaltungsrates trat ein Beirat, in dem etwa zur Hälfte Politiker vertreten waren.

Am 1. 4. 1937 wurde die Reichsbahndirektion Ludwigshafen/Rhein aufgelöst und am 1. Juli eine Reichsbahnbaudirektion für die Anpassung der Eisenbahnanlagen an die städtebauliche Umgestaltung Berlins eingerichtet. Der starke Aufschwung des Wirtschaftslebens im Rahmen des zweiten Vierjahresplanes und die Rüstungskonjunktur brachte der Reichsbahn weiterhin beträchtlichen Verkehrszuwachs. Nicht immer konnten alle Wagenanforderungen rechtzeitig erfüllt werden. Gegenüber 1932 war die beförderte Gütermenge um 85,4% und die Zahl der beförderten Personen um 38,5% angestiegen, die Wagenstellung erreichte fast den Stand von 1929. Die Betriebsleistungen hatten den Stand von 1929 überschritten. Trotz der gestiegenen Verkehrsanforderungen hatte sich der Bestand an Lokomotiven, Güter- und Reisezugwagen nicht entsprechend vergrößert.

Durch die Industrieverlagerung und Verkehrsumschichtung und den allgemeinen Verkehrsanstieg wurde der beschleunigte Ausbau bestehender und neuer Bahnanlagen erforderlich. Es entstanden zahlreiche Gleisanschlüsse für neue Industrieanlagen, Fliegerhorste, Großtankraum, Munitionsanstalten, Proviantlager und Verladerampen in den neuen Standorten. Wegen Mangel an Stoffen und auch an Arbeitskräften konnte die Unterhaltung und Erneuerung der Bahnanlagen nicht im erforderlichen Umfang durchgeführt werden. Besonders die Oberbauunterhaltung und Oberbauerneuerung wurden durch Mangel an Stoffen und an Arbeitskräften beeinträchtigt und entsprachen nicht mehr den Erfordernissen. Hier wirkte sich die eingeführte Kontingentierung von Eisen

[7] RGBl. 1936 I, S. 887.
[8] Reichsbahngesetz vom 30. 8. 1924.
[9] RGBl. 1937 II, S. 47.
[10] Domarus, S. 678.

und Stahl allmählich spürbar aus. Der Personalbestand erhöhte sich um rd. 43 000 Köpfe.

Im Jahre 1938 standen der Anschluß Österreichs und die Eingliederung der sudetendeutschen Gebiete im Vordergrund. Nicht nur diese Gebietserweiterungen forderten von der Reichsbahn Leistungen besonderer Art. Die Wirtschaft steigerte die Güterproduktion weiterhin mit allen Mitteln. Durch Auflockerung der industriellen Ballungsgebiete und gleichmäßigere Verteilung des Industriepotentials über das ganze Reichsgebiet[11] und vor allem in die östlichen Gebiete, ferner durch die Umstellung auf inländische Rohstoffe und die damit zusammenhängende Entstehung neuer Industrien und Industriegebiete veränderten sich die Güterströme. Dazu kamen die hohen Anforderungen durch die umfangreichen Baustofftransporte für den ab Ende Mai beschleunigt betriebenen Ausbau des Westwalls[12], für die Reichsautobahnen, für die Umgestaltung deutscher Städte und zahlreiche andere große Bauvorhaben, sowie für den Aufmarsch nach der Tschechoslowakei. Beim Westwallbau entstand zeitweise hoher Rückstau an Güterzügen, da die Entladung nicht mit der nachdrücklich befohlenen Beladung und Zuführung der Baustoffe Schritt hielt. Für den Westwall wurden bis zum Jahresende 550 000 Wagen gestellt und damit zehn Millionen Tonnen Baustoffe befördert. Die Leistungen im Güterverkehr (Tonnenkilometer) stiegen gegenüber 1937 um 17,5% und die Reisezugleistungen (Personenkilometer) um 20,7% an. Für die Beförderung der vielen außerhalb ihrer Heimatorte tätigen Arbeiter waren erhebliche Reisezugleistungen nötig. Die hohen Anforderungen des Güterverkehrs überstiegen besonders im Herbst die Leistungsfähigkeit der Reichsbahn, die trotz größter betrieblicher Anstrengungen[13] den erforderlichen Wagenraum nicht mehr stellen konnte. Sie sah sich im Oktober 1938 genötigt, eine Dringlichkeitsliste für die Wagenstellung herauszugeben. Die Betriebsschwierigkeiten waren weniger durch die Verkehrssteigerung gegenüber 1937 bedingt, als durch die ungewöhnlich hohen Forderungen von Sonderzugleistungen im Reise- und Güterverkehr, die sich räumlich und zeitlich stark zusammendrängten und dadurch den Regelbetrieb behinderten und störten. Große Betriebsschwierigkeiten traten im Dezember vor allem in Mitteldeutschland auf, wo in den Direktionsbezirken Halle und Kassel der Betrieb infolge von Frost und schweren Schneestürmen teilweise zum Erliegen kam. Ende Dezember war der Rückstau im Reichsgebiet auf 604 Züge angestiegen. Die Versorgung der Großstädte, insbesondere der Gas- und Elektrizitätswerke, mit Brennstoffen konnte nur unzureichend durchgeführt werden[14].

Auch im Jahre 1938 hielt der Bestand an Lokomotiven und Wagen nicht Schritt mit dem weiter steigenden Verkehr. Es wurden zwar Neubeschaffungen durchgeführt, diesen standen aber, wie stets in den letzten Jahren, hohe Ausmusterungsquoten gegenüber. Mehr als 30% des Wagenparks war über 25 Jahre alt. Der Zuwachs an Betriebs-

[11] Wagenführ, S. 19 f.

[12] Zissel (2) u. Sack, S. 628—639; Zissel (1), S. 313—317; Niederschrift über die 25. Betriebsleiterbesprechung der Deutschen Reichsbahn am 23./24. 2. 1939, Punkt 5 (Erlaß 23 Babh 24 vom 14. 3. 1939).

[13] Leibbrand, S. 141 f.

[14] Jahresbericht des Hauptwagenamtes der Deutschen Reichsbahn für 1938, S. 7 f.; vgl. Thomas, S. 147.

mitteln aus Österreich und dem Sudetenland reichte in keiner Weise aus, um die rasch angestiegenen Verkehrsbedürfnisse zu befriedigen.

Am Jahresende verfügte die Reichsbahn über einen Bestand von 460 Omnibussen, 2 219 Lastkraftwagen und 1 364 Anhängern. Diese Fahrzeuge wurden seit 1933 in steigendem Maße für den Ausbau des Güterkraftverkehrs beschafft[15]. Ein Teil dieser Kraftwagen mußte im Jahre 1940 für den Großtransportraum des Generalquartiermeisters zur Verfügung gestellt werden.

Für die dringend notwendige Erhöhung der betrieblichen Leistungsfähigkeit wurden zahlreiche Bahnhofserweiterungen und Bahnhofsumbauten durchgeführt, aber nicht in dem Maße wie es zur Bewältigung des steigenden Verkehrsumfanges erforderlich gewesen wäre. Die Oberbauunterhaltung und -erneuerung litten weiterhin unter unzureichenden Eisen- und Stahlkontingenten. Zwei neue Rheinbrücken, bei Speyer eine eingleisige Eisenbahn- und Straßenbrücke und bei Maxau eine zweigleisige Eisenbahnbrücke, kamen in Betrieb (3. 4. 1938). Das Nachrichtennetz erfuhr durch die Einführung von einfachen Tastenschreibern an Stelle der Morseapparate eine wesentliche Verbesserung.

An organisatorischen Änderungen im Altreichsgebiet ist die Einrichtung einer weiteren Reichsbahnbaudirektion am 1. Januar in München zu vermerken. Zwei größere Privatbahnen, die Lübeck-Büchener-Bahn und die Braunschweigische Landeseisenbahn, wurden in die Reichsbahn eingegliedert. Bis zum 15. 12. 1938 waren 3 000 Kilometer Reichsautobahnen fertiggestellt. Im Zuge der weiteren Verkehrszunahme und der besonderen Aufgaben, die der Reichsbahn durch die Eingliederung von Österreich und des Sudetenlandes sowie durch die Westwallbauten entstanden waren, stieg der Personalbestand auf rd. 846 000 Köpfe an.

Die Lage der damaligen Reichsbahn kommentierte der Leiter der Betriebsabteilung im Reichsverkehrsministerium Ministerialdirektor Dr. Ing. Leibbrand recht zutreffend und mutig: „Die nach Menge und Art unerhörten Verkehrsanforderungen des letzten Jahres setzten infolge der überraschenden Schaffung Großdeutschlands so plötzlich ein, daß es der Reichsbahn nicht möglich war, ihre technischen Einrichtungen und auch ihren Personalbestand entsprechend schnell auf die Höhe zu bringen. Es darf nicht vergessen werden, daß auch die Reichsbahn vor dem Umbruch unter schärfstem wirtschaftlichem Druck stand. Es war damals nicht möglich, mit Fahrzeugbeschaffung und Ausbau des Netzes in großem Umfang vorzugehen. Es hätte auch kein Mensch ein solches Vorgehen begriffen angesichts der Tatsache, daß 100 000 Güterwagen und Tausende von Lokomotiven untätig herumstanden, daß unsere Bahnhöfe verödet lagen und daß wir keine Arbeit für unser Personal hatten. Als später die Reichsbahn, dem kommenden Verkehrsaufschwung Rechnung tragend, mit Neubestellungen und Neubauten vorgehen wollte, fehlte es an Material und zum Teil auch bei anderen Stellen an der Erkenntnis, daß beim Emporblühen der Wirtschaft in erster Linie der Verkehrsapparat gestärkt werden muß"[16].

[15] ZVMEV, Jg. 1939, S. 35 f.
[16] Leibbrand, S. 143.

Der Anschluß von Österreich

Die rechtlichen Grundlagen für die Eingliederung der Österreichischen Bundesbahnen wurden schon wenige Tage nach der verfassungsmäßigen Vereinigung Österreichs mit dem Deutschen Reich geschaffen. Durch die Verordnung des Reichsministers des Innern und des Reichsverkehrsministers über den Übergang der Österreichischen Bundesbahnen auf das Reich vom 17. März 1938[17] und der ersten Durchführungsverordnung dazu[18] vom gleichen Tage waren im großen Rahmen die Eisenbahnverfassung des Reiches in Österreich eingeführt und die Grundlagen für die Angleichung der Verwaltungsorganisation gegeben worden. Die Österreichischen Bundesbahnen wurden ganz nach dem Muster der Deutschen Reichsbahn umorganisiert. Die Aufgaben der Zentralverwaltung in Wien übernahm das Reichsverkehrsministerium[19]. Auch die Eisenbahndirektion Innsbruck wurde aufgelöst und die übrigen Direktionen neu abgegrenzt. Im Zusammenhang damit wurden auch die Bezirke der Oberbetriebsleitungen neu abgegrenzt und die Oberbetriebsleitung Süd im Juli von Würzburg nach München verlegt. Die österreichischen Eisenbahnen, die nun einen rasch zunehmenden Verkehr bewältigen mußten, waren dafür personell und materiell nicht entsprechend ausgerüstet.

Bei dem stark ansteigenden Verkehr zwischen dem Reich und Österreich und den zunächst noch bestehenden Zollgrenzen kam es bald zu ernsten Betriebsschwierigkeiten, die wiederholt Rückhalte- und Annahmesperren von unterschiedlichen Ausmaßen und teilweise längerer Dauer nötig machten. Deshalb wurde der Ausbau von Strecken und Bahnhöfen und des Fernsprechnetzes mit größter Beschleunigung in Angriff genommen. Schon im September war die Strecke Passau—Wels zweigleisig benützbar. Zur Entlastung des Bahnhofes Linz wurde in Wels mit dem Bau eines neuen Rangierbahnhofes begonnen, der bereits Ende 1938 teilweise in Betrieb kam.

Die Eingliederung des Sudetenlandes

Für die Besetzung des Sudetenlandes vom 1. bis 10. Oktober hatte die Deutsche Reichsbahn zahlreiche Truppenbewegungen zu fahren[20]. Zur Sicherung des getarnten Aufmarsches gegen die Tschechoslowakei waren Beschränkungen des öffentlichen Güterverkehrs nötig. Nach dem Einmarsch der Truppen konnte der Eisenbahnbetrieb in den besetzten Gebieten zunächst nur behelfsmäßig aufgenommen werden[21]. Dafür wurden deutsche Eisenbahner aus den benachbarten Direktionsbezirken eingesetzt. Die Wiederaufnahme des Betriebes war wegen Fehlens nahezu aller Betriebsmittel und Unterlagen zunächst sehr erschwert. Entgegen der Auflage im Memorandum der Reichsregierung vom 23. 9. 1938 hatten die Tschechen Lokomotiven, Wagen, Vorräte und Ersatzstoffe sowie die Unterlagen für den Betriebs- und Verkehrsdienst in großem Umfang abgefahren. Ein großer Teil des technischen Betriebspersonals war geflüchtet[22]. Durch den

[17] RGBl. 1938 I, S. 252.
[18] RGBl. 1938 I, S. 259.
[19] Vgl. Kittel, S. 525—534.
[20] Vgl. Pischel (4), S. 224.
[21] Vgl. Pischel (4), S. 238—241.
[22] Schmidt, W., S. 501 ff.

Einsatz von über 200 Omnibussen und 100 Lastwagen konnten wenigstens die allerdringendsten Verkehrsbedürfnisse befriedigt werden.

Die rechtliche Grundlage für die Eingliederung der Eisenbahnen in den sudetendeutschen Gebieten in die Reichsbahn bildete die Verordnung des Reichsverkehrsministers vom 19. Oktober[23]. Zwischen der deutschen und der tschechoslowakischen Regierung wurde am 27. Oktober ein Abkommen über den Eisenbahnverkehr über die vorläufige deutsch-tschechoslowakische Grenze abgeschlossen, das der Deutschen Reichsbahn zwischen Lundenburg und Oderberg sowie zwischen Mittelwalde und Lundenburg einen zoll- und paßfreien, rein innerdeutschen Personen- und Güterverkehr mit eigenem Personal und eigenen Betriebsmitteln gestattete. Der Durchgangsgüterverkehr wurde am 20. 11. aufgenommen. Dadurch wurde der Verkehr mit Österreich, insbesondere die Durchführung der Kohlentransporte aus Oberschlesien, wesentlich erleichtert. Nach der Besetzung wurde auch im Sudetenland die Reichsbahnorganisation eingeführt. Die Strecken wurden den benachbarten Reichsbahndirektionen Oppeln, Breslau, Dresden, Regensburg, Linz und Wien zugeteilt.

Die Errichtung des Protektorates Böhmen und Mähren

Bei der Besetzung der Tschechoslowakei im März 1939 traten keine nennenswerten Unterbrechungen des Eisenbahnbetriebes ein. Eisenbahnen und Post waren von der tschechoslowakischen Regierung am Tag des Einmarsches (15. 3.) über den Rundfunk aufgefordert worden, den Betrieb weiter zu führen[24].

Im Protektorat Böhmen und Mähren übte das Reich nach Artikel 8 des Erlasses des Führers und Reichskanzlers über das Protektorat Böhmen und Mähren vom 16. 3. 1939[25] die unmittelbare Aufsicht über das Verkehrswesen aus. Umfang und Durchführung der Aufsicht wurden vom Reichsverkehrsminister gemeinsam mit dem Reichsprotektor in Böhmen und Mähren geregelt. Der Reichsprotektor bestimmte als Repräsentant des Reiches die Grundlagen der Verkehrspolitik und übte die Aufsicht darüber aus, daß die Eisenbahnen im Einklang mit den Notwendigkeiten des Reiches verwaltet wurden[26]. Die innere Organisation der Protektoratsbahnen Böhmen und Mähren blieb zunächst die gleiche wie die der Tschechoslowakischen Staatsbahnen. Die Oberleitung der Bahnen hatte das Verkehrsministerium in Prag[27]. Für die Wahrung der eisenbahnmilitärischen Belange wurden Bahnbevollmächtigte eingesetzt und Transportkommandanturen eingerichtet.

Die Einbeziehung Böhmens und Mährens in den deutschen Wirtschaftsraum und die Beseitigung der Zollgrenzen am 1. 10. 1939 brachte für die Verkehrslage im Südosten des Reiches eine fühlbare Entspannung.

[23] RGBl. 1938 I, S. 1446.
[24] Rönnefarth, H. K. G., S. 354.
[25] RGBl. 1939 I, S. 485—488.
[26] Geschäftsbericht der Deutschen Reichsbahn über das Geschäftsjahr 1939, S. 16.
[27] Haustein (1), S. 120—123.

Im Jahre 1939 hielt die Produktionssteigerung in Wirtschaft und Rüstung an, der Verkehr nahm weiter zu. Die Aufmärsche gegen die Tschechoslowakei, Polen und der Sicherheitsaufmarsch im Westen, sowie die Baustofftransporte für den Ausbau des Westwalls stellten sehr hohe Anforderungen an den Betrieb und erforderten alle Anstrengungen zu ihrer Bewältigung. Für die Beförderung der vielen nicht an ihren Heimatorten wohnenden Arbeiter waren hohe Reisezugleistungen erforderlich.

Ab 1939 wurde die Publizität der Deutschen Reichsbahn aus Abwehrgründen stark eingeschränkt. Auch im innerdienstlichen Verkehr wurden immer weniger statistische Unterlagen bekanntgegeben. Die Geschäftsberichte erschienen von nun an ohne statistische Unterlagen. Am 4. Juli erhielt die Reichsbahn ein neues Reichsbahngesetz[28]. In ihm wurde der bereits seit dem Gesetz von 1937 bestehende Rechtszustand endgültig festgelegt, daß die Reichsbahn ein Sondervermögen mit eigener Wirtschafts- und Rechnungsführung bildet, die getrennt von der allgemeinen Rechnung des Reiches geführt wird. Die bis dahin getrennten Vermögensmassen Reichseisenbahnvermögen des Reiches und Vermögen der Reichsbahn wurden zu einem Sondervermögen des Reiches (Reichseisenbahnvermögen) vereinigt. Die Reichsbahn behielt ihren eigenen Haushalt mit eigener Wirtschafts- und Rechnungsprüfung, hörte aber auf, ein selbständiges Wirtschaftsunternehmen zu sein.

Der Ausbau von Bahnhöfen und sonstigen Betriebsanlagen wurde fortgesetzt, hielt aber nicht überall Schritt mit den steigenden Verkehrsanforderungen. Besonders wichtig waren die Bauarbeiten, die sich aus der Verlagerung der Verkehrsströme infolge der Eingliederung Österreichs und des Sudetenlandes sowie aus der Verlegung und der Errichtung von neuen Industrien ergaben.

Zur Sicherung der Aufmärsche nach Osten und Westen wurden die Baustofftransporte für den Westwall eingestellt und am 27. 8. der Höchstleitungsfahrplan eingeführt.

Am 1. 9. 1939 wurde Danzig mit dem Reich vereinigt[29], nachdem es sich am 23. 8. von den Bindungen des Versailler Vertrages gelöst hatte. Die Eisenbahnen des Danziger Gebietes wurden zunächst der Reichsbahndirektion Königsberg zugeteilt. Am 1. 11. wurde in Danzig eine Reichsbahndirektion eingerichtet.

Bevor dieses Kapitel abgeschlossen wird, soll noch einmal kurz auf die Überlastung der Reichsbahn in den Jahren 1937 und 1938 eingegangen werden, in denen die Verkehrsanforderungen zeitweise die Leistungsgrenze der Reichsbahn überschritten. Nachdem die vorhandenen Kapazitäten der Reichsbahn anhaltend und ganzjährig voll ausgenützt wurden, konnten z. B. beim Ausfall der Binnenwasserstraßen deren Transporte nicht mehr auf die Bahn verlagert werden[30] oder andere Transportanforderungen an die Bahn mußten zurückgewiesen werden. Aus der Tatsache, daß die Reichsbahn nicht alle Transportwünsche mehr erfüllen konnte, wie bisher alle Bedarfsträger es gewohnt waren, kann wohl ein schuldhaftes Versagen der Reichsbahn nicht hergeleitet werden, zumal sie seit Jahren bemüht war, ihre Leistungsfähigkeit besser dem Verkehrsanstieg

[28] RGBl. 1939 I, S. 1205—1213, gedruckt in: Die Reichsbahn, Jg. 1939, S. 693—697.
[29] RGBl. 1939 I, S. 1547.
[30] Vgl. Thomas, S. 197.

anzupassen. Durch die Bevorzugung der Rüstungsproduktion und des Autobahnbaues war ihr das nicht möglich. Trotz dieses klaren Tatbestandes blieben der Reichsbahn Vorwürfe über ungenügende Leistungen seitens der Partei, der Wehrmacht und der Wirtschaft nicht erspart. Eine Offenlegung und Diskussion des wahren Sachverhaltes war unter den damaligen Verhältnissen fast unmöglich, so daß die Beschuldigungen an der Reichsbahn hängen blieben.

5. Vorbereitungen für den Kriegsfall

Organisation und Durchführung der Mobilmachung

Erste Maßnahme für den Fall eines Krieges ist die Mobilmachung[1]. Sie bildet die Grundlage für den Einsatz der Streitkräfte. Von ihrer rechtzeitigen Beendigung hängt der Aufmarsch und von diesem wiederum der Beginn der Operationen ab. Rechtsgrundlage für alle Mobilmachungsmaßnahmen waren: Reichsverteidigungsgesetz, Wehrgesetz, Wehrleistungsgesetz, Verordnung zur Sicherstellung des Kräftebedarfs für Aufgaben von besonderer staatspolitischer Bedeutung[2], Notdienstverordnung[3] und Reichsluftschutzgesetz.

Weitere Grundlagen für die Mobilmachung waren die Mobilmachungspläne der Wehrmacht und das Mobilmachungsbuch für die Zivilverwaltungen. Das Mobilmachungsbuch wurde vom Sekretariat des Reichsverteidigungsausschusses unter Mitarbeit der obersten Reichsbehörden aufgestellt und auf dem laufenden gehalten. Erstmalig wurde das Mobilmachungsbuch für das Mobilmachungsjahr 1936/37 aufgestellt. Im Mobilmachungsplan war festgelegt, wie das Friedensheer durch die Neuaufstellung von Verbänden, Umgliederung und Einberufung von Reserven in das Kriegsheer überführt wird. Ein Mobilmachungsplan bestand seit dem 1. 4. 1930[4]. Das Mobilmachungsbuch für die Zivilverwaltungen enthielt Maßnahmen der zivilen staatlichen Verwaltung im Großen, welche einerseits die Operationsfähigkeit der Wehrmacht unmittelbar unterstützen oder andererseits der Kriegswirtschaft von Staat, Wirtschaft und Volk dienen[5]. Die im Mobilmachungsbuch festgelegten Verwaltungen führten in ihrem Bereich eigene Mobilmachungskalender. Bei der Reichsbahn führten auch die Reichsbahndirektionen einen Mobilmachungskalender. Aus Gründen der Geheimhaltung erhielten die Ämter und Dienststellen (Bahnhöfe und Bahnbetriebswerke) keine Mobilmachungsunterlagen. Sie bekamen die zur Durchführung notwendigen Aufträge und Erläuterungen erst im Bedarfsfall und zwar in derselben Ordnung und mit den gleichen Kennziffern wie im Mobilmachungsbuch. Der auf das jeweilige am 1. April beginnende Mobilmachungsjahr abgestimmte Mobilmachungskalender der Eisenbahn, der bei den Direktionen vom Bahnbevollmächtigten geführt

[1] Die folgenden Ausführungen stützen sich im wesentlichen auf Teil I des Mobilmachungsbuches für die Zivilverwaltungen, gedruckt in: IMT Bd. XXVII, Dok. 1639—A—PS, S. 389 ff.; weitere Einzelheiten bei Müller-Hillebrand Bd. I, S. 47—57.

[2] Vgl. Kräftebedarfsverordnung vom 22. 6. 1938 (RGBl. 1938 I, S. 652).

[3] Notdienstverordnung vom 15. 10. 1938 (RGBl. 1938 I, S. 1441).

[4] Vgl. IMT Bd. XX, S. 656.

[5] IMT Bd. XXVII, S. 398.

wurde, war sehr umfangreich, denn die nötigen Maßnahmen zur Sicherstellung und Durchführung der vielen Transportaufgaben mit verschiedenen Varianten ergaben eine Unzahl von Einzelanordnungen. Die Führung des Mobilmachungskalenders forderte von den Beteiligten ein hohes Maß an Übersicht und Konzentration. Im Mobilmachungsbuch für die Zivilverwaltungen vom 18. 2. 1939 sind Grundsätze und Begriffe wie folgt erläutert: „Die Wehrbereitschaft der gesamten Nation ist die Voraussetzung für die wirksame Verteidigung des Reiches. Durch die Mobilmachung werden Wehrmacht, Wirtschaft, Staat und Volk vom Friedens- in den Kriegszustand überführt. Die Mobilmachung der Wehrmacht umfaßt:

a) die Sicherstellung der zur Aufstellung, Führung und Versorgung der Kriegswehrmacht erforderlichen Grundlagen,
b) die Auffüllung von Friedenseinheiten auf Kriegsstärke,
c) die Neuaufstellung von Kriegseinheiten,
d) die Aufstellung der Ersatzwehrmacht.

Die Mobilmachung der Wirtschaft umfaßt:
die Zusammenfassung und Bereitstellung aller wirtschaftlichen Kräfte zur Höchstleistung im Dienst der Kriegführung.

Die Mobilmachung von Staat und Volk umfaßt:

a) die Umstellung der Staatsführung des Volkslebens auf die Notwendigkeiten der Kriegführung in politischer, sozialer und staatsrechtlicher Hinsicht und
b) die Bereitstellung aller personellen und materiellen Kräfte des Volkes für die Kriegführung.

Der Kriegszustand kann schlagartig eintreten oder aus einem Zustand außenpolitischer Spannungen entstehen. Vorbereitung und Ablauf der Mobilmachung müssen diesen beiden Möglichkeiten Rechnung tragen. Der Verteidigungszustand und der Kriegszustand im Sinne des Reichsverteidigungsgesetzes werden vom Führer und Reichskanzler ausdrücklich angeordnet.

Mit der Erklärung des Kriegszustandes treten die Kriegsgesetze und Kriegsverordnungen ohne weiteren Befehl in Kraft, und die in anderen Gesetzen für den Kriegszustand vorgesehenen Rechtsfolgen werden wirksam.

Falls der Verteidigungszustand nicht schon vorher erklärt wird, treten die Bestimmungen über den Verteidigungszustand mit Erklärung des Kriegszustandes in Kraft“[6].

Es wurden verschiedene Stufen des Ablaufes der Mobilmachung unterschieden: Die Spannungszeit, die Mobilmachung ohne öffentliche Verkündung (X-Fall) und die allgemeine Mobilmachung mit öffentlicher Verkündigung (Mob-Fall).

„In der Spannungszeit sollen unter möglichster Vermeidung jeder außenpolitischen Belastung und Herausforderung die Grundlagen für den zuverlässigen Ablauf der eigentlichen Mobilmachung geschaffen und Einzelmaßnahmen der Mobilmachung vorausgenommen werden“[7]. Diese Vorausmaßnahmen waren in den Mobilmachungsplänen der Wehrmacht in Spannungsstufen gegliedert und konnten auf Grund der Frie-

[6] IMT Bd. XXVII, Dok. 1639 A—PS, S. 393.
[7] IMT Bd. XXVII, Dok. 1639 A—PS, S. 395.

densgesetzgebung durchgeführt werden. Für die Zivilverwaltungen wurden besondere Stufen innerhalb der Vorausmaßnahmen, die weitgehend getarnt wurden, nicht unterschieden.

Mit der Mobilmachung ohne öffentliche Verkündung (X-Fall) sollte dem Gegner der Beginn der Mobilmachung verborgen werden, um einen Vorsprung in der Herstellung der Kriegsbereitschaft zu erzielen. Ab Herbst 1938 konnte der X-Fall gegebenenfalls für einzelne Teile des Heeres angeordnet werden.

Der Mob-Befehl (Mob- und X-Fall) konnte erlassen werden, ohne daß Vorausmaßnahmen angeordnet waren. Die Mobilmachung hatte den Aufmarsch des Heeres an der Grenze nicht zwangsläufig zur Folge[8]. Der Ablauf der Mobilmachung wurde auf sogenannte Mob-(X)tage verteilt. Spätestens bis 16 Uhr des Vortages mußte der Mob-(X)Befehl bei den Generalkommandos und bei der Eisenbahn eingetroffen sein. Nach beendeter Mobilmachung konnte der Aufmarsch an die Grenze beginnen[9].

Bei der Mobilmachung 1939 war das Heer in wenigen Tagen um fast 3 Millionen Menschen, um rd. 400 000 Pferde und um rd. 200 000 Fahrzeuge und Kraftfahrzeuge zu verstärken. Dazu kam die Ausstattung mit Waffen, Munition, Bekleidung, Ausrüstung und sonstigen Bedürfnissen aus Lagern. Hierfür waren kalendermäßig Tausende von Mobtransporten mit den dazugehörigen Fahrplananordnungen vorbereitet worden. Zeitlich dazwischen waren Aufmarschtransporte für mobile Truppenteile in die Aufmarschräume an der Grenze zu fahren[10]. Das Kriegsheer umfaßte im Mobjahr 1939/40 3 754 000 Mann (Feldheer 2 758 000, Ersatzheer 996 000), insgesamt 103 mobil zu machende Divisionen[11].

Zu den Vorausmaßnahmen der Eisenbahn gehörten u. a. durchgehende Betriebsbereitschaft, Urlaubssperre, Inbetriebnahme von Betriebsanlagen z. B. Blockstellen, Schaltung von Fernsprechleitungen, Aufruf des verstärkten Bahnschutzes und Durchführung der Verdunklung, Abborden von offenen Güterwagen und Bereitstellung von Leermaterial, Verteilung von Mob-Unterlagen und Fahrplananordnungen. Um diese möglichst rasch ihren Empfängern zustellen zu können, wurden im Frühjahr 1939 bei den Betriebsämtern besonders gesicherte Verteilerstellen eingerichtet. Von dort aus wurden die eingelagerten Mob- und Fahrplanunterlagen sowie die Fahrplananordnungen mit motorisierten Kurieren weiterbefördert. Andere wichtige Mob-Vorbereitungen waren die Bekanntgabe des Stammfahrplanes, die Besetzung der Luftschutzwarnstellen, der Ausgleich von Lokomotiven und Personal entsprechend des veränderten Bedarfs und der Aufruf der Eisenbahnkolonnen. Ihre Stammannschaften, etwa ein Drittel der Sollstärke, bestanden aus Reichsbahnfachkräften. Die Ergänzungsmannschaften wurden durch die Wehrbezirkskommandos einberufen. Die Vorausmaßnahmen für die Reichsbahn liefen bereits am 21. 8. 1939 an. Bis zum 25. 8. waren alle Stichworte des Mobilmachungskalenders der Deutschen Reichsbahn ausgelöst[12]. Vom 21. bis 23. 8. 1939 fand eine kriegsmäßige

[8] Müller-Hillebrand Bd. I, S. 52.
[9] Müller-Hillebrand Bd. I, S. 52.
[10] Müller-Hillebrand Bd. I, S. 55.
[11] Müller-Hillebrand Bd. I, S. 66.
[12] Geißler-Tagebuchnotizen. Unterlagensammlung der Deutschen Bundesbahn in Nürnberg, Mappe xx, Bl. 900 ff.

Verdunklungsübung statt. Die dafür eingebauten Abblendvorrichtungen blieben auch nach der Übung an den Signalen.

Zu Beginn der Mobilmachung setzte die Reichsbahn den militärisch organisierten „Verstärkten Bahnschutz“ ein. Er hatte die Aufgabe, die Bahnanlagen während des Aufmarsches vor Sabotagen zu schützen. Der Bahnschutz wurde kurz vor Beginn des Westfeldzuges von der Wehrmacht übernommen[13]. Als sich während des Feldzuges herausstellte, daß keine Gefahr für die Sicherheit des Eisenbahnbetriebes zu befürchten war, wurde der Bahnschutz zurückgezogen.

Offiziell ist die Mobilmachung der Wehrmacht erst mit der Ausgabe des Stichwortes „Fall Weiß“ am 25. 8. 1939, 15.02 Uhr ausgelöst worden. Sie verlief nur bei den aktiven Divisionen reibungslos. Planmäßig sollte sie am 31. 8. beendete sein. Die angesetzen Zeiten wurden jedoch z. T. erheblich überschritten[14].

Am 25. 8. trat auch die mobilmachungsmäßig vorbereitete Kriegsorganisation des Wehrmachttransportwesens in Kraft. Die wichtigsten Teile des Generalstabes wurden als Feldkommandobehörde im Hauptquartier des Oberkommandos des Heeres vereinigt und in die großzügig ausgebaute Unterkunft „Zeppelin“ in Zossen verlegt. Der Befehlshaber des Ersatzheeres General Fromm meldete am 1. 9., 17.40 Uhr, den Abschluß der Mobilmachung[15].

Aufmarschplanungen

In jedem Land gehört es zu den Aufgaben des Generalstabes, bereits in Friedenszeiten Vorbereitungen zur zweckmäßigen Verteilung und ersten Verwendung der Streitkräfte für einen Kriegsfall zu treffen. Die hierfür vorbereiteten Befehle hießen in Deutschland „Aufmarschanweisungen“. In ihnen wurde die Gruppierung des Heeres an den möglicherweise bedrohten Grenzen und seine ersten Kampfaufgaben im Falle eines Zusammenstoßes mit dem oder den mutmaßlichen Gegnern festgelegt. Es wird zwischen Defensiv- und Offensiv-Aufmärschen unterschieden, je nachdem ob aus politischen, strategischen oder Kräftegründen eine Verteidigung oder ein Angriff beabsichtigt ist[16]. Nach dem Austritt Deutschlands aus dem Völkerbund und der Abrüstungskonferenz im Oktober 1935 wurde erstmals wieder eine Aufmarschanweisung ausgegeben. Der darin vorgesehene Aufmarsch erhielt später die Bezeichnung „Aufmarsch Rot“. Er war als Defensiv-Aufmarsch für die Abwehr eines etwaigen französischen Angriffes mit der Masse des Heeres vorgesehen. Die Grenzen gegen Polen und die Tschechoslowakei, deren sofortigen Kriegseintritt man zwar als wahrscheinlich ansah, von denen man jedoch ein militärisch zögerndes Verhalten erwartete, sollten nur durch Landwehr-Divisionen und Grenzwacht gesichert werden[17]. Praktische Vorarbeiten waren verboten.

Der Aufmarsch von 1914 war ein sogenannter „starrer Aufmarsch“ gewesen, nach dem alle Kräfte zu den festgelegten Zielorten gefahren werden mußten. Änderungen

13 Vgl. Halder-KTB Bd. I, 9. 2. 1940.
14 v. Vormann, S. 63.
15 Halder-KTB Bd. I, 1. 9. 1939.
16 Westphal, S. 67 f.
17 IMT Bd. XI, S. 380. Aussage Jodls.

waren nicht möglich. Die Forderung von Kaiser Wilhelm II., entgegen der Aufmarschbearbeitung eine Kräfteverlagerung von Westen nach Osten vorzunehmen, führte zu einem dramatischen Zusammenstoß mit dem unnachgiebigen Generalstabschef Moltke. Erhebliche militärische Nachteile entstanden zur gleichen Zeit in Österreich-Ungarn. Dort hatte man zuerst mit dem Balkanaufmarsch gegen Serbien begonnen und war gezwungen, ihn ganz abrollen zu lassen, obwohl diese Kräfte dringend an der russischen Grenze benötigt wurden.

Der „Aufmarsch Rot“ zur Sicherung der Grenzen des Reiches von 1935 war dagegen beweglich organisiert. Er legte nur einen Teil des Heeres bezüglich sofortigen Abtransportes und seiner Zielorte fest, während stärkere Kräfte vorerst in den Aufstellungsorten verblieben, um dann je nach Bedarf an die Brennpunkte befördert zu werden. Bis zum Herbst 1937 gab es nur den „Aufmarsch Rot“. Er wurde alljährlich überarbeitet und entsprechend den durch neu aufgestellte Truppen veränderten Transportbedürfnissen ergänzt. Dieser Aufmarsch galt unverändert bis zum Ausbruch des Krieges. Im Herbst 1937 kam als zweite Aufmarschanweisung der „Aufmarsch Grün“ hinzu[18], um für den Fall einer Auseinandersetzung im Westen die Möglichkeit einer Rückenbedrohung durch die Tschechoslowakei auszuschalten. Er wurde im Oktober 1937 lediglich als Studie an einige wenige Kommandobehörden ausgegeben[19]. Eine Eisenbahnbearbeitung fand nicht statt. Am 21. 10. 1938 gab Hitler den Auftrag, die Besetzung des Memellandes[20] und am 24. 10. die des Freistaates Danzig[21] vorzubereiten.

Aufmarsch gegen Polen und Sicherungsaufmarsch im Westen

Im Frühjahr 1939 mehrten sich die Anzeichen, daß es zu einem Krieg mit Polen kommen würde. Am 3. 4. 1939 gab das Oberkommando des Heeres die Weisung zum „Fall Weiß“ für einen Angriff auf Polen heraus mit dem Auftrag, die Durchführung ab 1. 9. 1939 sicherzustellen[22]. Daraufhin arbeitete der Generalstab des Heeres im Oberkommando der Wehrmacht den ersten Entwurf einer Aufmarschanweisung aus, der am 1. 5. 1939 vorlag[23]. Der Aufmarsch war in den sogenannten Transportübungsaufgaben 5 und 10 festgelegt[24]. Für die Operationsplanung gegen Polen stellte Hitler nachdrücklich die Forderung, daß ein etwaiger Angriff gegen Polen weder durch eine offizielle Mobilmachung noch durch einen offenen Aufmarsch vorzeitig erkennbar sein dürfe. Es war eine „Mobilmachung für die Wehrmacht oder für Teile derselben ohne öffentliche Verkündigung“ vorgesehen[25]. Die Vorbereitungen von Herbstübungen und die übungsmäßige Aufstellung von Reserveverbänden in Ostpreußen boten im Laufe des Sommers

18 Vgl. Westphal, S. 68—71. — Einzelheiten zum „Fall Grün“ in: IMT Bd. XXXIV, S. 734 f.; vgl. Besprechung Hitler—Keitel am 22. 4. 1938. IMT Bd. XXV, Dok. 388—PS, S. 415 ff.

19 Westphal, S. 71 f.; vgl. Weisung des Reichskriegsministers, Generalfeldmarschall v. Blomberg, für die einheitliche Kriegsvorbereitung der Deutschen Wehrmacht vom 24. 6. 1937.

20 IMT Bd. XXXIV, S. 480, Dok. 136—C, S. 480.

21 IMT Bd. XXXIV, Dok. 137—C, S. 481—483.

22 IMT Bd. XXXIV, Dok. 120—C, S. 381 f.

23 IMT Bd. XXXIV, Dok. 120—C, S. 388 ff.

24 Vgl. Rohde, S. 71 f.

25 Weisung „Fall Weiß“ zum 3. 4. 1939, in: Weisungen, S. 17.

zunehmende Möglichkeiten, die getarnte Mobilmachung der für den Einsatz gegen Polen vorgesehenen Verbände vorzunehmen. Verlegung von Verbänden aus dem Reich nach Ostpreußen zur Ausbildung auf dortigen Übungsplätzen und zur angeblichen Teilnahme an der vorgesehenen 25-Jahr-Feier der Schlacht von Tannenberg, „Schanzarbeiten" mehrerer Divisionen an der deutsch-polnischen Reichsgrenze, Zusammenziehung der schnellen Verbände für angeblich geplante Herbstübungen in Mitteldeutschland boten weitere Möglichkeiten, den Aufmarsch der für den ersten Einbruch vorgesehenen Divisionen bis zum 25. 8. 1939 im wesentlichen zu beenden[26]. Nur für einen Teil, besonders der in Süddeutschland stehenden Truppen, war ein Eisenbahnaufmarsch nicht zu vermeiden. Er lief so rechtzeitig an, daß fast alle aktiven Divisionen und dreizehn für den Einsatz bestimmte Divisionen der 2. bis 4. Welle am Angriffstage versammelt waren[27].

„Ob die für die ‚Grenzsicherung West' vorgesehenen Kräfte in vollem Umfang dorthin aufmarschieren oder zum Teil frei würden, werde von der politischen Lage abhängen[28]." Das Risiko mit den geringen Kräften an der Westfront wurde in Kauf genommen, in der Annahme, daß bei einem Angriff der Franzosen schnell genug Truppen mit der Eisenbahn dorthin befördert werden könnten. Hier liegt ein gutes Beispiel vor, wie leistungsfähige Eisenbahnen strategische Überlegungen beeinflussen können. Von den meisten zum Einsatz an der Westgrenze vorgesehenen Divisionen des Friedensheeres war ab Mitte August je ein verstärktes Regiment in Friedensstärke zum Ausbau des Westwalles eingesetzt. Bei der Mobilmachung blieben diese Truppenteile dort und erhielten ihre mobilmachungsmäßigen Ergänzungen zugeführt[29].

Am 14. August erklärte Hitler dem Oberbefehlshaber und Chef des Generalstabes des Heeres, daß sich am Aufmarsch Ost nichts ändere und auch der Westaufmarsch planmäßig durchgeführt werden solle. Im übrigen verbleibe es bei den nach der Zeittafel zu treffenden Maßnahmen. Die Vorwarnung an die Reichsbahn werde wahrscheinlich am 15. August erfolgen[30].

Am 15. 8. wurde der Chef des Transportwesens Oberst i. G. Gercke unterrichtet, daß der Reichsparteitag ausfällt. Ab 18. August wurden zunehmend Vorausmaßnahmen eingeleitet[31]. Vom 21. bis 23. 8. wurde im gesamten Reichsgebiet eine kriegsmäßige Verdunklungsübung durchgeführt. Die Tannenbergfeier wurde zur Irreführung der Öffentlichkeit weiter vorbereitet und erst am 28. 8. öffentlich abgesagt[32]. Am 23. 8. schlossen das Deutsche Reich und die Sowjetunion in Moskau einen Nichtangriffspakt. Nach einem Eintrag von Generalstabschef Halder vom 23. 8. war als Angriffstermin der 26. 8. vorgesehen[33]. Die getarnte Mobilmachung (X-Befehl) wurde für die Masse des deutschen Kriegsheeres und gleichzeitig die Vorausmaßnahmen „Kriegsspitzengliede-

26 Müller-Hillebrand Bd. II, S. 20; v. Tippelskirch (2), S. 18.
27 Vgl. v. Tippelskirch (1), S. 257. Einzelheiten bei Rohde, S. 76—81.
28 Weisung „Fall Weiß" vom 3. 4. 1939, in Weisungen, S. 18.
29 Halder-KTB Bd. I, 14. 8. 1939.
30 Vgl. Greiner, S. 36.
31 Halder-KTB Bd. I, 18. 8. 1939.
32 Halder-KTB Bd. I, 15. 8. 1939.
33 Befehl des Ob. d. H. hierzu am 24. 8., Halder-KTB Bd. I, 24. 8. 1939.

rung“ in den Mittagsstunden des 25. August mit der Ausgabe des „Fall Weiß“ ausgelöst. Erster Mob-Tag war der 26. 8. Der Beginn des Angriffs auf Polen (Y-Tag) war für den 26. August, 4.30 Uhr, festgesetzt. Am Abend des 25. 8. wurde nach Bekanntwerden des britisch-polnischen Bündnisvertrages[34] der Angriffstermin widerrufen. Die getarnte Mobilmachung und der Aufmarsch der Kräfte an der Grenze liefen indessen weiter[35]. Nach weiteren politischen Verhandlungen und Überlegungen wurde der Angriffstermin am Abend des 28. 8. auf den 1. 9., 4.45 Uhr, deutscher Sommerzeit festgelegt[36]. Für den Aufmarsch der noch fehlenden Verbände wurde in der Nacht vom 27./28. 8. der Höchstleistungsfahrplan eingeführt. Die Transporte liefen planmäßig ab. Mit dem Aufmarsch gegen Polen wurde gleichzeitig der Sicherungsaufmarsch nach dem Westen gefahren. Dies waren die ersten größeren Aufmarschaufgaben für die Deutsche Reichsbahn. Nach übereinstimmenden Aussagen hat die Reichsbahn, „wenn auch mit größten Kraftanstrengungen“, — so der Chef des Transportwesens — allen Anforderungen genügt[37]. Am 31. 8. um 12.40 Uhr gab Hitler mit der Weisung Nr. 1 für die Kriegführung[38] den Angriffsbefehl zum 1. 9. 1939 um 4.45 Uhr.

Die wichtigsten Einzelheiten der Aufmarschvorbereitungen der Reichsbahn und ihre Durchführung hat die Gruppe L im Reichsverkehrsministerium wie folgt festgehalten[39]: „Die Transportübungsaufgaben 5 und 10 hatten für die Reichsbahn einen sehr verwickelten Aufbau, da die militärische Führung sich bis zum Schluß alle Möglichkeiten offen halten wollte. Charakteristisch für die beiden Aufgaben war, daß die einzelnen Bewegungen in der Zeitfolge nicht fest gekuppelt waren, sondern je für sich an beliebigen Tagen anlaufen konnten[40]. Der vorgesehene, weit auseinandergezogene Ablauf der Bewegungen erforderte frühzeitiger als ursprünglich von der politischen Führung gewünscht, die Durchführung allgemeiner Mob-Vorbereitungen der Reichsbahn (z. B. Drosselung der Wagenstellung für den öffentlichen Verkehr, Maßnahmen betrieblicher und personeller Art usw.). Die gewünschte Geheimhaltung war damit nicht mehr aufrecht zu erhalten. Außerordentlich störend war, daß die Freimachung (Räumung) im Westen nicht in der vorbereiteten Form befohlen wurde ... Auch die Umstellung vom Friedensfahrplan auf den Höchstleistungsfahrplan ging reibungslos vor sich. Wesentliche Verspätungen traten bei den mobmäßig vorbereiteten Bewegungen nicht auf.

A) Für die Mobilmachung mußten bereitgestellt werden:

Personenwagen	G-Wagen	R-Wagen	Oa-Wagen	sonstige Wagen[41]
13 800	79 800	36 800	42 900	12 100

Insgesamt: 185 400 Wagen, bei einem Gesamtwagenbestand der Deutschen Reichsbahn von 196 000 G-Wagen, 46 000 R-Wagen und 71 500 Oa-Wagen.

34 Ronnefarth, H., S. 180—182.
35 Halder-KTB Bd. I, 25. 8. 1939.
36 Halder-KTB Bd. I, 28. 8. 1939.
37 Halder-KTB Bd. I, 31. 8. 1939; Wagner-Tagebuch vom 30. 8. 1939.
38 Weisungen, S. 20.
39 RVM L/2 G Bmaü 57 vom 10. 12. 1940, BA—MA Freiburg i. Br., H 12/244.
40 Vgl. Rohde, S. 86 u. 88.
41 G = gedeckte Güterwagen, R = Rungenwagen, Oa = abgebordete offene Güterwagen.

B) Beim Aufmarsch wurden an Vollzügen gefahren

	im Friedens- fahrplan	im Höchstleistungs- fahrplan
Nach Trüa 5 an Bewegungen	337 Z	4 105 Z
Nach Trüa 10 an Bewegungen	290 Z	2 378 Z
	627 Z	6 483 Z

Dazu kamen an Mob- und Einzeltransporten:

Im August 1939	2 687 Vollzüge
im September 1939	5 060 Vollzüge.

Insgesamt wurden somit 14 857 Vollzüge gefahren[42].

Am 1. 9. 1939 wurde die Erweiterung des Stammplans um 10% angeordnet, daneben durfte der lebenswichtige Verkehr — Berufs-, Lebensmittel-, Kohlen- und Mineralölverkehr — im Rahmen des betrieblich Möglichen gefahren werden. Als Vorbereitung für den Krieg gegen Polen war im Mai 1939 ein bis zum 15. August 1939 zu erfüllendes Sofortprogramm aufgestellt worden. In diesem Programm waren vorgesehen:

Im Rahmen des im Gange befindlichen Ausbaus der Transportstraßen[43] in Mecklenburg/Pommern bis zum 15. August 1939 bestimmte Leistungen auf Teilstrecken zu erreichen und an der Ostgrenze der Bezirke Stettin und Osten — sowie in Ostpreußen — diesen erhöhten Leistungen entsprechende Auslademöglichkeiten zu schaffen.

In den Bezirken Breslau und Oppeln die Leistungen kleinerer gegen die Grenze laufender Streckenabschnitte mit geringen Mitteln zu verbessern und die Ausladeleistungen der Grenzräume diesen Leistungen anzupassen.

Die Gesamtsumme für das Sofortprogramm war auf etwa eine Million Reichsmark veranschlagt worden. Im Westen waren wegen des wesentlich leistungsfähigeren Eisenbahnnetzes keine besonderen Ausbaumaßnahmen vorgesehen."

Wenige Tage vor Kriegsbeginn wurde verfügt, daß bei allen Dienststellen des Reiches, der Länder, Gemeinden und öffentlichen Körperschaften die mit der Reichsverteidigung zusammenhängenden Fragen allen anderen Arbeiten vorzugehen haben und letztere nur noch nach Maßgabe der vorhandenen Kräfte fortzusetzen sind[44]. An Stelle des Reichsverteidigungsrates[45] setzte Hitler am 30. 8. 1939 als ständigen Ausschuß den Ministerrat für die Reichsverteidigung ein[46]. Zur einheitlichen Steuerung der zivilen Reichsverteidigung wurde für jeden Wehrkreis ein Reichsverteidigungskommissar

[42] 1914 wurden insgesamt 31 900 Züge, davon 20 800 Mobilmachungszüge und 11 100 Züge für den Aufmarsch gefahren, in: Das Deutsche Feldeisenbahnwesen, S. 33 u. 41. — Bei diesem Vergleich ist zu beachten, daß sich die Zuggewichte zwischenzeitlich von 600 Tonnen auf 850 Tonnen erhöht haben.

[43] Als Transportstraßen werden die zu einer fortlaufenden Verbindung zusammengesetzten Eisenbahnstrecken bezeichnet, auf denen Transportbewegungen oder wenigstens ihre Masse geschlossen laufen sollen. (Etrari Ziffer 16)

[44] Erlaß des Führers und Reichskanzlers über die Vereinfachung der Verwaltung vom 28. 8. 1939, RGBl. 1939 I, S. 1535—1537.

[45] Siehe Seite 21.

[46] RGBl. 1939 I, S. 1539 f.; vgl. Wagner, S. 111.

bestellt. Ihnen oblag die Steuerung der Verwaltung aller zivilen Verwaltungszweige im Bereich des Wehrkreises ausnahmlich der Reichsbahn und der Reichspost[47].

6. Die ungenügende Kriegsbereitschaft der Deutschen Reichsbahn

Vorweg sei betont, daß es sich hier nicht um die innere Einstellung der Eisenbahner zum Kriege handelt, sondern vielmehr um die Ausrüstung der Reichsbahn für einen Kriegsfall.

Zur Frage der Kriegsbereitschaft der Deutschen Reichsbahn haben sich, wie wir sehen werden, maßgebende Persönlichkeiten der Wehrmacht und der Reichsverkehrsminister geäußert. Es wurde schon erwähnt, daß die Reichsbahn nicht zu den Lieblingskindern im nationalsozialistischen Staat gehörte, der mehr an der Motorisierung und am Straßenbau interessiert war. Diese Politik ist nicht ohne Nachteile für die Verbesserung der Infrastruktur der Deutschen Reichsbahn geblieben. Es ist doch sehr bezeichnend, daß Hitler in seiner 1936 verfaßten Denkschrift[1] über den Vierjahresplan bei den von der Wirtschaft zu erfüllenden Forderungen den Verkehr nirgends erwähnt, obwohl die Leistungskapazität der Reichsbahn zu jener Zeit voll in Anspruch genommen war. Die 1937 und 1938 aufgetretenen Verkehrsschwierigkeiten erfüllten das Oberkommando der Wehrmacht mit der Sorge, ob seine Aufmarschplanungen und die Transporte für die Rüstungsindustrie im Bedarfsfalle mit Sicherheit gewährleistet sein würden.

In einem Vortrag am 24. 5. 1938 vor Beamten des Auswärtigen Amtes betonte der Chef des Wehrwirtschaftsstabes beim Oberkommando der Wehrmacht, Generalmajor Thomas, „daß die Erweiterung der Reichsbahn für eine Rüstung genau so wichtig sei wie die Fertigung von Waffen, Geräten und Munition“[2]. Trotz dieser Einsicht hat das Oberkommando der Wehrmacht nicht durchsetzen können, daß die Reichsbahn besser für die zu erwartenden hohen Leistungen in einem Kriege ausgestattet wurde. Am 14. 10. 1938 erklärte Göring in einer Besprechung mit dem Chef des Wehrwirtschaftsstabes im Oberkommando der Wehrmacht, „auf dem Verkehrsgebiet müsse sofort viel geschehen. Das Verkehrsministerium müsse einen Antrag für den Bau von rollendem Material und andere Forderungen stellen. Es ginge nicht weiter, daß die Wehrmacht den Wagenpark blockiert. Wenn es weiter erfolge, werde er Entscheidungen treffen, denn es sei nicht möglich, daß deswegen das Volk verhungert“[3]. Mit der Blockierung waren die bereitgestellten Leerzüge (Transportchefreserve) für den Aufmarsch gegen die Tschechoslowakei gemeint.

Ende 1938 endlich wurde der Reichsbahn ein erhöhtes Stahlkontingent zugebilligt und ein großzügiger Plan für die Beschaffung von Fahrzeugen aller Art für die Jahre 1940 bis 1943 aufgestellt. Wegen der durch den Kriegsausbruch veränderten Verhält-

[47] Verordnung über die Bestellung von Reichsverteidigungskommissaren vom 1. 9. 1939, RGBl. 1939 I, S. 1565 f.

[1] Treue, S. 208—210.

[2] IMT Bd. XXXVI, Dok. 028—EC, S. 128.

[3] IMT Bd. XXVII, Dok. 1301—PS, S. 162 f.

nisse und mit Rücksicht auf die Leistungsfähigkeit der Fahrzeugindustrie mußte dieses Programm aber wieder eingeschränkt werden[4].

In der ersten Sitzung des Reichsverteidigungsrates am 18. 11. 1938, an der auch Gercke und Dorpmüller teilnahmen, machte Göring auch Ausführungen über das Verkehrswesen. Er bemerkte, „daß das Rüstungsniveau auf das Dreifache zu steigern sei" und forderte u. a. eine Neuorganisation der Reichsbahn[5]. In der zweiten Sitzung des Reichsverteidigungsrates am 23. 6. 1939 erklärte Gercke: „Auf dem Gebiet des Verkehrs ist Deutschland z. Z. noch nicht kriegsbereit. ... die Erneuerung der Anlagen und Gleise z. Z. nur zu 50% durchführbar." Dorpmüller erläuterte dazu, „der Grund für den Mangel an rollendem Material liege darin, daß das Bahnnetz erheblich vergrößert wurde. Ferner brauchten die hinzugekommenen Reichsgebiete die Einrichtung eines neuen Verkehrs und neuer Eisenbahnlinien. Das dortige Material bedarf beträchtlicher Ergänzungen. Die Verzögerungen rührten davon her, daß das Reichsverkehrsministerium weder Stahl noch Material noch Personal erhielt, denn die Arbeiten der Reichsbahn und des Wasserstraßenbaus wurden nicht als staatlich wichtig bezeichnet"[6]. Göring stimmte zu, u. U. Teilabschnitte der Arbeiten des Reichsverkehrsministeriums als staatswichtig zu erklären und forderte zugleich den weiteren Ausbau der Landstraßen und der Reichsautobahnen sowie der Wasserstraßen.

General Thomas äußert zur Lage der Reichsbahn bei Kriegsbeginn: „Zu Beginn des Krieges stand die Reichsbahn im Zeichen von Spannungen, weil die Reichsbahn ihr Eisenbahnnetz und ihr rollendes Material nicht den Forderungen der deutschen Großrüstung hatte anpassen können"[7]. Gleichzeitig wirft er der Reichsbahn vor, „daß sie in der Verwendung ihrer Rohstoffe sich nicht rechtzeitig den Kriegserfordernissen angepaßt habe und organisatorisch und technisch manches versäumt habe, um der Verkehrslage Herr zu bleiben". Dieser Vorwurf ist wie manche militärische Aussage über die Reichsbahn so allgemein gehalten, daß eine Stellungnahme dazu nicht möglich ist.

Oberst i. G. Teske bemerkt: „Das Deutsche Reich war in diesen Krieg eisenbahnmäßig völlig unvorbereitet getreten: im Herbst 1939 gab es weniger Lokomotiven und rollendes Material als 1914. Schuld daran war die im Zuge der Zeit erfolgte Verlagerung des Schwerpunktes des innerdeutschen Verkehrswesens von der Eisenbahn auf das Gebiet des Kraftfahrwesens einschließlich der Reichsautobahnen. Demzufolge erwies sich auch die Personaldecke der Reichsbahn als zu kurz, als es galt, die erst kleine Eisenbahntruppe gemäß ihren voraussichtlichen Aufgaben mit Fachleuten aufzufüllen"[8].

Generalfeldmarschall Kesselring sagt zu den Kriegsvorbereitungen: „Es wurde allerorts das Maximum des überhaupt Erreichbaren angestrebt. Das Ganze war nahezu ausgeglichen, abgesehen von dem Mißverhältnis zwischen der Förderung der Motorisierung und der Vernachlässigung der Eisenbahnen"[9].

[4] Geschäftsbericht der Deutschen Reichsbahn über das Geschäftsjahr 1939, S. 8.
[5] IMT Bd. XXXII, Dok. 3575—PS, S. 411—415, Vermerk über die Sitzung.
[6] IMT Bd. XXXIII, Dok. 3787—PS, S. 144—160, Niederschrift über die Sitzung.
[7] Thomas, S. 197.
[8] Teske (2), S. 112.
[9] Kesselring (2), S. 22.

Vor Beginn des Zweiten Weltkrieges war das Reichsverkehrsministerium auch nicht genügend darüber unterrichtet, in welchem Umfang und unter welchen Bedingungen Transportaufgaben des Militärs und der Rüstung zu erfüllen sein würden. Dies war gar nicht möglich, da es weder einen Kriegsplan noch eine strategische Gesamtkonzeption gab[10]. Die speziellen bis dahin durchgeführten Rüstungsmaßnahmen reichten so für einen langdauernden Krieg nicht aus. Die politische und militärische Führung rechnete von vornherein nicht mit einem langen Krieg. Alle Gegner sollten in kurzen Feldzügen niedergerungen werden. Es kann also festgehalten werden, daß die Reichsbahn nur ungenügend ausgestattet in den langen Weltkrieg ging. Militärische Transportforderungen und Forderungen der Rüstung konnte sie nur für einen zeitlich und räumlich begrenzten Krieg erfüllen.

Rohde spricht von der Kriegsbereitschaft des „deutschen militärischen Transportwesen"[11]. Da das „militärische Transportwesen" selbst keine Transporte durchführt, wäre es wohl richtiger, von der Kriegsbereitschaft der transportausführenden Verkehrsträger zu sprechen.

[10] Jacobsen (7), S. 82.
[11] Rohde, S. 44.

II Der Zweite Weltkrieg — Die Kriegsschauplätze

1. Der Krieg mit Polen

Am 30. 8. 1939 hatte die polnische Regierung die Generalmobilmachung ab 31. 8., 0 Uhr, befohlen[1], nachdem schon vorher eine Teilmobilmachung angelaufen war[2]. Auf deutscher Seite standen für den zum 1. 9. 1939, 4.35 Uhr, befohlenen Angriff 57 meist aktive Divisionen, zu denen alle Panzerdivisionen und motorisierten Divisionen gehörten. Durch die zweimalige Verschiebung des Angriffstermins war das Überraschungsmoment verlorengegangen[3]. Die deutsche Luftwaffe setzte über 1 500 moderne Flugzeuge gegen Polen ein mit dem Auftrag, die polnische Luftwaffe niederzuringen und die polnische Mobilmachung durch Angriffe auf die polnischen Eisenbahnen zu stören. Die Anfangsoperationen verliefen wie erwartet. Panzerverbände rissen die polnische Front auf und drangen weit in die Tiefe vor[4]. Es kam nicht mehr zu einer geordneten Beendigung der polnischen Mobilmachung und zu größeren operativen Kräfteverschiebungen mit der Bahn. Auf polnischer Seite sollten 45 Infanterie-Divisionen, 16 Kavallerie- und 10 Grenzschutz-Brigaden aufmarschieren, tatsächlich kamen aber nur 37 Infanterie-Divisionen, 11 Kavallerie-Brigaden und 7 Grenzschutz-Brigaden in den Kampf[5].

Zu Beginn des Feldzuges sollten Kommandounternehmungen die Weichselbrücke bei Dirschau[6] und den Eisenbahntunnel unter dem Jabluncapaß[7] (Strecke Oderberg—Cadca) unversehrt in deutsche Hand bringen. Beide Unternehmen mißglückten, die Objekte wurden von den Polen gesprengt. Auch die Eisenbahnbrücke bei Graudenz sollte im Zuge eines Angriffs auf Graudenz überraschend in Besitz genommen werden. Das Unternehmen fand jedoch nicht statt, weil die Erfolgsaussicht zu gering erschien[8]. Erstmalig in einem Krieg wurde durch Luftangriffe das gegnerische Eisenbahnnetz kurzfristig nahezu völlig desorganisiert. So war bereits nach einer Woche der Verkehr auf den

[1] Görlitz (2) Bd. I, S. 50; Noel, S. 433.
[2] Halder-KTB Bd. I, 15. 8. 1939.
[3] v. Tippelskirch (2), S. 19 f.; v. Vormann, S. 65.
[4] v. Manstein, S. 41.
[5] O. V.: Der Luftkrieg in Polen. Schweiz. Militärzeitung, Jg. 1948, S. 136.
[6] Einzelheiten über das Dirschauer Kommandounternehmen bei Rohde, S. 81 f.
[7] Vgl. Buchheit (2), S. 311. — Die Darstellung, daß die beiden Tunnel auch bei einem zweiten Unternehmen am 1. 9. unbeschädigt in deutsche Hände kamen, ist nicht zutreffend. Beide Tunnel wurden von den Polen gesprengt. Nach Wiederhestellung einer Tunnelröhre war am 3. 2. 1940 wieder durchgehender Betrieb zwischen Oderberg und Cadca möglich. Notiz in: Die Reichsbahn, Jg. 1940, S. 112.
[8] de Jong, S. 153.

Eisenbahnstrecken Posen — Kutno — Warschau, Krakau — Radom — Deblin und Krakau — Tarnow — Lemberg völlig lahmgelegt. In der zweiten Woche des Feldzuges wurden besonders die Bahnanlagen im Nordosten Warschaus und die von Warschau nach Osten und Südosten führenden Strecken angegriffen[9]. Unter diesen Umständen war an eine geordnete Betriebsführung bei den polnischen Eisenbahnen nicht mehr zu denken. Trotz des schnellen Rückzuges konnten alle wichtigen Eisenbahnbrücken gesprengt werden. Der Ablauf des deutschen Vormarsches wurde dadurch kaum beeinträchtigt. Bereits am 19. 9. 1939 war der Polenfeldzug praktisch entschieden. Nur Warschau hielt sich, trotz mehrfacher Aufforderungen zu kapitulieren, bis zum 27. 9. 1939.

Am 17. 9. 1939 wurde Polen auch von der Sowjetunion angegriffen[10]. Deutschland und die Sowjetunion schlossen am 28. 9. einen Grenz- und Freundschaftsvertrag ab[11]. Nach diesem Vertrag und dem am 4. 10. 1939 in Kraft getretenen Zusatzprotokoll wurde Litauen der sowjetischen und die Wojewodschaft Lublin und der östliche Teil der Wojewodschaft Warschau, die östlich der ursprünglich im Zusatzprotokoll vom 23. 8. vereinbarten Demarkationslinie lagen, der deutschen Interessensphäre zugeschlagen. In dem geheimen Zusatzprotokoll zum Nichtangriffspakt Deutschland—Sowjetunion[12] wurde ein großzügiger Bevölkerungsaustausch vereinbart, über den später noch berichtet wird.

Während des Polenfeldzuges wurde an Ungarn das Ansinnen gestellt, die Benutzung seiner Bahnen für den Transport deutscher Truppen, die einen Übertritt polnischer Truppen nach Rumänien verhindern sollten, zu gestatten[13]. Ungarn lehnte diesen Antrag ab[14].

Der für die Kampfhandlungen benötigte Nachschub wurde so weit wie möglich mit der Bahn herangefahren und dann mit Lastwagen (Großtransportraum) weiterbefördert[15]. Hierbei ergab sich ein unerwartet hoher Verschleiß an Kraftfahrzeugen, der bei manchen Truppenteilen bis zu 50% anstieg[16]. Nach der Einnahme von Warschau wurden auf Grund der OKW-Weisungen Nr. 3 und 4 von 9. 9. bzw. 25. 9. 1939 die ersten größeren Verbände zur Verstärkung der Abwehr an die Westfront verlegt[17].

Nach Beendigung des Feldzuges in Polen wurden die ehemals deutschen Gebiete als Reichsgaue Danzig—Westpreußen und Wartheland, als Regierungsbezirke Kattowitz und Zichenau in das Reich eingegliedert[18] und am 1. 11. in Posen eine Reichsbahndirektion eingerichtet. Die rechtliche Grundlage für diese Neuordnung bildete die

9 Wehrmachtbericht vom 10. u. 11. 9. 1939.
10 v. Tippelskirch (2), S. 26.
11 RGBl. 1940 II, S. 3; Rönnefarth, H., S. 184 f.
12 Geheimes Zusatzprotokoll zum Nichtangriffspakt Deutschland—Sowjetunion vom 28. 9. 1939, Rönnefarth, H., S. 176 u. 184 f.; vgl. Kleist, S. 311 ff.
13 Halder-KTB Bd. I, 6. 9. 1939.
14 Halder-KTB Bd. I, 11. 9. 1939.
15 Vgl. Windisch, S. 40.
16 Vgl. Jacobsen (3), S. 513.
17 Vgl. v. Vormann, S. 171, 172, 175 u. 188.
18 RGBl. 1939 I, S. 2042.

Verordnung über die Eisenbahnen in den eingegliederten Ostgebieten vom 27. 11. 1939[19].

Mit der Eingliederung ehemals polnischer Gebiete in das Reich war das im April 1939 aufgestellte Ausbauprogramm Ostgrenze hinfällig geworden. Es wurde durch ein neues „Ausbauprogramm Ostgrenze" vom Januar 1940 ergänzt und erweitert; die für den Polenfeldzeug festgelegten Transportstraßen wurden bis zur östlichen Gouvernementsgrenze weitergeführt[20].

Schon unmittelbar nach Feldzugsbeginn wurde mit der Wiederherstellung der zerstörten Eisenbahnen begonnen und so gut es eben ging auf einzelnen Streckenabschnitten Behelfsbetrieb gemacht. Die wenigen Eisenbahnpioniere und militärischen Eisenbahnkolonnen reichten nicht einmal für die Beseitigung der Zerstörungen an den Hauptstrecken aus. Deshalb wurden Bauzüge der Deutschen Reichsbahn, deutsche und polnische Baufirmen sowie zusätzliche Kräfte der Organisation Todt und des Reichsarbeitsdienstes eingesetzt[21]. Der Oberbefehlshaber des Heeres Generaloberst von Brauchitsch hat mit einem Schreiben vom 26. 9. dem Reichsverkehrsminister Dr. Ing. Dorpmüller den Dank für die hervorragenden Leistungen der Eisenbahner während des Feldzuges in Polen ausgesprochen[22]. Am 18. Oktober wurde bei Dirschau eine behelfsmäßige eingleisige Eisenbahnbrücke über die Weichsel in Betrieb genommen. Am Ende des Jahres 1939 war trotz der sehr umfangreichen Zerstörungen nahezu das ganze polnische Netz, wenn auch noch eingeschränkt, betriebsfähig[23]. Die Wiederherstellungsarbeiten waren bis auf die endgültige Wiederherstellung einiger großer Strombrücken im Frühjahr 1940 praktisch abgeschlossen[24].

Nach der Kapitulation Polens wurde am 25. 9. 1939 eine Militärverwaltung eingerichtet[25], die am 26. 10. mit der Errichtung des Generalgouvernements[26] durch eine Zivilverwaltung abgelöst wurde. Im besetzten Gebiet wurde zunächst von den angrenzenden Reichsbahndirektionen ein Behelfsbetrieb aufgenommen. Feldeisenbahnabteilungen, die einen militärischen Eisenbahnbetrieb hätten aufnehmen können, gab es noch nicht. Eine vorübergehende Unterstellung der Reichsbahn unter den Transportchef in diesem Gebiet hat Hitler abgelehnt[27]. Am 20. 9. wurde in Berlin eine Eisenbahndirektion für die besetzten polnischen Gebiete zusammengestellt und am 25. 9. nach Lodz in Marsch gesetzt. Mit der Übernahme der Regierungsgewalt im Generalgouvernement durch den Generalgouverneur erhielt die Eisenbahndirektion Lodz den Namen „Generaldirektion der Ostbahn"; sie verlegte im November ihren Sitz nach Krakau, dem Sitz der Regierung des Generalgouverneurs[28].

19 RGBl. 1939 I, S. 2302.
20 „Ausbauprogramm Ostgrenze" vom 10. 2. 1940, BA—MA Freiburg i. Br., H 12/186.
21 Wehrmachtbericht vom 9. 10. 1939.
22 Gedruckt in: Die Reichsbahn, Jg. 1939, S. 492 f.
23 Schaper (1), S. 817—827 u. 829—838.
24 Massute (2), Blatt A 2.
25 Pischel (3), S. 6.
26 RGBl. 1939 I, S. 2077.
27 Bork (2), S. 33.
28 Pischel (3), S. 7 f. Mit der Geschichte der Generaldirektion der Ostbahn von 1939—1945 hat sich Pischel (3) ausführlich befaßt.

Die rechtlichen Grundlagen für das Eisenbahnwesen des Generalgouvernements bildete die Verordnung über die Verwaltung des Eisenbahnwesens im Generalgouvernement vom 9. 11. 1939[29], ferner die erste Durchführungsvorschrift zu dieser Verordnung vom 23. 4. 1940[30], sowie die Verwaltungsordnung der Ostbahn[31]. Die Generaldirektion war oberste Betriebsverwaltung, zugleich aber auch eine Hauptabteilung in der Regierung der Generalgouvernement-Hoheitsverwaltung. Die Aufsicht über die Ostbahn führte der Reichsverkehrsminister[32], der auf den Sachgebieten Verkehr, Betrieb, Betriebsmaschinendienst, Bau, Werkstättendienst und deutsches Personal weisungsberechtigt war. Inwieweit das Reichsverkehrsministerium in die Organisation der Generaldirektion der Ostbahn eingreifen konnte, war nirgends festgelegt. Dadurch entstanden später bedauerliche Auseinandersetzungen[33]. In überbezirklichen Angelegenheiten der Betriebsführung war die Generaldirektion der Ostbahn an die Weisungen der Oberbetriebsleitung Ost in Berlin gebunden. Im Zuge des fortschreitenden Wiederaufbaus der Wirtschaft im Generalgouvernement normalisierte sich sowohl der Binnenverkehr als auch der Transitverkehr nach der Slowakei, Ungarn und Rumänien. Im Anschluß an die deutsch-sowjetischen Wirtschaftsverhandlungen war im Dezember 1939 ein provisorisches Eisenbahnabkommen abgeschlossen worden, das am 1. 10. 1940 durch endgültige Abkommen ersetzt wurde[34].

Auf Grund des deutsch-russischen Wirtschaftsabkommens vom 11. 2. 1940 entwickelte sich ein starker Güteraustausch. Für den Umschlag von Breit- auf Normalspur wurden zwei leistungsfähige Umladebahnhöfe in Malascewice bei Brest und Zurawica bei Przemysl gebaut, über die der überwiegende Teil der Transporte lief. Erdöltransporte aus Rumänien liefen mit Zustimmung der Sowjetunion über die von ihr nicht umgespurte Normalspurstrecke Oraseni — Kolomea — Stanislau — Drohobycs — Przemysl[35]. Durch die Räumung des Ölgebietes von Boryslaw—Drohobycz auf Grund der am 28. 9. 1939 festgelegten deutsch-sowjetischen Demarkationslinie waren die Transporte auf dieser Strecke von besonderer Wichtigkeit für die deutsche Kriegswirtschaft. Der Güteraustausch mit der Sowjetunion (durchschn. 15 Züge pro Tag und Richtung) wickelte sich zügig ab. Ende Oktober kam die „Kohlenmagistrale" von Oberschlesien nach Gdingen wieder in Betrieb, die die Versorgung Ostpreußens mit oberschlesischer Kohle wesentlich erleichterte. Ebenso wichtig war nach der Wiederherstellung des Jablunca-tunnels am 5. 2. 1940 die Inbetriebnahme der Strecke Oderberg—Cadca für den Verkehr nach dem Südosten, vor allem nach der Slowakei, Ungarn und Rumänien.

Ende 1939 begann der am 28. 9. mit der Sowjetunion vereinbarte Bevölkerungsaustausch, bei dem vom 21. 12. — 31. 1. 1940 im strengsten Winter rd. 118 000 Volks-

29 Verordnungsblatt des Generalgouvernements 1939, S. 29.
30 Verordnungsblatt des Generalgouvernements 1939, S. 251.
31 Verordnungsblatt des Generalgouvernements 1939, S. 255.
32 Gerteis, S. 4; ZVMEV, Jg. 1941, S. 373 f.
33 Pischel (3), S. 10.
34 Holtz (2), S. 27.
35 Notiz in: Die Reichsbahn, Jg. 1940, S. 94; vgl. Gafencu, S. 341; Brief des Reichsaußenministers v. Rippentrop an den Präsidenten des Rats der Volkskommissare der UdSSR Molotow vom 28. 9. 1939. Abgedruckt in Seidl, S. 129.

deutsche mit Pferden, Großvieh und Wagen aus Wolhynien, Podolien, der Bukowina und Bessarabien durch das Gouvernement transportiert werden mußten[36]. Etwa zur gleichen Zeit liefen die Aussiedlertransporte mit Polen aus den neu eingegliederten Ostgebieten nach dem Generalgouvernement an, die bis März 1941 andauerten[37].

Nachdem die Bahnen im Bereich der Generaldirektion der Ostbahn (Gedob) im wesentlichen wiederhergestellt waren, stellte das Oberkommando der Wehrmacht im Juli 1940 die ersten Ausbauanforderungen. Hitler gab am 21. 7. in Berlin dem Oberbefehlshaber des Heeres v. Brauchitsch den Auftrag, sich mit der Vorbereitung für einen Rußlandfeldzug zu befassen[38]. Die im Oktober an die Ostbahn gestellten Ausbauforderungen des Oberkommandos der Wehrmacht waren im sogenannten „Otto-Programm" zusammengefaßt. Ziel des Ausbaus war, leistungsfähige, von einander unabhängige, durchgehende Transportstrecken nach der russischen Grenze zu schaffen. Dazu kam die Forderung des Ausbaues von Querverbindungen, der Kohlenmagistrale, sowie der auf den Hauptknoten Warschau führenden Strecken und die Erschließung der Industrie in den Räumen Warschau, Radom und Galizien. Das Bauprogramm mußte bis zum 10. 5. 1941 durchgeführt sein. Für die Steuerung der umfangreichen Baustofftransporte hatte die Generalbetriebsleitung Ost eine Zweigstelle in Breslau eingerichtet. Zur Durchführung des Programms bemerkt der Präsident der Ostbahn Gerteis: „Es war von vornherein klar, daß angesichts des bevorstehenden Winters das große Programm vom Oktober bis zum Frühjahr, wenn überhaupt, so doch höchstens ganz feldmäßig so weit durchgeführt werden konnte, daß die geforderten Leistungen vielleicht kurze Zeit im Sommer eben erreicht werden konnten. Der solide Ausbau für eine Dauerleistung und die Winterfestigkeit der Anlagen konnten dann erst anschließend erreicht werden, zumal ein Programm von ähnlichem Ausmaß für den Ausbau des Straßenverkehrs im Generalgouvernement abgewickelt werden mußte. Dabei mußte der Straßenbau vielfach dieselben Ein- und Ausladebahnhöfe für die Zufuhr der Stoffe benützen wie die Ostbahn mit ihren Transporten für das „Otto-Programm". Eine Überlastung dieser Strecken und Bahnhöfe war die Folge und eine gegenseitige Behinderung der Arbeiten. Eisenbahntruppen, deutsche und polnische Baufirmen, polnischer Baudienst waren in einer Gesamtstärke von rd. 30 000 Mann eingesetzt mit dem Erfolg, daß trotz des sehr harten Winters 1940/41 das Programm zwar nicht bis zum 10. Mai 1941 aber doch eben rechtzeitig bis zum 15. Juni allerdings sehr feldmäßig fertiggestellt werden konnte, während der Vollausbau und die Winterfestigkeit in den Jahren 1941 und 1942 mit Spitzen[39] sogar erst 1944 erreicht werden konnten, weil immer wieder in der Praxis Ergänzungen der Bauvorhaben sich als notwendig erwiesen"[40].

Die aus militärischen und wirtschaftlichen Gründen erforderlichen weiteren Ausbauten der Bahnen bis in das Jahr 1944 liefen unter dem Stichwort „Ostbau" und wurden als

[36] Pischel (3), S. 36.
[37] Einzelheiten bei Broszat, S. 86—101.
[38] v. Tippelskirch (2), S. 172.
[39] Gemeint sind einige langfristige Vorhaben.
[40] Gerteis, S. 52.

„Ostbauprogramme“ bezeichnet[41]. Die Leistungsfähigkeit der Ostbahn blieb im Winter 1940/41 auf allen vom „Otto-Programm“ berührten Strecken hinter den Forderungen des Verkehrs zurück, worunter besonders im Generalgouvernement die Wirtschaft und die Kohlenversorgung zu leiden hatten[42].

Im weiteren Verlauf des Krieges traten bei der Ostbahn zeitweise erhebliche Betriebsschwierigkeiten auf, die sich im Krieg mit der Sowjetunion störend auswirkten.

In den beiden ersten Jahren der Besatzungszeit wurde der Eisenbahnbetrieb nicht gestört. Auch in den Jahren 1941 und 1942 gab es nur wenige Sabotagen ohne fühlbare Auswirkungen. Mit der Wende des Kriegsglückes ab 1943 nahmen sie merklich zu und behinderten die Betriebsabwicklung beträchtlich.

2. Der Krieg mit Frankreich, Belgien und Holland

Frankreich und England, beide mit Polen verbündet, erklärten Deutschland am 3. September 1939 den Krieg. Nach der Weisung Hitlers Nr. 2 für die Kriegführung vom 3. 9.[1] war die Eröffnung der Feindseligkeiten im Westen den Gegnern überlassen. Der am 25. 8. 1939 gegebene X-Befehl[2] wurde auf die ganze Wehrmacht ausgedehnt und die Umstellung der gesamten Wirtschaft auf die Kriegswirtschaft angeordnet. Nach dem Mobilmachungskalender setzte die Reichsbahn zur Bewachung der nach Westen führenden Strecken den verstärkten Bahnschutz ein. Allein im Bezirk der Reichsbahndirektion Köln waren rd. 4 000 Mann eingesetzt. Etwa ein Vierteljahr vor Beginn des Westfeldzuges hat die Wehrmacht (Landesschützen) den Schutz der Bahnanlagen übernommen[3].

Für den Fall des Kriegszustandes mit Frankreich war die Räumung gewisser Grenzgebiete in einer Breite von etwa 10—15 km, der sogenannten „Roten Zone“, vorgesehen. In diese Zone fiel der am dichtesten bevölkerte Teil des Saarlandes mit Saarbrücken und dem Industriegebiet, das sich längs der Grenze von Burbach über Völklingen, Dillingen bis in die Gegend von Merzig erstreckt. Am 29. 8. wurde die Vorbereitung und Aufstellung der Organisation zur Rückführung der Bevölkerung freigegeben[4] und am 1. 9. mit der Abbeförderung der Westwallarbeiter bei der 1. Armee begonnen[5]. Am 2. 9. genehmigte Hitler die Räumung der Roten Zone. Erster Freimachungstag war der 4. 9. 1939[6]. Auf Veranlassung des Gauleiters Bürckel kam eine Fluchtbewegung in Gang, bei der 50 000 Menschen die Bahnhöfe belagerten[7]. Bereits am 3. 9. waren schon 250 000 Menschen in etwa 150 Zügen zurücktransportiert wor-

41 Siehe Seite 134, 253 f.
42 Gerteis, S. 20.
1 Weisungen, S. 23.
2 Siehe Seite 42.
3 Halder-KTB Bd. I, 9. 2. 1940 u. 6. 6. 1940.
4 Halder-KTB Bd. I, 29. 8. 1939.
5 Wagner-Tagebuch, 1. 9. 1939, S. 117.
6 Wagner-Tagebuch, 2. 9. 1939, S. 120.
7 Wagner-Tagebuch, 2. 9. 1939, S. 119 f.

den[8]. Die Reichsbahndirektion Saarbrücken verlegte ihren Sitz am 3. 9. nach Koblenz, wo sie bis zum 23. 7. 1940 verblieb und verwaltete dort den nördlichen Direktionsbezirk, während der Südbezirk von der Reichsbahndirektion Mainz übernommen wurde. Am Tage darauf räumten die in der Roten Zone liegenden Dienststellen. Aus der Roten Zone wurden in Zusammenarbeit mit der Industrie und mit Wehrmachtsstellen hochwertige Maschinen und industrielle Güter mit der Bahn zurückgeführt. Auch am Oberrhein lief die Räumung, von der 135 000 Menschen betroffen waren, an[9]. Insgesamt wurden 114 Räumungszüge gefahren. Ende September wurde in Frankfurt/M. eine Eisenbahntransportabteilung West eingerichtet, der die Transportkommandanturen Münster/W., Essen, Wuppertal, Köln, Saarbrücken, Mainz, Frankfurt/M., Karlsruhe und Stuttgart unterstanden.

Am 21. 8. 1939 erhielten die französischen Eisenbahnen (Société Nationale des Chemins de fer Française — S. N. C. F.) eine Vorwarnung über die beabsichtigte Mobilmachung[10]. Erster Mobilmachungstag in Frankreich war der 2. 9. 1939. Einschließlich der Voraustransporte wurden von der S. N. C. F. zwischen dem 21. 8. und dem 24. 9. 1939 8 740 Züge gefahren, davon 6 700 im Militär-(Parallel-)Fahrplan[11]. Nach vorbereitenden Verhandlungen in den Jahren 1936 und 1938 war im April 1939 der Aufmarsch eines britischen Expeditionskorps bearbeitet worden[12].

Am 12. 10. 1939 haben die Franzosen die Eisenbahnbrücken über den Rhein bei Wintersdorf, Breisach und Neuenburg[13] und am 14. 5. 1940 die Kehler Eisenbahnbrücke[14] gesprengt. Auf Grund von Artikel 66 des Versailler Vertrages waren die Eisenbahnbrücken über den Rhein auf ihrer ganzen Länge französisches Eigentum geworden.

Nach der Kapitulation Polens gab Hitler in der Weisung Nr. 6 für die Kriegführung vom 9. 10. 1939[15] den Auftrag, sobald als möglich den Angriff im Westen vorzubereiten. Im Oktober wurden zwei Aufmarschanweisungen „Gelb" herausgegeben[16]. Als Angriffstermin war der 12. 11. vorgesehen. Dieser mußte jedoch aufgegeben werden, weil die Unterlagen für das Vorhaben Ende Oktober in belgische Hände gefallen waren[17]. Im Laufe des Winters und Frühjahres wurde der Feldzugsplan geändert (Sichelschnittplan) und der Angriffstermin insgesamt 29mal verschoben[18]. Diese Unschlüssigkeiten hielten die beteiligten Bahnbevollmächtigten monatelang in Spannung. Zweimal, am 12. 1. 1940 und am 10. 4. 1940, waren Transportbefehle an die Reichsbahn ergangen[19]. Wegen der Hinausschiebung des Angriffstermins war fast ein halbes Jahr lang Leerma-

[8] Wagner-Tagebuch, 3. 9. 1939, S. 123.
[9] Wagner-Tagebuch, 3. 9. 1939, S. 121.
[10] Durand, S. 14. Einzelheiten über die eisenbahnmilitärischen Vorbereitungen ebenda, S. 11—26; vgl. Wernekke (1), S. 564.
[11] Durand, S. 22.
[12] Durand, S. 16.
[13] Durand, S. 33; vgl. o. V.: Die deutschen Rheinbrücken, S. 45—52.
[14] Halder-KTB Bd. I, 15. 5. 1940.
[15] Weisungen, S. 32 f.
[16] v. Tippelskirch (2), S. 31.
[17] Gehlen, S. 236.
[18] Jacobsen (5), S. 141.
[19] Halder-KTB Bd. I, 12. 1. 1940 u. 10. 4. 1940.

terial gebunden, das der Wirtschaft sehr fehlte. Am 27. 4. entschloß sich Hitler zum Angriff zwischen dem 1. und 7. Mai[20]. Nach nochmaligem Hin und Her entschied er, am 10. Mai 5.30 Uhr anzugreifen. Insgesamt traten 136 Divisionen zum Angriff an[21].

Ein Aufmarsch im üblichen Sinn fand vor Beginn des Westfeldzuges nicht mehr statt, da die meisten Divisionen bereits nach Beendigung des Polenfeldzuges nach und nach in den Westen verlegt worden waren. Zur schnellen Heranführung der noch benötigten Divisionen wurde am 10. 5. 1940 der Höchstleistungsfahrplan eingeführt. Durch eine vorausgehende Annahme- und Rückhaltesperre waren die westlichen Direktionsbezirke im erforderlichen Maß entlastet worden[22]. Bereits am 25. 5. wurde der Höchstleistungsfahrplan auf die linksrheinischen Gebiete beschränkt und ab 13. 6. war im gesamten Reichsgebiet wieder der normale Fahrplan in Kraft.

In der Frühe des 10. Mai um 4.45 Uhr traf in Euskirchen der Sonderzug Hitlers und kurz danach der von Göring ein. Beide begaben sich anschließend in das bei Münstereifel vorbereitete Führerhauptquartier[23]. Auch das Oberkommando der Wehrmacht verlegte in dieser Nacht von Zossen nach Münstereifel. Die Feldtransportabteilung und Mineis (L) beim Transportchef führten ab 26. 5. von Gießen (Verdun-Kaserne) und ab 26. 6. von Brüssel aus. Wie vorgesehen begann der Westfeldzug am 10. 5. 1940 um 5.30 Uhr.

Die deutschen Streitkräfte gliederten sich in drei Heeresgruppen. Die Heeresgruppe B griff Holland und Belgien an. Bereits am 15. 5. kapitulierte Holland und am 28. 5. auch Belgien.

Der Feldzug in Frankreich vollzog sich in zwei Phasen. Die Heeresgruppe A durchbrach mit starken Panzerkräften die französische Front und überschritt die Maas bei Sedan und Dinant und erreichte bereits am 17. 5. die Oise östlich St. Quentin. Am 20. 5. standen die Spitzen in Amiens und am 21. 5. in Abbéville. Schnelle Verbände stießen nach vorübergehenden Anhalten umfassend bis zur Kanalküste durch (Sichelschnittplan) und nahmen am 4. 6. Dünkirchen ein, nachdem es den Engländern unter Zurücklassen ihres Materials gelungen war, sich vorher einzuschiffen.

Nach Neugruppierung und Auffrischung der Verbände begann am 5. 6. die eigentliche Schlacht um Frankreich. Am 14. 6. wurde Paris kampflos besetzt. Kurz zuvor war am 9. 6. die sofortige Verlegung der Generaldirektion der S. N. C. F. an verschiedene Orte im Westen und Süden des Landes angeordnet worden. Der Generaldirektor und die technischen Dienste verlegten nach Bordeaux[24]. Die Heeresgruppen A und B drangen tief in Frankreich ein. Ebenfalls am 14. 6. überwand die Heeresgruppe C die Maginotlinie und überschritt am 16. 6. den Oberrhein[25]. Der Betrieb auf der Oberrheinstrecke zwischen Müllheim (Baden) und Weil (Rhein) kam durch Beschuß und angerichtete Zerstörungen vorübergehend zum Erliegen. Kurz vor Beendigung des Feld-

[20] v. Tippelskirch (2), S. 73.
[21] Westphal, S. 124, v. Vormann, S. 171 f. 175 u. 188.
[22] Niederschrift über die 78. Präsidentenkonferenz am 4. 6. 1940.
[23] IMT Bd. XXVIII. Dok. 1809—PS, S. 429, Jodl-Tagebuch. 10. 5. 1940.
[24] Durand, S. 51.
[25] Über die Entwicklung der französischen Eisenbahnverhältnisse vgl. Durand, S. 50—57.

zuges, am 21. 6., griff Italien an der Alpenfront Frankreich an. Am 24. 6. wurde in Compiègne der Waffenstillstandsvertrag abgeschlossen.

Bei dem raschen Ablauf des Feldzuges spielten die Eisenbahnen deutscherseits, wie wir noch sehen werden, keine große aber dennoch wichtige Rolle. Im deutschen Operationsplan war die überraschende Inbesitznahme wichtiger Eisenbahn- und Straßenbrücken durch Luftlandetruppen und Kommandounternehmungen vorgesehen, von denen allerdings nur ein Teil gelungen ist. Die Eisenbahnbrücke bei Gennep, die Albertkanalbrücke westlich Maastricht, die Moerdijkbrücke konnten unversehrt in deutsche Hand gebracht werden[26]. Zahlreiche wichtige Eisenbahnbrücken über Maas, Waal, Lek, Yssel und über viele Kanäle wurden gesprengt. Während des ganzen Westfeldzuges war die deutsche Luftwaffe überlegen. Sie griff Eisenbahnanlagen und Eisenbahntransporte hinter der Front an. Bei den belgischen Bahnen war der Betrieb schon bald nach Feldzugsbeginn stark angeschlagen. Eine zuverlässige Durchführung von Truppentransporten war nicht mehr möglich. Durch die Rückführung von Lokomotiven und Wagen und durch die Zerstörung an den Anlagen wurde ihr Betrieb immer stockender[27]. Unter den obwaltenden Umständen war das auch kaum anders zu erwarten. Dazu kam noch, daß im allgemeinen Durcheinander belgische Eisenbahner nicht überall zum Dienst erschienen[28]. Hier zeigte sich erstmalig in diesem Krieg, wie wichtig die rechtzeitige Organisation der betrieblichen Zusammenarbeit und klare Regelung der Befehlsbefugnisse bei zusammenarbeitenden Eisenbahnverwaltungen in krisenhaften Situationen ist.

Auch der französische Eisenbahnbetrieb wurde durch die deutschen Luftangriffe stark in Mitleidenschaft gezogen[29]. Bei der großen Dichte des Eisenbahnnetzes mit vielen Verbindungskurven und der gut eingespielten Organisation des französischen Militärtransportwesens kam es aber nicht zum Zusammenbruch des Betriebes. Die Durchführung von Truppentransporten war wohl stark behindert und mit großen Verspätungen verbunden, aber nicht unmöglich gemacht worden[30]. Für die gegnerische Führung war es schlimm genug, daß ihre Reserven nicht rechtzeitig zum Einsatz kamen[31]. Besonders schwer wurde der Bahnhof Rennes betroffen, wo am 17. 6. ein Munitionszug zwischen überfüllten Flüchtlingszügen in die Luft flog. Hierbei waren 2 000 Tote und 900 Verwundete zu beklagen[32].

Während des ersten Teils des Westfeldzuges übernahmen motorisierte Nachschubkolonnen die Hauptlast der Versorgung[33]. Im Südosten Belgiens lief auch Nachschub über die Strecke Bastogne (15. 5.)—Libramont (17. 5.)—Givet (23. 5.)[34]. Vor Beginn der Schlacht um Frankreich am 5. 6. 1940 mußte eine neue Versorgungsbasis im Raume Brüssel—Tournay—Charleroi aufgebaut werden[35]. Der Wiederaufbau der

[26] Halder-KTB Bd. I, 10. 5. 1940.
[27] Vgl. Horne, S. 335.
[28] Durand, S. 38.
[29] Einzelheiten bei Durand, S. 35—49.
[30] Hierzu Einzelheiten bei Liß (1), S. 698—707; vgl. v. Tippelskirch (2), S. 80; Durand, S. 35—49.
[31] Liß (2), S. 181
[32] Benoist-Méchin, S. 398.
[33] Vgl. Weinknecht in Wagner, E., S. 253 f.
[34] Halder-KTB Bd. I, 15. 5. 1940 u. 16. 5. 1940.
[35] Halder-KTB Bd. I, 20. 5. 1940; Weinknecht in Wagner, E., S. 256.

zerstörten Eisenbahnen in Belgien war zu diesem Zeitpunkt noch nicht weit gediehen. Es war aber gelungen, eine Eisenbahnverbindung von Kaldenkirchen über Venlo, Eindhoven und von da über Boxtel, Tilburg, Roosendaal nach Antwerpen bzw. von Eindhoven nach Hasselt herzustellen und behelfsmäßig in Betrieb zu nehmen. Immerhin waren bereits am 22. 5. Antwerpen und Hirson mit Umschlag in Dinant erreicht. Am 1. 6. waren die Betriebsspitzen in Brüssel und Gembloux, am 5. 6. in Ath[36]. Der Chef des Generalstabes Halder war mit dem Fortschritt der Wiederherstellung nicht zufrieden und bemängelte dies beim Chef der Feldtransportabteilung Oberst i. G. Bork[37]. Gegen Ende Juni hatten die Betriebsspitzen bereits den nordfranzösischen Raum über Lille, Valenciennes, Aulnoye und Hirson bis zur Linie Amiens—Laon erreicht. Mit ihren Zügen hat die Eisenbahn den Aufbau der Nachschubbasis wirksam unterstützt und beschleunigt[38]. In der zweiten Phase des Frankreichfeldzuges hat die Eisenbahn Nachschubzüge bis an die Somme und Aisne gefahren[39]. Außerdem hat die Deutsche Reichsbahn noch auf andere Weise zur Lösung des Nachschubproblems beigetragen. Auf Anforderung des Generalquartiermeisters Wagner zog sie kurzfristig Fernlastzüge (25 t) mit ca. 10 000 Tonnen Transportraum aus dem Verkehr und stellte sie für Nachschubtransporte zur Verfügung[40].

Die Niederländischen Eisenbahnen dienten von Kriegsbeginn bis zur Kapitulation ausschließlich militärischen Zwecken. Durch die deutsche Besetzung ist in der Leitung des Betriebes keine Änderung eingetreten[41]. Am 16. 5. nahmen die Niederländischen Eisenbahnen die Arbeit wieder auf. Als Aufsichtsorgan wurde ein Bahnbevollmächtigter der Deutschen Reichsbahn eingesetzt. Die Wahrung der eisenbahnmilitärischen Belange übernahm eine Transportkommandantur.

In Belgien waren zahlreiche Brücken gesprengt, sowie Lokomotiven und Wagen zurückgeführt worden. Ein großer Teil des Eisenbahnpersonals war geflohen. Unter anderem waren 292 Brücken, 10 Tunnel und 60 Überführungen zerstört oder schwer beschädigt[42]. Dazu kamen noch Zerstörungen, die durch Luftangriffe an Bahnanlagen und rollendem Material entstanden waren.

Für die Inbetriebnahme der Strecken waren auf dem Truppenübungsplatz Wahn Eisenbahner aus allen Teilen Deutschlands zusammengezogen worden. Dabei traten anfänglich Schwierigkeiten in der Ausrüstung und Verpflegung auf, die jedoch alsbald überwunden wurden. Das Oberkommando der Wehrmacht hatte zunächst 5000 Eisenbahner angefordert. Im Verlauf des Westfeldzuges erhöhte sich die Zahl auf 35 000.

Im besetzten Gebiet Frankreichs war der allgemeine Verkehr durch die Kriegshandlungen mit ihren zahlreichen Zerstörungen an Anlagen und rollendem Material völlig zusammengebrochen und konnte nur nach und nach wieder in Gang gebracht werden.

[36] Halder-KTB Bd. I, 22. 5. 1940 u. 31. 5. 1940.
[37] Halder-KTB Bd. I, 15. 6. 1940.
[38] Das Halder-KTB Bd. I enthält mehrere Angaben über die Eisenbahnlage und Transportleistungen der Eisenbahn.
[39] Halder-KTB Bd. I, 16. 6. 1940.
[40] Weinknecht in Wagner, E., S. 258 f; Windisch, S. 41.
[41] Geschäftsbericht der Deutschen Reichsbahn über das Geschäftsjahr 1940, S. 16 f.
[42] Schulze, S. 337.

Besonders hemmend wirkten sich die starken Zerstörungen an dem Fernsprechnetz und den Signalanlagen, sowie einige nachhaltige Tunnelsprengungen im französisch-belgischen Grenzraum aus. Bei Beginn des Waffenstillstandes am 25. 6. waren im Netz der S. N. C. F. u. a. 448 Brücken, 27 Tunnel und 67 Straßenüberführungen zerstört[43]. Auch in Frankreich waren viele Eisenbahner nach dem Süden des Landes geflüchtet.

Während des Vormarsches stellten deutsche Eisenbahnpioniere zunächst die zur Front führenden Strecken behelfsmäßig eingleisig her. Nachdem die Dringlichkeit der Wiederherstellung festgelegt worden war, arbeiteten ab Ende Juni auch deutsche Eisenbahner an der Wiederherstellung der Strecken mit. Außer Reichsbahnbauzügen und Bauformationen der Wehrmacht wurden auch einheimische Bauunternehmungen eingesetzt. Ende Juli erhielten die belgischen Staatsbahnen S. N. C. B. und die S. N. C. F. den Auftrag, mit der systematischen Wiederherstellung des Netzes zu beginnen und die Wiederaufnahme des Betriebes vorzubereiten. Nur im Küstengebiet blieb der Betrieb zunächst in deutschen Händen[44]. Die Wiederherstellungsarbeiten wurden während des Sommers mit großem Nachdruck betrieben. Allein im Bereich der Wehrmachtverkehrsdirektion Brüssel waren über 50 Gleis- und Weichenbauzüge aus dem Reich eingesetzt. Durch die zunehmende Mitarbeit französischer und belgischer Eisenbahner schritten die Wiederherstellungsarbeiten nunmehr rasch voran. Am 11. 7. erklärte General Gercke, daß sich die Leistungen der Verbindungen mit Deutschland bis zum 20. 8. wieder den Friedensleistungen nähern würden[45]. Mitte Juli setzte bereits der Rücktransport von Truppen nach dem Osten ein[46]. Gegen Ende dieses Monats konnte wieder einigermaßen zugleitungsmäßig gearbeitet werden. Nach und nach konnten die Strecken den einheimischen Verwaltungen zur Betriebsführung unter deutscher Aufsicht übergeben werden. Am 1. 8. 1940 übernahmen die S. N. C. F. und die S. N. C. B. wieder die gesamte Betriebsführung[47], so daß ein Teil des deutschen Betriebspersonals in die Heimat zurückkehren konnte. Während und nach dem Westfeldzug waren 700 deutsche Lokomotiven eingesetzt, die Ende August 1940 wieder zurückgezogen wurden[48].

Die Eisenbahnpioniere hatten die Strecken zunächst für eine Leistung von täglich sechs Zügen hergerichtet. Da dies den steigenden Bedürfnissen nicht genügte, befahl der Chef des Transportwesens den Ausbau wichtiger Transportlinien auf eine Regelleistung von 36 Zügen in jeder Richtung. Ab September mußten die zweigleisigen Strecken eine Leistung von 48 Zügen und die wichtigeren eingleisigen Strecken auf eine von 36 Zügen gebracht werden[49]. An der Wiederherstellung der Brücken nahmen auch deutsche Stahl- und Tiefbaufirmen und Stahlbauzüge der Reichsbahn teil.

[43] Vgl. Organ für die Fortschritte des Eisenbahnwesens Jg. 1943, S. 41 (Angaben ohne Elsaß und ohne das von den Italienern besetzte Gebiet).
[44] Siehe Seite 61 f.
[45] Halder-KTB Bd. II, 17. 7. 1940.
[46] Halder-KTB Bd. II, 4. 7. 1940.
[47] Angaben der HVD Brüssel, 3. Ausg. Brüssel 1942, S. 7; vgl. Durand, S. 128.
[48] KTB/OKW Bd. I, 29. 8. 1940.
[49] Bartsch, S. 4 f.

Zu den anfänglichen Schwierigkeiten bei der Betriebsführung auf den behelfsmäßig wiederhergestellten Strecken trug auch die mangelnde Einsicht der Wehrmacht bei. Da der Zulauf an Nachschubzügen nicht genügend auf die schwache Ausladeleistung der Zielbahnhöfe abgestimmt wurde, bildete sich ein Rückstau von Nachschubzügen, der sich nachteilig auf die Gesamtleistung auswirkte. Erst nach und nach kam der Betrieb durch eine straffere Steuerung der Nachschubzüge wieder in Ordnung. Durch Feindeinwirkungen aus der Luft wurde der Betrieb kaum beeinträchtigt.

Schon bald nach Feldzugbeginn änderte sich die Eisenbahnorganisation in Belgien und Frankreich. Am 18. 5. kamen die Gebiete von Eupen, Malmedy und Moresnet zum Reich[50]. Die Eisenbahnen dieses Bereiches wurden der Reichsbahndirektion Köln angegliedert. Am 20. 5. übte in Brüssel der „Militärbefehlshaber Belgien, Niederlande und Luxemburg" die vollziehende Gewalt aus[51]. Kurz danach, am 28. 5., wurde ein Reichskommissar (Seyß-Inquart) für die besetzten niederländischen Gebiete eingesetzt und bei dessen Dienststelle eine Eisenbahnabteilung mit einigen Reichsbahnbeamten eingerichtet. Diese Abteilung bestand bis zum 13. 4. 1945.

Für das besetzte Frankreich, ohne die beiden dem „Wehrmachtbefehlshaber Belgien—Nordfrankreich" unterstellten Départements — Pas de Calais und Nord[52] — und ohne das der französischen Regierung in Vichy unterstehende unbesetzte Gebiet Frankreichs, wurde am 26. 6. 1940 ein „Chef der Militärverwaltung Frankreich" und ab 16. 10. bis Oktober 1944 ein „Militärbefehlshaber Frankreich" eingesetzt[53].

Elsaß-Lothringen und Luxemburg kamen am 2. 8. 1940 zum Reich. Die dortigen Eisenbahnen wurden den Reichsbahndirektionen Karlsruhe und Saarbrücken zugeteilt und die deutsche Ämterorganisation eingeführt[54].

Eine Woche nach Feldzugsbeginn am 17. 5. war in Düsseldorf eine Wehrmachtverkehrsdirektion unter Leitung von Oberst i. G. Mittermaier aufgestellt worden[55], die am 24. 5. nach Brüssel verlegte und von dort aus den belgischen und nordfranzösischen Raum übernahm. In Brüssel hatte sich inzwischen auch der Chef des Transportwesens etabliert, der später nach Paris übersiedelte. Als sich im Verlauf der Kriegshandlungen das besetzte Gebiet bis tief nach Frankreich hinein ausdehnte und die Eisenbahnen von Brüssel aus nicht mehr gut zu überschauen waren, wurde am 15. 7. 1940 in Paris eine weitere Wehrmachtverkehrsdirektion eingerichtet. Nordfrankreich blieb jedoch bis in Höhe der Somme-Linie weiterhin der Wehrmachtverkehrsdirektion Brüssel unterstellt. Die örtliche Aufsicht über den Eisenbahnbetrieb wurde bestimmten Überwachungsbahnhöfen übertragen. Außerdem prüften Kontrolleure der Wehrmachtverkehrsdirektionen, Eisenbahnbetriebsdirektionen (EBD) und der Überwachungsämter die Betriebsführung nach besonderen Weisungen. Das Ge-

[50] RGBl 1940 I, S. 777.
[51] v. Siegler, S. 63.
[52] Vgl. v. Tippelskirch (2), S. 94. Hitler hatte die Idee, ein Großflandern und Großburgund zu schaffen; vgl. Jäckel, S. 62.
[53] v. Siegler, S. 00 f.
[54] Geschäftsbericht der Deutschen Reichsbahn über das Geschäftsjahr 1940, S. 17.
[55] Halder-KTB Bd. I, 17. 5. 1940.

rippe des Überwachungsdienstes bildeten die bei den Überwachungsämtern eingesetzten deutschen Zugleitungen, die bei den Wehrmachtverkehrsdirektionen bestehenden Hauptbetriebsüberwachungsstellen, die mit Anordnungsbefugnissen den französischen Eisenbahnern gegenüber ausgestattet waren. Hauptaufgabe aller Überwachungsstellen war die Kontrolle über die sichere und pünktliche Durchführung der in deutschem Interesse zu fahrenden Transporte[56].

Der Chef des Transportwesens hielt aus militärischen Gründen in Paris zentralisierte Eisenbahnbetriebsdirektionen nicht für tragbar und forderte eine andere Aufgliederung, bei der die Eisenbahnbetriebsdirektionen ihren Sitz in der Mitte ihres Bereiches und nicht an deren Rand in Paris haben sollten[57]. So wurden Nancy, Châlons s.M., Rennes und Bordeaux als Sitze der Eisenbahndirektionen bestimmt. In Paris wurden nur die Eisenbahnbetriebsdirektionen Paris Nord und Paris Süd eingerichtet. Dadurch wurde das eingespielte Organisationsgefüge der französischen Eisenbahnen gestört und die Zusammenarbeit mit den deutschen Stellen erheblich erschwert[58]. Ungünstig wirkte sich ferner aus, daß die Eisenbahndirektionen Lille und Nancy aus politischen Gründen der Wehrmachtverkehrsdirektion Brüssel unterstellt worden waren, aber weiterhin von der S. N. C. F. (Région Paris Nord und Paris Ost) betrieben wurden. Auch die spätere Verlegung der Eisenbahnbetriebsdirektionen Rennes und Châlons s. M. Ende 1941 nach Paris hat die Verhältnisse nicht wesentlich gebessert. Die Eisenbahnbetriebsdirektionen mußten wegen der Überschneidung ihrer Bezirke nach wie vor mit mehreren Regionen arbeiten. Nur auf der Ebene der Überwachungsämter und der Arrondissements deckten sich die Verwaltungsbezirke. Die Erfahrung zeigte, daß es bei Zusammenarbeit mit fremden Eisenbahnen unzweckmäßig ist, eingespielte Organisationen zu verändern. Als überbezirkliche Transportdienststelle für die besetzten Westgebiete wurde am 1. 8.. die Eisenbahntransportleitung West (Etra West) in Paris eingerichtet. Ihr unterstanden die Transportkommandanturen Utrecht, Brüssel, Lille, Nancy, Paris Süd, Châlons s.M., Rennes und Bordeaux.

Im Waffenstillstandsvertrag mit Frankreich vom 22. 6. 1940[59] und seinen Ausführungsbestimmungen erhielt die französische Regierung strenge Auflagen im Verkehrswesen. Der Vertrag bildete die Grundlage für die künftige Zusammenarbeit mit der S. N. C. F. und für die Kriegsnutzung der französischen Eisenbahnen. Die gesamte Organisation der Eisenbahn, der Landstraßen und Wasserstraßen im besetzten Gebiet war voll und unbegrenzt zur Verfügung des deutschen Chefs des Transportwesens zu stellen[60]. Artikel 13 verpflichtete Frankreich zur beschleunigten Wiederherstellung und Inbetriebnahme des Eisenbahnnetzes und zur Rückführung des weggeführten Materials und Personals bis zum 25. Juli 1940. Nach Artikel 15 war Frankreich gehalten, den durch das unbesetzte Gebiet führenden Gütertransitverkehr zwi-

[56] Vgl. Dienstanweisung für die Überwachungszentralstellen der HVD (Paris). Herausgegeben von der HVD Paris Az. E 30/21 B 2 vom 1. 8. 1943, Unterlagensammlung des Verfassers.

[57] Vgl. Bartsch, S. 3.

[58] Vgl. Durand, S. 120.

[59] Vgl. Böhme, Text des Vertrages, S. 363—367; Rönnefarth, H., S. 187—190.

[60] Ausführungsbestimmungen zu Artikel 13; vgl. Schäfer, S. 209.

schen dem Deutschen Reich und Italien in dem von der Regierung geforderten Umfang durchzuführen. Bei den Waffenstillstandsverhandlungen war auch die zusätzliche Einführung deutscher Eisenbahnsignale neben dem bestehenden französischen Signalsystem erwogen worden[61]. Dieses undurchführbare Verlangen, an dem die deutschen Eisenbahnen nicht mitgewirkt hatten, war dem Ansehen des Wehrmachttransportwesens sehr abträglich.

Eine der ersten großen Betriebsaufgaben war der Abtransport des von Frankreich abzuliefernden Kriegsmaterials aus dem unbesetzten Gebiet[62]. Auch die Rückführung des während der Kriegshandlungen von Belgiern und Franzosen abgezogenen rollenden Materials und die Rückführung der französischen Zivilbevölkerung, die vor den deutschen Truppen in großer Zahl nach dem Süden geflohen war, stellte ein besonders schwieriges Problem dar. Bis zum 6. September waren 2,8 Millionen Flüchtlinge in 1 060 Zügen zurückgefahren worden[63]. Da die Versorgung der Bevölkerung namentlich in den Städten ohne die Eisenbahn nicht ausreichend sichergestellt werden konnte, mußte dem Zivil- und Wirtschaftsverkehr auf der Eisenbahn eine hohe Dringlichkeit eingeräumt werden. Der drohende Zusammenbruch der Versorgung der Bevölkerung und der Wirtschaft war es auch, der die anfangs nur zögernd vorhandene Bereitschaft der französischen Eisenbahner zur Wiederaufnahme der Arbeit beschleunigte. Im August hatte der belgische Kohlenverkehr 50% und der französische 17% des Vorkriegsstandes erreicht. Nach einer Verordnung des Militärbefehlshabers in Belgien und Nordfrankreich wurde Mitte August in Belgien und Anfang September auch in Frankreich der öffentliche Gepäck-, Güter- und Expreßgutverkehr in bescheidenem Umfang wieder zugelassen. Am 30. 10. 1940 verlegte der Chef des Transportwesens mit seinem Stab von Paris wieder nach Zossen (Lager Maybach I)[64], ebenso Mineis (L) beim Transportchef. Im November wurden 100 000 Lothringer und 10 000 Elsässer mit der Bahn ins unbesetzte Südfrankreich abgeschoben[65].

Die beiden Wehrmachtverkehrsdirektionen erhielten im Herbst 1940 die Auflage, 3 000 Lokomotiven und 100 000 Güterwagen an die überbelastete Reichsbahn abzugeben. Die S. N. C. F. hatte 2 000 Lokomotiven und 85 000 Wagen, die S. N. C. F. B. 1 000 Lokomotiven und 15 000 Wagen abzugeben[66]. Bevorzugt wurden ehemalige deutsche Lokomotiven aus den Reparationsleistungen nach dem Ersten Weltkrieg.
Nach Beendigung des Westfeldzuges ließ Hitler mit der Weisung Nr. 16 vom 16. 6. 1940 eine Landungsoperation in England unter dem Decknamen „Seelöwe" vorbereiten. Die Transportvorbereitungen und die einheitliche Steuerung der Nachschubtransporte der einzelnen Wehrmachtteile waren dem Chef des Transportwesens übertragen wor-

[61] Vgl. Durand, S. 118; Unterlagensammlung der DB in Nürnberg, Mappe vv u. iii, Bl. 231 ff.
[62] Vgl. Hahn, S. 31 ff; Halder-KTB Bd. II, 6. 9. 1940.
[63] Halder-KTB Bd. II, 6. 9. 1940; vgl. Durand, S. 143 (1).
[64] Müller-Hillebrand Bd. II, S. 79.
[65] Geschke, S. 117; vgl. Halder-KTB Bd. II, 11. 11. 1940, 20. 11. 1940; KTB/OKW Bd. I, 1. 11. 1940, 2. 11. 1940 u. 0. 11. 1940; vgl. Durand, S. 140; Jäckel, S. 128.
[66] Notiz in: Zeitschrift für den internationalen Eisenbahnverkehr Bern Jg. 1946, S. 169; Halder-KTB Bd. II, 5. 11. 1940; KTB/OKW Bd. I, 11. 10. 1940; vgl. Durand, S. 121 (3) u. S. 222—231.

den[67]. Am 17. 7. lagen die Transportentwürfe der Feldtransportabteilung für die 1. und 2. Welle vor. Die ersten Befehle für den Aufmarsch wurden gegeben[68]. Zur Landung wurden zwei Armeen unter dem Befehl der Heeresgruppe A an der belgischen und nordfranzösischen Küste versammelt[69]. Auf den Zulaufstrecken in den Aufmarschraum zwischen Dünkirchen und Noyelles hatte sich der Transportchef deutsche Betriebsführung vorbehalten[70]. Als erste Staffel wurden 13 Divisionen aus verschiedenen Teilen Frankreichs auf Bahn und Straße an die Küste herangeführt, wo sie zwischen dem 28. Juli und dem 3. August eintrafen[71]. Mit der Bahn wurden auch Sturmboote, Gerät und Betriebsstoffe herangefahren[72], was offenbar ohne besondere Schwierigkeiten möglich war. Am 8. 11. 1940 bezeichnete Halder die Eisenbahnbereitstellung „Seelöwe" als gelockert[73].

Die Durchführung des Unternehmens „Seelöwe" wurde immer wieder verschoben, da die Voraussetzungen für sein Gelingen nicht geschaffen werden konnten. Im Januar 1941 befahl Hitler die Einstellung der Vorbereitungen. Mit dem Ausbruch des Krieges gegen Rußland war eine Invasion nach England endgültig gegenstandslos geworden[74]. Wäre das Unternehmen durchgeführt worden, so hätte dies erhebliche wirtschaftliche Auswirkungen gehabt. Nach Angaben des Oberbefehlshabers der Marine hätte die deutsche Binnenschiffahrt eine Einschränkung von 30% erfahren[75]. Die voll ausgelastete Reichsbahn hätte einen solchen Ausfall an Transportkapazität nicht übernehmen können.

In der Strategie des Jahres 1940 spielte auch die geplante Wegnahme von Gibraltar und die Sicherung der iberischen Halbinsel vor einer Landung der Alliierten eine bedeutende Rolle. Schon im Sommer stimmte Hitler einer Operationsstudie des Wehrmachtführungsstabes grundsätzlich zu[76]. Hitlers Planungen wurden dann in der Weisung Nr. 18 vom 12. 11. und vom 27. 11. präzisiert[77]. Mit den transporttechnischen Planungen wurde der Chef des Transportwesens beauftragt[78], der hierfür einen feldgrauen Eisenbahner-Sonderstab bildete. Wegen der geringen Leistungsfähigkeit des spanischen Eisenbahnnetzes, das noch unter den Auswirkungen des Bürgerkrieges litt, waren für den Aufmarsch hauptsächlich motorisierte Verbände vorgesehen. Eisenbahngeschütze für die Beschießung Gibraltars konnten wegen der verschiedenen Spurweite nicht eingeplant werden. Auch das Nachschubproblem war wegen der anderen Spurweite in Spanien, 1,676 m, und der dadurch bedingten Umladung nicht einfach zu

[67] KTB/OKW Bd. I, 10. 8. 1940.
[68] Halder-KTB Bd. II, 17. 7. 1940.
[69] v. Tippelskirch (2), S. 100.
[70] Durand, S. 132 u. 135.
[71] Wheatley, S. 143 u. 159.
[72] Vgl. Klee, S. 326 f.
[73] Halder-KTB Bd. II, 8. 11. 1940.
[74] Greiner, S. 150 f.
[75] KTB/OKW Bd. I, 1. 8. 1940; im Eintrag vom 29. 8. 1940 sind nur 10 Prozent (!) angegeben.
[76] Greiner, S. 153.
[77] Weisungen, S. 67—71.
[78] Weisungen, S. 72 f.

lösen[79]. Nach einem Befehl des Oberkommandos der Wehrmacht sollten Versorgungstransporte als Wirtschaftstransporte getarnt herangefahren werden[80]. Wie schwierig die Aufmarschsituation war, zeigen die vorgesehenen Anlaufzeiten von 25 bzw. 38 Tagen bis zum Angriffsbeginn[81]. Aus einem Vortrag von Halder bei Hitler am 5. 12. 1940 geht hervor, daß die Planungen weit gediehen waren[82]. Es gelang jedoch nicht, Staatschef Franco für dieses Unternehmen zu gewinnen. Er erklärte, daß Spanien in keiner Weise für den Krieg vorbereitet sei, und daß auch die Transportprobleme unlösbar seien[83]. Am 28. 1. 1941 gab Hitler das Unternehmen „Felix" im Hinbilck auf die Vorbereitungen für den im Mai geplanten Angriff auf die Sowjetunion endgültig auf[84].

Bis zum Frühjahr 1941 waren die Kriegsschäden in den besetzten westlichen Ländern soweit beseitigt, daß nun fast alle Strecken wieder durchgehend befahren werden konnten. Von besonderer Bedeutung für die deutsche Kriegswirtschaft war der zunehmende Kohlen- und Erzverkehr zwischen den einzelnen Revieren (Normandie, Charleroi und Mons, Briey-Becken, Luxemburg, Saar und Lothringen). Daneben entwickelte sich ein lebhafter Verkehr von Spanien und den Mittelmeer- und Atlantikhäfen nach dem Reich. Wie überall blieb auch in Frankreich die Eisenbahn der wichtigste Verkehrsträger. Kraftwagenverkehr in nennenswertem Umfang war allein schon wegen der beschränkten Treibstoffvorräte nicht möglich. 1941 lagen die Güterzugkilometer ungefähr ein Viertel über denen des Sommerfahrplans 1937, während die Reisezugkilometer erst ein Drittel von 1937 erreicht hatten[85]. Trotz dieser Leistungssteigerung konnten nicht alle Transportanforderungen erfüllt werden[86]. Die hohen Verkehrsanforderungen machten im Frühjahr die Einführung von Dringlichkeitsstufen erforderlich, bei denen die Wehrmachttransporte an erster und die Rüstungstransporte an zweiter Stelle standen. Es wurden Annahmesperren verhängt und einzelne Bedarfsträger mußten Einschränkungen ihrer Forderungen hinnehmen. Im Laufe des Sommers entspannte sich die Verkehrslage. Wegen der schwierigen Lebensverhältnisse rechnete die Wehrmacht schon im Februar 1941 mit der Möglichkeit französischer Eisenbahnerstreiks. Deshalb wurden Gegenmaßnahmen für einen Notbetrieb vorbereitet[87].

Für die Steuerung der Baustofftransporte für Heer, Marine, Luftwaffe, Organisation Todt und andere Bedarfsträger im Raum Belgien und Nordfrankreich wurde in Brüssel am 1. 4. 1941 eine Transportleitstelle Nord eingerichtet. Sie hatte auf Grund der Transportanmeldungen der Bedarfsträger halbmonatlich ein Transportprogramm für die Schiene und den Wasserweg aufzustellen, sowie die Durchführung zu überwachen und sicherzustellen[88].

79 Vgl. Münzer (1), S. 537.
80 Weisungen, S. 72.
81 KTB/OKW Bd. I, 5. 12. 1940.
82 Halder-KTB Bd. II, 5. 12. 1940.
83 Halder-KTB Bd. II, 8. 12. 1940.
84 Greiner, S. 171.
85 Münzer (1), S. 540.
86 Hinweis in Halder KTB Bd. II, 17. 2. 1941.
87 Halder-KTB Bd. II, 7. 2. 1941.
88 Angaben der HVD Brüssel, 3. Ausg., Brüssel 1942, S. 27.

Bei der Erfüllung der hohen Anforderungen an die belgischen und französischen Eisenbahnen machte sich allmählich der Lokomotiv- und Wagenabzug in das Reich unangenehm bemerkbar. Ende März 1942 befanden sich 208 000 französische und belgische Güterwagen im Reich, davon 125 000 als Leihwagen[89] auf Dauer. Ab Mitte Mai 1942 wurden der S. N. C. F. trotz der schwierigen Wagenlage im Reich wieder Wagen zurückgegeben[90], allerdings nicht für lange Zeit.

Im Zuge der Intensivierung der deutschen Kriegsrüstung, zu der die französische Wirtschaft in erheblichem Umfange herangezogen wurde, schlug Speer die Übertragung der Bahnaufsicht im Westen an den Reichsverkehrsminister vor[91], wozu Hitler am 30. Mai 1942 seine Zustimmung gab. Offenbar hatten zu diesem Entschluß auch die inzwischen im Osten gemachten Erfahrungen mit der Betriebsführung durch die Reichsbahn beigetragen.

So wurden am 15. 6. 1942 aus den Wehrmachtverkehrsdirektionen Hauptverkehrsdirektionen. An Stelle der Kommandeure traten Präsidenten. An der Organisation der Eisenbahnbetriebsdirektionen änderte sich nichts. Die deutschen Eisenbahner blieben weiterhin Wehrmachtgefolge. Am 1. 7. 1942 wurde der General des Transportwesens West[92] eingesetzt, dem auch die Aufgaben der Wehrmachttransportleitung übertragen wurden. Für die Koordinierung und Steuerung der Wirtschafts- und Rüstungstransporte in Frankreich wurde am 16. 7. 1942 die Hauptverkehrsleitstelle Paris eingerichtet. Ihre Aufgabe war es, die Forderungen der Bedarfsträger mit der jeweiligen Transportlage abzustimmen und die planmäßige Versorgung der Wirtschaft Frankreichs und Belgiens mit Laderaum sicherzustellen.

Umfangreiche zusätzliche Transportaufgaben für die Eisenbahn brachte das Baustoffprogramm für die Atlantikwallbefestigungen und die U-Bootstützpunkte der Kriegsmarine mit sich. Am 25. 8. 1942[93] hatte Hitler den Befehl zum Ausbau des Atlantikwalls gegeben und als Fertigstellungstermin den 1. 5. 1943 bestimmt[94]. Die Baustofftransporte mußten in dem wenig leistungsfähigen Netz der Küstengebiete bewältigt werden. Bei dem forcierten Bautempo hielt die Entladung nicht genügend Schritt mit dem Zulauf, so daß wegen steigendem Rückstau verschiedentlich Rückhalte- und Annahmesperren ausgesprochen werden mußten. Es herrschten ähnliche Betriebsverhältnisse wie zuvor beim Bau des Westwalls. Trotz der ungenügenden Verkehrsbedienung in dem besetzten Westen hatte Hitler im Juni 1942 dem Abzug von weiteren 50 000 Güterwagen aus dem Westen zugestimmt, um die Wagenstellung für die Rüstung im Reich zu verbessern[95]. Aus Sorge um eine Landung der Alliierten wurde ab Mitte August die mot. Div. „Großdeutschland“ vom Osten nach Frankreich verlegt, obwohl

[89] Aufzeichnung des Verfassers vom 2. 6. 1942.

[90] Aufzeichnung des Verfassers vom 15. 5. 1942. — Erlaß RVM 10 VW (Westen) 70 vom 13. 5. 1942; Erlaß RVM 30 Fkwg 618 vom 9. 6. 1942.

[91] Hitler-Speer-Konferenz am 30. 5. 1942, Punkt 5, S. 131.

[92] OKH/Gen. St. d. H./Chef Trspw/Az. 43c Pl. Abt. (Ia) 1. St. vom 30. 6. 1942, betr. General des Transportwesens West. BA-MA Freiburg i. Br., H 12/77.

[93] Jacobsen (1), S. 45.

[94] Hitler-Speer-Konferenz am 13. 8. 1942, Punkt 52 b, S. 176.

[95] Hitler-Speer-Konferenz am 4. 6. 1942, Punkt 26, S. 134. — Nach der Niederschrift über die 87. Präsidentenkonferenz der Deutschen Reichsbahn vom 11. 9. 1942 (S. 3) waren es 30 500 Wagen.

diese im Verband der 1. Panzerarmee den Vormarsch in den Kaukasus angetreten hatte[96].

Nach der Landung der Alliierten in Afrika im November 1942 wurde auch das restliche Frankreich besetzt (Unternehmen „Attila"). Am Morgen des 11. 11. 1942 marschierten deutsche Verbände in den nicht besetzten Teil Frankreichs ein. Dieses Unternehmen war auf Grund der Weisung Nr. 42[97] Richtlinien für die Operationen gegen Restfrankreich bzw. die italienische Halbinsel vom 29. 5. 1942 unter dem Decknamen „Anton" vorbereitet worden. Ein Regiment der 327. Inf. Div., einsatzfähige Teile der 328. Inf. Div. und die 335. Inf. Div. wurden auf der Eisenbahn transportiert. Der Oberbefehlshaber West hat den reibungslosen Ablauf der Bewegungen auf den französischen Eisenbahnen besonders anerkannt[98]. Die Eisenbahnen in dem neu besetzten Gebiet wurden in die deutsche Überwachungsorganisation einbezogen. In Toulouse und Lyon wurden Bahnbevollmächtigte und Transportkommandanten eingesetzt. Bis dahin hatten deutsche Stellen kein Weisungsrecht an französische Eisenbahnstellen in diesem Bereich. Im Dezember 1942 erklärte sich Hitler mit der Entlassung aller französischen Eisenbahner aus der Kriegsgefangenschaft einverstanden[99].

Die steigenden Forderungen der Bedarfsträger in Frankreich konnten auch 1942 nicht immer ausreichend befriedigt werden. Deshalb mußte der Reiseverkehr dem wichtigeren Güterverkehr gegenüber zurückstehen. Er lag etwa um 10—15% niedriger als 1941 und betrug damit nur noch ein Viertel der Vorkriegszeit. Von den Einschränkungen wurde auch der Pariser Vorortverkehr stark betroffen. Im Güterverkehr wurden in erster Linie kriegs- und lebenswichtige Transporte durchgeführt[100]. Der Anteil der für deutsche Interessen gefahrenen Bruttotonnenkilometer betrug 1942 24,8%. Er stieg im Sommer 1943 auf 35% an[101].

Im Jahre 1942 begannen die Luftangriffe auf die Eisenbahnen der besetzten Westgebiete und die ersten Eisenbahnsabotagen, die aber noch keine nachhaltigen Auswirkungen hatten[102].

Der Winter 1942/43 brachte wieder Betriebsschwierigkeiten, so daß vor allem für Westfrankreich der Zulauf eingeschränkt werden mußte.

An die Eisenbahnen im Westen wurden auch im Jahre 1943 sehr hohe Anforderungen gestellt und von ihnen erfüllt. Ihre Leistungsfähigkeit war weiterhin durch Mangel an Lokomotiven und Wagen beeinträchtigt. Am Atlantikwall wurde mit Hochdruck weitergearbeitet[103]. Im Frühjahr nahmen die Luftangriffe durch leichte Bomber und Jäger auf Bahnanlagen und fahrende Züge zu und wirkten sich störend auf die Betriebsabwick-

96 Greiner, S. 400.

97 Weisungen, S. 189—191; vgl. auch Führerbefehl vom 9. 7. 1942 betr. Verlegung von Waffen-SS-Verbänden in den Bereich des Oberbefehlshabers West vom 9. 7. 1942 Absatz 3c, abgedruckt in KTB/OKW Bd. II, S. 1280.

98 KTB/OKW Bd. II, 13. 11. 1942, S. 952.

99 KTB/OKW Bd. II, 10. 12. 1942, S. 1110.

100 Münzer (1), S. 66 f.

101 Vortrag des Generaldirektors der S.N.C.F. Le Besnerais am 7. 10. 1943 vor dem Verwaltungsrat über die Lage der S.N.C.F. Anlage 11, Unterlagensammlung des Verfassers.

102 Ebenda, Anlage 7.

103 KTB/OKW Bd. IV, S. 255 (Rückblick auf das Jahr 1943).

lung aus[104]. Zum Schutz des Lokpersonals wurden die Lokomotiven mit Stahlschutzblenden versehen, die allerdings nur einen beschränkten Schutz boten[105]. Auch die Sabotagetätigkeit besonders in Südfrankreich nahm allmählich zu, ebenso eine gewisse Passivität der französischen Eisenbahner[106]. Der Widerstand war jetzt besser organisiert und wurde wirkungsvoller. Den Alliierten wurden in größerem Umfang eisenbahnmilitärisch interessante Nachrichten, besonders über Transportbewegungen[107], die Betriebslage bei der S. N. C. F. u. a. m. nach London übermittelt[108]. In Belgien und Holland entwickelten sich die Verhältnisse ähnlich. Weder das Heer noch die Luftwaffe waren imstande, die Eisenbahnen ausreichend zu schützen[109]. Auch mit angedrohten Repressalien konnte ein ausreichender Schutz nicht sichergestellt werden[110]. Im Spätsommer 1943 wurden Gegenmaßnahmen gegen die zunehmende Unsicherheit eingeleitet[111]. Es wurde ein Notbetrieb vorbereitet, um in jedem Fall die wichtigsten Transportforderungen, auch bei einer Invasion der Alliierten, erfüllen zu können[112]. Für die im Notfahrplan aufgeführten wichtigen Bahnhöfe und Bahnbetriebswerke war eine Besetzung mit deutschem Personal vorgesehen. Die Zuführung deutscher Eisenbahner war mobilmachungsmäßig vorbereitet und ihre Heranführung auch bei Ausfall der Bahn sichergestellt. Die kriegswichtigen Transporte für die Rüstung, ferner die Transporte für den Atlantikwall nahmen die beschränkte Transportkapazität immer mehr in Anspruch. Dazu kamen im Herbst dringende und umfangreiche Truppentransporte nach Italien. Außerdem wurden, wie auch in den vergangenen Jahren, viele Divisionen aus dem Osten nach dem Westen gefahren, wo sie vor ihrem Wiedereinsatz aufgefrischt wurden.

Der Oberbefehlshaber West wies darauf hin, wie störanfällig der Eisenbahnaufmarsch im Falle einer Feindlandung durch die andauernden, gleichbleibenden Eisenbahnsabotagen mit schon jetzt erheblichen Streckensperrungen geworden sei[113]. Dieser Gefahr suchte der Transportchef entgegenzuwirken, indem er die Bereitstellung einer ungewöhnlich hohen Transportchefreserve an Leerzügen forderte[114]. Die Höhe dieser Reserve war auch dadurch bedingt, daß nicht bekannt war, wo der Gegner landen würde. In Anbetracht der erwarteten Invasion der Alliierten wurden im Bereich der

104 Vgl. KTB/OKW Bd. III, 21. 4. 1943, S. 369.

105 Vgl. KTB/OKW Bd. III, 4. 1. 1943, S. 16 f. u. 28. 1. 1943, S. 80; KTB/OKW Bd. III, 13. 2. 1943, S. 122, 20. 2. 1943, S. 147 f u. 22. 11. 1943, S. 1298.

106 Besnerais gibt für den Monat Juli 1943 335 Anschläge an.

107 Unter einer Transportbewegung versteht man die planmäßige Zusammenfassung einer größeren Zahl von Truppentransportzügen, die auf einer oder gleichzeitig auf mehreren Eisenbahnstrecken (Transportstraßen) in einer bestimmten Eisenbahntransportfolge und in einem bestimmten Tempo nach oder von einem bestimmten Raum gefahren werden. (Etrari, Ziff. 16)

108 Durand, S. 341 ff.

109 Vgl. KTB/OKW Bd. III, 22. 2. 1943, S. 151; 25. 3. 1943, S. 241; 19. 9. 1943, S. 1121 u. 27. 12. 1943, S. 1385.

110 Vgl. KTB/OKW Bd. II, S. 1281.

111 KTB/OKW Bd. III, 8. 7. 1943, S. 761 u. 19. 8. 1943, S. 971.

112 Vgl. Dienstanweisung für die Handhabung des Betriebsdienstes auf den belgischen und französischen Eisenbahnen nach Einführung des Notfahrplanes „D A Not". Brüssel, Februar 1943, Unterlagensammlung des Verfassers.

113 KTB/OKW Bd. III, 31. 8. 1943, S. 1037; vgl. KTB/OKW Bd. III, S. 1479 f.

114 Siehe Seite 68; vgl. Hitler-Speer-Konferenz am 30. 5. 1942, Punkt 4, S. 131. Die dort angegebene Zahl von 8 000 Wagen ist viel zu niedrig. Es waren über 20 000 Wagen.

Transportorganisation und der beiden Hauptverkehrsdirektionen in leitende Positionen und auch sonst im Ostkrieg erfahrene Offiziere und Eisenbahnbeamte eingesetzt.

Im Herbst 1943 traten wieder große Betriebsschwierigkeiten auf, von denen die Eisenbahn nun nicht mehr ganz los kam und die sich sehr nachteilig auf die Rüstung und Versorgung auswirkten[115]. Die wirtschaftliche Lage Frankreichs hatte sich laufend verschlechtert. Nur mit amerikanischer Hilfe war die Ernährung der Bevölkerung gerade noch erträglich geblieben[116]. Als weitere Transportaufgabe kam nun noch die Beförderung von Baustoffen für Abschußbasen gegen England dazu. Die Forderungen des Transportchefs wurden noch erfüllt aber nicht die Transportbedürfnisse der für die deutsche Rüstung arbeitenden französischen Wirtschaft. Ab Frühjahr 1944 konnten nur noch die vordringlichsten Transporte gefahren werden. Die Arbeiten am Atlantikwall kamen aus Transportgründen und weil die Organisation Todt für die Wiederherstellung zerstörter Bahnanlagen eingesetzt werden mußte, zum Erliegen[117]. Anfang März 1944 wurde das in der Heimat bereitgestellte Eisenbahnpersonal für den Notbetrieb nach Westen in Marsch gesetzt[118]. Insgesamt befanden sich 34 000 deutsche Eisenbahner in den besetzten Westgebieten[119].

Im Dezember 1943 wurde Generalfeldmarschall Rommel zum Oberbefehlshaber der neu eingerichteten Heeresgruppe B ernannt und mit der Verteidigung der Küste von Holland bis zur Loiremündung beauftragt[120]. Über den Ort der Landung bestand bei der deutschen Führung keine Klarheit, sie konnte ebenso in der Normandie wie an der Kanalküste erfolgen.

Invasion der Alliierten

Am 6. 3. 1944 begannen als Vorbereitung der Invasion massive alliierte Luftangriffe auf die Verkehrswege, insbesondere auf die Eisenbahnen. Zuerst wurden Rangierbahnhöfe und Bahnbetriebswerke angegriffen und nachhaltig zerstört. Danach wurden systematisch die Brücken der auf die Front zulaufenden Strecken unterbrochen. Dazu kamen in steigendem Maße die Jagd auf Lokomotiven und die Bombardierung fahrender Züge. Die Lokomotivausfälle nahmen erschreckend zu. Der Rückstau war auf über 1 000 Züge angestiegen[121].

Am 29. 3. 1944 teilte der General des Transportwesens West dem Oberquartiermeister West, dem Luftflottenkommando 3 und dem Marine-Gruppen-Kommando West mit: „Bei einer Feindlandung muß nach hier vorliegenden Unterlagen mit dem Ausfall der Eisenbahntransporte in bisher unbekanntem Maße gerechnet werden. Die Störungen werden sich dabei keineswegs auf den Küstengürtel beschränken, sondern wichtigste

115 Vgl. Ergebnisse der 52. Sitzung der Zentralen Planung vom 21. 12. 1943, BA Koblenz R 3/1690.
116 v. Tippelskirch (2), S. 412.
117 Hitler-Speer-Konferenz am 22.—25. 5. 1944, Punkt 6, S. 367; vgl. Durand, S. 521.
118 Vgl. hierzu Durand, S. 163—165 u. S. 356.
119 Aufzeichnung eines Fernspruches von Mineis L an Mineis (L) beim Transportchef vom 18. 3. 1944, BA—MA Freiburg i. Br., H 12/213.
120 v. Tippelskirch (2), S. 414.
121 Anl. 1 zum Tätigkeitsbericht Gen. Trspw. West vom 1. 6.—30. 9. 1944, BA—MA Freiburg i. Br., H 12/206.

Verkehrseinrichtungen weit im rückwärtigen Gebiet erfassen. Es kann damit also der Fall eintreten, daß die Versorgung der kämpfenden Truppe auf dem Schienenweg in entscheidender Stunde auf Tage völlig ausfällt. Die Zahl der im Streckenschutz eingesetzten Kräfte ist so gering, daß der Schutz der Bahnanlagen gegen großangelegte Sabotageunternehmen nicht sichergestellt ist. Auf die durch die Lahmlegung des Verkehrs zu erwartenden Nachschubschwierigkeiten wird deshalb besonders aufmerksam gemacht, damit schon jetzt Vorbereitungen getroffen werden, auch bei Ausfall der Eisenbahn den Notbedarf an Nachschubgütern auf anderem Wege nach vorn zu schaffen"[122].

Für die Wiederherstellungs- und Reparaturarbeiten wurde immer mehr Zeit benötigt. Der dramatische Wettlauf zwischen Zerstörungen und Wiederherstellung ging trotz steigenden Einsatzes von Baukräften[123] verloren. Gegen die Absicht, vor Beginn der Invasion die Bahnen im Hinterland nachhaltig zu zerstören, hatten Churchill und General König zunächst starke Einwände erhoben, die dann doch zurückgenommen wurden[124]. Durch jeweilige Ankündigungen der Angriffe sollten die Verluste der Zivilbevölkerung und der Eisenbahner so gering wie möglich gehalten werden. Um die deutsche Führung über den Landeort zu täuschen, wurden die Bahnanlagen nicht nur hinter dem Landegebiet, sondern von Antwerpen bis zur Loiremündung bombardiert[125]. Auf deutscher Seite wurde mit der Möglichkeit einer zweiten Landung gerechnet.

Auch in Südfrankreich wurden die Bahnanlagen an der Küste und im Rhônetal nachhaltig angegriffen[126]. Mit dem schweren Luftkrieg gegen die Eisenbahnen ging eine verstärkte Sabotagetätigkeit, vor allem in Südfrankreich, einher. Die zur Überwachung bei den Außendienststellen der S. N. C. F. eingesetzten deutschen Eisenbahner erlitten durch die hinterhältigen Überfälle trotz der eingeleiteten Selbstschutzmaßnahmen hohe Verluste. Nachdem aus den verschiedenen Widerstandsgruppen der Maquis im Februar 1944 die Forces Françaises de l'Interieur (FFI)[127] mit einheitlicher Führung entstanden waren, wurde die Sabotage noch nachhaltiger und gezielter. Durch den rigorosen Abzug von Arbeitskräften aus den besetzten Gebieten durch den Generalbevollmächtigten für den Arbeitseinsatz, Gauleiter Sauckel, erhielt die Widerstandsbewegung immer größeren Auftrieb[128]. Die Sabotageanschläge wurden kühner, schon wurden Brücken und Tunnel gesprengt[129]. Am 25. 4. verhängte die Wehrmacht eine allgemeine Urlaubssperre[130]. Als Transportchefreserve waren um diese Zeit 484 Züge abgestellt. Mitte Mai war ein geregelter Nachschub mit der Eisenbahn westlich der Linie Brüssel — Paris —

[122] Schreiben des Gen. Trspw. West Nr. 2030/44 gKdos. vom 29. 3. 1944, BA—MA Freiburg i. Br., H 12/203.
[123] Vgl. KTB/OKW Bd. IV, S. 306.
[124] Eisenhower, S. 279.
[125] v. Tippelskirch (2), S. 410.
[126] KTB/OKW Bd. IV, S. 307.
[127] Vgl. Luther, S. 53.
[128] Vgl. Janssen, S. 127 f.
[129] Vgl. Sonderheft „La vie du rail", Aux Cheminots morts pour la France, Paris, vom 23. 8. 1964, S. 28 f, 51, 67 f; vgl. Abetz, S. 281.
[130] KTB/OKW Bd. IV, S. 306.

Orléans nicht mehr möglich. Für eine Verlagerung auf die Straße fehlten sowohl Kraftwagenkolonnen als auch Betriebsstoff[131]. Der Rückstau auf der Eisenbahn war Anfang Mai auf rd. 1 700 Züge angestiegen[132].

Nach intensiven Luftangriffen und unter dem Schutz starker Seestreitkräfte landete die 2. britische Armee am 6. 6. 1944 in der Normandie an der Ornemündung und die 1. amerikanische Armee an der Halbinsel Contentin (Operation „Overlord")[133]. Es gelang nicht, den überlegenen Gegner zurückzuschlagen. Am 4. Juni wurde der „Plan vert"[134], dessen allgemeine Durchführung in der Nacht vom 5./6. Juni begann, über Radio London in Gang gesetzt[135]. Der Betrieb auf wichtigen Durchgangsstrecken war zu diesem Zeitpunkt schwer behindert[136] und alle Seinebrücken unterhalb von Paris und Orléans zerstört. Damit war das Ziel der Alliierten, die rasche Heranführung deutscher Eingreifreserven auf der Eisenbahn zu verhindern, weitgehend erreicht. In den nächsten Tagen konnten die Alliierten die beiden Brückenköpfe ausweiten und vereinigen[137]. Am 17. 7. unterrichtete Rommel Hitler über die bedrohliche Front- und Nachschublage und ihre möglichen Folgen. Da Hitler immer noch an eine zweite Landung am Kanal glaubte, ließ er die an der Kanalküste nördlich der Seinemündung stehende 15. Armee immer noch nicht eingreifen.

Die Amerikaner stießen bis St. Lô durch die Halbinsel und drückten die Deutschen auf Cherbourg zurück, das nach Zerstörung des Hafens am 30. 6. 1944 aufgegeben wurde. Im Besitz der absoluten Luftherrschaft[138] konnten die Alliierten ihren Brückenkopf immer mehr ausweiten und am 31. 7. bei Avranches die deutsche Front durchbrechen. Dann kam die Front im Westen allmählich in Bewegung. Anfang August riegelten die Alliierten Luftstreitkräfte durch systematische Angriffe die Eisenbahnlinien in einem weiten Bogen östlich Paris ab[139]. Unter größten Anstrengungen war es in den ersten sieben Wochen nach Invasionsbeginn immerhin gelungen, aus Frankreich, aus dem Reich und anderen Kriegsschauplätzen 20 Divisionen heranzuführen. Sie kamen mit großen Verspätungen und teilweise in schlechter Verfassung zum Einsatz, zumal sie nach dem Eisenbahntransport meist noch erhebliche Landmärsche zurücklegen mußten[140].

Bei der S. N. C. F. kam es Mitte Juli und im August an verschiedenen Orten zu ver-

131 Speidel, S. 56 f.

132 KTB/OKW Bd. IV, S. 306; Tätigkeitsbericht Gen. Trspw. West vom 1. 6. bis 30. 9. 1944, Anl. 3, BA—MA Freiburg i. Br., H 12/203.

133 Den Einsatz des amerikanischen Transportation Corps behandeln Bykowsky, J. und Larsen, H. in: United States Army in World War II. The Transportation Corps. Operations overseas. Washington D. C. 1957. Chapter VI. The Invasion of Normandy, S. 233—289; Chapter VII. The Assault on Southern France, S. 290—300; Chapter VII France, Belgium and Germany, S. 301—374.

134 Durand, S. 126—139.

135 Durand, S. 443.

136 Durand, S. 444.

137 KTB/OKW Bd. IV, S. 313.

138 Spetzler, S. 340.

139 Gundelach, S. 020.

140 Vgl. v. Tippelskirch (2), S. 423 f; Krumpelt (2), S. 100 f; Einzelangaben bei Jaggi, S. 342 ff; KTB/OKW Bd. IV, S. 316.

einzelten Streiks, ab 10. August besonders im Raume Paris[141]. Mit der Ausweitung der Invasion nahm auch der Widerstand in Belgien und Holland zu, wo bisher weit weniger Sabotage getrieben worden war als in Frankreich. Im August und im September streikten die holländischen Eisenbahner. Besondere Anstrengungen erforderten die V_1- und V_2-Transporte, die mit höchster Priorität und unter strengster Geheimhaltung durchgeführt wurden. Der Abschuß von V_1 und V_2 setzte am 12./13. 6., bzw. am 8. 9. ein[142].

Am 10. 8. erreichten die Amerikaner die Loire. Auch die Engländer kamen voran und brachen am 16. 8. von Caen nach Falaise durch. Die Masse der deutschen Panzerkräfte wurde eingekesselt und konnte nur mit schwachen Kräften und hohen Verlusten an Gerät ausbrechen. Am 20. 8. erreichten die Amerikaner die Seine. Ab 16. 8. wurde Paris von allen zivilen und nicht operativen militärischen Stellen und Stäben geräumt[143]. Drei Tage später kam es zur allgemeinen Erhebung der französischen Widerstandsbewegung. Die Hauptverkehrsdirektion Paris verlegte ihren Sitz nach Nancy und von dort nach Straßburg. Die Eisenbahnbetriebsdirektion Nancy war von Brüssel aus nicht mehr zu leiten und bereits am 23. 7. der Hauptverkehrsdirektion Paris unterstellt worden. Der General des Transportwesens West verlegte seinen Standort nach Châlons s. M. Mitte September wurde der Kommandobereich des Generals des Transportwesens West auf die Transportbezirke Karlsruhe, Saarbrücken, Mainz und Köln ausgedehnt. Am 25. 8. marschierten die Amerikaner in Paris ein.

Inzwischen waren die Alliierten auch in Südfrankreich nicht untätig geblieben. Im Juli wurden die Bahnanlagen beiderseits der Rhône zunehmend bombardiert[144]. Am 15. 8. landeten die Amerikaner zwischen St. Raphaël und St. Tropez (7. US-Armee und die 1. französische Armee — Operation Anvil, später Dragoon) und drangen rasch durch das Rhônetal in Richtung Burgundische Pforte vor. Der Rückzug der 19. Armee verlief geordnet, aber überwiegend auf der Straße[145]. Durch den Vormarsch im Rhônetal war die erste Armee im Raume Bordeaux in eine äußerst kritische Lage geraten und drohte abgeschnitten zu werden. Daraufhin begann am 20. 8. der hastige Rückzug aus dem Südwesten Frankreichs ebenfalls auf der Straße. Die Rückzugsgebiete waren schon weitgehend in den Händen der FFI und die Bahnstrecken durch Sabotagen und Luftangriffe nahezu unbenutzbar. Am 11. 9. trafen sich die 3. aus dem Westen vorrückende und die aus dem Süden vordringende 7. US-Armee bei Dijon. Bei dieser Entwicklung war an eine geordnete oder gar erfolgreiche Räumung mit der Eisenbahn nicht mehr zu denken.

Ende August 1944 bestand in Frankreich keine durchgehende Front mehr[146]. Nur im Norden an der Schelde und auf den holländischen Inseln wurde mit der 15. Armee eine Verteidigungslinie aufgebaut, die sich bis zum 8. 11. halten konnte. Mitte September 1944 war Frankreich im großen und ganzen aufgegeben, ebenso Belgien bis auf

141 Vgl. Durand, S. 515 u. 537.
142 v. Tippelskirch (2), S. 425 f.
143 Abetz, S. 294.
144 Staiger, S. 18.
145 Vgl. v. Donat, R., S. 946—951.
146 v. Tippelskirch (2), S. 452.

schmale Grenzstreifen nördlich und nordostwärts von Antwerpen und nördlich von Brügge am Albertkanal. Am 25. 10. war auch ganz Belgien in der Hand der Alliierten.

Durch den schnellen Vormarsch gerieten die Alliierten Streitkräfte in erhebliche Versorgungsschwierigkeiten, vor allem beim Treibstoff und der Munition[147]. Jetzt wirkten sich die starken Zerstörungen der Eisenbahnen und Hafenanlagen sehr nachteilig für sie aus. Dazu kamen Differenzen über die einzuschlagende Stoßrichtung in das Innere Deutschlands[148]. Die Nachschublage der Alliierten erlaubte es nicht, größere Angriffe zu unternehmen, bevor der Hafen Antwerpen zur Verfügung stand[149]. Erst am 28. 11. konnte ein Geleitzug mit Nachschub den Hafen Antwerpen anlaufen[150]. Durch Verringerung des Angriffstempos war es möglich geworden, an der westlichen Reichsgrenze im Bereich des Westwalls eine Front aufzubauen. Die Möglichkeit, Deutschland vor dem Winter niederzuringen, scheiterte am mangelnden Nachschub der Alliierten[151].

Infolge des schnellen Vormarsches der Alliierten in Frankreich und wegen der äußerst schwierigen Betriebsverhältnisse war die Räumung der besetzten Gebiete kaum möglich. Nur aus den Bezirken der Eisenbahnbetriebsdirektionen Lille und Brüssel konnte Eisenbahnmaterial und Wehrmachtgut zurückgeführt werden.

Das Luft-Lande-Unternehmen bei Arnheim (Operation Market) am 17. 9. war für die holländischen Eisenbahner Anlaß zum Generalstreik. Durch den schnellen Einsatz von deutschem Eisenbahnpersonal, etwa 5 000 Mann, konnten die wichtigsten Transporte für die Wehrmacht durchgeführt werden. Der Bahnbevollmächtigte und die Transportkommandantur in Utrecht setzte sich am 18. 9. 1944 nach Hengelo ab. In Holland waren die Feindeinwirkungen auf die Bahnanlagen durch Luftangriffe und Sabotagen wesentlich geringer als in Frankreich und Belgien.

Die Eisenbahnen Frankreichs und Belgiens erlitten 1944 weitaus größere Zerstörungen als im Jahre 1940[152]. Es lag sowohl im militärischen als auch im wirtschaftlichen Interesse Frankreichs, die Eisenbahnen so rasch als möglich wieder aufzubauen. Durch die kräftige Unterstützung der Amerikaner mit Brückengerät, Oberbaumaterial, Lokomotiven und Wagen aus den USA, sowie mit militärischen Eisenbahneinheiten und Pionieren ging der Wiederaufbau ungestört und zügig voran[153]. Die Inbetriebnahme von leistungsfähigen Nachschubstrecken gelang allerdings nicht so rasch wie dies für die zügige Fortsetzung des alliierten Vormarsches erforderlich gewesen wäre[154]. Am 30. 8. kam der erste Nachschubzug nach Paris-Batignolles[155]. Am 7. 9. wurde Sommessous, 140 km östlich Paris, am 18. 9. Lüttich und am 29. 9. Eindhoven erreicht[156]. Zur Beför-

147 Ruppenthal, S. 583.
148 Spetzler, S. 343 f; Wilmot, S. 498 ff; Patton, S. 83, 87 ff u. 98.
149 Montgomery (2), S. 231.
150 Montgomery, (2), S. 235.
151 Spetzler, S. 343 f.
152 Angaben über den Zustand des Netzes nach dem deutschen Rückzug vgl. Durand, S. 607—610.
153 Eisenhower, S. 370.
154 Montgomery (2), S. 197.
155 Wilmot, S. 501; vgl. Bergès, S. 483—492 u. 666—677; o. V.: Die Eisenbahnen im Dienste der Invasionsarmeen, in: Der öffentliche Verkehr, Bern Jg. 1950, S. 12—14.
156 Wilmot, S. 565.

derung von Treibstoffen wurde am 12. 9. eine Pipeline Cherbourg — Chartres in Betrieb genommen[157], die eine Fortsetzung der schon länger bestehenden Pipeline Pluto durch den Ärmelkanal von der Insel Wight nach Cherbourg darstellte.

Die weiteren Ereignisse im Westen werden im Kapitel über die Schlußphase des Krieges (Seite 167 ff.) behandelt.

3. Der Krieg mit Dänemark und Norwegen

Schon bald nach Kriegsbeginn beschäftigten sich England und Deutschland mit der skandinavischen Frage. Beide Mächte waren sich im klaren, daß der norwegische Raum von entscheidender Bedeutung war, wenn man den Gegner in seinem Lebensnerv treffen wollte[1]. Nach einer Besprechung mit Quisling, dem Leiter der Nasjonal Samling, am 14. 12. 1939 gab Hitler den Auftrag, eine Studie Norwegen auszuarbeiten. Hierzu wurde ein Arbeitsstab im Oberkommando der Wehrmacht gebildet, aus dem sich später der Wehrmachtführungsstab und damit eine Zweigleisigkeit in der obersten Führung entwickelte. Es entstanden die sogenannten OKW-Kriegsschauplätze, in denen das Oberkommando des Heeres auch zu Lande in der Führung ausgeschaltet war und OKH-Kriegsschauplätze, auf denen die Führung zu Lande beim Oberbefehlshaber des Heeres verblieb[2]. Am 1. 3. 1940 gab Hitler die Weisung für den Fall „Weserübung" heraus[3]. Das strategische Ziel des Unternehmens ist in Ziffer 1 der Weisung mit folgenden Sätzen erläutert: „Die Entwicklung der Lage in Skandinavien erfordert es, alle Vorbereitungen dafür zu treffen, um mit Teilkräften der Wehrmacht Dänemark und Norwegen zu besetzen (Fall „Weserübung"). Hierdurch soll englischen Übergriffen nach Skandinavien und der Ostsee vorgebaut, unsere Erzbasis in Schweden gesichert und für Kriegsmarine und Luftwaffe die Ausgangsstellung gegen England erweitert werden."

Hitler wollte offenbar rasch handeln[4]. Die endgültige Entscheidung fiel am 27. 3. 1940, die Besetzung sollte am 9. oder 10. 4. beginnen[5]. Am 2. 4. um 15 Uhr gab Gercke das Stichwort „Weserübung": 2. 4. = W—7 für die Bereitstellung von Leermaterial an seine Transportdienststellen und die Reichsbahn. Das bedeutete, daß der Einmarsch am 9. 4. 1940 stattfinden würde. Nach Überwindung der Winterschwierigkeiten war zu dieser Zeit die Betriebslage bei der Deutschen Reichsbahn wieder flüssig, so daß der glatten Durchführung der Transporte nichts im Wege stand. Der Abtransport erfolgte im Rahmen des laufenden Fahrplans. Am 6. 4. meldete der Transportchef den planmäßigen Ablauf der Transportbewegungen[6]. Für die Besetzung von Norwegen wurden vom Heer sechs Divisionen und für Dänemark zwei Divisionen bereitgestellt[7].

157 Wilmot, S. 565.
1 v. Tippelskirch (2), S. 50.
2 v. Tippelskirch (2), S. 54.
3 Weisungen, S. 47—49.
4 Halder-KTB Bd. II, 3. 3. 1940 u. 11. 3. 1940.
5 Halder-KTB Bd. II, 27. 3. 1940.
6 IMT Bd. XXVIII, Dok. 1809—PS, S. 418, Jodl-Tagebuch, 6. 4. 1940.
7 Hubatsch (1), S. 43. — Es lagen: 3. Geb. Div. im Raum Nauen—Frohnau—Döberitz; 69. Inf. Div. auf dem Truppenübungsplatz Großborn; 196. Inf. Div. im Raum Danzig—Gotenhafen; 163. Inf. Div.

Im Laufe des 6. April trafen nachmittags und abends die für den Transport auf Kriegsschiffen bestimmten Truppenteile in Wilhelmshaven, Wesermünde, Cuxhaven, Kiel, Travemünde und Swinemünde ein und gingen bei Dunkelheit an Bord[8].

Am 9. 4. um 5.15 Uhr begannen der Einmarsch nach Dänemark und die Landung in Norwegen. Ganz Dänemark (Jütland 170. Div., Seeland 198. Div.) war schon am ersten Tag besetzt. Damit waren die rückwärtigen Landverbindungen nach Norwegen gesichert. Die Eisenbahnen blieben unversehrt, und der Betrieb erlitt keine Unterbrechung.

Auch die Landungsoperationen in Norwegen verliefen günstig. Am 9. 4. waren Elvegardsmoen bei Narvik, Drontheim, Bergen, Christiansand, Stavanger und am Abend auch Oslo, das Haupteinfallstor für den Antransport von Truppen und Nachschub aus Deutschland, besetzt. Die norwegische Regierung hatte das deutsche Ultimatum vom 9. 4. zur Besetzung abgelehnt und die Mobilmachung am 11. 4. angeordnet. Daraufhin begann der Vormarsch von Oslo aus entlang den Bahnlinien in Richtung Bergen, Andalsnes und Drontheim. Bis Mitte des Monats waren Lillehammer, Roa und Kongsvinger erreicht, und am 16. 4. waren alle vier Eisenbahnübergänge nach Schweden in deutscher Hand[9]. Am 14. 4. landeten die Engländer bei Harstad in der Nähe von Narvik. Nach schweren Kämpfen zogen sie sich von dort am 8. 6. zurück, wohl wegen der für sie ungünstigen Entwicklung der deutschen Westoffensive (Dünkirchen). In der Zeit vom 14. bis 17. 4 landeten die Engländer auch bei Namsos und Andalsnes und drangen in das Landesinnere vor. Um den Vormarsch der Engländer zu behindern, wurde am 14. 4. eine Fallschirmjägerkompanie auf Dombas und Sturzkampfbomber auf die Strecke Andalsnes—Dombas angesetzt[10]. Das Fallschirmjägerunternehmen mißglückte[11]. Die bis Lillehammer vorgedrungenen Engländer wurden zurückgeworfen und mußten sich in den ersten Maitagen wieder absetzen. Damit war der Versuch der Engländer, Norwegen zu helfen und sich in Mittelnorwegen festzusetzen, gescheitert. Am 30. 4. war die Landverbindung zwischen Oslo und Drontheim hergestellt und auch die Bahnlinie von Oslo nach Bergen in deutscher Hand[12]. Die Bahnlinie Stavanger—Egersund—Flekkefjord war am 20. April freigekämpft[13]. König Haakon und sein Ministerium verließen am 5. 6. das Land und begaben sich nach London. Am 10. 6. unterzeichneten Vertreter des norwegischen Oberkommandos in Drontheim und Narvik die Kapitulationsurkunden. Die Regierungsgewalt übertrug Hitler dem Reichskommissar Terboven, mit dem Quisling eng zusammenarbeitete.

auf dem Truppenübungsplatz Döberitz; 181. Inf. Div. im Raum Cottbus—Guben. Jede Division sollte in mehreren Schiffstransportstaffeln in ihre Einsatzräume gebracht werden. Als 1. Welle sollten die 163., 69., und 3. Geb. Div. in Norwegen landen. Von den für die Besetzung von Dänemark bereitgestellten Heereskräften lagen die 170. Inf. Div. im Raum Münster, die 198. Inf. Div. im Raum Pritzwalk—Wittenberge und die durch Panzerkampfwagen verstärkte 11. Schützenbrigade (mot.) im Raum Altengrabow.

8 Hubatsch (1), S. 57.

9 Hubatsch (1), S. 196.

10 Hubatsch (1), S. 287.

11 Hubatsch (1), S. 100.

12 Hubatsch (1), S. 205.

13 Hubatsch (1), S. 207.

Die norwegischen Eisenbahnen konnten während des Feldzuges nur in bescheidenem Umfang genutzt werden. Die Versorgung übernahmen andere Transportmittel. Durch die Kampfhandlungen waren die Bahnanlagen an verschiedenen Stellen zerstört worden, besonders durch Brückensprengungen. Vor allem hatten die Bahnen von Oslo nach Drontheim (Nordlandbahn), von Bergen nach Myrdal (Bergenbahn), Stavanger—Flekkefjord und die Erzbahn bei Narvik Zerstörungen aufzuweisen. Schon während des Feldzuges wurde die Wiederherstellung der wichtigsten Strecke nach Drontheim über Dombas und weiter nach Norden nachdrücklich betrieben. Bis zum 20. 6. waren sämtliche Eisenbahnstrecken wieder in Betrieb. Darüber hinaus wurde die im Bau befindliche Strecke Drontheim — Mosjoen zum 1. Juli fertiggestellt und in Betrieb genommen[14].

Den Eisenbahnen in Dänemark und Norwegen fielen nach Beendigung der Kampfhandlungen größere Transportaufgaben zu als zuvor im Frieden. Beide Eisenbahnnetze hatten eine verhältnismäßig geringe Leistungsfähigkeit. Die Eisenbahnen Norwegens[15] waren überwiegend eingleisig und zum Teil schmalspurig. Auch Dänemark hatte viele eingleisige Strecken. In Norwegen beeinträchtigten große Höhenunterschiede und starke Steigungen die Leistungsfähigkeit. Bei den norwegischen Bahnen überwog im Frieden der Reiseverkehr. Der Güterverkehr wurde weitgehend durch die Küstenschiffahrt bedient. Als Betriebsart herrschte der Dampfbetrieb vor. Der Fahrzeugpark bestand aus 436 Lokomotiven verschiedenster Typen, 9 306 Güterwagen, z. T. ohne Luftdruckbremse und 886 Reisezugwagen. In beiden Ländern verblieb die Betriebsführung bei den Generaldirektionen der Dänischen Staatsbahnen (DSB) bzw. der Norwegischen Staatsbahnen (NSB). Zur Sicherstellung der deutschen Interessen wurden bereits am 9. 4. in Dänemark ein Bahnbevollmächtigter mit der Außenstelle in Aarhus und ein Bahnbevollmächtigter für Norwegen in Oslo, sowie je eine Transportkommandantur eingesetzt. Nach anfänglichen Reibereien mit dem Reichskommissar Terboven wurde das gesamte Verkehrswesen in Norwegen dem Wehrmachtbefehlshaber Norwegen unterstellt. Dieser erhielt auch weitgehende Befugnisse gegenüber der Transportkommandantur Oslo. Bei der loyalen Einstellung der Norweger war ein Bahnbevollmächtigter nicht lange erforderlich. Er wurde im Mai 1941 zurückgezogen. Im Stabe des Transportoffiziers des Wehrmachtbefehlshabers waren zwei deutsche Eisenbahnbeamte als Stabsoffiziere des Beurlaubtenstandes tätig. Während des Krieges führten die politischen Maßnahmen des Reichskommissars zu einer Trübung des Verhältnisses mit den norwegischen Eisenbahnern.

Die wesentlichen Verkehrsaufgaben in Norwegen waren Truppen- und Nachschubtransporte für die deutsche Wehrmacht, Versorgungstransporte für die Bevölkerung, Kohlentransporte von Deutschland und Erztransporte im Winter von Kiruna nach Narvik. Im Sommer wurde das Erz in den schwedischen Häfen Lulea und Haparanda verschifft[16].

[14] Stoy, S. 349—356.
[15] Paszkowski (1), S. 32 ff u. 114 ff.
[16] Steinweg, S. 32.

Die steigenden Verkehrsanforderungen waren nur durch den Ausbau und die materielle Unterstützung der dänischen und norwegischen Eisenbahnen zu bewältigen. Hierbei ging es vor allem um die Leistungssteigerung der beiden Strecken von Husum —Esbjerg—Struer und der Strecke Flensburg—Fridericia—Aarhus—Frederikshavn und der Querverbindung durch Verlängerung von Bahnhofsgleisen, den Bau neuer Kreuzungs- und Abstellgleise, Verstärkung des schwachen Oberbaus, Erweiterung von Bahnbetriebswerken und Verbesserungen des Fernmeldenetzes. Die Deutsche Reichsbahn lieferte vor allem Oberbaumaterial.

Bald nach Beendigung des Feldzuges kam am 5. 7. 1940 die schon vor dem Krieg begonnene Bahn Grong—Mosjoen auf ihrer ganzen Länge in Betrieb, nachdem am 19. 5. schon bis Snatnasen gefahren werden konnte. Am 1. 8. wurde die Strecke Myrdal—Flam, die von den Norwegern schon weitgehend fertiggestellt worden war, in Betrieb genommen. Der Bahnbau in nördlicher Richtung wurde nachdrücklich vorangetrieben. Am 15. 3. 1941 war die Strecke von Mosjoen bis Elsfjord und ein Jahr später bis Mo-i-Rana in Betrieb. Die Schmalspurstrecke von Hamar nach Stören über Elverum —Röros—Stören wurde umgespurt und war am 4. 8. 1941 fertiggestellt. Wegen ihres schwachen Oberbaues hatte die Strecke nur geringe Bedeutung. Nach mehr als zweijähriger Bauzeit war Ende 1943 die Strecke von Christiansand nach Lunde provisorisch fertiggestellt und damit eine durchgehende Normalspurbahn zwischen Oslo und Stavanger vorhanden[17]. Bei den Bahnbauten waren Pioniere, Einheiten der Organisation Todt, norwegische und deutsche Baufirmen tätig.

Außer diesen Bahnbauten forderte Hitler die Fertigstellung der 180 km langen Gebirgsbahn Fauske—Korsnes (Narvik) bis Ende 1942[18]. Darüber hinaus schwebte ihm eine rd. 600 km lange Bahn von Narvik nach Kirkenes, dem nördlichsten eisfreien Hafen in Norwegen, vor[19]. Er forderte noch Ende 1944 die in keiner Weise mehr zu vertretende Fortführung der kräfteverzehrenden Bauarbeiten[20]. Besonders gefährdet waren die unmittelbar an der Küste gelegenen Bahnanlagen in Drontheim. Dieser Gefahrenpunkt sollte mit einer fünf Kilometer langen Umgehungsbahn, die bis Kriegsende weitgehend fertiggestellt war, beseitigt werden[21].

Die steigenden Verkehrsaufgaben für die deutsche Wehrmacht — in Norwegen befanden sich 1943 immerhin 430 000 Mann Besatzung[22] — konnten ohne weitere deutsche Hilfe nicht mehr bewältigt werden. Deshalb wurden aus dem Reich nach und nach 116 Lokomotiven und rd. 1 670 Güterwagen dazu noch Personenwagen, Schneepflüge und eine Schneeschleuder herangeschafft.

[17] Notiz in: Zeitschrift für den internationalen Eisenbahnverkehr, Bern Jg. 1946, S. 119.
[18] KTB/OKW Bd. II, 19. 4. 1942, S. 325.
[19] KTB/OKW Bd. III, 5. 1. 1943, S. 18; 16. 1. 1943, S. 45; 20. 2. 1943, S. 147; 23. 3. 1943, S. 236 u. 25. 7. 1943, S. 827.
[20] Hitler-Speer-Konferenz am 19. 2. 1942, Punkt 35, S. 67; am 19. 4. 1942, Punkt 11, S. 104 f; am 28./29. 6. 1942, Punkt 3, S. 141; am 13. 8. 1942, Punkt 66, S. 178; am 18. 1. 1943, Punkt 36, S. 224; am 6./7. 2. 1943, Punkt 59, S. 233; am 3. 4. 1943, Punkt 4, S. 244; am 13.—15. 5. 1943, Punkt 12, S. 257; am 13.—15. 11. 1943, Punkt 17, S. 311 f; am 20. 6. 1944, Punkt 13, S. 381; am 1.—4. 11. 1944, Punkt 12, S. 429. Führerbefehl, gedruckt in: Hillgruber (8), S. 73.
[21] KTB/OKW Bd. III, 22. 7. 1943, S. 817.
[22] Heiber (1), Lagebesprechung vom 20. 12. 1943, S. 447 (Bemerkungen von Jodl).

Wegen der zunehmenden Unsicherheit auf dem Seewege wurden Truppentransporte im Raum Christiansand bis Drontheim nur noch auf dem Landwege befördert. Die große Verkehrsnot erforderte eine Kontingentierung des Verkehrsvolumens und straffe Betriebsleitung. Von 1943 an waren Reisegenehmigungen erforderlich, die nicht leicht zu bekommen waren[23].

Während des ganzen Krieges wurde der Eisenbahnbetrieb in Dänemark und Norwegen durch Luftangriffe nur wenig behindert. In den ersten Jahren der Besetzung war auch die Sabotage an Eisenbahnanlagen gering. In Dänemark machte sich der Widerstand im Herbst 1943 etwas zeitiger als in Norwegen bemerkbar. Nach den militärischen Rückschlägen in Rußland und Italien nahmen die Sabotagetätigkeit und der Widerstand zu. Ende August 1943 trat die dänische Regierung zurück, die dänische Armee und Marine wurden entwaffnet[24] und der Ausnahmezustand verhängt, der bis zum 6. 10. 1943 dauerte[25]. Inzwischen waren 1 000 deutsche Eisenbahner nach Dänemark abgeordnet worden, die zur Aufrechterhaltung des Betriebes eingesetzt wurden. Am 30. 6. 1944 brachen in Kopenhagen ein Generalstreik und Teilstreiks im Lande aus, die bis zum 3. 7. dauerten und auch die Eisenbahn erfaßten[26]. Mitte September 1944 kam es erneut zu mehrtägigen Streiks in Jütland[27]. Am 18. 11. wurde erstmals eine Eisenbahnbrücke bei Langaa an der Strecke Aarhus—Frederikshavn gesprengt[28]. 1945 nahmen die inzwischen von London aus gesteuerten und unterstützten Sabotagen vor allem auf Jütland weiter zu und führten zur Verzögerung der Transportbewegungen aber nirgends zu längeren Unterbrechungen des Betriebes[29].

In Norwegen wurde die Sabotagetätigkeit, die sich zunächst auf kleine Unternehmungen beschränkt hatte, im Sommer 1944 fühlbarer, so daß der Wehrmachtbefehlshaber Norwegen beim Transportchef blaue Eisenbahner anforderte, die ihm aber nicht bewilligt wurden. Eine für den Einsatz an der Invasionsfront bestimmte Division wurde durch Eisenbahnsabotage um 16 Tage verspätet[30]. Die Organisation des Widerstandes wurde in enger Zusammenarbeit mit den Alliierten verbessert und die Tätigkeit der Widerständler intensiviert[31], 1945 häuften sich die Sabotagehandlungen an Gleisen, Brücken und Stellwerken und behinderten die Betriebsabwicklung merklich[32]. Mit Sprengstoffanschlägen an 750 Stellen[33] erreichten in der Nacht zum 15. 3. 1944 die Sabotagen ihren Höhepunkt. In der selben Nacht wurde auch ein Sprengstoffanschlag auf die Transportkommandantur in Oslo verübt, bei dem es mehrere Tote und Verletzte gab. Auf den unterbrochenen Strecken wurde Inselbetrieb gemacht und Umladungen vorgenommen. Insgesamt bleibt festzustellen, daß der Eisenbahnbetrieb in

[23] Paszkowski (2), S. 264.
[24] KTB/OKW Bd. III, 29. 8. 1943, S. 1023.
[25] KTB/OKW Bd. III, 6. 10. 1943, S. 1176.
[26] KTB/OKW Bd. IV, S. 928.
[27] KTB/OKW Bd. IV, S. 928.
[28] Heiber (1), Lagebesprechung am 19. 11. 1943, S. 424, Aussage von Keitel.
[29] KTB/OKW Bd. IV, S. 1341.
[30] Riggert, S. 656. Es ist nicht angegeben, um welche Division es sich handelte.
[31] Brandt, S. 92 u. 118.
[32] KTB/OKW Bd. IV, 16. 3. 1945, S. 1177 u. 17. 3. 1945, S. 1179.
[33] KTB/OKW Bd. IV, 16. 3. 1945, S. 1177; Brandt, S. 118.

Dänemark und Norwegen durch Widerstand wohl beeinträchtigt wurde, aber bei weitem nicht so stark wie in anderen besetzten Ländern. In beiden Ländern lagen die Betriebsleistungen in den Jahren 1941—1944 höher als vor dem Krieg.

Nachdem die 20. Gebirgsarmee Ende 1944 von Finnland nach Norwegen zurückmarschiert und nördlich Narvik eine Front aufgebaut war, wurden unter dem Stichwort „Nordlicht" mehrere Divisionen zur Verstärkung der Ost- und Westfront in das Reich zurückgeführt[34]. Die Transportdurchführung von acht bis zehn Truppenzügen pro Tag[35], die unter Kohlenmangel, Sabotage und Winterschwierigkeiten zu leiden hatte, stellte eine imponierende Leistung der daran Beteiligten dar. Wegen der starken Steigungen und schlechten Bahnhofsverhältnisse konnten nur 300 m lange Einheitszüge gefahren werden. Von 1944 bis Anfang Januar 1945 wurden sechs Divisionen und andere Einheiten und bis März drei weitere Divisionen zurückgefahren[36].

Mit der Lapplandarmee kam eine Feldeisenbahnbetriebsabteilung aus Finnland nach Norwegen. Sie wurde über das Netz verteilt, für den Fall, daß die norwegischen Eisenbahner streiken würden. Da die Zusammenarbeit mit den norwegischen Eisenbahnern bis zur Kapitulation immer noch ausreichend war, wurde diese Einheit nur für die Betriebsüberwachung eingesetzt, wo sie wertvolle Dienste leisten konnte.

In den letzten Kriegsmonaten kamen im Schiffstranport über die Ostsee mehrere Hunderttausend Flüchtlinge aus dem Osten des Reiches nach Jütland, von denen ein Teil unter schwierigsten Betriebsbedingungen, so gut es eben noch ging, nach Schleswig-Holstein abbefördert wurde.

Bei der Kapitulation befanden sich noch 380 000 Wehrmachtangehörige in Norwegen. Die deutschen Kriegsgefangenen wurden ab Juli 1945 teils auf dem Seewege und teils mit der Eisenbahn über Schweden nach der Heimat gefahren. Ihre Rückführung zog sich bis Anfang 1946 hin[37].

Die Eisenbahnen Dänemarks und Norwegens waren am Ende des Krieges im großen und ganzen intakt. Durch den deutschen Ausbau im Kriege ist ihre Leistungsfähigkeit verbessert worden.

Die verkehrliche Rolle Schwedens

Schweden war am Zweiten Weltkrieg nicht aktiv beteiligt. Es bestanden jedoch enge Handelsbeziehungen zu Deutschland, das in großem Umfange schwedische Erze, Holz und Zellulose bezog und Schweden mit Kohle versorgte. Die schwedischen Eisenbahnen spielten eine nicht unwichtige Rolle für die deutsche Kriegführung. Noch während des Norwegenfeldzuges trat Deutschland wegen der Zulassung von militä-

[34] KTB/OKW Bd. IV, S. 1332.

[35] Die Einheitszüge für Truppentransporte in Norwegen waren wegen der Steigungen und Bahnhofsverhältnisse nur 300 m lang.

[36] Nach KTB/OKW Bd. IV, S. 1002: 60. Inf. Div., 106. Inf. Div., 500. Volksgrenadier-Div. 710. Inf. Div., 1. Pz. Div. ohne Waffen und Gerät, 2. Geb. Div., 6. SS-Geb.-Div.; KTB/OKW Bd. IV, 11. 1. 1945, S. 1006: 163. Inf. Div.; KTB/OKW Bd. IV 18. 2. 1945, S. 1105 u. 7. 4. 1945, S. 1624: 199. Inf. Div.; KTB/OKW Bd. IV, 16. 3. 1945, S. 1177: 191. Inf. Div.

[37] Brandt, S. 131 f.

rischen Transporten an Schweden heran. Die Versorgung der in Narvik schwer bedrängten Kampftruppe war nur über die Erzbahn möglich[38]. Mit Zustimmung Schwedens (am 13. 4. 1940) ist der erste Nachschubtransport mit Sanitätsmaterial, Ausrüstungsgegenständen und Lebensmitteln über schwedische Strecken abgegangen[39]. Während der Kampfhandlungen ließ Schweden gemäß Artikel 7/9 des V. Haager Abkommens entsprechend seiner Neutralität keinen Transit von Kriegsmaterial zu[40]. Als jedoch der norwegische Feldzug beendet war, willigte die schwedische Regierung auf deutsches Drängen hin am 8. Juli 1940 in ein Abkommen ein, das den Transit von Waren aller Art von Deutschland nach Norwegen und die Durchreise von deutschem Militär und gewissem zivilem Personal vorsah. Bei den Personaltransporten handelte es sich um Militärurlauber in besonderen Zügen von Norwegen nach Deutschland und umgekehrt. Da zwischen Nord- und Südnorwegen keine durchgehende Eisenbahn vorhanden war, wurde auch die Durchreise über die Strecke von Storlien nach Riksgränsen über schwedisches Gebiet gestattet[41]. Bis Ende des Jahres 1940 wurden so etwa 140 000 deutsche Soldaten in Norwegen ausgetauscht und die dort liegenden Verbände versorgt[42]. Nach dem Beginn des Rußlandfeldzuges gab Schweden am 24. 6. 1941 die Erlaubnis zum Transport einer Division (163. Inf. Div.) nach Finnland[43]. Mit der Verschlechterung der Kriegslage wurde die schwedische Regierung im Sommer 1943 zurückhaltender und stellte sowohl den Durchlaß von Urlaubern und Kriegsmaterial als auch zeitweise den Transport von Erz und Mineralöl ein[44]. Nach einem neuen Transitabkommen vom 5. 8. 1943 durften nur noch Waren ziviler Art in beschränktem Umfang transitieren[45].

4. Der Feldzug in Nordafrika

Die Kampfhandlungen in Nordafrika spielten sich im wesentlichen in Gebieten ab, die durch Eisenbahnen nur wenig oder gar nicht erschlossen waren (siehe Karte 10). In der italienischen Kolonie Libyen gab es nur zwei kleinere Eisenbahninseln mit 0,95 m Spurweite bei Tripolis und Benghasi. Diese Bahnen waren im Jahre 1911 im türkisch-italienischen Krieg gebaut worden[1]. In Ägypten bestand eine Normalspurbahn von Alexandria nach Marsa Matruk, die 1937 von den Engländern erbaut worden war. Sie wurde im Winter 1940/41 mit amerikanischem Material über Sollum hinaus bis 24 km vor Tobruk[2] um rd. 300 km verlängert. Die behelfsmäßige Verlängerung dieser Bahn in einfachster Zweckbauweise innerhalb von vier Monaten mit einer Tagesleistung von drei Kilometern stellt eine bautechnische Meisterleistung dar. Auf Signale wurde ver-

[38] Hubatsch (1), S. 187; Hubatsch (2), S. 151.
[39] Halder-KTB Bd. II, 13. 4. 1940 u. 14. 4. 1940; vgl. Hubatsch (2), S. 153.
[40] Hubatsch (1), S. 384 f.
[41] Haustein (2), S. 24.
[42] Shirer, S. 1090.
[43] Halder-KTB Bd. III, 24. 6. 1941.
[44] KTB/OKW Bd. III, 6. 8. 1943, S. 905; 3. 10. 1943, S. 1167; 12. 11. 1943, S. 1271 u. 1520.
[45] Haustein (2), S. 24; KTB/OKW Bd. III, 6. 8. 1943, S. 905 f.
[1] Wernekke (3), S. 644 f.
[2] Notiz in: Intern. Archiv f. Verkehrswesen Jg. 1953, S. 271 f.

zichtet. Die Zugfolge wurde mit dem sogenannten Stabverfahren geregelt[3]. Von Alexandria aus bestanden gute Anschlußstrecken nach Suez und weiter südlich zum Hafen Koser am Roten Meer. In den französischen Kolonien Marokko, Algerien und Tunis bestand ein wenig leistungsfähiges Netz von Strecken mit verschiedenen Spurweiten.

Die Kämpfe in Nordafrika begannen am 12. September 1940 mit einem Angriff der italienischen 10. Armee, der sich bis in die Gegend von Sidi Barani erstreckte. Am 9. 12. gingen die Engländer zum Gegenangriff über und drangen zügig nach Westen vor, wo sie am 6. 2. 1941 Benghasi einnahmen. Diese Entwicklung kam für Hitler völlig überraschend[4]. Er hatte vielmehr mit einem weiteren Vordringen der Italiener gerechnet und wollte sie hierbei unterstützen. In einer Weisung vom 12. 12. 1940 wurden die Wehrmachtteile angewiesen, Vorkehrungen für den Einsatz auf diesem oder einem anderen nordafrikanischen Kriegsschauplatz zu treffen[5]. Nach einer Unterredung Hitlers mit Mussolini am 19. und 20. 1. 1941 gab das Oberkommando der Wehrmacht am 21. 1. den Auftrag, sobald wie möglich den vorgesehenen Verband nach Tripolis zu überführen (Unternehmen „Sonnenblume")[6]. Gercke bezifferte den erforderlichen Transportraum auf 140 Halbzüge[7]. Anfang Februar stellten die Engländer ihren Vormarsch ein[8]. Am 6. 2. befahl der Chef des Oberkommandos der Wehrmacht weitere Verstärkung der für Libyen bestimmten Heeresverbände[9]. Die ersten Teile der fechtenden Truppen der 5. leicht. Div. trafen am 11. 2. in Neapel ein. Wegen der geringen Leistungsfähigkeit der eingleisigen Bahnen in Süditalien war ein Transport nach einem südlicheren Hafen nicht möglich. Die Strecken über den Brenner bis Neapel ließen eine Leistung von 18 Militärzügen zu[10]. Die Nachschubtransporte über die Eisenbahnen bis Neapel liefen bis Anfang 1943 ungestört[11].

Am 10. 2. 1941 war die Masse der Divisionen planmäßig angelaufen[12]. Die erste Staffel des Transports „Sonnenblume" war am 11. 2. in Tripolis gelandet[13]. Zum Kommandierenden General des Afrika-Korps war Generaloberst Rommel ernannt worden. Eine deutsch-italienische Militär-Eisenbahnkommission untersuchte, ob und wie die Versorgung des Afrika-Korps durch den Ausbau der vorhandenen Bahnen oder durch Neubau verbessert werden könnte. Es war an die Herstellung einer durchgehenden Verbindung von Tunis bis Benghasi gedacht[14]. Das utopische Vorhaben scheiterte an der Unmöglichkeit, die Oberbaustoffe und Betriebsmaterial heranzuschaffen.

[3] Beim Stabverfahren darf ein Zug nur dann auf die Strecke fahren, wenn der Lokführer im Besitz des für den betreffenden Streckenabschnitt einmal vorhandenen Stabes ist.
[4] v. Tippelskirch (2), S. 129.
[5] v. Tippelskirch (2), S. 129.
[6] Weisungen, S. 96.
[7] KTB/OKW Bd. I, 17. 1. 1941, S. 267.
[8] v. Tippelskirch (2), S. 131.
[9] KTB/OKW Bd. I, 6. 2. 1941, S. 307 f.
[10] Halder-KTB Bd. II, 21. 1. 1941.
[11] Vgl. auch Jacobsen (1), S. 392.
[12] KTB/OKW Bd. I, 11. 2. 1941, S. 316.
[13] KTB/OKW Bd. I, 12. 2. 1941, S. 319.
[14] Vgl. Westphal, S. 186.

Am 31. 3. 1941 begann der deutsch-italienische Gegenstoß, der rasche Fortschritte machte. Schon am 8. 4. war Tobruk eingeschlossen und am 13. 4. Sollum erreicht. Dort kam der Vormarsch des Afrika-Korps wegen Nachschubmangel zum Stehen. Dagegen konnten die Engländer dank ihrer guten Nachschubverhältnisse sich zum Gegenschlag vorbereiten und am 18. 11 eine Offensive beginnen. Am 10. 12. wurde Tobruk entsetzt und am 26. 12. 1941 Benghasi genommen. Rommel ging am 21. 1. 1942 noch einmal zum Gegenangriff über und eroberte am 29. 1. Benghasi zurück. Im Mai setzte er seinen Vormarsch fort, nahm am 1. 6. Tobruk ein, wo große Mengen von Treibstoff und Versorgungsgut erbeutet wurden. Am 28. 6. fiel Marsa Matruk, und bei El Alamein, 100 km vor Alexandria, kam der Vormarsch wegen ungenügenden Nachschubs wiederum zum Stehen. Von Ende Juli bis Anfang November 1942 wurde die Eisenbahn östlich von Tobruk auf einer Länge von über 500 km zum deutsch-italienischen Nachschubtransport benutzt. Irrtümlicher Weise sprechen hier v. Rintelen und Gause von einer Schmalspurbahn[15]. Die Militär-Eisenbahnkommission bemühte sich nunmehr um die Leistungssteigerung der Bahn. Da die Engländer die Strecke an vielen Stellen gesprengt, die Lokomotiven unbrauchbar gemacht hatten und über die Luftherrschaft verfügten, blieb die Leistung gering. Es konnte fast nur nachts gefahren werden. Durch Scheinanlagen und Tarnung wurde der Gegner mit Erfolg abgelenkt. Im Juli waren vier Diesellokomotiven mit 360 PS von Rehagen-Klausdorf und andere von Sizilien herangeschafft worden[16]. Der Einsatz einer deutschen Eisenbahnbetriebskompanie war erwogen, aber nicht verwirklicht worden. Den Betrieb machten italienische Eisenbahntruppen. Die deutschen Transporte — anfänglich zwei, später ein Zug pro Tag — wurden von deutschen Lokführern gefahren[17]. Die Zusammenarbeit war nicht gerade vorbildlich. Sicherlich wären auf dieser primitiven Kriegseisenbahn bei energischem und einheitlichem Kommando bessere Leistungen möglich gewesen. Unter den vorhandenen primitiven Betriebsbedingungen konnten allerdings auch keine hohen Transportleistungen erwartet werden.

Nachdem die Alliierten die Seeherrschaft und Ende 1942 auch die Luftherrschaft über dem Mittelmeer errungen hatten, erlahmte die Kampfkraft des Afrika-Korps aus Mangel an Nachschub rasch[18]. Mitte November hatte das Oberkommando der Wehrmacht befohlen, die Bahnlücken zwischen Tunesien, Tripolis und Benghasi zu schließen und sofort mit dem Bau der fehlenden Stücke zwischen den drei Bahnabschnitten zu beginnen[19]. Wiederum waren die Engländer in der günstigeren Versorgungslage. Sie durchbrachen am 23. 10. die El-Alamein-Stellung unter Montgomery und drangen bis Benghasi vor, das am 20. 11. verloren ging. In 14 Tagen waren sie weitere 850 km vormarschiert[20]. Dadurch waren ernsteste Versorgungsschwierigkeiten bei den Eng-

[15] v. Rintelen (2), S. 174; Gause, S. 596.
[16] Vgl. KTB/OKW Bd. II, 21. 7. 1942, S. 515.
[17] Vgl. KTB/OKW Bd. II, 21. 10. 1942, S. 847.
[18] KTB/OKW Bd. III, S. 1526.
[19] Westphal, S. 187.
[20] v. Tippelskirch (2), S. 292.

ländern eingetreten[21]. Sie arbeiteten an der Wiederherstellung der einzigen Nachschubbahn, die am 25. 11. bis Capuzzo wieder in Betrieb war[22].

Ab 7. 11. 1942 landeten amerikanische Truppen in Safi, Casablanca und Port Lyauthey und englische Truppen in Oran und Algier (Operation „Torch")[23]. Als Gegenmaßnahme wurden rasch deutsche und italienische Verbände nach Tunis geworfen[24]. Vorher war noch ein Teil des dort vorhandenen rollenden Materials nach Algerien abgezogen worden[25]. Eine neue Bahn von Tunis nach Gabès wurde am 18. 11. in Betrieb genommen. Auf ihr verkehrten täglich ein bis zwei Nachschubzüge[26].

Auf beiden Seiten wurde versucht, die Nachschubtransporte des Gegners zu behindern. Deutscherseits wurden dazu Fallschirmjäger eingesetzt[27]. In Tunesien führten Partisanen Eisenbahnsprengungen aus[28], außerdem litt die deutsche Nachschubstrecke unter Luftangriffen[29]. Die anfängliche Mitarbeit der tunesischen Eisenbahner ließ nach der Landung der Alliierten rasch nach. Montgomery gewann weiter an Boden und nahm am 23. 1. 1943 Tripolis ein, wodurch ihm wieder eine günstigere Nachschubbasis zur Verfügung stand.

Nach der Landung in Afrika hatten die Alliierten große Anstrengungen materieller und personeller Art unternommen, um die geringe Leistungsfähigkeit der 2 200 km langen Bahnverbindungen von Casablanca über Oran und Algier nach Tunesien zu verbessern[30]. Die Transportleistung der Bahn stieg dadurch von 900 Tonnen auf 3 000 Tonnen pro Tag[31]. Im Jahre 1942 wurde eine Verbindungsbahn zwischen Haidra und Kasserine in Betrieb genommen[32], die den Transport des II. amerikanischen Korps aus dem Raum Tebessa nach Nordtunesien ermöglichte[33].

Rommel gelang es noch einmal, eine Stellung südlich Gabès aufzubauen und am 12. 2. 1943 gegen die Amerikaner anzutreten. Nach wechselvollen Kämpfen erschöpfte sich die deutsche Widerstandskraft immer mehr. Am 7. 5. gingen Biserta und Tunis verloren, und am 13. 5. endeten die Kämpfe.

Die Bilanz des Afrika-Feldzuges für die Achsenmächte war vernichtend: Der Krieg im Mittelmeer war verloren. Die Italiener hatten ihre letzte Kolonie und Deutschland zwei Armeen mit allem Material eingebüßt. Über 250 000 Mann, davon die Hälfte

21 Mongomery (1), S. 51.
22 KTB/OKW Bd. II, 25. 11. 1942, S. 1023.
23 Den Einsatz des amerikanischen Transportation Corps behandeln Bykowsky und Larson, H. in: United States Army in World War II. The Transportation Corps. Operations overseas, Washington D. C. 1957, Chapter IV North Africa, S. 136—183.
24 v. Tippelskirch (2), S. 301.
25 Bulletin de l'Union Internationale des Chemins de Fer Jg. 1949, S. 204.
26 KTB/OKW Bd. II, 24. 11. 1942, S. 1016.
27 Buchheit (2), S. 323 f.
28 KTB/OKW Bd. II, 21. 11. 1942, S. 1003; 26. 11. 1942, S. 1029; 14. 12. 1942, S. 1135.
29 KTB/OKW Bd. II, 16. 12. 1942, S. 1145.
30 Vgl. Eisenhower, S. 105 f u. 150.
31 Eisenhower, S. 186 f.
32 Bulletin de l'Union Internationale des Chemins de Fer Jg. 1949, S. 189—208.
33 Eisenhower, S. 186 f.

Deutsche, gerieten in Gefangenschaft[34]. Außerdem sollte es nicht lange dauern, bis die Alliierten in Sizilien landeten.

Die Alliierten gewannen den Kampf, weil sie über weitaus mehr Truppen und Kriegsmaterial als die Achsenmächte verfügten und ihre Nachschubwege ausgezeichnet funktionierten[35]. Sie hatten nicht nur Eisenbahnen sondern auch einen großen Kraftwagen-Transportraum zur Verfügung[36]. Die britische Armee hatte von den Amerikanern 25 000 Lastkraftwagen und Jeeps erhalten[37].

5. Der Krieg in Südosteuropa

Im Laufe des Jahres 1940 wurde der Südosten Europas zunehmend in die deutschen Vorbereitungen des Krieges gegen Griechenland verwickelt. In Rumänien traten drei einschneidende territoriale Veränderungen ein. Rumänien mußte nach der ultimativen Forderung der Sowjetunion vom 26. 6. Bessarabien und den nördlichen Teil der Bukowina an die Sowjetunion abtreten, die diese Gebiete vom 28. Juni bis 1. Juli besetzte[1]. Auf Grund des Zweiten Wiener Schiedsspruchs vom 30. 8. 1940[2] trat Rumänien Nordsiebenbürgen an Ungarn und nach dem Vertrag von Craiova vom 7. 9. 1940 noch die Süddobrudscha an Bulgarien ab. Am 28. 10. marschierten italienische Truppen von Albanien, das sie im April 1939 besetzt hatten, in Griechenland ein.

Die territorialen Veränderungen in Rumänien und Ungarn hatten bei den Eisenbahnen erhebliche Auswirkungen. Durch den Gebietszuwachs erweiterte sich die Betriebslänge der ungarischen Eisenbahnen um rd. 2 200 km oder um 24%. Zur Herstellung einer Eisenbahnverbindung mit den sogenannten Szekler Bahnen wurde sofort eine 16 km lange Schmalspurbahn von Kolozsngyida nach Szaszlekence gebaut und im Dezember 1940 in Betrieb genommen. Außerdem wurde zum direkten Anschluß Siebenbürgens an das ungarische Eisenbahnnetz mit dem Bau einer 48 km langen normalspurigen Verbindungsbahn von Szeretfalva nach Deda begonnen[3], die am 5. 12. 1942 in Betrieb genommen wurde und im späteren Kriegsverlauf eine große Bedeutung erlangte. Durch die neue Grenze wurde die für die Ölabfuhr ins Reich wichtige Teilstrecke Kronstadt—Teius—Brasow dreimal geschnitten, wodurch die Reibereien zwischen der rumänischen und ungarischen Staatsbahn nie zur Ruhe kamen.

Das rumänische Eisenbahnnetz, das fast auschließlich von den Rumänischen Staatsbahnen betrieben wurde, hatte im Jahre 1938 eine Gesamtlänge von 11 375 km, davon waren 3 698 km Hauptbahnen, 7 017 Nebenbahnen und 660 km Schmalspurbahnen.

[34] v. Tippelskirch (2), S. 307.
[35] Schlauch, S. 78 f; vgl. auch Eccles, S. 213—218.
[36] Schlauch, S. 79.
[37] Einzelheiten über den Seenachschub bei Rohwer, S. 105/107; v. Rintelen (1), S. 48—50; Krumpelt (2), S. 215—222.
[1] Snell, S. 71.
[2] Rönnefarth, H., S. 190—192.
[3] ZVMEV Jg. 1943, S. 84.

Der Anteil der zweigleisigen Strecken betrug nur 360 km oder 3,2%, ein Umstand, der sich für den hauptsächlich aus Massengütern bestehenden Frachtverkehr sehr hindernd auswirkte. Durch die Gebietsabtretungen hat Rumänien rd. 3 681 km an Strecken verloren und zwar ungefähr 1 269 km an die UdSSR, 62 an Bulgarien und rd. 2 350 km an Ungarn[4].

Durch die Abtretung Siebenbürgens wurde nicht nur die wirtschaftliche Struktur des Landes verändert, auch die Eisenbahnen Rumäniens wurden sehr nachhaltig betroffen. Von den drei Linien, die den Osten mit dem Westen des Landes verbanden, waren zwei weggefallen, wodurch ganz neue Verkehrsströme entstanden. Nach den politischen Veränderungen kamen zusätzliche Transporte auf. Räumungstransporte aus Siebenbürgen und der Dobrudscha, die Repatriierung von Deutschen aus dem Süden Bessarabiens und der Nordbukowina, der gesteigerte Petroleumtransport nach Deutschland und Italien beanspruchten die rumänischen Eisenbahnen, die allein 15% ihres rollenden Materials an die Sowjetunion abgetreten hatte, auf das Äußerste[5]. Diese Umstände dürfen bei einer Beurteilung der Durchführung des deutschen Aufmarsches in Rumänien im strengen Winter 1940/41 nicht übersehen werden. Zur Entlastung der Eisenbahn wurden in größtmöglichem Umfang Transporte auf die Donauschiffahrt verlagert, die allerdings während der Wintermonate oft wochenlang ausfiel. Zur Beförderung des Petroleums nach dem Umschlaghafen Giurgiu wurde eine Pipeline gebaut, die am 4. 7. 1941 in Betrieb genommen wurde[6]. Um die deutsche Versorgungslage zu erschweren und die Schwierigkeiten bei den voll ausgelasteten Eisenbahnen zu erhöhen, versuchte der englische Geheimdienst am 5. 4. 1940 vergeblich das Eiserne Tor zu sperren[7].

Bei dieser Lage war eine Erhöhung der Leistungsfähigkeit der rumänischen Eisenbahnen unumgänglich. Mit Energie und großem Aufwand und deutscher Unterstützung wurde der Ausbau der Strecken und Bahnhöfe in Angriff genommen. Die Rangierbahnhöfe Bukarest, Ploesti und Brasow wurden erweitert. Zweite Streckengleise und zahlreiche Verbindungsgleise zur Umfahrung bedrängter Bahnhöfe wurden gebaut. Ein Fünfjahresplan wurde 1941 begonnen, in dem nicht nur an die Kriegs- sondern auch an die künftigen Friedensbedürfnisse gedacht war. Hierzu gehörten vor allem der Bau von zweiten Streckengleisen, der Neubau weiterer Strecken und der Ausbau von Bahnhöfen. Zum Tempo des Eisenbahnausbaus bemerkt Gheorge: „Das Programm sah für die nächsten zwei Jahre Arbeiten vor, die früher nicht einmal in zwanzig Jahren bewältigt worden waren“[8].

Im August 1940 arbeitete der italienische Generalstab an einer Operationsstudie gegen Jugoslawien. Auf den dabei beabsichtigten Aufmarsch über deutsche Eisenbahnstrecken hat sich das Oberkommando des Heeres aber nicht weiter eingelassen[9].

4 Notiz in: Großdeutscher Verkehr Jg. 1941, S. 202.
5 Orezeanu, S. 10. — General Orezeanu war Generaldirektor der Rumänischen Eisenbahnen.
6 Orezeanu, S. 25; Hillgruber (2), S. 86.
7 Vgl. Hillgruber (2), S. 67 f.
8 Gheorge, S. 194 f.
9 KTB/OKW Bd. I, 30. 8. 1940, S. 53 u. 2. 9. 1940, S. 56.

Vor Beginn des Krieges mit Rußland sah sich Hitler veranlaßt, die Balkanfrage zu lösen. Es handelte sich vor allem um die Sicherstellung des für die deutsche Kriegführung unentbehrlichen Erdöls[10] und die Flankensicherung durch Verhinderung eines Angriffes der Engländer in Griechenland. Dazu kam noch die Notwendigkeit, Italien in seinem Krieg gegen Griechenland zu unterstützen[11]. Gedankliche Vorbereitungen über Verkehrsfragen zur Lösung des Balkanproblems erwähnt Halder am 24. April und am 7. Mai[12].

Die Eisenbahnen in Ungarn, Rumänien und Bulgarien waren zu jener Zeit überwiegend eingleisig. Ihre Ausrüstung und Leistungsfähigkeit entsprach den Verkehrsverhältnissen dieser Länder, aber nicht den nunmehr gestellten Anforderungen für einen schnellen Aufmarsch deutscher Kräfte. Am 30. 9. 1940 wurde Rumänien informiert, daß Deutschland eine Militärmission nach Rumänien schicken würde, und Ungarn wurde gebeten, die Durchfahrt zu gestatten[13].

Nachdem Ungarn widerstrebend seine Zustimmung zum Transport deutscher Truppen gegeben hatte[14], wurde vom 11. Oktober 1940 ab eine deutsche Heeres- und Luftwaffenmission nach Rumänien verlegt[15], deren wirkliche Aufgabe war, 1. das rumänische Ölgebiet gegen den Zugriff einer dritten Macht und vor der Zerstörung zu schützen, 2. die rumänische Wehrmacht nach einem straffen, auf die deutschen Interessen ausgerichteten Plan zur Lösung bestimmter Aufgaben zu befähigen und 3. für den Fall eines Krieges gegen Sowjetrußland den Einsatz deutscher und rumänischer Kräfte von Rumänien aus vorzubereiten[16]. Die als Lehrtruppe vorgesehene 13. mot. Div. war Mitte November in Rumänien versammelt[17]. Inzwischen wurde an dem Operationsentwurf für einen Einmarsch nach Griechenland gearbeitet mit einer Transportvariante durch Jugoslawien[18]. Jugoslawien hatte dem Durchmarsch nicht zugestimmt, der Aufmarsch war also nur über Rumänien möglich[19]. Am 12. 11. gab Hitler in der Weisung Nr. 18[20] den Auftrag, die Voraussetzungen für eine Besetzung Griechenlands von Bulgarien aus zu treffen und dafür etwa zehn Divisionen vorzusehen. Es war beabsichtigt, täglich acht bis zehn Eisenbahnzüge über Ungarn nach Rumänien zu fahren[21].

Der Transportentwurf für die 12. Armee lag am 25. 11. vor[22]. Mit Rücksicht auf die geplante Ostoperation war als Angriffstag gegen Griechenland der 11. Februar vor-

[10] v. Tippelskirch (2), S. 139.
[11] Halder—KTB Bd. II, 24. 4. 1940 u. 7. 5. 1940.
[12] Halder-KTB Bd. II, 14. 8. 1940; KTB/OKW Bd. I, 14. 8. 1940, S. 33.
[13] Snell, S. 72.
[14] v. Tippelskirch (2), S. 139; Halder-KTB Bd. II, 31. 8. 1940, S. 83.
[15] Greiner, S. 309; KTB/OKW Bd. I, 14. 10. 1940, S. 122.
[16] Greiner, S. 308.
[17] Seraphim u. Hillgruber, S. 249.
[18] Halder-KTB Bd. II, 7. 11. 1940.
[19] Halder-KTB Bd. II, 6. 11. 1940 (Mitteilung von Gercke).
[20] Weisungen, S. 70.
[21] Halder-KTB Bd. II, 16. 11. 1940.
[22] Halder-KTB Bd. II, 25. 11. 1940.

gesehen[23]. Bei weiteren Untersuchungen stellte sich heraus, daß wegen der Klima- und Verkehrsverhältnisse eine große Operation vor dem Frühjahr nicht möglich war[24].

Nach der Aufmarschanweisung sollte die 1. Aufmarschstaffel[25] zwischen dem 3. und 24. Januar in Rumänien eintreffen. Die 2. Aufmarschstaffel[26] sollte bis zum 5. Februar folgen. Anschließend sollte die 3. Staffel[27] nachrücken. Gegenüber den ersten Planungen betrug nun die Gesamtstärke 18 Divisionen[28].

Am 13. 12. gab Hitler in der Weisung Nr. 20 — Unternehmen „Marita"[29] — den Auftrag zur Versammlung an der rumänisch-bulgarischen Grenze. Zunächst wurde vom 13. bis 25. Dezember 1940 die 16. Pz. Div. zugeführt[30]. Allein für Brückengeräte waren 70—100 Züge erforderlich[31]. Die Militärzüge für den Balkan waren wegen der dortigen Streckenverhältnisse kürzer und leichter als die sonst in Mitteleuropa verkehrenden Einheitszüge, daher die hohen Zugzahlen. Wegen der schwierigen Betriebslage durch den ungewöhnlich schneereichen Winter[32] in Ungarn und Rumänien hatte sich der Antransport um fünf Tage verzögert[33].

Die Transportbewegungen für den Aufmarsch waren ohne die Mitwirkung deutscher Transportstellen in Ungarn, Rumänien und Bulgarien nicht zu verwirklichen. An Transportdienststellen für den Balkanraum waren bis dahin nur die Eisenbahntransportabteilung in Wien und der Bevollmächtigte Transportoffizier der deutschen Heeresmission in Rumänien vorhanden. Nach Verhandlungen des Transportchefs mit den Generalstäben und Verkehrsministerien wurden in Budapest, Bukarest (Oktober 1940) und in Sofia Transportkommandanturen eingerichtet. Außerdem wurden einige Reichsbahnbeamte als Verbindungsbeauftragte zur Generaldirektion der Rumänischen Staatsbahnen abgeordnet. Ihre Aufgaben waren u. a. Mitwirkung bei der Umstellung der Lokomotiven von Öl auf Kohlefeuerung[34], Aushilfe mit Lokomotiven und rollendem Material, sowie Leistungssteigerung der Hauptabfuhrstrecken für Erdöl von Ploesti über Kronstadt und zum Donauumschlag über Bukarest nach Giurgiu. Die Umstellung auf Kohlefeuerung mußte im weiteren Verlauf des Krieges wieder rückgängig gemacht werden, da die Versorgung mit oberschlesischer Kohle nicht mehr sichergestellt war und auch bei der Abfuhr des bei der Destillation anfallenden Heizöls Schwierigkeiten

23 Halder-KTB Bd. II, 25. 11. 1940.
24 Fabry, S. 76.
25 1. Aufmarschstaffel bestehend aus AOK 12/Pz. Gr. 1 mit Gruppentruppen, AK XXXX mit Korpstruppen und 9. Pz. Div., 60. Inf. Div. (mot.) (ohne Gleiskettenfahrzeuge), AK XIV mit Korpstruppen und 5. Pz. Div., 11. Pz. Div., SS-Division Adolf Hitler; AK XXX mit Korpstruppen und 164. Inf. Div., 50. Inf. Div., 72. Inf. Div.
26 2. Aufmarschstaffel mit dem XVIII AK mit Korpstruppen und der 5. Geb. Div., 6. Geb. Div., 2. Pz. Div. (ohne Gleiskettenfahrzeuge), 73. Inf. Div., Inf. Reg. 125, den Gleiskettenfahrzeugen der 2. Pz. Div. und der 60. Inf. Div. (mot.), sowie Heeres- und Korpstruppen.
27 3. Aufmarschstaffel bestehend aus AK IX, der 46., 56., 183., 198., 294. und 76. Inf. Div.
28 Fabry, S. 79.
29 Weisungen, S. 81—83.
30 Müller-Hillebrandt Bd. II, S. 83.
31 Halder-KTB Bd. II, 10. 12. 1940.
32 Halder-KTB Bd. II, 24. 12. 1940.
33 Halder-KTB Bd. II, 20. 12. 1940.
34 Vgl. Hillgruber (2), S. 161, Anm. 28.

auftraten. Auch materielle Unterstützung durch Abgabe von Lokomotiven und Oberbaumaterial an die ungarischen, rumänischen und bulgarischen Eisenbahnen war erforderlich[35]. So sollte z. B. das Reich Bulgarien 100 Lokomotiven, 1 500 Güterwagen und 300 km Oberbaumaterial zur Verfügung stellen[36].

Im Januar wurde im Generalstab des Heeres wieder erwogen, Jugoslawien die Erlaubnis zum Transit von Flak und anderem Kriegsgerät abzuverlangen. Aus politischen Gründen hatten diese Anregungen jedoch keinen Erfolg[37].

Zur Durchführung der Transporte für den Aufmarsch war ab 1. 1. 1941 der Höchstleistungsfahrplan in Ungarn und in Rumänien erforderlich. Mit seiner Einführung, durch die der Wirtschaftsverkehr stark eingeschränkt wurde[38], stand eine Tagesleistung von 52 Zügen zur Verfügung. Die Bewegungen liefen auf drei Transportstraßen ab[39]. Mit der ersten Staffel wurden auch Eisenbahntruppen zum Einsatz auf den Transportstraßen befördert[40].

Die Transportdurchführung der 1. Staffel war anfänglich mit Schwierigkeiten verbunden. Wegen starker Schneefälle waren vom 3. bis 6. 1. keine Züge gefahren[41]. Insgesamt aber rollte die erste Welle in etwa planmäßig ab[42]. Auch die zweite Welle lief befriedigend ab[43]. Oberst i. G. Hepp bemerkt zum Aufmarsch der 12. Armee[44], „daß der Antransport der 12. Armee mit 12 Infanterie- und Gebirgsdivisionen, sechs Panzer- und mot. Infanterie-Divisionen, der Bodenorganisation des VIII. Fliegerkorps und 271 Zügen für Munition und Verpflegung, Bekleidung und Pioniergerät nach Rumänien, weiteren 128 Zügen mit Versorgungsgütern nach Bulgarien eine Leistung darstellt, deren Studium auch heute noch für jeden Generalstabsoffizier lehrreich ist. Am 1. 1. 1941 durchliefen die Spitzen der in drei Aufmarschstaffeln eingeteilten Transportbewegungen im Höchstleistungsfahrplan Wien und strebten auf drei festgelegten Transportstraßen in ihre Ausladeräume in der Dobrudscha und Walachei. Die Über-

35 Halder-KTB Bd. II, 22. 1. 1941 u. 8. 2. 1941; Hillgruber (1), S. 327, Anm. 17; vgl. auch Protokoll der zwischen den Vertretern des kgl. bulg. Generalstabes und des deutschen Oberkommandos — General List — besprochenen Fragen im Zusammenhang mit dem eventuellen Durchmarsch der deutschen Truppen durch Bulgarien und dem Einsatz der Letztgenannten gegen Griechenland und eventuell gegen die Türkei, wenn diese sich in den Krieg einmischt vom 2. 2. 1941. Gedruckt in KTB/OKW Bd. I, S. 1001—1004.

36 Fabry, S. 150.

37 Fabry, S. 141.

38 Halder-KTB Bd. II, 24. 12. 1940.

39 Die Transportstraßen verliefen wie folgt:

1. Budapest—Szajol—Oradea—Apahida— $\dfrac{\text{Dej—Ciceu—}\dfrac{\text{Adjud—Buzau}}{\text{Brasow}}}{\text{Copsa M.—Brasow}}$ —Ploiesti—Bucuresti
2. Budapest—Szajol—Debrecen—Berveni—Dej —Suceava—Adjud — Buzau—Cernavoda — Oboriste
3. Budapest—Szajol—Curtici— $\dfrac{\text{Arad—Silbot—Copsa M.—Sibiu}}{\text{Timisoara—Orsova—Crajova}}$ —Piatra Olt.

40 Halder-KTB Bd. II, 17. 12. 1940.

41 KTB/OKW Bd. I, 6. 1. 1941, S. 247 u. 7. 1. 1941, S. 250.

42 Halder-KTB Bd. II, 21. 1. 1941; KTB/OKW Bd. I, 25. 1. 1941, S. 279.

43 Fabry, S. 144 f.

44 Hepp, S. 200.

querung der Südkarpathen sowie das Ausladen in den oft recht primitiven Zielbahnhöfen unter strengen winterlichen Verhältnissen erforderten hohes organisatorisches Geschick und die Fähigkeit, schnell Aushilfen mannigfacher Art zu finden. Nimmt man hinzu, daß dies alles bei unterschiedlichen, teilweise recht geringen Streckenleistungen sowie im Zusammenwirken mit zwei fremden Eisenbahnverwaltungen, der ungarischen und rumänischen, vollbracht werden mußte, die naturgemäß in der Durchführung derart umfangreicher Aufgaben nicht geschult waren, so gewinnt man erst den richtigen Maßstab für die Beurteilung. Am 1. 3. 1941, dem sogenannten ‚A-Tag', standen die für den Einmarsch in Bulgarien zunächst vorgesehenen sechs Infanterie- und Gebirgs-Divisionen und sechs Panzer- bzw. mot. Infanterie-Divisionen der ersten und zweiten Aufmarschstaffel, das VIII. Fliegerkorps sowie die erforderlichen Versorgungsgüter in Rumänien bereit. Diese kurze Übersicht soll nicht abgeschlossen werden, ohne des bevollmächtigten deutschen Transportoffiziers in Rumänien, Major i. G. Döring, zu gedenken, dessen Können und Verhandlungsgeschick neben dem der Organe der Deutschen Reichsbahn das Gelingen der Transportbewegung wesentlich mit zu verdanken war."

Am 28. 2. begann der Brückenschlag über die Donau bei Giurgiu, Turnu-Marguela und Calafat und am 1. 3. trat Bulgarien dem Dreimächtepakt bei [45]. Nach der planmäßigen Fertigstellung der Donaubrücken überschritten am 2. 3. deutsche Truppen im Einvernehmen mit der bulgarischen Regierung die Donau, um englischen Absichten der Kriegsausweitung auf dem Balkan entgegenzutreten und die bulgarischen Interessen zu schützen[46]. Am 7. 3. landeten englische Streitkräfte im Piräus und in Volos. Zu diesem Zeitpunkt war die dritte Staffel noch in der Ausladung begriffen[47]. In einer Besprechung mit Hitler am 4. 3. lehnte Prinzregent Paul von Jugoslawien jede Unterstützung der Achse ab[48]. Hitler verzichtete auf die Benützung der jugoslawischen Bahn für den Aufmarsch nach Bulgarien[49], aber Halder warf am 16. 3. wieder die Frage auf, ob die jugoslawische Eisenbahn nach Beendigung des Griechenlandfeldzuges nicht wenigstens für den Rücktransport deutscher Truppen benützt werden könnte[50].

Noch ein anderer Transit durch neutrales Gebiet beschäftigte das Oberkommando der Wehrmacht. Der Generalquartiermeister und der Transportchef beantragten die Benutzung der in Edirne über türkisches Gebiet laufenden Bahnstrecke Sofia—Plovdiv—Svilengrad—Edirne—Pythion—Xanthi—Saloniki[51]. Hitler schlug dem türkischen Staatschef die Besetzung des auf griechischem Gebiet liegenden Teiles der Orientbahn vor[52]. Während des Einmarsches in Griechenland hatten die Türken die Orientbahn an zwei Stellen unterbrochen[53].

[45] Greiner, S. 264.
[46] v. Tippelskirch (2), S. 142.
[47] Greiner, S. 266.
[48] Greiner, S. 271; Halder-KTB Bd. II, 8. 3. 1940.
[49] KTB/OKW Bd. I, 12. 3. 1941, S. 358.
[50] Halder-KTB Bd. II, 16. 3. 1941; KTB/OKW Bd. I, 21. 3. 1941, S. 365.
[51] KTB/OKW Bd. I, 8. 4. 1941, S. 377 u. 12. 4. 1941, S. 379.
[52] KTB/OKW Bd. I, 7. 3. 1941, S. 347.
[53] KTB/OKW Bd. I, 14. 4. 1941, S. 380; Halder-KTB Bd. II, 12. 6. 1941.

Am 21. 3. 1941 hatten drei Divisionen der dritten Staffel mit der Ausladung in Rumänien begonnen[54]. Nachdem am 20. 3. die Belgrader Regierung mit schwacher Mehrheit dem Beitritt zum Dreimächtepakt zugestimmt hatte, wurde sie nach der Unterzeichnung des Vertrages am 25. in der Nacht vom 26./27. gestürzt. Kurzentschlossen gab Hitler daraufhin am 27. 3. mit der Weisung Nr. 25[55] den Befehl, Jugoslawien trotz seiner Loyalitätserklärung so rasch als möglich zu zerschlagen. Ungarn und Bulgarien konnten sich nicht zu einer Beteiligung am Kriege entschließen. Ungarn stimmte aber dem Aufmarsch deutscher Truppen in seinem Lande zu.

Für den Aufmarsch an der Nordgrenze Jugoslawiens lagen keinerlei Operationsplanungen vor. Sie mußten nun in größter Eile erarbeitet werden. Am Nachmittag des 27. 3. fand eine Besprechung des Chefs des Generalstabes mit der Operationsabteilung, Chef Transportwesen, Generalquartiermeister und dem Oberbefehlshaber des Heeres über den Zeitbedarf für den Aufmarsch und die Gliederung der Kräfte gegen Jugoslawien statt[56]. Bereits am Abend des 28. 3. war ein erster Vorschlag fertig. Am Abend des 29. 3. war die Aufmarschplanung abgeschlossen[57] und am 30. 3. wurde die Aufmarschanweisung herausgegeben[58]. Durch den Balkanfeldzug mußte nun der Angriff auf Rußland um mindestens sechs Wochen hinausgeschoben werden, was sich gegen Jahresende als sehr folgenschwer erwies. Für den Aufmarsch der 2. Armee gegen Jugoslawien waren insgesamt 12 Divisionen vorgesehen, die zum Teil aus dem Barbarossa-Aufmarsch abgedreht und aus Frankreich herangeführt wurden[59]. Im Eisenbahntransport wurden acht Divisionen herangeführt[60]. Auf den in den Aufmarschraum führenden Strecken mußte der Höchstleistungsfahrplan eingeführt werden. In Ungarn wurden mit Unterstützung des ungarischen Transportchefs, der die Durchführung im einzelnen weitgehend den deutschen Transportkommandanturen überließ, noch kurzfristig leistungssteigernde Maßnahmen durchgeführt. Der ungarische Transportchef stellte auch seine gesamten Eisenbahnpioniere zur Verfügung, denen es in der geforderten, sehr kurzen Frist von drei Tagen gelang, im Raum Nagykanisza die nötigen Entladeeinrichtungen zu schaffen (Herstellen von Rampen und Überholgleisen, Ver-

[54] KTB/OKW Bd. I, 21. 3. 1941, S. 364.

[55] Weisungen, S. 106—108.

[56] Halder-KTB Bd. II, 27. 3. 1941.

[57] Halder-KTB Bd. II, 29. 3. 1941.

[58] Greiner, S. 275.

[59] Vgl. den ausführlichen Aufsatz o. V.: Der Aufmarsch der 2. deutschen Armee gegen Jugoslawien — eine Studie über die Transportverhältnisse im österreichischen Raum — Anfang April 1941 in der Österreichischen Militärzeitschrift Wien Jg. 1963, S. 61—66.

[60] Aus dem Reich die 101. le. Div., 125. Inf. Div., 132. Inf. Div., 183. Inf. Div.; aus dem Ostraum Gleiskettenteile der 14. Pz. Div.; aus Frankreich die 19. Inf. Div. und die Gleiskettenteile der 8. Pz. Div., 16. Inf. Div. Die Geb. Div. aus dem Raum Besançon wurde teilweise im Kraftwagentransport herangeführt. Nach Windisch, S. 40 f wurde die ganze Division im Kraftwagentransport herangeführt. Vier weitere als Reserve vorgesehene Divisionen brauchten infolge des günstigen Feldzugsverlaufes nicht herangeführt zu werden. Aufmarschgebiete waren der Raum Klagenfurt—Graz—Bruck a. d. Mur und das Gebiet um Großkanisza. Die Streckenverhältnisse in Ungarn ließen einen Antransport stärkerer Kräfte nicht zu. Die Leistung der Strecke Ödenburg—Großkanisza betrug 12 Züge/Tag. Die Ausladeleistungen jenseits der Alpen im Raum Klagenfurt—Graz—Bruck a. d. Mur betrugen 78 Züge/Tag, im Raum Wien 144 und im Raum Salzburg 98 Züge/Tag.

stärken der vorhandenen Rampen für Panzer und Schwerlasten, Aufbau des Fla-Schutzes usw.)[61].

Die Versorgung der 2. Armee war im großen und ganzen durch eine bereits im Laufe des Jahres 1940 vorsorglich für mögliche Operationen im Balkanraum aufgebaute Versorgungsbasis gesichert. Die Strecken standen somit ausschließlich für Truppentransporte zur Verfügung. Der Aufmarsch der 2. Armee war eine der hervorragendsten Leistungen des Generalstabes und der sie durchführenden Eisenbahnstellen im Zweiten Weltkrieg.

Am 6. 4. gab die deutsche Regierung bekannt, daß sie sich genötigt gesehen habe, in der vergangenen Nacht in Griechenland und Jugoslawien einzurücken, um England endgültig aus Europa zu vertreiben[62]. Gleich am ersten Tag des Feldzuges wurde das jugoslawische Verkehrsnetz nachhaltig bombardiert. Besonders starke Zerstörungen erlitten dabei die Belgrader Bahnanlagen. Auch andere wichtige Verkehrsknoten wurden angegriffen, so daß wenige Tage nach Feldzugbeginn das dünnmaschige Eisenbahnnetz für die jugoslawische Kriegsführung praktisch ausgeschaltet war[63]. Den konzentrierten Angriffen der 2. und 12. Armee konnten die jugoslawischen Streitkräfte nicht widerstehen. In rascher Folge rückten die deutschen Truppen am 7. 4. in Skopje, am 9. 4. in Nisch, am 10. 4. in Agram, am 13. 4. in Belgrad und am 15. 4. in Sarajewo ein. Am 17. 4. wurde in Belgrad der Waffenstillstandsvertrag unterzeichnet. Die als OKH-Reserven vorgesehenen Divisionen wurden am 12. 4. angehalten[64]. Anfang Mai wurden die ersten Truppenteile in das Reich abtransportiert, wo sie für den Ostfeldzug aufgefrischt wurden[65].

Auch in Griechenland verliefen die Operationen günstig. Nach dem Durchbruch durch die Metaxaslinie wurde am 9. 4. Saloniki eingenommen. Schon am 21. 4. kapitulierte Griechenland in Larissa. Am 27. marschierten die deutschen Truppen in Athen ein und am 24. 4. wurde der von den Engländern besetzte Thermopylenpaß durchbrochen, worauf sich die Engländer aus Griechenland zurückzogen.

Die Eisenbahnbrücke über den Kanal von Korinth war am 26. 4. von Fallschirmjägern und Pionieren in Besitz genommen worden. Kurz danach detonierte die Sprengladung und zerstörte die Brücke[66]. Bis Monatsende gingen auch auf dem Peloponnes die Kampfhandlungen zu Ende.

Durch die Zerstückelung Jugoslawiens wurden die staatlichen Verhältnisse komplizierter. Es trat auch keine Ruhe ein. Slowenien fiel an Deutschland und Italien. Die Eisenbahnen in diesem Gebiet kamen überwiegend zur Reichsbahndirektion Wien, der Rest zur Reichsbahndirektion Villach. Die Eisenbahnen im Raum südlich der Linie Laibach—Agram wurden von der Italienischen Staatsbahn übernommen. Durch die Besetzung Jugoslawiens konnte der Verkehr mit Rumänien und Griechenland ohne

[61] Vgl. S. 65 des in Fußnote 59 genannten Aufsatzes.
[62] v. Tippelskirch (2), S. 145.
[63] Wehrmachtsbericht vom 8. 4. 1941.
[64] Halder-KTB Bd. II, 12. 4. 1941.
[65] Halder-KTB Bd. II, 29. 4. 1941 u. 4. 5. 1941.
[66] Götzel, S. 203; Halder-KTB Bd. II, 25. 4. 1941, 26. 4. 1941, 26. 4. 1941, 7. 5. 1941 u. 16. 5. 1941.

Berührung von Ungarn abgewickelt werden, was allerdings mit größeren Entfernungen verbunden war.

Nach dem Zusammenbruch Jugoslawiens wurde am 10. 4. 1941 ein neuer kroatischer Staat gebildet, der fast die Häfte des jugoslawischen Staatsgebietes umfaßte. Das kroatische Staatsgebiet wurde in ein deutsches und ein italienisches Interessengebiet aufgeteilt. Die kroatischen Eisenbahnen des Landes wurden in der Kroatischen Staatsbahn (HDZ) zusammengefaßt. Italien erhielt den größten Teil des dalmatischen Küstengebietes, ferner Montenegro sowie an Albanien angrenzende Gebietsteile. Ungarn erhielt die Batschka, Mazedonien kam zu Bulgarien. Den Rest bildete das Militärverwaltungsgebiet Serbien. In diesem Bereich hatten die Serbischen Staatsbahnen (IDZ) die Betriebsführung. Griechenland mußte Thrazien an Bulgarien abtreten. Die mazedonischen und thrazischen Bahnen wurden von der Bulgarischen Staatsbahn (BDZ) betrieben. Ausgenommen von dieser Regelung war die Strecke Alexandropolis (Dedeagatsch)—Sidirokastrion—Kulata, auf der eine Feldbetriebsabteilung des Feldeisenbahnkommandos 6 eingesetzt war. Über diese Strecke und weiter über Sofia—Nisch—Belgrad liefen die Chromerztransporte aus der Türkei. Durch diese Aufteilungen entstanden viele neue Grenzen, die sich auch in verkehrlicher Hinsicht sehr hemmend auswirkten. Die Kroatische Staatsbahn (HDZ), die Serbische Staatsbahn (SDZ), die Albanische Eisenbahn und die Griechische Eisenbahn (CEH) wurden von der Wehrmachtverkehrsdirektion Südost in Belgrad beaufsichtigt. Die mazedonischen Bahnlinien gehörten wohl zur Oberhoheit der Bulgarischen Staatsbahn, doch waren auch hier deutsche Eisenbahnbetriebstruppen zur Überwachung eingesetzt.

Die Überwachung des Eisenbahnbetriebes während des ganzen Krieges und die Betriebsführung ab 1944 gehörten zum Chef des Transportwesens. Zunächst wurde im April 1941 die ursprünglich für den Nordabschnitt im Osten vorgesehene Feldeisenbahndirektion 1 in Belgrad eingesetzt. Vom Frühjahr 1941 bis Herbst 1942 wurde der Eisenbahnbetrieb auf dem Balkan durch die „Außenstelle Belgrad der Wehrmachttransportabteilung Südost“ überwacht. Im November 1942 wurde diese mit der Feldeisenbahndirektion 1 vereinigt und in „Wehrmachtverkehrsdirektion Südost (WVD)“ umbenannt. Im Jahre 1943 wurde aus der Wehrmachtverkehrsdirektion wieder ein Feldeisenbahnkommando (1). Im Zuge der Straffung der militärischen Transportorganisation wurde im Oktober 1943 ein General des Transportwesens Südost eingesetzt und dieser Dienststelle eine Gruppe „Eisenbahn“ angegliedert. Dem General des Transportwesens waren das Feldeisenbahnkommando 1 in Belgrad, das Feldeisenbahnkommando 6 in Saloniki und das Feldeisenbahnkommando 7 in Agram unterstellt. Die beiden Feldeisenbahnkommandos waren erst im August 1943 aufgestellt worden. Ende 1944 wurde das Feldeisenbahnkommando 7 im Raum Sarajewo—Agram aufgelöst und teilweise für Kampfaufgaben eingesetzt.

Durch die Kampfhandlungen waren Zerstörungen an Betriebsanlagen und rollendem Material in den großen Bahnknoten entstanden. Nachhaltige Auswirkungen hatten die Sprengungen der zurückweichenden Gegner, die den Karawankentunnel[67], die Save-

[67] KTB/OKW Bd. I, 14. 4. 1941, S. 380; Halder-KTB Bd. II, 20. 5. 1941. Der Karawankentunnel

brücken bei Brod und bei Belgrad, die Draubrücken bei Marburg und Botowo, die Donaubrücke bei Neusatz, die Morawabrücke bei Kraljewo, die Iborbrücke bei Kosowska, die Miosbrücke zwischen Saloniki und Plati, die Bralobrücke bei Lianokladi und verschiedene kleinere Brücken zerstörten.

Bei der Besetzung durch die Deutsche Wehrmacht lag wegen der Zerstörungen und wegen des Fernbleibens des einheimischen Eisenbahnpersonals der gesamte Eisenbahnbetrieb still. Soweit es die zerstörten Anlagen zuließen, wurde der Eisenbahnbetrieb durch die Feldeisenbahndirektion 1[68] wieder in Gang gebracht.

In Griechenland gab es nur eingleisige Bahnen. Wegen der topographischen Verhältnisse waren die Betriebsverhältnisse schwierig. Die Eisenbahnen dienten in erster Linie dem Personenverkehr. Der Güterverkehr wurde weitgehend von der Küstenschiffahrt bedient.

Nach und nach stellten sich auch die einheimischen Eisenbahner wieder ein, so daß alsbald die Übernahme der Betriebsführung durch die dortigen Eisenbahnverwaltungen ermöglicht wurde. Die Eisenbahnbetriebstruppe übte dann nur noch Überwachungstätigkeiten aus.

Bereits im Sommer 1941 unternahmen Partisanen in Kroatien die ersten Anschläge auf die Eisenbahnstrecke Agram—Belgrad[69]. Im September hatte Tito in Užice sein Hauptquartier eingerichtet. Seine Anschläge richteten sich besonders gegen die Eisenbahnstrecken Banja-Luka—Prijedow, Bos. Brod—Sarajewo[70], deren Teilstrecke Doboi—Tuzla von Mitte November bis Mitte Dezember 1941 von einer mit Kommunisten durchsetzten Tschetnikgruppe beherrscht war[71].

Die Kriegsschäden, mit Ausnahme der zerstörten Brücken, waren ziemlich rasch behoben. Auch die an der Hauptstrecke Brückel—Agram—Belgrad—Nish—Skopje—Saloniki—Athen zerstörten Brücken waren von deutschen Eisenbahnpionieren in teilweise sehr kurzer Zeit behelfsmäßig wieder aufgebaut worden[72].

Nach Wiederherstellung der zerstörten Brücken über den Wardar und Aliakmon wurde der Nachschub zum Hafen Stilis, dann im Schiffstransport nach Chalkis und von dort wieder mit der Bahn bis Athen befördert. Erst nach Wiederaufbau der gesprengten 65 m hohen und 200 m langen Bralobrücke im Juli 1942 war ein durchgehender Eisenbahnbetrieb bis Athen möglich.

Nach der Errichtung des kroatischen Staates stellte die Regierung einen Kredit von 300 000 000 Kuna zum Ausbau der Eisenbahnen zur Verfügung. Zwischen Zagreb und Sutla wurde ein zweites Gleis gebaut und der Bau der bereits begonnenen Strecken Bihac—Kuin, Karlovac—Bihac, Metkovic—Ploce und Banja-Luka—Utrisca fortgesetzt.

war Ende August 1941 wieder eingleisig befahrbar, Monatsbericht des Wehrwirtschafts- und Rüstungsamts im OKW Nr. 25 für September 1941.

68 Vgl. auch Halder-KTB Bd. II, 4. 4. 1941.

69 Heiber (2), S. 292—301.

70 Heiber (2), S. 298.

71 Dragojlov, S. 430 f.

72 Laupheimer, S. 5.

Die Deutsche Reichsbahn baute die Strecke zwischen Zidani Most (Steinbrück) und Ravski Marof (Brückel) zweigleisig aus[73].

Bis zum Sommer 1942 dienten die Bahnen im ehemaligen Jugoslawien und Griechenland vorzugsweise der Versorgung der Besatzungstruppen und den Bedürfnissen der einheimischen Bevölkerung und der Kriegswirtschaft. Bauliche Forderungen zur Erhöhung der Leistungsfähigkeit wurden vom Oberkommando der Wehrmacht bis dahin nicht gestellt.

Nach dem Vorstoß Rommels nach Ägypten war das Nachschubproblem für die Kriegführung in Nordafrika immer entscheidender geworden. Der Nachschubweg über Griechenland mit dem kürzeren Seeweg gewann sehr an Bedeutung[74]. Die Strecke Belgrad—Athen genügte nun den steigenden Transportanforderungen nicht mehr. Schon bald traten Betriebsschwierigkeiten auf, da der befohlene Zulauf die Leistungsfähigkeit überstieg. Statt nur die Transportmenge auf diesen Weg zu verweisen, die mit Sicherheit bewältigt werden konnte, wurde dieser Nachschubweg überlastet, wodurch Betriebsschwierigkeiten und Transportverzögerungen entstanden.

Nach Anpassung der Zuführung aus dem Reich an das Leistungsvermögen der maßgebenden Engpässe auf den griechischen Steilrampen wurde der Betrieb wieder flüssiger. Zur Bewältigung der weit über die möglichen Betriebsleistungen an diesen Engpässen hinausragenden Transportforderungen wurde Ende 1942 vom Chef des Transportwesens unter dem Stichwort „Viadukt I" ein großzügiger Ausbau der Transportstraße von Agram nach Athen befohlen, der bis zum 1. Juni 1943 fertigzustellen war. Er hatte zum Ziel, die Leistung bis Saloniki auf 24 Züge und bis Athen auf 12 Züge zu erhöhen. Zahlreiche Knotenbahnhöfe wurden durch den Bau neuer Rangier- und Abstellgleise erweitert, ferner wurden die Bahnbetriebswerke ausgebaut. Die Bahn Saloniki—Athen leistete bis dahin nur sieben Züge im Tag. Mit Unterstützung von Eisenbahnpionieren und der Organisation Todt wurde das Bauprogramm termingerecht durchgeführt. Auf den Verlauf des Afrika-Feldzuges hatte dieser Ausbau keinen Einfluß mehr, da bei seiner Fertigstellung der Afrika-Feldzug bereits verloren war.

In der Folgezeit genügte dieser Ausbau auch den militärischen Anforderungen und den steigenden Transportbedürfnissen der Kriegswirtschaft nicht mehr. Nach dem Ergänzungsprogramm Viadukt Ia für die Regelleistung von 15 Zügen je Tag im Abschnitt Saloniki—Larissa befahl der Chef des Transportwesens im Sommer 1943 das Bauprogramm Viadukt II[75]. Die Arbeiten wurden ebenfalls weitgehend von der Organisation Todt mit Hilfe einheimischer Arbeitskräfte durchgeführt. Dieser Ausbau begann im Herbst 1943 und zog sich in den Sommer 1944 hinein. Als der Rückzug aus dem Balkan angetreten werden mußte, stand er kurz vor dem Abschluß. Die umfangreichen Baustoffe für die Viaduktprogramme wurden aus dem Reich herangeführt.

Eine wichtige Transportaufgabe für die Eisenbahn war die Abbeförderung von Rohstoffen, vor allem von Bauxit und Kupfererzen aus dem Raum Mostar und Zitomislici.

[73] ZVMEV (Notiz) 1942, S. 189.
[74] Vgl. KTB/OKW Bd. II, Einführung, S. 33 f.
[75] Vgl. KTB/OKW Bd. III, 23. 7. 1943, S. 821 f.

Das Erz wurde mit der Schmalspurbahn von Mostar nach Ploce gefahren und von dort im Schiffstransport nach Triest. Nach dem Abfall Italiens und der eingetretenen Unsicherheit des Wasserweges mußte das Erz ganz auf dem Bahnweg über Sarajewo nach Brod abgefahren werden. Zu diesem Zweck war ein Ausbau der Bahn mit ihren ungünstigen Neigungsverhältnissen auf der Zahnradstrecke Konjic—Bradina und die Bereitstellung von Lokomotiven und rollendem Material erforderlich. Hierdurch war die Bauxitabfuhr im wesentlichen sichergestellt bis sie im Herbst 1944 infolge der militärischen Entwicklung und des Rückzuges ganz zum Erliegen kam[76].

Bei der Verschlechterung der militärischen Lage in Rußland und im Mittelmeer gegen Ende des Jahres 1942 nahm die Partisanentätigkeit auf dem Balkan ständig zu und steigerte sich im Jahre 1943 ganz erheblich. Große Gebietsteile wurden von Widerstandsgruppen der kommunistischen Partisanen Titos und der serbischen nationalistischen Tschetniki beherrscht. Die gefährdeten Verkehrsinteressen im Südosten kamen in der Unterredung zwischen Hitler und dem Staatsführer (Poglavnik) Kroatiens Pavelić am 23. 9. 1942 zur Sprache. Das Reich zeigte sich vor allem an der Sicherstellung der Bauxittransporte aus Kroatien und der Öltransporte von Rumänien, sowie der Versorgungstransporte für die Front in Nordafrika interessiert.

Zur Sicherstellung der für Deutschland kriegsnotwendigen Transporte war das Oberkommando der Wehrmacht nun gezwungen, Truppenteile aus anderen Fronten herauszulösen und nach dem Balkan zu werfen. In diesem Guerillakrieg wurden oftmals Truppen mit der Eisenbahn kurzfristig an die Brennpunkte herangefahren. Von Ende 1942 an nahm die Partisanentätigkeit im serbisch-kroatischen Raum trotz umfangreicher Gegenmaßnahmen wie z. B. des „Unternehmens Weiß“[77] ständig zu, so daß die Streckenleistungen merklich zurückgingen.

Hauptziele der Eisenbahnsabotagen waren die Strecken Agram—Belgrad und Saloniki—Athen. Die letztere Strecke mit ihren zahlreichen Brücken und Tunnel in einem dünnbesiedelten Gebiet bot besonders günstige Möglichkeiten für die Sabotagetätigkeit der Partisanen. Die vielen Einträge im Kriegstagebuch des Oberkommandos der Wehrmacht, die nur einen Bruchteil der Sabotagefälle enthalten, lassen die Schwierigkeiten der Betriebsführung in diesen Gebieten erkennen. Fast täglich ereigneten sich Anschläge auf Bahnanlagen an mehreren Stellen. Züge liefen auf Minen, Brücken wurden gesprengt, Gleisanlagen wurden abgetragen oder durch Reihensprengungen zerstört. Diese Aktionen standen im Zusammenhang mit der Offensive der englischen 8. Armee in Nordafrika. Man schätzte auf englischer Seite, daß etwa 80% des Nachschubs für das Afrikakorps auf der Eisenbahn durch Griechenland transportiert wurden[78]. Besonders erwähnenswert ist die Sprengung der Gorgopotamos-Brücke, acht Kilometer südlich von Lianokladi am 25. 11. 1942[79], deren Wiederherstellung am 5. 1. 1943 beendet war[80]. Die griechischen Widerstandsorganisationen, vor allem die

[76] Laupheimer, S. 12.
[77] KTB/OKW Bd. III, 24. 1. 1943, S. 67; Klink (2), S. 19 f.
[78] Woodhouse, S. 144 f.
[79] KTB/OKW Bd. II, 26. 11. 1942, S. 1030.
[80] Aufzeichnung des Verfassers, ohne Datum.

Nationale Befreiungsfront (EAM) und die Griechische Volksbefreiungsarmee (ELAS), spielten erst ab Spätsommer 1942 eine zunehmende Rolle[81].

In Griechenland bestand eine enge Zusammenarbeit zwischen den Engländern und Partisanen. Ausreichender Schutz durch die Wehrmacht[82] war wie auch in anderen besetzten Ländern nicht möglich. Trotz intensiver Tätigkeit konnten die Partisanen den Betrieb auf der Hauptstrecke nicht ganz zum Erliegen bringen. Mehrtägige Unterbrechungen waren allerdings nicht selten. Unter den vorhandenen Bedingungen wurden dennoch beachtenswerte Leistungen erzielt. Die beträchtlichen Vorteile des Ausbaus der Hauptstrecken kam durch die Partisanentätigkeit nicht voll zum Tragen. Die militärischen Transportbedürfnisse übertrafen natürlich die verminderte Leistungsfähigkeit[83].

In einer Aussprache am 27. 4. 1943 mit Pavelić hatte Hitler wiederum auf die dringend nötige bessere Sicherung der Verkehrswege hingewiesen[84]. Im Frühjahr 1944 war die Lage zwischen Agram und Novska so, daß der Zugverkehr nachts eingestellt werden mußte.

Nach der Kapitulation Italiens im September 1943 wurde die Militärverwaltung in den von ihnen besetzten Gebieten von der Deutschen Wehrmacht übernommen. Zur Überwachung des Schmalspurnetzes auf dem Peloponnes wurde die Feldeisenbahnbetriebsabteilung 2 eingesetzt. Während des Vordringens der Alliierten in Italien wurden die Eisenbahnen im Südostraum nun auch zunehmend aus der Luft angegriffen. In wichtigen Knotenpunkten entstanden beträchtliche Zerstörungen.

Die Betriebsführung der Griechischen Staatsbahn mit deutscher Betriebsüberwachung durch die Feldeisenbahnbetriebsabteilungen 3 und 10 war bis Anfang 1943 durchaus zufriedenstellend. Erst der verschärfte Partisanenkrieg und die dadurch verursachten Betriebsstörungen sowie die zunehmende Unzuverlässigkeit der einheimischen Eisenbahner machten dann im Juli 1943 doch den Einsatz einer deutschen Betriebsabteilung in Saloniki erforderlich, die bald danach zu einem Feldeisenbahnkommando 6 erweitert wurde. Sicherheitshalber besetzten deutsche Feldeisenbahner Bahnhöfe und Kreuzungsstellen[85].

Ab Sommer 1943 wurde mit der Möglichkeit einer alliierten Landung in Griechenland gerechnet[86]. Durch verstärkte Partisanenanschläge in der Zeit vom 21. 6. bis 4. 7. sollte diese Meinung bekräftigt werden[87]. Nachhaltige Auswirkungen hatte die Sprengung der Assopos-Brücke am 20./21. 6. 1943[88], die erst am 1. 9. 1943 wieder befahrbar war[89]. Diese Unterbrechung wurde mit Umschlag auf Lastkraftwagen überbrückt[90].

[81] Vgl. Woodhouse, S. 144 ff; KTB/OKW Bd. III, 5. 11. 1943, S. 1252.
[82] KTB/OKW Bd. III, 13. 7. 1943, S. 779 f.
[83] KTB/OKW Bd. III, 12. 2. 1943, S. 123 u. 19. 3. 1943, S. 229.
[84] Hubatsch (4), S. 63.
[85] Michaelsen, 5. Kap. Griechenland, S. 2.
[86] KTB/OKW Bd. III, 26. 7. 1943, S. 842.
[87] Woodhouse, S. 145; Serafis, S. 95.
[88] KTB/OKW Bd. III, 21. 6. 1943, S. 680 u. 6. 8. 1943, S. 910.
[89] KTB/OKW Bd. III, 1. 9. 1943, S. 1042.
[90] KTB/OKW Bd. III, 22. 6. 1943, S. 685.

Ab Frühjahr 1944 wurden die Eisenbahnen fast täglich von der alliierten Luftwaffe angegriffen. Besonders schwere Zerstörungen erlitten Mitte April der Hauptbahnhof und das Bahnbetriebswerk Belgrad. Schwere Schäden wurden auch in Semlin, Nisch, Saloniki, Vinkovci, Brod und Agram angerichtet. In Nordserbien führten wirkungsvolle Luftangriffe auf die großen Donau-, Save- und Morawabrücken Anfang September 1944 zur Lahmlegung des durchgehenden Betriebs. Am 3. 9. wurde die Savebrücke bei Semlin, die im Mai 1944 wieder zweigleisig hergestellt war, und die Donaubrücke bei Belgrad zerstört. Ende September gelang es unter größten Anstrengungen die Savebrücke vorübergehend eingleisig wiederherzustellen. Nach erneuten Angriffen war sie mit Lokomotiven nicht mehr befahrbar. Nur einzelne Wagen konnten noch von Hand über die Brücke geschoben werden.

Die weitere Entwicklung wird im Zusammenhang mit dem russischen Vorstoß in den Balkanraum behandelt.

6. Der Krieg in Italien

Das Eisenbahnnetz in Italien ist geprägt durch die eigenartige geographische-orographische Gestalt des Landes und seiner unterschiedlichen industriellen Struktur. Wie bei den meisten Ländern mit langen Ufern hatte die Küstenschiffahrt einen großen Anteil am Verkehr. Das industriereiche, dichtbesiedelte Norditalien verfügte über ein gut ausgebautes Eisenbahnnetz. In der Mitte und im Süden nahm die Leistungsfähigkeit der Eisenbahnen ab. Von Bedeutung waren dort in erster Linie die den Küsten entlanglaufenden Strecken. Südlich von Florenz waren zu Kriegsbeginn überwiegend eingleisige Strecken vorhanden. Eine der bedeutendsten Verbesserungen des Netzes war die direkte Linie von Bologna nach Florenz (Diretissima) mit dem 18,5 km langen Basistunnel durch den Apennin[1]. Ein Teil des nord- und mittelitalienischen Netzes und die Strecke Rom—Neapel—Reggio di Calabria wurden elektrisch betrieben. Mit Lokomotiven und Wagen waren die Eisenbahnen gut ausgestattet. Für den Ausfall der Stromversorgung wurde eine ausreichende Dampflokreserve vorgehalten.

Im Norden des Landes durchqueren die Bahnen die Alpen. Die wichtigsten Übergänge waren der Mont Cenis, Simplon, Chiasso, Brenner und Tarvis. Den Po überspannten fünf zweigleisige und acht eingleisige Eisenbahnbrücken. Die Fährverbindung Reggio di Calabria—Messina im Süden hatte nur eine geringe Leistungsfähigkeit. Im späteren Verlauf des Krieges hat sich besonders die Eingleisigkeit der Streckenabschnitte S. Remo—Genua, Verona—Bologna und Ancona—Foggia, sowie der Bahnen südlich Neapel—Bari als nachteilig erwiesen.

Das von einer privaten Gesellschaft betriebene Fernsprechnetz der Italienischen Staatsbahnen (FS) war nur unzureichend ausgebaut, was sich im Verlauf des Krieges sowohl für die Betriebsführung wie auch für die Überwachung als sehr nachteilig und hemmend auswirkte. Für den Kriegsbetrieb fehlte der erforderliche Luftschutz, außerdem fehlten Umfahrungsmöglichkeiten bei wichtigen Eisenbahnknoten. Alles in allem

[1] Die Diretissima wurde am 21. April 1934 eröffnet.

waren die Eisenbahnen in Italien empfindlich gegen Kriegseinwirkungen und auch nur ungenügend auf einen totalen Krieg vorbereitet[2]. Italien verfügte über eine ungewöhnlich starke militärische Eisenbahnmiliz in Stärke von 1 000 Offizieren und Unteroffizieren, der auch rd. 34 000 Eisenbahnbedienstete als Reserve angehörten[3].

In den ersten Kriegsjahren blieben die italienischen Eisenbahnen von Kriegseinwirkungen verschont. Sie erfüllten die militärischen und kriegswirtschaftlichen Anforderungen. Da das rohstoffarme Land Italien kaum über nennenswerte Kohlevorkommen verfügte, war es in der Versorgung weitgehend auf Einfuhren angewiesen. In einem Abkommen zwischen Italien und Deutschland war vereinbart worden, daß Italien im Kriegsfalle jährlich 12 Mill. Tonnen deutsche Kohle erhalten solle. Nachdem England im März 1940 die Kohlezufuhr blockierte, mußte Deutschland im wesentlichen die gesamte Kohleversorgung bis zum Kriegsende übernehmen. Unter Heranziehung von schweizerischen und französischen Grenzübergängen wurde dieser Verkehr mit Kriegsbeginn auf rd. eine Million Tonnen pro Monat gebracht. Durch die Einschränkung der Schiffahrt im Mittelmeer mußten zunehmend bis zur Grenze des Möglichen Transporte auf die Schiene verlegt werden. Im Jahr 1941/42 stiegen die beförderten Mengen im Güterverkehr um 37% und die geleisteten Tonnenkilometer nahezu um das Doppelte, um 98,4% an[4]. Nach den Ausführungen Mussolinis in einer Verteidigungsrede vor dem Großrat des Faschismus am 24. 7. 1943 sind von 1940 bis 1942 und in der ersten Hälfte des Jahres 1943 nach Italien insgesamt 40 000 000 Tonnen Kohle, 2 500 000 Tonnen metallische Rohstoffe, 22 000 Tonnen Buna, 220 000 Tonnen Treibstoffe für Flugzeuge und 44 000 Tonnen Rohöl geliefert worden[5]. Am Barbarossa-Aufmarsch waren die italienischen Eisenbahnen mit der Heranführung von drei Divisionen aus den Räumen Rom, Mantua und Verona beteiligt. Es handelte sich um die zwei Infanterie-Divisionen Torino und Pasubio und die Kavallerie-Division Principe Amadeo Duca d'Aosta. Ab 11. 7. 1941 waren innerhalb von 25 Tagen 225 Züge über den Brenner—Salzburg—Wien—Budapest—Miscolc—Borsa nach Nordrumänien abgefahren[6].

Im Laufe des Jahres 1942 wurden die Eisenbahnen Italiens in zunehmendem Maße durch die britische Luftwaffe, die am Ende des Jahres über die Luftherrschaft im Mittelmeerraum verfügte, bombardiert. Auf der Konferenz von Casablanca im Jahre 1943 war beschlossen worden, in Italien eine zweite Front zu errichten. Nach vorausgegangenen intensiven Luftangriffen auf die Verbindungslinien und Häfen Siziliens und Süditaliens[7] landeten die Alliierten am 10. 7. auf der Insel (Operation Husky), die am 17. 8. aufgegeben werden mußte[8]. Diese Entwicklung konnte nicht ohne Auswir-

[2] Über „Die italienischen Eisenbahnen unter der Herrschaft des Faschismus" berichtet Wernekke (2), S. 955—1014.
[3] Wernekke, (2), S. 1012.
[4] Notiz in: ZVMEV Jg. 1943, S. 261.
[5] v. Rintelen (2), S. 218.
[6] Messe, S. 30 u. 42.
[7] Spetzler, S. 334.
[8] Den Einsatz des amerikanischen Transportation Corps in Italien behandeln Bykowsky, J. und Larsen, H. in: United States Army in World War II. The Transportation Corps. Operations overseas. Washington D. C. 1957. Chapter V, Sicily and Italy, S. 184—232.

kungen auf die politischen Verhältnisse in Italien bleiben. Das italienische Volk war des Krieges überdrüssig geworden. Schon mit der Räumung Nordafrikas ergab sich für die deutsche Kriegführung die Frage, welche militärischen und transporttechnischen Maßnahmen bei einer Landung der Alliierten in Italien zu ergreifen wären. Diese liefen unter den Stichworten „Alarich" und „Konstantin", später unter dem gemeinsamen Stichwort „Achse"[9]. Am 3. 7. 1943 lag der endgültige Aufmarschplan „Alarich" vor[10]. Der Chef des Transportwesens wies am 8. Juli darauf hin, daß die Bereitstellung von deutschem Eisenbahnpersonal für einen Notbetrieb in Frankreich und in Italien gleichzeitig nicht möglich sei[11].

Bis zum Umsturz in Italien waren aus dem Westen fünf Divisionen zugeführt worden[12]. Am 9. 7. begann die Verlegung der 26. Pz. Div. mit 180 Zügen aus dem Raum Amiens nach Italien, die vom 23. bis 30. 7. unterbrochen wurde[13], und am 13. 7. befahl der Generalstab des Heeres die Einrichtung einer Versorgungsbasis für Oberitalien in Mantua[14]. Im Juli 1943 verschärften die Alliierten ihre Luftangriffe auf die Verkehrsanlagen der italienischen Halbinsel und erschwerten damit alle Truppen- und Versorgungstransporte[15]. Am 19. 7. wurde erstmalig der Bahnhof Roma-Termini angegriffen, der am 5. 8. noch nicht wieder benutzbar war[16]. Durch einen schweren Luftangriff auf Bologna hatte sich die Transportlage in Italien erneut verschärft[17].

Am 25. 7. wurde Mussolini gestürzt und Badoglio zum Regierungschef ernannt. Ziel der neuen Regierung war, Italien so schnell wie möglich aus dem Krieg herauszuführen. Dies war weder durch eine Neutralitätserklärung noch durch Erhebung gegen den bisherigen Verbündeten möglich[18]. Eine schnelle Vereinigung der im Lande verteilten und auswärts befindlichen italienischen Streitkräfte für einen Gegenschlag war wegen der stark angeschlagenen Eisenbahnen nicht möglich. Kraftfahrzeuge standen kaum zur Verfügung, sie waren in Nordafrika verlorengegangen[19]. In der Nacht vom 25./26. ergingen die ersten Befehle, um den Fall „Alarich" auf kaltem Wege durchzuführen. Der Chef des Transportwesens erhielt Sonderanweisungen für die eventuelle Übernahme der italienischen Staatsbahnen[20]. Am 26. 7. übernahm Generalfeldmarschall Rommel die Führung der neuen Heeresgruppe B. Ohne vorherige Vereinbarung mit der italienischen Regierung waren von Süddeutschland und Frankreich ab 26. 7. insgesamt acht Divisionen[21] für die Heeresgruppe B an die italienischen Grenzen herangeführt

[9] Vg. KTB/OKW Bd. III, 14. 7. 1943, S. 782.
[10] KTB/OKW Bd. III, 14. 7. 1943, S. 783.
[11] KTB/OKW Bd. III, 8. 7. 1943, S. 761.
[12] Müller-Hillebrand Bd. III, S. 117. — Zugeführt wurden die 3., 29. Pz. Gr. Div., 16., 26. Pz. Div. und die 1. Fsch. Jäg. Div..
[13] Schröder, S. 186.
[14] KTB/OKW Bd. III, 14. 7. 1943, S. 785.
[15] v. Rintelen (2), S. 210.
[16] v. Rintelen (2), S. 236.
[17] KTB/OKW Bd. III, 25. 7. 1943, S. 829.
[18] v. Tippelskirch (2), S. 316.
[19] Vgl. v. Tippelskirch (2), S. 316.
[20] KTB/OKW Bd. III, 26. 7. 1943, S. 837.
[21] Schröder, S. 231; Müller-Hillebrand Bd. III, S. 117.

worden und im Landmarsch nach Italien einmarschiert. Mit der Eisenbahn wurden in Richtung Italien verlegt: die 44. Inf. Div. aus dem Raum Gent, die 305. Inf. Div. aus dem Raum Innsbruck, die 65. Inf. Div. von St. Omer in den Raum Landeck und Innsbruck, die 24. Pz. Div. von der Normandie nach Innsbruck, die 71. Inf. Div. von Dänemark nach Villach und die SS-Panzer-Division „Leibstandarte Adolf Hitler“ vom Südabschnitt der Ostfront nach Innsbruck[22]. Die deutschen Maßnahmen wurden mit der Notwendigkeit begründet, Luftlandungen in Norditalien zu verhindern und die Nachschubwege für die in Italien eingesetzten deutschen Verbände zu sichern.

Das deutsche Vorgehen führte zu schweren Auseinandersetzungen mit dem italienischen Oberkommando, dem Comando Supremo, das sich in seiner Souveränität beeinträchtigt sah. Die Bewegungen der 44., 94. und 305. Inf. Div. wurden tagelang angehalten. Auch gegen die deutsche Sicherung der Zufuhrstrecken in Italien wurde Einspruch erhoben. Es würde zu weit führen, hier näher auf die zahlreichen im Kriegstagebuch des Oberkommandos der Wehrmacht enthaltenen Einzelheiten der Transportdurchführung einzugehen. Daß bei dieser Lage und dem gegenseitigen Mißtrauen die schon beschränkten Leistungsmöglichkeiten der italienischen Eisenbahnen weiter gemindert wurden, ist nicht sehr verwunderlich. So konnten wegen der Betriebsschwierigkeiten ab 28. Juli 1943 bis auf weiteres nur noch acht Züge pro Tag über den Brenner gefahren werden.

Bereits in der zweiten Hälfte des Juli 1943 wurde im Lager Königsbrück bei Dresden Stab und Personal für eine Wehrmachtverkehrsdirektion (WVD) zusammengestellt. Das Personal stammte im wesentlichen aus den im Osten durch den Rückzug freigewordenen Kräften der Feldeisenbahnkommandos und Reichsverkehrsdirektionen. Der Stab bestand aus Wehrmachtangehörigen und abgeordneten blauen Eisenbahnern als Fachkräfte. Außerdem wurden dort noch rd. 4 000 Eisenbahner aller Dienstzweige zusammengezogen, deren Bereitstellung der Deutschen Reichsbahn erhebliche Schwierigkeiten bereitete.

Am 30. 7. 1943 erging der Befehl, daß der „Alarich“-Aufmarsch durchzuführen sei. Als A-Tag war der 30. 7., als Beginn der noch nicht eingeleiteten Transportbewegungen der 31. 7. vorgesehen[23]. Am Tage darauf wurde der Transportchef angewiesen, die in Königsbrück bereitgestellten Eisenbahner abrufbereit zu halten, um auf Befehl den Betrieb der Eisenbahnstrecken im Operationsgebiet Italien ganz oder teilweise in eigener Verantwortung zu übernehmen[24]. Die norditalienische Versorgungsbasis war unter Ausnützung aller Möglichkeiten weitgehend zu bevorraten, so daß sie auch bei Störung der Eisenbahnstrecken oder sonstigen Verkehrseinrichtungen die Versorgung der im italienischen Raum eingesetzten Verbände auf längere Zeit gewährleistete[25].

Am 1. 8. erhielt der Chef des Transportwesens Befehl, auf das Stichwort „Achse“ die Verkehrseinrichtungen im Bereich der deutschen Truppen zu übernehmen[26]. Die in-

[22] v. Rintelen (2), S. 226 f.
[23] KTB/OKW Bd. III, 30. 7. 1943, S. 859.
[24] Weisungen, S. 228.
[25] Weisungen, S. 228.
[26] KTB/OKW Bd. III, 1. 8. 1943, S. 870.

zwischen nach München vorverlegte Wehrmachtverkehrsdirektion wurde nach Verona in Marsch gesetzt, um von dort aus den italienischen Eisenbahnbetrieb zu übernehmen und den Einsatz des deutschen Personals vorzubereiten. Das italienische Eisenbahnpersonal arbeitete weiter. Am Tage darauf wurde ein General des Transportwesens Italien eingesetzt[27]. Die Betriebsschwierigkeiten hielten an, über den Brenner kamen nur wenige Züge durch[28]. In seiner Lagebeurteilung vom 4. 8. erklärte der Oberbefehlshaber Süd, daß es zur Sicherung der Versorgung nötig sei, das Bahn- und Nachrichtennetz fest in die Hand zu nehmen. Sonst sei mit dem Verlust der Masse der in Süditalien (einschl. Sizilien) befindlichen Truppen zu rechnen[29]. Die Bombardierung der italienischen Städte und Bahnanlagen ging pausenlos weiter. Neapel und Turin, Salerno, Novarra, Cagliari, Genua, Mailand, Viterbo, Benevento, Grossete, Foggia, Tarent, Bologna, Terni, Civitavecchia, Orte, Pisa, Pescara, Ancona, Trient, Bozen, Capua, Rimini, Terracina, Formia, Cosenza, Sulmona und Catanzaro wurden angegriffen[30].

Am 6. 8. fanden in München Besprechungen des Generalquartiermeisters mit dem Oberquartiermeister der Heeresgruppe B und des Oberbefehlshabers Süd über die schwierige Versorgungslage der deutschen Verbände in Italien statt. Dabei ergab sich, daß die Organisation der Versorgung bei der italienischen 4. und 8. Armee in Oberitalien völlig unzureichend war. Eine planmäßige Versorgungsführung war nur durch Organisation der Versorgung dieser Armeen nach rein deutschen Grundsätzen und unter deutscher Leitung möglich. Die Leistungen der italienischen Bahnen ermöglichten nicht einmal die Deckung des laufenden Bedarfs und verursachten ein Absinken der Truppen- bzw. Lagerbestände. Nach Ablehnung des britisch-amerikanischen Friedensangebotes durch die italienische Regierung mußte mit verstärkten Luftangriffen gegen die Bahnen in Mittel- und Süditalien gerechnet werden. Eine Umlagerung auf Kraftwagentransport war nicht möglich, da dieser nicht im erforderlichen Maße zur Verfügung stand[31].

Die Auseinandersetzungen mit dem Comando Supremo über die deutschen Sicherungsmaßnahmen, die Durchführung von Truppentransporten und den Schutz der Bahnanlagen hielten den ganzen August hindurch an und erreichten zeitweise dramatische Höhepunkte[32]. Über das konspirierende Verhalten des italienischen Transportchefs General Raimondo, der nach dem Waffenstillstand Beauftragter der italienischen Regierung im alliierten Hauptquartier und im November Generaldirektor der italienischen Staatsbahnen und dann Verkehrsminister wurde[33], berichtete der Chef des Transportwesens am 10. 8. 1943 an den stellvertretenden Chef des Wehrmachtführungsstabes[34]. Bei der verspäteten Zufuhr deutscher Truppen nach Süditalien traten infolge der starken Belegung der italienischen Eisenbahnen mit eigenen Transporten, der Auswirkungen

27 KTB/OKW Bd. III, 2. 8. 1943, S. 888.
28 KTB/OKW Bd. III, 4. 8. 1943, S. 892.
29 KTB/OKW Bd. III, 5. 8. 1943, S. 897.
30 v. Rintelen (2), S. 246 f.
31 Vgl. KTB/OKW Bd. III, 11. 8. 1943, S. 930 u. 13. 8. 1943, S. 938.
32 Plehwe, S. 212.
33 The Railway-Gazette, London vom 22. 9. 1950.
34 KTB/OKW Bd. III, 10. 8. 1943, S. 925.

der Luftangriffe und des sehr schlechten italienischen Nachrichtennetzes große Verspätungen und neue Schwierigkeiten auf, so daß die Bewegungen für vier Tage eingestellt werden mußten[35]. Die Verteidigung Kalabriens und Apuliens hing nicht nur von der Stärke des Truppeneinsatzes, sondern auch von sicherem Nachschub ab. Am 15. 8. erklärte die italienische Regierung Rom zur offenen Stadt[36]. Eine Anerkennung dieser Erklärung durch die Alliierten war nur zu erwarten, wenn keine Militärtransporte mehr durch Rom fahren würden[37].

Nach rund sechswöchigem Kampf auf Sizilien rückten die Amerikaner am 17. 8. in Messina ein[38]. Bei der Aufgabe der Insel gingen rd. 2 000 deutsche Eisenbahnwagen verloren. Seit dem 18. 8. verstärkten die alliierten Luftstreitkräfte ihre Angriffe auf die Verkehrsanlagen auf der Apeninhalbinsel mit dem Ziel, das italienische Verkehrsnetz zu zerschlagen und die Durchführung gegnerischer Truppenverschiebungen so schwierig wie möglich zu machen[39].

Mitte August hatte sich in Mittel- und Norditalien ein Rückstau gebildet, in dem rd. 50—60 Nachschubzüge[40] und 60 Kohlezüge enthalten waren. Deshalb waren vorübergehende Sperrungen des Zulaufs nach Italien nicht zu vermeiden. Die Absicht des Wehrmachtführungsstabes, zur Entlastung der Brennerstrecke deutsche Versorgungstransporte über die Schweiz fahren zu lassen, konnte keine Besserung der Transportlage herbeiführen, da diese Züge in Nord- und Mittelitalien zusätzlich nicht durchzubringen waren[41]. Im Zugverteiler[42] hatte der italienische Transportchef ab 1. 9. die tägliche Belegung von 25 Plänen mit Versorgungszügen zugesagt[43].

Am 30. 8. wurde ein neuer „Achse"-Befehl herausgegeben, der verschiedene Anordnungen über die Aufrechterhaltung des Eisenbahnbetriebes, die Zerstörung von Eisenbahnanlagen in den zu räumenden Gebieten und die Beschlagnahme der greifbaren italienischen Wirtschafts- und Versorgungstransporte enthielt[44].

Infolge des unglücklichen Kriegsverlaufes versuchte Italien den Krieg so rasch wie möglich zu beenden. Am 3. 9., am Tag der Landung alliierter Truppen in Kalabrien, schloß es in Cassibile einen Waffenstillstand mit den Alliierten, der erst am 8. 9. von General Eisenhower über den Rundfunk bekanntgegeben wurde. Italien verpflichtete sich zu passivem Widerstand gegenüber den Deutschen und zur Lahmlegung der Eisenbahnen und aller sonstigen Verbindungsmittel[45].

Vom Oberkommando der Wehrmacht wurde sofort das Stichwort „Fall Achse" ausgegeben, und das führte zu einem durchschlagenden Erfolg. In kürzester Zeit waren alle im deutschen Machtbereich stehenden italienischen Truppen ausgeschaltet. Nur an

35 KTB/OKW Bd. III, 13. 8. 1943, S. 937.
36 KTB/OKW Bd. III, 15. 8. 1943, S. 954.
37 KTB/OKW Bd. III, 15. 8. 1943, S. 954.
38 v. Tippelskirch (2), S. 315.
39 Schröder, S. 215.
40 KTB/OKW Bd. III, 19. 8. 1943, S. 974.
41 Vgl. KTB/OKW Bd. III, 21. 8. 1943, S. 984.
42 Siehe Seite 313.
43 KTB/OKW Bd. III, 21. 8. 1943, S. 985.
44 KTB/OKW Bd. III, 29. 8. 1943, S. 1028.
45 Clark, S. 220; Stuhlpforrer, S. 33; Rönnefarth, H., S. 212—214.

wenigen Stellen trat Widerstand auf, der schnell gebrochen wurde. Dies dauerte im Umkreis von Rom, wo die Italiener starke Kräfte zusammengezogen hatten, nur zwei Tage[46]. Am 9. 9. wurde die Wehrmachtverkehrsdirektion Italien nach Bologna und das bereitgestellte Eisenbahnpersonal zur Besetzung der Bahnhöfe Norditaliens bis in die Höhe von Florenz in Marsch gesetzt[47]. Die Wehrmachtverkehrsdirektion unterstand dem General des Transportwesens Italien, der zunächst seinen Sitz am Gardasee, dann in Rom beim italienischen Verkehrsminister der Regierung Mussolinis, später in Florenz und zuletzt in der Nähe von Verona hatte. Ein Teil der italienischen Eisenbahner blieb dem Dienst fern. Nach der Befreiung und Wiedereinsetzung Mussolinis am 12. 9. forderte die Regierung alle Eisenbahner zur Dienstaufnahme auf, wonach diese wieder fast vollzählig arbeiteten. Die in Kriegsgefangenschaft geratenen italienischen Eisenbahner wurden der Wehrmachtverkehrsdirektion zur Verfügung gestellt, aus den Eisenbahnpionieren wurden Kriegsgefangenen-Eisenbahn-Pionier-Kompanien zur Verwendung im Reich gebildet[48].

Am 17. 9. landeten Amerikaner in der Bucht von Salerno (Operation „Alvalange") und unterbrachen die westliche Eisenbahnverbindung nach Süden. Nachdem es der 10. Armee nicht gelungen war, den Landekopf zu beseitigen, mußte sie weiter nach Norden zurückweichen. Dabei kam ihr zustatten, daß die 8. englische Armee in Nachschubschwierigkeiten geraten war. Die Bahnstrecken in Süditalien mit ihren zahlreichen Kunstbauten waren auf dem Rückzug nachhaltig zerstört worden[49]. Am 27. 9. wurde Foggia und am 30. 9. Neapel aufgegeben. Eine Räumung und Rückführung von Eisenbahnmaterial war wegen der gespannten Eisenbahnlage nicht möglich. Der Ausfall des Knotens Rom durch die Erklärung zur offenen Stadt am 14. 8.[50] war ein schwerwiegendes Transporthindernis für die Versorgung und Bewegung der deutschen Streitkräfte. Da keine Umleitungsmöglichkeiten vorhanden waren, mußten Militärgüter im Bahnhof Sette Bagni auf Lastwagen umgeschlagen und südlich Rom, soweit Transportraum verfügbar war, wieder auf die Bahn verladen werden. Nach dem Einsatz der Wehrmachtverkehrsdirektion Italien konnten die militärischen Transportbedürfnisse „durch kräftigeres Zupacken"[51] wieder besser befriedigt werden. Die Durchführung des daneben noch möglichen zivilen Reise- und Güterverkehrs blieb den Italienischen Staatsbahnen (FS) überlassen. Der Nachschub sowie die Bevorratung und Bereitstellung im rückwärtigen Raum war, gemessen an früheren Verhältnissen, befriedigend[52].

Am 13. 10. erklärte die Badoglio-Regierung Deutschland den Krieg und wurde von den Alliierten als „Mitkriegführende" anerkannt[53]. Ab Herbst 1943 unternahmen Partisanen vereinzelte Anschläge auf Bahnanlagen[54]. Der Mont-Cenis-Tunnel wurde am

[46] v. Tippelskirch (2), S. 319 f; KTB/OKW Bd. III, 12. 9. 1943, S. 1096 u. 21. 9. 1943, S. 1126.
[47] Vgl. KTB/OKW B. III, 6. 9. 1943, S. 1061.
[48] KTW/OKW B. III, 11. 9. 1943, S. 1094.
[49] Montgomery (1), S. 103.
[50] KTB/OKW Bd. IV, S. 502.
[51] KTB/OKW Bd. III, 7. 10. 1943, S. 1181.
[52] Kesselring (1), S. 202.
[53] Chronik, S. 101.
[54] Vgl. KTB/OKW Bd. III, 17. 11. 1943, S. 1288.

11. 10. durch eine Sprengung unterbrochen, deren Beseitigung bis zum 20. 10. dauerte[55]. Durch eine nochmalige Sprengung wurde der Betrieb durch den Tunnel endgültig unterbrochen[56]. Nach der Kriegserklärung an Deutschland wurden bis zum Jahresende 1943 umfangreiche Truppentransporte nach und von Italien durchgeführt[57].

Nachdem die Alliierten eine Luftbasis in Foggia hatten, intensivierten sie ihre Luftangriffe auf Eisenbahnanlagen und Fahrzeuge und griffen nun auch die Pobrücken und die Brennerstrecke in zunehmendem Maße an. Durch einen schweren Luftangriff wurde der Knoten Rimini auf 10 Tage lahmgelegt[58]. In einem Vortrag in München am 7. 11. erklärte Jodl vor den Reichs- und Gauleitern u. a., daß die Alliierten in Italien die vollkommene Luftherrschaft besäßen[59]. Erstmalig wurde am 16. 12. der Bahnhof Innsbruck bombardiert[60]. Ende Oktober verlegte die Wehrmachtverkehrsdirektion Italien ihren Sitz nach Verona, da am bisherigen Standort wegen der dauernden Lufteinwirkungen eine wirksame Arbeit nicht mehr möglich war. Gleichzeitig verlegte auch das italienische Verkehrsministerium betriebswichtige Abteilungen nach Verona und erleichterte damit die deutsche Überwachung. Ende 1943 war in Mittelitalien nur noch wenig öffentlicher Verkehr, da die geringen Betriebsleistungen für die Wehrmacht in Anspruch genommen wurden[61].

Zur Sicherstellung der deutschen Transportinteressen im Südraum wurde am 1. 12. eine Außenstelle der Wehrmachtverkehrsdirektion in Florenz eingerichtet, die die Compartimenti Rom, Ancona und Florenz umfaßte. In ihrem zweigeteilten Land hatten die Italiener bei ihren Eisenbahnen nicht nur Schwierigkeiten mit der deutschen Besatzung. Badoglio beklagte die Betriebsführung durch die Alliierten und vertrat die Auffassung, daß die alliierten und italienischen zivilen Verkehrsbedürfnisse in italienischer Regie hätten besser erfüllt werden können[62].

Die alliierten Pläne, Rom noch Ende 1943 zu erreichen, gingen nicht in Erfüllung. Auch das Jahr 1944 brachte Italien das ersehnte Kriegsende nicht. Am 22. 1. 1944 landeten die Amerikaner im Raum Anzio—Nettuno, südlich von Rom. Trotz zweier deutscher Gegenangriffe konnte der Gegner nicht zurückgeworfen werden, obwohl die erforderlichen Verstärkungen auf der Eisenbahn schneller herankamen, als ursprünglich angenommen werden konnte[63]. Es gelang dem Gegner trotz seiner Angriffe auf das Eisenbahnnetz nicht, die Heranführung von Kräften ernstlich zu verzögern[64]. Die Eisen-

[55] KTB/KW. III, 11. 10. 1943, S. 1192.
[56] Schneider, A., S. 113.
[57] Müller-Hillebrand Bd. III, S. 145. — Es wurden acht Divisionen zugeführt: Vom Osten: 5. Geb. Div. Vom Westen: 334., 356. u. 371. Inf. Div. Vom Heimatkriegsgebiet: 162. (turk) Inf. Div. Abgegeben wurden 5 Divisionen: Zum Osten: 76. Inf. Div., 16., 24. Pz. Div., 2. Fsch. Jäg. Div. Zum Balkan: 371. Inf. Div.
[58] KTB/OKW Bd. III, 28. 11. 1943, S. 1317.
[59] Jacobsen (1), S. 444.
[60] Feuerstein, S. 208.
[61] Vgl. Ausführungen von Dilli auf der 91. Präsidentenkonferenz der Deutschen Reichsbahn am 6. 12. 1943.
[62] Badoglio, S. 208 f.
[63] KTB/OKW Bd. IV, 25. 1. 1944, S. 132.
[64] KTB/OKW Bd. IV, 6. 2. 1944, S. 149.

bahnschäden in Rom machten sich nunmehr störend bemerkbar, so daß Transporte vorzeitig auf Lastkraftwagen umgeladen werden mußten[65]. Auch machten sich erstmalig im April 1944 Partisanengruppen beiderseits des Apennin mit Schwerpunkt im Raum Florenz bemerkbar, die wegen der spürbaren Einwirkungen auf den Nachschub militärische Gegenmaßnahmen erforderten[66]. Im Mai kam dann die Front wieder in Bewegung. Durch die Ausweitung des Brückenkopfes von Nettuno wurden zwischen dem 25. 5. und dem 2. 6. alle von Rom nach Süden führenden Eisenbahnstrecken unterbrochen[67]. Im Sommer wuchs die Zahl der Partisanen auf rd. 100 000 Mann an, für die deutsche Kriegführung eine Gefahr, deren Beseitigung feldzugentscheidend geworden war[68]. Die Betriebsführung und Leistungsfähigkeit der Eisenbahnen waren somit durch Lufteinwirkungen, Partisanenanschläge und die Passivität der italienischen Eisenbahner schwer beeinträchtigt. Trotz aller Schwierigkeiten klappte der Nachschub, weil die alliierten Luftstreitkräfte ihre Kampfführung schematisierten[69] und die Eisenbahnverbindungen durch gute Organisation, Umschlag auf Lastkraftwagen an den zerstörten Stellen, Instandsetzungsarbeiten, sowie aktive und passive Luftschutzmaßnahmen aufrechterhalten wurden und „immer das Notwendigste herbeigeschafft werden konnte. Das will viel besagen, da in immer höherem Umfang auch die Verpflegung usw. der Bevölkerung auch von den militärischen Dienststellen sichergestellt werden mußte“[70]. Die der Südfront zugeführten Verbände u. a. die 356. Inf. Div., 42. Jg. Div., 20. Lw. FeldDiv., wurden erheblich verzögert[71]. Mit der am 12. 5. begonnenen Offensive an der sogenannten Gustav-Stellung[72] kam die Südfront wieder in Bewegung.

Am 4. 6. 1944 zogen die Alliierten in Rom ein. Die Transportschwierigkeiten in Mittelitalien nahmen zu, der Abstand zwischen den Eisenbahnbetriebsspitzen und der Front betrug etwa 200 km[73]. Eisenbahnbetrieb war nur noch nachts möglich. Am 26. 7. wurde Pisa und am 4. 8. Florenz geräumt. Anfang Juli waren alle Verbindungen zwischen Frankreich und Italien blockiert, so daß nur noch der Weg über das Reich offenstand[74]. Mitte August waren zeitweise alle Eisenbahn- und Straßenbrücken über den Po unterbrochen[75]. Der Nachschub für die Verteidigung der Apennin-Stellung wurde größtenteils mit Fähren und Seilbahnen über den Po gebracht. Am 13. 9. 1944 wies Jodl den Chef des Transportwesens an, möglichst schnell mit dem Abtransport von Rohstoffen und Maschinen zu beginnen[76]. Je kleiner der italienische Raum wurde, um so größer wurden die Auswirkungen der Luftangriffe[77]. Die Störanfälligkeit des elek-

[65] KTB/OKW Bd. IV, 10. 2. 1944, S. 150.
[66] Kesselring (1), S. 324.
[67] Cartier, S. 713.
[68] Kesselring (1), S. 324; vergl. KTB/OKW Bd. IV, S. 588.
[69] Kesselring (1), S. 276.
[70] Kesselring (1), S. 276.
[71] KTB/OKW Bd. IV, S. 496; vgl. auch KTB/OKW Bd. IV, S. 483 f.
[72] Chronik, S. 114.
[73] KTB/OKW Bd. IV, S. 522.
[74] KTB/OKW Bd. IV, S. 542.
[75] KTB/OKW Bd. IV, S. 543.
[76] Janssen, S. 251.
[77] Kesselring (1), S. 312; vgl. KTB/OKW Bd. IV, S. 589—591.

trischen Betriebes war allerdings geringer als früher angenommen wurde. Da die italienischen Eisenbahner wegen der dauernden Luftangriffe immer weniger zur Arbeit erschienen, übernahm die Wehrmachtverkehrsdirektion in den besonders gefährdeten Gebieten den Betrieb im Oktober in eigener Regie. Im Herbst 1944 strebte der Gauleiter Hofer an, die Betriebsführung in Italien dem Reichsverkehrsministerium zu übertragen[78]. Das Oberkommando der Wehrmacht lehnte dieses Ansinnen ab.

Die Alliierten konnten ihre Absicht, noch vor dem Winter in die Poebene durchzubrechen, nicht verwirklichen. Nach einem für Italien ungewöhnlich harten Winter gelang den Alliierten am 9. 4. 1945 der Druchbruch im Apennin. Nur unter größten Anstrengungen konnte die Masse der deutschen Verbände unter Preisgabe von schweren Waffen und Gerät über den Po zurückgebracht werden. Am 21. 4. mußte der Po aufgegeben werden. Eine Fortsetzung des Kampfes in der Ebene war jedoch nicht möglich. Daher ging die Heeresgruppe C auf den Südrand der Alpen zurück[79].

Nachdem die Schweiz den Transitverkehr Anfang 1945 eingestellt und die Übergänge Laibach, Piedicolle und Tarvis blockiert waren, war nunmehr die Brennerstrecke die einzige, wenn auch oft tagelang unterbrochene Verbindung mit Italien[80]. Von ihrer Aufrechterhaltung hing das weitere Schicksal der Heeresgruppe C ab[81]. Der nur noch in den Nachtstunden mögliche Eisenbahnbetrieb in Oberitalien spaltete sich durch die vielen Unterbrechungen immer mehr in einzelne Inselbetriebe auf. Die Überbrükkung übernahmen so gut es eben ging Transportkolonnen. Der Wagenübergang von Deutschland nach Italien sank von 21 000 im November 1944 auf 8 000 im Februar 1945, während die tägliche Wagenstellung im oberitalienischen Raum im gleichen Zeitraum von 3 000 auf 1 300 Wagen zurückging[82]. Unter ständig sich verschlechternden Bedingungen versuchten die Eisenbahner zusammen mit Eisenbahnpionieren und Bautruppen sowie Einheiten der Organisation Todt und noch mitarbeitender Italiener und mit Unterstützung der Flakartillerie unter größten Anstrengungen und einfallsreichen Aushilfen ihre hoffnungslose Lage zu meistern. Immer wieder waren alliierte Bomber genötigt, einen zweiten, einen dritten und unter Umständen bis zu einem zehnten Einsatz zu fliegen[83]. Insgesamt waren im letzten Kriegshalbjahr etwa 1 500 000 Menschen für die Bahninstandsetzung eingesetzt, nicht eingerechnet die starken Flakkräfte entlang der Bahnlinien[84]. Im Frühjahr 1945 nahm die von den Alliierten unterstützte Partisanentätigkeit besonders in Ligurien und im Raum Modena—Piacenza wieder zu[85].

Bis in den Winter 1944/45 hinein wurden noch Truppentransporte nach und aus Italien gefahren. Sogar in den ersten Monaten des Jahres 1945 wurden, wenn auch

[78] KTB/OKW Bd. IV, S. 590.

[79] Hoy—Zoppot, S. 155.

[80] Vgl. KTB/OKW Bd. IV, 8. 2. 1945, S. 1080 u. 21. 2. 1945, S. 1115; vgl. Stuhlpforrer, S. 77 f. S. 275—281.

[81] Einzelheiten über die Luftangriffe auf die Brennerstraße bei Ulrich, S. 21—30; bei Schnetz, S. 275—281.

[82] Schnetz, S. 277.

[83] Clark, S. 493.

[84] Schnetz, S. 274.

[85] KTB/OKW Bd. IV, 27. 2. 1945, S. 1131; Kesselring (1), S. 324.

in geringem Tempo, aus Nordostitalien Divisionen nach der Ostfront befördert[86]. Die Heeresgruppe C kapitulierte am 29. 4. und schloß in Caserta einen Waffenstillstand, der am 2. 5. in Kraft getreten ist. Von der Landung in Süditalien bis zur Kapitulation vergingen rd. 20 Monate. Der lange Widerstand gegen einen überlegenen Gegner war nicht zuletzt deshalb möglich, weil es den Alliierten trotz größter Anstrengungen nicht gelang, den Eisenbahnbetrieb hinter der deutschen Front zum Erliegen zu bringen.

Durch Kriegseinwirkungen war im Netz der Italienischen Staatsbahnen (FS) ein Viertel der Gleise, ein Drittel der Brücken, 60% der Lokomotiven, 47% der Dienstgebäude, 60% der Güterwagen, 80% der Personen-, Gepäck und Postwagen, 90% der elektrischen Leitungen, 57% der Kraftwerke und 84% der Eisenbahnfähren zerstört oder beschädigt worden[87].

Die Rolle der Schweiz im Kriege

Die Schweiz war im Zweiten Weltkrieg politisch und wirtschaftlich in einer schwierigen Lage, besonders nachdem sie durch die Besetzung von Frankreich völlig von den Achsenmächten eingeschlossen worden war. Sie ist während des ganzen Krieges neutral geblieben. Durch die vollständige Elektrifizierung der Eisenbahnen war die Schweiz zur Aufrechterhaltung ihres Verkehrs nicht mehr auf die Einfuhr von Kohlen angewiesen und dadurch unabhängiger geworden. Die schweizerischen Durchgangsstrecken nach Italien waren für die Kriegführung der Achsenmächte in zweierlei Hinsicht von großer Bedeutung. Auf ihnen rollte der größte Teil des Wirtschaftsverkehrs von und nach Italien, vor allem die für Italien kriegswichtigen Kohlentransporte[88]. Zum anderen wurden dadurch die Brenner- und Tauernstrecke entlastet und konnten vorwiegend für Militärtransporte benutzt werden. Der Transitverkehr von Brenn- und Treibstoffen stieg von zwei Millionen Tonnen (1938) auf sechs Millionen Tonnen (1941) und ging wieder auf zwei Millionen Tonnen (1944) zurück[89]. Dieser Verkehr über die Gotthardstrecke erreichte im Kriege Rekordzahlen und trug damit zu den günstigen Wirtschaftsergebnissen der Schweizerischen Bundesbahn (SBB) auch während der Kriegsjahre bei[90].

Bei Beginn des Zweiten Weltkrieges machte auch die Schweiz mobil. Am 2. September 1939 verfügte der Oberbefehlshaber des Schweizerischen Heeres, General Guisan, die Einführung des Kriegsbetriebes und Kriegsfahrplanes. Rund eine halbe Million Wehrmänner wurden mit der Eisenbahn über eine mittlere Entfernung von 50 km zu ihren Mobilmachungsplätzen befördert. Innerhalb von 12 Stunden waren 75 Voll- und 48 Leerzüge bereitzustelllen, um 84 000 Mann des Grenzschutzes zu ihren Einsatzorten zu befördern. Anschließend wurden Teile der Armee mit einem Bestand von 150 000 Mann und ihrer Ausrüstung in 200 Zügen zu ihren Einsatzräumen gefahren[91]. Nach

86 Vgl. KTB/OKW Bd. IV, 8. 2. 1945, S. 1080 (16. SS-Pz. Div.)

87 Das Leben in Italien. Dokumente und Berichte. Herausgegeben vom Ministerpräsidium der Republik Italien. Rom, Jg. 1954, S. 204.

88 Statistisches Jahrbuch der Schweizerischen Bundesbahnen, Bern 1967, S. 162.

89 Statistisches Jahrbuch der Schweizerischen Bundesbahnen, Bern 1967, S. 162.

90 Statistisches Jahrbuch der Schweizerischen Bundesbahnen, Bern 1967, S. 152.

91 Strauß, S. 305.

Strauß zeigte damals nichts so eindrücklich die militärische Bedeutung der Gotthardbahn wie die rasche Verschiebung der 9. Division in 37 Extrazügen aus dem Tessin nach dem Norden, wobei dem Militäreisenbahndienst für die ganze Vorbereitung nur vier Stunden zur Verfügung standen[92]. Während der Angriffsvorbereitungen im Westen hat die Heeresgruppe C Maßnahmen zur Vortäuschung eines Aufmarsches gegen die Schweiz durchgeführt, wodurch diese sichtlich verunsichert wurde[93].

Nach Abschluß des Westfeldzuges im Sommer 1940 sind im Oberkommando des Heeres Operationsstudien unter dem Decknamen „Tannenbaum" für einen Einmarsch in die Schweiz bearbeitet worden, auch der Wehrmachtführungsstab hat einen Operationsentwurf Schweiz aufgestellt[94]. In beiden Fällen hat eine Eisenbahntransportbearbeitung nicht stattgefunden. Ein Angriff auf die Schweiz hätte für die deutsche Kriegführung nur Nachteile mit sich gebracht, denn es mußte mit einer nachhaltigen Unterbrechung der Eisenbahnen und nach ihrer Wiederherstellung auch mit dauernden Luftangriffen auf sie gerechnet werden. Außerdem hätte ein Krieg gegen die Schweiz starke deutsche Kräfte gebunden, die bald an anderer Stelle benötigt wurden. Wohl aus dieser Erkenntnis heraus wurden die Planungen nicht weiter verfolgt. Nach einem Eintrag im Kriegstagebuch des Oberkommandos der Wehrmacht soll im Dezember 1942 eine Unterbrechung der „Eisenbahnen, die den Achsenmächten zur Verfügung stehen" durch gegnerische Luftlandungen geplant gewesen sein[95].

Die Rechtslage der Schweiz für die Frage des Gütertransits während des Zweiten Weltkrieges war nach Haustein[96] dadurch gekennzeichnet, daß ihr einerseits nach Artikel 3 des Gotthard-Vertrages vom 13. Oktober 1909 gegenüber Deutschland und Italien die Pflicht oblag, unter dem Vorbehalt der erforderlichen Maßnahmen zur Aufrechterhaltung der Neutralität und der Verteidigung des Landes und von Fällen höherer Gewalt, den Betrieb der Gotthard-Bahn gegen jede Unterbrechung sicherzustellen, während andererseits Artikel 2 des V. Haager Abkommens die Durchfuhr aller jener Waren untersagte, deren Transit als „convois d'approvisionnements" oder „convois de munitions" qualifiziert werden mußte.

Als am 3. September 1943 die italienische Regierung mit den Alliierten einen Waffenstillstand abschloß und nach der handstreichartigen Besetzung Italiens Deutschland den Krieg erklärt hatte, ergab sich die Vorfrage, ob der unter der Herrschaft der deutschen Truppen stehende Teil Italiens rechtlich als besetztes Gebiet im Sinne von Artikel 42 der Landkriegsordnung zu betrachten, oder ob die Auffassung richtig sei, wonach die deutsch-italienische Waffenbrüderschaft weiterbestand. Die Schweiz hat im Jahre 1944 die Besetzung Italiens als eine kriegerische Besetzung behandelt. Infolgedessen mußte der nunmehr besonders aktuellen Gefahr eines Abtransports von Gütern, die durch die Besatzungsmacht gewaltsam erworben waren, Rechnung getragen werden.

[92] Strauß, S. 305.
[93] Einzelheiten bei Vetsch S. 43 ff u. 47 ff.
[94] v. Loßberg, S. 102—104.
[95] KTB/OKW Bd. II, 8. 12. 1942, S. 1103.
[96] Die nachstehenden Ausführungen sind auszugsweise von Haustein (2), S. 25 f übernommen; vgl. auch KTB/OKW Bd. III, 6. 10. 1943, S. 1177 u. KTB/OKW Bd. III, Darstellender Teil, S. 1516 f.

Die Alliierten, insbesondere England und die USA, haben verschiedentlich versucht, die Schweiz zur Beschränkung oder völligen Unterbindung des Transitverkehrs, der sich in der Hauptsache über den Gotthard vollzog, zu veranlassen. So forderten sie im Jahre 1943 die Ausschließung der Mineralöltransporte vom Transit. Die Schweiz lehnte ein umfassendes Transitverbot schon deshalb ab, weil sie in ihren Zufuhren immer noch von Deutschland abhängig war und bei einer solchen der Gleichbehandlungspflicht nach Artikel 9 des V. Haager Abkommens widersprechenden Maßnahme deutsche Repressalien zu befürchten hatte. Wohl aber wies sie Waren zurück, wenn auch nur die Vermutung bestand, daß es sich um requirierte Güter handelte. Vom März 1944 ab wurden im Warentransit zwischen Deutschland und Italien, abgesehen von Kriegsmaterialien, flüssigen Brennstoffen und Requisitionsgütern, für die ohnehin bereits ein Durchfuhrverbot bestand, für gewisse Güter, die u. U. einer kriegerischen Verwendung zugute kommen konnten, monatliche Mengen für die Zulassung zum Transitverkehr festgesetzt. Diese Mengen unterlagen ständig Veränderungen. Im Laufe der weiteren Verhandlungen zwischen der Schweiz und den Alliierten ließ sich der Schweizer Standpunkt etwa dahin präzisieren: Die Schweiz erkannte ihre Pflicht zur Verhinderung von Durchfuhren an für eigentliches Kriegsmaterial, wobei die Kriegsmaterialliste die Fortschritte der Kriegstechnik berücksichtigte, für Gegenstände, die ein Kriegsführender durch kriegerische Gewalt erworben hatte und schließlich für Güter, die durch ihre in einem unmittelbaren Zusammenhang mit kriegerischen Operationen stehende Verwendung angesichts der näheren Umstände als „convois d'approvisionnements" bezeichnet werden mußten.

Im Februar 1944 hatte die italienische Regierung der Schweiz mitgeteilt, daß sie auf ihre Rechte aus dem Gotthard-Vertrag vorübergehend verzichte. Zur Begründung führte sie an, daß die rechtlichen und wirtschaftlichen Verhältnisse, die sie seinerzeit zum Abschluß des Gotthard-Vertrages geführt hätten, jetzt nicht mehr vorlägen; denn die Transporte über den Gotthard kämen nicht mehr ganz Italien zugute, sondern beschränkten sich auf den Warenaustausch zwischen dem von den Deutschen besetzten italienischen Gebiet und Deutschland. Da diese Regelung sich zum Schaden Italiens auswirkte, müßte der Transit unterbunden werden. Die Entwicklung der militärischen Lage führte dazu, daß die Schweiz Ende Februar 1945 den Transit einstellte[97].

Während des Krieges wurde die Schweiz nahezu ausschließlich von Deutschland mit Kohlen versorgt. Die vereinbarten Mengen wurden nicht immer erreicht. Immerhin führte die Schweiz im Jahre 1941 2,2 Millionen, 1942 1,9 Millionen, 1943 1,9 Millionen und 1944 1,4 Millionen Tonnen Kohle ein[98].

7. Der Krieg in Finnland

Am 30. 11. 1939 war zwischen der Sowjetunion und Finnland ein Krieg ausgebrochen, weil Finnland sich geweigert hatte, der Sowjetunion Flottenstützpunkte einzu-

[97] Haustein (2), S. 26.
[98] Statistisches Jahrbuch der Schweizerischen Bundesbahnen Jg. 1967, Bern 1968, S. 165.

räumen. Nach dem Moskauer Friedensvertrag vom 12. 3. 1940 hatte Finnland u. a. die ganze karelische Landenge mit der Stadt Wiborg, das westliche und nördliche Ufer des Ladogasees, das Gebiet ostwärts von Merkärvi und einen Teil der Fischer-Halbinsel abzutreten und die Halbinsel Hangö für die Dauer von 30 Jahren an die Sowjetunion zu verpachten. Ferner wurde der Sowjetunion das Transitrecht zwischen der Sowjetunion und Schweden eingeräumt und die Anlage einer Eisenbahnverbindung, welche Kandalakscha mit Kemijärvi verbindet. Nach dem sowjetisch-finnischen Winterkrieg von 1939/40[1] war eine allmähliche Annäherung Finnlands an Deutschland fühlbar geworden[2]. Finnland hatte sich nur an die Seite Deutschlands gestellt, weil es die Möglichkeit sah, das ihm durch die Sowjetunion zugefügte Unrecht wieder wettzumachen[3]. Deutschlands Interessen in Finnland bestanden in der Sicherung des Nachschubweges für die deutschen Streitkräfte in Nordnorwegen und in der Lieferung von Nickelerzen aus dem Petsamogebiet. In einem Abkommen über die Versorgung deutscher Kräfte in Nordnorwegen vom 23. 9. 1940 gestattete Finnland den Transport von Material und Personal von den Häfen am Bottnischen Meerbusen mit der Eisenbahn und auf der Eismeerstraße über finnisches Gebiet nach Nordnorwegen[4]. Bei seinem Besuch in Berlin am 12. 11. 1940 hatte der sowjetische Außenminister Molotow die Einstellung solcher Transporte gefordert, ohne daß Hitler darauf reagierte. Am 1. 10. 1940 wurde eine Vereinbarung über Nickel- und Waffenlieferungen abgeschlossen. Danach erhielt Finnland Waffen im Wert von 50 Millionen Reichsmark und Deutschland das Vorkaufsrecht für alle Erzkonzessionen bis 1945[5]. Nach der Weisung Nr. 21 „Fall Barbarossa“ vom 18. 12. 1940[6] war die Teilnahme Finnlands am Krieg gegen die Sowjetunion vorgesehen. Dafür bestand zwischen Deutschland und Finnland weder ein militärisches noch ein politisches Bündnis. Finnland führte einen unabhängigen Krieg. Die Zusammenarbeit bei der Vorbereitung und Durchführung des Feldzuges beschränkte sich auf gegenseitige Unterrichtungen und Absprachen von Fall zu Fall[7].

Finnland mobilisierte vom 17. 6. bis zum 28. 6. 1941[8] und erklärte am 25. 6. der Sowjetunion den Krieg[9], nachdem die Sowjetunion bereits am 22. 6. Finnland angegriffen hatte[10]. Unabhängig von einander führten das finnische Oberkommando im Süden unter Marschall von Mannerheim und im Norden das deutsche Armeeoberkommando Norwegen, das dem Oberkommando der Wehrmacht unterstand[11]. Am 29. 6. begann das Unternehmen „Silberfuchs“ gegen Murmansk und am 10. 7. eröffnete die

[1] Vgl. Rönnefarth, H., S. 186.
[2] Heß, S. 39.
[3] v. Tippelskirch (2), S. 385 f.
[4] KTB/OKW Bd. I, 7. 10. 1940, S. 112; vgl. Procopé, S. 136, 139 u. 140.
[5] Klink (1), S. 391.
[6] Weisungen, S. 85.
[7] Müller-Hillebrand Bd. III, S. 82.
[8] Halder-KTB Bd. II, 20. 6. 1941.
[9] Halder-KTB Bd. III, 24. 6. 1941.
[10] Procopé, S. 150.
[11] Vgl. Siegler, S. 91 f.

finnische Armee ihre Offensive am Ladogasee[12]. In der ersten Junihälfte 1941 kam die 169. Inf. Div. im Seetransport nach Finnland und wurde mit der Bahn in den Raum Rovaniemi gefahren[13]. Nach Beginn des Rußlandfeldzuges stimmte Schweden dem Transit der zum Einsatz in Südfinnland bestimmten 163. Inf. Div. zu[14].

Das finnische Eisenbahnnetz (Breitspur) entsprach im wesentlichen den wirtschaftlichen Erfordernissen des Landes, in dem die Küsten-, See- und Flußschiffahrt einen erheblichen Anteil am Gesamtverkehr hatte. Die Betriebslänge betrug 1939 5 672 km, davon waren nur 169 km zweigleisig. Zum Fahrzeugpark gehörten 676 Lokomotiven und 23 000 Güterwagen. Die Lokomotiven wurden damals vorwiegend mit Holz geheizt. Im Norden des Landes gab es keine Eisenbahnen. Lappland war somit ein Kriegsschauplatz ohne Eisenbahnen. Es fehlte vor allem eine durchgehende Eisenbahnverbindung zwischen den Häfen im Finnischen Meerbusen und den Häfen des Eismeeres. Die nördlichste Eisenbahnlinie verlief von Kemi über Rovaniemi nach Kemijärvi. Weiter südlich lag die Eisenbahnstrecke von Oulu nach Joensuu; von ihr zweigte in Kontiomäki eine Stichbahn nach Hyrynsalmi ab.

Im Winterkrieg 1939/40 verlor Finnland 150 Lokomotiven, durch den Friedensvertrag weitere 76 Lokomotiven und etwa 3 000 Wagen[15]. Ihr Ersatz war im Kriege nur teilweise möglich. So wurden Finnland 1942 vom Chef des Transportwesens 150 russische Beutelokomotiven und 1 750 Breitspurwagen abgegeben.

Die Sowjetunion war in transporttechnischer Hinsicht gegenüber Finnland erheblich im Vorteil[16]. Sie verfügte über die gut gebaute 1 451 km lange eingleisige Murmanbahn vom eisfreien Hafen Murmansk nach Leningrad, deren Abschnitt Murmansk—Kem elektrifiziert war. Auf den Abschnitten Kandalakscha—Sorokskaja und Petrosawodsk—Wolchowstroj war das zweite Gleis im Bau. Von der Murmanbahn zweigten mehrere Strecken in Richtung Finnland ab und zwar Shemtschushnaja—Kuolajärvi, Petrosawodsk — Jänisjärvi, Leningrad — Elisenvaara, Leningrad — Wiborg — Simola, Louchi—Kiestinki, Kotschkoma—Uchta, Petrosawodsk—N.N.[17]. Mit diesen Bahnstrecken verfügten die Sowjets über eine große Beweglichkeit in der Versammlung und schwerpunktmäßigen Verschiebung ihrer Truppen[18].

Die Transporte für die deutsche Wehrmacht in Finnland kamen hauptsächlich über die Ostsee nach Häfen an der finnischen Westküste. Zur Entlastung der finnischen Eisenbahnen wurden sie möglichst weit im Norden gelöscht. Ein kleinerer Teil lief über die Trajektverbindung Saßnitz—Trälleborg durch Schweden über Haparanda—Tornio. Nach Störung des Trajektverkehrs liefen die Transporte über Dänemark—Norwegen—Schweden[19], ein Weg, der nicht so sehr gefährdet war. Ein restlicher Teil lief,

[12] Halder-KTB Bd. III, 24. 6. 1941, Anm. 3.
[13] Croinor, S. 188.
[14] Diese Division lag im Raum Oslo.
[15] Teske (2), S. 141.
[16] Vgl. Procope, S. 130.
[17] Eisenbahnkarte Finnland—Baltische Länder 1:2 500 000 herausgegeben vom Chef des Transportwesens.
[18] Vgl. Erfurth (2), S. 284; Hillgruber (8), S. 43.
[19] Teske (2), S. 138

stets durch englische U-Boote und Flieger gefährdet, an der Küste Norwegens entlang bis Kirkenes[20]. Die ersten Transporte in Finnland landeten am 8. Juni 1941[21].

Die an der Finnland-Front eingesetzten sowjetischen Kräfte, die 8., 9. und 14. Armee, kamen aus der Ukraine und dem Kaukasus über die Murmanbahn an die Front[22]. Über die Murmanbahn lief auch der größere Teil der Militärhilfe Großbritanniens und der Vereinigten Staaten[23]. Sie war für die Kriegführung der Sowjetunion von entscheidender Bedeutung. Im November 1941 wurde eine 350 km lange eingleisige Verbindungsbahn von Sorokskaja nach Oboserskaja fertiggestellt. Nach Unterbrechung der Murmanbahn bei Petrosawodsk liefen die Transporte in das Innere Rußlands über diese Bahn.

Mit Kriegsbeginn stiegen die Transportforderungen an die durch den Winterkrieg 1939/40 geschwächten finnischen Eisenbahnen an. Nach ihrer Leistungsfähigkeit mußte sich Umfang und Tempo aller Transporte nach Finnland richten[24]. Im Laufe des Jahres 1941, in dem sehr harten Winter, und in der ersten Jahreshälfte 1942 kam es zu erheblichen Betriebsschwierigkeiten. Am 12. November 1941 wandte sich Feldmarschall v. Mannerheim wegen der sich rasch verschärfenden Transportlage an das deutsche Oberkommando der Wehrmacht um Unterstützung[25]. Besonders erschwerend wirkte sich aus, daß für die diffenrenzierten Transportbedürfnisse keine ausreichenden Rangieranlagen vorhanden waren. Die Durchführung der Wehrmachttransporte nach, von und in Finnland oblag dem 1942 eingerichteten Deutschen Transportbevollmächtigten Finnland in Zusammenarbeit mit dem finnischen Transportchef, dem Bevollmächtigten Transportoffizier des Wehrmachtbefehlshabers Norwegen und der Seetransportstelle Finnland. Die Steuerung der Wehrmachttransporte erfolgte durch den Heimatstab Übersee und durch Weisungen des Oberkommandos der Wehrmacht[26]. Mit deutscher Hilfe wurde vor allem die Leistungsfähigkeit der Strecken Kemi—Salla und Oulu—Kontiomäki verbessert.

Ziel der deutschen Kriegführung im Norden der Sowjetunion war die Wegnahme Leningrads und die Vereinigung mit den finnischen Streitkräften, sowie die Unterbrechung der vom einzigen ganzjährig eisfreien Hafen Murmansk nach Süden führenden Murmanbahn[27].

Am 2. 9. 1941 trat das XIX. Gebirgskorps unter General Dietl in Richtung Murmansk an. Dieser Angriff kam an der Liza, 50 km vor Murmansk zum Stehen[28]. Der zweite am 1. 7. begonnene Angriff auf die Murmanbahn durch die deutsch-finnischen Truppen des XXXVI. Armeekorps führte am 7. 7. zur Einnahme von Salla, kam aber 40 km vor Kandalakscha zum Erliegen[29]. Ein weiterer am 9. 9. angesetzter Vor-

[20] Teske (2), S. 138.
[21] Halder-KTB Bd. III, S. 533.
[22] Vgl. Cartier, S. 49 f.
[23] Schlauch, S. 118 f; KTB/OKW Bd. II, Aufzeichnungen Greiners zum 1. 12. 1942, S. 1060.
[24] Teske (2), S. 160 f.
[25] Erfurth (1), S. 83 f.
[26] Teske (2), S. 137 f.
[27] Weisung Nr. 21 Fall Barbarossa vom 18. 12. 1940, S. 86.
[28] v. Tippelskirch (2), S. 194.
[29] Erfurth (1), S. 47.

stoß in Richtung Murmansk kam ebenfalls nicht zum Ziel. Auch der Angriff des III. finnischen Armeekorps auf die Murmanbahn bei Louchi und Kemi drang nur bis Kiestinki und Untna vor[30]. Damit waren alle Versuche, die Murmanbahn zu unterbrechen, gescheitert. Am 10. 7. griffen die Finnen auf der Karelischen Landenge an und kamen nach harten Kämpfen am 21. 7. nach Salmi am Ostufer des Ladogasees und Ende August nach Wiborg und an die alte Landesgrenze. Bis zum 26. 7. hatten finnische Abteilungen die Eisenbahn Suojärvi—Petrosawodsk nördlich von Hyrsylä erreicht und dadurch die Eisenbahnverbindung der im Raum Suojärvi stehenden Russen abgeschnitten[31]. Anfang September drangen die Finnen ostwärts des Ladogasees bis zum Swir vor und nahmen am 1. 10. Petrosawodsk ein. Im Frontgebiet waren die Eisenbahnen wegen Zerstörungen nur teilweise und nach und nach wieder benützbar[32]. So konnte die Eisenbahnlinie Elisenvaara—Sortavala—Matkasälka, die für den Transport von einer Front zur anderen besonders wichtig war, erst am 4. 12. 1941 wieder in Betrieb genommen werden. Für die Versorgung der Swirfront bauten die Finnen eine Bahn von Uuksu nach Olonez.

Ein nochmaliger Angriff auf Murmansk im September scheiterte am russischen Widerstand[33]. Das Armeeoberkommando Norwegen erhielt am 21. 11. 1941 eine Führerweisung, zur späteren Wiederaufnahme der Offensive gegen die Murmanbahn für März 1942 einen Angriff auf Kandalakscha vorzubereiten[34]. v. Mannerheim machte eine Beteiligung davon abhängig, daß zuvor die deutsch-finnische Vereinigung am Swir hergestellt würde. Die vorsichtige Haltung Finnlands war nicht zuletzt auf amerikanischen und englischen Einfluß zurückzuführen[35]. Der Krieg gegen die Sowjetunion beanspruchte die Kräfte Finnlands auf das Äußerste. Die finnische Volkswirtschaft drohte wegen Arbeitskräftemangel zu erliegen, die Transportkrise wurde immer lähmender, die Bevölkerung in den Städten litt unter Mangel an Nahrung und Heizung[36]. Vom 27. 1. 1942 bis Anfang Mai mußten die Seetransporte nach Finnland wegen Zufrierens der Ostsee eingestellt werden[37]. Das hatte auch für die finnisch-deutsche Front recht unangenehme Auswirkungen. Nicht nur der laufende Nachschub zur Versorgung der deutschen Truppen in Finnland und der Urlauberverkehr hörte auf, sondern auch die Transporte aus Deutschland an Rüstungsmaterial für die finnische Wehrmacht und an Brotgetreide für die finnische Bevölkerung froren in der Ostsee ein. Mit äußerster Mühe war die Verpflegungs- und Futtermittelversorgung des südlichen Lappland im Frühjahr 1942 durch Bahntransporte aus Südnorwegen über Schweden nach Rovaniemi gerettet worden[38]. Im Laufe des Sommers 1942 hat sich die Versorgungslage wesentlich gebessert[39].

30 v. Tippelskirch (2), S. 196.
31 Erfurth (1), S. 60.
32 Erfurth (1), S. 77 f.
33 Erfurth (1), S. 49.
34 Erfurth (1), S. 86.
35 Erfurth (2), S. 345.
36 Erfurth (1), S. 81.
37 Erfurth (1), S. 100.
38 Heß, S. 148.
39 Vgl. Teske (2), S. 156.

In den Jahren 1942 und 1943 kam es in Finnland zu keinen großen Kampfhandlungen. Im Frühjahr 1942 nahm die feindliche Stoßtrupptätigkeit hinter der 20. Geb. Armee zu[40]. In der zweiten Januarhälfte fand ein finnisches Fernaufklärungsunternehmen gegen die Murmanbahn südlich Kotschkoma statt, bei dem der Eisenbahnbetrieb für kurze Zeit unterbrochen wurde[41]. Durch einen Luftangriff wurde das Kraftwerk Novrostroj, das den Abschnitt Kandalakscha—Murmansk mit Strom versorgte, zerstört, so daß wieder Dampfbetrieb eingeführt werden mußte[42].

Zur Verbesserung der rückwärtigen Verbindungen des Abschnittes Kiestinki wurde im Mai 1942 der Bau einer 100 km langen Heeresfeldbahn von Hyrynsalmi nach Taivalkoski beschlossen. Der mit großen Geländeschwierigkeiten verbundene Bahnbau wurde durch deutsche Kräfte und mit deutschem Material durchgeführt[43]. Die Strecke wurde bis Kuusamo verlängert und war am 13. 1. 1944 in Betrieb[44]. Die Tagesleistung dieser Feldbahn betrug 400 Tonnen. Die großen Schwierigkeiten in der Versorgung Finnlands während der zugefrorenen Ostsee ließen im Juni den verwegenen Plan aufkommen, im nächsten Winter einen Schienenstrang über das Eis von Reval nach Helsinki zu legen. Wie so oft bei ungewöhnlichen Ideen erwärmte sich Hitler für diesen Gedanken und ordnete die notwendigen Vorarbeiten an[45].

Der Anteil der in den Monaten Januar bis August 1942 gestellten Wagen für die Deutsche Wehrmacht betrug durchschnittlich 8,7% der Gesamtwagenstellung[46]. Im Sommer 1942 kam das Problem des Angriffs auf die Murmanbahn anläßlich einer Besprechung zwischen Hitler und v. Mannerheim erneut zur Sprache[47]. In der Weisung Nr. 44 vom 21. 7. 1942[48] wurden entsprechende Vorbereitungen (Unternehmen „Lachsfang") festgelegt. Der deutsche Vorstoß war auf Kandalakscha und der finnische auf Soroka (Bjelomorsk) geplant. Es wurde damit gerechnet, daß Leningrad bis spätestens im September 1942 genommen sein würde. v. Mannerheim machte nun die Durchführung seines Angriffes vor der vorherigen Einnahme Leningrads abhängig. Da die finnische Unterstützung für das Unternehmen gegen die Murmanbahn an unerfüllbare Vorbedingungen geknüpft wurde, mußte es am 5. 9. für 1942 und am 30. 10. schließlich auch für den Winter 1942/43 und damit endgültig abgesagt werden[49]. Wie vorsichtig Finnland nun mit seinem Engagement mit Deutschland geworden war, zeigt die Formulierung im Vertrag zwischen der finnischen Eisenbahn und dem deutschen Transportoffizier, wo die Mitbenützung der finnischen Eisenbahn anstatt wie bisher

[40] Vgl. KTB/OKW Bd. II, 27. 1. 1942, S. 263.
[41] Erfurth (1), S. 100.
[42] Wernekke (4), S. 589.
[43] Teske (2), S. 153.
[44] Erfurth (1), S. 188; Rendulic, S. 263.
[45] Vgl. Teske (2), S. 154 f; Hitler-Speer-Konferenz am 4. 6. 1942, Punkt 39, S. 135. — Ebenso absurd war der von Göring geäußerte Gedanke, man könne eventuell mit behelfsmäßig auf dem Eis verlegten Eisenbahnschienen Kanalschiffe befördern; Hitler-Speer-Konferenz am 29. 6. 1942, Punkt 1, S. 150
[46] Teske (2), S. 161.
[47] KTB/OKW Bd. II, Einführung, S. 80.
[48] Weisungen, S. 195.
[49] KTB/OKW Bd. II, Einführung, S. 81, 30. 10. 1942, Erläuterungen des Generals Warlimont zu den Ausführungen von Greiner, S. 879.

„für die Dauer des gegenwärtigen Krieges“ mit dem Satz „für die Dauer der im gemeinsamen Interesse des deutschen und finnischen Reiches bestehenden militärischen Operationen“ geregelt würde[50].

Anfang 1943 umfaßte das finnische Eisenbahnnetz eine Streckenlänge von 6 085 km. Der Wagenpark bestand aus 792 Lokomotiven und 24 600 Güterwagen. Er war durch Zuweisung von Breitspurmaterial verbessert worden.

Für die Vorbereitung und Bevorratung einer Frühjahrsoffensive gegen Murmansk im Jahre 1943 sollte neben einer Verbesserung der Eismeerstraße eine 400 km lange Schmalspurbahn von Rovaniemi nach Petsamo mit deutschen Kräften und deutschen Mitteln gebaut werden[51]. Die utopische Planung kam wegen der mit dem Bau verbundenen enormen Schwierigkeiten nicht zur Ausführung[52]. An Stelle der Feldbahn wurde später eine Straße von Nordnorwegen über Jarasjok nach Inari-Ivalo gebaut, die beim Rückzug sich als überaus wichtig erwiesen hat.

Am 1. 1. 1943 wurde der finnische Transportchef Oberst Roos unter Beibehaltung seines Amtes zum Generaldirektor der Finnischen Staatsbahnen ernannt[53]. Der für die Achsenmächte ungünstige Kriegsverlauf in Rußland und in Afrika im Jahre 1943 hatte zur Folge, daß Schweden am 29. 7. den Transit für deutsche Urlauber kündigte[54]. Verpflegung wurde weiterhin durch Schweden gefahren[55]. In den Jahren 1943 und 1944 unternahm Finnland verschiedene Friedenssondierungen[56]. Für den Fall des Ausscheidens Finnlands oder seines Zusammenbruchs gab Hitler am 28. 9. 1943 die Weisung Nr. 50[57] für die Vorbereitung der Rückführung des Gebirgsarmee-Oberkommandos 20 nach Nordfinnland und Nordnorwegen. Da die Russen über bessere Transportmöglichkeiten mit der Eisenbahn an der Finnland-Front verfügten, konnte an einen Abzug deutscher Kräfte zum Einsatz an anderen Stellen der Ostfront nicht gedacht werden[58]. Die Versorgung der deutschen Streitkräfte in Finnland war befriedigend und reichte für neun Monate aus[59]. Nach längerer Gefechtsruhe griffen die Russen am 9. Juni 1944 auf der Karelischen Landenge an[60]. Am 26. 6. eroberten sie Wiborg. Zur Verstärkung der finnischen Streitkräfte wurde die auf dem Seeweg herangebrachte 122. Inf. Div. mit der Bahn von Helsinki nach der Karelischen Landenge befördert[61].

Im Herbst 1944 kam es zum Bruch mit Finnland, das sich der Sowjetunion gegenüber bereit erklärte, den Krieg zu beenden. Am 4. 9. wurde das Feuer eingestellt und am 19. 9. der Waffenstillstandsvertrag mit den Alliierten unterzeichnet[62]. Finnland mußte

50 Klink (1), S. 405.
51 Erfurth (2), S. 292; Halder-KTB Bd. III, 23. 9. 1942; Teske (2), S. 153 f.
52 Vgl. Heß, S. 150 f; Erfurth (1), S. 75.
53 Erfurth (1), S. 113.
54 Erfurth (1), S. 148 f.
55 KTB/OKW Bd. III, 12. 11. 1943, S. 1271.
56 Vgl. Procopé, S. 181—198.
57 Weisungen, S. 231 f.
58 Hentel, S. 407.
59 Vgl. KTB/OKW Bd. III, 12. 11. 1943, S. 1271; Erfurth (1), S. 285.
60 Erfurth (1), S. 227.
61 Erfurth (1), S. 248.
62 v. Tippelskirch (2), S. 476 f; Rönnefarth, H., S. 234—236.

darin die Grenze von 1940 anerkennen und das Gebiet von Petsamo an die Sowjetunion abtreten, binnen zweieinhalb Monaten demobilisieren, seine Beziehungen zu Deutschland abbrechen, alle Teile der Deutschen Wehrmacht, die sich nach dem 15. September noch auf finnischem Boden befänden, entwaffnen und der Sowjetunion als Kriegsgefangene ausliefern[63]. Süd- und Mittelfinnland konnten rechtzeitig geräumt werden[64]. In Nordfinnland war eine Räumung in der kurzen Zeit nicht möglich. Daher kam es in zunehmendem Maße zu bewaffneten Auseinandersetzungen mit den Finnen. Anfang September wurde die zum Feldeisenbahnkommando 2 gehörige Feldeisenbahnabteilung in Stärke von 750 Mann auf dem Luft- und Wasserweg vom Reich nach Finnland überführt zur Sicherstellung des Betriebes auf den Strecken Kemi—Salla und Salla—Tornio[65]. In der ersten Oktoberwoche kam der letzte Munitionszug nach Rovaniemi, der dort aus nicht einwandfrei geklärter Ursache in die Luft flog[66]. Für die 20. Gebirgsarmee blieb nur der Rückzug über die Grenz- und Eismeerstraße und anschließend über die norwegische Küstenstraße (Reichsstraße 50) nach Narvik übrig (Operationen „Birke“ und „Nordlicht“). Unter hinhaltendem Widerstand wurde Nordfinnland allmählich aufgegeben. Das XIX. Gebirgskorps ging nach Narvik zurück. Die übrigen Divisionen erreichten im Fußmarsch in Nordnorwegen bei Mo die Eisenbahn und wurden mit der Bahn über Oslo nach Dänemark überführt und noch in den Kämpfen im Reichsgebiet eingesetzt[67]. Auch die Feldeisenbahnabteilung 6 zog über Nordnorwegen zurück. Sie wurde bis zur Kapitulation für Überwachungsaufgaben in Norwegen eingesetzt.

8. Der Krieg mit der Sowjetunion

Seit dem Sommer 1940 hatte Hitler den Gedanken, die Macht der Sowjetunion zu brechen, in seine Erwägungen über die weitere Kriegführung einbezogen[1]. Im Jahre 1941 beabsichtigte er die Sowjetunion als Machtfaktor auszuschalten. Nach der Weisung Nr. 32—Vorbereitungen für die Zeit nach Barbarossa—vom 11. 6. 1941[2] sollte dann im Jahre 1942 in weitausholenden den ganzen Orient umfassenden Operationen Englands Macht in diesem Raum gebrochen werden, bevor die Vereinigten Staaten von Amerika kriegsbereit waren[3].

Planung und Aufmarsch

Schon Anfang Juli 1940 wurden Überlegungen im Generalstab des Heeres über die Möglichkeit eines Feldzuges gegen Rußland angestellt[4]. Am 4. 7. hatte der Chef des Generalstabes des Heeres, Halder, eine Besprechung mit dem Chef des Transport-

[63] v Tippelskirch (2), S. 476 f.
[64] Erfurth (1), S. 281.
[65] Unterlagensammlung der DB in Nürnberg, Mappe fff, Bl. 1 und 2.
[66] Rendulic, S. 306.
[67] v. Tippelskirch (2), S. 478.
[1] v. Tippelskirch (2), S. 171; Halder-KTB Bd. II, 22. 7. 1940.
[2] Weisungen, S. 130—133.
[3] Vgl. v. Tippelskirch (2), S. 173; vgl. Weisungen, S. 130—133.
[4] Vgl. Halder-KTB Bd. II, 4. 7. 1940.

wesens über den verstärkten Ausbau des Bahnnetzes im Osten (Generalgouvernement)[5]. Hitler teilte am 21. 7. den Oberbefehlshabern der drei Wehrmachtteile mit, daß er beabsichtige, die Sowjetunion anzugreifen und am 22. 7. beauftragte er den Oberbefehlshaber des Heeres v. Brauchitsch, das russische Problem in Angriff zu nehmen[6]. Außer dem Chef der Operationsabteilung des Generalstabes des Heeres, Oberst v. Greiffenberg, erhielt am 29. 7. auch General Marcks den Auftrag zur Bearbeitung einer Operationsstudie. Daneben wurde im Wehrmachtführungsstab durch Oberst v. Loßberg eine Operationsstudie (sogenannte v. Loßbergstudie vom 15. 9. 1940) erstellt[7]. Am 31. 7. erklärte Hitler seine Absicht, im Frühjahr 1941 Rußland anzugreifen[8]. Marcks legte am 5. 8. einen Operationsentwurf vor[9].

Für einen schnellen Aufmarsch und die Führung eines Krieges gegen die Sowjetunion war die Leistungsfähigkeit der Eisenbahnen im Generalgouvernement nicht ausreichend. Daher wurde am 9. 8. 1940 der Befehl „Ausbau Ost" gegeben, in dem die Reichsbehörden und der Generalgouverneur die erforderlichen Aufträge erhielten[10]. Die Baumaßnahmen der Reichsbahn und der Generaldirektion der Ostbahn wurden unter dem Stichwort „Otto-Programm" durchgeführt und sollten bis zum 10. 5. 1941 fertiggestellt sein[11]. Hierbei ging es in erster Linie um die Verlängerung der im Reichsgebiet von Westen nach Osten vorhandenen Aufmarschstrecken, um den Bau von Umspannbahnhöfen und Bahnbetriebswerken, den Ausbau von Knoten- und Kreuzungsbahnhöfen, sowie den Ausbau der Signalanlagen und vor allem des Fernsprechnetzes. In den Monaten Juli bis Oktober 1940 wurden 35 Divisionen nach dem Osten verlegt[12]. Mit Finnland wurde am 23. 9. ein Abkommen über den Transit von Truppen und Nachschub vereinbart.

Die Operationsplanungen erfuhren im Laufe des Herbstes verschiedene Änderungen. Ende November und Anfang Dezember führte der Generalquartiermeister Kriegsspiele durch, die die Versorgungsfragen der im Osten operierenden deutschen Kräfte klären sollten[13]. Am 5. 12. 1940 trug Halder den Feldzugsplan Hitler vor. Der Hauptstoß war auf Moskau vorgesehen. Nach einem Feldzug von fünf Monaten sollte dann die Linie Archangelsk—Astrachan erreicht sein[14]. Nach der Weisung Nr. 21 „Fall Barbarossa" vom 18. 12. waren bis zum 15. 5. 1941 alle Vorbereitungen für die Niederwerfung Sowjetrußlands in einem schnellen Feldzug durchzuführen[15]. Die Eisenbahnen werden in dieser Weisung nur ganz am Rande erwähnt.

[5] Halder-KTB Bd. II, 4. 7. 1940.
[6] Hillgruber (7), S. 220.
[7] Gedruckt ohne Unterschrift und ohne Angabe der Fundstelle bei Besymenski, S. 307 ff.
[8] Halder-KTB Bd. II, 31. 7. 1940.
[9] Auszug gedruckt bei Jacobsen (1), S. 164—168.
[10] Greiner, S. 294.
[11] Halder-KTB Bd. II, 11. 10. 1940, 3. 12. 1940, 21. 1. 1941 u. 25. 4. 1941; KTB/OKW Bd. I, 5. 12. 1940, S. 208; Karte mit den geforderten Streckenleistungen bei Pottgießer, S. 22.
[12] Müller-Hillebrand Bd. II, S. 78; vgl. auch Einführung zum KTB/OKW Bd. I, S. 97 E.
[13] Philippi und Heim, S. 31.
[14] Weisungen, S. 85.
[15] Weisungen, S. 84—88.

Trotz des sehr strengen Winters wurden die Arbeiten für das „Ausbauprogramm Ostgrenze“ mit allen verfügbaren Kräften vorangetrieben. Für den großzügigen Ausbau waren Eisenbahnpioniere, deutsche und polnische Baufirmen, Eisenbahn-Baukräfte und die Organisation Todt eingesetzt. Der Chef des Transportwesens meldete dem Wehrmachtführungsstab am 17. 1. 1941, daß von den insgesamt 8 500 km Eisenbahnen im Ostraum, die für stärkste Beanspruchung hergerichtet werden mußten, bisher zwei Fünftel zweigleisig und ein Fünftel eingleisig fertiggestellt seien[16]. Da die Durchführung des Unternehmens „Barbarossa“ den schon bestehenden Lokomotiv- und Wagenmangel noch erheblich steigern werde, müsse man das Aufbauprogramm der Reichsbahn entsprechend verstärken[17]. Am 3. 2. trugen v. Brauchitsch und Halder den bis zum 15. 5. in vier Staffeln beabsichtigten Ablauf des Barbarossa-Aufmarsches vor[18]. Hitler stimmte zu[19]. Zur Versorgungsfrage führte der Chef des Generalstabes des Heeres aus: „Die Kriegsmarine müsse so schnell wie möglich die Nachschubwege nach den baltischen Häfen öffnen. Die Versorgung sei ein Kraftwagenproblem, da die russischen Bahnen erst umgespurt werden müßten. Es sei beabsichtigt, Fernlastwagen einzusetzen, die den Nachschub zu Versorgungsstützpunkten bringen würden“[20].

Über eine Besprechung mit dem Befehlshaber des Ersatzheeres und Chef der Heeresrüstung sowie anderen Generalen über die Vorbereitungen für „Barbarossa“ sagte Halder: „Da mit der Bahn (Zerstörung, Wasserläufe, andere Spur) bei dem geforderten Vormarsch-Tempo nicht zu rechnen ist, hängt stockungslose Operationsführung vom Nachschub durch Motor ab“[21].

Der geplante Feldzugsverlauf und die Versorgung wurden in weiteren Kriegsspielen am 26./27. 2.[22] und am 4. 3.[23] durchgespielt. Welche Ausfallquoten an Kolonnenraum dabei in Rechnung gestellt wurden, ist nicht bekannt. An diesen Kriegsspielen wurde Mineis (L) beim Transportchef nicht beteiligt.

Anfang September 1940 wollte das Oberkommando des Heeres durch Fernaufklärer die russischen Verkehrsverhältnisse erkunden lassen. Hitler lehnte dies ab, weil er dadurch nicht vorzeitig einen Konflikt mit der Sowjetunion herbeiführen wollte[24]. Mit der Fernaufklärung wurde 14 Tage vor dem Angriff auf die Sowjetunion begonnen[25].

Japan und Rußland schlossen am 13. 4. einen Neutralitätspakt ab, aus dem sich später nachteilige Auswirkungen für die deutsche Kriegführung ergaben.

Nach Halder war das Otto-Programm am 25. 4. „zwar behelfsmäßig aber voll lei-

16 KTB/OKW Bd. I, 17. 1. 1941, S. 267. — Halder benützt die Bezeichnung „Aufbauprogramm Ost“ anstelle der offiziellen Bezeichnung „Ausbauprogramm Ostgrenze“.

17 KTB/OKW Bd. I, 17. 1. 1941, S. 266 f.

18 Halder-KTB Bd. II, 3. 2. 1941.

19 KTB/OKW Bd. I, 3. 2. 1941, S. 298.

20 KTB/OKW Bd. I, 3. 2. 1941, S. 299.

21 Halder-KTB Bd. II, 28. 1. 1941.

22 Halder-KTB Bd. II, 28. 2. 1941.

23 Ausführungen des Oberst i. G. a D. Otto Eckstein über die Tätigkeit des Generalquartiermeisters Eduard Wagner in: Wagner, S. 284; vgl. Krumpelt (2), S. 149.

24 Greiner, S. 312 f.

25 Vgl. Halder-KTB Bd. II, 7. 6. 1941.

stungsfähig beendet"[26]. Der Präsident der Generaldirektion der Ostbahn Gerteis bemerkt hierzu: „Trotz intensiver Anstrengungen konnte der angeordnete Fertigstellungstermin für das Otto-Programm nicht eingehalten werden. Er verschob sich bis zum 15. 6. 1941"[27].

Nach der raschen Durchführung des Balkanfeldzuges legte Hitler am 30. 4. den Angriffstermin auf den 22. 6. fest[28]. Bis dahin konnte die 2. Armee zur Heeresgruppe Mitte und die 12. Armee zur Heeresgruppe Süd verlegt sein. Durch den Balkanfeldzug war somit eine folgenschwere Verzögerung des Angriffs auf Rußland um sechs Wochen entstanden.

Am 17. 6. wurde der Angriffsbeginn endgültig auf Sonntag, den 22. 6. festgelegt[29]. Am Abend des 20. Juni gab Hitler den Befehl zum Angriff um 3.00 Uhr[30]. Das Oberkommando der Wehrmacht verlegte kurz zuvor in das Lager Wolfsschanze bei Rastenburg, das Oberkommando des Heeres in den Mauerwald bei Angerburg und das Oberkommando der Luftwaffe nach Goldap. Der Ausbau dieser Lager durch die Organisation Todt war im Herbst 1940 unter der Tarnbezeichnung Askania-Werke befohlen worden und erforderte umfangreiche Materialtransporte[31]. Das mit der operativen Vorbereitung des Ostfeldzuges beauftragte Oberkommando des Heeres, das auf Grund der seit Juli 1940 im Gange befindlichen Überlegungen und Vorarbeiten sachlich am meisten kompetent gewesen wäre, erhob keinerlei Einspruch gegen den geplanten Ostfeldzug bei Hitler, obwohl der Oberbefehlshaber des Heeres v. Brauchitsch und Halder von dem Unternehmen „Barbarossa" keine grundlegenden vorteilhaften Auswirkungen auf den Fortgang des Krieges gegen Großbritannien erwarteten, also an dem Sinn des Ostfeldzuges für den Gesamtkrieg zweifelten. Beide beschränkten sich aber bewußt auf den ihnen zugewiesenen militärischen Gesichtskreis der Landkriegführung, von dem aus sie keine Bedenken gegen die Operation „Barbarossa" sahen[32].

Der Aufmarsch gegen die Sowjetunion wurde fast ausschließlich mit der Eisenbahn durchgeführt. Die eigentliche Bearbeitung des großen Transportentwurfes begann nach der Rückkehr der Feldtransportabteilung und von Mineis (L) beim Transportchef nach Zossen am 31. 10. 1940. Dieser Transportentwurf wurde sehr oft geändert und ergänzt, bevor die ersten Bewegungen anliefen. Im Aufmarschentwurf Barbarossa waren zunächst über 15 000 Züge[33] und später 17 000 Züge[34] vorgesehen. Um die Angriffsabsicht zu verschleiern, sollte der Höchstleistungsfahrplan erst möglichst spät eingeführt werden[35]. Die Ausladung und Versammlung der Kräfte vollzog sich westlich der Linie Radom—Warschau—Neidenburg[36]. Nach Fertigstellung des Otto-Programms standen

[26] Halder-KTB Bd. II, 25. 4. 1941.
[27] Gerteis, S. 53.
[28] Philippi — Heim, S. 49.
[29] Greiner, S. 390.
[30] Greiner, S. 390.
[31] Halder-KTB Bd. II, 2. 10. 1940.
[32] Hillgruber (7), S. 394 f.
[33] Halder-KTB Bd. II, 19. 2. 1941.
[34] Halder-KTB Bd. II, 7. 5. 1941.
[35] Halder-KTB Bd. II, 1. 4. 1941.
[36] Philippi — Heim, S. 52.

insgesamt sechs Transportstraßen mit einer ausnützbaren Höchstleistung von 48 Zügen je Transportstraße und Tag zur Verfügung[37]. Im Reich und im Bereich der Generaldirektion der Ostbahn war die Betriebslage auch im Frühjahr 1941 noch schwierig aber ohne Einfluß auf den Ablauf der Aufmarschtransporte[38]. Genaue Unterlagen über den Umfang und Ablauf des Barbarossa-Aufmarsches sind nicht mehr vorhanden[39]. Anfang Februar lief die erste Staffel im Tempo 12 an. Sie war am 14. 3. mit 2 500 Zügen abgelaufen[40]. Die zweite Staffel folgte Mitte März im Tempo 18—24. Im Höchstleistungsfahrplan sollte dann Mitte April die dritte Staffel und vom 25. 4 bis 15. 5. die vierte Staffel folgen[41]. Wegen des unvorhergesehenen Balkanfeldzuges mußte der Aufmarschplan Barbarossa geändert werden. Die für den Aufmarsch gegen Jugoslawien benötigten Verbände mußten kurzfristig aus dem laufenden Ostaufmarsch abgedreht werden.

Nicht weniger schwierig war die Rückführung der im Jugoslawienfeldzug eingesetzten Divisionen zur Auffrischung nach Östereich und Bayern. Die wieder aufgefrischten Divisionen sollten möglichst in die von Anfang an bestimmten Aufmarschräume „Barbarossa" gefahren werden. Das war jedoch nicht möglich, weil dazu Rochadebewegungen erforderlich gewesen wären, die die belegten West-Ost-Transportstraßen geschnitten hätten. Die Lösung wurde durch den Austausch von Divisionen von Mitte nach Nord und von Süd nach Mitte gefunden, was eine mehrfache Neubearbeitung der Transportentwürfe notwendig machte. Auch für die schwierige Heranführung des VIII. Flieger-Korps zur Heeresgruppe Mitte und einer Panzer-Division zur Heeresgruppe Nord wurde noch eine Lösung gefunden, die die besondere Anerkennung des Chefs des Generalstabes des Heeres fand[42].

Der weitere Ablauf wurde am 30. 4. festgelegt: 3. Staffel mit 17 Divisionen und Heerestruppen aus dem Reich und Westen vom 8. 4. bis 20. 5.; 4a-Staffel mit neun Divisionen und Heerestruppen aus dem Westen vom 23. 5. bis 2. 6.; 4b-Staffel mit 12 Panzer-Divisionen und 12 mot. Divisionen aus dem Reich, Westen und Südosten vom 3. 6. bis 23. 6.[43]. Die 3. Staffel lief am 21. 5. aus[44]. Nach dem 21. 6. wurden der Ostfront noch weitere 24 Divisionen zugeführt[45].

Der Eisenbahntransport des italienischen Expeditionskorps in Rußland begann erst am 11. 7. 1941[46]. Ab 23. 5., 0.00 Uhr, war der Höchstleistungsfahrplan eingeführt worden[47], in dem die Aufmarschbewegungen im Tempo 48 gefahren wurden. Bereits

[37] Bei der von Halder am 28. 7. 1940 genannte Zahl von 14 Aufmarschstraßen einschl. Slowakei muß ein Mißverständnis vorliegen.

[38] Vgl. Halder-KTB Bd. II, 3. 4. 1941, S. 343.

[39] Vgl. Rohde, S. 366 Anm. 82.

[40] Halder-KTB Bd. II, 14. 3. 1941.

[41] Greiner, S. 358 f.

[42] Mitteilung von Bb.-Vizepräsident a. D. Huber vom 10. 8. 1971. Huber war von der Mobilmachung an bis zum Sommer 1942 zu Mineis (L) beim Transportchef abgeordnet.

[43] Halder-KTB Bd. II, 30. 4. 1941.

[44] Halder-KTB Bd. II, 17. 5. 1941.

[45] Keilig Bd. II, S. 191/1; Teske (2), S. 101.

[46] Messe, S. 31. — Bewegung „Avanti" mit 14 Zügen/Tag.

[47] Greiner, S. 389. — Nach der Niederschrift über die 83. Präsidentenkonferenz der Deutschen Reichsbahn am 7. 10. 1941 wurde der Höchstleistungsfahrplan schon am 22. 5. 1941 eingeführt.

am 10. 5. wurde für die östlichen Direktionsbezirke eine Annahmesperre verhängt, die mit gewissen Ausnahmen bis zum 21. 7., dann nur noch für die Reichsbahndirektion Königsberg galt. Die Wagenstellung im Reich wurde am 17. 5. auf 123 000 d. h. um ein Fünftel und am 19. 5 auf 103 000 d. h. um ein Drittel gekürzt. In den Reichsbahndirektionsbezirken Breslau, Danzig, Königsberg, Oppeln, Osten, Posen, Stettin östlich der Oder und im Bereich der Generaldirektion der Ostbahn wurde bereits ab 12. 5. der Reisezugstammplan eingeführt[48]. Westlich der Elbe wurde der Höchstleistungsfahrplan am 7. 6. wieder aufgehoben[49]. Während des Aufmarsches wurden täglich im Durchschnitt 2 500 Wehrmachtzüge gefahren. Als höchste Tageszahl verkehrten am 7. 6. 2 588 Züge. Die Transportbewegungen verliefen planmäßig[50], ohne Unfälle und ohne Sabotage. Die Ausladungen wurden durch die bevollmächtigten Transportoffiziere bei den Armeeoberkommandos, die mit Decknamen arbeiteten, innerhalb ihrer Bereiche gesteuert. Die Oberkommandos der Heeresgruppen traten noch nicht in Erscheinung. Durchgeführt wurde der Aufmarsch in enger Zusammenarbeit der Eisenbahn-Transport-Abteilung Ost (Etra Ost) in Warschau mit den unterstellten Transportkommandanturen Krakau, Warschau, Königsberg, Danzig, Posen, Breslau und Oppeln, vor allem aber mit dem Reichsverkehrsministerium bzw. der Generaldirektion der Ostbahn in Krakau[51]. Die Deutsche Reichsbahn und die Ostbahn haben mit Barbarossa den größten Aufmarsch in der Geschichte des militärischen Transportwesens aller Länder gefahren.

Den günstigen Annahmen über den erwarteten Verlauf des Rußlandfeldzuges entsprechend[52] waren auch die Vorbereitungen für den Eisenbahnbetrieb in Rußland ungenügend. Wie unzureichend diese waren, wird die Behandlung der Transportkrise im Winter 1941/42 bestätigen. Ursprünglich glaubte man, mit je einer zweigleisigen Nachschubstrecke für eine Heeresgruppe auskommen zu können[53]. Der Generalstab des Heeres forderte eine militärische Organisation des Eisenbahnbetriebes in Rußland[54]. Damit fiel die Verantwortung für den Eisenbahnbetrieb im besetzten Rußland dem Chef des Transportwesens zu.

Die strenge Geheimhaltung der geplanten Operationen wurde auch gegenüber der Gruppe L des Reichsverkehrsministeriums gewahrt. In der Weisung Nr. 21 vom 18. 12. 1940 heißt es: „Die Zahl der zu den Vorarbeiten heranzuziehenden Offiziere ist so klein wie möglich zu halten, weitere Mitarbeiter [z. B. Reichsbahnbeamte] sind so spät wie möglich und nur in dem für die Tätigkeit jedes Einzelnen erforderlichen Umfang einzuweisen. Sonst besteht die Gefahr, daß durch ein Bekanntwerden unserer Vorbereitungen, deren Durchführung zeitlich noch gar nicht festliegt, schwerste politische und militärische Nachteile entstehen“[55].

48 Niederschrift über die 83. Präsidentenkonferenz der Deutschen Reichsbahn am 7. 10. 1941.
49 Halder-KTB Bd. II, 7. 6. 1941.
50 Vgl. Halder-KTB Bd. II, 7. und 25. 4. 1941; 7. u. 30. 5. 1941; 5., 11. und 20. 6. 1941; KTB/OKW Bd. I, 28. 5. 1941, S. 411 (Antransport AOK und 2 AOK 12) und 15. 6. 1941, S. 415.
51 Teske (2), S. 101.
52 Schellenberg, S. 169.
53 Halder-KTB Bd. II, 19. 2. 1941.
54 Halder-KTB Bd. II, 3. 3. 1941.
55 Weisungen, S. 88.

Die seit Jahren voll ausgelastete Reichsbahn hat die materiellen und personellen Forderungen des Transportchefs zur Vorbereitung des Rußlandfeldzugs erfüllt. Sie konnte freilich nicht ahnen, daß während des Vormarsches weitere kurzfristig zu erfüllende und umfangreiche Forderungen auf sie zukommen würden. Den Operationsplanungen lag die Annahme Hitlers und Görings zugrunde, daß der Feldzug in wenigen Monaten zum Zusammenbruch der Sowjetunion führen würde und daß die russischen Eisenbahnen infolge des raschen Vormarsches in ausreichendem Maße, d. h. mit wenig Zerstörungen am Netz, geringen Verlusten an rollendem Material und der Bereitschaft der russischen Eisenbahner zur Mitarbeit, benutzbar sein würden[56]. v. Loßberg betont in seiner Operationsstudie Ost vom 15. 9. 1940[57], daß sich jede deutsche Operation auf leistungsfähige russische Bahnen abstützen müsse. Im Januar 1941 wurde die beim Vormarsch zu erwartende Eisenbahnlage zutreffender beurteilt. Es wurde angenommen, daß mit der Bahn nicht zu rechnen sei und der Nachschub von Kraftwagen abhängen würde[58].

Im Gegensatz zum sonstigen Stand der Heeresrüstung entsprach der Aufbau der Eisenbahntruppe nicht den Notwendigkeiten der weiteren Kriegführung. Vor allem fehlte eine ausreichende Eisenbahnbetriebstruppe[59]. Im Frühjahr 1941 wurde für jede Heeresgruppe eine Feldeisenbahndirektion (FBD 2 in Dresden, FBD 3 in Breslau und FBD 1 in Danzig) mit unterstellten Betriebs-, Maschinen- und Werkstättenämtern in einer Stärke von rd. 10 000 Mann aufgestellt[60] und nach und nach an die Grenze vorverlegt. Den Betriebsleitern der Feldeisenbahndirektionen und ihren Mitarbeitern war vor Feldzugsbeginn jegliche Fühlungnahme mit den angrenzenden Reichsbahndirektionen ausdrücklich untersagt worden[61]. Als weitere Vorbereitungsmaßnahmen wurden zwei neue Eisenbahnpionierregimenter aufgestellt[62]. Dennoch reichten die Eisenbahnpioniere für die kommenden Aufgaben nicht aus. Schon einen Monat nach Feldzugsbeginn erklärte Halder: „Eisenbahnpioniere müssen vermehrt werden"[63]. Von der Reichsbahn wurden 50 Gleis- und Weichenbauzüge zur Unterstützung der Eisenbahnpioniere und Panzerzüge bereitgestellt[64]. Wichtig und bezeichnend ist die Bemerkung von Major i. G. Klein, daß sich der Transportchef nur widerwillig mit der Bereitstellung der 50 Gleis- und Weichenbauzüge der Reichsbahn einverstanden erklärte, in der Annahme, daß die Eisenbahnpioniere zur Wiederherstellung der zerstörten Strecken voll ausreichen würden[65]. Die Eisenbahnpioniere erhielten 170 Schienen-Lastkraftwagen. An diese

[56] Vgl. Aktennotiz von Oberst Jansen über eine Besprechung beim Reichsmarschall am 26. 2. 1941 in Berlin: Weizsäcker- oder Wilhelmstraßenprozeß (Institut f. Zeitgeschichte München) Dok. 1456 PS, S. 30; vgl. Uhlig, S. 176 f; vgl. Guderian (1), S. 128 f u. 137; vgl. Müller-Hillebrand Bd. III, S. 26; vgl. Boelcke (2), S. 182.

[57] Gedruckt bei Besymenski, S. 307 ff.

[58] Halder-KTB Bd. II, 28. 1. 1941.

[59] Über die Gliederung der Eisenbahntruppe vgl. Müller-Hillebrand Bd. II, S. 60 u. 81; ferner Petter, S. 256—259.

[60] Halder-KTB Bd. II, 4. 4. 1941.

[61] Mitteilung von Bb. Vizepräsident a. D. Huber am 23. 2. 1972.

[62] Halder-KTB Bd. II, 2. 10. 1940 u. 3. 3. 1941.

[63] Halder-KTB Bd. III, 19. 7. 1941.

[64] Klein, S. 10; vgl. KTB/OKW Bd. I. 28. 5. 1941, S. 411.

[65] Klein, S. 10 f.

Lastkraftwagen konnten bis zu drei Güterwagen angehängt werden[66]. An der Ostgrenze wurden vom Transportchef Geräte- und Oberbaustofflager angelegt, in welchem Umfang ist nicht mehr festzustellen. Die materielle Ausstattung der Generaldirektion der Ostbahn (Gedob) wurde durch Zuweisungen von Lokomotiven und Güterwagen verbessert. Insgesamt gesehen waren die Vorbereitungen für Planung und Ausbau des Eisenbahnnetzes für den Ostfeldzug mangelhaft[67].

Eine Umspurung des russischen Breitspurnetzes war vom Chef des Transportwesens zunächst nicht vorgesehen. Vielmehr war angenommen worden, daß der Betrieb mit erbeutetem Rollmaterial möglich sein würde. Daher war auch keine Bereitstellung von Normalspurlokomotiven gefordert worden. Der Großkraftwagentransportraum, der ausschließlich dem Generalquartiermeister zur Vefügung stand, wurde mit Unterstützung der Reichsbahn[68] von 20 000 Tonnen auf 40 000 Tonnen erhöht[69]. Die Ausstattung der Truppen mit Kolonnenraum war unzureichend. Es war bei weitem nicht möglich gewesen, die Truppen so mit Kraftfahrzeugen auszurüsten, wie es erwünscht war[70].

Verkehrsverhältnisse in Rußland vor dem Zweiten Weltkrieg

Bevor wir uns mit dem eigentlichen Kriegsgeschehen befassen, ist es angebracht, einen Blick auf die russische Seite zu werfen. Da die Transportfragen im Kriege gegen Rußland von ganz besonderer Bedeutung waren, soll zunächst vom russischen Verkehr die Rede sein. Dies ist auch für das Verständnis der Transportschwierigkeiten förderlich, mit denen die Kriegführung von Anfang bis zum Ende belastet war.

Die Sowjetunion war mit Publikationen über ihre Verkehrsverhältnisse äußerst zurückhaltend, so daß im Ausland vieles unbekannt blieb. Darauf sind manche Fehler und Widersprüche in Veröffentlichungen aus westeuropäischen Ländern zurückzuführen[71]. Gleichwohl konnte aus einer Reihe von Veröffentlichungen manches entnommen werden. Ausführlich hat sich Cleinow mit der Entwicklung des russsischen Verkehrswesens befaßt. 1933 veröffentlichten Erofejeff und Raeff eine spezielle Bearbeitung des russischen Eisenbahnwesens. Mit weiteren Abhandlungen über russische Verkehrsfragen haben sich Joachim Schäfer, Plaetschke und Wischniakowsky befaßt. Bis zum Kriegsbeginn erschienen mehrere Aufsätze in einschlägigen deutschen, englischen und amerikanischen Fachzeitschriften, die vor allem den Netzausbau, die Elektrifizierung und die Untergrundbahn in Moskau behandelten. Über russische Dampflokomotiven, die zum Teil in westlichen Ländern gebaut wurden, ist eine größere Zahl von Aufsätzen erschienen, so daß Konstruktionsbedingungen für ihren Einsatz im Winterbetrieb wohl bekannt waren. Im Gegensatz zu allen europäischen Ländern waren die Sowjets bei der Veröffentlichung von Statistiken besonders zurückhaltend. Im Juli 1941 wurden in Lem-

66 Müller-Hillebrand Bd. II, S. 81; Halder-KTB Bd II, 12. 6. 1941.
67 Klein, S. 10.
68 Halder-KTB Bd. II, 28. 1. 1941.
69 Müller-Hillebrand Bd. II, S. 80. — Vgl. Niederschrift über die 6. Reichsbahn-Güterverkehrsbesprechung am 26. u. 27. 8. in Wien. Unterlagensammlung der DB in Nürnberg, Anlage 13.
70 Müller-Hillebrand Bd. II, S. 104.
71 Das gilt auch für Wehde-Textor (3).

berg vom Bevollmächtigten Transportoffizier beim Armeeoberkommando 17 wertvolle Unterlagen auch geheimen Charakters über die sowjetischen Verkehrsverhältnisse und Dienstvorschriften für das russische Militärtransportwesen gefunden[72], die bei der Abteilung Fremde Heere Ost im Generalstab des Heeres ausgewertet wurden.

In dem großräumigen Gebiet der Sowjetunion waren die Eisenbahnen mit Abstand das wichtigste und leistungsfähigste Verkehrsmittel. Die russischen Eisenbahnen haben eine Spurweite von 1,524 m, das sind 89 mm mehr als die Normalspur. Sie wurden fast ausschließlich mit Dampflokomotiven betrieben. Die Schienen waren durchweg auf Holzschwellen verlegt. Der zulässige Achsdruck betrug 16 Tonnen.

Die Eisenbahnen Rußlands waren im Ersten Weltkrieg, wie die aller am Krieg beteiligten Länder, schwer heruntergekommen und in den Revolutionswirren vollends zusammengebrochen. Nach Beseitigung der Schäden wurde ab 1923 mit dem Ausbau der Eisenbahnen begonnen. Bei der intensiven Industrialisierung des Landes waren von der Eisenbahn ständig höchste Leistungen gefordert worden.

Die Bedeutung der sowjetischen Eisenbahnen, ihre Leistungen und Leistungsreserven haben eine unterschiedliche und widersprüchliche Darstellung erfahren. Von sowjetischer Seite wurde am Eisenbahnwesen berechtigte Kritik aus dem Wunsche und der Hoffnung heraus geübt, die zweifellos vorhandenen Mängel[73] zu beseitigen und durch ständige Mahnungen und Warnungen ihre Abstellung herbeizuführen. Von ausländischer Seite wurden die Schattenseiten des russischen Eisenbahnwesens weitgehend unter dem Gesichtspunkt ihrer propagandistischen Auswertung gesehen und vom Zustand der Bahnen ein den tatsächlichen Verhältnissen kaum gerecht werdendes Bild gemalt[74].

Im zweiten und dritten Fünfjahresplan (1933—1937 und 1938—1942) haben die Sowjets den Ausbau ihres Eisenbahnwesens nachdrücklich vorangetrieben. Die Tatsache, daß die Sowjeteisenbahnen im Jahre 1938 insgesamt 516 Millionen Tonnen bzw. 384 Milliarden Tonnenkilometer — das ist das Sechsfache von 1933 — leisteten[75], ist ein eindrucksvoller Beweis für die erzielten Fortschritte. Wegen der geringen Motorisierung und der großen Entfernungen waren die Eisenbahnen in Rußland für die Landesverteidigung von ganz besonders entscheidender Bedeutung.

Im Westen der Sowjetunion war das Eisenbahnnetz am dichtesten. Das war nicht nur eine Folge der dichteren Besiedlung und der starken Industrialisierung, sondern auch dem Bau strategischer Aufmarschlinien zuzuschreiben. Besonders dichte Eisenbahnzentren im europäischen Teil der Sowjetunion lagen im Raum Moskau, im Donezbecken und bei Leningrad. Vom Landesinnern führten 17 Eisenbahnlinien mit insgesamt 25 Gleisen nach der alten Westgrenze[76].

Nach Marschall Schukow wickelte sich der Aufmarsch der Roten Armee innerhalb von acht bis zwanzig Tagen ab. Das Eisenbahnnetz ermöglichte es, die Streitkräfte in der genannten Zeit nicht nur an den Grenzen zusammenzuziehen, sondern auch sie ent-

72 Teske (2), S. 118.
73 Vgl. GGVK Bd. VI, S. 81.
74 Roß, Teil I, S. 1.
75 Berkenkopf, S. 244.
76 Werner, S. 64; vgl. GGVK Bd. I, S. 489.

lang der Front umzugruppieren. Entlang der Westgrenze bestanden in einer Tiefe bis zu 300 km drei bis fünf Rochiermöglichkeiten[77]. Watutin, N. F., Schukows erster Stellvertreter, erklärte in einem Bericht über den Zustand der Eisenbahnlinien in allen grenznahen Räumen an den Volkskommissar: „Die grenznahen Eisenbahnräume sind für umfangreiche Ausladungen von Truppen wenig geeignet." Der Volkskommissar (Kaganowitsch) erwiderte darauf, „daß das Volkskommissariat für Eisenbahnverkehr im Auftrag des Zentralkomitees der Kommunistischen Partei der Sowjetunion KPdSU(B) 1940 einen Siebenjahresplan für den technischen Umbau der westlichen Eisenbahnlinien ausgearbeitet habe. Bislang sei jedoch noch nichts Ernsthaftes unternommen worden, außer der Veränderung der Spurweite und Arbeiten, die unerläßlich waren, um die Bahnanlagen auf umfangreiche Verladungen von Truppen und Waffen vorzubereiten"[78].

Rund ein Fünftel der Strecken war zweigleisig. Die ungewöhnlich gute Gleisausstattung der Knotenbahnhöfe ermöglichte hohe Strecken- und Knotenleistungen und betriebliche Beweglichkeit. Bei dem Ausbau der Eisenbahnknotenpunkte wurde allen Erfordernissen der Landesverteidigung hinsichtlich der Leistungsfähigkeit, Beweglichkeit, Umfahrungsmöglichkeit und Unverwundbarkeit durch Feindeinwirkungen großzügig Rechnung getragen. Durch die ständig hohen Leistungsforderungen und die straffe Betriebsleitung waren die russischen Eisenbahner betrieblich hervorragend geschult und in der Bewältigung schwieriger Aufgaben geübt. Dazu kam ein großer Einfallsreichtum und die ausgeprägte Gabe der Russen zu improvisieren.

Die im westlichen Rußland nach dem Ersten Weltkrieg erbauten Strecken erhöhten nicht nur die Mobilität für strategische und taktische Truppenbewegungen, sondern erleichterten auch die wirtschaftliche und eisenbahntechnische Räumung. Es waren dies besonders die Strecken: Suchinitschi—Roßlawl—Mogilew—Ossipowitschi; Lepel—Orscha—Kritschew—Chutor—Michailowskij; Tschernigow—Owrutsch—Belokorowitschi; Fastow—Zwiahel; Mironowka—Solotonoscha; Wjasma—Brjansk; Stara-Konstantinow—Pogrebischtsche; Merefa—Dnjepropetrowsk—Apostolowo—Cherson und die Teilstrecke des äußeren Moskauer Rings von Shiljewo—Iljunski Pogost bis Alexandrowsk. Noch wichtiger für die Kriegführung erwiesen sich während des Krieges verschiedene Neubauten, besonders östlich der Wolga, vor allem die Strecken: Mochowie Gory—Kotelnitsch; Sarapul—Swerdlowsk; Kartaly—Orsk; Kandagatsch—Gurjew und Uralsk—Ilezk. Wichtig waren auch die Strecken: Tuapse—Suchum—Ach-Sanaki (Anschluß an die südliche Kaukasusbahn nach Baku).

Mit den Eisenbahnverhältnissen der Sowjetunion während des Krieges werden wir uns später noch einmal befassen. Schon jetzt soll erwähnt sein, daß neben der Murmanbahn auch die Transsibirische Bahn und die Transiranische Bahn entscheidende Bedeutung für die alliierte Kriegführung erlangten.

Nach der Besetzung Ostpolens haben die Sowjets die Bahnstrecken bis zur Demarkationslinie auf ihre Spurweite umgestellt. Diese Maßnahme war in erster Linie eine

[77] Schukow, S. 178.
[78] Schukow, S. 199.

betriebliche Notwendigkeit, die allerdings auch einem Aufmarsch dienlich war[79]. Auch in den baltischen Ländern wurden nach der Besetzung im Jahre 1941 rd. 2 000 km Normalspurstrecken auf Breitspur umgebaut. Dort waren schon 2 840 km Breitspurstrecken vorhanden.

Das Verkehrswesen in der Sowjetunion unterstand dem Volkskommissariat für Verkehrswesen. Ihm waren 16 Eisenbahnabteilungen (Zentralabteilungen) und diesen wiederum 52 Eisenbahndirektionen unterstellt[80].

Die störungsfreie Aufrechterhaltung des Eisenbahnbetriebes im russischen Winter erforderte nicht nur frostbeständige Lokomotiven und entsprechende Behandlungsanlagen, sondern auch weit aufwendigere Vorkehrungen gegen die Auswirkungen von Frost und Schnee. Für die Beseitigung von Schnee und von Schneeverwehungen waren Arbeitskräfte aus örtlichen Stellen (Kolchosen, Sowchosen, Dorfsowjets, Ospolkoms, Einzelbauern, Fabrik- und Werkorganisationen) verpflichtet[81]. Nach der Besetzung stand dieser gut organisierte Winterdienst nicht mehr zur Verfügung und mußte erst wieder neu aufgebaut werden.

Auch die Wasserstraßen Rußlands, sowohl die natürlichen wie die künstlichen, waren von erheblicher Bedeutung für das militärische Transportwesen, obwohl ihre Benützbarkeit durch die klimatischen Verhältnisse räumlich und zeitlich beschränkt war. Jedenfalls trugen sie wesentlich zur Entlastung der stets überbeanspruchten Eisenbahnen bei. Zum Transport von Öl waren bis 1939 rd. 4 200 km Pipelines gebaut worden, die ebenfalls die Eisenbahnen stark entlasteten. In Bezug auf Straßen war die Sowjetunion ein wenig entwickeltes Land. Trotz der großen Anstrengungen, in den ersten Fünfjahresplänen die Straßenverhältnisse zu verbessern, war das Netz gut befestigter tragfähiger Straßen, nach unseren Begriffen, recht weitmaschig. Diese Straßen hielten dem schweren Lastverkehr und dem Verkehr mit Gleiskettenfahrzeugen und Panzern nicht lange stand. An einen Neubau von Straßen für Nachschubzwecke war aus Kräfte- und Materialmangel und der dazu erforderlichen Zeit nicht zu denken. Abgesehen von den wichtigeren Durchgangsstraßen waren die Mehrzahl der Wege während der Schlammperiode im Frühjahr und Herbst unpassierbar. Eine der Ursachen der russischen Unwegsamkeit war der Mangel an geeignetem Baumaterial für künstliche Straßendecken im gesamten Schwarzerdegebiet.

Der Barbarossa-Aufmarsch war den Sowjets natürlich nicht verborgen geblieben. Im Mai-Juni 1941 wurde die Rote Armee umgruppiert und dabei Truppen aus dem Innern des Landes in die Grenzgebiete geworfen[82]. Unmittelbar vor dem Krieg wurde die Armee Konew aus dem nördlichen Kaukasus in die Ukraine verlegt, ihr folgten Teile

[79] GGVK Bd. I, S. 489. — Roß bemerkt hierzu: „Die verdächtige Eile, mit der die damals polnischen Bahnen auf sowjetische Breitspur umgenagelt wurden, mußte schon damals eine Warnung sein, die soeben erst in den Verträgen beteuerte Freundschaft zu Deutschland nicht als bare Münze zu nehmen". Diese Auslegung ist polemisch und daher abzulehnen. Roß, Teil I, S. 13.

[80] Weitere Angaben bei Garber, S. 258.

[81] Vgl. Saller, S. 200—203.

[82] GGVK Bd. I, S. 554; vgl. Nekritsch—Grigorenko. Vgl. den in diesem Buch abgedruckten Artikel gegen Nekritsch von Deborin, G. A. u. Telpuchowski, B. S. in der vom Institut für Marxismus-Leninismus beim Zentralkomitee der KPdSU herausgegebenen Zeitschrift Woprosi Istorj, S. 230. — Schukow, S. 195.

einer anderen Armee aus dem Gebiet hinter dem Baikalsee[83]. Diese Truppentransporte wurden innerhalb des Friedensfahrplans durchgeführt[84]. Die im Operations- und Mobilmachungsplan vorgemerkten Maßnahmen konnten nur auf besondere Entscheidung der Regierung durchgeführt werden. Ein solcher Beschluß wurde erst in der Nacht zum 22. Juni 1941 gefaßt[85]. Schukow sagt: „Die Sowjets hatten schon lange vor dem Zweiten Weltkrieg die grundlegenden Probleme der Militärwissenschaft und Kriegskunst unter modernen Bedingungen, die Prinzipien des Aufbaues der Streitkräfte ... ausgearbeitet und waren zu einer erfolgreichen Kriegführung vorbereitet“[86]. Im März 1941 beendete der russische Generalstab die Arbeit am Mobilmachungsplan für die Industrie hinsichtlich der Rüstungsproduktion[87]. Das russische Militärtransportwesen war rein militärisch organisiert. Schon lange vor Kriegsbeginn waren einschlägige Dienstvorschriften und Literatur vorhanden.

Vormarsch in die Sowjetunion

Nach der Weisung Nr. 21 „Fall Barbarossa“ soll „die im westlichen Rußland stehende Masse des russischen Heeres in kühnen Operationen unter weitem Vorantreiben von Panzerkeilen vernichtet, der Abzug kampfkräftiger Teile in die Weite des russischen Raumes verhindert werden . . . Das Endziel der Operation ist die Abschirmung gegen das asiatische Rußland aus der allgemeinen Linie Wolga—Archangelsk[88]. Sind die Schlachten südlich bzw. nördlich der Pripjetsümpfe geschlagen, ist im Rahmen der Verfolgung anzustreben: im Süden die frühzeitige Besitznahme des wehrwirtschaftlich wichtigen Donezbeckens, im Norden das schnelle Erreichen von Moskau. Die Einnahme dieser Stadt bedeutet politisch und wirtschaftlich einen entscheidenden Erfolg, darüber hinaus den Ausfall des wichtigsten Eisenbahnknotenpunktes ... Die russischen Bahnen werden je nach ihrer Bedeutung für die Operationen zu unterbrechen sein, bzw. in ihren wichtigsten nahegelegenen Objekten (Flußübergänge!) durch kühnen Einsatz von Fallschirm- und Luftlandetruppen in Besitz zu nehmen sein“[89].

Der Krieg gegen die Sowjetunion war als Koalitionsfeldzug angelegt[90], bei dem finnische und rumänische Armeen operativ selbständig waren, während Italiener, Ungarn, Spanier und Slowaken geschlossen innerhalb deutscher Heeresgruppen eingesetzt wurden. Die Verbündeten waren hinsichtlich ihrer Versorgung weitgehend auf deutsche Lieferungen angewiesen[91].

Am Sonntag, den 22. Juni 1941 um 3.30 Uhr trat das deutsche Ostheer auf der ganzen Front von der Ostsee bis zu den Karpaten ohne nennenswerte Reserven zum Angriff

83 Nekritsch, ebenda, S. 152; Schukow, S. 216 u. 228.
84 Werth, S. 120.
85 Schukow, S. 220.
86 Artikel von Deborin und Telpuchowski, ebenda, S. 228 f.
87 Schukow, S. 213.
88 Weisungen, S. 85.
89 Weisungen, S. 87.
90 Weisungen, S. 85; vgl. Hillgruber (5), S. 660 ff.
91 Messe, S. 60, 63, 105 f u. 180; KTB/OKW Bd. II, Einführung S. 27.

an. Am Tage darauf fuhr Hitler mit seinem Sonderzug von Berlin nach der Wolfsschanze bei Rastenburg. Der Chef des Transportwesens mit der Feldtransportabteilung und der ersten Staffel der Planungsabteilung und Mineis (L) beim Transportchef waren am gleichen Tage im Mauerwald (Anna) bei Angerburg eingetroffen.

In der ersten Angriffsphase bis zum 18. 7. verliefen die Operationen bei den Heeresgruppen Nord und Mitte den Erwartungen entsprechend, bei der Heeresgruppe Süd langsamer als erhofft[92]. Es wurden eingenommen:

Von der Heeresgruppe Nord:	Dünaburg (26. 6.), Libau (28. 6.), Riga (1. 7.), Pleskau (8. 7.).
Von der Heeresgruppe Mitte:	Wilna (24. 6.), Baranowitsche (27. 6.), Stolpce (27. 6.), Minsk (28 6.), Polozk (15. 7.).
Von der Heeresgruppe Süd:	Dubno (25. 6.), Przemysl (27. 6.), Rowno (28. 6.), Lemberg (30. 6.), Berditschew (7. 7.), Kishinew (17. 7.).

Mit der Instandsetzung der zerstörten Bahnanlagen wurde unverzüglich begonnen[93]. Zunächst war die Wiederherstellung je einer leistungsfähigen Strecke für jede Heeresgruppe angeordnet, und zwar für die Heeresgruppe Nord die Strecke über Wilna—Dünaburg, für die Heeresgruppe Süd die Strecke über Kiew—Shepetowka—Kasatin. Dabei sollten zweigleisige Strecken auf eine Leistung von zunächst 24 Zügen pro Tag und eingleisige Strecken von zunächst 12 Zügen pro Tag ausgebaut werden[94]. Später wurde die Forderung auf 48 bzw. 24 Züge erhöht. Diese Leistungen waren im Frühjahr 1942 auf vielen Streckenabschnitten noch nicht erreicht[95]. Schon bald zeigte sich, daß der Gegner wichtige Betriebsanlagen, vor allem die Lokomotivbehandlungsanlagen und Werkstätten, weitgehend zurückführte oder unbrauchbar machte. Der deutschen Luftwaffe war es nicht gelungen, den Abzug des rollenden Breitspurmaterials nachhaltig zu unterbinden. Die Zerstörung und Räumung wurde dadurch begünstigt, daß sich die Heeresgruppen und Armeen trotz entsprechender Weisungen der Heeresleitung bei ihrem Vormarsch nicht an die Bahnlinien hielten[96]. Wegen der geringen Zahl an erbeuteten Lokomotiven und Wagen ergab sich bald die Notwendigkeit, die Umspurung mit allen verfügbaren Kräften auch durch Heranziehung der Bevölkerung zu beginnen und mit den Eisenbahnpionieren vor allem gesprengte Brücken instandzusetzen, sowie Lokomotiven aus der Heimat einzusetzen. Die ersten Umspurungsbefehle gab der Chef des Transportwesens zwischen dem 1. und 7. Juli 1941.

In dieser ersten Operationsphase hatte die Heeresgruppe Nord innerhalb von 20 Tagen rd. 600 km Luftlinie überwunden. Die Heeresgruppe Mitte stieß in den ersten 10 Tagen fast 400 km weit vor. Nach der Einnahme von Smolensk und Erreichen der Desna war die Front etwa 650 km von der ostpreußischen Grenze entfernt. Die Heeres-

[92] Halder-KTB Bd. III, 25. 7. 1941.

[93] Halder-KTB Bd. III, 24. 6. 1941. — Es ist zu bedauern, daß die vom Chef des Transportwesens herausgegebenen Streckenkarten für die Zeit vom Feldzugsbeginn bis zum November 1941 offenbar nicht mehr vorhanden sind.

[94] Klein, S. 11.

[95] Vgl. vorl. Streckenleistungskarte des Chefs des Transportwesens vom 20. 3. 1942.

[96] Vgl. Bork (2), S. 51.

gruppe Süd stand rd. 400 km entfernt von ihrer Ausgangsstellung. Nach den Eintragungen von Halder war die Versorgung durch die Eisenbahn und den Großtransportraum im allgemeinen zufriedenstellend, bei der Heeresgruppe Mitte werden geringe Bahnleistungen zwischen Brest und Minsk erwähnt.

Die Transportlage, so glaubte der Generalstab des Heeres, erlaube ein Vorstoßen der Panzerkräfte bis Leningrad, bis dicht vor Moskau und bis Kiew und mit Infanteriekräften bis Welikije—Luki—Dno—Pleskau—Dorpat, bis zur Düna und dem oberen Dnjepr und bis zur Linie Shitomir—Berditschew[97]. In seinen Notizen für den Führer-Vortrag am 23. 7. führte Halder aus: „Etwa in einem Monat (25. 8.) kann man unsere Truppen annehmen um Leningrad (180 km), um Moskau (300 km), in Linie Orel—Krim (rd. 400 km). Anfang Oktober an der Wolga (weitere 600 km), Anfang November um Baku (weitere 1 200 km), Batum“[98].

Die bisherigen Totalausfälle an Panzern betrugen 20%[99]. Halder bemerkt weiter: „Eine Bevorratung, d. h. das Ausbauen einer neuen frontnahen, wenn auch schwachen Basis, ist bei dem bisherigen Leben von der Hand in den Mund noch nicht gelungen. Es ist aber nötig, da in 300 km Abstand von der bahnbeschickten Basis der Nachschub mit Kraftwagen unrentabel wird“[100]. Durch den ständigen Einsatz des Großkraftwagentransportraumes auf schlechten Straßen entstanden allmählich erhebliche Ausfälle. Sie betrugen am 3. 8. bei der Heeresgruppe Nord 39% und bei der Heeresgruppe Mitte 25%[101]. Die Spannungen in der Eisenbahnbetriebslage sah der Chef des Transportwesens in der zahlenmäßigen Knappheit des russischen rollenden Materials, vor allem der Lokomotiven. Bis Ende August 1941 waren 1 000 Lokomotiven, davon 500 betriebsfähige und 21 000 Güterwagen erbeutet worden[102]. Weitere Ursachen der Spannungen sah Gercke in Gegensätzlichkeiten zwischen Forderungen der Truppe und den Forderungen des Generalquartiermeisters, ferner in der Unzulänglichkeit des deutschen Betriebspersonals, das nicht wendig genug und zu langsam arbeitete, sowie in den Unzulänglichkeiten der Nachrichtenverbindungen[103]. Anders als in den baltischen Ländern waren die russischen Eisenbahner, besonders die mittleren und höheren Dienstgrade, verschwunden, Arbeiter und untere Dienstgrade arbeiteten anfänglich nur wenig mit. Die neu aufgestellte Eisenbahnbetriebstruppe war auf die angetroffenen Betriebsverhältnisse ebenso wenig vorbereitet wie die nachfolgenden blauen Eisenbahner. Nach den bisherigen Erfahrungen war künftig kaum mit einer rascheren Wiederherstellung und Leistungssteigerung bei der Eisenbahn zu rechnen.

An der Organisation und Durchführung des Nachschubs wirkten neben der Eisenbahn der Generalquartiermeister und der Chef des Transportwesens mit[104]. Die Zusammenarbeit aller an der Nachschubheranführung Beteiligten für ein strategisches Unter-

97 Halder-KTB Bd. III, 4. 7. 1941.
98 Halder-KTB Bd. III, 23. 7. 1941.
99 Halder-KTB Bd. III, 23. 7. 1941.
100 Halder-KTB Bd. III, 23. 7. 1941. Der Betriebsstoffverbrauch wird zu groß.
101 Halder-KTB Bd. III, 3. 8. 1941; vgl. Müller-Hillebrand Bd. III, S. 18.
102 Thomas, S. 294.
103 Halder-KTB Bd. III, 2. 8. 1941.
104 Vgl. Rohde, S. 288.

nehmen von solchem Ausmaß war vor dem Feldzugsbeginn ohne Eisenbahn geübt worden. In den unerwarteten und schwierigen Verhältnissen des russischen Raumes und der immer größer werdenden Entfernungen von der Heimat brauchte es daher geraume Zeit, bis sich alle Beteiligten aufeinander eingespielt hatten und eine zweckmäßige Form der Nachschubsteuerung gefunden war. Im Gegensatz zur Truppenbeförderung lagen bei der Nachschubsteuerung so gut wie keine Erfahrungen aus dem Ersten Weltkrieg mehr vor.

Das Nachschubproblem für den weiteren Vormarsch sollte trotz der schlechten Wegeverhältnisse und der kommenden Schlammperiode weiterhin mit dem Großkraftwagentransportraum bewältigt werden und zwar auf eine Entfernung von etwa 400 km. Von den Eisenbahnendpunkten, so glaubte Halder, könne die Versorgung bis Leningrad, bis Moskau und bis Poltawa sichergestellt werden[105]. Auch Gercke blieb zuversichtlich und erklärte am 10. 8. 1941: „Mit Rücksicht auf den weiteren Ausbau des Eisenbahnnetzes sind die Aussichten auch bei Weiterführung der Operationen nicht ungünstiger als bisher“[106]. Bei den Überlegungen[107] über die Weiterführung, die sich bis zum 21. 8. 1941 hinzogen, standen sich die Auffassungen Halders, der in Moskau das wichtigste Ziel erblickte, und die Hitlers gegenüber, der als wichtigstes, noch vor Eintritt des Winters zu erreichendes Ziel die Krim, das Donezgebiet, sowie Leningrad ansah. Über den Gegner bemerkt Halder am 11. 8., also sieben Wochen nach Beginn des Feldzuges: „In der gesamten Lage hebt sich immer mehr ab, daß der Koloß Rußland . . . . von uns unterschätzt worden ist. Diese Feststellung bezieht sich ebenso auf die organisatorischen wie auf die wirtschaftlichen Kräfte, auf das Verkehrswesen, vor allem auf die rein militärische Leistungsfähigkeit“[108]. Hitler ging von seinem Plan nicht ab und gab am 21. 8. den entsprechenden Angriffsbefehl[109].

Die zweite Angriffsphase wurde durch den Kampf um den mittleren Dnjepr eingeleitet. Sie führte zwar zum Besitz der Ukraine, verzögerte aber die Offensive in Richtung Moskau um sechs Wochen. Eine weitere Verzögerung trat durch die Schlammperiode ein, in welcher der Großkraftwagentransportraum und Kolonnenraum nahezu bewegungsunfähig wurde[110]. Die Heeresgruppe Süd überschritt Anfang September den Dnjepr und drang im Laufe des Oktober und November in das Donezgebiet und bis Rostow vor. Alle Eisenbahnbrücken über den Dnjepr waren von den Russen gesprengt worden. Die beiden zerstörten Eisenbahnbrücken bei Kiew behinderten die Nachschubtransporte in Richtung Neshin—Woroshba erheblich. Zur Herstellung einer Verbindung wurde bei der Nordbrücke eine Seilbahn errichtet. Neben der gesprengten Südbrücke wurde im Januar 1942 ein Eisdamm mit einer Breitspur gebaut, der bis zum Eintritt des Tauwetters Mitte März in Betrieb war und wertvolle Dienste leistete[111].

[105] Halder-KTB Bd. III, 7. 8. 1941.
[106] Halder-KTB Bd. III, 10. 8. 1941.
[107] Vgl. Weisung 33 vom 19. 7., Weisung 33a vom 23. 7., Weisung 34 vom 30. 7., Weisung 34a vom 12. 8. und Weisung 35 vom 6. 9. 1941 in: Weisungen, S. 140—142, S. 142—144, S. 145—147, S. 148—150 u. S. 150—153; vgl. Krumpelt (2), S. 173 f.
[108] Halder-KTB Bd. III, 11. 8. 1941; vgl. de Jong, S. 221.
[109] Halder-KTB Bd. III, 22. 8. 1941.
[110] Rendulic, S. 44.
[111] Vgl. Barz, S. 654—658.

Nach der Einnahme von Odessa am 16. 10. ging der Vormarsch in Richtung Krimhalbinsel weiter, die Ende Oktober mit Ausnahme von Sewastopol besetzt war. Nunmehr war das südrussische Industriegebiet in deutscher Hand, aber der russische Widerstand nicht gebrochen. Hitler verzichtete damit auf den schwersten verkehrsstrategischen Schlag, der die Sowjetunion durch das Herausbrechen des zentralen Kernstücks Moskau im gesamten russischen Eisenbahnnetz hätte treffen können[112]. In Moskau laufen neun zweigleisige und zwei eingleisige Fernstrecken zusammen. Solange sich Moskau im Besitz der Russen befand, konnte die sowjetische Führung nach Belieben Truppenverschiebungen nach allen Richtungen durchführen und vor allem das große Industriepotential der Millionenstadt und seiner Umgebung ausnützen.

Am 2. Oktober gab Hitler den Befehl zum Angriff auf Moskau, der aus Versorgungsgründen in zwei Etappen vorgetragen wurde. Krumpelt bemerkt hierzu, daß vom Standpunkt der Versorgungsführung diese neue Offensive abzulehnen war[113]. Für diesen Angriff waren der Heeresgruppe Mitte die 2. und 5. Panzerdivision aus der Heimat voll kampffähig zugeführt worden[114]. In den Kesselschlachten von Brjansk und Wjasma wurden die Russen empfindlich angeschlagen. Am 14. 10. waren Kalinin und Moshaisk erreicht. Nach Beendigung der Schlammperiode wurde der Angriff auf Moskau mit letzter Kraft fortgesetzt. Starke Gegenwehr und ein strenger Kälteeinbruch brachten den Vormarsch am 6. 12. 1941 zum Stehen. Das sowjetische Oberkommando betrachtete von Kriegsbeginn an den Westabschnitt, der Moskau deckte, als den wichtigsten Frontabschnitt und konzentrierte hier die Hauptanstrengungen der Roten Armee[115]. Anfang Dezember kamen vor Moskau sibirische Divisionen mit guter Winterausrüstung zum Einsatz[116]. Sie waren auf der Transsibirischen Bahn in hohem Tempo (96)[117] herangeführt und in der noch intakten Verkehrsspinne vor Moskau auf die gefährdeten Frontabschnitte verteilt worden. Die Durchführbarkeit eines so hohen Tempos auf einer Entfernung von rd. 5 000 km erscheint zweifelhaft.

Beim weiteren Vormarsch von rd. 300 km in der Mitte und von rd. 500 km im Süden waren die Entfernungen zwischen den Eisenbahnendpunkten und der Front wiederum größer geworden, so daß die Kampfhandlungen ständig unter Versorgungsschwierigkeiten litten. Die Behauptung Müller-Hillebrands, daß sich die vorausschauend getroffenen Maßnahmen für die rasche Inbetriebnahme des Eisenbahnverkehrs bewährt hätten[118], kann nicht von der Tatsache ablenken, daß sie unzureichend waren. Auch entbindet sie den Generalstab nicht von der Verantwortung für die Fehleinschätzung der Transportverhältnisse während des Vormarsches und der daraus entstandenen Folgen.

Durch das deutsche Vordringen hatte der Gegner einen wesentlichen und wichtigen Teil seiner Eisenbahnen verloren. Leningrad war am 30. 8. vom Mutterland abge-

112 Teske (5), 308.
113 Krumpelt (2), S. 179 f.
114 Müller-Hillebrand Bd. III, S. 23.
115 GGVK Bd. II, S. 249.
116 v. Loßberg, S. 145.
117 Kalinow, S. 157.
118 Müller-Hillebrand Bd. III, S. 16.

schnitten, ebenso die südliche Murmanbahn bei Wolchowstroj und am 23. 11. die Strecke Moskau—Leningrad bei Kalinin, dazu noch ein Teil der auf Moskau zulaufenden Strecken. Besonders bedrohlich war für die Russen die Unterbrechung ihrer Magistrale Moskau—Kaukasus durch die Einnahme von Rostow am 21. 11. 1941. Deshalb setzten sie alles daran, diese Unterbrechung wieder zu beseitigen, was ihnen auch nach kurzer Zeit am 28. 11. 1941 gelang.

Durch forcierte Fertigstellung bereits begonnener und den Bau neuer Strecken haben die Russen die Netzwirkung ihrer Eisenbahn weitgehend erhalten und sogar noch verbessert. Die Beweglichkeit im Großknoten Moskau wurde durch den Weiterbau des äußeren Ostrings von Ilinskij Pogost bis Shilewo wesentlich erhöht. Es war der deutschen Luftwaffe nicht gelungen, Eisenbahnbrücken über die Wolga zu zerstören[119], auch den Eisenbahnbetrieb im Raume Moskau konnte sie nicht nennenswert stören. Der erwartete Zusammenbruch des russischen Verkehrswesens[120] war nicht eingetreten.

Für die Beförderung von Pacht- und Leihgütern von Archangelsk (eisfrei von Juni bis November) in das Landesinnere stand zunächst die durchgehende Strecke über Oboserskaja—Konoscha—Wologda zur Verfügung. Durch die Fertigstellung der Strecke Bjelomorsk—Onega—Oboserskaja im November 1941 war der eisfreie Hafen Murmansk auch nach der Unterbrechung der Murmanbahn bei Petrosawodsk wieder mit dem Landesinneren verbunden.

Im August 1941 besetzten die Russen und Engländer den Iran und kamen damit in den Besitz der 1938 fertiggestellten Transiranischen Bahnlinie von Bender Schapur nach Benderschah[121].

Trotz verlorener Schlachten war der Gegner nicht am Ende seiner Kräfte. Auf seinen intakten Eisenbahnen konnte er mitten im Winter operieren und mit neuen Kräften an der ganzen Front zum Gegenangriff übergehen und erhebliche Geländegewinne, vor allem in der Mitte und im Süden erzielen. Im März 1942 entstand während der Schlammperiode eine Kampfpause, in der sich die Fronten wieder festigten[122]. Die Rechnung Hitlers und des Generalstabes war nicht aufgegangen.

Die Eisenbahnen im besetzten Rußland

In den ersten zehn Kriegstagen verlor Sowjetrußland 17% seines Eisenbahnnetzes. Bis Ende Juli waren es 23% und Ende Dezember 42%[123]. Für die Wiederherstellung und Inbetriebnahme der Eisenbahnen sowie die Bereitstellung von Personal und Material war die Planungsabteilung des Chefs des Transportwesens verantwortlich, die dafür

119 Halder-KTB Bd. III, 8. 7. 1941.

120 Vgl. Halder-KTB Bd. II, 5. 12. 1940 u. 2. 2. 1941. — Nach Kalinow waren bis zum 30. 11. sechs Divisionen herangefahren worden. Vgl. GGVK Bd. II, S. 328.

121 Vgl. v. Rabcewicz, S. 16—27; War Transit in Persia, Notiz in: The Railway Gazette, London, Jg. 1944, S. 423. — Den Einsatz des amerikanischen Transportation Corps behandeln Bykowski, J. und Larson, H. in: United States Army in World War II. The Transportation Corps. Operations overseas. Washington D. C. 1957, Chapter IX. The Persian Corridor, S. 375—424.

122 Vgl. GGVK Bd. II, S. 395.

123 GGVK Bd. II, S. 205.

anfänglich personell nur ungenügend ausgestattet war[124] und der es an Erfahrungen über den Ausbau großer Eisenbahnnetze fehlte[125]. Die Feldeisenbahndirektionen erhielten ihren Sitz in Pleskau, Smolensk und Poltawa (später Charkow). Ihre Eisenbahner kamen ohne Vorschriften und Dienstanweisungen zum Einsatz und mußten sich zunächst selbst behelfen. Für den raschen und großen Geländegewinn der drei Heeresgruppen reichten die vorhandenen Feldeisenbahner nicht aus. Aus dem Reich mußten laufend blaue Eisenbahner nachgeschoben werden. Sie wurden in Sammellagern in Deba und Legionowo zusammengezogen und als Wehrmachtgefolge dem Chef des Transportwesens unterstellt. Bei der kurzfristigen Abordnung konnten die blauen Eisenbahner auf ihre neuen Aufgaben nicht besonders vorbereitet werden. Ihre Ausrüstung mit Geräten und Hilfsmitteln aller Art war anfangs unzureichend und konnte erst allmählich verbessert werden. Die Unterbringung und Verpflegung der blauen Eisenbahner durch die Wehrmacht war unzureichend[126]. Daß unter solchen Umständen dann und wann Pannen eintraten, ist kaum verwunderlich. Am 6. 9. 1941 befahl der Chef des Transportwesens die Einrichtung der Betriebsleitung Osten (BLO) in Warschau[127]. Es wurden vier Haupteisenbahndirektionen (HBD) eingerichtet: HBD Nord in Riga, HBD Mitte in Minsk, HBD Süd in Lemberg, später in Kiew und HBD Ost in Poltawa, ebenso die entsprechenden Transportkommandanturen. Die überbezirklichen Transportaufgaben wurden der Wehrmachttransportleitung Weichsel in Warschau übertragen. Als Verbindungsbeauftragte zwischen den Heeresgruppen und den Eisenbahndirektionen fungierten Bevollmächtigte Transportoffiziere (BvTO) und Bevollmächtigte der Deutschen Reichsbahn (BvRb). An eine zentrale Betriebsführung während des Vormarsches war mangels Fernsprechmöglichkeiten kaum zu denken. Die Betriebsführung erfolgte notgedrungen dezentral durch die Oberzugleitungen und Zugleitungen sowie durch die Betriebsämter.

Über die Wiederherstellung der Strecken und die Betriebsführung der Eisenbahnen im Distrikt Lemberg kam es zu einem bedauerlichen sich bis zum 1. 12. 1941 hinziehenden Streit über die Zuständigkeiten zwischen dem Generalgouverneur und der Generaldirektion der Ostbahn auf der einen und dem Transportchef und der Haupteisenbahndirektion Süd auf der anderen Seite, was der Beseitigung der Betriebsschwierigkeiten[128] in diesem Raum sehr abträglich war[129]. Auch diese Auseinandersetzungen bestätigen eindeutig den Willen des Chefs des Transportwesens, den Eisenbahnbetrieb im besetzten Osten in eigener Verantwortung militärisch zu führen. Nach einem Führererlaß vom 17. 12. 1942 sollte die Ostbahn gemeinsam mit der Deutschen Reichsbahn unter Leitung des Reichsverkehrsministeriums betrieben und verwaltet werden[130]. Ein Versuch vom 7. 8. 1942, die Ostbahn ganz zum Bestandteil der Deutschen Reichsbahn zu machen, ist am Einspruch des Generalgouverneurs Frank gescheitert. Die Aus-

124 Klein, S. 9.
125 Klein, S. 10.
126 Bork (2), S. 58.
127 Tr. Chef Pl. Abt. Nr. 01273 41 vom 6. 9. 1941, (Abschrift) in Unterlagensammlung des Verfassers.
128 Vgl. Pischel (3), S. 58 f.
129 Vgl. Pischel (3), S. 40—42; vgl. Halder-KTB Bd. III, 16. u. 17. 11. 1941.
130 Vgl. Pischel (3), S. 10—12.

einandersetzungen über die Sonderstellung der Generaldirektion der Ostbahn zogen sich bis 1943 hin[131].

In einer Rundfunkrede an das russische Volk am 3. Juli hatte Stalin zum äußersten Widerstand aufgerufen. Unter anderem forderte er: „Bei einem erzwungenen Rückzug von Truppenteilen der Roten Armee muß das gesamte rollende Material der Eisenbahnen fortgeschafft werden; dem Feind darf keine einzige Lokomotive, kein einziger Waggon, kein Kilogramm Getreide, kein Liter Treibstoff überlassen werden[132]. Die Kollektivbauern müssen das ganze Vieh wegtreiben und das Getreide zur Abbeförderung ins Hinterland dem Schutz der staatlichen Organe anvertrauen. Alles wertvolle Gut, darunter Buntmetalle, Getreide und Treibstoff, das nicht abtransportiert werden kann, muß unbedingt vernichtet werden.

In den vom Feind okkupierten Gebieten müssen Partisanenabteilungen zu Pferd und zu Fuß gebildet und Diversionsgruppen geschaffen werden zum Kampf gegen die Truppenteile der feindlichen Armee, zu Entfachung des Partisanenkrieges überall und allerorts, zur Sprengung von Brücken und Straßen, zur Zerstörung der Telephon- und Telegraphenverbindungen, zur Niederbrennung der Wälder, der Versorgungslager und der Trains. In den okkupierten Gebieten müssen für den Feind und alle seine Helfershelfer unerträgliche Bedingungen geschaffen werden, sie müssen auf Schritt und Tritt verfolgt und vernichtet und alle ihre Maßnahmen müssen vereitelt werden"[133].

Der Appell Stalins wurde allgemein befolgt. Die im Osten eingesetzten deutschen Eisenbahner fanden eine weitgehend zerstörte und geräumte Eisenbahn vor, die umgespurt und mit rollendem Material der Reichsbahn ausgestattet werden mußte, weil zu wenig Breitspurmaterial erbeutet worden war[134].

Die Wiederinbetriebnahme der Eisenbahnen war in keinem besetzten Land so schwierig wie in der Sowjetunion. Sie erforderte trotz äußerster Anstrengungen mehr Zeit, als dem erwarteten Ablauf der Operationen dienlich war. Zunächst hatten die nach Rußland abgeordneten blauen Eisenbahner keinen Einfluß auf die Wiederherstellung. Der Transportchef allein war berechtigt und daher auch verpflichtet, die Wiederinstandsetzungen anzuordnen und mit den Bedürfnissen der Heeresführung zu koordinieren. Solange er, d. h. das Oberkommando des Heeres, für die Wiederherstellung und den Betrieb der Eisenbahn verantwortlich war, mußte er auch für den Nachschub von deutschen Kräften und Bau- und Betriebsstoffen, Lokomotiven und Geräten sorgen. Außer den vor Feldzugsbeginn bereitgestellten Kräften für die Feldeisenbahndirektionen hat die Deutsche Reichsbahn bis Oktober 1941 rd. 70 000 Eisenbahner nach dem Osten abgeordnet. Am Wiederaufbau wirkten Eisenbahnpioniere, die Organisation Todt, die Baustäbe Speer und Giesler, deutsche Baufirmen mit vielen einheimischen Arbeitskräften und Bauzüge der Reichsbahn mit. Die erforderlichen Baustoffe mußten aus dem Reich und den besetzten Ostgebieten herangefahren werden. Bis Ende 1941 waren 15 000 km Gleise umgespurt[135].

131 Vgl. Pischel (3), S. 12—18.
132 Angaben über die Wagenstellung für Räumungsgüter in GGVK Bd. II, S. 203.
133 Stalin, S. 12 u. 13; vgl. GGVK Bd. II, S. 203 u. S. 732; vgl. Samsonow, S. 33 f.
134 Thomas, S. 294.
135 Pottgießer, S. 29.

Mit dem schnellen Vormarsch der Wehrmacht konnte die Wiederinbetriebnahme der stark zerstörten Eisenbahnen trotz äußerster Anstrengungen aller Beteiligten nicht Schritt halten. Nach einfachster Wiederherstellung der wichtigsten Spitzenstrecken durch Eisenbahnpioniere übernahmen Feldeisenbahneinheiten die Betriebsführung. Ihnen folgten nach und nach blaue Eisenbahner als Wehrmachtgefolge. Um mit der Normalspur schneller in Frontnähe zu kommen, wurde bei zweigleisigen Strecken oftmals ein Gleis in Breitspurbetrieb belassen. Bei den dadurch in den Bahnhöfen auftretenden schwierigen Betriebsverhältnissen konnten natürlich nur geringe Leistungen erzielt werden. Vom eisenbahntechnischen Standpunkt aus wäre es richtiger gewesen, mit den vorhandenen Kräften stets Streckenabschnitte gleichzeitig umzuspuren. Die Betriebsspitzen wären dann langsamer vorgerückt aber die Strecken leistungsfähiger gewesen. Der Transportchef hatte sich anders entschieden, weil sonst die großen Entfernungen von den Betriebsspitzen bis zur Truppe vom Großkraftwagentransportraum nicht mehr überbrückt werden konnten. So bestanden z. B. am 1. 12. 1941 auf den wichtigen Strecken Witebsk—Smolensk—Durowo—Wjasma—Serge—Janowskaja—(Gshatsk)› Brjansk—Orel—Gomel—Unetscha und von Gretschany bis vor Odessa Normal- und Breitspurgleise nebeneinander. Unterlagen aus der Zeit vorher konnten leider nicht aufgefunden werden. Durch die Umspurungsarbeiten wurde die Wiederbenützung der Bahnanlagen entsprechend verzögert[136]. Oft verhinderten nachhaltige Brückenunterbrechungen die Aufnahme des durchgehenden Betriebes, so daß an einigen wichtigen Bahnlinien der Nachschub noch geraume Zeit umgeladen werden mußte. Die Wiederherstellung der Bahnen wurde nicht zuletzt dadurch gehemmt, daß die Wehrmacht die vorhandene Leistungsfähigkeit fast ausschließlich für Truppen- oder Nachschubtransporte in Anspruch nehmen mußte. Für eine schnelle Herstellung der Strecken hätte die Eisenbahn einen größeren Leistungsanteil zur Heranführung von Baumaterialien und Betriebsstoffen gebraucht, der ihr aber nicht zugestanden wurde. Unter diesen Umständen kann man nicht von einem Versagen der Eisenbahner sprechen. Sehr wohl hätten dagegen auch 30 000 Bauarbeiter vom Baustab Speer früher eingesetzt werden können, wenn Hitler nicht auf dem Weiterbau seiner Prachtbauten bestanden hätte[137]. Wenn zwischen den blauen und grauen Eisenbahnern ab und zu Reibereien und Egoismen entstanden, dann hatten diese ihre Ursachen letzten Endes in der allgemeinen Mangelsituation, bei der jeder aber auch alles brauchen konnte. Beim Vormarsch wurden zahlreiche Güterwagen von der Truppe für Wohn- und Lagerzwecke beschlagnahmt. Durch besondere eingesetzte Kommissionen wurden die Wagen nach und nach für den Betrieb frei gemacht[138]. Die von Eisenbahnpionieren angegebenen Leistungen waren nicht selten zu hoch festgesetzt und konnten von den nachfolgenden Eisenbahnern nicht gehalten werden, was ihnen dann unberechtigte Kritik einbrachte.

Da die militärischen Forderungen auf dem östlichen Kriegsschauplatz immer größer waren als die Leistungsfähigkeit der Eisenbahn, mußte die vorhandene Kapazität auf

[136] Vgl. hierzu die Ausführungen des Transportchefs in: Halder-KTB Bd. III, 2. 8. 1941.
[137] Vgl. Speer, S. 200.
[138] Vgl. Köhle, S. 16; Pottgießer, S. 31; Rohde, S. 198.

die verschiedenen Bedarfsträger (Operationsabteilung, Chef des Transportwesens, Generalquartiermeister, Luftwaffe, Eisenbahn u. a.) aufgeteilt werden. Dies geschah durch einen vom Transportchef mit den Bedarfsträgern und Mineis (L) beim Transportchef ab Herbst 1941 allmonatlich aufgestellten Zugverteiler, der für alle Bedarfsträger bindend war. Der Zugverteiler war eine Notlösung, mit der die vorhandenen meist zu geringen Leistungskapazitäten auf die Bedarfsträger verteilt wurde. Er ist nicht erst im Zweiten Weltkrieg angewendet worden. Zugverteiler hat es bereits im Ersten Weltkrieg gegeben[139].

Zur Steigerung der Leistungsfähigkeit gab der Chef des Transportwesens ein Sofortprogramm für den Wiederaufbau heraus, das zum 15. 12. 1942 durchzuführen war. In die Aufbauplanung wurde die Betriebsleitung Osten in Warschau erst Ende 1941 eingeschaltet. Während des Vormarsches im Sommer und Herbst 1941 waren besondere Maßnahmen für die Wintersicherung des Eisenbahnbetriebes nicht gefordert worden[140]. Als die bei der Betriebsleitung Osten eingesetzten Dezernenten die Frage anschnitten, wurde ihnen bedeutet, daß der Feldzug an Weihnachten beendet sein würde und dann keine besonderen Transportanforderungen zu erwarten seien[141].

Zu der Versorgungskrise im Herbst und Winter und ihren Auswirkungen auf die Front haben außer den geringen Bahnleistungen, die nach dem von den Sowjets hinterlassenen Zustand der Eisenbahnen gar nicht verwunderlich sind, weitere nicht unwichtige Umstände beigetragen, vor allem die ungenügende Abstimmung zwischen den Forderungen der Operationsabteilung und der Versorgungsführung[142]. Dadurch wurden die mit Lastkraftwagen überbrückbaren Entfernungen zwischen den Eisenbahnendpunkten und der Front zu groß[143]. In der Schlammperiode Mitte Oktober und Anfang November wurden die Wege und Straßen nahezu unbefahrbar. Sehr realistisch hat Chales de Beaulieu die Schlammperiode und ihre Folgen geschildert. Die Ausfälle an Großkraftwagentransportraum und Kolonnenraum waren erheblich[144]. Dazu kamen nicht zuletzt die Auswirkungen der seit Herbst einsetzenden Partisanentätigkeit. Die Leistungen der motorisierten Kolonnen waren dem Tempo des Vormarsches ebensowenig gewachsen, wie die der Eisenbahn[145] Daran seien jene Kritiker, die die Gründe für

139 Unterlagensammlung des Verfassers.

140 Vgl. Speer, S. 199.

141 Aussage von Bb.-Vizepräsident a. D. Brand am 18. 1. 1972. Brand war Güterzugfahrplandezernent bei der Betriebsleitung Osten.

142 Vgl. Besprechung des Chefs des Generalstabes des Heeres und des Generalquartiermeisters mit den drei Heeresgruppenchefs und verschiedenen Armeechefs in Orscha am 13. 11. 1941. — Halder-KTB Bd. III, 13. 11. 1941; vgl. auch Erläuterungen zum Wagner-Tagebuch, S. 213; Krumpelt (2), S. 187.

143 Beispiele für Kolonnenentfernungen bei Teske (2), S. 131; Krumpelt (2), S. 166 u. 191 f.

144 Halder-KTB Bd. III, 18. 11. 1941.
Reparaturstand beim Großtransportraum: August 1941 = 24%; November = 44 %.
Reparaturstand beim Kolonnenraum: August 1941 = 24%; November = 30 %.
Kraftfahrzeuglage beim Ostheer im November 1941 nach Halder-KTB Bd. III, 18. 11. 1941: von rd. 500 000 Kraftfahrzeugen sind 30% nicht mehr reparaturfähig; 90 000 Kraftfahrzeuge können nicht mehr ersetzt werden, müssen organisatorisch eingespart werden, 275 000 müssen instand gesetzt werden. — Halder-KTB Bd. III, 30. 11. 1941. Kraftfahrzeuge: Es laufen höchstens 50%; vgl. Müller-Hillebrand Bd. III, S. 21; Krumpelt (2), S. 196.

145 Vgl. Philippi-Heim, S. 113; Krumpelt (2), S. 185 f. und S. 195.

die unheilvolle Entwicklung der militärischen Operationen mehr bei der Bahn als bei der Wehrmacht suchen, erinnert. Die äußerst schwierige Durchführung des Nachschubes und die vielschichtigen Probleme der Versorgungsführung in Rußland haben durch Krumpelt eine gute und ausführliche Darstellung erfahren[146].

Bei den vielen Hemmnissen, die dem Wiederaufbau des Eisenbahnbetriebes entgegenstanden, konnten die Leistungen nur langsam gesteigert werden. Vielfach kam die Wiederherstellung der zerstörten Anlagen nahezu einem Neubau gleich. Schwierigkeiten im Betrieb entstanden auch dadurch, daß die Entfernung der Lokomotivbehandlungsanlagen für das geringere Wasserfassungsvermögen der deutschen Lokomotiven zu groß waren. An den noch nicht wieder hergestellten Brücken mußten die Güter umgeschlagen werden, ebenso an den Übergangsstellen von Normal- zum Breitspurbetrieb. Als ab Mitte November die Temperaturen in ganz Rußland bis auf 20 Grad und Anfang Dezember auf 30 Grad unter Null und tiefer absanken, entstanden erhebliche Schwierigkeiten. Erfahrungsgemäß traten beim Dampfbetrieb auch in der Heimat bei länger dauerndem Frost ab 15 Grad fühlbare Betriebsstörungen ein. Durch Kälte und fehlende Lokomotivbehandlungsanlagen fielen immer mehr Lokomotiven aus. Nur 20% der Lokomotiven waren wintersicher. Die Betriebsleistungen sanken stark ab. Im Betriebsmaschinendienst wurde die Lage katastrophal. Die Ausfälle an Lokomotiven betrugen 70% und örtlich noch mehr[147]. Bei den tiefen Temperaturen wurden vor allem die außerhalb des Führerstandes liegenden wasser- und abdampfführenden Einrichtungen wie Speisewasserpumpen, Luftpumpen, Zylinderablaßhähne, Vorwärmer und Tenderwasserschläuche schadhaft.

Die Krise im Winter 1941/42 und ihre Folgen

Als General Paulus zu Beginn des Rußlandfeldzuges über die Schwierigkeiten der Winterversorgung vortrug, erklärte Hitler: „Ich will diese Rederei über die schwierige Versorgung unserer Truppe im Winter nicht mehr hören. Darüber sich irgendwelche Sorgen zu machen, ist ganz und gar unnötig. Denn es wird keinen Winterfeldzug geben. Überlassen Sie das getrost meinem diplomatischen Geschick. Das Heer braucht dem Russen nur noch einige kräftige Schläge zu erteilen . . . . . Dann wird es sich zeigen, daß der russische Koloß auf tönernen Füßen steht. Ich verbiete hiermit ausdrücklich, von einem Winterfeldzug mir gegenüber zu sprechen“[148].

Anfang Dezember war Hitler offenbar über die bedrohliche Gefährlichkeit der Lage bestürzt. Jetzt befaßte er sich sehr eingehend mit den Transport- und Nachschubfragen. Minister, Staatssekretäre oder andere nichtmilitärische Sachverständige, meist aus dem Bereich des Verkehrswesens, wurden auf kurzen Abruf aus Berlin in die Lagebesprechung beordert, um von Hitler, der wohl glaubte, auf solche Weise die absolute Einheit der Führung zu demonstrieren, befragt, belehrt und bedroht zu werden[149].

[146] Vgl. Krumpelt (2), Kap. 14 und Kap. 16—20.
[147] Pottgießer, S. 35.
[148] Krumpelt (2), S. 166.
[149] Warlimont, S. 233 f.

Am 13. 12. war Gercke zu Göring beordert worden und mußte schwerste Anklagen entgegen nehmen[150]. Drei Tage darauf, am 16. 12., wurden Gercke und Staatssekretär Kleinmann vom Reichsverkehrsministerium zu Hitler befohlen[151]. General Gercke wurde aufgefordert, Vorschläge zu machen, „wie unter größter Kraftanstrengung die Transportlage im Osten gebessert werden kann"[152]. An Stelle des bisherigen Solls von 122 Zügen pro Tag sollten ab 1. Januar 140 und ab 1. März 180 Züge gefahren werden[153], und wegen der starken personellen Verluste an der Front nun nicht mehr geschlossene Divisionen sondern nur noch Infanteristen[154]. Am 19. 12. 1941 übernahm Hitler den Oberbefehl über das Heer[155]. Von nun an hatten auch der Transportchef und der Generalquartiermeister an Hitlers täglicher Lagebesprechung teilzunehmen[156]. Hitler forderte am 20. 12. eine Intensivierung der Anstrengungen bei der Eisenbahn, technische Verbesserungen im Betriebsmaschinendienst, im Transportwesen Einsatz von Streckenoffizieren und Einsatz von Offizieren mit diktatorischen Vollmachten beim Generalquartiermeister zur Verbesserung des Nachschubs[157]. Daraufhin setzte der Transportchef am 26. 12. bei allen Haupteisenbahndirektionen Sonderbeauftragte ein[158], nachdem er am Tage vorher zum 1. 1. 1942 eine erhebliche Verbesserung der Leistungsfähigkeit in Aussicht gestellt hatte[159]. Auch die Betriebsleitung Osten und die spätere Zweigstelle des Reichsverkehrsministeriums in Warschau bekam einen Sonderbeauftragten (Generalmajor Hans v. Donat), der im Sommer 1942 wieder zurückgezogen wurde[160].

Die allgemeine Nervosität und die Auseinandersetzungen über Fehler und Unterlassungen zwischen Generalquartiermeister und Transportchef, sowie zwischen dem Transportchef und der Eisenbahn nahmen ständig zu[161]. Was bei realistischerer Einschätzung der Lage hätte vermieden und besser vorbereitet werden können, war nun kurzfristig nicht mehr nachzuholen. Hitler befaßte sich jetzt auch mit der Frage der zweckmäßigsten Organisation der Betriebsführung im Osten, deren Mängel bei den Lagebesprechungen offenkundig geworden waren. In der grundlegenden Auseinandersetzung am Neujahrstag 1942[162], bei der u. a. General Warlimont, der Stellvertretende Chef des Wehrmachtführungsstabes, Halder, Gercke, Dorpmüller und Kleinmann beteiligt waren, ordnete Hitler die Übernahme des gesamten Eisenbahnbetriebes durch

150 Halder-KTB Bd. III, 13. 12. 1941.
151 Halder-KTB Bd. III, 16. 12. 1941.
152 KTB/OKW Bd. I, S. 1083; Fernschreiben Op.-Abt. (IM) Nr. 1725/41 gKdos. Chefs. vom 16. 12. 1941.
153 Halder-KTB Bd. III, 17. 12. 1941.
154 Halder-KTB Bd. III, 16. 12. 1941; KTB/OKW Bd. I, S. 1083.
155 Stalin hatte am 7. 8. 1941 den Oberbefehl über die Rote Armee übernommen.
156 Halder-KTB Bd. III, 19. 12. 1941.
157 Halder-KTB Bd. III, 20. 12. 1941.
158 Siehe Anhang Seite 352 f. Die Sonderbeauftragten bei den HBD wurden am 15. 4. 1942 zurückgezogen.
159 Halder-KTB Bd. III, 25. 12. 1941.
160 Mitteilung von Bb.-Vizepräsident Brand vom 18. 1. 1972. Brand war damals Güterzugfahrplandezernent und Vertreter des Betriebsleiters bei der Betriebsleitung Osten; vgl. Rohde, S. 223 f.
161 Vgl. Fernschreiben des Leiters der HBD Mitte in Minsk an den Chef des Transportwesens vom 8. 1. 1942, gedruckt bei Hahn, S. 198—204.
162 Halder-KTB Bd. III, 1. 1. 1942.

den Reichsverkehrsminister an[163]. Ausgenommen waren die Bereiche der Feldeisenbahndirektionen, die am 21. 1. 1942 der Feldbetriebsleitung beim Transportchef in Warschau unterstellt wurden. Der Chef des Transportwesens war klug genug, keinen Widerspruch gegen die Entscheidung Hitlers zu erheben, denn nun war er einer Aufgabe enthoben, die er nur ungenügend erfüllt hatte und erfüllen konnte, und für deren Bewältigung bei der Reichsbahn bessere Voraussetzungen und Möglichkeiten vorhanden waren. Die Neuregelung trat am 15. 1. 1942 in Kraft[164]. Aus der Betriebsleitung Osten beim Chef des Transportwesens in Warschau wurde die Zweigstelle Osten des Reichsverkehrsministeriums (Osteis). Der Reichsverkehrsminister mußte nun sehen, wie er mit der weiterhin kritischen Lage fertig wurde. Jetzt erst durften leitende Vertreter des Reichsverkehrsministeriums in die besetzten russischen Gebiete reisen, um sich Einblick in die dortigen Verhältnisse zu verschaffen und selbstverantwortliche Maßnahmen zur Beseitigung der Betriebsschwierigheiten zu ergreifen[165].

Die vom Transportchef am 25. Dezember 1941 in Aussicht gestellte Besserung der Transportlage stellte sich nicht ein. Vielmehr traten Mitte Januar infolge des anhaltenden strengen Winters erneut schwere Störungen auf, die den Betrieb weitgehend zum Erliegen brachten. Halder bezeichnete am 26. 1. die Transportlage, „für die nunmehr der Verkehrsminister verantwortlich ist", als Katastrophe[166]. Diese Bemerkung gibt Anlaß zu der Feststellung, daß der Verkehrsminister die vom Transportchef hinterlassene mißliche Eisenbahnlage natürlich nicht innerhalb von zehn Tagen zum Besseren wenden konnte. Sie bringt wohl mehr das befreiende Gefühl zum Ausdruck, einer drückenden Last und Verantwortung enthoben zu sein. Bereits am 14. 1. 1942 hatte der 73jährige Verkehrsminister Dorpmüller eine längere Inspektionsreise angetreten, bei der er am 25. 1. nach Minsk kam, um sich dort über die kritische Lage zu unterrichten. Der nahezu ausschließlich am Schreibtisch arbeitende Transportchef hat sich über die Transport- und Betriebsschwierigkeiten nie an Ort und Stelle unterrichtet und ging der Konfrontation mit der rauhen Wirklichkeit aus dem Wege, was ihm seine Offiziere[167] und die Eisenbahner mit Recht sehr verübelten.

Durch die Übertragung der Betriebsführung auf den Verkehrsminister war das Ansehen des Transportchefs ohne Zweifel geschmälert worden. Als am 21. 1. 1942 der im Transportwesen sehr erfahrene Oberst i. G. Wuthmann zur besonderen Verwendung zum Transportchef kommandiert wurde[168], hielt sich hartnäckig die Vermutung, daß er dessen Nachfolge antreten solle. Dem war aber nicht so. Vielmehr blieb Gercke bis zur Kapitulation in seinem Amt und war damit der einzige Leiter einer Generalstabsabteilung, der seine Stellung von Anfang bis Ende des Krieges innehatte. Im Frühjahr

163 Führererlaß OKW/WFStb./Qu. (Verw.) Nr. 8/42 vom 4. 1. 1942.

164 Erlaß des Reichsverkehrsministers 2 Arl (o) vom 13. 1. 1942, betr. Übernahme von Eisenbahnen im besetzten Ostraum durch den Reichsverkehrsminister; siehe Anhang Seite 353 ff.

165 Vgl. dazu die Reiseberichte des Sonderbeauftragten des Reichsverkehrsministers für den Bezirk der HBD Mitte „Bau" und seines maschinentechnischen Begleiters Dipl. Ing. Wagner, Unterlagensammlung der DB in Nürnberg, Mappe Bn, Bl. 885—985.

166 Halder-KTB Bd. III, 26. 1. 1942; vgl. KTB/OKW Bd. II, 30. 1. 1942.

167 Vgl. Teske (2), S. 97.

168 Halder KTB Bd. III, 25. 1. 1942.

1943 scheint Hitler mindestens vorübergehend seine Ablösung in Erwägung gezogen zu haben[169].

Die großen Betriebsschwierigkeiten im Osten hielten auch im Februar 1942 an. Am 20. 2. 1942 forderte Hitler in Anwesenheit von Halder, Gercke und Kleinmann erneut in aller Schärfe, „das Eisenbahntransportwesen in kürzester Zeit in Ordnung zu bringen"[170]. Als Verantwortliche für das Versagen der Eisenbahn wurden vom Transportchef die Betriebsleiter der Haupteisenbahndirektion Mitte in Minsk und der Haupteisenbahndirektion Süd in Kiew benannt. Die Abteilungspräsidenten Hahn und Landenberger wurden daraufhin verhaftet und in das Konzentrationslager Oranienburg—Sachsenhausen gebracht[171]. Anfang Juli wurden sie wieder entlassen[172]. Auf die Vorstellungen Dorpmüllers wegen ihrer Freilassung antwortete Hitler: „Wenn ich einen General und Ritterkreuzträger zum Tode verurteilen lasse und andere Generale maßregle, werde ich wohl einige Eisenbahnpräsidenten einsperren können"[173].

Nicht zuletzt gehörte auch der „Beschluß des Großdeutschen Reichstages" vom 26. 4. 1942 noch zu den Folgen der Winterkrise. Mit ihm wurde Hitler ermächtigt, „jeden Deutschen, sei er einfacher Soldat oder Offizier, niedriger oder hoher Beamter oder Richter, leitender oder dienender Funktionär der Partei, Arbeiter oder Angestellter mit allen ihm geeigneten Mitteln zur Erfüllung seiner Pflichten anzuhalten und bei Verletzung seiner Pflichten nach gewissenhafter Prüfung ohne Rücksicht auf sogenannte wohlerworbene Rechte mit der ihm gebührenden Sühne zu belegen, ihn im besonderen ohne Einleitung vorgeschriebener Verfahren aus seinem Amte, aus seinem Rang und seiner Stellung zu entfernen"[173a].

Winterschlachten 1941/42 und Kämpfe bis zum Beginn der Sommeroffensive

Der Wirbel, den die Winterkrise des Transport- und Versorgungswesens ausgelöst hatte, aber die wirklichen Ursachen und Schuldigen nicht bloßlegte, hatte zwar bessere Einsichten und Abhilfemaßnahmen gebracht, aber auf den Ablauf der Kämpfe im Winter 1941/42 keinen Einfluß mehr. Die Versäumnisse von Anfang an konnten so schnell nicht aufgeholt werden. So hat sich denn mit unerbittlicher Konsequenz das Überschreiten der durch die Gegebenheiten des Versorgungs- und Transportwesens gesetzten Grenzen bei dem Winterfeldzug 1941/42 furchtbar gerächt. Es führte das deutsche Heer im Zusammenwirken mit den klimatischen Verhältnissen bis an die Grenze einer echten Katastrophe[174].

169 Hitler-Speer-Konferenz am 10. 4. 1943, Punkt 9, R/3 1507 fol. 1—171. Bei Boelcke (1), S. 246 ist der Punkt 9 ausgelassen.
170 Halder-KTB Bd. III, 21. 2. 1942.
171 Vgl. Hahn, S. 77—91; Personalakten Hahn. — Die Aussage von v. Hassell, daß mehrere Eisenbahndirektionspräsidenten eingesperrt worden seien, ist falsch. v. Hassell, S. 256.
172 Vgl. Hitler-Speer-Konferenz am 30. 5. 1942, Punkt 7, S. 130.
173 v. Hassel, S. 256.
173a Beschluß des Großdeutschen Reichstages vom 26. 4. 1942, RGBl 1942 I, S. 274.
174 Krumpelt (2), S. 195.

Im Verlauf der harten Winter- und Frühjahrsschlachten erzielte die Rote Armee beachtliche Geländegewinne und drang bei der Heeresgruppe Mitte bis zu einer Tiefe von rd. 200 km vor. Beim Zurückweichen ging ein großer Teil der deutschen Truppenausrüstung verloren. Im April 1942 wurde im Oberkommando des Heeres ein russischer Beutefilm, der im November und Dezember gedreht worden war und manche Ähnlichkeit mit dem deutschen Film „Sieg im Westen" hatte, vorgeführt. Auf den Rückzugsstraßen bei Kalinin herrschten ähnliche Zustände wie vor Dünkirchen nach dem Abzug der Engländer nur mit dem Unterschied, daß hier eisiger Winter herrschte[175]. Besonders gefährlich waren die tiefen Einbrüche bei Rshew, Welikije-Luki und südwestlich von Wjasma.

Anfang Januar 1942 wurde die Strecke Welikije-Luki—Rshew unterbrochen. Am 13. 1. 1942 durchstießen die Russen bei Sytschewka die Strecke Rshew—Wjasma, die einzige Versorgungsstrecke der 9. Armee und der 3. Pz.-Armee[176]. Nicht minder bedrohlich war die Gefährdung der Strecke Smolensk—Wjasma, bei deren vorübergehender Unterbrechung auch Partisanen und Fallschirmtruppen mitwirkten[177]. Durch die Einnahme von Kirow (Fajansowaja) am 11. 2. 1942 war die Bahnlinie Brjansk—Wjasma und die Strecke Roßlawl nach Brjansk, die laufend gegen starke Partisanengruppen freigekämpft werden mußte, unterbunden[178].

In der zweiten Hälfte des Januar war den Russen bei der Heeresgruppe Süd ein rd. 100 km tiefer Einbruch bei Isjum gelungen, offenbar mit dem Ziel, die Versorgungsstrecke Dnjepropetrowsk—Stalino für die 17. und 1. Pz.-Armee zu unterbinden[179]. Durch den Verlust von Losowaja am 27. 7.[180] war die Strecke Charkow—Sinel'nikowo unterbrochen, außerdem näherte sich der Gegner bedenklich der Strecke Dnjepropetrowsk—Stalino. Auf der Krim wurde in den ersten Januartagen nach der Landung von Feindkräften bei Eupatoria die Versorgungsstrecke der 11. Armee von Dschankoj nach Sewastopol gefährdet[181].

Zur Unterstützung der bedrohten Ostfront wurden in der Zeit von Januar bis März 1942 17 Infanterie-Divisionen aus dem Westen, Dänemark und dem Balkan herangeführt[182]. Wegen der bevorstehenden Frühjahrsschlammperiode wurde vom 12. 12. 1942 eine Drosselung der Truppentransporte zugunsten der Nachschubtransporte befohlen. Die Auswirkungen der Schlammperiode auf den Transport und die Versorgung wurden jetzt realistischer beurteilt als dies vor der Herbstschlammperiode 1941 der Fall war[183]. Nachdem am 7. 3. die Urlaubssperre im Osten vom 15. 12. 1941 aufgehoben war, wurde am 23. 3. der Urlauberverkehr mit wöchentlich zwei Zügen je Heeresgruppe wieder auf-

175 Vgl. Halder-KTB Bd. III, 24. 2. 1942; vgl. Jacobsen (1), S. 313 f.
176 Halder-KTB Bd. III, 13. 1. 1942.
177 KTB/OKW Bd. II, 31. 1. 1942, S. 274; GGVK Bd. II, S. 391.
178 Halder-KTB Bd. III, 11. 2. 1942; Philippi-Heim, S. 110; Platonow, S. 218.
179 Halder-KTB Bd. III, 24. 1. 1942.
180 GGVK Bd. II, S. 745.
181 v. Manstein, S. 246; Paget, S. 58.
182 Müller-Hillebrand Bd. III, S. 31. — Verlegt wurden im Januar die 328., 329., 330. und 331. Inf. Div., dann die 83., 88., 205., 208, 211, 210., 225., 240. Inf. Div., von Dänemark die 218 Inf. Div. und vom Balkan die 342 Inf. Div. und die leichten Div. 5, 8 und 28.
183 Halder-KTB, Bd. III, 5. 2. 1942. — Befehl in: KTB/OKW Bd. I, S. 1093 ff.

genommen. Ab 16. 4. verkehrten dann bei jeder Heeresgruppe täglich zwei Urlauberzüge.

Mitte März trat noch einmal ein Kälteeinbruch, verbunden mit Schneestürmen, ein, der die Kampfhandlungen und den Eisenbahnbetrieb erheblich behinderte[184]. Ende März setzte Tauwetter ein, verbunden mit Eisgang und Hochwasser, das Mitte April allgemein seinen Höchststand erreichte. Die Schlammperiode lähmte die Kampftätigkeit auf beiden Seiten[185]. Von da ab vermerkt Halder nichts mehr über ungenügende Transportleistungen. Im April wurden weitere fünf Infanterie-Divisionen nach dem Osten gefahren[186]. Durch Eisgang und Hochwasser waren besonders die vielen Behelfsbrücken gefährdet. Im gesamten Bereich traten vorübergehende Streckenunterbrechungen ein. So war z. B. am 15. 4. der Bahnhof Poltawa fast eine Woche lang überschwemmt. Am 16. 4. stürzte die Brücke über die Worskla in der Strecke Krementschug—Poltawa ein, deren Wasserstand an dieser Stelle um 10 m angestiegen war. Die Wiederherstellung des russischen Netzes und die Umspurung (Winterausbau 1941/42) wurden auch in den Wintermonaten mit großer Energie weiterbetrieben. Der mit Anerkennungen sehr zurückhaltende Chef des Transportwesens hat am 19. 4. 1942 dem Leiter der Zweigstelle Osten des Reichsverkehrsministeriums, Ministerialdirigent Dr. Ing. Joseph Müller, dafür Dank und Anerkennung ausgesprochen. Am 12. Mai 1942 setzten Sowjetarmeen zu einem umfassenden Angriff auf Charkow an. Im Verlauf dieser Schlacht (bis 29. Mai) wurden starke russische Kräfte eingekesselt und damit der Einbruch bei Isjum vom Januar 1942 bereinigt. Die Strecken Charkow—Losowaja und Losowaja—Slawjansk waren wieder in deutschem Besitz.

In der Zeit vom 8. bis 15. 5. wurde die Halbinsel Kertsch zurückerorbert. Anfang Juni begann der Angriff auf Sewastopol, das am 1. 7. 1942 eingenommen wurde. Hierbei war das Eisenbahngeschütz „Dora" eingesetzt[187]. Der gesamte Munitionsverbrauch für den Kampf um Sewastopol betrug rd. 47 000 Tonnen, dafür wurden 103 Nachschubzüge benötigt[188]. Nach der Einnahme von Sewastopol wurde das Dora-Gerät nach Gattschina befördert, wo es gegen Kronstadt eingesetzt werden sollte[189].

Im Frühjahr und Sommer 1942 wurde die ansteigende Leistungsfähigkeit der Eisenbahnen durch zunehmende Partisanentätigkeit, besonders im Bereich der Heeresgruppe Mitte beeinträchtigt, die sich in einer Schwächung des Durchlaufes in Orscha, Gomel und Brjansk auswirkte. Das Kriegstagebuch des Oberkommandos der Wehrmacht enthält hierzu viele Einträge[190]. Halder wies Hitler am 25. 5. auf die zunehmende Partisanentätigkeit und auf erforderliche Abhilfemaßnahmen hin[191]. Im Raum Mosty—Molodetschno—Polozk—Nevel—Witebsk—Smolensk—Orscha wurden am 15. 6. von

184 Halder-KTB Bd. III, 14. 3. 1942 u. 15. 3. 1942.
185 Vgl. Halder-KTB Bd. III, 26. 4. 1942; Schukow, S. 354.
186 Müller-Hillebrand Bd. III, S. 31.
187 Vgl. Boehm, S. 110—112; vgl. v. Manstein, S. 268; Halder-KTB Bd. III, 2. 6. 1942.
188 Philippi-Heim, S. 124.
189 Aufzeichnung des Verfassers vom 2. 7. 1942.
190 KTB/OKW Bd. II, u. a. 3. 5. 1942, S. 335, 6. 5. 1942, S. 341, 8. 5. 1942, S. 345, 11. 5. 1942, S. 350, 22. 5. 1942, S. 276, 29. 5. 1942, S. 391, 1. 6. 1942, S. 396 und weitere Einträge im Juni.
191 KTB/OKW Bd. II, 25. 5. 1942, S. 382.

20 Uhr bis 3 Uhr zur Vermeidung weiterer Unfälle keine Züge gefahren. Wegen der starken Leistungsminderung mußten die Strecken ab 19. 6. wieder größtenteils durchgehend befahren werden.

Die Eisenbahnverhältnisse nach der Winterkrise

Nach dem Winter 1941/42 wurden die Anstrengungen zur Erhöhung der Leistungsfähigkeit der Eisenbahnen in den besetzten Ostgebieten mit allen verfügbaren Mitteln verstärkt. Der Transportchef legte das Leistungsprogramm für den Ausbau des Netzes nach Umfang und Zeit[192] für die Zeit vom 1. 5. bis 1. 10. 1942 fest und kontrollierte die Ausführung genauestens. Unter anderem war darin der zweigleisige Ausbau der Strecken Wilna—Dünaburg—Pleskau, Bogdanow—Molodetschno—Polozk und Dünaburg—Polozk vorgesehen. Schon im November 1941 hatte Halder betont, daß die weiteren Aufgaben (Kaukasus, Wolga, Wolodga, Bereinigung des Anschlusses an Finnland) ein den Aufgaben gewachsenes Verkehrsnetz (Eisenbahn-, Straßen-, Nachrichtennetz) verlangen[193]. Besondere Anstrengungen waren auf dem Gebiete des Betriebsmaschinendienstes und Werkstättendienstes erforderlich. Die Leistungssteigerung hing wesentlich von der raschen Wiederherstellung der Lokomotivbehandlungsanlagen ab. Bereits im Februar ordnete das Reichsverkehrsministerium für den nächsten Winter die endgültige Frostschutz-Ausrüstung von 5 000 Lokomotiven bis zum 1. 10. 1942 an. Es handelte sich hier vornehmlich um den Wegfall der kälteempfindlichen Vorwärmer und Speisewasserpumpen und den Schutz empfindlicher Teile durch besondere Isolierung. Durch diese Maßnahmen erhöhte sich allerdings der Kohlenverbrauch der Lokomotiven um rd. 12%. Im April wurde die Zahl der auszurüstenden Lokomotiven auf 7 500 erhöht. Für die bewegliche Betriebsführung in den großen Räumen war auch der Aufbau eines ausreichenden Fernsprech- und Fernschreibnetzes vordringlich. Abseits der Hauptrollbahnen waren noch viele Strecken umzuspuren und in Betrieb zu nehmen. Ende April betrugen die Betriebslängen 20 309 km Normalspur und 1 260 km Breitspur, insgesamt 23 023 km. Von der Gesamtlänge von 38 000 km waren bis Mai 5 922 km zweigleisig, 16 295 km eingleisig und 847 km breitspurig in Betrieb[194]. Am Jahresende 1942 hatte das im Osten betriebene Streckennetz eine Ausdehung von 42 000 km erreicht. Insgesamt waren 112 000 Deutsche und 634 000 Einheimische bei der Eisenbahn tätig.

Der Vormarsch in den Osten zehrte erheblich am Leistungsvermögen der Deutschen Reichsbahn sowie an ihren materiellen und personellen Kräften. Mitte Mai befanden sich rd. 110 000 Wagen im Osten. Durch die großen Entfernungen verlängerte sich die Wagenumlaufzeit[195], wodurch eine Verminderung der Wagenstellung eintrat. Anfang

192 Führerweisung vom 4. 1. 1942. Anhang, Seite 354.

193 Halder-KTB Bd. III, 23. 11. 1941; vgl. auch Halder-KTB Bd. III, 19. 11. 1941.

194 Vgl. Denkschrift des Oberkommandos der Wehrmacht über die Wehrkraft der Wehrmacht vom 6. 6. 1942, gedruckt in Jacobsen (1), S. 319.

195 Die Wagenumlaufzeit eines Güterwagens beginnt mit der Bereitstellung zur Beladung auf dem Versandbahnhof, enthält u. a. die Abholung, Beförderung, Bereitstellung und Entladung des beladenen Wagens und endet mit der erneuten Bereitstellung des leeren Wagens zur Beladung auf einem Wiederverwendungsbahnhof.

März waren bei einem Gesamtlokbestand, einschließlich französischer Leihloks von rd. 29 000, über 5 200 Lokomotiven über die Ostgrenze abgegeben worden, von denen rd. 1 200 bereits wieder als Schadlokomotiven ins Reich zurückgekommen waren. Geeignete Ausbesserungsmöglichkeiten waren im Osten noch nicht vorhanden. Es befand sich demnach ein Fünftel des Lokomotivbestandes im Osten. Im Laufe des Jahres 1942 wurden rd. 42 000 erbeutete Breitspurwagen auf Normalspur umgebaut.

Die allmähliche Leistungssteigerung ergibt sich deutlich aus der Zunahme des Grenzübergangs im Zugverteiler[196].

Datum	Nord	Mitte	Süd	Summe		davon Dienstzüge für Kohle, Baustoffe, Geräte u. Betriebsstoffe
7. 3. 42	38	48	46	132		
15. 4. 42	72	52	62	186	+6 Tighina	53
15. 5. 42	69	67	64	200	+9 Tighina	56
11. 7. 42	74	69	66	229	+9 Tighina	89
1. 10. 42	76 1/2	97	67	240 1/2	+9 Tighina	81

Mit dem allmählichen Schwinden der deutschen Luftüberlegenheit verstärkte die russische Luftwaffe ihre Angriffe. Nun waren auch im Osten Luftschutzmaßnahmen nötig geworden. Um die Angriffe der Partisanen zu erschweren, wurden Bahnhöfe, Blockstellen und Brücken befestigt und mit Sperren versehen und bei Strecken durch Wälder beiderseits der Bahn breite Schneisen geschlagen. Diese Maßnahme war zweischneidig, denn sie hatte zusätzliche Schneeverwehungen im Winter zur Folge. Züge fuhren, soweit betrieblich möglich, als Konvois im Sichtabstand. Da der Schutz durch die Wehrmacht bei weitem nicht genügte, erhielten die Eisenbahner Beutewaffen, um sich, so gut es eben ging, selbst gegen Überfälle verteidigen zu können. In den einsamen Weiten des russischen Raumes wurden an die oft auf sich allein gestellten Eisenbahner auf kleinen Bahnhöfen und Blockstellen und an das Zugpersonal härteste Anforderungen an Mut und Ausdauer gestellt.

Im Laufe des Jahres 1942 konnten folgende wichtige Brücken wiederhergestellt werden: Am 21. 2. die Dnjestr-Brücke bei Tighina; mit dieser Brücke ist die erste durchgehende und direkte Eisenbahnverbindung aus Rumänien (Pascani—Jasi) nach Transnistrien (Odessa) geschaffen worden. Im März 1942 die Dnjepr-Brücke bei Krementschug, am 17. 4. die Narwa-Brücke bei Narwa, am 18. 3. die südliche Dnjepr-Brücke bei Kiew, Anfang November 1942 die eingleisige Don-Brücke bei Rostow, im November 1942 die östliche Brücke über den Dnjepr bei Kiew, am 22. 11. 1942 die Dnjepr-Brücke bei Dnjepropetrowsk (Ost) und am 15. 12. 1942 die Dnjepr-Brücke bei Kiew (Nord).

[196] Nach Aufzeichnungen des Verfassers.

Vorbereitung der Sommeroffensive

Hitler stand im Frühjahr 1942 vor der schwierigen Frage, wie er den Krieg gegen die Sowjetunion weiterführen wolle[197]. Zu einem Angriff auf der gesamten Ostfront reichten die Kräfte infolge der erlittenen Verluste an Truppen und Material nicht mehr aus. Er entschloß sich zu einer weiteren Offensive im Südabschnitt, deren Einzelheiten in Weisung Nr. 41 vom 5. 4. 1942[198] festgelegt wurden. „Das Ziel ist, die den Sowjets noch verbliebene lebendige Kraft endgültig zu vernichten und ihnen die kriegswirtschaftlichen Kraftquellen so weit als möglich zu entziehen. Unter Festhalten an den ursprünglichen Grundzügen des Ostfeldzuges kommt es darauf an, bei Verhalten der Heeresmitte, im Norden Leningrad zu Fall zu bringen und die Landverbindung mit den Finnen herzustellen, auf dem Südflügel der Heeresfront aber den Durchbruch in den Kaukasusraum zu erzwingen."

Am 16. 2. erhielt der Chef des Transportwesens den Auftrag, die Vorbereitungen auf dem Bahngebiet für die Frühjahrsoffensive zu treffen[199]. Diesmal wurden rechtzeitig personelle und materielle Forderungen an das Verkehrsministerium gestellt. Für das Unternehmen „Blau" wurden in den Monaten Mai und Juni 41 Divisionen zur Heeresgruppe Süd verlegt, darunter 21 verbündete Divisionen[200]. Von den 50 000 Tonnen Großkraftwagentransportraum sollten 20 000 für die Südoperationen bereitgestellt werden[201]. Am 2. 3. teilte der Chef der Operationsabteilung im Generalstab des Heeres, General Heusinger, mit, daß der Aufmarsch bis 10. 7. 1942 dauern werde[202]. Anfang September sollte der Nordkaukasus, anschließend Batum—Baku erreicht sein[203]. Zwei Wochen vor Beginn der Offensive bezeichnete der Generalquartiermeister Wagner die Bevorratung im allgemeinen recht befriedigend, bei Betriebsstoff, Kampfwagen und Pak-Munition als schwierig[204].

Zur Vorbereitung der Offensive standen drei Eisenbahnstrecken (Dnjepropetrowsk—Donezbecken, Kiew—Charkow und Brjansk—Orel) zur Verfügung, deren Leistungsfähigkeit mitbestimmend für den Angriffsbeginn war. Der Generalquartiermeister stellte außerdem 10 000 Tonnen Großkraftwagentransportraum zur Verfügung[205]. Ein Nachteil für den Verlauf der Operation mußte sein, daß hinter dem nördlichen Stoßflügel zwischen Donez und Don eine durchlaufende Bahnlinie überhaupt fehlte und auf dem Südflügel nur eine leistungsbeschränkte Strecke aus dem Donezbecken in Richtung Stalingrad führte, während die große Linie zum Kaukasus an der Donbrücke in Rostow vom Gegner nachhaltig unterbrochen werden konnte[206]. Die Zeit, bis diese Eisenbahn-

[197] v. Tippelskirch (2), S. 237.
[198] Weisungen, S. 183—188.
[199] Halder-KTB Bd. III, 16. 2. 1942.
[200] KTB/OKW Bd. II, S. 71.
[201] Halder-KTB Bd. III, 8. 3. 1942.
[202] Halder-KTB Bd. III, 21. 3. 1942.
[203] Halder-KTB Bd. III, 28. 3. 1942.
[204] Halder-KTB Bd. III, 14. 6. 1942. Der Betriebsstoff reichte nur bis Mitte September, Halder-KTB Bd. III. 13. 6. 1942.
[205] KTB/OKW Bd. II, Einführung, S. 54.
[206] Philippi-Heim, S. 129 f.

linien in eigener Hand wieder betriebsfähig wurden, mußte durch motorisierten Nachschub überbrückt werden[207]. Der Chef des Transportwesens hielt die Versorgung beider Stoßrichtungen mit der Eisenbahn nicht für möglich[208]. Auch der Generalquartiermeister war dieser Meinung. Der Auffassung Müller-Hillebrands[209], daß die verkehrs- und versorgungsmäßigen Möglichkeiten der geplanten Großoffensive sowie die Leistungsfähigkeit und die Absichten des Feindes nüchtern und sorgfältig eingeschätzt worden seien, kann ebensowenig zugestimmt werden, wie den Ausführungen von Goebbels, der am 19. 10. 1942 erklärte: „... so sehr Deutschland im vorigen Herbst den russischen Gegner unterschätzt habe und als Folge dieser Unterschätzung vor Moskau liegen geblieben sei, um so richtiger habe die militärische Führung des Reiches in diesem Jahr die Schwierigkeiten des Angriffsunternehmens auf Stalingrad eingeschätzt“[210].

Die Vorbereitungen für die Operation im Sommer 1942 wurden nach Erfahrungen beim Vormarsch unabhängig vom Ostbau 1942 getroffen. Auch bei diesem Vormarsch war wieder mit wirksamen Räumungs- und Zerstörungsmaßnahmen des Gegners zu rechnen. Für die Wiederherstellung und Inbetriebnahme der Strecken wurden Eisenbahnpioniere, Eisenbahnbaubataillone und Kräfte der Organisation Todt und des Reichsverkehrsministeriums bereitgestellt, Baustoffe für den Brückenbau und Oberbaustoffe wurden in frontnahe Lager (Grebenka und Snamenka) herangeführt. Die Oberbaustoffe waren in Deutschland und Frankreich ausgebaut worden[211]. Insgesamt war die Inbetriebnahme von rd. 5 000 km Bahnstrecken vorgesehen, davon 2 000 für die Feldeisenbahnkommandos und 3 000 km für die Zweigstelle Osten des Reichsverkehrsministeriums (Osteis). Bis zum 15. 5. wurden fünf Feldeisenbahn-Maschinenabteilungen und zwei Feldeisenbahn-Werkstättenabteilungen aufgestellt und die vorhandenen Feldeisenbahnkommandos auf volle Personalstärke gebracht. Die Reichsbahn hatte Personal für eine weitere Haupteisenbahndirektion (HBD Rostow) vorzuhalten. Insgesamt hatte die Deutsche Reichsbahn im April 1942 rd. 50 000 Mann bereitzustellen[212]. Vor Beginn der Offensive wurden in größerem Umfang Strecken des Südbereiches von den Feldeisenbahnkommandos an die Haupteisenbahndirektion Ost in Charkow übergeben. Vom 15. 7. bis 29. 10. 1942 hatten das Oberkommando der Wehrmacht und das Oberkommando des Heeres ihre vorbereiteten Quartiere bei Kalinowka (Werwolf) und Winniza bezogen. Insgesamt wurden für den Aufmarsch in Südrußland vom April bis September 3 717 Züge gefahren[213].

Der Angriff auf Stalingrad

Die Sommeroffensive 1942 begann am 28. 6. von Norden nach Süden sich fortsetzend zunächst in Richtung Woronesh, das am 6. 7. genommen wurde. Am 15. 7. war Mil-

207 Philippi-Heim, S. 129 f.
208 Vgl. v. Manstein, S. 306.
209 Müller-Hillebrand Bd. III, S. 82.
210 Boelcke (2), S. 292.
211 Vgl. Durand, S. 216—219.
212 Pottgießer, S. 54.
213 Aufzeichnung des Verfassers vom 7. 3. 1943.

lerowo, am 17. 7. Kamensk, am 19. 7. Wassilowsky und am 25. 7. Rostow erreicht. Die Ende 1941 von den Russen behelfsmäßig wieder errichtete Eisenbahnbrücke über den Don bei Rostow wurde erneut gesprengt. Eine eingleisige Ersatzbrücke kam erst am 1. 10. 1943 in Betrieb. Solange wurde der Don mit einer Seilbahn und Lastkraftwagen überbrückt. Bis zum 25. 7. war praktisch das gesamte Gebiet westlich des Don in deutscher Hand, nach Osten hin nur durch wenige Verbände gesichert. Innerhalb eines Monats hatte sich die Front über 300 km von ihrer Ausgangslage entfernt. Die Russen hatten sich planmäßig abgesetzt. Es wurde Raum, aber keine entscheidenden Schlachten gewonnen. Die wenigen Bahnen waren weitgehend geräumt und gründlich zerstört, alle Eisenbahnbrücken über den Donez u. a. bei Belaja-Kalitwa[214], Kamenskaja und Woroshilowgrad, die Tschirbrücke bei Parschin und die Donbrücke ostwärts Tschir waren gesprengt worden. Die Strecke Taganrog—Rostow war so stark zerstört, daß ihre Wiederherstellung praktisch einem Neubau gleichkam[215].

Als nach Beginn der Offensive im rückwärtigen Gebiet äußerst schwierige Betriebs- und Versorgungsverhältnisse auftraten, wurde im September 1942[216], in Dnjepropetrowsk ein General des Transportwesens Südrußland geschaffen. Aus dieser Dienststelle entstand im November 1942 unter Hereinnahme der Wehrmachttransportleitung Ukraine der Bevollmächtigte General des Transportwesen Südrußland. Eisenbahnseitig wurde dazu eine Oberbetriebsleitung Südrußland eingerichtet.

In der Annahme, die letzte Möglichkeit der russischen Ölzufuhr unterbinden zu können, sollte die Bahnlinie Tichoretzkaja—Stalingrad unterbrochen werden[217]. Dies war im ersten Anlauf nicht gelungen[218]. Vielmehr leistete der Gegner dem deutschen Vordringen aus dem Brückenkopf von Zymlinskaja auf diese Bahn erheblichen Widerstand[219]. Die 1. Pz.-Armee erreichte dann am 1. 8. die Bahnlinie Tichoretzkaja—Salsk, ebenso die 4. Pz.-Armee bei Remontnaja. Die Brücken über den Manytsch und den Sal waren ebenfalls gesprengt worden. Bereits Ende Juli kam es zu Versorgungsschwierigkeiten bei Treibstoff und Munition[220]. Am 23. 7. fand bei der Heeresgruppe Süd in Stalino eine Besprechung über die Versorgungslage der 6. Armee statt, an der die Oberquartiermeister der Armeen der Heeresgruppe Süd und vom Oberkommando des Heeres der Generalquartiermeister, Vertreter der Organisationsabteilung und des Heeresverwaltungsamtes teilnahmen[221]. Hierbei kam die Diskrepanz zwischen Führung und Versorgungsmöglichkeiten offen zur Sprache, ohne daß höheren Ortes die erforderlichen Konsequenzen gezogen wurden. Am 25. 8. erreichte die 16. Pz. Div. die Wolga nördlich Stalingrad[222]. Hierbei wurden auch zwei Anlegestellen für Eisenbahnfähren am

214 Wiederhergestellt am 26. 9. 1942.
215 Klein, S. 42.
216 Rohde, S. 235 ff.
217 Vgl. KTB/OKW Bd. II, S. 58 f. und das Fernschreiben des OKH/Gen. St. d. H. an die Heeresgruppe A und B vom 31. 7. 1942, betr. Fortführung der Operationen, gedruckt in: KTB/OKW Bd. II, S. 1285.
218 Halder-KTB Bd. III, 23. 7. 1942.
219 Philippi-Heim, S. 141.
220 Halder-KTB Bd. III, 20. 7. 1942, 20. 7. 1942, 00. 7. 1942 u. 1. 8. 1942.
221 Erläuterungen zu Wagner-Tagebuch, S. 225; Krumpelt (2), S. 206.
222 KTB/OKW Bd. II, 25. 8. 1942, S. 639.

diesseitigen Ufer besetzt. Damit waren westlich der Wolga alle Eisenbahnlinien nach Stalingrad unterbrochen. Zwischen Hitler und Halder war es wegen der verschiedenen Beurteilung der Lage zu Auseinandersetzungen gekommen, an deren Ende Halder am 24. 9. seines Postens enthoben wurde. General Zeitzler wurde sein Nachfolger. In Stalingrad selbst kam es Anfang Oktober und im November zu schweren, von beiden Seiten mit größter Verbissenheit geführten Stellungskämpfen mit hohen Verlusten auf beiden Seiten, ohne daß es gelang, die Stadt ganz zu besetzen[223]. Am 15. 9. wurde der Hauptbahnhof in Stalingrad eingenommen[224]. Durch die Kämpfe in der Stadt entstand ein hoher Nachschubbedarf, der nur unzureichend gedeckt werden konnte. Am 19. November durchbrachen die Russen die deutsch-rumänische Front nordwestlich und südlich von Stalingrad. Sie schlossen die 6. Armee am 2. 11. bei Kalatsch ein und unterbrachen damit die beiden eingleisigen Bahnlinien nach Stalingrad bei Abganerowo[225] und Kriwomusginskaja. Am 23. 11. forderte der Oberbefehlshaber der 6. Armee, General Paulus, die Genehmigung zum Ausbruch seiner Armee. In der Lagebesprechung am 24. 11. verbürgte sich Göring für die Luftversorgung der eingeschlossenen Armee[226] und veranlaßte Hitler, den vorgeschlagenen Ausbruch abzulehnen.

Für einen Gegenangriff zum Entsatz der 6. Armee wurden aus der Bretagne die vollausgerüstete 6. Pz. Div.[227] und aus dem Kaukasus die 23. Pz. Div. herangeführt. Letztere wurde im Raum Remontnaja etwa 30 km südwestlich von Kotelnikowo ausgeladen[228]. Der Antransport der 6. Pz. Div. war schon seit November im Gange. Sie war ursprünglich für den Raum Belgorod bestimmt und wurde dann nach Süden abgedreht. Am 27. 11. traf der erste Zug der 6. Pz. Div. in Kotelnikowo ein. Die Truppe wurde sofort in Kämpfe mit dem Gegner verwickelt und mußte den Ort wieder freikämpfen[229]. Ein Teil der 6. Pz. Div. wurde im Raum von Morosowskaja an der Bahn Lichaja—Stalingrad ausgeladen und erreichte seinen Versammlungsraum im Landmarsch. Bis zum 5. 12. war die 6. Pz. Div. bis auf das Panzerregiment 11 eingetroffen[230]. Der Antransport hatte sich durch Partisanenanschläge merklich verzögert[231]. Aus dem Raum Orel wurde die 17. Pz. Div. herangeführt. Die vielen Truppentransporte nahmen einen wesentlichen Teil der Leistungsfähigkeit der Eisenbahnen in Anspruch und verringerten dadurch den Nachschub von Treibstoff und Munition.

Am 12. 12. 1942 trat die Angriffsgruppe Hoth zum Gegenangriff an (Unternehmen „Wintergewitter"). Ihre Angriffsspritze war am 21. Dezember noch rd. 50 km von der Einschließungsfront entfernt. Am 16. 12. durchstießen die Sowjets bei der 8. italienischen Armee die Front in Richtung Don und Tschir und rückten in kurzer Zeit bis Kalitwa vor. Die Versorgung des Kessels durch die Luftwaffe reichte in keiner Weise aus. Die

[223] Vgl. Halder-KTB Bd. III, 20. 9. 1942.
[224] Doerr (1), S. 46.
[225] Vgl. GGVK Bd. III, S. 46 f.
[226] Erläuterungen zum Wagner-Tagebuch, S. 225 f.
[227] Mantello, S. 465.
[228] Mantello, S. 468.
[229] Mantello, S. 467.
[230] Mantello, S. 468.
[231] GGVK Bd. III, S. 52 f.; Schukow, S. 406.

von Göring garantierten Versorgungsmengen wurden nicht annähernd eingeflogen[232]. Am 24. 12. 1942 ging der wichtige Flugplatz Tazinskaja und das dortige Nachschublager der 6. Armee verloren[233]. Durch schwere Luftangriffe am 24., 26. und 27. 12 wurden in dem wichtigen Knotenbahnhof Lichaja große Zerstörungen angerichtet, die den Betrieb auf Tage hinaus lahmlegten[234]. Im Januar 1943 wurde der Stalingradkessel laufend weiter eingeengt. Am 31. Januar und 2. Februar kapitulierte die in zwei Gruppen aufgespaltete 6. Armee.

Der Vormarsch in den Kaukasus

Am 23. 7. 1942 legte Hitler mit der Weisung Nr. 45 die weiteren Angriffsziele für die Sommeroffensive fest. Diese waren die Schwarzmeerhäfen, das Höhengelände von Maikop und Armavir, Baku sowie Stalingrad und Astrachan mit der Sperrung der Wolga[235]. In diesen Weisungen war auch die Verlegung der 11. Armee mit fünf Divisionen von der Krim in den Raum vor Leningrad befohlen (siehe Seite 152), ebenso die Überführung der 22. Inf. Div. in den Bereich des Wehrmachtbefehlshabers Südost. Außerdem war die Verlegung der Inf. Div. „Großdeutschland" nach dem Westen vorzubereiten. Ihr Abtransport begann am 13. 8. 1942. Diese weitreichenden Zielsetzungen entsprachen in keiner Weise den vorhandenen Kräften und Transportmitteln. Der für die Heeresgruppe B ursprünglich vorgesehene Großkraftwagentransportraum wurde zur Heeresgruppe A abgedreht[236].

Der Vormarsch der Heeresgruppe A auf das Schwarze Meer und den Kaukasus begann am 25. 7. 1942. Auch hier wurden rasch große Geländegewinne erzielt, aber keine entscheidenden Schlachten geschlagen. Ende Juli wurde der Manytsch überschritten. Am 1. 8. war Tichoretzkaja[237], am 9. 8. Maikop und Pjatigorsk (500 km von Rostow entfernt) und am 12. 8. Elista in deutscher Hand. Die Seefestung Noworossisk wurde am 21. 8. eingenommen. Der 1. Pz.-Armee stand noch nicht einmal eine Eisenbahnpionierkompanie zur Verfügung. Diese waren samt und sonders auf den Strecken nach Stalingrad eingesetzt[238]. Mitte August gerieten die Operationen wegen Treibstoffmangel vorübergehend, Ende August endgültig ins Stocken[239]. Die zweigleisige Strecke von Rostow nach Baku war weitgehend geräumt und gründlich zerstört, außerdem waren Zeitminen mit langer Laufdauer in die Gleise eingebaut. Die großen Brücken bei Kajala, Kutschewka und die Kubanbrücke bei Kawkasskaja waren gesprengt. Bis zum 1. 9. war die Bahnstrecke zwischen Rostow und Sossyka noch nicht benützbar. Am 13. 8. wurde die Division „Großdeutschland" aus dem Kampf gezogen und von Rostow ab

232 Einzelheiten über die Luftversorgung des Stalingradkessels bei: Herhudt v. Rohden (1), S. 27 f.; v. Manstein, S. 330, 337 u. 347; Krumpelt (1), S. 469—471; Krumpelt (2), S. 207 f.; Fischer, S. 40 u. 42.
233 Vgl. GGVK Bd. III, S. 58.
234 Eisen, S. 45.
235 Weisungen, S. 196—200.
236 Philippi-Heim, S. 141.
237 Philippi Hoim, S. 145.
238 v. Pfister, S. 267 f.
239 KTB/OKW Bd. II, Einführung, S. 62.

nach Frankreich gefahren. Ende August kam der Vormarsch noch einmal in Gang, am 30. 8. wurde bei Mosdok der Terek erreicht. Ein letzter Vorstoß über den Terek kam am 5. 11. bis kurz vor Orchonikidze. Ende November wurde die 23. Pz. Div. in den Raum südlich Stalingrad gefahren.

Am 7. 8. haben die Russen eine während des Baues gut getarnte eingleisige Bahn von Kisliar bis zur Wolga bei Astrachan in Betrieb genommen[240]. Der Bau dieser Bahn war schon Mitte Juni bekanntgeworden[241] und hat im Oberkommando des Heeres große Überraschung und Unruhe ausgelöst, denn diese Bahn ermöglichte weiterhin Öltransporte von Baku nach der Stalingrad-Front. Durch einzelne Kommandounternehmungen wurden Ölzüge und ein Lokomotivzug bei Senschi und Jandyk angeschossen und vernichtet[242]. Eine nachhaltige Unterbrechung der besonders gesicherten Bahn[243] war aber weder zu Lande noch durch die Luftwaffe möglich[244].

Die Eisenbahnverhältnisse während der Offensive in Südrußland

Die Wiederherstellung und Inbetriebnahme der stark zerstörten und geräumten Eisenbahnen in den neuen weiträumigen Gebieten erforderten geraume Zeit. Trotz größter Anstrengungen standen die Eisenbahnen für die Versorgung der Fronten nicht so schnell zur Verfügung, daß die Offensive in Gang gehalten werden konnte. Am 1. 8. 1942 war Normalspurbetrieb bis vor Ostrogorsk, Gorlowka und Taganrog möglich. Außerdem stand je ein Breitspurgleis von Puchowo über Millerowo bis zur Donezbrücke und von Gratschi bis Tschernyschkow mit geringen Leistungen zur Verfügung. Nach der Streckenleistungskarte des Transportchefs vom 1. 9. 1942 ging der Normalspurbetrieb eingleisig von Kupjansk über Millerowo nach Puchowo, über Gorlowka bis Lichaja und bis Rostow. Breitspurbetrieb war auf der eingleisigen Strecke Lichaja—Stalingrad zwischen der Donezbrücke und der Tschirbrücke und auf der Strecke von Jeisk—Sossyka—Tichoretzkaja—Kawkasskaja bis Diwnoje, ferner auf der Strecke Tichoretzkaja—Richtung Stalingrad bis Abganerowo mit zwei Unterbrechungen an der Manytsch- und Salbrücke. Auf der Strecke Lichaja—Tschir sind Steigungen bis zu 9,5‰ und Radien von 300 m vorhanden. Die Wasserverhältnisse waren sehr ungünstig. Zur Steigerung der Leistungsfähigkeit wurde mit dem Bau von 12 zusätzlichen Kreuzungsstellen begonnen. Die Strecke gehörte zu den weniger belasteten Linien des russischen Eisenbahnnetzes. Nach damals gefundenen Unterlagen wurden im Jahre 1933 1,7 Millionen Tonnen und in der Gegenrichtung 1,2 Millionen Tonnen befördert. Selbst wenn sich der Verkehr bis zum Kriege verdoppelt haben sollte, dürften kaum mehr als fünf Güterzüge in einer Richtung gefahren sein. Eine merkliche Besserung trat Ende September ein, als eine umgespurte Strecke mit einer behelfsmäßigen Leistung von

240 KTB/OKW Bd. II, 21. 8. 1942, S. 617.

241 Aufzeichnungen des Verfassers vom 16. 6. 1942. — Warlimont gibt in den Erläuterungen zu den Aufzeichnungen Greiners vom 13. 8. 1942 an, daß man auf deutscher Seite vor Beginn der Sommeroffensive 1942 nicht unterrichtet gewesen sei; vgl. KTB/OKW Bd. II, S. 582.

242 KTB/OKW Bd. II, 2. 9. 1942, S. 671 u. 5. 9. 1942, S. 684.

243 Sawjalow-Kaljadin, S. 104.

244 KTB/OKW Bd. II, 6. 10. 1942, S. 800.

12 Zügen pro Tag ohne Unterbrechung bis zur Donbrücke zur Verfügung stand. Auf der südlichen Strecke nach Stalingrad waren die Unterbrechungen beseitigt und eine Leistung bis Salsk von acht und von Salsk bis Tinguta von sechs Zügen vorhanden. Eine durchgehende Verbindung zwischen Swerewo und Rostow bestand noch nicht; die Donezbrücke nördlich Lichaja war noch unterbrochen und die im Spätherbst begonnene Verbindungskurve bei Liski für eine Direktverbindung Walujki—Millerowo war erst im Bau. Diese Kurve erforderte große Erdbewegungen in schlechtem Baugrund und konnte daher erst im Laufe des Dezember fertiggestellt werden. In Richtung Kaukasus war die Strecke mit einigen Ausnahmen zweigleisig bis Mineralny Wody und eingleisig bis Prochladnaja wiederhergestellt. Die Strecke Rostow—Salsk war noch in der Umspurung. Von Jeisk nach Sossyka (vier Züge pro Tag) und Kawkasskaja (zwei Züge pro Tag) war ebenfalls Normalspurbetrieb vorhanden. Anfang November hatte der Transportchef für die nördliche Linie nach Stalingrad eine Behelfsleistung von 18 Zügen pro Tag und auf der südlichen von 12 Zügen pro Tag festgesetzt, die aber nicht immer erreicht worden ist. Auf den beiden nach Stalingrad führenden Strecken mußten die Lokomotivbehandlungsanlagen praktisch neu erstellt und ausgerüstet werden. Die Wasserversorgung der Lokomotiven bereitete große Schwierigkeiten, vor allem wegen des ungewöhnlich harten Wassers. Östlich der Donbrücke wurde nicht umgespurt. Die Strecke über Woroponowo bis Gumrak (Umgehungsbahn von Stalingrad) war Ende September für Breitspurbetrieb mit einer behelfsmäßigen Leistung von sechs Zügen pro Tag hergerichtet. In dem eisenbahnleeren Donbogen wurden drei Heeresfeldbahnen mit rd. 400 km Länge in Angriff genommen, die aber über Trassierungsarbeiten nicht hinauskamen. Die Bahnen zweigten in Schelistowka, Obliwskaja und Tschir ab.

Die Betriebsführung auf den Frontstrecken der hinzugekommenen Räume oblag dem Feldeisenbahnkommando 3 in Charkow und dem Feldeisenbahnkommando 5, das seinen Sitz in Rostow und dann in Kawkasskaja hatte. Für die rückliegenden Gebiete wurde am 5. 9. 1942 eine Haupteisenbahndirektion in Rostow eingerichtet. Die Verbesserung der dringend erforderlichen Nachrichtenverbindungen in die neuen Gebiete war schwierig und erforderte große Anstrengungen. Es wurde mit der Verlegung eines Fernsprechkabels von Krakau nach Rostow (1 500 km) begonnen[245], das bis Stalino in Betrieb kam.

Bei sonst flüssiger Betriebslage im Osten — am 17. 8. wurden östlich der Reichsgrenze 299 Militärzüge ausgeladen[246] — traten ab Anfang August erhebliche Betriebsschwierigkeiten mit steigendem Rückstau Richtung Front auf, die sich weit nach rückwärts bis in den Bereich der Generaldirektion der Ostbahn hinein auswirkten. Nach Osten hin nahm die Leistungsfähigkeit der Strecken ab, so daß nicht alle Züge bis in Frontnähe gebracht werden konnten. Die Schwierigkeiten waren durch die oft wechselnden Bedürfnisse an der Front entstanden, die ein Vorziehen bestimmter Züge oder Zugarten (Munition, Betriebsstoff, Lazarettzüge) und auch Zieländerungen erforderlich machten. Dazu kam der steigende Bedarf an Versorgung für die Stalingrad-Front. Der

245 Vgl. Hitler-Speer-Konferenz am 4. 6. 1942, Punkt 29, S. 134; Quark, S. 11.
246 KTB/OKW Bd. II. 18. 8. 1942, S. 605.

Zulauf aus dem Reich wurde nicht gedrosselt, nicht entladene Züge blieben als bewegliche Reserve stehen und belegten die für den Betrieb erforderlichen Bahnhofgleise. Vorzeitige Ausladungen wurden aus Mangel an Ausladeorganisation und Lagermöglichkeiten nur in geringem Umfang vorgenommen.

Am 18. Oktober gab der neue Chef des Generalstabes Zeitzler dem Transportchef den Auftrag, sich sofort nach Dnjepropetrowsk zu begeben und mit den maßgeblichen Beteiligten der Transport- und Bahndienststellen die Transportschwierigkeiten schnellstens auszuräumen. Nach einer Nachtfahrt mit dem Sonderzug „Afrika" fand am 19. 10. in Dnjepropetrowsk eine Besprechung statt. Als Vertreter der Reichsbahn nahm u. a. Staatssekretär Ganzenmüller teil. Es ergab sich, daß eine Besserung der Lage nur durch einen schnelleren Ausbau der nach Stalingrad und nach dem Kaukasus führenden Strecken und durch bessere Anpassung des Zulaufs an die Auslademöglichkeiten zu erzielen war. Da die Versorgung der Stalingrad-Front unzureichend war, war stets zu wenig Transportraum für die zur Leistungssteigerung der Stalingradstrecke nötigen Baustoffe und Geräte vorhanden. In der Besprechung kamen wohl die höheren Orts nur ungern zur Kenntnis genommenen Ursachen der Schwierigkeiten zur Sprache. Dennoch forderte der Chef des Transportwesens und der Staatssekretär immer wieder mit größtem Nachdruck eine fühlbare Leistungssteigerung mit allen nur denkbaren Mitteln. Den Verlauf dieser Besprechung hat der damalige Abteilungsleiter IV der Wehrmachttransportleitung Ukraine, I. Lippert, geschildert und kommentiert. Im Nachhinein enthält sein Bericht angebliche Aussagen von Offizieren der Wehrmachttransportleitung, die in dieser eindeutigen Form nicht gefallen sind. Richtig ist wohl, daß sowohl Gercke als auch Ganzenmüller starke Worte gebraucht haben, ohne damit grundlegende Möglichkeiten für eine schnelle Lösung aufzeigen zu können. Nach der Besprechung blieb bei manchen Teilnehmern die bange Frage offen, ob man nun die Schwierigkeiten würde meistern können[247]. In Anbetracht der kommenden Schlammperiode und des Winters war die Erfüllung der Forderungen trotz des starken Druckes von oben eine fragwürdige Angelegenheit, denn die strategischen Fehler der Offensive in zwei Stoßrichtungen ließen sich nachträglich nicht mehr korrigieren.

Im Kampf um Stalingrad spielte das Transportwesen auch auf der sowjetischen Seite eine ausschlaggebende Rolle[248]. Eine längere Wegnahme von Stalingrad und Unterbrechung der Wolgaschiffahrt hätte den Gegner wegen der Unterbrechung des Ölverkehrs und des Leih- und Pachtverkehrs über die Transiranische Bahn in eine sehr ernste Lage gebracht[249]. Im Jahre 1941 war die Strecke Achtuba (Wladimirowskaja) — zur Wolgafähre bei Stalingrad fertig geworden. Die Ölversorgung wurde durch die beschleunigt fertiggestellte und im September 1942 in Betrieb genommene 360 km lange Strecke von Kisljar bis vor Astrachan sichergestellt. Über die Wolga wurden die Eisenbahnwagen mit Fährschiffen trajektiert. In kurzer Zeit wurde 1942 eine neue eingleisige Bahn von Saratow über Kamyschin nach Ilowlja gebaut und im September in

247 Vgl. Lippert, S. 325 f.
248 Einzelangaben hierzu in GGVK Bd. II, S. 625—627.
249 Vgl. Schukow, S. 368.

Betrieb genommen. Die russischen Angaben über den Verlauf der Bahntrasse sind verschieden. Östlich der Wolga wurde die Leistungsfähigkeit der Strecke von Astrachan und Urbach nach Werschnij Baskunsk und von da bis zur Wolgafähre bei Stalingrad verbessert[250]. Die Strecke Urbach—Krasny Kut war zweigleisig ausgebaut und der anschließende Streckenabschnitt durch neue Kreuzungsstellen verbessert worden[251]. Außerdem konnte noch die Bahn von Poworino über Rakowka nach Ilowlja als Nachschublinie benützt werden[252]. Insgesamt standen der Roten Armee für die Verteidigung von Stalingrad und für die Vorbereitung ihrer Gegenoffensive mindestens drei eingleisige Eisenbahnen, die Wolgaschiffahrt[253] und 27 000 Lastkraftwagen[254] zur Verfügung. Die näher gelegenen Ausladebahnhöfe und Zulaufstrecken unterlagen starkem deutschem Artilleriebeschuß und vielen Fliegerangriffen, wodurch der russische Nachschub wohl behindert aber nicht unterbrochen wurde. Über den Umfang des Nachschubs liegen verschiedene Angaben vor: Nach der Geschichte des Großen Vaterländischen Krieges[255] betrug die Nachschubleistung vom 12. 7. bis Ende 1942 258 000 Wagen, vom 19. bis 30. 11. 1942 1 850 Wagen pro Tag, im Dezember 1 980 Wagen pro Tag. Schukow gibt nur 300 Wagen pro Tag an[256]. Nach Kalinow kamen zur Schlacht von Stalingrad über die Transiranische Bahn gerade rechtzeitig 750 amerikanische Sherman-Panzer heran[257]. Die Nachschubbasis für die Stalingrad-Front befand sich etwa 50 km östlich der Wolga bei Lessinsk[258]. Der Nachschub mußte über die etwa zwei Kilometer breite Wolga geschafft werden, die ein großes aber nicht unüberwindliches Hindernis war. Über die Wolga waren zwei Schiffsbrücken, eine Eisenbahnfähre und verschiedene Laufstege vorhanden[259]. Die bis zum 20. 11. 1942 offene Wolgaschiffahrt war für die Versorgung von Stalingrad nicht minder wichtig als die Eisenbahn[260]. Auch die Wolgaschiffahrt wurde stark bombardiert[261]. Ab 20. 12. war die Wolga zugefroren und die Heranführung des Nachschubs dadurch erleichtert.

Der Vergleich der Transportverhältnisse bei der Schlacht um Stalingrad zeigt, daß die Rote Armee in einer günstigen Lage war, besonders wenn man berücksichtigt, daß die Entfernung von der damaligen Reichsgrenze bis Stalingrad rd. 1 100 km im Feindesland betrug. Im Zuge der Leih- und Pachtlieferungen aus den USA hatten die russischen Eisenbahnen im Laufe des Jahres 1942 rd. 2 000 Lokomotiven und rd. 10 000 Güterwagen und damit eine wesentliche Stärkung ihres angeschlagenen Eisenbahnapparates erhalten[262].

250 GGVK Bd. II, S. 627.
251 So Šeremetjev in der Eisenbahnzeitung „Gudok" (Moskau) vom Februar 1963.
252 Angaben über Truppentransporte bei Gehlen, S. 62 ff.
253 Vgl. Schukow, S. 392 f.
254 Schukow, S. 392.
255 GGVK Bd. II, S. 627.
256 Schukow, S. 392.
257 Kalinow, S. 340.
258 Werth, S. 360.
259 Vgl. GGVK Bd. III, S. 26.
260 Einzelheiten über die Nachschubmengen bei Schukow, S. 302 f.
261 Vgl. v. Tippelskirch (2), S. 249.
262 Keller, S. 285.

Verlegung der 11. Armee von der Krim zur Heeresgruppe Nord

Mit der Weisung Nr. 45 vom 23. 7. 1942[263] wurde der Abzug der fünf Divisionen[264] der 11. Armee und von Heerestruppen aus der angelaufenen Sommeroffensive in Südrußland angeordnet. Diese sollten im Norden zur Wegnahme von Leningrad eingesetzt werden. Für den Transport über 2 000 km kam nur die Eisenbahn in Frage, da weder geeignete Straßen vorhanden noch Betriebsstoff für einen Landmarsch verfügbar waren. Um die zur Heeresgruppe Süd und Mitte laufenden Truppen- und Versorgungstransporte nicht zu beeinträchtigen, wurde nur ein Teil auf dem kürzeren Weg über Gomel und über Kowel—Brest gefahren, der andere Teil im weiten Umweg über das Generalgouvernement[265]. Dabei wurden folgende Strecken benutzt: Dschankoj —Dnjepropetrowsk—Krementschug—Bachmatsch—Gomel—Witebsk, Dschankoj—Dnjepropetrowsk — Fastow — Zdolbunow — Kowel—Brest — Minsk—Orscha—Newel—Dno, Dschankoj—Dnjepropetrowsk—Brest—Bjalystok—Wilna — Dünaburg — Pleskau—Luga. Der nähere Weg über Cherson konnte wegen der noch fehlenden Dnjeprbrücke bei Cherson nicht benutzt werden. Die Durchführung der rd. 400 Züge über zunehmend partisanengefährdete Strecken bei den Heeresgruppen Nord und Mitte zog sich bis in den September hin[266]. Ende August 1942 versuchten die Russen die deutsche Front, die bei Schlüsselburg Leningrad von seiner Landverbindung trennte, einzudrücken. Zur Abwehr mußten Teile der inzwischen herangeführten Kräfte der 11. Armee eingesetzt werden[267], so daß es nicht mehr zu dem beabsichtigten Angriff auf Leningrad kam[268]. Die sich im Anmarsch auf Leningrad befindliche 72. Inf. Div. der 11. Armee wurde Mitte August wegen der kritischen Lage im Rshewbogen in den Bereich der Heeresgruppe Mitte abgedreht[269].

Die Versorgung Leningrads während der deutschen Abriegelung

Mit dem Durchbruch an den Ladogasee am 8. 9. 1941 und der Einnahme von Tichwin am 8. 11. 1941 war Leningrad[270], in dem sich anfangs über 3,5 Millionen Einwohner und Soldaten befanden, landseitig blockiert. Hitler glaubte, durch die Einschließung würde Leningrad ausgehungert und zur Übergabe gezwungen werden. Bald jedoch, nach der Einnahme von Tichwin, bauten die Russen eine behelfsmäßige, wenig leistungsfähige Straße von etwa 200 km Länge von Saborije über Karpino nach Nowaja Ladoga und Lednowo an den Ladogasee, die am 6. 12. 1941 in Benutzung genommen wurde[271]. Am 9. 12. 1941 eroberten die Russen Tichwin zurück und drangen bis an

[263] Weisungen, S. 199.
[264] Es handelt sich um die 24., 72., 132., 170 Inf. Div. und 28. Jäg. Div.; Müller-Hillebrand Bd. III, S. 74.
[265] Bork (1), S. 36.
[266] Vgl. KTB/OKW Bd. II, 4. 9. 1942, S. 678.
[267] KTB/OKW Bd. II, 4. 9. 1942, S. 678 u. 5. 9. 1942, S. 683.
[268] v. Tippelskirch (2), S. 251; vgl. KTB/OKW Bd. II, 9. 10. 1942, S. 811 u. 20. 11. 1942, S. 993.
[269] KTB/OKW Bd. II, 14. 8. 1942, S. 587
[270] Hillgruber (6), S. 274.
[271] Werth, S. 239 f.; Pawlow, S. 179.

den Wolchow vor. Auf dem Rückzug wurden die Eisenbahnbrücken gesprengt. Bis zum 1. 1. 1942 war die Eisenbahn von Tichwin nach Wolchow und weiter über Wojbokalo nach Shicharewo wiederhergestellt worden[272]. Zwischen Wojbokalo und Kabona[273] wurde eine 34 km lange Bahn bis zum Ladogasee gebaut[274], die für die Versorgung von Leningrad entscheidende Bedeutung erlangte. Sie kam am 10. 2. 1942 in Betrieb. Während der beiden Winter 1941/42 und 1942/43 wurde der zugefrorene Ladogasee mittels einer Straße und einer Schmalspurbahn auf dem Eis nach Osinowez überbrückt[275]. Die Verbindungen und der Schiffsbetrieb waren durch Luftwaffe und Flak gut geschützt[276] und konnten nur gestört aber nicht unterbrochen werden[277]. Die Lage in Leningrad wurde durch den Bau einer im See verlegten Pipeline, die am 18. 6. 1942[278] und den Bau eines Seekabels zur Energieversorgung aus dem Wolchow-Kraftwerk, das im September 1942[279] in Betrieb kam, fühlbar verbessert.

Die Erwartungen, daß Leningrad sich nicht halten würde, waren nicht in Erfüllung gegangen. In der Weisung Nr. 41 vom 5. 4. 1942[280] war die Eroberung von Leningrad zur Herstellung einer direkten Verbindung mit Finnland erneut vorgesehen, allerdings ohne festen Termin. Der nach Heranführung der 11. Armee von der Krim vorgesehene Angriff konnte infolge der ungünstigen Entwicklung im Bereich der Heeresgruppe Nord nicht durchgeführt werden. Am 18. 1. 1943 durchbrachen die Russen die Blockadefront um Leningrad[281] und bauten innerhalb von 15 Tagen eine 36 km lange Eisenbahn von Shicharewo nach Schlüsselburg mit einer Behelfsbrücke über die Newa[282]. Damit war wieder eine unmittelbare Eisenbahnverbindung vom Hinterland nach Leningrad vorhanden. Ab 30. 1. 1943 stand auch die Strecke Moskau—Leningrad wieder zur Versorgung Leningrads zur Verfügung[283]. Die Blockade der Stadt Leningrad, bei der trotz Evakuierung über 600 000 Menschen verhungerten[284], ist eines der schrecklichsten Kapitel des Zweiten Weltkrieges. Die Verteidigung dieser 17 Monate lang eingeschlossenen Millionenstadt wäre ohne Eisenbahn nie möglich gewesen.

Russische Anstrengungen zur Behebung des Verkehrsnotstandes

Durch das Vordringen in die Sowjetunion waren die sowjetischen Eisenbahnen schwer angeschlagen. Ende 1941 betrug der Verlust an Strecken 39%[285]. Die Verluste an

[272] Werth, S. 245, Pawlow, S. 188 u. 196.
[273] Werth, S. 244 f.; Pawlow, S. 210.
[274] GGVK Bd. II, S. 398 f.
[275] Meister, S. 192.
[276] GGVK Bd. II, S. 298 f.
[277] Vgl. KTB/OKW Bd. II, Einführung, S. 81, Anm. 3; Heiber (1), S. 633, Anmerkung 1 zum 1. 9. 1944.
[278] GGVK Bd. II, S. 558.
[279] GGVK Bd. II, S. 558.
[280] Weisungen, S. 184.
[281] v. Tippelskirch (2), S. 204.
[282] GGVK Bd. III, S. 169.
[283] GGVK Bd. IV, S. 51.
[284] Hillgruber (6), S. 274.
[285] GGVK Bd. II, S. 619.

Lokomotiven und Wagen waren trotz weitgehender Evakuierung fühlbar. Die Wagenstellung war unter die Hälfte des Vorkriegsstandes abgesunken, die Wagenumlaufzeit von 7,37 auf 16,86 Tage angestiegen. Die in jedem Krieg erforderlichen besonderen Maßnahmen zur Leistungssteigerung erfolgten in Rußland mit äußerstem Nachdruck der politischen und militärischen Stellen[286]. Angesichts der bedrohlichen Lage vor Moskau waren die Bahnen in diesem Knotenpunkt einer eigens dafür eingerichteten Militärbetriebsverwaltung übertragen worden[287]. Im Februar 1942 wurden im Volkskommissariat für Verkehrswesen und in den Eisenbahnverwaltungen zentrale Abteilungen zur Überwachung und Lenkung der Güter für die Rüstungsindustrie eingerichtet[288]. Kurz danach wurde im März 1942 die Betriebsleitung nach einheitlichen Grundsätzen zentralisiert und die vorhandenen Eigenständigkeiten nachgeordneter Stellen beseitigt[289]. Der Leiter des Volkskommissariates für das Verkehrswesen L. M. Kaganowitsch verlor seinen Posten. An seine Stelle trat der stellvertretende Volkskommissar für Verteidigung und Chef der rückwärtigen Dienste (Generalquartiermeister) Generaloberst A. W. Chruliow[290]. Im Jahre 1943 wurden die Eisenbahnen vollständig militarisiert, damit unterstanden alle Eisenbahner militärischem Kommando und militärischem Strafrecht[291]. Während des Krieges entstanden rd. 9 000 km neue Eisenbahnstrecken[292]. Durch diese Maßnahmen konnten die Notstände und Krisen im russischen Verkehrswesen überwunden und damit eine der wichtigsten Voraussetzungen für die erfolgreiche Fortsetzung des Krieges geschaffen werden. Die Unterstützung durch Leih- und Pachtlieferungen an Lokomotiven, Güterwagen, Oberbaumaterial und Lastkraftwagen darf natürlich nicht unerwähnt bleiben.

Der Rückzug aus dem Kaukasus

Durch den sowjetischen Vormarsch auf Rostow und den zunehmenden Druck der Transkaukasischen Front[293] war die Heeresgruppe A in eine so kritische Lage geraten, daß Hitler am 28. 12. 1942 dem Absetzen vom Kaukasus zustimmen mußte. Der Rückzug begann am 3. 1. 1943 mit der Aufgabe von Mosdok. In rascher Folge wurden Mineralnye Wody (11. 1.), Pjatigorsk (11. 1.), Stawropol (21. 1.), Salsk (22. 1.), Armavir (24. 1.), Tichoretzkaja (30. 1.), Maikop (30. 1.), Bataisk (6. 2.) und Krasnodar (12. 2.) gegeräumt. Somit wurde innerhalb von fünf Wochen ein Raum von 600 km Tiefe aufgegeben. Die 17. Armee ging auf den Kubanbrückenkopf zurück, der über die Straße von Kertsch versorgt wurde und sich bis zum 9. 10. 1943 halten konnte. Bei dem raschen Rückzug ergaben sich für die gerade einigermaßen hergestellten Eisenbahnen besonders

[286] GGVK Bd. VI, S. 85.
[287] GGVK Bd. II, S. 328.
[288] GGVK Bd. II, S. 620.
[289] GGVK Bd. II, S. 623.
[290] GGVK Bd. II, S. 623.
[291] GGVK Bd. III, S. 233.
[292] GGVK Bd. VI, S. 85.
[293] „Front" war ein Begriff der russischen Truppengliederung. Eine Front umfaßte mehrere Armeen.

schwierige Transportaufgaben, welche die Streckenleistungen bei weitem überschritten[294]. Die drohende Abschnürung der Heeresgruppe erforderte gleichzeitig schnelles Hineinfahren von Versorgungszügen aller Art, besonders Munition und Teibstoff, sowie von Kohlen, um nach der Abschnürung noch einen Inselbetrieb aufrechterhalten zu können. Am 4. 2. 1943 erreichten die Russen das Asowsche Meer bei Jeisk.

Schon bei Beginn der Räumung wurde die Rückführung auf der Eisenbahn durch Zerstörung der Kumabrücke behindert[295]. Auch die rückgelegenen Knotenbahnhöfe wurden ständig aus der Luft angegriffen, ohne daß genügend Flak- und Jagdverbände zum Schutz der Bahnanlagen zur Verfügung standen. Nicht zuletzt setzte auch eine zunehmende Passivität der sowjetischen Eisenbahner und Sabotagetätigkeit[296] ein, die den Betrieb fühlbar erschwerte. Im Bahnhof Mineralnye Wody kam es zu Betriebsstockungen mit einem Rückstau von rd. 40 Zügen. Die Lage wurde durch sowjetische Luftangriffe und einen Panzerdurchbruch am 10. 1. 1943 westlich des Bahnknotens verschärft[297]. Bei der Aufgabe von Mineralnye Wody fiel dem Gegner eine beträchtliche Zahl von Lokomotiven und Wagen in die Hände. Auf dem Rückzug wurden die Bahnanlagen soweit dies möglich war, mitunter auch vorzeitig, zerstört[298]. Auf der gegnerischen Seite entstanden dadurch gewisse Versorgungsschwierigkeiten, die aber den Schwung ihrer Offensive nicht wesentlich verzögerten[299]. Trotz der vorhandenen Schwierigkeiten konnten die Armeelager weitgehend geräumt und die Räumungszüge in Richtung Rostow in Marsch gesetzt werden[300]. Nicht alle kamen über die eingleisige Donbrücke. Am 26. 1. 1943 wurde im Bahnhof Malorossiskaja, 40 km westlich von Kawkasskaja, ein Munitionszug getroffen, dessen Explosion nachhaltige Zerstörungen und Auswirkungen auf die Abfuhr der Räumungszüge hatte[301]. Im Rangierbahnhof Bataisk standen am 1. 2. 1943 60 Züge. Sie mußten zurückgelassen werden, da die Donbrücke durch Bombentreffer zerstört worden war[302]. Bei der Aufgabe von Rostow am 13. 2. 1943 blieben 43 Lokomotiven und 15 Züge zurück[303].

Infolge des schnellen Rückzuges und der Lufteinwirkungen auf die Eisenbahn war eine allgemeine Räumung des Kaukasusgebietes unmöglich. Zu allem Übel wurde der Eisenbahnbetrieb durch strengen Frost und ungünstige Verhältnisse bei der Lokomotivwasserversorgung beeinträchtigt.

Im März 1943 verlief die Front im Südwesten Rußlands in etwa dort, wo sie vor Beginn der Sommeroffensive 1942 stand. Nicht nur alle Anstrengungen waren vergebens gewesen, auch das deutsche Kriegspotential war erheblich geschwächt.

294 v. Pfister, S. 268; vgl. v. Manstein, S. 412.
295 GGVK Bd. III, S. 103.
296 Vgl. GGVK Bd. III, S. 105.
297 v. Pfister, S. 268; GGVK Bd. III, S. 105.
298 Vgl. v. Pfister, S. 268 f.
299 Sawjalow-Kaljadin, S. 176.
300 v. Pfister, S. 268.
301 v. Pfister, S. 268.
302 v. Pfister, S. 268.
303 Vgl. GGVK Bd. III, S. 117.

Zusammenbruch der Donezfront (Winter 1942/43) und Aufgabe des Donezbeckens

Während der Kämpfe um und in Stalingrad dehnten die Sowjets ihre Großoffensive auch bei der Heeresgruppe B weiter aus. Bereits am 19. 12. wurde die Strecke Millerowo—Liski[304] unterbrochen. In weiteren Kämpfen gingen die Knotenbahnhöfe Walujki (15. 1.), Millerowo (24. 1.) und Woronesh (25. 1.) verloren. Am 21. 1. lag die Betriebsspitze in Kupjansk—Uslowoj. Der Verlust dieser Bahnhöfe hatte eine erhebliche Verschlechterung der Betriebs- und Versorgungslage zur Folge. Mit der Wiedergewinnung der Strecken Liski—Rostow und Kastornaja—Walujki—Kupjansk—Uslowoj sowie Millerowo—Woroschilowgrad hatte sich die Eisenbahnlage der Sowjets für ihre weiteren Operation entscheidend verbessert[305]. Wegen der nicht wiederhergestellten Donezbrücken in der Strecke Millerowo—Lichaja und Millerowo—Woroschilowgrad war eine Eisenbahnräumung in diesem Raume unmöglich[306]. Bei dem schnellen Vordringen der Roten Armee waren über 200 Lokomotiven und rd. 4 000 Güterwagen verlorengegangen. Der Eisenbahnbetrieb wurde durch die steigende Passivität der sowjetischen Eisenbahner und starken Frost behindert. Diese Entwicklung hat im weiteren Verlauf des Krieges in allen frontnahen Gebieten angehalten.

Nördlich und südlich von Charkow erfolgten tiefe Einbrüche. Am 19. 1. 1943 befahl die Heeresgruppe B die Räumung des Raumes Charkow, in dem sich rd. 5 000 Wagen befanden. Für Abfuhr- und Räumungszüge standen nur drei eingleisige Strecken zur Verfügung, von denen die Strecke nach Woroshba am 10. 2. ausfiel. Die Räumung gestaltete sich sehr schwierig, weil gleichzeitig die Räumungszüge aus Richtung Kursk—Belgorod, Kupjansk und Issjum über den Knoten Charkow liefen. Vom 7. bis 14. 2. waren insgesamt 150 Züge mit 6 000 Wagen abgefahren worden[307]. Am 4. 2. wurde die Strecke Kursk—Marmyschi unterbrochen, am 8. 2. erreichten die Sowjets Kursk, am 9. 2. Belgorod und stießen anschließend noch weitere 150 km bis Lebedin nach Westen durch[308]. Damit waren alle von Norden auf Charkow zulaufenden Strecken (Kursk—Belgorod, Kursk—Lgow—Gotnja und Woroshba—Ljubotin) unterbrochen. Die weitere Entwicklung der Lage hing entscheidend von der rechtzeitigen Heranführung weiterer Divisionen ab[309]. Angesichts der bedrohlichen Lage wurden der Heeresgruppe Süd im Februar und März sechs Divisionen zugeführt, von denen vier noch rechtzeitig zum Gegenangriff herankamen[310]. Ab 6. 2. verlegte das Feldeisenbahnkommando 3 seinen Sitz vorübergehend nach Poltawa, und am 15. 2. ging Charkow verloren. Große Mengen an Nachschub- und Versorgungsgütern aller Art konnten nicht rechtzeitig abgefahren oder vernichtet werden und gingen somit verloren[311].

304 GGVK Bd. III, S. 119 f.
305 GGVK Bd. III, S. 126.
306 Aufzeichnung des Verfassers vom 1. 3. 1943.
307 Einzelheiten über die Räumung bei Hahn, S. 220—249.
308 v. Tippelskirch (2), S. 281; GGVK Bd. III, S. 135 f.
309 v. Manstein, S. 446.
310 Das waren die 15., 39., 46., 106., 167. u. 198. Inf. Div. (II. SS-Pz.-Korps). Hauck, S. 466; vgl. v. Manstein, S. 453.
311 Hahn, S. 108.

Mit der Wegnahme der wichtigen Eisenbahnknoten Pawlowgrad und Sinelnikowo am 19. 2. waren alle Bahnen für die Versorgung der 4. und 1. Panzerarmee unterbrochen[312]. Am 21. 2. begann eine erfolgreiche Gegenoffensive, die die Rote Armee bis hinter den Donez zurückdrängte. Trotz Winterschwierigkeiten konnte die Eisenbahn die Forderungen bezüglich der Heranführung von Truppen und erforderlicher Versorgung im wesentlichen erfüllen[313]. Charkow wurde am 15. 3. zurückerobert[314]. Ende März hatte sich die Lage noch nicht stabilisiert. Die Front verlief Ende März im großen Bogen ostwärts Charkow, entlang dem Donez und dem Mius. Nach Auflösung der Heeresgruppe B im Frühjahr 1943 und der Verkleinerung des Bereiches der Heeresgruppe A wurde die Stelle des Bevollmächtigten Generals des Transportwesens Südrußland aufgehoben. An seine Stelle trat die Wehrmachttransportleitung Ukraine[315].

Der Kubanbrückenkopf (1943)

Der beim Rückzug aus dem Kaukasus gehaltene Kubanbrückenkopf sollte als Ausgangspunkt für eine spätere Offensive in den Kaukasus mit allen Mitteln gehalten werden. Bereits am 3. 1. 1943 gab das Oberkommando der Wehrmacht einen Befehl über die Verbesserung der Eisenbahnen im Brückenkopf und auf der Zulaufstrecke zur Landenge von Kertsch heraus. Im Brückenkopf war nur noch ein kurzes Stück der von Noworossijsk nach Krymskaja verlaufenden Eisenbahn. Außerdem waren durch Eisenbahnpioniere mehrere Heeresfeldbahnen gebaut worden[316]. Im Frühjahr 1943 forderte Hitler den Bau einer fünf Kilometer langen Straßen- und Eisenbahnbrücke über die Meerenge durch die Organisation Todt[317], obwohl bereits eine Seilbahn von Jenikale zur Landzunge Tschuschka für eine Tagesleistung von 1 000 Tonnen im Bau war. Die Seilbahn wurde am 14. 7. in Betrieb genommen[318]. Daneben waren noch Marine-Fähr-Prähme mit einer Übersetzleistung von 3 500 Tonnen pro Tag eingesetzt[319]. Man kann sich nicht des Eindruckes erwehren, daß hier nicht so sehr die militärische Notwendigkeit eine ausschlaggebende Rolle spielte, als vielmehr die Gigantomanie Hitlers, sich ein Denkmal zu setzen. Das wohl größte Brückenprojekt des Zweiten Weltkrieges erforderte viel Personal und Material[320], dessen Heranführung teilweise zu Lasten der Frontversorgung ging.

Am 1. 5. 1943 befahl Hitler den Brückenbau, der bis zum Jahresende fertiggestellt sein sollte[321]. Im August tauchten reichlich spät dann doch Zweifel auf, ob die Brücke

312 v. Manstein, S. 458.
313 v. Rieben, Teil A, S. 19.
314 v. Tippelskirch (2), S. 282.
315 v. Rieben, Teil A, S. 20.
316 Vgl. Forstmeier, S. 15 f.; KTB/OKW Bd. III, Dokumentenanhang, S. 1407.
317 Hitler-Speer-Konferenz am 29. 3. 1943, Punkt 6, S. 241; 3. 4. 1943, Punkt 6, S. 246; 8. 7. 1943, Punkt 10, S. 274.
318 Vgl. Speer, S. 282; KTB/OKW Bd. III, 14. 6. 1943, S. 640.
319 Loosch, S. 201 f.
320 100 000 Tonnen Stahl! Forstmeier, S. 16.
321 Hitler-Speer-Konferenz am 30. 5. 1943, Punkt 1, S. 265.

jemals fertiggestellt werden könne[322]. Nachdem bereits zehn Brückenpfeiler standen, wurde der Bau am 5. 9. eingestellt[323]. Am 3. 9. erhielt die Heeresgruppe A den Befehl, die Räumung des Kubanbrückenkopfes vorzubereiten und einzuleiten[324]. Ende des Monats war die Räumung des Brückenkopfes im wesentlichen durchgeführt[325]. Das rollende Schmalspurmaterial, 109 Lokomotiven und 1 450 Wagen, wurde zurückgeführt, die Gleise und Brücken wurden gesprengt[326]. Die beabsichtigte Sprengung des Tunnels nördlich von Noworossijsk ist unterblieben[327]. Somit konnte der wichtige Kriegshafen schnell wieder einen Bahnanschluß für seine Versorgung erhalten.

Das Unternehmen „Zitadelle" (Sommer 1943)

Im Frühjahr 1943 bestand westlich Kursk eine große Fronteinbuchtung. Sie schnitt die zwei wichtigen Querverbindungen Brjansk—Charkow und Orel—Charkow ab[328]. Am 13. März kam der erste Operationsbefehl (Unternehmen „Zitadelle") zur Frontbegradigung heraus, nach dem bis Mitte April je eine Kräftegruppe bei Belgorod und bei Orel zu versammeln war[329]. Die Vorbereitung der Offensive brachte der Eisenbahn größere Transportaufgaben sowohl in bezug auf Truppen- als auch Versorgungstransporte[330]. Spannungen größeren Ausmaßes traten dabei nicht auf, soweit Truppen und Versorgung von Westen und Norden herangefahren wurden. Etwas schwieriger waren die Querverschiebungen hinter der Front von Süden nach Norden, da diese Strecken weniger leistungsfähig und auch die Ausladeleistungen mit Ausnahme Charkows und seiner Vorbahnhöfe nur gering waren[331]. Die Betriebslage im Sommer 1943 war günstig, die großen Anstrengungen des Ostbauprogramms 1942 wirkten sich jetzt vorteilhaft aus. Das Unternehmen „Zitadelle" war der letzte große Versuch, das Gesetz des Handelns noch einmal zurückzugewinnen. In einem neuen Angriffsbefehl vom 5. 4. war als frühester Angriffstermin der 3. 5. 1943 vorgesehen[332]. Der deutsche Aufmarsch für das Unternehmen „Zitadelle" war den Sowjets nicht verborgen geblieben. Durch Aktivierung der Partisanentätigkeit suchten sie die Aufmarschtransporte abzufangen[333]. Die Zahl der Eisenbahnanschläge nahm in den Monaten April bis Juli ständig zu. Allein im Monat Juni wurden 298 Lokomotiven, 1 222 Wagen und 44 Brücken beschädigt. Durch die Anschläge waren die Zulaufstrecken 558mal unter 12 Stunden, 114mal bis zu 24 Stunden und 44mal länger gesperrt. Im Juli war die Zahl der Anschläge und ihre Aus-

322 Hitler-Speer-Konferenz am 28. 6. 1943, Punkt 16, S. 274; vgl. KTB/OKW Bd. III, 14. 8. 1943, S. 944.
323 Loosch, S. 202.
324 KTB/OKW Bd. III, 4. 9. 1943, S. 1052.
325 Einzelheiten über die Räumung bei Forstmeier, S. 28, 150, 211 u. 268.
326 Forstmeier, S. 212.
327 Forstmeier, S. 49.
328 Vgl. v. Manstein, S. 483 f.; vgl. Schukow, S. 426.
329 Philippi-Heim, S. 210.
330 Einzelheiten über den Aufmarsch Zitadelle bei Teske (2), S. 179—182.
331 v. Rieben, Teil A, S. 21.
332 Philippi-Heim, S. 210.
333 Teske (4), S. 470.

wirkungen noch höher. Bereits Anfang März machte sich an den Aufmarschstrecken eine zunehmend planmäßige und operativ angesetzte Partisanentätigkeit und ein sich dauernd verstärkender Luftwaffeneinsatz bemerkbar. In diesem Kampf um die Eisenbahnen im Rücken der deutschen Front standen einander schätzungsweise 80- bis 100 000 Partisanen und 50- bis 80 000 Mann Sicherungskräfte gegenüber, die an der Front fehlten. Das zahlenmäßige Mißverhältnis zwischen Sicherungskräften und Partisanen wurde durch die Anonymität der letzteren, ihre nicht überprüfbaren Bewegungen und ihre hinterhältige Kampfweise noch erschwert[334]. Am 21. 3. wurden die beiden nebeneinander liegenden eingleisigen Desnabrücken bei Wygonitschi gesprengt und damit die Strecke Gomel—Brjansk unterbrochen. Nach fünf Tagen war eine Brücke behelfsmäßig und nach 12 Tagen die andere Brücke wieder ohne Einschränkungen befahrbar[335]. Kurz danach wurde am 22. 3. die Besedbrücke in der Strecke Kritschew—Unetscha gesprengt[336], die zehn Tage Wiederherstellungsarbeit erforderte. Ein besonders gefährlicher Anschlag auf die südliche Dnjeprbrücke bei Kiew am 1. 5. verursachte nur eine zweitägige Unterbrechung[337]. Die Transportorganisation in den frontnahen Gebieten lag in den Händen der Generale des Transportwesens Mitte und Süd. Die Heranführung der großen Mengen von Versorgungsgütern, Waffen und nicht zuletzt des Mannschaftsersatzes erfolgte fast ausschließlich im Eisenbahntransport[338]. Aufmarsch, Bevorratung und Nachschub des Nordflügels des Unternehmen „Zitadelle" kamen über Brjansk und von dort auf der zweigleisigen Strecke bis Orel. Die Zulaufstrecken bis Brjansk waren die eingleisige Bahn von Smolensk mit einer Tagesleistung von 18 Zügen und die zweigleisige Strecke von Minsk über Gomel mit einer Tagesleistung von 36 Zügen. Aus verschiedenen Gründen mußte der Angriffstermin auf den 14. 6. hinausgeschoben werden[339], wodurch nicht nur das Überraschungsmoment verlorenging, sondern auch dem Gegner Gelegenheit gegeben wurde, wirksame Gegenmaßnahmen zu ergreifen. Am 5. 7. begann der deutsche Angriff im Norden und Süden der Fronteinbuchtung westlich von Kursk. Dieser Angriff war die letzte große Unternehmung an der Ostfront. Ihre Vorbereitung erforderte umfangreiche Transportleistungen[340]. Nach wenigen Tagen scheiterte das Unternehmen „Zitadelle" am tiefgestaffelten russischen Widerstand. Schon am 11. 7. traten die Sowjets zum Gegenangriff in Richtung Orel an. Aus dem Bereich der Heeresgruppe Mitte und Süd wurden über die eingleisige Strecke Chutor—Michailowsky—Nawlja im Juli acht Eingreif-Divisionen herangeführt[341].

Beim Rückzug auf Kursk im Februar 1943 war die Strecke Woronesh—Kursk nachhaltig zerstört worden[342]. Sie war für den Nachschub der russischen Woronesh-Front von größter Bedeutung und wurde mit außerordentlicher Schnelligkeit in 25 Tagen

334 Teske (4), S. 468 f.
335 Teske (4), S. 469.
336 Teske (4), S. 470.
337 Pottgießer, S. 90.
338 Klink (2), S. 121. — Über den Bedarf an Versorgungsgütern ebenda, S. 300 f.
339 v. Tippelskirch (2), S. 328—330.
340 Teske (2), S. 179 u. 258 f.
341 Teske (8), S. 129.
342 Vgl. GGVK Bd. III, S. 305.

wiederhergestellt. Außerdem begannen die Russen im Juni mit dem Bau einer neuen 95 km langen Strecke von Stary-Oskol (Strecke Kastornaja—Walujki) nach Rshawa (Strecke Kursk—Belgorod) und vollendeten sie innerhalb von 32 Tagen[343]. Nach dem Mißlingen des Unternehmens „Zitadelle" und der anschließenden sowjetischen Offensive auf Orel ergaben sich für die Eisenbahn neue große Aufgaben[344].

Der Rückzug zum Dnjepr und die Aufgabe der Ukraine (1943)

Nach der Wiederaufnahme der im Frühjahr 1943 unterbrochenen Offensive brachte die Rote Armee die Südfront erneut in Bewegung. Ihr Ziel war, die deutsche Front in Richtung auf Charkow zu durchbrechen und durch allmähliche Ausdehnung der Offensive auf andere Frontabschnitte die Stellungen der beiden südlichen Heeresgruppen bis Taganrog zum Einsturz zu bringen und das Donezgebiet zurückzugewinnen, was bereits mit der Februar-Offensive angestrebt worden war[345]. Unterstützt durch großangelegte Partisanenunternehmungen in weiten Teilen des rückwärtigen Gebietes, welche die Bahnlinien zum Nordflügel der Heeresgruppe Süd auf 48 Stunden stillegten[346], stieß die Woronesh-Front am 3. August nordwestlich von Charkow vor und nahm am 6. 8. den Eisenbahnknoten Belgorod[347] ein. Am 11. 8. wurden die Bahnlinien von Woroshba und Poltawa nach Charkow unterbrochen. Als letzte Verbindung war noch die Strecke über Merefa—Krasnograd—Dnjepropetrowsk offen[348]. Im Osten von Charkow erreichte die Steppenfront am 4. August die östlichen Randgebiete dieser Stadt. Die viermal umkämpfte Stadt wurde am 22. 8. endgültig geräumt. Der Versuch des Gegners, die Bahnlinie Poltawa—Charkow zu unterbinden, mißlang zunächst[349]. Ende August war Taganrog in russischer Hand. Postyschewo (Krasnoarmeiskoje) ging am 9. 9. verloren, so daß nur noch der Weg über Saporoshje—Wolnowacha offen stand[350]. Am 8. 9. standen die Russen in Stalino und erreichten am 25. 9. Melitopol. Damit war die deutsche Front innerhalb von zwei Monaten um rd. 200 km zurückgeworfen worden. Der Bereich des Generals des Transportwesens Süd hatte sich durch diese Ereignisse soweit nach rückwärts in den Raum der Wehrmachttransportleitung Ukraine hineingeschoben, daß ihre Beibehaltung in ihrem bisherigen Aufgabengebiet nicht mehr zweckmäßig war. Sie wurde daher Mitte August 1943 aufgelöst und der General des Transportwesens Süd übernahm ihre Aufgaben im gesamten Raum[351]. Im Laufe des September operierte die Rote Armee westlich von Charkow erfolgreich und erreichte Bachmatsch (9. 9.), Neshin (15. 9.) und Poltawa (23. 9.). Ende September verlief die Front etwa entlang der Desna und dem Dnjepr und weiter nach Melitopol.

343 GGVK Bd. III, S. 305.
344 Vgl. Teske (4), S. 470—472.
345 v. Tippelskirch (2), S. 332.
346 Vgl. Philippi-Heim, S. 213.
347 KTB/OKW Bd. III, S. 904 f.
348 GGVK Bd. III, S. 346.
349 v. Tippelskirch (2), S. 335.
350 GGVK Bd. III, S. 381.
351 v. Rieben, Teil A, S. 22.

Die Räumung des Donezgebietes unter gleichzeitiger Aufrechterhaltung der Frontversorgung war ein schwieriges Transportproblem. Durch volle Ausnutzung der Rollbahn in Richtung Heimat wurde das möglichste getan. Über die Eisenbahnbrücke bei Dnjepropetrowsk wurden bis zu 80 Züge täglich gefahren. Dennoch blieben viele Räumungsgüter zurück, denn bis kurz vor der Räumung wurden noch Transporte zum wirtschaftlichen Aufbau in das Donezgebiet hineingefahren. Bei dieser Rückzugsbewegung waren u. a. 200 000 Verwundete zurückzubringen und 2 500 Züge mit Heeres- und Rüstungsgut abzufahren[352].

Offenbar waren die Russen durch den schnellen Vormarsch in vorübergehende Versorgungsschwierigkeiten geraten, die ihren operativen Absichten im Süden gewisse Grenzen setzten[353]. Im Oktober 1943 drangen sie weiter vor. Am 14. 10. wurde der wichtige Brückenkopf Saporoshje aufgegeben und der Staudamm und die Eisenbahnbrücke gesprengt. Unmittelbar darauf überschritt die 2. Ukrainische Front den Dnjepr östlich Krementschug und drang in Richtung auf Kriwoj-Rog vor, das am 22. 2. 1944 aufgegeben wurde. Durch den Vorstoß auf den Eisenbahnknoten Pjatichatki am 17. 10. wurde die Versorgungslinie der 1. Pz.-Armee unterbrochen[354]. Bald darauf ging Dnjepropetrowsk (24. 10.) verloren. Am 30. 10. erreichten die Russen die Bahnlinie Dschankoj—Cherson, am 1. 11. 1943 Perekop und schnitten damit die Krim ab, die fortan auf dem Wasser- und Luftwege versorgt werden mußte. Sewastopol ging am 7. 5. 1944 verloren. Nach dem Verlust des Eisenbahnknotens Dschankoj am 11. 4. 1944 war eine Räumung der Eisenbahn auf der Krim nicht mehr möglich. Das auf der Krim befindliche rollende Eisenbahnmaterial ging verloren. Es blieben 6 755 Güterwagen und 100 Lokomotiven zurück[355]. Bei Cherson wurde vom 2. 11. bis 21. 12. 1943 ein Brückenkopf gehalten, der die Möglichkeit eines nochmaligen Vorstoßes zur Krim offenhalten sollte. Am 18. 12. wurde die einschließlich der Flutbrücken drei Kilometer lange Dnjeprbrücke 15 km ostwärts Cherson wenige Tage nach ihrer Fertigstellung gesprengt.

Am 6. 11. wurde Kiew aufgegeben. Dem Vormarsch der russischen Zentralfront kam die schnelle Wiederherstellung und Leistungserholung der Strecken Bachmatsch—Neshin und Priluki—Neshin sehr zustatten[356]. Die Reichsverkehrsdirektion Kiew war nach Winniza verlegt und die Räumung der Kiewer Bahnhöfe rechtzeitig eingeleitet worden, so daß bis zum 5. 11. rd. 25 000 Wagen mit Räumungsgütern abgefahren werden konnten. Die beiden mit großem Aufwand wiederhergestellten Dnjeprbrücken wurden gesprengt. Eine davon war bereits nach 13 Tagen von den Russen wiederhergestellt[357]. Am 6. 11. 1943 ging der 60 km westlich von Kiew entfernte Bahnknoten Fastow verloren. 44 Lokomotiven und eine große Zahl von Wagen blieben zurück. Zu meinem Hinweis auf die Bedeutung des Knotens und die hohen Verluste an rollendem Material in der Lagebesprechung am 7. 11. erklärte der Transportchef mit der Bemerkung:

352 v. Manstein, S. 540.
353 v. Manstein, S. 543; Wagener, S. 252.
354 v. Tippelskirch (2), S. 343.
355 Aktenvermerk des RVM 26 Baü (bes. Osten) vom 16. 5. 1944, Abschrift in Unterlagensammlung der DB in Nürnberg, Mappe a z.
356 GGVK Bd. III, S. 386.
357 KTB/OKW Bd. III, 7. 11. 1943, S. 1285.

„Fastow habe ich nur für ein paar Tage an die Russen verpumpt.“ Er nahm dabei an, daß die deutschen Gegenangriffe am 8. 11. Fastow zurückgewinnen würden. Der endgültige Ausfall war eisenbahnmäßig nicht mehr auszugleichen. Durch die Wegnahme dieses Eisenbahnknotens war die Haupteisenbahnverbindung zur Heeresgruppe Süd, auf der bisher 40 Züge verkehrten, unterbunden[358]. Korosten und Shitomir erreichten die Russen am 12. 11. Shitomir wurde am 20. 11. zurückgewonnen und ging am 1. 1. 1944 endgültig verloren. Durch die Wegnahme von Korosten wurde die wichtige Rochadeverbindung für die Heeresgruppe Mitte und Süd von Shlobin nach Shmerinka unterbrochen. Am 28. 12. wurde die Reichsverkehrsdirektion Kiew, die inzwischen große Teile ihres Bahnnetzes verloren hatte, von Winniza nach Lemberg verlegt.

Mit dem Näherkommen der Front an Transnistrien und durch den weit nach Osten bis in den Raum Nikopol vorspringenden Frontbogen entstanden im Süden besorgniserregende Versorgungs- und Räumungsprobleme. Noch stand nach dem Verlust von Fastow bis zum Jahresende die Eisenbahnverbindung Kasatin (28. 12. 1943) nach Bobrinskaja über Christinowka zur Verfügung. Nach der Unterbrechung der Strecke Christinowka—Bobrinskaja konnte die Front nur noch über die durch Transnistrien laufende zweigleisige Strecke von Shmerinka über Wapnjarka—Slobodka nach Odessa und deren eingleisige Abzweigstrecken Wapnjarka—Christinowka, Rudniza—Gaiworon, Birsula—Podgorodnaja, Odessa—Kolosowka—Woshnesensk, bzw. Nikolajew erreicht werden. Die Betriebsführung der Eisenbahnen in Transnistrien war seinerzeit im Vertrag von Tighina vom 30. 8. 1941 den Rumänen überlassen worden[359]. In dem Abkommen war nur festgelegt, daß die Eisenbahnen den gemeinsamen Interessen zur Verfügung stehen. Insofern war die deutsche Kriegführung von der Mitarbeit und Unterstützung der Bahn- und Transportdienststellen der Rumänen und auch später der Ungarn abhängig und in ihrer Handlungsfähigkeit nicht ganz freizügig. Deshalb wandte sich Hitler am 25. 10. 1943 an Antonescu mit der Bitte um Abgabe der Betriebsführung[360]. Bedacht auf die eigene Souveränität und um seine eigenen Transportbedürfnisse vorrangig bedienen zu können, lehnte Antonescu das Ansinnen ab[361]. Bereits im Januar 1943 war ein Antrag auf Überlassung der Betriebsführung auf der für die Heeresgruppe Süd entscheidenden Eisenbahnstrecke Shmerinka—Christinowka abgelehnt worden[362]. Um die Rumänen nicht vor den Kopf zu stoßen, fand sich Hitler mit der Weiterführung des Betriebes durch Rumänien ab[363]. Es hatte zu jener Zeit mit der Rückführung von Wirtschaftsgütern aus Transnistrien begonnen[364]. Zur Entlastung der transnistrischen Hauptstrecke wurden weite Umwege in Kauf genommen und der Nachschub in zunehmendem Umfang auf den über die Karpaten führenden eingleisigen Strecken über Vatra Dornei, Palanka und Gymnesbükk gefahren.

358 KTB/OKW Bd. III, 8. 11. 1943, S. 1263; v. Manstein, S. 555.
359 KTB/OKW Bd. III, 29. 10. 1943, S. 1228 f.
360 KTB/OKW Bd. III, 29. 10. 1943, S. 1229 u. 7. 11. 1943, S. 1261; Brief Hitlers abgedruckt in: Hillgruber (3), S. 666 f.
361 Vgl. KTB/OKW Bd. III, 12. 11. 1943, S. 1270; Hillgruber (3), S. 671.
362 KTB/OKW Bd. IV, S. 763.
363 Vgl. KTB/OKW Bd. III, 15. 11. 1943, S. 1282.
364 KTB/OKW Bd. III, 12. 11. 1943, S. 1271.

Da mit dem Näherkommen der Front die Bahnleistungen in Transnistrien stark abfielen, wurde zur Sicherstellung der deutschen Transporte schließlich doch deutsches Eisenbahnpersonal eingesetzt. Darüber wurde am 15. 11. 1943 zwischen der Generalverkehrsdirektion Osten in Warschau und der Generaldirektion der rumänischen Staatsbahnen Transnistriens (C. F. R. T.) eine Vereinbarung abgeschlossen[365]. Auch damit konnten die früheren Leistungen nicht mehr erreicht werden.

Um die Jahreswende 1943/44 begann im Süden die russische Winteroffensive, die mit neuen tiefen Panzervorstößen auf die deutschen Versorgungslinien die Fronten weiter in Bewegung hielt. Es kam zu der verlustreichen Kesselschlacht bei Korsun' (24. 1.—19. 2.). Die schlechte Zusammenarbeit der rumänischen und ungarischen Eisenbahner an den Grenzübergängen wirkte sich nachteilig auf den Zulauf der Nachschubtransporte aus. Deshalb wurden auf den Grenzbahnhöfen deutsche Eisenbahner eingesetzt. Die Eisenbahnknoten Apostolowo und Nikopol gingen am 5. 2. und 8. 2. verloren. Der Heeresgruppe A stand ab Februar 1944 nur noch die wenig leistungsfähige eingleisige Strecke Odessa—Kolosowka—Trichaty—Nikolajew zur Verfügung. Am 28. 3 1944 ging Nikolajew verloren. Die empfindlichsten Schläge gegen das Eisenbahnnetz waren die Unterbrechung der Bahnlinie Lemberg—Shmerinka durch die Wegnahme von Tarnopol (14. 3. 1944) und der Verlust von Tschernowitz (30. 3.). Damit war die letzte unmittelbare deutsch-rumänische Eisenbahnverbindung unterbunden. In Kowel, das vom 17. 3. bis 9. 4. eingeschlossen war, blieben 531 blaue Eisenbahner zurück, die zu seiner Verteidigung eingesetzt wurden. Von ihnen sind 41 gefallen[366]. Am 10. 4. 1944 wurde Odessa aufgegeben. Sewastopol, das bis zum 7. 5. 1944 gehalten wurde, konnte nunmehr nur noch von dem 340 km entfernten Hafen Konstanza aus versorgt werden. Hinter der zurückgehenden Front kam ein großer Flüchtlingsstrom auf, von dem ein kleiner Teil mit der Bahn abgefahren wurde[367]. Bei den Absetzbewegungen der Heeresgruppe A gingen 300 Lokomotiven und 12 000 Wagen verloren[368].

Der rumänische Staatsführer Marschall Antonescu wurde erneut um seine Zustimmung zum Einsatz deutscher Eisenbahner angegangen[369]. Dazu erhielt der Transportchef einen entsprechenden Auftrag, der unverzüglich durchgeführt wurde[370]. Am 28. 3. übernahm die Reichsverkehrsdirektion Dnjepropetrowsk, die sich seit dem 19. 3. 1944 in Odessa befand, die Betriebsführung in Transnistrien.

Infolge des ständigen Zurückweichens und der drohenden Unterbrechung weiterer Strecken war die Betriebslage der rumänischen Eisenbahnen in den Frontgebieten und auf ihren Zulaufstrecken immer schwieriger geworden[371]. Durch den Aufbau einer deutschen Zuglaufüberwachung mit Kräften des Feldeisenbahnkommandos 3 wurde das Verhältnis zwischen den rumänischen und deutschen Transportdienststellen und den Ei-

365 Unterlagensammlung der DB in Nürnberg, Mappe b m, Bl. 713—715.
366 Vgl. Pottgießer, S. 125—128; vgl. Die Reichsbahn, Jg. 1944, S. 136—141.
367 Vgl. KTB/OKW Bd. IV, S. 763 f., 779, 781, 782 u. 789.
368 KTB/OKW Bd. IV, S. 574.
369 Vgl. KTB/OKW Bd. IV, S. 782.
370 KTB/OKW Bd. IV, S. 782.
371 KTB/OKW Bd. IV, S. 781.

senbahnern stark strapaziert. Weder die rumänischen noch die wenigen deutschen Überwachungskräfte waren in der Lage, den Zuglauf der Wehrmachtzüge in dem Bereich des Generals des Transportwesens Südukraine, der im Frühjahr 1944 rd. 30 Züge pro Tag betrug[372], genau zu verfolgen und zu steuern. Dazu trugen auch die unzureichenden Fernsprechverbindungen bei[373]. Ein Zusammenstoß zweier Güterzüge auf der Dnjestr-Brücke bei Tighina Ende März mit einer mehrtägigen Streckensperrung hatte nachhaltige Auswirkungen[374] auf die Betriebslage und erhöhte den Rückstau in Front- und Heimatrichtung. Am 12. 4. ging der Bahnhof Tiraspol verloren.

Anfang April 1944 begannen die Alliierten von Süditalien aus ihre systematische Luftoffensive auf das rumänische Erdölgebiet, sowie auf die Abfuhrstrecken und die Verschiebebahnhöfe in diesem Raum, ebenso auf die Verladeanlage in Giurgiu. Im Oberkommando der Wehrmacht wurde der Gedanke erwogen, eine Erdölleitung über die Karpaten nach Ungarn zu legen, weil von dort aus bessere Abfuhrmöglichkeiten bestanden. Man hoffte, diese Leitung bis zum Winter fertigstellen zu können[375]. Seit dem Frühjahr 1944 häuften sich auch die Sabotageakte an Gleisanlagen und Fahrzeugen in Rumänien. Bevorzugtes Ziel waren die Öl- und Benzinwagen, an denen nachts Haftminen angebracht wurden[376]. Mit der Störung der Eisenbahntransporte ging die Verminung der Donau einher, die zeitweise nicht benutzbar war[377]. Die Transportsteuerung auf der Donau wurde durch die Wehrmachttransportleitung Südost in Wien durchgeführt. Marschall Antonescu bat Ende April wieder einmal um materielle Hilfe zur Erhaltung und Steigerung der Leistungsfähigkeit der Bahnen. Ein Teil seiner Wünsche konnte erfüllt werden[378]. Am 5. und 6. 5. führte der Transportchef in Budapest und Galatz Verhandlungen über weitere Hilfsmaßnahmen zur Minderung der Transportschwierigkeiten bei der Frontversorgung und zur Sicherstellung der so wichtigen Ölabfuhr[379].

In der Unterredung zwischen Hitler und Antonescu am 5. 8. 1944 im Führerhauptquartier Wolfschanze wurden auch die rumänischen Transportverhältnisse erörtert. Antonescu wies auf die Auswirkungen der starken Zerstörungen an Rangierbahnhöfen und großen Knotenpunkten sowie auf die Zerstörung an Eisenbahnwerkstätten durch die Luftangriffe der Alliierten hin. Die vorhandene Transportkapazität werde durch Öl- und Militärtransporte so in Anspruch genommen, daß Wirtschaftstransporte nicht mehr gefahren werden könnten[380].

Im Sommer 1944 verlief die Front bereits entlang den Beskiden und der Weichsel mit mehreren Brückenköpfen bis vor Warschau. Bei der Heeresgruppe Südukraine wur-

372 v. Rieben, Teil B, S. 10.
373 Reisebericht von Oberst i. G. Petri. Unterlagensammlung des Verfassers.
374 Vgl. KTB/OKW Bd. IV, S. 781.
375 KTB/OKW Bd. IV, S. 798.
376 Neubacher, S. 44; vgl. GGVK Bd. IV, S. 289 f.
377 Vgl. KTB/OKW Bd. IV, S. 788—790; Meister, S. 311.
378 Vgl. KTB/OKW Bd. IV, S. 788—790; vgl. Hitler-Speer-Konferenz am 22./23. 5. 1944, Punkt 22, S. 370 f.
379 Der Hinweis im KTB/OKW Bd. IV, S. 784 ist falsch datiert.
380 Kissel (2), S. 184.

den im Juli 1944 mehrere Divisionen herausgelöst und zum Einsatz an anderen Frontabschnitten im Osten gefahren[381].

Der Rückzug aus Rumänien und Bulgarien (Sommer 1944)

Im 20. 8. 1944 begann die sowjetische Offensive am Dnjestr und Pruth. Schon nach wenigen Tagen zerbrach die deutsch-rumänische Front. Nach zwei tiefen Einbrüchen bei Jassy und Tiraspol wurde die 6. Armee südlich von Kishinew eingekesselt und nahezu aufgerieben. Damit war für die Rote Armee der Weg nach Rumänien frei. König Michael ließ am 23. 8. Marschall Antonescu verhaften und die Kampfhandlungen gegen die Rote Armee einstellen. Der Versuch am 24. 8., die Hauptstadt Bukarest und andere wichtige Punkte in deutsche Gewalt zu bringen, scheiterte und führte zur Kriegserklärung Rumäniens an Deutschland[382]. Der Umschwung kam für die Deutschen überraschend[383]. Die Planungen für eine militärische Besetzung Rumäniens im Falle eines Frontwechsels (Margarethe II) waren Ende Februar eingestellt worden[384]. Maßnahmen für einen Abzug waren nicht vorbereitet. In dem allgemeinen Durcheinander kam der Eisenbahnbetrieb weitgehend zum Erliegen[385]. Bei dem deutschen Luftangriff auf Bukarest am 24. 8. waren auch die Fernsprechverbindungen der Eisenbahnzentrale nachhaltig gestört worden. Am 30. 8. ging Konstanza verloren. Bereits am 31. 8. marschierten die Russen in Bukarest ein, und am 6. 9. war Rumänien bis zu den Karpaten besetzt. Über Brasow kamen nur wenige Züge heraus, darunter der Zug mit dem Personal des Transportbevollmächtigten in Rumänien. Einige Lazarettzüge wurden noch über Timisoara und Arad nach Ungarn gefahren. In Rumänien blieben 168 deutsche Lokomotiven und rd. 16 000 Güterwagen zurück. Der Roten Armee standen nun das gesamte rumänische Eisenbahnnetz und die Schwarzmeerhäfen zur Verfügung. Für ihre weiteren Operationen war das von wesentlicher Bedeutung. Ende Oktober war ganz Rumänien einschließlich Nordsiebenbürgen in russischer Hand. An der rumänisch-russischen Grenze mußte der russische Nachschub auf Normalspur umgeschlagen werden[386]. Maßgebend für die Wiederaufnahme des durchgehenden Breitspurbetriebes bis dahin war die Wiederherstellung zerstörter Brücken. Die russischen Operationen wurden dadurch offenbar nicht nennenswert verlangsamt.

Ende August 1944 kam es in der Slowakei zu einem von der Roten Armee unterstützten Aufstand, der Ende Oktober niedergeschlagen war[387]. Während dieses Aufstandes wurde auch der Eisenbahnbetrieb auf den Frontversorgungsstrecken durch Partisanen gestört[388]. Zentrum des Widerstandes war der Raum Banska—Bystrica (Neusohl).

381 Gosztony (3), S. 11 f.
382 Vgl. KTB/OKW Bd. IV, S. 805.
383 KTB/OKW Bd. IV, S. 805.
384 Hillgruber (4), S. 79 f.
385 Wagener, S. 333 f.
386 Angaben über Umspurungen in: GGVK Bd. IV, S. 296 u. Bd. V, S. 455.
387 Vgl. Durcansky, S. 571 f.
388 Vgl. GGVK Bd. IV, S. 369 f, 376 u. 378.

Nun überstürzten sich auch in Bulgarien die Ereignisse. Am 24. 8. wurde der Abzug der deutschen Militärmission und der deutschen Truppen gefordert[389]. Diese hatten sich im großen und ganzen bis zum 31. 8. zurückgezogen. Am 26. 8. erklärte sich Bulgarien neutral und suchte um Waffenstillstand nach[390]. Die Rote Armee erreichte am 1. 9. bei Giurgiu die Donau. Am 5. 9. erklärte die Sowjetunion Bulgarien den Krieg und am 8. 9. erfolgte die bulgarische Kriegserklärung an Deutschland[391]. Auch in Bulgarien war an eine nennenswerte Räumung kaum zu denken. Da die sowjetische Besetzung des Landes nicht unmittelbar nach dem Ausscheiden Bulgariens erfolgte, bestand noch für einige Tage die Möglichkeit, ohne Widerstand Räumungstransporte in Richtung Belgrad zu fahren[392]. Allerdings gelangte auf diesem Wege nur ein geringer Teil der Nachschublager, wohl aber ein Teil der aus Rumänien versprengten deutschen Truppen und im Lande befindlichen deutschen Zivilpersonen außerhalb des Landes. Es blieben u. a. 208 Lokomotiven zurück. Die Zahl der zurückgelassenen Güterwagen ist nicht bekannt. Auch das bulgarische Eisenbahnnetz kam in brauchbarem Zustand in die Hand des Gegners. Die Rote Armee konnte zwei Divisionen im Bahntransport von Varna in Richtung Sofia befördern[393], wo sie am 19. 9. einmarschierte.

Die bulgarischen Bahnen hatten im Laufe der Jahre von Deutschland verschiedentlich materielle Hilfe zur Erhöhung ihrer Leistungsfähigkeit erhalten. Seit Anfang 1944 hatte besonders der Raum Sofia unter Luftangriffen auf die Bahnanlagen zu leiden. Die in Mazedonien zum Schutz der Eisenbahnen eingesetzten bulgarischen Truppen konnten so rechtzeitig entwaffnet werden[394], daß die Räumungstransporte aus Griechenland durch sie nicht ernstlich gefährdet waren.

Der Rückzug aus dem südlichen und westlichen Balkan (1944)

Seit dem Balkanfeldzug des Jahres 1941 standen starke deutsche Kräfte in Griechenland und auf den Inseln des Jonischen und Ägäischen Meeres. Sie waren allmählich auf 300 000 Mann angewachsen[395]. Als nach dem Zusammenbruch der Heeresgruppe Südukraine Ende August 1944 und dem Ausscheiden Rumäniens der ganze Balkanraum bis nach Bulgarien offen dalag, erhielt der Oberbefehlshaber Südost am 28. 8. 1944 die Weisung, die Räumung der Ägäis und Griechenlands vorzubreiten[396]. Der Rückzugsbefehl für Griechenland, Südalbanien und Südmazedonien wurde am 3. 10. gegeben[397]. Bis Mitte Oktober konnte die Heeresgruppe E von der türkisch-griechischen Grenze bis Nisch eine Abwehrfront bilden, hinter der der Rückmarsch nach Norden auf der Bahn und der sie begleitenden Straße in Gang kam. Ohne die Eisenbahn war an einen

389 KTB/OKW Bd. Bd. IV, S. 809.
390 Rönnefarth, H., S. 236 f.
391 KTB/OKW Bd. IV, S. 810.
392 Vgl. KTB/OKW Bd. IV, S. 809.
393 v. Tippelskirch (2), S. 486.
394 v. Tippelskirch (2), S. 502.
395 v. Tippelskirch (2), S. 500.
396 KTB/OKW Bd. IV, S. 681.
397 KTB/OKW Bd. IV, S. 720.

Rückzug der Heeresgruppe E aus Griechenland kaum mehr zu denken[398]. Am 21. 9. 1944 war der Peloponnes geräumt, Piräus wurde am 12. 10., Larissa am 21. 10. und Saloniki am 31. 10. aufgegeben. In der Nacht vom 1./2. 11. überschritten die Nachhuten der Heeresgruppe E die griechisch-mazedonische Grenze[399]. Die Eisenbahn leistete dabei Hervorragendes[400]. Das Feldeisenbahnkommando 6 setzte sich am 12. 10. von Athen ab.

Der Abzug der deutschen Truppen und der Abtransport der umfangreichen Räumungsgüter verlief zunächst reibungslos. Bald jedoch versuchten ihn die Bulgaren zu unterbinden[401]. Auch durch Partisanen und Bombenangriffe sowie durch Beschuß der Lokomotiven aus der Luft wurden die Eisenbahntransporte empfindlich behindert[402]. Auf dem Rückzug wurden die Tunnel und Brücken so nachhaltig zerstört, daß die Wiederherstellung der Bahnen, die auch durch den bis 1949 andauernden Bürgerkrieg aufgehalten wurde, sich bis Anfang der fünfziger Jahre hinzog[403].

Durch das Vordringen der Russen in Rumänien und Bulgarien erhielten die Partisanen in Serbien und Bosnien mächtigen Auftrieb[404]. Am 6. 9. kam eine unmittelbare Verbindung der Titopartisanen mit der Roten Armee zustande. Nun verschlechterte sich auch die Lage an der Linie Skopje—Belgrad. Am 10. 10. überschritten die Russen die Morawa und nahmen Velika Plana ein. Damit war die Hauptrückzugslinie der Heeresgruppe E unterbrochen. Kurz darauf marschierten die Russen am 20. 10. in Belgrad ein. Zuvor hatten die Bulgaren am 14. 10. Nisch eingenommen. Am 25. 10. erreichten sie Kumarowo. Ein weiterer Rückzug durch das Wardartal war dadurch unmöglich geworden. Noch war die eingleisige Bahn von Skopje über Mitrovika nach Kraljewo[405] offen. Kraljewo war nun Betriebsspitze von Süden her. Um Verstopfungen im Ausladeraum zu vermeiden, wurde nicht mehr benötigtes Leermaterial rücksichtslos von den Schienen abgekippt[406]. Für den Rückzug stand nur noch die 400 km lange Schmalspurbahn über Užice—Visegrad—Sarajewo—Zadovici nach Slaw. Brod zur Verfügung[407], deren Betrieb ständig durch Feindeinwirkung gefährdet war. Abschnittsweise wurde am Ende der Marschsäule der Eisenbahnoberbau abmontiert, verladen und, sobald die Truppe die Vormarschstrecke freigekämpft hatte, an der Spitze wieder eingebaut; dies wiederholte sich in Abschnitten von etwa 15 km Länge. Innerhalb dieser wandernden Eisenbahninsel wurde mit den wenigen Lokomotiven so viel wie möglich zur Betriebsspitze gefahren und ausgeladen, dann fuhren die Züge wieder an das Ende der Strecke, um dort neu beladen zu werden. Die Luftabwehr erfolgte durch Marine-Flak, die auf

398 Vgl. v. Tippelskirch (2), S. 502; vgl. KTB/OKW Bd. IV, S. 718.
399 KTB/OKW Bd. IV, S. 721.
400 Vgl. Hümmelchen, S. 578; Hnilicka, S. 86.
401 KTB/OKW Bd. IV, S. 716.
402 Schmidt-Richberg, S. 40 f.
403 Einzelheiten in der von der Hellenischen Staatsbahn in Athen 1950 herausgegebenen Schrift: The reconstruction of the net during 1950.
404 Vgl. KTB/OKW Bd. IV, S. 698 f.
405 Vgl. Schmidt-Richberg, S. 41; Hnilicka, S. 90.
406 Michaelsen, 4. Kapitel, Serbien u. Kroatien, S. 7.
407 Nähere Einzelheiten über die Eisenbahnverhältnisse beim Rückzug vgl. Schmidt-Richberg, S. 40—98.

Eisenbahnwagen montiert worden waren[408]. Alle für den Betrieb nicht mehr benötigten Feldeisenbahner des Feldeisenbahnkommandos 6 wurden im Kampf eingesetzt.

Seit Mitte November 1944 waren die Bosnatalbahn und ihre Endbahnhöfe Slaw. Brod und Sarajewo besonders starken Luftangriffen ausgesetzt, durch die es an mehreren Stellen zu länger dauernden Streckenunterbrechungen kam[409].

Mitte Januar 1945 kam der Rückmarsch der Heeresgruppe E, der über 1 500 km unter schwierigsten Umständen vollzogen wurde, zu seinem vorläufigen Abschluß[410]. Auch an der Drau bildete sich eine schwache Frontlinie. Nach dem Scheitern der Frühjahrsoffensive am Plattensee erhielt die Heeresgruppe E die Genehmigung, Sarajewo (5. 4. 1945) zu räumen. Bei der Kapitulation standen noch fast 150 000 Mann auf jugoslawischem Boden[411].

Die Kämpfe in Ungarn

Für den Fall eines ungarischen Frontwechsels war schon im Jahre 1943 der Fall „Margarethe I" (Besetzung Ungarns) vorbereitet worden[412]. Wegen der wachsenden Unzuverlässigkeit der ungarischen Haltung[413] ließ Hitler am 19. 3. 1944 Ungarn besetzen. Bereits nachmittags waren alle wichtigen Schlüsselpositionen in deutscher Hand[414]. Ein Ausfall der Eisenbahnen im rückwärtigen Gebiet, wie er im August 1944 in Rumänien eintrat, war damit unmöglich gemacht worden[415]. Der militärische Zugverkehr durch Ungarn erlitt durch den Einmarsch keine wesentlichen Störungen[416]. Bis zum 19. 3. 1944 war Ungarn abgesehen von zwei kleinen russischen Luftangriffen nicht bombardiert worden. Erst nach der deutschen Besetzung des Landes begann der uneingeschränkte Luftkrieg der Alliierten gegen Ungarn[417]. Das Gebiet ostwärts der Theiss wurde zum Operationsgebiet erklärt[418]. Das Feldeisenbahnkommando 3 erhielt den Auftrag, auf den Hauptstrecken einen Notbetrieb vorzubereiten. Der deutsche Transportbevollmächtigte in Budapest baute ein Netz zur Transportüberwachung und Steuerung bei den ungarischen Eisenbahnen auf, mit dem die deutschen Transportinteressen besser durchgesetzt werden konnten[419]. In Debrecen wurde in Anlehnung an die Transportkommandantur eine Oberzugleitung und Außenstellen auf allen Knotenbahnhöfen mit Feldeisenbahnern eingerichtet. Die Ungarische Staatsbahn erhielt Unterstützung durch Lokomotivhilfe, Lieferung von Baustoffen aus dem Reich und durch Baukräfte. Täglich fuhren etwa 50 Wehrmachtzüge durch Ungarn. Schon im Mai 1944 war die Be-

408 Michaelsen, 4. Kapitel, Serbien u. Kroatien, S. 7.
409 Schmidt-Richberg, S. 98.
410 Vgl. KTB/OKW Bd. IV, Lagebuch vom 14. 1. 1945, S. 1013.
411 v. Tippelskirch (2), S. 504; Ploetz, S. 64.
412 KTB/OKW Bd. IV, S. 210—229.
413 v. Tippelskirch (2), S. 380.
414 Hillgruber (4), S. 82 f.
415 Vgl. KTB/OKW Bd. IV, S. 246.
416 KTB/OKW Bd. IV, S. 202.
417 Gosztony (3), S. 658, Anm. 61.
418 KTB/OKW Bd. IV, S. 239.
419 Vgl. KTB/OKW Bd. IV, S. 239.

triebslage der ungarischen Bahnen recht schwierig geworden. Der Rückstau für Rumänien, Serbien, Griechenland und Bulgarien betrug 541 Züge und in Richtung Deutschland 82 Züge[420]. Durch die zahlreichen Luftangriffe und die nachlassende Mitarbeit der ungarischen Eisenbahner verschlechterte sich die Betriebslage im Laufe des Sommers und der Herbstmonate weiter. Schon seit dem Frühjahr 1944 war die wichtige Theissbrücke bei Szolnok unbenutzbar. Besondere Angriffsziele waren der Knoten Budapest und die Seiten beiderseits der Donau nach Wien[421]. Zu den Betriebsschwierigkeiten trug auch bei, daß der Eisenbahnbetrieb bereits bei Voralarm und nicht erst bei Fliegeralarm eingestellt wurde.

Anfang September 1944 überschritten die Russen die Karpaten und stießen im Laufe des Oktober bis an die Theiß vor. Der Heeresgruppe Südukraine wurde Mitte September die 23. Pz. Div. aus dem Raum Skarzysko-Kamienna in den Raum Klausenburg zugeführt[422]. Kennzeichnend für die Transportlage war, daß die Division für die rd. 800 km lange Transportstrecke über Galanta—Budapest drei Tage benötigte, das ist eine Marschgeschwindigkeit von 11 km pro Stunde. Bis dahin war die Zusammenarbeit mit den ungarischen Bahn- und Transportstellen noch gut. Am 15. 10. proklamierte der ungarische Reichsverweser Admiral von Horthy den Waffenstillstand mit der Sowjetunion[423]. Er wurde jedoch zur Zurücknahme des Waffenstillstandes gezwungen und in Deutschland interniert. Die nun eingesetzte Regierung Szalasi führte den Kampf an Deutschlands Seite weiter[424]. Auf Anordnung des Oberkommandos der Wehrmacht wurde ganz Ungarn am 15. 10. zum Operationsgebiet erklärt[425]. Ende Oktober sanken die Leistungen der ungarischen Eisenbahnen weiter stark ab. Viele Eisenbahner in frontnahen Gebieten waren zu den Russen übergetreten. In Westungarn wurde noch gut gearbeitet, soweit es sich um ungarische Interessen handelte. Der verbliebene Raum stand voller Räumungs- und Flüchtlingszüge, wodurch der Betrieb immer unbeweglicher wurde. Deutsche Feldeisenbahner waren auf die restlichen Strecken verteilt, aber noch nicht eingesetzt worden[426].

Im November ging das Gebiet zwischen Donau und Plattensee verloren und Mitte Dezember verlief die Front bereits entlang der Drau zum Plattensee, hart östlich von Budapest über Erlau und Kaschau. Eine Eisenbahnräumung des Raumes Budapest war nur noch in sehr beschränktem Umfange möglich. Am 13. 12. trafen die ersten Züge der 6. Pz. Div., die von der Narew-Front im Raum Ziechenau herausgelöst worden waren, in Raab ein[427]. Budapest war ab 24. 12. von allen Eisenbahnverbindungen abgeschnitten. Für den Entsatz von Budapest wurde am gleichen Tag der Transport

420 Aktenvermerk von Mineis (L) beim Transportchef vom 23. 5. 1944, betr. Transportsteuerung der WTL Südost, BA—MA Freiburg i. Br., H 12/213.

421 KTB/OKW Bd. IV, S. 832, 836, 839 u. 849

422 Rebentisch, S. 397.

423 Waffenstillstand Ungarn—UdSSR, USA u. Großbritannien 20. 1. 1945, Rönnefarth, H., S. 240 f.

424 Vgl. Hillgruber (4), S. 96 f.

425 Hillgruber (4), S. 97.

426 Niederschrift über eine Besprechung des Bevollmächtigten der Reichsbahn bei der Wehrmachttransportleitung Südost am 30. 10. 1944 in Preßburg, BA—MA Freiburg i. Br. H 12/213.

427 Gosztony (1), S. 663

mehrerer Divisionen nach Ungarn befohlen. Dazu gehörten das IV. SS-Pz.-Korps, bestehend aus der 3. und 5. SS-Pz.-Div. aus dem Raum Warschau, die 96. Inf. Div. aus Galizien und die 711. Inf. Div. aus Holland. Die ersten Transporte trafen am 30. 12. im Raum Komarom ein. Die 711. Inf. Div. kam erst nach Angriffsbeginn an[428].

In Debrecen hatte sich am 23. 12. unter Generaloberst Miklós eine Gegenregierung gebildet, die am 31. 12. Deutschland den Krieg erklärte. Mitte Januar 1945[429], nach dem Scheitern der Ardennenoffensive, wurde ab 18. 1. 1945 die 6. SS-Panzer-Armee[430] herausgelöst. Die Verladung ging wegen Treibstoffmangel und vereister Straßen zu den Einladebahnhöfen sehr langsam vonstatten. Nach kurzer Auffrischung im Reich wurden die Verbände mit 290 Zügen unter größten Schwierigkeiten nach Ungarn gefahren, wo sie am 3. 3. 1945 versammelt waren. Für eine Entfernung von rd. 1 200 km brauchten die Transporte bis zu zehn Tage. Unter normalen Betriebsverhältnissen wären sie in eineinhalb Tagen am Ziel gewesen[431]. Am 18. 1. 1945 ging nach schweren Kämpfen Pest und am 13. 2. Buda verloren. Alle Eisenbahnbrücken über die Donau und Theiß waren beim Rückzug gesprengt worden. Die mit großen Anstrengungen und unter strengster Geheimhaltung vorbereitete Operation beiderseits des Plattensees, die am 6. 3. begann und am 15. 3. eingestellt werden mußte, konnte die Lage in Ungarn nicht mehr retten. Anfang April hatte die Front Ungarns Westgrenze erreicht, am 4. 4. wurde Preßburg und Baden bei Wien aufgegeben, am 13. 4. marschierten die Russen in Wien ein.

Der Rückzug aus Weißrußland (1943 und 1944)

Im März 1943 wurde nach gründlichen Vorbereitungen der Frontbogen von Rshew—Wjasma planmäßig geräumt (Unternehmen „Büffel")[432]. Das Rückgrat der Räumung waren die zweigleisige Bahnstrecke von Gshatsk nach Smolensk, die eingleisigen Strecken von Rshew und Sanosnaja nach Wjasma und von Nikitowa nach Durowo[433]. Die Räumung begann am 1. 3. und war am 21. 3. 1943 beendet. Am 12. 3. 1943 wurde der Knotenbahnhof Wjasma aufgegeben. Mit rd. 200 Zügen wurden 100 000 Tonnen Räumungsgut zurückgefahren. Außerdem wurden rd. 1 000 km Gleise abgebaut[434]. In der Geschichte des Großen Vaterländischen Krieges wird die Räumung als verlustreiches Unternehmen dargestellt[435].

Bei ihrer Sommeroffensive gelang den Russen im Laufe des Monats Juli 1943 nordwestlich Orel ein tiefer Einbruch, der die den Raum Orel versorgende Bahnlinie von Brjansk nach Orel bedrohte[436]. Hand in Hand mit den Angriffen entfalteten Partisanen

428 Gosztony (1), S. 669.
429 Westphal, S. 284.
430 Zur 6. Panzerarmee gehörten das I. SS-Pz. Korps mit der 1. u. 12. SS--Pz. Div. und das II. SS-Pz. Korps mit der 2. und 9. SS-Pz. Div.
431 Vgl. Heiber (1), Lagebesprechung am 27. 1. 1945, S. 849 f u. am 2. 3. 1945, S. 907.
432 Vgl. Zeitzler, S. 109—117.
433 Vgl. Teske (2), S. 169.
434 Zeitzler, S. 116.
435 GGVK Bd. III, S. 173.
436 v. Tippelskirch (2), S. 331; Teske (2), S. 189 f.

an den rückwärtigen Eisenbahnverbindungen eine gesteigerte Tätigkeit[437]. Wegen der bedrohlichen Lage wurde am 22. 7. mit den Räumungsvorbereitungen im Orelbogen begonnen[438]. Sie umfaßten die Rückführung von Eisenbahnwerkstätten, wertvollen technischen Einrichtungen und dem eingearbeiteten Personal. Die Betriebslage bis zu dieser Zeit war trotz aller Feindeinwirkungen gut. Die gegenüber dem Monat Juni erhöhten Transportforderungen sämtlicher Bedarfsträger und die sehr zahlreichen Truppenbewegungen konnten durch Umleitungen und vermehrtes Sichtfahren bei Tage trotz starker Partisanentätigkeit fast sämtlich erfüllt werden[439]. Ab 22. Juli führten operativ eingesetzte Partisanen auf den Zulaufstrecken der Heeresgruppe Mitte Massensprengungen mit neuen Magnetminen durch, die schwere materielle Schäden verursachten[440]. Die militärische Absetzbewegung im Orelbogen begann am 31. 7.[441]. Am 5. 8. 1943 ging Orel verloren. Durch den Wegfall dieses großen und wichtigen Eisenbahnknotens haben sich die Versorgungsmöglichkeiten dieses Frontabschnittes wesentlich verschlechtert[442].

Anfang August 1943 wurde der Eisenbahnbetrieb im gesamten Mittelabschnitt durch einen schlagartig einsetzenden Großeinsatz von Partisanen stark gefährdet[443]. In der Nacht vom 2. zum 3. August begann eine Großaktion der Partisanen, die den Eisenbahnbetrieb erheblich behinderte und einen beträchtlichen Ausfall an rollendem Material verursachte. Innerhalb von zwei Nächten wurden 8 422 Sprengstellen festgestellt und 2 478 Minen ausgebaut. Verschiedene operativ wichtige Strecken waren durch die Anschläge für längere Zeit unterbrochen[444]. Der Zulauf an Zügen mußte vom 4. 8. an auf 48 Stunden gesperrt werden[445]. Die Lage war so bedrohlich geworden, daß alle nicht für lebenswichtige Aufgaben eingesetzten Heereskräfte, alle irgendwie verfügbaren Ausbildungseinheiten, entbehrliches Luftwaffenpersonal und aufgerufene Alarmeinheiten zur Streckenbewachung befohlen wurden[446].

In der Annahme, die Ostfront wieder stabilisieren zu können, befahl Hitler am 12. 8. 1943 den sofortigen Ausbau eines Ostwalles[447]. Der Ostwall (Pantherstellung) war in der Linie Melitopol—Saporoshje entlang dem Dnjepr über Kiew—Gomel—Witebsk—westlich Newel—Opotschko—Pleskau—Peipussee—Narwa geplant. Sein Ausbau konnte nur rein feldmäßig durchgeführt werden, da die zum Bau eines starken Walles erforderlichen Baumaterialen fehlten und die Eisenbahn Baustofftransporte wegen anderweitiger Inanspruchnahme nicht hätte übernehmen können[448].

Im Laufe des September drangen die Russen bis zur „Pantherstellung" vor. Auch

437 Nähere Ausführungen bei Teske (2), S. 193; Pottgießer, S. 86—91.
438 Teske (2), S. 191 f.
439 Teske (2), S. 192.
440 Teske (2), S. 192; Pottgießer, S. 88.
441 v. Tippelskirch (2), S. 331.
442 Heiber (1), Lagebesprechung am 26. 7. 1943, Aussage von Generalfeldmarschall v. Kluge, S. 376.
443 KTB/OKW Bd. III, 4. 8. 1943, S. 891 u. 6. 8. 1943, S. 905.
444 Teske (2), S. 195; Pottgießer, S. 88.
445 KTB/OKW Bd. III, 4. 8. 1943, S. 891.
446 KTB/OKW Bd. III, 6. 8. 1943, S. 905 f.
447 KTB/OKW Bd. III, 12. 8. 1943, S. 938; Hitler-Speer-Konferenz am 6./7. 2. 1943, Punkt 46, S. 232.
448 Vgl. Teske (2), S. 171; Hitler-Speer-Konferenz am 21. 4. 1943, Punkt 5, S. 250 u. am 8. 7. 1943, Punkt 14, S. 278; Messe, S. 294.

hierbei wurden in bewährter Weise[449] zuerst rückwärtige Eisenbahnverbindungen abgeschnitten, so am 8. 9. die Strecke Brjansk—Konotop durch die Einnahme von Nawlja[450]. Am 9. 9. wurde der große Eisenbahnknoten Bachmatsch[451] und am 17. 9. der Knoten Brjansk[452] aufgegeben. Ende September, am 24. 9., gingen Smolensk und Roslawl verloren[453], nachdem die Strecke dazwischen bereits am 22. 9. von einer russischen Panzerspitze unterbrochen worden war. Beim Rückzug fielen umfangreiche Räumungstransporte an, um die großen Versorgungslager in diesem Raum zu bergen[454]. Wegen des schnellen Zurückweichens der Fronten und der Unsicherheit auf den rückwärtigen Eisenbahnverbindungen konnte längst nicht alles, was einmal nach Rußland befördert worden war, zurücktransportiert werden. Im Oktober sind 24 720 Wagen, das sind 743 Züge, in rückwärtige Lager oder in die Heimat zurückgefahren worden. Im Raum Mogilew—Orscha—Witebsk gingen nicht nur 40 Lokomotiven und 2 000 Wagen sondern auch wertvolle Werkstätten, Lager, Parks und sonstige Einrichtungen verloren[455]. Als letzte große Nord-Süd-Rochadelinie stand der Heeresgruppe Mitte jetzt nur noch die Strecke Orscha—Mogilew—Gomel zur Verfügung[456].

Durch das ständige Zurückweichen der Front und die Partisanentätigkeit sowie das Verschwinden zahlreicher einheimischer Eisenbahner entstanden im rückwärtigen Gebiet schwierige Transportverhältnisse, die zu Spannungen zwischen dem General des Transportwesens Mitte und dem Präsidenten der Reichsverkehrsdirektion Minsk führten[457]. Diese Spannungen mußten durch eine Intervention der Feldtransportabteilung und Mineis (L) beim Transportchef am 6. 12. 1943 in Minsk ausgeräumt werden.

Im November und Dezember 1943 gelang den Russen bei Newel[458] an der Nahtstelle der Heeresgruppe Nord und Mitte ein Einbruch, bei dem die Bahnstrecken Idriza—Nowosokolniki, Polozk—Newel (9. 11.) und Polozk—Witebsk (26. 12.) unterbunden wurden. Ein Angriff auf Witebsk konnte abgewiesen werden[459]. Zur Versorgung des Raumes Witebsk wurde eine Heeresfeldbahn von Parafianow an der Strecke Molodetschno—Polozk nach Lepel gebaut, die am 28. 5. 1944 in Betrieb kam[460]. Bis dahin hatte die gefährdete Zulaufstrecke von Orscha nach Witebsk entscheidende Bedeutung für die Versorgung und den Antransport von Verstärkungen für die 3. Pz.-Armee. Auch im Südabschnitt der Heeresgruppe Mitte mußte die Front zurückgenommen werden. Am 15. 11. wurde die Strecke Gomel—Kalinkowitschi[461] und am 23. 11. die Strecke Shlobin—Kalinkowitschi[462] unterbrochen. Der große Eisenbahnknoten Gomel ging am 26. 11.

449 Vgl. hierzu die Ausführungen in GGVK Bd. III, S. 23.
450 GGVK B. III, S. 442.
451 GGVK Bd. III, S. 367.
452 Chronik, S. 99.
453 v. Tippelskirch (2), S. 338.
454 Teske (2), S. 196 f.
455 Vgl. Teske (2), S. 200 f.
456 Vgl. v. Tippelskirch (2), S. 337 f.
457 Teske (2), S. 200.
458 Vgl. Teske (7), S. 520—522.
459 Vgl. Teske (7), S. 520—522.
460 Teske (7), S. 520—522.
461 v. Tippelskirch (2), S. 346.
462 Teske (2), S. 201.

verloren. Die von Luniniec und Sarny ausgehenden Strecken waren bereits seit Monaten in empfindlicher Weise durch Partisanen gestört worden[463]. In der ersten Jahreshälfte von 1944 ergaben sich zwischen Pripjet und Dwina trotz ständiger Angriffe keine großen Frontverschiebungen. Im rückwärtigen Gebiet des Bereiches der Heeresgruppe Mitte wurden einige durch Partisanen unterbrochene und nach dem Einmarsch nicht wieder aufgebaute Strecken instand gesetzt, die für die weiteren Kampfhandlungen und die Räumung besondere Bedeutung hatten. Es wurden folgende Strecken in Betrieb genommen: Ossipowitschi—Sluzsk am 3. 1., Sluzsk bis Rusino an der Strecke Luniniec—Baranowicze am 5. 3., Staruschki—Bobruisk am 7. 4., Brest-Litowsk—Wlodawa am 21. 4., Wlodawa—Cholm am 6. 5. und Woropajowo—Krolewszysna am 1. 5., nachdem die Linie wegen gesprengter Brücken monatelang still lag. Am 22. Juni 1944 eröffneten die Russen ihre Sommeroffensive, die zum raschen Zusammenbruch der Heeresgruppe Mitte führte. Das operative Ziel der Offensive war der Durchbruch zur Ostsee, die am 30. 7. bei Tukkum erreicht wurde. Auch diese Offensive wurde in der Nacht vom 19./20. 6. durch operativen Großeinsatz von Partisanen an den Strecken Pinsk—Luniniec, Borisow—Orscha und Molodetschno—Polozk[464] vorbereitet[465]. Der Eisenbahnbetrieb kam fast auf allen Zulaufstrecken und Querverbindungen stellenweise länger als 24 Stunden zum Erliegen. Trotz dieses massierten Partisaneneinsatzes konnte der Betrieb immer noch in Gang gehalten werden. Die Frontversorgung war natürlich stark beeinträchtigt, und gerade das war die Absicht des Gegners. Am 22. 6. riß die deutsche Front auseinander. Die Schlagader der Heeresgruppe Mitte, die Strecke Minsk—Baranowicze, wurde am 2. 7. südlich Stolpce unterbrochen, ebenso die Strecke Minsk—Wilna westlich Molodetschno[466]. In rascher Folge ging nun ein Bahnknoten nach dem anderen verloren, und zwar am 26. 6. Mogilew, am 27. 6. Orscha, am 3. 7. Minsk, am 4. 7. Molodetschno, am 7. 7. Baranowicze, am 9. 7. Luniniec, am 13. 7. Wolkowysk, am 16. 7. Grodno, am 22. 7. Brest-Litowsk, am 24. 7. Bialystok, am 27. 7 Dünaburg und Kowno am 1. 8. Innerhalb von zwei Monaten war die Front, die Anfang September bereits die ostpreußische Grenze erreicht hatte, bis zu 500 km zurückgegangen. Bei diesem überstürzten Rückzug war weder an eine gründliche Räumung, ja nicht einmal an eine nachhaltige Zerstörung der Bahnanlagen zu denken. Im Raum Orscha—Mogilew—Witebsk gingen 95 Lokomotiven und 1 850 Wagen verloren[467]. Über das gesamte Ausmaß der großen Verluste der Eisenbahn liegen keine Angaben vor. Daß bei dieser katastrophalen Entwicklung hinter der Heeresgruppe Mitte der Eisenbahnbetrieb nicht zum Erliegen kam, ist der Beweglichkeit und der Einsatzbereitschaft aller Beteiligten zu verdanken, die alle Anerkennung verdient. Die Verluste der Heeresgruppe Mitte von insgesamt 28 Divisionen mit 300 000 Mann waren weit größer als die bei Stalingrad[468].

463 Vgl. v. Tippelskirch (2), S. 338; GGVK Bd. III, S. 409.
464 v. Tippelskirch (2), S. 462.
465 Vgl. Teske (2), S. 218.
466 GGVK Bd. IV, S. 203.
467 Pottgießer, S. 113. — Über die Inbetriebnahme der aufgegebenen Strecken vgl. GGVK Bd. IV, S. 214.
468 Vgl. v. Tippelskirch (2), S. 463.

Der Rückzug aus dem Baltikum

Nach dem russischen Durchbruch nach Leningrad blieben die Frontabschnitte bei der Heeresgruppe Nord im Jahre 1943 im allgemeinen stabil. In der Zeit vom 17. bis 27. 2. wurde der Kessel von Demjansk geräumt, in dem im Februar 1942 das 2. Armeekorps mit 95 000 Mann eingeschlossen worden war. Nach Aufbrechen des Kessels hatten Eisenbahnpioniere im April 1942 eine 60 Kilometer lange Heeresfeldbahn von Tuleblja nach Losnizy mit einer Tagesleistung von 500 Tonnen gebaut[469]. Ein russischer Versuch, den Eisenbahnknoten Mga und damit die zweigleisige Bahn von Wolchowstroj nach Leningrad in die Hand zu bekommen, mißlang[470]. Die Heeresgruppe Nord blieb von der russischen Sommeroffensive 1943 unberührt[471]. Das ganze Jahr über, im Herbst und Winter noch zunehmend, entfalteten die Partisanen hinter der Front eine lebhafte Tätigkeit auf den in Richtung Leningrad laufenden Strecken, ferner im Raum Luga—Nowgorod und auf den von Dno ausgehenden Strecken[472]. Die Auswirkungen auf den Eisenbahnbetrieb waren aber wesentlich geringer als in Weißrußland. Im Juli wurde durch einen Luftangriff die wichtige Narwabrücke bei Narwa zerstört[473]. Sie wurde innerhalb von 12 Tagen von Eisenbahnpionieren wiederhergestellt.

Mitte Januar 1944 wurden die Russen am Wolchow und südlich Leningrad offensiv und erzielten erhebliche Geländegewinne. Nach einem Monat schon verlief die Front entlang der Narwa, dem Peipussee und von da zum Ilmensee. Am 26. 1. wurden die Strecken Narwa—Gattschina, Leningrad—Dno, und die Oktoberbahn bei Tschudowo unterbrochen. Ab 18. 2. zog sich die Heeresgruppe Nord auf die Pantherstellung zurück. Innerhalb eines Monats mußten Nowgorod (20. 1.), Nowosokolniki (29. 1.), Luga (12. 2.), Staraja-Russa (18. 2.), Dno (24. 2.) aufgegeben werden. Anfang März unterbrachen die Russen an zwei Stellen die Bahnlinie Narwa—Reval. Es gelang jedoch, die Strecke wieder freizukämpfen und damit die dem Nordflügel der 18. Armee drohende Gefahr des Abgeschnittenwerdens zu beseitigen[474]. Vor der Sommeroffensive am 22. 6. 1944 und auch während dieser war die Partisanentätigkeit an den rückwärtigen Eisenbahnen besonders lebhaft. Durch die russische Sommeroffensive wurde die Heeresgruppe Nord weiter zusammengedrängt. Bedrohlich wurde die Eisenbahnlage durch den Wegfall des Eisenbahnknotens Schaulen am 27. 7. 1944. Eine Verbindung mit Riga war nur noch über Memel—Prikule und den bedrohten Knoten Mitau möglich. In größter Eile wurde eine 22 Kilometer lange Verbindungsbahn zur Umfahrung von Mitau gebaut. Die Kurve verband die Strecken Tukkum—Mitau und Mitau—Libau zwischen den Bahnhöfen Elisenhof und Slampe. Über diese Verbindung wurden in wenigen Tagen 300 Lokomotiven und 8 000 Güterwagen in Richtung Heimat abgefahren. Durch den Vorstoß an den Rigaischen Meerbusen bei Tukkum am 30. 7. war die Heeresgruppe Nord von allen rückwärtigen Landverbindungen abgeschnitten. Von diesem Zeitpunkt

469 Vgl. KTB/OKW Bd. II, 8. 12. 1942, S. 1098.
470 Carell (2), S. 214; vgl. GGVK Bd. IV, S. 41.
471 v. Tippelskirch (2), S. 338.
472 Vgl. GGVK Bd. IV, S. 47, 50 u. 51.
473 KTB/OKW Bd. III, 21. 5. 1943, S. 512.
474 Heiber (1), Anmerkung 1 zur Lagebesprechung am 6. 4. 1944, S. 551.

ab war die Versorgung und Räumung bei der 16. und 18. Armee nur noch auf dem Seeweg möglich. Am 15. 8. wurde durch den Verlust von Dorpat die Verbindung zwischen der Armeegruppe Narwa und der 18. Armee unterbrochen.

In der zweiten Hälfte des August gelang es noch einmal vorübergehend, und zwar bis zum 19. 10., eine Landbrücke bei Tukkum herzustellen, allerdings ohne Eisenbahnverbindung zum Reich[475]. Die Bahnlinie Riga—Tukkum—Windau war in dieser Zeit wieder benutzbar. Eine Woche vor der Räumung von Riga am 13. 10. 1944[476] wurde die dortige Reichsverkehrsdirektion aufgelöst. Ende September war ganz Estland aufgegeben. Dort blieben 5 600 Eisenbahnfahrzeuge zurück. Auch in Lettland fielen dem Gegner 2900 Eisenbahnfahrzeuge in die Hände[477]. Am 5. 10. begann der Vorstoß auf Memel, der zur Abschnürung der Heeresgruppe Nord in Kurland führte. Aus dem Kurlandkessel wurden zehn Divisionen auf dem Seewege nach Danzig gebracht und von dort im Eisenbahntransport zum Einsatz in der Weichselniederung gefahren. Die 18. Armee im Kurlandkessel hat sich bis zur Kapitulation am 9. 5. 1945 gehalten.

9. Die Schlußphase des Krieges

Die hoffnungslose militärische Lage in der zweiten Hälfte des Jahres 1944 und die Tatsache, daß die Fronten immer näher an die Grenzen des Reiches rückten, führten noch nicht zur Beendigung des Krieges. Politischer Druck, aber auch die Forderung der Alliierten auf bedingungslose Kapitulation und nicht zuletzt die Ankündigung neuer Wunderwaffen ermöglichten die Weiterführung des Kampfes bis zur totalen Niederlage. Freilich ließen der nachlassende Widerstandswille und die Auswirkungen des erbarmungslosen Luftkrieges ein baldiges Kriegsende absehen.

Der sowjetische Vormarsch in das Deutsche Reich

Nachdem Lublin am 24. 7. 1944 und Reszow am 3. 8. verlorengegangen waren und sich die Front nun Warschau näherte, brach am 1. 8. der Aufstand der von General Bor-Komarowski geführten polnischen Heimatarmee aus, die große Teile der Stadt in ihre Gewalt brachte. Hierbei war auch die Generaldirektion der Ostbahn in Warschau vorübergehend eingeschlossen, sie konnte sich aber bis zum Entsatz durch deutsche Kampfverbände halten. Die Aufständischen störten wohl den Eisenbahnbetrieb, brachten ihn aber nicht zum Erliegen[1]. Am 14. 9. näherte sich die Front dem Ostufer der Weichsel. Nach Aufgabe der Vorstadt Praga wurden die Weichselbrücken gesprengt[2]. Die Aufständischen, die von der Roten Armee keine Unterstützung erhielten, mußten nach 63 Tagen Widerstand am 2. 10. kapitulieren. Während des Aufstandes wurden rd. 45 000 Wagen mit Räumungsgütern aller Art und 330 000 Einwohner evakuiert und

[475] Philippi — Heim, S. 255.
[476] Pottgießer, S. 117; vgl. auch Forwick, S. 155.
[477] Pottgießer, S. 113. Er unterscheidet nicht nach Lokomotiven und Wagen.
[1] Wiens (3), S. 278—280; Pischel (3), S. 70—73.
[2] v. Krannhals, S. 156 f.

aus Warschau abtransportiert. Nach dem Aufstand wurden weiterhin Räumungsgüter ins Reich gefahren, die hinsichtlich der Dringlichkeit allerdings hinter den Wehrmachttransporten rangierten[3].

Die im Generalgouvernement schon im Jahre 1943 einsetzenden Partisanenanschläge auf die Eisenbahnen nahmen ab Frühjahr 1944 erheblich zu und beeinträchtigten den Eisenbahnverkehr stellenweise recht nachhaltig, da ein ausreichender Schutz nicht möglich war. Während des sowjetischen Vormarsches nahm die Zuverlässigkeit der polnischen Eisenbahner immer mehr ab. Aus diesem Grunde wurden im Juli 1944 die Bahnhöfe im Bereich der Ostbahn mit deutschem Eisenbahnpersonal durchsetzt. Der anhaltende Verlust weiter Gebiete machte laufend Änderungen der Eisenbahnorganisation erforderlich[4]. Ende Juli 1944 wurde die bereits verkleinerte Generalverkehrsdirektion Osten von Warschau nach Bromberg verlegt. Nach ihrer Auflösung wurde sie als Frontbetriebsleitung in die Generalbetriebsleitung Ost eingegliedert, um nun im Reichsgebiet ihre langjährigen Betriebserfahrungen aus dem Osten im Reichsgebiet anzuwenden.

In der zweiten Augusthälfte 1944 fanden zwei schwere Luftangriffe auf die Stadt Königsberg statt, bei der auch die Bahnanlagen und Nachrichtenverbindungen stark angeschlagen wurden. Mineis (L) beim Transportchef war dadurch mehrere Tage ohne Fernsprechverbindung mit dem Reichsverkehrsministerium und den Direktionen. Mitte Oktober 1944 griffen die Russen zwischen der Memel und Suwalki an und drangen bis zur Angerapp vor. Dieser Angriff kam Ende Oktober zum Stehen. Wegen der bedrohlichen Feindnähe verlegte der Generalstab des Heeres am 23. 10. 1944 in die früheren Quartiere nach Zossen, das Führerhauptquartier folgte am 20. 11. 1944 nach Berlin[5].

Anfang Januar 1945 verlief die Ostfront etwa entlang der slowakisch-ungarischen Grenze über Presow—Jaslo zum russischen Brückenkopf bei Baranow. Am 12. 1. 1945 begann die große sowjetische Winteroffensive von den Karpaten bis nach Ostpreußen aus den verschiedenen Weichselbrückenköpfen bei Baranow, Pulawy und Magneszow und den Narewbrückenköpfen beiderseits Pultusk. Sie brachte die gesamte Ostfront erneut ins Weichen und lief erst Anfang März nach Erreichen der Oder-Neiße-Linie[6] vorübergehend aus. Vor ihrer Offensive hatten die Russen die Bahnlinien bis zur Front wiederhergestellt und umgespurt[7]. Innerhalb von 16 Tagen stieß die Rote Armee nahezu 400 km vor. In rascher Folge gingen Kielce (15. 1.), Warschau (17. 1.), Tschenstochau (17. 1.), Lodz (19. 1.), Krakau (19. 1.), Thorn (21. 1.), Bromberg (23. 1.) und Hindenburg (25. 1.) verloren. Posen, das am 27. 1. eingeschlossen wurde, verteidigte sich bis zum 1. 3. Bereits am 29. 1. war wieder eine Eisenbahnbrücke über die Weichsel in Betrieb[8].

Angesichts dieser Lage fuhren Speer und Ganzenmüller am 20. 1. 1945 zu dem gerade ernannten Oberbefehlshaber der Heeresgruppe Mitte, Generaloberst Schörner, nach

[3] Vgl. Janssen, S. 254.
[4] Vgl. Pischel (3), S. 73—76.
[5] Warlimont, S. 516 f.
[6] Lausitzer — Neisse.
[7] GGVK Bd. V, S. 76.
[8] Vgl. GGVK Bd. V, S. 104 f.

Oppeln, um darauf hinzuweisen, daß der Verlust des oberschlesischen Industriegebietes das Ende der industriellen Produktion und des Verkehrs bedeuten würde, da es sich um das letzte planmäßig arbeitende und kohlenfördernde deutsche Industrierevier handele. Diese Binsenweisheit wurde offenbar in der Überzeugung vorgetragen, daß der Krieg immer noch nicht ganz verloren sei[9].

In dem konzentrischen Vorstoß auf die Weichselniederung erreichten die Russen am 26. 1. das Frische Haff und trennten damit Ostpreußen vom Reich. Durch die Ereignisse war die Beweglichkeit und Zuverlässigkeit der Eisenbahn im eingeschlossenen Ostpreußen inzwischen gering geworden. Der Betrieb hatte dort stark unter Frost und Schnee sowie unter Kohlenmangel zu leiden. Größere Truppenverbände konnten nicht mehr befördert werden[10]. Bereits am 19. 1. war die Strecke Deutsch-Eylau—Allenstein und am 23. 1. die Strecke Dirschau—Elbing unterbrochen[11]. Am 23. 1. standen die Russen in Bromberg und Ende Januar hatten sie den größten Teil Ostpreußens besetzt. Die Eisenbahnbrücke über die Weichsel bei Graudenz stürzte am 10. 2. vorzeitig ab, nachdem eine Granate die Sprengladung getroffen hatte[12]. Beim Rückzug sind alle Eisenbahnbrücken über die Weichsel gesprengt worden, auch die noch nicht ganz fertiggestellte neue Eisenbahnbrücke bei Marienwerder. Die Festung Graudenz verteidigte sich bis zum 6. 3. Am 13. 3. traten die Russen erneut zum Angriff an und engten den Verteidigungsraum der 4. Armee im Raum Heiligenbeil weiter ein. Die Festung Königsberg kapitulierte am 9. 4. Als letzter Stützpunkt in Ostpreußen ging am 25. 4. Pillau verloren.

Ebenso rasch drangen die Russen an die Oder vor. Am 29. 1. 1945 hatte die Rote Armee das gesamte oberschlesische Industriegebiet unversehrt in ihren Besitz gebracht[13]. Nach kurzer Unterbrechung nahmen die Bergwerks- und Hüttenbetriebe die Arbeit wieder auf[14]. Durch den Wegfall Oberschlesiens trat im östlichen und südöstlichen Bereich fühlbarer Mangel an Dienstkohlen ein[15]. Deswegen war das Revier von Mährisch-Ostrau, das bis Ende April in deutscher Hand blieb, von entscheidender Wichtigkeit für die Kohlenversorgung der Eisenbahn geblieben.

Zwischen Brieg und Glogau brach Anfang Februar die Oderverteidigung zusammen. Breslau (15. 2.) und Glogau wurden eingeschlossen[16]. Hinter der Front waren die Eisenbahnen ständig russischen Luftangriffen ausgesetzt. Ihre Intensität und die Auswirkungen auf den Betrieb waren allerdings mit denen im Westen und Süden des Reiches nicht zu vergleichen[17].

9 Kaps, S. 102.
10 Hoßbach (2), S. 65.
11 Dieckert u. Grossmann, S. 94.
12 v. Wilckens, S. 293. — Nach dem Lagebuch des Wehrmachtführungsstabes vom 8. 5. 1945, KTB Bd. IV, S. 1079 wurde die Brücke am 8. 2. gesprengt.
13 KTB/OKW Bd. IV, Lagebuch vom 29. 1. 1945, S. 1050.
14 Vgl. Kriegsberichte des Feldwirtschaftsamtes über die Kriegswirtschaft der Feindmächte vom 7. 3. 1945. Abgedruckt in: KTB/OKW Bd. IV, S. 1154.
15 Vgl. KTB/OKW Bd. IV, 23. 1. 1945, S. 1600 f.
16 v. Tippelskirch (2), S. 543. — Einzelheiten über die Ereignisse im Bezirk der Reichsbahndirektion Breslau bei Pischel (2), S. 36—77.
17 Vgl. Herhudt v. Rohden (2), S. 900 f.

Durch die schweren englisch-amerikanischen Luftangriffe auf das mit mehreren 100 000 Ostflüchtlingen überfüllte Dresden am 13. und 14. Februar wurde der Eisenbahnverkehr über diesen Knotenpunkt für drei Tage unterbrochen. Von den Angriffen waren vor allem Dresden Hbf., Bahnhof Wettiner Straße und Dresden-Neustadt betroffen[18]. Das Gebäude der Reichsbahndirektion wurde völlig zerstört. Die Betriebsführung kam durch den Ausfall des Fernsprechnetzes vorübergehend in größte Schwierigkeiten[19].

Nachdem die Russen die Oder überschritten hatten, war die Bahnlinie Görlitz—Hirschberg—Glatz—Neiße—Ratibor—Mährisch-Ostrau für die Beweglichkeit und Versorgung der Heeresgruppe Mitte von größter Bedeutung geworden[20]. Im Februar wurde diese Strecke zwischen Greiffenberg (Schles.) und Görlitz unterbrochen[21]. Anfang März kam die Strecke durch einen Gegenangriff auf Lauban noch einmal in deutschen Besitz[22]. Auf dieser Strecke wurden bis kurz vor der Kapitulation noch viele Truppentransporte und Flüchtlingszüge gefahren[23].

Innerhalb eines Monats besetzten die Russen Ostpommern und den Nordteil von Westpreußen. Dabei gingen Konitz am 16. 2., Neustettin am 28. 2., Stargard am 4. 3. und Stolp am 8. 3. verloren. Kolberg, das sich zwei Wochen lang verteidigte, fiel am 18. 3. Am 30. 3. wurde Danzig aufgegeben. Gegen Ende März verlief die Front von Ratibor (ausschl.) über Neiße, Schweidnitz (ausschl.) entlang der Oder. Küstrin hatte sich noch gehalten.

Mit dem weiteren Vordringen der Roten Armee in das Reichsgebiet entstand Anfang 1945 eine große Fluchtbewegung der Bevölkerung[24]. Die Evakuierung der deutschen Zivilbevölkerung war ganz der NSDAP übertragen worden[25]. Ihre Gauleiter versuchten die Evakuierung mit Durchhalteparolen und der Ankündigung von neuen Waffen bis zum letzten hinauszuschieben[26]. Die Reichsbahnstellen konnten infolgedessen keine Transportvorbereitungen für die Rückführung der Zivilbevölkerung treffen, obwohl Möglichkeiten dazu vorhanden gewesen wären. Bei dem schnellen Vormarsch der Russen konnte dann nur noch ein Bruchteil der Flüchtlinge mit der Bahn und fast nur in Güterwagen abbefördert werden[27]. Nicht selten wurden Flüchtlingszüge von der Front überholt und damit von der Heimat abgeschnitten[28]. Bei der herrschenden

18 Vgl. KTB/OKW Bd. IV, Lagebuch vom 15. 2. 1945, S. 1097 u. Lagebuch vom 16. 2. 1945, S. 1100; vgl. Spetzler, S. 317, Anm. 561; vgl. Hampe (1), S. 517.

19 Pischel (4), S. 255.

20 v. Ahlfen, S. 159.

21 KTB/OKW Bd. IV, Lagebuch vom 16. 2. 1945, S. 1099.

22 KTB/OKW Bd. IV, Lagebuch vom 7. 3. 1945, S. 1151; in GGVK Bd. V, S. 177 wird dies nicht zugegeben.

23 U. a. die Division Brandenburg aus dem Raum nördlich Dresden nach Olmütz. — Vgl. v. Ahlfen, S. 209.

24 Vgl. Ausführungen in KTB/OKW Bd. IV, S. 1324—1330.

25 Vgl. Erlaß des Führers über die Befehlsgewalt in einem Operationsgebiet innerhalb des Reiches vom 13. 7. 1944, gedruckt in Weisungen, S. 256—258.

26 Vgl. KTB/OKW Bd. IV, Lagebuch vom 27. 1. 1945, S. 1044 f; v. Wilckens, S. 56 u. S. 341.

27 Vgl. Bekker, S. 189; Hoßbach (2), S. 42; Kaps, S. 123.

28 Vgl. Bekker, S. 192 u. 227—229; v. Wilckens, S. 15.

Kälte sind viele Flüchtlinge vor allem ältere Menschen und Kinder während des Transportes erfroren. Die abnehmende Leistungsfähigkeit der Bahnen wurde vorrangig für Truppenbewegungen, Versorgungstransporte und militärische Räumungstransporte (Lazarette) in Anspruch genommen[29]. Der General des Transportwesens Mitte und der Bevollmächtigte der Reichsbahn bei der Heeresgruppe Mitte ordneten am 29. 1. 1945 an, daß täglich nicht mehr Evakuierungszüge beladen werden als neben dem Wehrmachtverkehr und dem übrigen vordringlichen Verkehr auf den in Betracht kommenden Strecken mit Sicherheit gefahren werden können. Es sei sicherzustellen, daß keine Verstopfungen eintreten, die den Lauf der Truppen- und Nachschubzüge ungüstig beeinflussen[30]. Hitler entschied am 22. 1. 1945, daß die noch vorhandenen Kohlenbestände für den Abtransport von Flüchtlingen nicht verwendet werden dürfen[31]. Wie viele Flüchtlinge sich mit der Bahn in Sicherheit bringen konnten, wird nie mehr festzustellen sein. Jedenfalls ist ihre Zahl hoch. Über zwei Millionen Flüchtlinge, Soldaten und Verwundete wurden mit Unterstützung der Kriegsmarine in der Zeit vom 23. 1.[32] bis zur Kapitulation auf dem Seewege nach Stettin und Kiel gebracht, von wo aus sie mit der Eisenbahn weiterbefördert wurden. Bei der Anfahrt vor allem zu den beiden Häfen Kolberg und Stettin kam es zu großen Stauungen, da die vielen Flüchtlinge mit der Bahn nur allmählich nach dem Westen weiterfahren konnten[33]. Ein großer Teil der schlesischen Flüchtlinge wurde im Rahmen des noch Möglichen mit der Bahn nach Westen und in den böhmischen Raum befördert[34].

Schon im Sommer 1944 war die Befehlsgewalt in Operationsgebieten innerhalb des Reiches und die Zusammenarbeit zwischen Partei und Wehrmacht vorsorglich neu geregelt worden[35]. Gleichzeitig behandelte ein Befehl des Oberkommandos der Wehrmacht[36] die Vorbereitungen für die Verteidigung des Reiches. Als das Reich Kampfgebiet geworden war, kam es zwischen den militärischen und zivilen Stellen zu erheblichen Spannungen und Auseinandersetzungen[37]. Unter dem Neben- und Gegeneinander und den ständigen Veränderungen der Befehlsbereiche[38] hatten auch die Reichsbahnstellen zu leiden, die nun nicht mehr wußten, an wen sie sich halten sollten.

Bei den Kämpfen der angeschlagenen Heeresgruppe Mitte und Weichsel spielten die Eisenbahnen für die Beweglichkeit ihrer Verbände immer noch eine wichtige Rolle. Hinter der Front wurden noch in beachtlichem Umfang Truppenbewegungen durchgeführt, die auch Beachtung beim Gegner fanden[39]. In der Zeit vom 12. 1. bis 1. 3. 1945

[29] KTB/OKW Bd. IV, S. 1600 f.
[30] Befehl des Gen. Trspw. Mitte und BvRb vom 29. 1. 1945, BA—MA Freiburg i. Br. H 12/212.
[31] Vgl. KTB/OKW Bd. IV, 22. 1. 1945, S. 1600 f.
[32] Vgl. Bekker, S. 311; Chronik, S. 142; vgl. Weisung Hitlers an das OKM/1 Skl vom 5. 2. 1945, gedruckt in Weisungen, S. 302.
[33] Vgl. KTB/OKW Bd. IV, Lagebuch vom 31. 1. 1945, S. 1059; vom 2. 2. 1945, S. 1067; vom 9. 2. 1945, S. 1081 u. vom 11. 2. 1945, S. 1087.
[34] Kaps, S. 51 u. 104 f; v. Ahlen, S. 178; KTB/OKW Bd. IV, Lagebuch vom 16. 2. 1945, S. 1100.
[35] Erlasse Hitlers vom 13. 7. 1944, gedruckt in Weisungen, S. 256—260.
[36] Vgl. Weisungen, S. 260—264.
[37] Vgl. v. Ahlfen, S. 68; Hoßbach (2), S. 40—42.
[38] Vgl. KTB/OKW Bd. IV, S. 1290—1299.
[39] Raus, S. 175 f u. 178; v. Ahlfen, S. 70—180; GGVK Bd. V, S. 165.

wurden der Ostfront insgesamt 33 Divisionen zugeführt, u. a.: 10 von Kurland, drei von Norwegen, 10 aus dem Westen und drei aus dem Reichsgebiet[40].

Während des raschen Zurückgehens der Ostfront wurden im Eisenbahnnetz im allgemeinen Lähmungsmaßnahmen durchgeführt, ferner größere Eisenbahnbrücken gesprengt und ein Teil des rollenden Materials zurückgebracht. Für nachhaltige Zerstörungen mangelte es oft an Sprengmitteln. Dadurch konnte der Gegner die für ihn wichtigen Strecken verhältnismäßig schnell in Gang bringen[41] und Nachschub befördern[42]. Freilich war es nicht möglich, den Nachschub mit der Bahn allein durchzuführen[43].

Am 15. 3. fand ein schwerer Luftangriff auf die Lager Maybach I und Maybach II in Zossen und Wünsdorf statt, in denen Teile des Wehrmachtführungsstabes und des Generalstabs des Heeres untergebracht waren. Durch den Angriff war der militärische Fernsprechverkehr nachhaltig gestört worden. Die eigentliche tief in der Erde liegende Fernsprechzentrale (Zeppelin) blieb zwar unbeschädigt, aber die Kabelzuführungen waren durch den Bombenteppich unterbrochen worden[44]. Daraufhin verlegten am 17. 3. Teile des Oberkommandos des Heeres und Mineis (L) beim Transportchef in provisorisch vorbereitete Quartiere nach Erfurt. Mit der rapiden Abnahme der militärischen Kräfte, der Schwächung der Eisenbahnen und den immer schlechter werdenden Nachrichtenverbindungen[45] ging ein Schwinden des Einflusses der oberen Führungsstellen einher, die nun dem Gang der Dinge immer hilfloser gegenüberstanden.

Der Angriff der Sowjets auf die Reichshauptstadt begann mit der Überschreitung der Oder am 16. 4.. Am 21. 4. begab sich der Reichsverkehrsminister Dorpmüller nach Malente in Schleswig-Holstein. Kurz vorher hatte sich je eine Gruppe des Reichsverkehrsministeriums dorthin und nach Obergrainau bei Garmisch-Partenkirchen abgesetzt.

Stettin ging am 26. 4. verloren. Am Tag zuvor war die Reichshauptstadt eingeschlossen worden und russische und amerikanische Streitkräfte trafen sich an der Elbe bei Torgau[46]. Damit waren alle Landverbindungen zwischen dem Norden und Süden des Reiches unterbunden.

Durch Kohlen- und Strommangel waren der Verkehr und die letzten Industriebetriebe Berlins am 21. 4. vollends zum Erliegen gekommen[47]. Die Russen hatten die Strecke Küstrin—Berlin rasch wiederhergestellt. Schon am 25. 4. brachten sie den ersten Militärzug mit Munition nach Berlin[48]. Während der Verteidigung der Stadt wurden noch viele Eisenbahnbrücken und andere Eisenbahneinrichtungen gesprengt[49]. So wurde

[40] Einzelheiten in KTB/OKW Bd. IV, Lagebuch vom 7. 3. 1945, S. 1150 u. S. 1306—1312.

[41] Vgl. KTB/OKW Bd. IV, Lagebuch vom 7. 2. 1945, S. 1077; Lagebuch vom 13. 2. 1945, S. 1090; Lagebuch vom 19. 2. 1945, S. 1107 u. Lagebuch vom 29. 3. 1945, S. 1208.

[42] Schukow, S. 586.

[43] Vgl. GGVK Bd. V, S. 145 u. 164.

[44] Die Ausführungen in KTB/OKW Bd. IV, S. 1289 u. 1755 sind so nicht zutreffend.

[45] Nach dem Lagebucheintrag vom 24. 2. 1945 in KTB/OKW Bd. IV, S. 1126 hatte das Reichsverkehrsministerium mit 16 Reichsbahndirektionen keine Verbindung mehr.

[46] Chronik, S. 153.

[47] GGVK Bd. V, S. 319.

[48] GGVK Bd. V, S. 354.

[49] Schulz, S. 280 f; vgl. auch Angaben von Dr. Ing. Klinkmüller in der Unterlagensammlung der DB in Nürnberg, Mappe ee, Bl. 75 f.

unter anderem am 26. 4. der S-Bahntunnel unter dem Landwehrkanal, in dem viele Berliner Zuflucht gesucht hatten, gesprengt, um den Russen das Vordringen in den Kern Berlins auf diesem Wege zu erschweren[50]. Den Straßenkampf noch möglichst vermeidend drangen die Russen über die großen Schneisen der ausgedehnten und schwer zu verteidigenden Gleisanlagen der Berliner Fernbahnhöfe in den Kern von Berlin vor. Am 30. 4. beging Hitler Selbstmord und am 2. 5. 1945 kapitulierte die Reichshauptstadt[51]. Auch damit war der Krieg immer noch nicht ganz zu Ende.

Das Ende im Südosten des Reiches

Im Südosten erreichte der russische Vormarsch Ende März 1945 die Reichsgrenze. Durch die andauernden englisch-amerikanischen Luftangriffe war der Eisenbahnbetrieb auch in diesem Raum immer unbeweglicher geworden. Kennzeichnend für die dortige Betriebslage ist der Transport der 365. Inf. Div., die im Januar 1945 15 Tage benötigte, um über den Brenner und Tarvis die italienische Front zu erreichen[52]. In der Steiermark störten eingesickerte Partisanen die nach Slowenien führenden Eisenbahnen[53]. Wegen der politischen Bedeutung Wiens hatte Hitler vergeblich befohlen, diese Stadt zu halten[54]. Am 5. 4. traten die Russen zum Angriff auf Wien an[55] und nahmen es am 13. 4. endgültig in Besitz. Etwa eine Woche danach etablierte sich eine neue Eisenbahndirektion Wien für das russische Besatzungsgebiet[56]. Beim Abzug aus der Stadt wurden sämtliche Donau- und Donaukanalbrücken mit Ausnahme der Reichsbrücke (Straßenbrücke) gesprengt[57].

Ende April erhielt Generalfeldmarschall Kesselring den Befehl, die Verteidigung der sogenannten „Alpenfestung“[58] zu übernehmen[59]. Dazu sollten auf Anordnung des Generalquartiermeisters und des Chefs des Transportwesens noch 40 Züge mit Versorgung aus dem Protektorat in den Alpenraum gebracht werden, was aber betrieblich nicht mehr möglich war[60]. Die schweren Luftangriffe auf die Eisenbahnen dienten nicht zuletzt dem Ziel, den Rückzug in die imaginäre Alpenfestung zu blockieren[61].

Am 27. 4. bildete sich in Wien eine provisorische österreichische Regierung. Nun erlahmte zusehends auch die Mitarbeit der österreichischen Eisenbahner. Am Kriegsende

50 Gosztony (4), S. 271.
51 Chronik, S. 154.
52 Ulrich, S. 24.
53 Vgl. GGVK Bd. V, S. 220.
54 KTB/OKW Bd. IV, Lagebuch vom 3. 4. 1945, S. 1219.
55 Rendulic, S. 371.
56 Seidler, S. 5.
57 Als erste Brücke wurde nach dem Krieg am 28. 8. 1945 die Nordwestbahnbrücke wieder in Betrieb genommen.
58 Das Problem der sogenannten Alpenfestung behandelt Minoth.
59 Vgl. KTB/OKW Bd. IV, S. 1447: Hinweis auf einen Erkundungs- und Ausbaubefehl für die „Kernfestung Alpen“.
60 Vgl. KTB/OKW Bd. IV, S. 1448: Befehl und Meldung über die Auswirkung der Zuführung der 9. SS-Div. von der Heeresgruppe Mitte zur Heeresgruppe Süd auf die Bevorratung der Alpenfestung.
61 Ulrich, S. 30 f.

befand sich in Österreich weit mehr rollendes Material als 1938. Davon war allerdings knapp die Hälfte betriebsunfähig[62].

Bei der Kapitulation standen die Russen an der Enns und am Semmering. Zu einer Verbindung der Roten Armee mit den Amerikanern kam er erst nach der Kapitulation.

Die inzwischen stark verkleinerten Abteilungen des Chefs des Transportwesens und Mineis (L) beim Transportchef gerieten in Saalfelden am 9. Mai in amerikanische Gefangenschaft. Der Transportchef hatte sich zuvor am 5. 5. auf dem Bahnhof Böckstein verabschiedet und in ein Alpental abgesetzt. Kurz danach geriet er in Gefangenschaft. Als Angehöriger des Offiziersgefangenenlagers Allendorf bei Kirchenhain, in dem sich vorzugsweise Angehörige des Oberkommandos des Heeres und des Generalstabes des Heeres befanden, starb er am 17. 2. 1947 in einem Lazarett in Marburg/Lahn.

In Prag brach am 5. 5. ein allgemeiner Aufstand der Bevölkerung aus, bei dem die Aufständischen verschiedene Bahnhöfe besetzten[63]. Am Tage darauf begann der konzentrische Angriff der Roten Armee auf den noch gehaltenen böhmischen Raum und am 9. 5. trat auch hier der Waffenstillstand ein. Bis zu diesem Zeitpunkt lief der Eisenbahnbetrieb trotz zunehmender Sabotage immer noch einigermaßen. Die Eisenbahnen im Protektorat hatten während des Krieges nicht so stark unter Luftangriffen gelitten wie dies in anderen Gebieten der Fall war. Erst in den beiden letzten Kriegsmonaten wurden hier die Bahnen stärker bombardiert.

Die Ardennenoffensive

Im September 1944 hatten die Alliierten an mehreren Stellen die deutsche Reichsgrenze erreicht. Infolge des raschen Vormarsches war ihre Versorgungslage schwierig geworden und zwang sie zum Verhalten[64]. Am 4. 9. begann die Räumung von Eupen und Malmedy[65] und am 11. 9. die von Aachen, das am 21. 9. besetzt wurde.

Im Laufe des November wurde Elsaß-Lothringen aufgegeben. Am 22. 11. ging Metz und am 23. 11. Straßburg verloren. Bei Kolmar blieb ein Brückenkopf bestehen, der bis zum Februar 1945 gehalten wurde. Ein Angriffsunternehmen (Nordwind) um die Jahreswende im nördlichen Elsaß blieb ohne nennenswerte Auswirkungen auf die Gesamtlage. Anfang Februar standen die Alliierten überall am Vorfeld des Westwalls[66]

Im Oktober 1944 hatte Hitler mit dem Stab des Oberkommandos der Wehrmacht die Grundzüge für eine Offensive im Westen festgelegt[67]. Am 10. 11. unterschrieb er den Befehl für den Aufmarsch und die Bereitstellung zum Angriff[68]. Der Aufmarsch sollte bis zum 27. 11. durchgeführt sein[69]. Ziel der Offensive war Antwerpen, mit dem wich-

[62] Notiz in: Zeitschrift für internationalen Eisenbahnverkehr, Bern Jg. 1946, S. 464.
[63] GGVK Bd. V, S. 365.
[64] Patton, S. 276.
[65] Hüttenberger, S. 190 f.
[66] KTB/OKW Bd. IV, Lagebuch vom 2. 2. 1945, S. 1066.
[67] v. Tippelskirch (2), S. 523. — Einzelheiten der Offensivvorbereitung in: KTB/OKW Bd. IV, S. 430—448 und Jung, S. 120—141.
[68] Wortlaut des Befehls bei Jung, S. 306—311.
[69] Jung, S. 129.

tigsten Nachschubhafen der Alliierten und die Vernichtung der nördlich des Einbruchraumes stehenden amerikanischen und englischen Verbände. Der Chef des Transportwesens unterrichtete mich am 15. 10., daß die Reichsbahn im Westen mit größeren Truppen- und Nachschubtransporten zu rechnen habe, die trotz der äußerst gespannten Betriebsverhältnisse möglichst weit nach Westen gefahren werden müßten. Am 8. 11. war der rd. 800 Züge erfordernde Antransport der 6. Armee angelaufen[70]. Der ursprüngliche Angriffstermin vom 27. 11. mußte mehrmals verschoben werden und wurde dann endgültig auf den 16. 12. festgesetzt. Die Verschiebung war nicht nur auf Transportschwierigkeiten sondern auch auf Verzögerung bei der Auffrischung und Neuaufstellung von Verbänden zurückzuführen[71].

Alle Vorbereitungen für die Ardennenoffensive erfolgten unter besonders strenger Geheimhaltung[72]. Die Durchführung der Truppen- und Nachschubtransporte stellte wohl den betrieblich schwierigsten Aufmarsch dar, den die Reichsbahn je zu fahren hatte. Nur ein Teil der Transporte konnte während der Nachtstunden westlich des Rheines gefahren und ausgeladen werden. Die restlichen Transporte kamen nur bis zum Rhein. Insgesamt wurden ungefähr 1 400 Züge für die Ardennenoffensive gefahren[73]. Das Nachführen der Versorgung litt stark an Mangel von Kolonnenraum[74].

Bereits an Weihnachten war klar zu erkennen, daß die unter Zusammenfassung der letzten personellen und materiellen Reserven begonnene Offensive ihr Ziel nicht erreichen würde. Der Oberbefehlshaber West Generalfeldmarschall v. Rundstedt wies auf den Masseneinsatz der feindlichen Luftwaffe gegen die Bahn- und Verkehrsanlagen hin und bezeichnete in einem Schreiben vom 26. 12. an den Reichsverkehrsminister, den Chef des Transportwesens, den Reichsminister Speer und andere die Transportlage westlich des Rheines als sehr ernst. Wegen der bekannten Betriebsstofflage sei Nachschub und Versorgung der kämpfenden Front unbedingt auf die Eisenbahn angewiesen. Die Wiederinstandsetzung zerstörter Eisenbahnanlagen habe entscheidende Bedeutung für den Erfolg der Schlacht. Darum sollten zuständige Dienststellen der Partei einschließlich Organisation Todt die Deutsche Reichsbahn in größtmöglichem Umfange unterstützen[75]. Nachdem am 24. 12. das Wetter aufklarte, legte die alliierte Luftwaffe mit verstärktem Einsatz den Eisenbahnbetrieb und den Kolonnenverkehr hinter dem Einbruchsraum nahezu völlig lahm[76]. In der ersten Hälfte des Januar kam die Offensive zum Stehen und endete mit einem Rückzug unter erheblichen personellen und materiellen Verlusten[77]. Am 20. 1. wurde der Abtransport der 6. Panzer-Armee, am 27. 1.

[70] KTB/OKW Bd. IV, S. 438.
[71] KTB/OKW Bd. IV, S. 438.
[72] Vgl. KTB/OKW Bd. IV, S. 434; vgl. Jung, S. 109 u. 323—328 (Geheimhaltungsbefehle); Heiber (1), S. 740, Anm. 1 zur Lagebesprechung am 28. 12. 1944; Guderian (1), S. 338.
[73] Wehde-Textor (4), S. 31. Die Zahlen bei Rendulic, S. 499 und Westphal, S. 278 dürften zu hoch sein.
[74] Vgl. KTB/OKW Bd. IV, S. 983.
[75] Jung, S. 352.
[76] v. Tippelskirch (2), S. 531; Girbig, S. 172.
[77] Vgl. Feuchter, S. 280; Spetzler, S. 347 Anm. 777 u. 779.

der 25. Pz. Gren.-Div. und am 31. 1. der 21 Pz.-Div.[78] befohlen. Wegen Treibstoffmangel, vereisten Straßen und Luftangriffen kamen die Verbände nur langsam zu den Einladebahnhöfen[79].

Der Vormarsch der westlichen Alliierten in das Reich

Die Anfang Februar südlich Nijmwegen begonnene Offensive der 1. kanadischen Armee erreichte am 27. 2. bei Kalkar den Rhein. Gegen Ende des Monats griffen die Amerikaner mit starken Kräften an der Ruhr an. In rascher Folge nahmen sie am 2. 3. Neuß, Venlo, Mönchen-Gladbach und am 7. 3. Köln ein. Auch weiter südlich ging ihr Vormarsch zügig voran. Am 3. 3. hatten sie Trier und am 17. 3. Koblenz erreicht. Mitte März war das Saargebiet und am 22. 3. das gesamte linksrheinische Gebiet besetzt.

Nach Überwindung des Westwalls erschien den Alliierten der Rhein als letztes großes Hindernis bei ihrem Vormarsch. Im Reichsgebiet waren nördlich von Basel 21 Eisenbahnbrücken über den Rhein vorhanden, von denen einige mit Belägen für den Straßenverkehr ausgestattet waren. Schon im Mai 1944 war die erste Rheinbrücke bei Duisburg-Hochfeld Süd durch einen Bombentreffer zeitweise außer Betrieb gesetzt worden. Nach 17 Tagen konnte sie wieder benutzt werden. Die alliierte Luftwaffe griff ab Oktober 1944 fortlaufend Rheinbrücken an mit dem Ziel, die Versorgung der Front zu unterbinden, den Rückzug über den Rhein zu erschweren und durch abgestürzte Brückenteile die Rheinschiffahrt stillzulegen[80]. Am 6. 1. 1945 stürzte der 165 m lange mittlere Stromüberbau der Südbrücke bei Köln ab. Dieser Schaden war nicht mehr zu beheben. Das Kriegstagebuch des Oberkommandos der Wehrmacht Band IV vermerkte am 14. 1. 1945 fünf, am 21. 1. vier und am 29. 1. 1945 sechs unbefahrene Brücken[81]. Die Sperrung der Brücken dauerte zum Teil mehrere Wochen. Am 7. 3. fiel die Eisenbahnbrücke bei Remagen den Amerikanern unzerstört in die Hand. Dies ermöglichte ihnen die Einrichtung eines Brückenkopfes rechts des Rheines als Ausgangsbasis für den weiteren Vormarsch. Deutsche Versuche, diese Rheinbrücke zu zerstören, führten erst am 17. 3. zum Ziel, hatten aber nicht die erhofften Auswirkungen[82]. Beim Rückzug hinter den Rhein wurden sämtliche Eisenbahn- und Straßenbrücken gesprengt, zuerst die Eisenbahnbrücke bei Kehl am 1. 12. 1944. Danach wurden die Eisenbahnbrücke bei Wintersdorf am 12. 12. 1944, bei Breisach am 5. 2. 1945, bei Düsseldorf am 3. 3., bei Duisburg am 4. 3., die Hohenzollernbrücke in Köln am 6. 3., bei Wesel am 10. 3., bei Mainz am 18. 3. und bei Maxau am 21. 3. gesprengt. Ihre erste Eisenbahnbrücke über den Rhein errichteten amerikanische Pioniere innerhalb von 11 Tagen bei Wesel[83]. Weitere Brükken wurden in Duisburg-Hochfeld, in Mainz (14. 4. 1945)[84] und Mannheim oberstrom-

[78] KTB/OKW Bd. IV, S. 1358 u. 1381.

[79] KTB/OKW Bd. IV, S. 1358 u. 1381.

[80] Vgl. Hitler-Speer-Konferenz am 27. 11. 1944, Punkt 7 u. 8, S. 441.

[81] KTB/OKW Bd. IV, Lagebuch vom 14. 1. 1945. S. 1014. Lagebuch vom 21. 1. 1945, S. 1029 u. Lagebuch vom 29. 1. 1945, S. 1051.

[82] Vgl. KTB/OKW Bd. IV, Führerlagebesprechung am 9. 3. 1945, S. 1613 f u. Führerlagebesprechung am 18. 3. 1945, S. 1619.

[83] Eisenhower, S. 455.

[84] Patton, S. 197.

wärts der gesprengten Brücken errichtet. Die beiden letzteren lagen im Zuge der Nachschublinien von Homburg/Saar über Bad Kreuznach, Mainz, Frankfurt/M., Erfurt für die 3. U.S.-Armee und von Homburg/Saar über Mannheim, Stuttgart, München für die 7. U.S.-Armee.

Am 22. 3. setzten die Amerikaner bei Oppenheim, am 24. 3. die Briten bei Wesel und die Franzosen am 1. 4. bei Speyer über den Rhein. Nachdem die Alliierten den Rhein in breiter Front überschritten hatten, erlahmte die deutsche Widerstandskraft schon allein aus Mangel an Kräften und Nachschub immer mehr[85].

Vom Herbst 1944 an hatte die alliierte Luftwaffe ununterbrochen und in zunehmendem Maße die Bahnanlagen im Westen des Reichsgebietes angegriffen. Dabei ging viel rollendes Material verloren, mehrere Ausbesserungswerke mußten die Arbeit einstellen. Wegen der steigenden Jagd auf fahrende Züge konnte meist nur noch nachts gefahren werden. Das Ruhrgebiet wurde eisenbahnmäßig immer mehr isoliert. Bei Beginn der alliierten Offensive aus dem Roergebiet im Februar wurden bei dem Unternehmen „Clarion" 9 000 Einsätze auf Eisenbahnziele geflogen. Seit Februar war auch Berlin tägliches Ziel von Luftangriffen. Durch Zerstörungen und den sich verschärfenden Kohlenmangel ging der zivile Verkehr und der militärische Versorgungsverkehr immer mehr zurück[86]. Nach Meinung des Oberbefehlshabers West Generalfeldmarschall Kesselring war im Reich auffallend wenig getan und vorbereitet worden, um dies zu verhindern. Er konnte angeblich nicht nachprüfen, wo die Quellen des Versagens lagen, ob beim Generalquartiermeister, beim Befehlshaber der Ersatzeinheiten und seinen nachgeordneten Dienststellen, beim Rüstungsministerium, bei der Eisenbahn oder bei den Heeresgruppen. Vereinzelt wurden noch Truppentransporte durchgeführt. Die verzweifelten Anstrengungen zur Schadensbeseitigung konnten die Zerstörungen immer weniger einholen. Auch das sogenannte „Volksaufgebot"[87] zur Wiederherstellung des Verkehrs konnte daran nichts mehr ändern[88]. Kurz vor dem Kriegsende wurden besonders wichtige Ziele wie die Viadukte bei Arnsberg und Bielefeld am 14. 3. 1945 mit 10-Tonnen-Bomben angegriffen.

Mit einer weit umfassenden Operation hatten die Amerikaner am 2. 4. die Ruhr eingekesselt und am 15. 4. den Kessel, der bis zum 18. 4. verteidigt wurde, aufgespalten[89].

Als die Fronten die Reichsgrenze erreichten, befahl Hitler, die vorhandene Gasmunition unter allen Umständen in das Innere des Reiches zurückzufahren und auf keinen Fall dem Gegner in die Hände fallen zu lassen. Daher mußten bis in die letzten Kriegswochen auch noch vorrangige Transporte mit Gasmunition gefahren werden. In dem allgemeinen Durcheinander fuhren zuletzt Transporte mit Gasmunition aus West und Ost aneinander vorbei.

Seinen sicheren Untergang vor Augen gab Hitler am 14. 3. den barbarischen Befehl über Zerstörungsmaßnahmen im Reich[90], obwohl Speer am Vortag versucht hatte, ihn

[85] Vgl. Westphal, S. 299.
[86] Vgl. Kesselring (1), S. 348 u. 357.
[87] KTB/OKW Bd. IV, Führerlagebesprechung am 10. 3. 1945, S. 1615.
[88] Vgl. KTB/OKW Bd. IV, Lagebuch vom 15. 3. 1945, S. 1176.
[89] KTB/OKW Bd. IV, Lagebuch vom 16. 4. 1945, S. 1245.
[90] Gedruckt in KTB/OKW Bd. IV, S. 1580 f.

mit einer Denkschrift von seinem Vorhaben abzuhalten[91]. Bereits im September 1944 hatte das Oberkommando der Wehrmacht die Verantwortlichkeiten für Auflockerungs-, Räumungs-, Lähmungs- und Zerstörungs-(ARLZ)-Maßnahmen im militärischen und im zivilen Bereich bekanntgegeben.[92]. Für die Zerstörung von Verkehrs- und Nachrichtenanlagen wurde ausschließlich die Wehrmacht verantwortlich gemacht[93]. Der Chef des Transportwesens gab Hitlers Befehl[94], den er in seinem Auftrag vom Leiter der Planungsabteilung unterschreiben ließ, am 29. 3. 1945 in nicht mißzuverstehender Weise an das Verkehrsministerium weiter[95]. Von angeblichen tatkräftigen Bemühungen des Chefs des Transportwesens, der sinnlosen Zerstörung von Bahnanlagen Einhalt zu gebieten, ist dem Verfasser nichts bekannt geworden[96]. Speer erreichte mit seinem Brief an Hitler vom 29. 3.[97] eine gewisse Milderung der bestehenden Anordnungen hinsichtlich der Brückenbauwerke[98]. Besonnene Eisenbahner in den Direktionen, Ämtern und Dienststellen haben durch Verhandlungen mit militärischen Stellen manches Bauwerk vor der Zerstörung gerettet. Dennoch sind von der Wehrmacht im letzten Kriegsmonat viele Brücken unnötig zerstört worden, ohne dadurch auch nur das mindeste am Kriegsausgang ändern zu können. Unter anderem wurden gesprengt 23 von 24 Mainbrücken, 23 von 35 Donaubrücken, alle 11 reichseigenen Weserbrücken. Die Bemerkung Speers, er habe bei seiner Fahrt fünf Monate nach Kriegsende durch das Saargebiet und die Pfalz Bahnanlagen weitgehend unzerstört vorgefunden, trifft kaum die Wirklichkeit und dient wohl mehr der Herausstellung seiner Bemühungen, den Zerstörungen Einhalt zu gebieten. Im übrigen war das Saargebiet und die Pfalz bei Herausgabe des Befehls (vom 19. 3.) bereits von den Alliierten besetzt[99].

Am 15. April kam es noch zu einer organisatorischen Zweiteilung der militärischen und zivilen Spitzenorganisation, die sich für die Tätigkeit des Reichsverkehrsministeriums praktisch nicht mehr auswirkte[100]. Die Gruppe Süd des Reichsverkehrsministeriums in Grainau löste sich am 28. 4. auf. Ministerialdirektor Dilli trat am 30. 4. zum Wehrmachtführungsstab Süd in Bad Reichenhall, wo es aber keine Aufgaben mehr für ihn gab.

Die westlichen Alliierten konnten ihr Vormarschtempo bei den großen Entfernungen nur durch Luftversorgung der Angriffsspitzen aufrechterhalten[101]. Ihr Vormarsch ging an allen Fronten zügig weiter. Die Briten erreichten am 19. 4. die Elbe bei Dannenberg. Am 26. 4. standen sie in Bremen, am 2. 5. in Lübeck und am 3. 5. in Hamburg. Die Amerikaner nahmen am 4. 4. Kassel, am 18. 4. Magdeburg und am 19. 4. Leipzig. Nicht

[91] KTB/OKW Bd. IV, S. 1581.
[92] Erlaß RVM L 2 g Rs/Bm Berv 139 (g) vom 25. 9. 1944, Unterlagensammlung des Verfassers, Siehe Anhang Seite 374 ff.
[93] KTB/OKW Bd. IV, S. 1584, Befehl OKW/WFSt/Q II Nr. 003132/45 vom 4. 4. 1945.
[94] IMT Bd. XLI, Beweisstück Speer 26, S. 431; siehe Anhang Seite 377 f.
[95] Vgl. Speer, S. 459.
[96] Vgl. Rohde, S. 100. Rohde erwähnt den Befehl des Transportchefs vom 29. 3. 1945 nicht.
[97] Gedruckt in KTB/OKW Bd. IV, S. 1581—1584.
[98] Erlaß Hitlers vom 7. 4. 1945, gedruckt bei Speer, S. 587 Anm. 15.
[99] Speer, S. 447.
[100] Vgl. Führerbefehl betr. Befehlsgliederung im getrennten Nord- und Südraum, gedruckt in KTB/OKW Bd. IV, S. 1587—1589.
[101] Eisenhower, S. 478 f.

minder schnell vollzog sich der Vormarsch nach Süddeutschland. Am 11. 4. wurde Würzburg, am 20. 4. Nürnberg, am 30. 4. München, am 3. Mai Salzburg, am 5. 5. Linz und am 6. 5. Pilsen besetzt. Die Franzosen nahmen am 4. 4. Karlsruhe ein. Vier Wochen später standen sie in Friedrichshafen (29. 4.), nachdem sie am 22. 4. Stuttgart und am 24. 4. Ulm eingenommen hatten.

Als Beispiel für den Druck, den die Wehrmacht bis in die allerletzten Tage auf zivile Stellen ausübte, sei nachstehendes Ereignis erwähnt. Zehn Tage vor der Kapitulation besetzte am 27. 4. die Dolmetscher-Kompanie im Wehrkreis VII den Rundfunksender Erding und forderte zur Einstellung des sinnlosen Widerstandes auf[102]. Zur Niederwerfung der Revolte wurde das SS-Geb.-Jäg.-Batl. 6 von Freilassing im Bahntransport nach München befohlen. Da erst mühsam eine Dampflokomotive aufgetrieben werden mußte, die wegen Ausfall der Wasserversorgung auch noch von Hand bewässert werden mußte, konnte der Transport erst nach zehn Stunden abfahren[103]. Daraufhin erschien ein Generalrichter bei Mineis (L) beim Transportchef in Bad Reichenhall und forderte die Benennung der für die Verzögerung verantwortlichen Eisenbahner[104], zu ihrer Aburteilung. Ich empfahl ihm, sich den Einladebahnhof anzusehen, worauf er nicht mehr zurückkam.

Am 4. 5. trafen sich die aus Norditalien und über Innsbruck vorstoßenden amerikanischen Truppen am Brenner. Die noch in Holland und Dänemark stehenden deutschen Streitkräfte kapitulierten am 4. 5.. Am 7. 5. wurde in Reims die Gesamtkapitulation der Deutschen Wehrmacht unterzeichnet, die ab 9. 5. in Kraft trat.

Nach der Kapitulation

Nach dem Tode Hitlers bildete Großadmiral Dönitz eine neue Reichsregierung, der Dorpmüller weiterhin als Verkehrsminister angehörte[105]. Trotz seines hohen Alters und seiner durch eine Operation geschwächten Gesundheit hatte sich Dorpmüller zur Mitarbeit bereit erklärt, in der Erwartung, daß er die Eisenbahner über den Rundfunk zur Wiederaufnahme der Arbeit ansprechen könne und alle in Gefangenschaft befindlichen Eisenbahner freigelassen würden[106]. In einer Besprechung mit dem amerikanischen Mitglied der alliierten Kontrollkommission Generalmajor Rooks und dem englischen Mitglied Ford erklärte Dorpmüller, daß die Wiederingangsetzung des Eisenbahnbetriebes innerhalb von sechs Wochen möglich wäre, wenn man ihn frei arbeiten lasse[107]. Am 12. 5. übermittelte das Oberkommando der Wehrmacht der Kontrollkommission einen Vorschlag über die Zusammenarbeit deutscher und alliierter Kommandostellen, wonach das Oberkommando der Wehrmacht mit General Eisenhower und die Oberbefehlshaber West, Süd und Südwest mit den alliierten Befehlshabern verhandeln soll-

102 Vgl. KTB/OKW Bd. IV, KTB/Führungsstab Süd (B) vom 28. 4., 11.05 Uhr, S. 1446 u. KTB/Führungsstab Nord (A) vom 28. 4., 12.38 Uhr, S. 1462.
103 Vgl. KTB/OKW Bd. IV, KTB/Führungsstab Süd (B) vom 28. 4. 1945, 18.30 Uhr, S. 1447.
104 KTB/OKW Bd. IV, KTB/Führungsstab Nord (A) vom 29. 4. 1945, S. 1465.
105 KTB/OKW Bd. IV, KTB/Führungsstab Nord (A) vom 5. 5. 1945, S. 1475 f.
106 Mitteilung von Bundesbahndirektionspräsident a. D. Klein am 13. 3. 1972.
107 Vgl. Schwerin v. Krosigk, S. 376 f.

ten[108]. Der Kontrollkommission sollten Unterlagen über das Transportwesen übersandt werden[109]. Über den Charakter dieser „Verhandlungen“ äußert Steinert offenbar zu Recht die Auffassung, daß sie von deutscher Seite erwartungsvoller aufgefaßt wurden als sie von den Alliierten gemeint waren[110]. Am 20. 5. hatte Dorpmüller eine Unterredung mit den Vertretern der russischen Kommission über die Frage des Wiederaufbaus des Verkehrsnetzes in Ostdeutschland[111]. Kurz darauf flog er mit Ganzenmüller in das Hauptquartier von Eisenhower, kehrte aber kurze Zeit danach allein wieder zurück. Dorpmüller ist am 23. Juli 1945 in Malente gestorben. Der Wehrmachtführungsstab Süd führte mit der 7. U.S.-Army (General Davidson) Besprechungen über die Inbetriebnahme der Eisenbahnen[112] und überreichte im Auftrag des Oberkommandos der Wehrmacht dazu am 16. 5. eine „Studie über die Wiederingangsetzung des Verkehrs — Erste hierzu notwendige Maßnahmen“[113]. Bei diesen Verhandlungen und ihren Vorbereitungen, die überwiegend rein technische Eisenbahnfragen und erst in zweiter Linie den Einsatz von militärischen Einheiten zur Wiederherstellung von Bahnanlagen betrafen, kamen die noch anwesenden Beamten von Mineis (L) beim Transportchef kaum zu Wort[114]. Die Möglichkeit, rasch einen arbeitsfähigen ministeriellen Arbeitsstab von sachkundigen Eisenbahnexperten zu bilden und zur Zusammenarbeit mit den allliierten Kommandostellen heranzuziehen, war durchaus vorhanden. Bis zur Verhaftung der Reichsregierung und des Oberkommandos der Wehrmacht am 23. 5.[115] hatten die „Verhandlungen“ keinerlei konkrete Ergebnisse gebracht. Am 25. 5. kamen die Angehörigen des Wehrmachtführungsstabes Süd in das Kriegsgefangenenlager Pullach bei München und am 28. 8. in das große Sammellager auf dem Flugplatz Aibling/Obb. Unabhängig von diesen Verhandlungen hatten sich die Besatzungsmächte bereits Mitte Mai 1945 die Eisenbahnen in ihren Zonen unterstellt und gaben den Eisenbahndirektionen Weisungen für den Wiederaufbau und die Betriebsführung.

Am 5. 6. übernahmen die Alliierten mit ihrer Vier-Mächte-Erklärung die deutsche Staatsgewalt, setzten einen Kontrollrat ein und errichteten vier Besatzungszonen[116]. In der sogenannten Potsdamer Konferenz der drei Mächte (USA, Großbritannien und UdSSR) wurde die Errichtung einer zentralen Verwaltungsstelle für das Transport- und Verkehrswesen beschlossen und die Instandsetzung der Verkehrswege als vordringlich bezeichnet[117]. Zu einer einheitlichen Leitung des Verkehrs in Deutschland ist es nach der Kapitulation nicht gekommen.

108 KTB/OKW Bd. IV, KTB/Führungsstab Nord (A) vom 14. 5. 1945, S. 1495.
109 KTB/OKW Bd. IV. KTB/Führungsstab Nord (A) vom 14. 5. 1945, S. 1496.
110 Steinert, S. 241.
111 OKW/WFSt/VO Reichsregierung, Ministerbesprechung am 20. 5., zitiert bei Steinert, S. 267 Anm. 386.
112 Vgl. Kesselring (1), S. 416.
113 Steinert, S. 267.
114 Vgl. dazu auch Steinert, S. 255 u. 267.
115 KTB/OKW Bd. IV, S. 1507.
116 Teilweise abgedruckt in Rönnefarth, H., S. 258—263.
117 Rönnefarth, H., S. 275.

Zweiter Teil

DER EINSATZ DER EISENBAHNEN IM KRIEGE

Einleitung

Im ersten Teil dieses Buches wurden die Eisenbahnen vorwiegend im Rahmen der historischen Ereignisse behandelt. Der zweite Teil befaßt sich mit besonderen Sachgebieten der Eisenbahnen und des Wehrmachttransportwesens im Kriege. Es erscheint zweckmäßig, einleitend einige wichtige Tatsachen und ihre Auswirkungen auf die Eisenbahnen voranzustellen.

Das Verkehrswesen war ein entscheidender Faktor in der Kriegführung. Für die Mobilmachung, die Aufmärsche, für die Versorgung von Front und Heimat und für die Kriegswirtschaft waren die Eisenbahnen das wichtigste Transportmittel zu Lande[1]. Das war übrigens bei allen am Krieg beteiligten Ländern der Fall. Nur bei den Eisenbahnen befinden sich Fahrwege und Betriebsmittel in einer Hand und ermöglichen dadurch eine zentrale einheitliche Planung, Lenkung und Durchführung der Transporte. Durch die Einführung der Panzerwaffe und Luftwaffe war die Wehrmacht transporttechnisch in erhöhtem Maße auf die Eisenbahnen angewiesen.

Bei Kriegsbeginn befand sich die Deutsche Wehrmacht noch mitten im Aufbau. Auf dem Gebiet der Wirtschaft und des Verkehrs war Deutschland für die Führung eines langen Mehrfrontenkrieges nicht vorbereitet[2]. Ab Sommer 1940 war der Zweite Weltkrieg ein Bundesgenossenkrieg, allerdings ohne Koordination. Mit Deutschland waren Bulgarien, Finnland, Italien, Japan, Kroatien, Rumänien, Slowakei und Ungarn verbündet. Einen Gesamtkriegsplan, in dem die politische, militärische und wirtschaftliche Seite der Kriegführung aufeinander abgestimmt war, hat es nie gegeben[3]. Über den Zusammenbruch Frankreichs hinaus sind weder im Generalstab des Heeres noch im Oberkommando der Wehrmacht konkrete strategische Konzeptionen entwickelt worden[4]. Als Hitler die sogenannten OKW-Kriegsschauplätze schuf, ging auch die einheitliche operative Führung verloren, was sich auch im militärischen Transportwesen auswirkte[5]. Von 1942 ab war das Oberkommando des Heeres auf die Führung der Ostfront beschränkt worden[6]. Eine solche Fehlorganisation der obersten militärischen Führung mußte naturgemäß entscheidend zu ihrem Versagen beitragen[7].

1 Teske (5), S. 299 f.; Windisch, S. 31.
2 Müller-Hillebrand Bd. II, S. 27 f.
3 Vgl. Speer, S. 243; Kesselring (2), S. 22.
4 Buchheit (1), S. 14; vgl. KTB/OKW Bd. III, S. 1504—1507.
5 Vgl. Rohde, S. 278 u. 281.
6 Westphal, S. 89.
7 v. Manstein, S. 314.

Zwischen der Nationalsozialistischen Deutschen Arbeiterpartei (NSDAP), den Ressorts und der Wehrmacht bestanden latente Spannungen, die ihre Ursachen nicht nur in der unausgeglichenen Steuerung der Gesamtkriegführung sondern auch in der vorhandenen Überorganisation[8] und den sich überschneidenden Zuständigkeiten hatten. Hierzu trugen auch unterschiedliche Auffassungen über die Möglichkeiten und Erfordernisse der Kriegführung und die häufigen Krisen- und Mangellagen bei. Ihre Folgen waren der Kriegführung abträglich. Während des Krieges wurde der Einfluß der NSDAP auf die Fachverwaltungen und damit auch auf die Eisenbahnen immer größer. Auf personellem Gebiet hatte die Einflußnahme schon bald nach der Machtergreifung begonnen. Einstellungen, Anstellungen und Beförderungen waren von der Zustimmung der NSDAP abhängig[9]. Nicht nur die Gauleiter, auch die nachgeordneten Amtswalter mischten sich immer mehr in reine Fachangelegenheiten ein und verursachten dadurch einen enormen Leerlauf. Dabei wirkte es sich besonders ungüstig aus, daß sich die Regionalgliederung der NSDAP nicht mit den Verwaltungsgrenzen der Deutschen Reichsbahn deckten. So hatte z. B. die Reichsbahndirektion Frankfurt/M. mit sechs Gauleitern zu arbeiten[10].

Die Reichsbahn war für die im Kriege gestellten Aufgaben nur ungenügend ausgestattet worden. Sie konnte auch nicht ausreichend gegen Angriffe aus der Luft geschützt werden. Dennoch hat sie bis zu den Ende 1944 einsetzenden Auflösungserscheinungen in der Kriegführung eine entscheidende Rolle gespielt.

Die Verwaltung in den besetzten Gebieten war teils militärisch (Frankreich, Belgien, Holland, Serbien, Griechenland[11]) teils zivil organisiert. Während des Krieges entstanden neue Staatsgrenzen zugunsten Deutschlands, Italiens, Rumäniens, Ungarns und Bulgariens. Nicht selten wirkten sich die veränderten Verwaltungsgrenzen in den besetzten Ländern ungünstig auf die Eisenbahnen aus.

Durch die übersteigerte Geheimhaltung, die über das militärisch und staatspolitisch erforderliche Maß oft weit hinausging, wurde die Zusammenarbeit der Beteiligten stark gehemmt. Sie hat zu manchen Mißerfolgen beigetragen und die Initiative und den Mut zur Verantwortung gelähmt[12]. Nicht zuletzt war damit der sachlichen Kritik weitgehend der Boden entzogen. So hat beispielsweise Göring in der Sitzung des Reichsverteidigungsrates am 18. 10. 1938 erklärt, die Verhandlungen und Beschlüsse des Reichsverteidigungsrates und des Reichsverteidigungsausschusses seien ganz geheim und dürften auch innerhalb der Ressorts nur bekanntgegeben werden, soweit dies zur Durchführung der Aufgaben nötig sei[13]. Während des Krieges wurden die Geheimhaltungsbestimmungen verschärft. Hitlers diesbezüglicher Befehl Nr. 1 vom 11. 1. 1940 lautet: „1. Niemand, keine Dienststelle, kein Offizier dürfen von einer geheimzuhaltenden Sache erfahren, wenn sie nicht aus dienstlichen Gründen unbedingt davon Kenntnis haben

[8] Vgl. Speer, S. 391; General a. D. G. Blumentritt im Geleitwort zum Wagner-Tagebuch, S. 12; vgl. Rohde, S. 285.

[9] Vgl. o. V.: Personalpolitik seit 1933, in: Die Reichsbahn, Jg. 1940, S. 182—193; vgl. KTB/OKW Bd. III, darstellender Teil, S. 1500—1502.

[10] Vgl. auch Rohde, S. 282.

[11] Westphal, S. 93.

[12] Vgl. Kissel (2), S. 157 f.

[13] IMT Bd. XXXII, Dok. 3575—PS, S. 413.

müssen. 2. Keine Dienststelle und kein Offizier dürfen von einer geheimzuhaltenden Sache mehr erfahren, als für die Durchführung ihrer Aufgabe unbedingt erforderlich ist“[14].

Nach dem Angriff auf die Sowjetunion und der Kriegserklärung an die Vereinigten Staaten von Amerika im Jahre 1941 war das Gleichgewicht der militärischen Kräfte endgültig zu Ungunsten Deutschlands aufgehoben und damit der Ausgang des Krieges entschieden. Das Deutsche Reich stand nunmehr einem Weltreich, der größten Landmacht der Erde und der stärksten Industrienation der Welt in einem hoffnungslosen Mehrfrontenkrieg gegenüber[15]. Der Krieg wurde bis zum totalen Zusammenbruch weitergeführt. Zu der sinnlosen Verlängerung des Krieges haben nicht zuletzt die wiederholten Forderungen der Alliierten auf bedingungslose Kapitulation in den Konferenzen von Casablanca, Moskau und Jalta sowie der Morgenthau-Plan beigetragen[16].

[14] Gedruckt bei Buchheit (2), S. 212.

[15] Schickel, S. 260.

[16] Konferenz von Casablanca 14. — 26. 1. 1943, vgl. Rönnefarth, H., S. 209 f.; Erklärung von Jalta 12. 2. 1945, vgl. Rönnefarth, H., S. 245 f.; Viermächtekonferenz in Moskau 1. 11. 1943, vgl. Rönnefarth, H., S. 214—217; Morgenthau-Plan 16. 9. 1944, vgl. Rönnefarth, H., S. 230—234. Auch das während der Ardennenoffensive erbeutete Dokument „Eclipse“, in dem die bedingungslose Kapitulation erneut bestätigt wurde, hat zur Weiterführung des Kampfes beigetragen, vgl. Ryan, S. 79.

I Wirtschaft und Rüstung im Kriege

Im Kriege steigt im allgemeinen der militärische Bedarf für die Ausrüstung und Versorgung der Streitkräfte und erfordert daher eine Umstellung der Wirtschaft. Die Kriegswirtschaft steht im Zeichen des relativen Mangels und stellt damit Produktions- und Bedarfsdeckungsprobleme[1]. Die Größe des Bedarfs ergibt sich dadurch, daß die Anstrengungen, den Krieg zu gewinnen, nicht groß genug sein können[2]. Der Bedarf nimmt eine andere Zusammensetzung an, was sich verkehrsmäßig entsprechend auswirkt[3]. Die Steuerungsmittel der freien Wirtschaft reichen nicht aus, um die Kriegsbedürfnisse zu befriedigen. Sie machen unmittelbare Planungs- und Lenkungsmaßnahmen des Staates erforderlich.

Verwaltungsmäßig zeigte die Lenkung erhebliche Mängel, die sich während des Krieges zunehmend bemerkbar machten. Vor allem fehlte eine zusammenfassende Leitung an der Spitze[4].

Während des Krieges hat sich die Organisation der Wehr- und Rüstungswirtschaft mehrfach geändert[5]. Für neu auftauchende Sachgebiete, die plötzlich als sehr wichtig galten, wurden immer wieder Sonderbeauftragte ernannt[6]. Es gab nur wenige Gebiete, für die keine Sonderbeauftragte eingesetzt worden sind. Von dritter Seite sind bei der Deutschen Reichsbahn keine Sonderbeauftragte eingesetzt worden[7]. Sie hat dazu trotz ihrer enormen Beanspruchung und den außergewöhnlichen Betriebsbedingungen keinen Anlaß gegeben[8]. Im eigenen Geschäftsbereich setzte der Reichsverkehrsminister gelegentlich von sich aus Kommissare und Sonderbeauftragte zur raschen Lösung besonders akuter und schwieriger Probleme ein, wenn ihm die vorhandene Organisation dafür nicht ausreichend erschien. Im Mai 1942 hatte Hitler vorübergehend eine „Transportleitung" mit sehr weitgehenden Vollmachten zur Steigerung der Verkehrsleistungen eingesetzt, die bei der Reichsbahn und den Bedarfsträgern erfolgversprechende Maßnahmen einleitete. Als Leiter dieses Gremiums wurde der Luftwaffenfeldmarschall Milch bestimmt. Dieser Transportleitung gehörten an: Der Reichsminister für Bewaffnung

1 Huppert, S. 49.
2 Huppert, S. 49.
3 Wehde-Textor (4), S. 9.
4 Huppert, S. 209; vgl. Wagenführ, S. 27.
5 Vgl. Thomas, S. 54.
6 Vgl. Welter, S. 120—122; Wagenführ, S. 27.
7 Welter, S. 122.
8 Vgl. Welter, S. 122.

und Munition Speer, der Staatssekretär im Reichsverkehrsministerium Ganzenmüller, der Staatssekretär des Generalbevollmächtigten für den Vierjahresplan und Mitglied der Zentralen Planung Körner, der Reichsminister für Ernährung und Landwirtschaft Backe, Gauleiter Kaufmann, der Sonderbeauftragte für den Transport der Kohle und Liebel vom Reichsministerium für Bewaffnung und Munition.

Mit Kriegsbeginn sollte die Rüstungsindustrie schnellstens auf die Kriegsfertigung nach hierfür vorbereiteten Fertigungsplänen umgestellt werden[9]. Hitler konnte sich jedoch nicht zu umfassenden kriegswirtschaftlichen Maßnahmen entschließen[10]. Der Befehl zur wirtschaftlichen Mobilmachung wurde mit gewissen Ausnahmen am 3. 9. 1939 gegeben[11].

Der Umfang der gesteigerten Rüstungsproduktion, der erweiterten und neuen Fertigungsprogramme der Wehrmacht hing weitgehend davon ab, in welchem Maße die Eisenbahnen zusätzliche Transportanforderungen erfüllen konnten. Eine unabhängige zentrale Stelle, die alle Wagenforderungen der militärischen und anderen Bedarfsträger hätte zusammenfassen und die Wagen nach übergeordneten Gesichtspunkten der Kriegführung hätte zuteilen können, wurde zwar erörtert, kam aber nicht zustande[12]. Dieses Problem war schon im Ersten Weltkrieg akut. Halm hat daher bereits im Jahre 1921 die Einrichtung einer Reichstransportleitung mit bestimmendem Einfluß auf die Regelung aller Transporte im Reich empfohlen[13].

Um der entscheidenden Bedeutung des Verkehrs Rechnung zu tragen wurde Anfang des Krieges unter Vorsitz des Generalbevollmächtigten für die Wirtschaft (Göring) ein Reichstransportausschuß eingesetzt, in dem der Reichsverkehrsminister, der Chef des Transportwesens und die Ressorts vertreten waren[14]. Durch den Reichstransportausschuß sollte eine enge Zusammenarbeit der höchsten Stellen sichergestellt werden. Außerdem sollte er den Transportbedarf einheitlich ermitteln und nach einheitlichen Grundsätzen für den erforderlichen Ausgleich unter den Bedarfsträgern sorgen. Zur Vertretung der Transportforderungen gegenüber der Reichsbahn wurden bei den Selbstverwaltungsorganen der Wirtschaft, d. h. bei den Industrie- und Handelskammern am Sitze einer Reichsbahndirektion Transportbeauftragte für die Wirtschaft (TbW) und später Verkehrsbeauftragte für die Wirtschaft (VfW) eingesetzt[15].

Die Vielfalt der im Kriege vorhandenen Transport- und Verkehrsausschüsse ist fast verwirrend. In ihr kommt die Wichtigkeit des Verkehrs und letzten Endes auch die allgemeine Verkehrsnot deutlich zum Ausdruck. Befehle und Anordnungen dieser Stellen waren nicht immer koordiniert und gegen Ende des Krieges wegen ihrer Vielzahl für die ausführenden Stellen kaum noch zu überschauen und durchzuführen.

9 Müller-Hillebrand Bd. I, S. 57.
10 Wagner-Tagebuch, 31. 8. 1939, S. 111.
11 Halder-KTB Bd. I, 3. 9. 1939; vgl. KTB/OKW Bd. I, S. 960.
12 Vgl. Halder-KTB Bd. II, 21. 12. 1940.
13 Halm, S. 59. Major Halm war in der Transportabteilung des Reichswehrministeriums tätig.
14 Vgl. Grundsätze zur Sicherstellung der Wirtschaftstransporte im Kriege zu GBW/6/4322/39g, bekanntgegeben mit Erlaß RVM L 2 gRs Bmbltw 19(g) vom 14. 10. 1939, Abschrift in Unterlagensammlung des Verfassers.
15 Vgl. Fricke, S. 94 ff.

Die ursprünglich bei der Wehrmacht liegende Verantwortung für die Waffen- und Munitionserzeugung ging im März 1940 vom Chef der Heeresrüstung und dem Befehlshaber des Ersatzheeres an das neugeschaffene Ministerium für Bewaffnung und Munition unter Reichsminister Todt über[16]. Mitte Juni 1941 hatte Hitler eine Einschränkung der Waffen- und Munitionsfertigung für das Heer angeordnet, weil er die Partei und die Bevölkerung nicht verstimmen wollte[17]. Daher waren die Rüstungskapazitäten bis Anfang 1942 nicht voll ausgenutzt[18]. Am 10. 1. 1942 verfügte Hitler die Umstellung der Wirtschaft auf die Erfordernisse der veränderten Kriegslage[19] und ernannte seinen bisherigen Berater in städtebaulichen Fragen, den Generalbauinspektor Speer, zum Generalbevollmächtigten für die Rüstung. Im April 1942 richtete Speer die „Zentrale Planung" der Wirtschaftslenkung ein, die u. a. die Forderungen der Gesamtwirtschaft an das Transportwesen abzustimmen hatte[20]. Kurz danach wurde auch die Rohstoffbewirtschaftung vom Oberkommando der Wehrmacht an das Ministerium für Bewaffnung und Munition übertragen. Speer beauftragte im Mai den Oberbürgermeister von Nürnberg, Liebel, mit der Vertretung der gesamten Transportanforderungen der Rüstungswirtschaft gegenüber dem Reichsverkehrsministerium und den übrigen Verkehrsträgern[21]. Ebenfalls im Mai wurde das Wehrwirtschafts- und Rüstungsamt (WiRüAmt) geteilt und das Rüstungsamt dem Minister für Bewaffnung und Munition unterstellt. Damit war die Aufstellung von Rüstungsprogrammen und die Verantwortung für die gesamte industrielle Fertigung an den Reichsminister für Bewaffnung und Munition übergegangen. Ein Plan über alle von Speer betriebenen Rüstungsprogramme hat nie bestanden[22]. Durch die Bildung von Fertigungsausschüssen und -ringen, die sich aus einer Vielzahl von Sonderausschüssen und Sonderringen zusammensetzten und die über außerordentliche Vollmachten verfügten, wurde die Selbstverantwortlichkeit der Rüstungswirtschaft gesteigert. Dabei waren die „Ringe" für das Zulieferungswesen verantwortlich und die „Ausschüsse" für die Betriebe der „Rüstungsfertigung" zuständig[23]. Nur noch die Planung sollte Aufgabe staatlicher Stellen bleiben. In der folgenden Zeit wirkten sich diese organisatorischen Maßnahmen günstig auf die Produktionskraft der Rüstungsindustrie aus. Auch die Reichsbahn erfuhr nun durch die Hereinnahme des Lokomotiv- und Wagenbauprogrammes in das Rüstungsprogramm die Unterstützung, die ihr schon längst hätte zuteil werden müssen, um die steigenden Transportforderungen besser erfüllen zu können. Um seine verkehrlichen Interessen zu wahren, setzte Speer bei seinen Ausschüssen und Ringen im Juni 1942 Transportbeauftragte (Tba) ein, deren Aufgabe es war, das Transportwesen der Rüstungsindustrie auf allen Gebieten in enger

[16] Erlaß über die Bestellung eines Reichsministers für Bewaffnung und Munition vom 13. 3. 1940, RGBl. I 1940, S. 513.

[17] Welter, S. 20; vgl. Thomas, S. 288 f.

[18] Müller-Hillebrand Bd. III, S. 96.

[19] Vgl. Müller-Hillebrand Bd. III, S. 94.

[20] Janssen, S. 58; Erlaß Görings über die Einrichtung der Zentralen Planung in: IMT Bd. XLI, S. 413 ff.

[21] Nachrichten des Reichsministers für Bewaffnung und Munition Nr. 4 vom 22. 5. 1942, in: Unterlagensammlung der DB in Nürnberg, Anlage 19, Beilage 1, Bl. 9.

[22] Janssen, S. 87.

[23] Vgl. Wagenführ, S. 40—42.

Gemeinschaftsarbeit aller Betriebe so zu rationalisieren, daß mit kleinstem Transportaufwand der größte Nutzen erzielt werde[24]. In der Absicht, in Angelegenheiten der zivilen Reichsverteidigungsmaßnahmen alle staatlichen und parteilichen Gewalten bei den Gauleitern zusammenzufassen, wurden soweit dies noch nicht der Fall war, Ende 1942 alle Gauleiter zu Reichsverteidigungskommissaren ernannt[25]. Gegenüber der Reichsbahn hatten diese keine Anordnungsbefugnisse. Den neugebildeten Verteidigungsausschüssen gehörten auch die Präsidenten der Reichsbahndirektionen an.

Am 13. 3. 1943 verkündete Hitler die totale Mobilmachung und forderte den umfassenden Einsatz von Frauen und Männern für die Aufgaben der Reichsverteidigung[26]. Im September 1943 ging die Rüstungsplanung ganz auf das Reichsministerium für Bewaffnung und Munition über, das nun in Ministerium für Rüstung und Kriegsproduktion umbenannt wurde. Zur Steigerung der Luftwaffenproduktion wurde im März 1944 der sogenannte „Jägerstab" eingesetzt, dessen Aufgaben im August an das Reichsministerium für Rüstung und Kriegsproduktion überging[27].

Während für die militärische Kriegführung das Jahr 1943 zur entscheidenden Wende wurde, trat diese für den Rüstungsbereich erst im Sommer 1944 ein. Weite Gebiete mußten aufgegeben werden, wichtige Quellen und Rohstofflager sowie Rüstungsanlagen waren ausgefallen. Befreundete oder verbündete Länder hatten sich mit ihrem Wirtschaftspotential auf die Seite der Alliierten geschlagen. Gleichzeitig war das zusammengeschrumpfte Gebiet den intensiven Luftangriffen mit großen Zerstörungen an Wohn-, Industrie und Verkehrsanlagen in vielen deutschen Städten ausgesetzt.

Am 25. 7. 1944 erklärte Hitler den „Totalen Krieg" und forderte, das gesamte öffentliche Leben den Erfordernissen der totalen Kriegführung in jeder Hinsicht anzupassen[28]. Goebbels wurde zum „Reichsbeauftragten für den totalen Kriegseinsatz" ernannt. Die Arbeitszeit in der Wirtschaft wurde auf 60 Stunden pro Woche erhöht[29]. Gegen Ende 1944 war von einer planmäßigen Industrieführung keine Rede mehr[30].

Anfang Dezember 1944 wurde eine „Anordnung über Maßnahmen zur Sicherung kriegswichtiger Transporte" erlassen, die den Einsatz eines Bevollmächtigten für Rüstungstransporte mit einem Stab von Gebietsbevollmächtigten vorsah[31]. Diese sollten Transportstufenpläne aufstellen und damit die Grundlage für die Entscheidung schaffen, welche Transporte bei einer gegebenen Beschränkung der Wagenstellung in einem

[24] Erlaß des Reichsministers für Bewaffnung und Munition Nr. 9018/433/217 vom 17. 7. 1942, betr. Einsetzung von Transportbeauftragten bei den Selbstverwaltungsorganen der Rüstungswirtschaft, in Anlage zur Niederschrift über die 5. ZVL-Sitzung vom 22. 7. 1942, Unterlagensammlung des Verfassers; vgl. Thomas, S. 361.

[25] KTB/OKW Bd. III, S. 1500; Verordnung über die Reichsverteidigungskommissare und die Vereinheitlichung der Wirtschaftsverwaltung vom 16. 11. 1942, RGBl. 1942 I, S. 649—653.

[26] Erlaß des Führers über den umfassenden Einsatz von Männern und Frauen für Aufgaben der Reichsverteidigung vom 13. 1. 1943. Gedruckt bei Jacobsen (1), S. 373—375; Verordnung über die Meldung von Männern und Frauen für Aufgaben der Reichsverteidigung vom 27. 1. 1943, RGBl. 1943 I, S. 67 f.; Janssen, S. 119 f.

[27] Jacobsen (1), S. 705.

[28] RGBl. 1944 I, S. 161.

[29] Verordnung über die 60-Stundenwoche vom 31. 8. 1944, RGBl. 1944 I, S. 191 f.

[30] Vgl. Speer, S. 420.

[31] Einzelheiten bei Kehrl, S. 419—421; Wagenführ, S. 94.

bestimmten Bereich noch angenommen, abgefertigt und auch empfangen werden sollten. An Stelle von Verkehrssperren sollte nur mehr mit Wagenkontingentierungen gearbeitet werden[32].

Ende Januar 1945 ging Oberschlesien und im April das Ruhrgebiet verloren. Unter den Schlägen der alliierten Luftwaffe brachen das deutsche Verkehrswesen und die deutsche Wirtschaft vollends zusammen. Daran konnte die Einrichtung des Verkehrsstabes bei Speer für die Wagenverteilung am 20. 2. 1945[33] ebensowenig ändern wie die im Frühjahr von Hitler unter Leitung von Obergruppenführer Kammler eingesetzten Rüstungskommissare[34].

In den verbündeten und besetzten Ländern waren die Industrien mehr oder weniger in die deutsche Kriegsrüstung einbezogen worden[35], wodurch zahlreiche neue Verkehrsströme entstanden. Selbst die neutralen Länder konnten sich wegen ihrer wirtschaftlichen Abhängigkeit der Einbeziehung in die deutsche Kriegsrüstung nicht ganz verschließen. Aus Luftschutzgründen wurden viele Industriebetriebe in weniger gefährdete Gegenden verlagert oder dort errichtet. Dadurch entstanden nicht nur zusätzliche Transporte, die Produktion wurde damit noch abhängiger von der Eisenbahn und den Störungen ihres Betriebes.

Die Transportmittel im Kriege

Um die großen Verkehrsanforderungen im Zweiten Weltkrieg erfüllen zu können, mußten soweit wie möglich alle vorhandenen Transportmittel eingesetzt werden. Nach ihrer Natur und Leistungsfähigkeit waren sie für die Kriegführung von unterschiedlicher Bedeutung. Sowohl im militärischen wie im zivilen Bereich spielte die Eisenbahn bei den großen Transportweiten die wichtigste Rolle[36]. Das von Deutschland und seinen Verbündeten besetzte Gebiet war zur Zeit der größten Machtausweitung rd. $4^1/_2$mal so groß wie das Reichsgebiet. Die Bemerkung Rohdes, daß die Eisenbahnen auf den OKW-Kriegsschauplätzen meist von geringerer Bedeutung waren, trifft nicht zu[37]. 70—80 Prozent des gesamten Verkehrsaufkommens wurden durch die Deutsche Reichsbahn befördert[38]. Die Führung der drei Verkehrsmittel — Eisenbahn, Schiffahrt, privater Lastkraftwagen — lag in Händen des Reichsverkehrsministers. Er hatte die Aufgabe, die verschiedenartigen Transporte so den Transportmitteln zuzuweisen, daß ihre volle Ausnützung unter Berücksichtigung ihrer jeweiligen Transporteignung, der Art der Beförderungsgüter und der geforderten Beförderungszeiten gesichert war[39]. Neben der

[32] Vgl. Wagenführ, S. 15; Janssen, S. 261.
[33] KTB/OKW Bd. IV, S. 1323; Janssen, S. 261; vgl. Rohde, S. 283.
[34] Vgl. Baumbach, S. 78.
[35] Vgl. Thomas, S. 258.
[36] Teske (5), S. 300; Windisch, S. 31; vgl. Krumpelt (2), S. 120 u. 192; GGVK Bd. VI, S. 81. — Siehe statistische Angaben im Anhang, Seite 336 u. 340.
[37] Vgl. Rohde, S. 395, Anm. 23e.
[38] Kleinmann (1), S. 22.
[39] Kleinmann (1), S. 22.

Deutschen Reichsbahn erfüllten auch die deutschen Privat- und Kleinbahnen[40] wichtige Aufgaben innerhalb ihrer Verkehrsgebiete und als Zu- und Abbringer der Reichsbahn. Auf dem östlichen Kriegsschauplatz hatten Heeresfeldbahnen mit verschiedenen Spurweiten[41] wichtige örtliche Transportaufgaben zu erledigen. Es erwies sich als nachteilig, daß die in Deutschland vorhandenen Schmalspurbahnen verschiedene Spurweiten hatten und ungenügend genormt waren. Ihre Lokomotiven, Wagen und Einrichtungen waren mehr für Werksverkehr, für provisorischen Baubetrieb und Ernteverkehr geeignet. Die Binnenschiffahrt blieb weiterhin das Verkehrsmittel für Massentransporte, bei deren Beförderung die Geschwindigkeit keine ausschlaggebende Rolle spielte. Sie wurde nach Möglichkeit zur Entlastung der Eisenbahn herangezogen[42], fiel aber in den Wintermonaten und bei Niedrigwasser zeitweise aus und wurde auch durch Lufteinwirkung nicht unerheblich behindert[43].

Wehrmachteigene Transportmittel standen zur Entlastung der Eisenbahnen im allmeinen nicht zur Verfügung[44]. Die Motorisierung der Wehrmacht war bei Kriegsbeginn noch im Gange[45]. Der zivile Kraftverkehr mußte aus Mangel an Treibstoffen und Bereifung und weil ein großer Teil der Fahrzeuge durch die Wehrmacht eingezogen worden war, rigoros eingeschränkt[46] und durch die Eisenbahn ersetzt werden. Im Verhältnis zur Eisenbahn und Binnenschiffahrt hatte der Lufttransport nur geringen Umfang und blieb auf spezielle Aufgaben beschränkt.

Es bleiben noch die Seilbahnen, über deren Einsatz der Transportchef verfügte und die Siebelfähren zu erwähnen, mit denen besonders bei zerstörten Strom- und Flußbrücken Transportlücken geschlossen wurden. Für Spezialtransporte stand der Straßenroller für Eisenbahngüterwagen, das sogenannte Culemeyer-Fahrzeug zur Verfügung.

Die Verfügungsgewalt über die zivilen und auch die militärischen Transportmittel war in verschiedenen Händen. Am einheitlichsten waren die Verhältnisse bei den Eisenbahnen, obwohl es außerhalb der Reichsgrenzen auch bei ihnen unterschiedliche Regelungen gab. In den besetzten Gebieten unterstanden sie zeitweise dem Chef des Transportwesens. Eine zentrale Stelle für den Ausgleich der militärischen und zivilen Transportforderungen im Kriege gab es nicht. Die Forderungen des Transportchefs waren in jedem Falle vorrangig zu erfüllen. Der dann noch verfügbare Transportraum wurde im Benehmen mit den übrigen Bedarfsträgern durch die Verkehrsleitungen der Deutschen Reichsbahn zugeteilt[47]. Im Februar 1945 wurde durch einen Befehl Hitlers ein Verkehrsstab unter Leitung von Speer eingesetzt, der angesichts der aussichtslosen militärischen Lage und des damit verbundenen Zusammenbruchs der Reichsbahn keine nennenswerten Verbesserungen erzielen konnte.

[40] Vgl. o.V.: Die nicht reichseigenen Eisenbahnen, ihre Bedeutung und ihr Anteil an den Kriegstransportleistungen, in: Die Reichsbahn, Jg. 1944, S. 206—208.

[41] Vgl. Dost (1), S. 188—194.

[42] Vgl. Wehde-Textor (4), S. 21 u. S. 41; vgl. Westermann, S. 1072—1074.

[43] Vgl. Wagenführ, S. 97.

[44] Vgl. Rohde, S. 278.

[45] Vgl. v. Schell, S. 210—239; vgl. Jacobsen (5), S. 182—185.

[46] Verordnung über die Weiterbenützung von Kraftfahrzeugen vom 6. 9. 1939, RGBl. 1939 I, S. 1698 u. vom 17. 10. 1939, sowie RGBl. 1939 I, S. 2055.

[47] Siehe Seite 233.

Auch die Kraftwagenkolonnen der Wehrmacht, soweit sie für die Übernahme von Transportleistungen geeignet waren, befanden sich nicht in einer Hand. Jeder Wehrmachtteil hatte seinen eigenen Bestand. Dazu kam eine Vielzahl von Dienststellen im Kriegsgebiet, die ebenfalls ihren eigenen Kraftwagenpark — oft gewaltigen Ausmaßes — hatten, wie z. B. die Organisation Todt bzw. Speer[48]. Über den sogenannten Großkraftwagentransportraum verfügte nicht der Chef des Transportwesens sondern der für die Versorgung des Feldheeres verantwortliche Generalquartiermeister[49]. Der Kolonnenraum gehörte zur Ausstattung der Armeen. Der einheitlichen technischen Ausrüstung der Eisenbahnfahrzeuge[50] stand eine Vielzahl von Kraftwagentypen gegenüber[51], die ihren rationellen und wirkungsvollen Einsatz und ihre Unterhaltung ungemein erschwerten. Die Frage der Vereinheitlichung und Zusammenfassung des Eisenbahn- und Kraftfahrzeugtransportwesens zu einem militärischen Gesamttransportwesen ist im Kriege erörtert aber keiner Lösung zugeführt worden[52]. Solche grundlegenden Organisationsänderungen lassen sich wegen der damit verbundenen Schwierigkeiten und des erforderlichen Zeitbedarfs während eines Krieges kaum durchführen[53].

Ähnliche Anstrengungen wurden 1944 im Geschäftsbereich des Reichsministeriums für Bewaffnung und Munition für eine Zusammenfassung aller Transportunternehmungen unter einem „Chef des Transportwesens" unternommen, die aber nicht mehr zur Bildung eines selbständigen Amtes führten[54].

[48] Krumpelt (1), S. 466; Windisch, S. 26; vgl. Hitler-Speer-Konferenz am 6./7. 5. 1942, Erläuterung zu Punkt 24, S. 111.

[49] Krumpelt (2), S. 120. — Einzelheiten in der HDv. 90 Versorgung des Feldheeres (V. d. F.) vom 1. 6. 1938.

[50] Einzelheiten bei Besser, passim.

[51] Schell, S. 224; vgl. Jacobsen (5), S. 183; Bork (4), S. 54.

[52] Vgl. Bork (2), S. 46.

[53] Vgl. Krumpelt (3), S. 389.

[54] Boelcke (1), S. 17, Anm. 25.

II Die Eisenbahnen im Kriegseinsatz

1. Organisation der Deutschen Reichsbahn im Kriege

An der Spitze des deutschen Verkehrswesens stand der Reichsverkehrsminister. Sein Ministerium hatte die Aufsicht über alle Verkehrsträger[1]. Vom Reichsverkehrsministerium wurde auch der Ausgleich der Verkehrsaufgaben zwischen der Eisenbahn und den anderen Verkehrsträgern (Schiffahrt, Kraftverkehr und sonstige Schienenbahnen) vorgenommen.

Beratend stand dem Verkehrsminister der 1935 gebildete Reichsverkehrsrat zur Seite, dessen Vorsitz er ebenfalls hatte. Ihm gehörten Vertreter der Verkehrsträger und Verkehrsnutzer sowie vom Verkehrsministerium berufene Experten des Verkehrsgewerbes oder mit dem Verkehrsgewerbe besonders betraute Personen an[2].

Die Grundlage der Organisation der Deutschen Reichsbahn bildete die Verwaltungsordnung der Deutschen Reichsbahn vom 5. Juli 1939[3]. Ihr oberster Chef war der Reichsverkehrsminister, der als solcher die Bezeichnung Generaldirektor der Deutschen Reichsbahn[4] führte. Er war für die gesamte Geschäftsführung verantwortlich. Die Geschäfte der Deutschen Reichsbahn führte der Vorstand, bestehend aus dem Generaldirektor und weiteren Vorstandsmitgliedern, deren Aufgaben von einem Staatssekretär und den Ministerialdirektoren des Reichsverkehrsministeriums wahrgenommen wurden. Der Staatssekretär war ständiger Stellvertreter des Generaldirektors. Die übrigen Vorstandsmitglieder leiteten Eisenbahnabteilungen des Reichsverkehrsministeriums. Bis zum Kriegsende war Dr. Ing. Julius Dorpmüller Verkehrsminister und Generaldirektor der Deutschen Reichsbahn. Insgesamt hat er die Deutsche Reichsbahn zwanzig Jahre lang geleitet. Durch die Zusammenfassung der Ämter des Generaldirektors und des Verkehrsministers befanden sich Leitung und Aufsicht der Reichsbahn in einer Hand.

Als weiteres Organ der Reichsbahn fungierte ein Beirat, dessen Vorsitz ebenfalls der Reichsverkehrsminister innehatte. Abweichend zum früheren Verwaltungsrat hatte dieser nicht mehr entscheidende sondern nur noch beratende Aufgaben. Die Zahl seiner Mitglieder wurde 1942 von 16 auf 18 erhöht[5]. Im Gegensatz zur Mehrzahl der Partei-

[1] Siehe Organogramm, Seite 323.
[2] Reichsbahn-Handbuch 1937, S. 6.
[3] Reichsministerialblatt 1939, S. 1313.
[4] Vgl. Geschäftsordnung der Deutschen Reichsbahn vom 12. Februar 1937, gedruckt in: Die Reichsbahn, Jg. 1937, S. 139 f.
[5] RGBl. 1942 I, S. 1205.

funktionäre hatte die Wehrmacht erst ab 1943 einen Vertreter (Generalfeldmarschall Milch) im Beirat.

Zum Geschäftsbereich der Eisenbahnabteilungen gehörte im wesentlichen die Regelung der allgemeinen Verkehrs-, Finanz- und Personalpolitik, technische Maßnahmen von grundlegender Bedeutung, Grundsatzfragen der Beschaffung und Konstruktion sowie des Betriebes, Verkehrs und des Baues, ferner die oberste Betriebsführung. Den Eisenbahnabteilungen nachgeordnet waren die Zentralämter, Generalbetriebsleitungen, Reichsbahndirektionen, Reichsbahnämter, Ausbesserungswerke und Dienststellen[6]. Viele dieser Geschäftsstellen sind in mehr oder weniger veränderter Form noch heute bei der Deutschen Bundesbahn vorhanden.

Allgemeine Angelegenheiten der Konstruktion und Beschaffung fielen in die Zuständigkeit der Reichsbahnzentralämter. Der Schwerpunkt der Verwaltung lag bei den Reichsbahndirektionen. Ihre Hauptaufgabe war die Abwicklung des Betriebes und Verkehrs in den regionalen Bezirken des Eisenbahnnetzes.

Überbezirkliche Angelegenheiten des Betriebs-, Verkehrs- und Betriebsmaschinendienstes und vor allem die rationelle, flüssige und pünktliche Betriebsabwicklung gehörten zum Aufgabenbereich der drei Oberbetriebsleitungen, nämlich der Oberbetriebsleitung Ost in Berlin, der Oberbetriebsleitung Süd in München und der Oberbetriebsleitung West in Essen. Sie arbeiteten im Auftrage des Reichsverkehrsministers, waren aber den Reichsbahndirektionen nicht übergeordnet. Daneben bestand das dem Zentralamt Berlin angegliederte Hauptwagenamt für allgemeine Wagenangelegenheiten und den überbezirklichen Wagenausgleich. Gewisse Geschäfte, z. B. Angelegenheiten des Werkstättenwesens, der Tarife u. a., wurden von sogenannten Geschäftsführenden Direktionen erledigt. Ausbesserung und Unterhaltung der Fahrzeuge gehörten zu den Aufgaben der Ausbesserungswerke. Den Betriebsämtern, Maschinen- und Verkehrsämtern oblag die Beaufsichtigung des örtlichen Dienstes. Daneben bestanden noch Neubau- und Abnahmeämter. Die Verbindung von Betrieb und Bau auf der Ämterebene hat sich während des Krieges als besonders zweckmäßig erwiesen. Den örtlichen Dienst übten die Dienststellen — Bahnhöfe, Bahnmeistereien, Bahnbetriebswerke, Fahrtleitungsmeistereien und selbständige Abfertigungen — aus.

Die Organisation der Reichsbahn zeichnete sich durch große Klarheit, Einheitlichkeit und Straffheit aus. Trotz der zusätzlichen Aufgaben im Kriege und der Ausweitung des Netzes konnte ihre Organisation prinzipiell beibehalten werden. Der Betriebs- und der Baudienst gewannen im Laufe der Zeit immer mehr an Bedeutung.

Durch Dezentralisation und Abgabe von Zuständigkeiten an nachgeordnete Stellen ist die Reichsbahn als Ganzes auch unter den schweren Kriegseinwirkungen beweglich und anpassungsfähig geblieben. Nur in besonderen Fällen setzte der Reichsverkehrsminister vorübergehend Kommissare, Sonderbeauftragte oder Bevollmächtigte für die Lösung von wichtigen akuten Problemen ein und vermied dadurch ein Nebeneinander und Durcheinander von Zuständigkeiten. Die in der Heimat bewährten Organisationsformen der Reichsbahn fanden, wie wir noch sehen werden, auch in den besetzten Ge-

[6] Siehe Organogramm, Seite 323.

bieten sowohl bei eigener Betriebsführung als auch bei der Betriebsüberwachung weitgehend Anwendung.

Nach Kriegsbeginn bestand die seit langem bewährte Betriebs- und Verkehrsorganisation der Reichsbahn zunächst unverändert weiter. Wegen der grenznahen Lage wurde die Reichsbahndirektion Saarbrücken vorübergehend nach Koblenz verlegt. Nach Beendigung des Frankreichfeldzuges kam sie am 18. 7. 1940 wieder nach Saarbrücken zurück. In den zum Reich gekommenen Gebieten wurden neue Direktionen eingerichtet und andere in den Grenzgebieten wiederum vergrößert.

Die ständig steigenden Verkehrsanforderungen, die Mobilmachungstransporte sowie die Aufmärsche nach Osten und Westen sind von der Reichsbahn wie erwartet erfüllt worden. Es zeigte sich aber immer deutlicher, daß die zeitweise auftretenden Betriebsschwierigkeiten auf die Dauer nur durch eine straffere Betriebsleitung auf überbezirklicher Ebene gemeistert werden konnten. Bereits während der Betriebsschwierigkeiten an der Ruhr im Winter 1939/40 hatte sich der Reichsverkehrsminister schon im Februar 1940 veranlaßt gesehen, einen besonderen Kommissar einzusetzen und mit allen Vollmachten zu ihrer Behebung auszustatten. Die außergewöhnliche Beanspruchung des Betriebes durch die Kriegs- und Wirtschaftstransporte brachte für die über die einzelnen Reichsbahndirektionsbezirke hinausgehende Betriebsleitung und Verkehrslenkung Probleme mit sich, welche die drei Oberbetriebsleitungen nicht mehr ohne entsprechende Weisungsbefugnisse bewältigen konnten. Deshalb machte der Reichsverkehrsminister die Oberbetriebsleitungen am 1. 3. 1940 zu Generalbetriebsleitungen und stattete sie mit den erforderlichen Anordnungsbefugnissen gegenüber den Direktionen aus[7]. An die Spitze der Generalbetriebsleitungen traten nunmehr Präsidenten. Rückblickend scheint es erstaunlich, daß diese für die bessere Ausnützung des Betriebsapparates entscheidende Organisationsmaßnahme erst nach länger anhaltender Überforderung der Reichsbahn und den sehr gespannten Betriebsverhältnissen in zwei ungewöhnlich strengen Kriegswintern durchgeführt wurde.

Im Rahmen ihrer neuen Aufgaben, vor allem hinsichtlich der Leistungssteigerung, konnten die Generalbetriebsleitungen jetzt mit amtlichen Stellen, anderen Eisenbahnen und Verkehrstreibenden verhandeln. Die Einrichtung der von den Reichsbahndirektionen nur widerwillig hingenommenen Generalbetriebsleitungen[8] wurde in der Tagespresse nicht bekanntgegeben. Die Direktionen sahen in der Einrichtung der Generalbetriebsleitungen eine Einengung ihrer Selbständigkeit[9].

Um den Wagendienst enger mit der Betriebsführung zu verbinden, ist das bis dahin zum Zentralamt Berlin gehörige Hauptwagenamt am 1. 4. 1940 der Generalbetriebsleitung Ost in Berlin angegliedert worden[10]. Entsprechend der zunehmenden Bedeutung des Bauwesens im Kriege wurde aus der bisherigen Unterabteilung Bau des

[7] Vgl. vorläufige Geschäftsanweisung für die Generalbetriebsleitungen vom 30. 4. 1940, gedruckt in: Die Reichsbahn, Jg. 1940, S. 221 f.; Logemann (2), S. 690.

[8] Vgl. Niederschrift über die 79. Präsidentenkonferenz der Deutschen Reichsbahn am 11. 10. 1940.

[9] Vgl. Ausführungen von Staatssekretär Kleinmann auf der 76. Präsidentenkonferenz der Deutschen Reichsbahn am 19. 3. 1940.

[10] Erlaß des RVM 2 Ogd (Obl) 3 vom 29. 3. 1940.

Reichsverkehrsministeriums in der Betriebsabteilung im Oktober 1940 eine selbständige Abteilung. Die inzwischen notwendig gewordene einheitlichere Lenkung des Verkehrs und der allgemeine Ausgleich der Verkehrsaufgaben zwischen den verschiedenen Verkehrsmitteln (Eisenbahn, Schiffahrt und Straßenverkehr) führte gleichzeitig zur Einrichtung einer Hauptverkehrsleitung im Reichsverkehrsministerium sowie zu Gebietsverkehrsleitungen bei den Generalbetriebsleitungen und Bezirksverkehrsleitungen bei den Reichsbahndirektionen. Grundlage für diese Maßnahme war die Verordnung zur Bekämpfung von Notständen im Verkehr vom 19. 9. 1939. Anordnungsrechte hatten nur die Leiter der Gebietsverkehrsleitungen. Die bei den Generalbetriebsleitungen Ost und West vorhandenen Transportausschüsse für Kohle und Erz blieben dem Namen nach weiter bestehen, gingen jedoch praktisch in den Gebietsverkehrsleitungen auf[11]. Das Jahr 1941 brachte in der Organisation und den Verwaltungseinrichtungen keine grundsätzlichen Änderungen mit sich. Im Juni 1942 entlastete sich das Reichsverkehrsministerium durch die Einrichtung einer Zentralverkehrsleitstelle (ZVL), die der Generalbetriebsleitung Ost in Berlin angegliedert wurde.

Am 1. 8. 1942 wurde im Verkehrsministerium eine Planungsabteilung eingerichtet, die sich mit Vorarbeiten für die Umgestaltung und Leistungssteigerung des gesamten europäischen Regelspurnetzes und für Schaffung eines europäischen Schnellbahnnetzes mit einer Breitspur von drei Metern befaßte. Diese Abteilung übernahm der bisherige weit über die Grenzen Deutschlands hinaus bekannte und angesehene Leiter der Betriebsabteilung im Reichsverkehrsministerium Ministerialdirektor Leibbrand. Für die vielfältigen zusätzlichen Aufgaben im Sozial- und Personalwesen wurde im August 1942 ein Zentralamt für Sozial- und Personalwesen geschaffen. Im Jahre 1943 traten keine grundsätzlichen Organisationsänderungen ein. Zur beschleunigten Beseitigung von Luftkriegsschäden wurden 1944 bei den Reichsbahndirektionen Sonderstäbe für Sofortmaßnahmen nach Luftangriffen eingesetzt, die gute Arbeit leisteten. Als das Arbeiten in Berlin wegen der Luftangriffe immer schwieriger geworden war, richtete das Reichsverkehrsministerium im März 1944 am Güldensee bei Groß Köris (Fischerhütte) eine Ausweichstelle für einen Sonderstab ein, dem die wichtigsten Betriebsreferenten und Sachbearbeiter angehörten. In aussichtsloser Lage wurde zur Aufrechterhaltung der Kohlenabfuhr 1945 der sogenannte Ruhrstab eingerichtet, an dessen Spitze als Generalbevollmächtigter der Präsident der Reichsbahndirektion Essen Lamertz stand.

Trotz der von der Reichsbahn durchgeführten organisatorischen Maßnahmen und Anstrengungen zur Bewältigung ihrer Kriegsaufgaben wurden von dritter Seite Versuche unternommen, mehr Einfluß auf die Eisenbahn zu bekommen. Vor allem in der Partei glaubte man, die Folgen der ungenügenden Unterstützung der Reichsbahn durch personelle Veränderungen überwinden zu können. So machte Göring in seiner Eigenschaft als Vorsitzer des Reichsverteidigungsausschusses während der Winterschwierigkeiten Ende 1939 den Vorschlag, den Chef des Transportwesens Generalmajor Gercke mit

[11] Vgl. Bekanntmachung über die Einrichtung von Kohle- und Erztransportausschüssen Ost und West vom 29. 6. 1940, in: Die Reichsbahn, Jg. 1940, S. 276 f.

diktatorischen Vollmachten als Staatssekretär im Reichsverkehrsministerium einzusetzen[12]. Dazu ist es aber nicht gekommen.

Die sehr desolaten Verkehrsverhältnisse vor allem im Winter 1941/42 in den besetzten Ostgebieten und ihre Auswirkungen führten zu Auseinandersetzungen mit dem Reichsverkehrsministerium, in deren Verlauf Hitler auf Betreiben von Speer im Mai 1942 die Ablösung von Staatssekretär Kleinmann, Ministerialdirektor Leibbrand und anderen leitenden Beamten forderte und auch durchsetzte. Über diese Vorgänge haben sich Angehörige der Reichsbahn weder im Kriege noch danach geäußert. Da die Hintergründe zu diesem personellen Revirement allgemein interessieren, soll an Hand der Äußerungen Speers kurz hierauf etwas ausführlicher eingegangen werden.

Am 5. 3. waren Dorpmüller und Speer als Nachfolger des am 8. 2. 1942 tödlich verunglückten Reichsministers für Bewaffnung und Munition Todt zur Erörterung der Verkehrsprobleme bei Hitler[13], wo Dorpmüller in Anbetracht des zu Ende gehenden Winters die damalige Betriebslage optimistischer interpretierte als Speer.

Angesichts der steigenden Anforderungen in dem nach Osten gewaltig ausgedehnten Netz erklärte Dorpmüller am 21. 5. 1942 Speer gegenüber, die Reichsbahn habe für den deutschen Raum nur so wenig Waggons und Lokomotiven zur Verfügung, daß sie nicht mehr die Verantwortung für die Aufrechterhaltung der dringlichsten Transporte übernehmen wolle[14]. Damit hatte Dorpmüller klar und eindeutig die Gesamtlage der Eisenbahn gekennzeichnet, in die sie durch ungenügende Ausstattung und Überbeanspruchung infolge des Krieges mit der Sowjetunion gekommen war. Die Einstellung Dorpmüllers mag damals von Speer als unbequeme „Bankrotterklärung“ angesehen worden sein. Sein Angebot an Speer, den Posten eines Verkehrsdirektors zu übernehmen, läßt erkennen, daß er offenbar bereit war, ihm die Verantwortung für die Verteilung des ungenügenden Wagenraumes und die Auseinandersetzungen mit den Bedarfsträgern zu überlassen. Speer, in Sorge um die Sicherstellung der Steigerung der Rüstungsproduktion[15], wollte seinen Einfluß auf die Reichsbahn durch Ersatz von Kleinmann und Leibbrand mit ihm genehmeren jüngeren Beamten verstärken und hatte Hitler bereits am 18. 5. 1942 vorgeschlagen, Ganzenmüller zum Staatssekretär zu ernennen[16]. Verschiedene Angaben Speers zu dem Wechsel des Staatssektretärs im Reichsverkehrsministerium sind unzutreffend. Ganzenmüller wurde nicht 1922 sondern am 23. 7. 1931 von der Deutschen Reichsbahn übernommen[17]. Er war im Mai 1942 auch nicht junger Reichsbahnrat sondern Vizepräsident und Leiter der Hauptverkehrsdirektion Ost in Poltawa[18]. Solche Fehler und unterschiedliche Formulierungen in den Erinnerungen und Protokollen über die Hitler-Speer-Konferenzen lassen Zweifel an der Speer‘schen Darstellung aufkommen. Hitler, der inzwischen die kriegsentscheidende Be-

[12] Vgl. Halder-KTB Bd. I, 30. und 31. 12. 1939 u. 1. 1. 1940.
[13] Speer, S. 236.
[14] Speer, S. 237.
[15] Dieses war mit Führerbefehl am 10. 1. 1942 angeordnet worden, gedruckt in: KTB/OKW Bd. II, S. 1265—1267.
[16] Hitler-Speer-Konferenz am 18. 5. 1942, Punkt 9, S. 123.
[17] Speer, S. 236.
[18] Speer, S. 237.

deutung der Eisenbahn mehr als deutlich erfahren hatte, war über die Erklärung des Verkehrsministers empört und rief unverzüglich eine Besprechung ein, an der Speer, Dorpmüller, Leibbrand und Ganzenmüller teilnahmen[19]. Kurz und bündig erklärte Hitler: „Wegen der Transportfrage darf der Krieg nicht verlorengehen, sie ist zu lösen." „Unter demütigenden Umständen für den Verkehrsminister", so bemerkt Speer, wurde Ganzenmüller zum Staatssekretär ernannt mit dem Auftrag, „die Verkehrssituation mit voller Tatkraft und brutaler Energie in Ordnung zu bringen"[20]. Kleinmann trat am 23. 5. 1942 „aus gesundheitlichen Gründen"[21] zurück. Bald danach wurde Dilli, zuvor Betriebsleiter bei der Reichsbahndirektion Königsberg und Ministerkommissar zur Beseitigung von Betriebsschwierigkeiten in Rußland, zum Leiter der Betriebsabteilung im Reichsverkehrsministerium ernannt.

Am 24. 5. setzte Hitler eine „Transportleitung" mit diktatorischen Vollmachten und dem Auftrag, den Verkehrsnotstand zu beseitigen, unter Vorsitz von Luftwaffenfeldmarschall Milch[22] ein und beteiligte daran auch Speer. Weitere Mitglieder dieser Arbeitsgruppe waren u. a. Ganzenmüller, Körner, Mitglied der Zentralen Planung und Staatssekretär des Generalbevollmächtigten für den Vierjahresplan, der Reichsminister für Ernährung und Landwirtschaft Backe, der Sonderbeauftragte für den Transport von Kohle Staatsrat Meinberg und der Leiter der Amtsgruppe Verkehrs- und Tansportmittel im Reichsministerium für Bewaffnung und Munition Oberbürgermeister Liebel. Die Transportleitung löste sich nach Erfüllung ihres Auftrages wieder auf. Zur Durchführung des Auftrages gab der Beauftragte für den Vierjahresplan eine Anordnung über die Beschleunigung des Wagenumlaufes und die bessere Ausnützung des Wagenraumes an alle obersten Reichsbehörden heraus, worauf wir später noch einmal zurückkommen werden[23].

Im Juni 1942 wurden auf die von Speer initiierte Forderung Hitlers mehrere Präsidenten abgelöst und durch jüngere Kräfte ersetzt. Dorpmüller sagte hierzu auf der 86. Präsidentenkonferenz der Deutschen Reichsbahn am 23. 6. 1942, die Forderung des Führers, sich mit einer Anzahl jüngerer Leute zu umgeben, habe ihn gezwungen, diese Maßnahme eintreten zu lassen[24].

Speer meint in seinen Erinnerungen, Ganzenmüller habe die Transportfrage gelöst und fügt hinzu, der junge Staatssekretär habe es verstanden, mit einfachen Mitteln den Rückstau zu beseitigen, den Verkehr zu beschleunigen und die vermehrten Transportbedürfnisse der Rüstung zufriedenzustellen[25]. Ähnlich äußert sich Thomas[26]. Daß Speer in seinen Erinnerungen keinen sachlichen Kommentar findet, ist bezeichnend. Er will offenbar glaubhaft machen, daß es nur seiner und Ganzenmüllers Aktivität be-

[19] Hitler-Speer-Konferenz am 23.—25. 5. 1942, Punkt 3, S. 124.
[20] Hitler-Speer-Konferenz am 24. 5. 1942, S. 128.
[21] Aufzeichnung des Verfassers.
[22] Janssen, S. 255; vgl. Thomas, S. 359 f.
[23] Siehe Seite 228 ff.
[24] Personalien hierzu in: Die Reichsbahn, Jg. 1942, S. 321—324; vgl. Hitler-Speer-Konferenz am 28./29. 6. 1942, Punkt 19, S. 142.
[25] Speer, S. 238.
[26] Thomas, S. 360.

durfte, „um die Eisenbahn wieder in Ordnung zu bringen“. Daß sich die Betriebslage jahreszeitlich bedingt allenthalben gebessert hatte und sich im Osten allmählich die großen Anstrengungen zur Steigerung der Betriebsleistungen auswirkten, wird mit keinem Wort erwähnt. Ohne Zweifel hat Ganzenmüller viel Initiative entwickelt und zahlreiche Maßnahmen mit Nachdruck verwirklicht. Keineswegs jedoch sind die 1942 eingetretenen Erfolge ihm allein zu verdanken.

Ganzenmüllers Beziehungen zu Speer und höchsten Parteistellen waren immer enger als die zum Chef des Transportwesens und zum Oberkommando der Wehrmacht. Das ist nicht verwunderlich, wenn man sieht, daß viele Belange der Reichsbahn von Speer mit seiner großen Machtfülle und seinem engen Kontakt zu Hitler besser und erfolgversprechender vertreten werden konnten, als durch den Transportchef. Jedenfalls hatte Speer mit der Ernennung Ganzenmüllers zum Staatssekretär sein Ziel, mehr Einfluß auf die Reichsbahn zu gewinnen und einen ihm genehmeren Partner zu haben, erreicht[27]. Bei den vorgenannten personellen Veränderungen spielte ohne Zweifel auch die Einstellung Speers zur eigenen Generation eine große Rolle[28].

Vor Beginn der Invasion im Jahre 1944 wurden die beiden Leiter der Generaldirektion in Paris und in Brüssel durch junge Präsidenten mit Betriebserfahrungen aus dem Osten ersetzt.

2. Die Organisation der Landesverteidigung bei der Reichsbahn

Für die Angelegenheiten der Landesverteidigung im Reichsverkehrsministerium war die Gruppe L, die dem Reichsverkehrsminister unmittelbar unterstand, zuständig. Sie hatte fünf Referate: L 1 = Transportangelegenheiten, L 2 = Organisation, L 3 = Maschinentechnische- und Stoffangelegenheiten, L 4 = Schutzangelegenheiten (Luftschutz und Bahnschutz) und L 5 = Transport- und Bauangelegenheiten. Diese Gruppe stand von Beginn ihrer Einrichtung im Jahre 1935 bis zum Kriegsende unter der Leitung von Ministerialdirigent Dr. Ing. Ebeling. Im Mobilmachungskalender war vorgesehen, daß die Gruppe L zum Chef des Transportwesens tritt. Dort verblieb sie nach Kriegsbeginn nur für zwei Wochen. Zurück blieb lediglich eine kleine Gruppe von höheren und gehobenen Beamten — Mineis (L) beim Transportchef — unter Leitung des Referenten L 1, Ministerialrat Elias. Eine Geschäftsanweisung hatte diese Gruppe nicht[1]. Ihre Hauptaufgabe war die Mitwirkung bei der Transportbearbeitung und Befehlsgebung sowie die Sicherstellung des erforderlichen Leermaterials für Truppenbewegungen[2]. Nach Beginn des Rußlandfeldzuges wurde im Juli 1941 der Referent L 2 der Gruppe L, Ministerialdirigent Lüttge, zu Mineis (L) beim Transportchef abgeordnet. Ihm folgte im September ein Hilfsarbeiter von der Gruppe L. Aufgabe dieser beiden Beamten war, den Chef des Transportwesens in der Organisation der Bahnverwaltung, bei dem Einsatz neuer Direktionen und Ämter und der Stellenbesetzung dieser Dienst-

[27] Vgl. Boelcke (1), S. 15.
[28] Boelcke (1), S. 6. — Kleinmann war 29 und Leibbrand 23 Jahre älter als Speer.
[1] Vgl. Rohde, S. 219 f.
[2] Vgl. Bork (2), S. 14.

stelle mit Fachkräften sowie der materiellen eisenbahnmäßigen Ausstattung der Bahnen in den besetzten Ostgebieten zu unterstützen[3]. Diese Gruppe bezeichnete sich als Verbindungsstelle beim Chef des Transportwesens und bestand als solche bis zum 23. 3. 1943[4].

Im Laufe des Krieges gewann die Gruppe Mineis (L) beim Transportchef immer mehr an Bedeutung. Diese durchgehend, schnell und unbürokratisch arbeitende Gruppe, die nur geringen Schriftverkehr hatte und sich bei ihrer Tätigkeit fast ausschließlich des Fernsprechers und des Fernschreibers bediente, wurde immer mehr als Vermittler auch in anderen wichtigen Geschäftsangelegenheiten eingeschaltet. Unter Wahrung der Geschäftsordnung konnte Mineis (L) beim Transportchef alle wichtigen Stellen und leitenden Personen im Reichsverkehrsministerium und bei den Reichsbahndirektionen ansprechen. Der geringe Umfang der Dienststelle war zugleich ihre Stärke, stellte allerdings an die Angehörigen sehr hohe physische Anforderungen. Es hat bei der Reichsbahn kaum eine Stelle gegeben, die hinsichtlich ihres Wirkens mit Mineis (L) beim Transportchef vergleichbar war. Die räumliche Trennung vom Reichsverkehrsministerium wirkte sich in der Zusammenarbeit kaum aus, da bis kurz vor dem Kriegsende ganz hervorragende Fernsprech- und Fernschreibverbindungen bestanden. Die Sprechstellen von Mineis (L) beim Transportchef waren als Anschlüsse des zentralen Basaknotens Berlin geschaltet.

Die Arbeit beider Verbindungsorgane wurde vom Transportchef und seinen Mitarbeitern sehr geschätzt. Der Leiter von Mineis (L) beim Transportchef und später der Leiter der Verbindungsstelle nahm an den täglichen Lagebesprechungen des Transportchefs teil und trug dort die Eisenbahn-Betriebslage in Rußland vor. Durch die unmittelbare Verbindung mit dem Chef des Transportwesens war Mineis (L) beim Transportchef und die Verbindungsstelle meist früher und genauer über aktuelle Angelegenheiten unterrichtet als das etwas später informierte Verkehrsministerium. Das Verhältnis der Reichsbahnbeamten zu den Offizieren im Stabe des Chefs des Transportwesens war im allgemeinen vertrauensvoll und kameradschaftlich, schloß aber sachliche Auseinandersetzungen in keiner Weise aus. In der zweiten Jahreshälfte 1944 wurde das sachliche Verhältnis allmählich reservierter, da die Verbindungsbeamten nicht mehr an einen

[3] Chef Trspw. d. Gen. Stab. d. Heeres, Az. 10 k 10/2c Pl(I) 1 St., Nr. 01273 vom 6. 9. 1941 betr. Organisation des Chefs des Transportwesens in den besetzten Ostgebieten, Unterlagensammlung des Verfassers, siehe Anhang, Seite 348 f. — Ministerialdirigent Lüttge kehrte Ende 1941 wieder zur Gruppe L zurück. Nachfolger wurde nach einer kurzen Zwischenlösung Oberreichsbahnrat Kreidler.

[4] Die Ausführungen von Rohde, S. 220, über diese Gruppe sind nicht ganz zutreffend. Anfang 1942 hatte die Verbindungsstelle nach einer Aufzeichnung des Verfassers folgende Aufgaben:

a) Übermittlung der Forderungen des Transportchefs an die Feldbetriebsleitung und an die Zweigstelle Osten, sowie Aufstellung und Einholung der vom Transportchef geforderten betrieblichen Unterlagen.
b) Beratung des Transportchefs und Bearbeitung in allen Betriebsangelegenheiten.
c) Unterstützung des Transportchefs in der Organisation und der Verwaltung der Feldeisenbahnen sowie beim Einsatz neuer Feldeisenbahnämter einschl. deren Stellenbesetzung mit Fachkräften.
d) Unterstützung des Transportchefs in der materiellen eisenbahnmäßigen Ausstattung der Feldeisenbahndirektionen.
e) Vermittlung in allen nicht vorgenannten Angelegenheiten, die Transportchef und Reichsverkehrsministerium angehen.

guten Ausgang des Krieges glaubten und Gespräche darüber ohne persönliche Gefährdung unmöglich waren.

Bei den Eisenbahndirektionen waren für die Angelegenheiten der Landesverteidigung der Bevollmächtigte für Militärangelegenheiten (Bahnbevollmächtigte [Bbv]) zuständig[5]. Sie galten in ihrem Arbeitsbereich als unmittelbare Beauftragte der Präsidenten ihrer Direktionen[6]. Bahnbevollmächtigter einer Reichsbahndirektion war stets deren Betriebsleiter, sein erster Vertreter der Güterzugfahrplandezernent. Zur Unterstützung standen ihm besondere Dezernenten für die Schutzangelegenheiten — Luftschutz und Bahnschutz[7] — und für Transportangelegenheiten[8] zur Verfügung. Bei einigen Direktionen wurden im Mai 1940 zur Entlastung des Betriebsleiters in Fragen der Landesverteidigung besondere Dezernate[9] eingerichtet[10]. Die Geschäftssachen wurden im Bbv-Büro mit den Gruppen Personalkartei, Verwaltungsdienst, Transportgruppe, Luft- und Gasschutz, Abwehr und Bahnschutz bearbeitet. Im Bbv-Büro wurden die gesamten Verschlußsachen der Direktion registriert und aufbewahrt.

Auch die Zentralämter und Generalbetriebsleitungen hatten Bahnbevollmächtigte. Bei den Oberbetriebsleitungen — den späteren Generalbetriebsleitungen — wurden die Bahnbevollmächtigten erst im Februar 1940 eingerichtet. Hierzu wurden die Oberbetriebsleiter bestimmt. Sie erhielten wohl alle einschlägigen Erlasse der Gruppe L, hatten aber kein Weisungsrecht gegenüber den Bahnbevollmächtigten der Reichsbahndirektionen. Zwischen den Oberbetriebsleitern und Mineis (L) beim Transportchef bestand enge Zusammenarbeit vor allem bei der Planung von größeren Truppenbewegungen. Die Bahnbevollmächtigten waren gleichzeitig Abwehrbeauftragte und verantwortlich für die Geheimhaltung. Der gesamte Geschäftsverkehr mit den Transportkommandanturen und anderen Wehrmachtstellen lief über den Bahnbevollmächtigten. Innerhalb der Reichsbahn ist den Bahnbevollmächtigten immer wieder übertriebene Geheimhaltung vorgeworfen worden. Dem ist entgegenzuhalten, daß es dem Wesen militärischer Vorbereitungen und Maßnahmen widerspricht, daß der Kreis der Beteiligten einen engen Rahmen überschreitet. Es darf dabei auch nicht übersehen werden, daß die Geheimhaltungsbestimmungen[11] im Kriege immer mehr verschärft und bei Verstößen immer höhere Strafen ausgesprochen wurden. Bis zum Kriege waren alle Angelegenheiten der Landesverteidigung ausschließlich Sache der Bahnbevollmächtigten. Wegen des großen Geschäftsumfanges im Kriege wurden dann auch die Direktionsabteilungen in den Geschäftsverkehr mit der Wehrmacht eingeschaltet.

Als Verbindungsglieder zwischen den Eisenbahntransportabteilungen des Transportchefs (Etra) und der Reichsbahn waren zunächst Bevollmächtigte der Reichsbahn (BvRb)

[5] Wehrmachteisenbahnordnung (WEO) § 5, Ziff. 13.
[6] Wehrmachteisenbahnordnung (WEO) § 5, Ziff. 13.
[7] Dezernent 36.
[8] Dezernent 37.
[9] Dezernent 38.
[10] Erlaß 2 Opd vom 17. 4. 1940 betr. Einrichtung eines Dezernates 38. Es handelt sich um die Reichsbahndirektionen Berlin, Essen, Halle/Saale und Köln, Unterlagensammlung des Verfassers.
[11] Verschlußsachen-Anweisung für sämtliche Verwaltungsbehörden vom 6. 6. 1935; herausgegeben vom Reichs- und Preußischen Minister des Innern, Berlin 1935 (Geheim). Siehe auch Seite 192.

eingesetzt. Im Jahre 1942 wurden diese zur Wehrmacht eingezogen und als I Eis der Wehrmachttransportleitungen (WTL) dem Transportchef unterstellt. Damit verloren sie ihre betrieblichen Anordnungsbefugnisse an Eisenbahnstellen[12].

Den bevollmächtigten Transportoffizieren bei den Heeresgruppen und später den Generalen des Transportwesens waren Betriebsbeamte des höheren Dienstes als Bevollmächtigte der Reichsbahn (BvRb) zugeordnet. Sie hatten die Transportforderungen den zuständigen Eisenbahnstellen zu übermitteln und ihre militärischen Partner in allen Eisenbahnangelegenheiten zu beraten und zu unterstützen. Anordnungsbefugnisse hatten sie keine. Ihre Tätigkeit war nicht leicht und erforderte besonders gutes Einfühlungsvermögen und Gewandtheit[13].

3. Eisenbahnorganisation in den besetzten Ländern

In den besetzten Ländern[1] wies die Eisenbahnorganisation verschiedene Varianten auf. In den eingegliederten Gebieten wurde grundsätzlich die Reichsbahnorganisation eingeführt. Die Protektoratsbahnen Böhmen—Mähren mit den Betriebsdirektionen Brünn, Königgrätz, Olmütz, Pilsen und Prag unterstanden dem Verkehrsministerium in Prag. Dort führte der Beauftragte des Reichsverkehrsministeriums beim Reichsprotektor die Aufsicht. Ihm war ein Bahnbevollmächtigter zugeteilt. In der verbündeten Slowakei vertrat ein Beauftragter des Reichsverkehrsministeriums beim Slowakischen Ministerium für Verkehr und öffentliche Arbeiten, der zugleich Bahnbevollmächtigter war, die deutschen Interessen.

Die Eisenbahnen im Generalgouvernement mit ihren vier Ostbahndirektionen Krakau, Lublin, Radom und Warschau unterstanden der Generaldirektion der Ostbahn (Gedob) in Krakau. Dazu kam am 1. 8. 1941 der Bezirk Lemberg, der bis dahin der Betriebsleitung Osten beim Chef des Transportwesens unterstand. Die Ostbahndirektionen Lublin und Radom wurden später aufgelöst. In den Ostbahndirektionen gab es keine Ämter. Über die Stellung der Ostbahn kam es zu längeren Auseinandersetzungen zwischen dem Reichsverkehrsminister, Transportchef und dem Generalgouverneur[2]. Im März 1941 kam die Ostbahn in betrieblicher Hinsicht zur Generalbetriebsleitung Ost. Nach Beginn des Rußlandfeldzuges wollte der Reichsverkehrsminister mit Unterstützung des Chefs des Transportwesens die Ostbahn ganz der Reichsbahn unterstellen. Mit dem Führererlaß vom 17. 1. 1942 sollte der Generalgouverneur aus der Verwaltung der Ostbahn ausgeschaltet werden. Der Widerstand des Generalgouverneurs gegen diese Regelung dauerte bis in den Sommer 1943 und endete dann schließlich doch mit der Angleichung der Ostbahnorganisation an die der Deutschen Reichsbahn. Nach Aufgabe des Ostbahnbereiches wurde die Generaldirektion der Ostbahn am 23. 1. 1945 aufgelöst.

[12] Erlaß RVM L 2g Bmarmf 2 (o) vom 25. 6. 1942, Abschrift in Unterlagensammlung des Verfassers.
[13] Vgl. Teske (2), S. 203 f.
[1] Siehe Übersicht im Anhang, S. 224 f.
[2] Vgl. Pischel (3), S. 10—18; Thomas, S. 293.

Im Westfeldzug und im Rußlandfeldzug übernahm zunächst der Chef des Transportwesens die Betriebsführung und Betriebsüberwachung in den besetzten Gebieten mit der festen Absicht, diese für die Dauer des Krieges beizubehalten. In Brüssel und Paris wurden Wehrmachtverkehrsdirektionen eingerichtet, denen die Eisenbahnbetriebsdirektionen Brüssel, Lille und Nancy bzw. Paris-Nord, Paris-Süd, Chalons s. M. und Rennes unterstanden. Später wurden die beiden letzteren als Eisenbahnbetriebsdirektionen Ost und West nach Paris verlegt. Bereits im August 1940 übernahmen die Franzosen und Belgier wieder die Betriebsführung. Im nichtbesetzten Frankreich wurden in Lyon und Toulouse Bahnbevollmächtigte eingesetzt. Am 15. 6. 1942 übernahm auf Veranlassung von Speer[3] der Reichsverkehrsminister die Aufsicht über die Eisenbahnen Frankreichs und Belgiens[4]. An Stelle der Wehrmachtverkehrsdirektionen Paris und Brüssel traten Hauptverkehrsdirektionen.

In Holland blieben die Eisenbahnen selbständig. Beim Reichskommissar für die Niederlande wurde eine Eisenbahnabteilung zur Wahrung der deutschen Interessen eingerichtet. Zur Überwachung war ein Bahnbevollmächtigter in Utrecht eingesetzt. Nach Ausbruch des Generalstreiks im September 1944 führten blaue Eisenbahner einen Notbetrieb für die wichtigsten Transporte durch.

Auch die dänischen und norwegischen Eisenbahnen blieben selbständig. Die Aufsicht über beide Bahnen übte der Chef des Transportwesens aus. Für die Bearbeitung von Wehrmachttransporten waren in beiden Ländern Bahnbevollmächtigte eingesetzt. Der Bahnbevollmächtigte in Oslo wurde bereits im Mai 1941 zurückgezogen und die Bearbeitung der Militärtransporte der Norwegischen Staatsbahn übertragen.

Auf dem Balkan, in Kroatien, Serbien und Griechenland blieben die vom Transportchef überwachten Eisenbahnen ebenfalls selbständig. Die Aufsicht in diesem Raum führte die Wehrmachtverkehrsdirektion Südost in Belgrad. Beim Rückzug aus dem Balkan wurden in Griechenland und in Kroatien Feldeisenbahner eingesetzt.

In Rußland lag die Betriebsführung zunächst in Händen des Chefs des Transportwesens. Dieser richtete am 6. 9. 1941 die Betriebsleitung Osten (BLO) beim Chef des Transportwesens[5] in Warschau ein und unterstellte ihr die vier Haupteisenbahndirektionen in Riga, Minsk, Kiew und Poltawa (später Dnjepropetrowsk). Die Betriebsleitung Osten hatte im Oktober 10 Dezernate. Zu ihren Aufgaben gehörte neben der Betriebsleitung im besetzten Rußland die Unterrichtung des Transportchefs über die Betriebslage, die Anforderung von Lokomotiven, Dienststellen und Personal sowie die Beschaffung von Unterlagen über die Bahnverhältnisse verschiedenster Art. Sie war gegenüber den Haupteisenbahndirektionen und Feldeisenbahndirektionen weisungsberechtigt. Leiter der Betriebsleitung Osten wurde der Güterzugfahrplanreferent im Reichsverkehrsministerium, Ministerialdirigent Dr. Ing. Joseph Müller. In den Fronträumen arbeiteten drei Feldeisenbahndirektionen — später Feldeisenbahnkommandos

[3] Vgl. Hitler-Speer-Konferenz am 30. 5. 1942, Punkt 5, S. 131.

[4] Erlaß des Reichsverkehrsministers RVM 2 Arl (W) vom 13. 6. 1942, betr. Übernahme der Eisenbahnen in den besetzten französischen und belgischen Gebieten, Unterlagensammlung der DB in Nürnberg, Mappe ax. Siehe Anhang, Seite 356 f

[5] Sie firmierte: Der Chef des Transportwesens — Betriebsleitung Osten (BLO), siehe Anhang, S. 325. Vgl. Geschäftsplan vom 18. 10. 1941, Unterlagensammlung des Verfassers.

in Pleskau, Smolensk, Charkow und Jasinowataja bzw. Kawkasskaja. Mit dem Führerbefehl vom 4. 1. 1942 wurde die Betriebsführung außerhalb der Feldeisenbahndirektionen ab 15. 1. 1942 dem Reichsverkehrsminister übertragen. An der bevorzugten Stellung des Transportchefs hinsichtlich der Erfüllung seiner Transportforderungen gegenüber der Reichsbahn änderte sich nichts. Aus der Betriebsleitung Osten des Chefs des Transportwesens (BLO) wurde die Zweigstelle Osten des Reichsverkehrsministeriums (Osteis).[6] Die Betriebsführung bei den Feldeisenbahndirektionen, für die im Januar 1942 in Warschau eine besondere Feldbetriebsleitung beim Chef des Transportwesens (FBL) eingerichtet worden war, verblieb bis Dezember 1942 beim Chef des Transportwesens. Sie wurde auf Grund eines Führerbefehls vom 23. 10. 1942 am 1. 12. 1942 dem Reichsverkehrsminister unterstellt und damit das gesamte Verkehrswesen im besetzten Rußland einheitlich in zivile Hände gelegt. Die Zweigstelle Osten des Reichsverkehrsministeriums wurde Generalverkehrsdirektion Osten (GVD) und aus den Haupteisenbahndirektionen (HBD) wurden Reichsverkehrsdirektionen (RVD), die auch für die Schiffahrt und das Straßenwesen zuständig waren. Es dauerte somit fast eineinhalb Jahre, bis in Rußland eine einheitliche Betriebsführung zustande kam. Im November 1942 wurde in Dnjepropetrowsk vorübergehend eine Oberbetriebsleitung Südrußland eingerichtet. Sie war Partner des Bevollmächtigten Generals des Transportwesens Südrußland und hatte Weisungsbefugnisse gegenüber den Reichsverkehrsdirektionen Kiew, Dnjepropetrowsk, Rostow und den Feldeisenbahnkommandos 3 und 5.

Die Eisenbahnen im verbündeten Finnland waren selbständig. Militärische Transportinteressen wurden ab 1942 durch den Deutschen Transportbevollmächtigten in Finnland vertreten, dem zeitweise ein höherer Reichsbahnbeamter als Berater zugeteilt war.

Auch in den verbündeten Ländern Rumänien, Ungarn und Bulgarien waren deutsche Transportbevollmächtigte eingesetzt. Im März 1944 übernahm die Generalverkehrsdirektion Osten die Betriebsführung in Transnistrien (19. 3. 1944).

Nach der Kapitulation Italiens im September 1943 wurde in Italien zur Sicherstellung der deutschen Transportinteressen eine Wehrmachtverkehrsdirektion in Bologna eingerichtet, die gegen Kriegsende auch die Betriebsführung übernahm.

Die durch Sprachschwierigkeiten oft erschwerte Zusammenarbeit mit den Eisenbahnen in den besetzten und verbündeten Ländern forderte von den dorthin abgeordneten Eisenbahnern nicht nur Einfühlungsvermögen in die anderen Verhältnisse und in die Mentalität der einheimischen Eisenbahner, sondern auch Geschick und Festigkeit beim Durchsetzen kriegsbedingter Forderungen.

Wie wir gesehen haben, unterlagen alle selbständig gebliebenen Bahnen in den besetzten Ländern in irgend einer Form der Aufsicht des Reichsverkehrsministers oder des Chefs des Transportwesens. Die Übertragung der Betriebsführung in Rußland und der Betriebsaufsicht in Frankreich und Belgien in die Zuständigkeit des Reichsverkehrsministers waren ungewöhnliche Maßnahmen. Mit ihnen wurde ein militärisches Reservat eingeschränkt, das bis dahin als unantastbar galt.

[6] Geschäftsplan vom 1. 4. 1942, Unterlagensammlung der DB in Nürnberg, Mappe az.

4. Der Partisanenkrieg gegen die Eisenbahn

Bei der großen Bedeutung der Eisenbahnen für die Kriegführung war es nicht verwunderlich, daß die Gegner in den besetzten Gebieten schon bald versuchten, den Betrieb der Eisenbahnen zu behindern[1]. Dies geschah auf die mannigfachste Weise, zunächst mit den leichteren Formen des passiven Widerstandes wie Dienst nach Vorschrift, Lässigkeit, Herbeiführen von Eisenbahnunfällen, Nichterscheinen zum Dienst und Krankfeiern. Von da aus führte der Weg zum aktiven Widerstand durch Einzelsabotagen und weiter bis zum militärisch organisierten Partisanenkrieg operativen Ausmaßes. Im Sprachgebrauch wurden Anschläge im westlichen Kriegsgebiet als Sabotageakte und im östlichen und Balkanbereich als Partisanentätigkeit bezeichnet. Hitler hatte befohlen, die irregulär kämpfenden Landesbewohner in Rußland als „Banden" zu bezeichnen[2]. An dem Widerstand waren sowohl Eisenbahner als auch Landesbewohner und eingesickerte militärische Gruppen beteiligt. „Tags bei der Bahn und nachts Partisan" war bei den einheimischen Eisenbahnern keine Seltenheit.

Wegen des großen Netzumfanges in den besetzten Gebieten mußte die Durchführung des Eisenbahnbetriebes weitgehend den einheimischen Bahnverwaltungen überlassen werden. In Rußland war die deutsche Betriebsführung nur mit Hilfe einheimischer Eisenbahner möglich. Die Wehrmacht konnte die durch Partisanen bedrohten Eisenbahnen der besetzten Gebiete nur ungenügend schützen.

Zuerst machten sich die Partisanen auf dem Balkan und in Rußland bemerkbar. Das Oberkommando des Heeres erwähnt erstmalig am 25. 7. 1941 Partisanen im Wehrmachtbericht. Schon wenige Tage nach Beginn des Ostfeldzuges forderte Stalin, der Volkskommissar für Verteidigung, in einer Rundfunkrede die russische Bevölkerung zum Partisanenkrieg gegen die Eisenbahnen auf[3]. Bis in den Sommer 1942 hinein hielten sich Sabotageakte und Partisanenanschläge in mäßigen Grenzen. Sie hatten daher noch keine nachhaltigen Auswirkungen auf die Betriebsleistungen. Ab Sommer 1942 nahm die Partisanentätigkeit in ganz Rußland zu, besonders in Weißrußland. Mit der sich anbahnenden Kriegswende verstärkte sich der Widerstand gegen die Eisenbahnen in nahezu allen Ländern. Immer wieder hob Stalin die Wichtigkeit des Partisanenkrieges hervor[4]. Anfangs betätigten sich die russischen Partisanen mehr in Frontnähe, dann bekämpften sie in zunehmendem Maße auch die weiter rückwärts gelegenen Zulaufstrecken zur Front[5]. Im Sommer 1943 nahm der von der Roten Armee unterstützte und gelenkte Partisaneneinsatz zunehmend operative Ausmaße an[6]. Von Moskau gesteuert und materiell unterstützt gingen die Partisanen nun mit Massensprengungen gegen die

[1] Einzelheiten über die Sabotage- und Partisanentätigkeit in den besetzten Ländern enthält der Teil I.

[2] Weisung Nr. 46, Richtlinien für die verstärkte Bekämpfung des Bandenunwesens im Osten, Weisungen, S. 201—205.

[3] Stalin, S. 12 f.

[4] So z. B. Befehl Nr. 130 vom 1. 5. 1942, Stalin, S. 63, Befehl Nr. 95 vom 23. 2. 1940, Stalin, S. 105 f.; Befehl Nr. 189 des Volkskommissars für Verteidigung vom 5. 9. 1942: Aufgaben der Partisanenbewegung, BA—MA Freiburg i. Br., H 12/212.

[5] v. Tippelskirch (2), S. 252.

[6] Teske (5), S. 304 f.; Teske (8), S. 133—135; Pottgießer, S. 88.

Nachschubstrecken vor. Zu Hunderten, ja zu Tausenden lauerten sie in ihren Schlupfwinkeln entlang der Strecken und führten ihre Anschläge auch am Tage aus.

Möglichkeiten, den Eisenbahnbetrieb zu stören und Schaden anzurichten, gab es viele. Bevorzugte Ziele waren die Sprengungen von Gleisen, Brücken und Wasserstationen, Lockerung und Ausbau von Schienen, Unterbrechung von Nachrichtenverbindungen, Anschläge auf fahrende Züge, sowie auf Lokomotiven, Wagen und auch auf Blockstellen und kleinere Bahnhöfe. Anschläge wurden meist überraschend durchgeführt. Wo die Partisanen es konnten, vermieden sie den Kampf und verschwanden nach ihren Anschlägen so schnell wie möglich. Sie verfeinerten ständig ihre Methoden, was wiederum entsprechende Gegenmaßnahmen auslöste[7]. Insgesamt behinderten ihre Anschläge nicht nur den Betrieb, sie verzögerten auch die Transporte. Dazu kamen starke Verluste an Lokomotiven und Wagen und nicht zuletzt auch an Soldaten und Eisenbahnern. Die vielen umgestürzten Wagen und Lokomotiven entlang den Nachschubstrecken boten ein eindrucksvolles und beklemmendes Bild von den Auswirkungen des Partisanenkrieges. Daß der Betrieb nicht zum Erliegen kam, ist letztlich der schnellen Wiederherstellung der Bahnanlagen unter dem Schutz militärischer Begleitkommandos[8] durch die Reichsbahn und dem erfolgreichen Einsatz von Eisenbahnpionieren, vor allem aber auch der beweglichen Betriebsführung zu verdanken. Oft nahm der Transportchef meinen Vortrag über die Partisanenanschläge und ihre Auswirkungen in den täglichen Lagebesprechungen nur widerwillig entgegen und bagatellisierte nicht selten ihre Auswirkungen. Über das Ausmaß der Partisanentätigkeit liegen keine zusammenhängenden Statistiken vor. Die gegnerischen Angaben über das Ausmaß der Schäden sind übertrieben. Die russischen Angaben sind außerdem durch Zusammenfassung verschiedener statistischer Merkmale ungenau und sollen damit höhere Erfolgszahlen erbringen[9].

Zum Partisanenkrieg gegen die Eisenbahnen ist festzustellen: Der Umfang und besonders die Auswirkungen der Sabotageakte auf die Eisenbahn und das Transportwesen wurden von vornherein unterschätzt[10]. „Die Banden müssen bis zum Beginn des Winters im wesentlichen ausgerottet sein", heißt es in der Weisung Nr. 46[11]. Gauleiter Koch erklärte Ende Juli 1943 dem Präsidenten der Reichsverkehrsdirektion Kiew: „In spätestens vier bis fünf Wochen gibt es in meinem Bezirk keine Banden mehr, verlassen Sie sich darauf." Die Wehrmacht war nicht imstande, die Eisenbahnen so zu schützen, daß ihre Transportforderungen immer erfüllt werden konnten. Außerdem hatte die aktive Bekämpfung der Partisanen stets nur vorübergehende Wirkung[12]. Am

[7] Einzelheiten hierzu bei Pottgießer, S. 99 f.; Dixon-Heilbrunn, S. 154 f.; Teske (4), S. 472.

[8] Pottgießer, S. 98.

[9] Angaben in GGVK II, S. 573, GGVK Bd. III u. a. S. 99, 110, 336, 343 f. u. 547; ferner bei Dixon-Heilbrunn, S. 44 f. u. 47; Kühnrich, S. 39 f., 78, 80 ff., 137, 142 f., 152, 156 ff., 159 f., 200, 206 f., 209 ff., 248 ff., 285, 293 f., 325 f., 413 f. u. 445.; Schukow, S. 484. Eine Übersicht für das Jahr 1943 von Mineis (L) beim Transportchef dürfte die vollständigste und genaueste Übersicht sein, die überhaupt noch vorhanden ist. Die Angaben sind zutreffend, denn die Reichsbahn hatte keine Veranlassung, weniger Schäden zu melden. Siehe Anhang, Seite 342; Angaben über Schäden auch bei Pottgießer, S. 92 f.

[10] Teske (5), S. 305.

[11] Weisungen, S. 201.

[12] Vgl. Teske (4), S. 468 f.

4. 7. 1942 legte der Transportchef Hitler eine Übersicht der durch die Partisanen verursachten Schäden vor, die im Beisein von Göring eingehend besprochen wurde. Das Ergebnis war, daß bei der derzeitigen militärischen Lage eine wirksame Abhilfe nicht möglich sei. Es müßten daher die Verluste an Lokomotiven, Wagen und Personal in Kauf genommen werden. An den augenblicklichen Transportforderungen werde festgehalten, selbst auf die Gefahr hin, daß der Betriebsapparat geschwächt in den Winter ginge[13]. Interessant ist in diesem Zusammenhang eine Bemerkung von Warlimont, wonach Keitel und Jodl dem stellvertretenden Chef des Wehrmachtführungsstabes General Warlimont nahelegten, Hitler nicht mehr mit Berichten über den Bandenkrieg zu belästigen[14]. Für den Schutz der Bahnanlagen im Operationsgebiet und in den Reichskommissariaten war nicht der Chef des Transportwesens sondern die mit der Sicherung des Landes beauftragten Kommandobehörden der Wehrmacht verantwortlich[15]. Im August 1942 gab Hitler mit der Weisung Nr. 46 Richtlinien für die verstärkte Bekämpfung des Bandenunwesens im Osten heraus[16]. Danach war im Operationsgebiet der Chef des Generalstabes des Heeres, in den Reichskommissariaten Ostland und Ukraine der Reichsführer SS für die Bandenbekämpfung verantwortlich. Dieser beauftragte damit den SS-Gruppenführer von dem Bach-Zelewski[17], zunächst als seinen Bevollmächtigten und ab Juni 1943 als Chef der Bandenkampfverbände. Ende 1942 erschien eine Kampfanweisung des Oberkommandos der Wehrmacht für die Bandenbekämpfung im Osten, bei deren Bearbeitung auch der Chef des Transportwesens mitwirkte[18]. Im Bereich Heeresgruppe Mitte wurden im Mai 1943 mehrere größere Unternehmungen wie „Freischütz", „Maigewitter", Nachbarschaftshilfe" und „Zigeunerbaron" gegen Partisanenverbände durchgeführt[19]. Durch die fehlende Zusammenfassung aller Sicherungskräfte, die zum größten Teil aus Landesschützen, z. T. auch aus verbündeten Einheiten mit älteren Jahrgängen bestand, und durch das Neben- und Gegeneinander der Beteiligten[20] war die Bandenbekämpfung in ihrer Wirksamkeit von vornherein beeinträchtigt. Gefangene Partisanen wurden hingerichtet, Geiseln wurden festgehalten, selbst ganze Dörfer wurden geräumt und vernichtet[21]. Daneben hat die unkluge Behandlung der Bevölkerung den Partisanen viele Menschen zugeführt[22]. Auch noch so drakonische Maßnahmen bewirkten kein Nachlassen der Bandentätigkeit.

Um den Betrieb aufrechtzuerhalten und die Transportforderungen erfüllen zu können, ergriffen Wehrmacht und Eisenbahn zahlreiche Gegenmaßnahmen. Dazu ge-

13 Aufzeichnungen des Verfassers.

14 Warlimont, S. 266.

15 Kampfanweisung für die Bandenbekämpfung, Abschnitt D II, Ziff. 58, Unterlagensammlung des Verfassers.

16 Weisung Nr. 46 vom 18. 8. 1942, in: Weisungen, S. 201—205.

17 KTB/OKW Bd. III, darstellender Teil, S. 1626.

18 Fahnenabzug in der Unterlagensammlung des Verfassers; vgl. v. Krannhals, S. 340—344; vgl. Merkblatt 69/2 des OKW über Bandenbekämpfung, gültig ab 6. 5. 1944, abgedruckt bei Dixon-Heilbrunn am Schluß des Buches.

19 Chronik, S. 90.

20 Vgl. KTB/OKW Bd. III, 22. 3. 1943, S. 231 u. 16. 10. 1943, S. 1202.

21 Teske (4), S. 468; vgl. auch KTB/OKW Bd. III, 14. 3. 1943, S. 210.

22 Vgl. Hesse, S. 10; vgl. Kalinow, S. 278 f; Telpuchowski, S. 271; v. Tippelskirch (2), S. 252.

hörten neben der Bewachung der Bahn der Schutz besonders wichtiger Einzelobjekte und die Verfolgung der Partisanen im Hinterland. Auch Panzerzüge wurden eingesetzt. Ihr Kampfwert war wegen ihrer geringen Beweglichkeit nicht sehr groß. Wichtige Transporte wurden durch Transportsicherungskommandos mit Kräften des dem Transportchef einsatzmäßig unterstellten Transportsicherungsregiments begleitet[23]. Die Maßnahmen der Reichsbahn waren mehr technischer und betrieblicher Art. Soweit möglich schützten sich die Eisenbahner, die mit Unterstützung der Wehrmacht bewaffnet worden waren[24], selbst. Vielfach bekamen sie Beutewaffen nicht der neuesten Art. Manche Partisanen waren damals bereits mit vollautomatischen Handfeuerwaffen ausgerüstet[25]. Die Betriebsstellen wurden verbarrikadiert, um wichtige Objekte Sperren gelegt und an den Strecken befestigte Stützpunkte für Sicherungskräfte eingerichtet. Außerdem waren die Eisenbahner mit gutem Erfolg an der Unschädlichmachung von Minen ausgebildet worden. Um das Herankommen der Partisanen zu erschweren, wurden innerhalb von Waldgebieten beiderseits der Strecken 100 bis 200 Meter breite Schutzstreifen abgeholzt. An solchen Stellen entstanden im Winter leicht Schneeverwehungen, die den Betrieb zusätzlich behinderten. An betrieblichen Maßnahmen ist vor allem das Fahren auf Sicht mit mehreren Zügen hintereinander, das Befahren von zweigleisigen Strecken in einer Richtung und der zeitweise Richtungsbetrieb auf eingleisigen Strecken zu erwähnen. Die gute Ausstattung der russischen Knotenbahnhöfe mit Umspann- und Abstellgleisen kam der beweglichen Betriebsführung sehr zu statten. Um das Ausmaß der Schäden bei Entgleisungen geringer zu halten, fuhren die Züge bei Tage nur mit 40 km/h und nachts mit 25 km/h. Zeitweise wurde nur am Tage gefahren, weil die Anschläge in der Nacht häufiger und erfolgreicher waren. Den Zügen wurden Schutzwagen vorangestellt, um mit ihnen die Minen zur Detonation zu bringen. Ein zum gleichen Zweck entwickeltes Minenräumgerät hat sich außerordentlich gut bewährt[26]. Die Zugleitungen und Oberzugleitungen führten den Betrieb beweglich und paßten den Zuglauf den oft wechselnden Fahrmöglichkeiten an, mit dem Ziel, möglichst viele Züge an ihren Bestimmungsort zu bringen. Nie in der Geschichte sind an deutsche Eisenbahner höhere Forderungen an Mut und Einsatzbereitschaft als im Partisanenkrieg gestellt worden[27]. In seiner Verbundenheit mit den im Osten eingesetzten Eisenbahnern hat es sich Reichsverkehrsminister Dorpmüller trotz seines Alters von beinahe 75 Jahren nicht nehmen lassen, sich persönlich über die Partisanenlage im Bezirk der Reichsverkehrsdirektion Minsk zu unterrichten. Daß sich der Transportchef die rauhe Wirklichkeit des Eisenbahnbetriebes in den russischen Partisanengebieten nie angesehen hat, haben ihm die feldgrauen und blauen Eisenbahner mit Recht verübelt.

[23] Teske (8), S. 122.
[24] Pottgießer, S. 98 f; Teske (4), S. 469.
[25] Die Ausführungen Rohdes auf S. 179 über die Ausbildung und Bewaffnung der blauen Eisenbahner ist in dieser Form nicht zutreffend.
[26] Pottgießer, S. 99 f.
[27] Vgl. Ausführungen Dorpmüllers auf der 87. Präsidentenkonferenz der Deutschen Reichsbahn am 11. 9. 1942.

Das Ziel des Partisanenkrieges, die Eisenbahnen insgesamt lahmzulegen, wurde dank der Gegenmaßnahmen nicht erreicht. Immerhin waren mehrtägige ja sogar wochenlange Streckensperrungen keine Seltenheit[28]. Die Partisanen haben den Wehrmacht- und Wirtschaftsverkehr erheblich behindert und allgemeine Unsicherheit in die rückwärtigen Linien gebracht. Durch die verzögerten Truppenbewegungen und die beeinträchtigte Frontversorgung hatten die Eisenbahnen zeitweise den Charakter eines zuverlässigen Hilfsmittels der Kriegsführung verloren. Die Bemerkung von Pottgießer, „der Eisenbahn sei es gelungen, alle Transportforderungen zu erfüllen", bedarf daher einer Einschränkung[29]. Die Zivilbevölkerung der besetzten Länder bekam die Auswirkungen des Partisanenkrieges vor allem dadurch zu spüren, daß die verminderten Transportkapazitäten ausschließlich oder vorrangig für militärische Bedürfnisse in Anspruch genommen wurden.

5. Die Eisenbahn im Luftkrieg

Im Verlauf des Zweiten Weltkrieges nahm die Kriegsführung in der dritten Dimension einen bis dahin nicht gekannten Umfang an. Wegen der großen Bedeutung der Eisenbahn für die Kriegsführung war zu erwarten, daß sie bald ein bevorzugtes Angriffsziel der Gegner sein würde[1]. Sie hätten sich von vornherein im klaren sein müssen, daß eine so leistungsfähige und technisch gut ausgestattete engmaschige Eisenbahn wie die Deutsche Reichsbahn nur dann entscheidend zu lähmen war, wenn sie nachhaltig und konsequent angegriffen wurde. Diese Erkenntnis hat sich bei den Alliierten verhältnismäßig spät durchgesetzt. Sie waren zunächst der Ansicht, daß eine brutale Zerstörung der deutschen Städte den Widerstandswillen der Bevölkerung brechen und damit der Krieg entschieden werden könnte[2]. Erst nachdem sich diese Erwartung nicht erfüllt hatte, änderten die Gegner die Prioritäten ihrer Angriffziele. Ohne Zweifel wäre der Krieg früher zu Ende gewesen, wenn die Alliierten die Eisenbahnen von vornherein zu ihrem Hauptangriffsziel gemacht hätten[3]. Es gab und gibt auch heute noch keine Völkerrechtsvorschriften über den Luftkrieg, die allgemein anerkannt und verbindlich sind[4].

Im Verlauf des Luftkrieges gegen die Eisenbahn zeichneten sich fünf charakteristische Phasen ab[5]. Die erste Phase erstreckte sich vom 1. 9. 1939 bis zum 10. 5. 1940. In dieser Zeit wurden nur ganz vereinzelt Sprengbomben leichteren und mittleren Kalibers auf Bahnanlagen geworfen, die nur geringe Schäden verursachten. Nennenswerte Auswirkungen entstanden dadurch nicht.

[28] Pottgießer, S. 90; siehe Dokument 16, Seite 373.
[29] Pottgießer, S. 85.
[1] Siehe Seite 22.
[2] Vgl. Kesselring (2), S. 161.
[3] Vgl. Fuller, S. 202 ff.
[4] Hampe (4), S. 107.
[5] Hampe (4), S. 107 ff.

Durch die Verdunklung entstand ein leichter Leistungsabfall in den Rangierbahnhöfen, der jedoch in den Tagesstunden meist wieder aufgeholt werden konnte. Im Reiseverkehr traten Verspätungen durch Überschreitungen der unzureichenden Zugaufenthalte ein. Außerdem nahmen die Unfälle zu. Daraufhin milderte der Oberbefehlshaber der Luftwaffe noch im Herbst 1939 die Verdunklungsvorschriften für die Reichsbahn.

Auch in der zweiten Phase des Luftkrieges vom 10./11. 5. 1940 bis zum 28./29. 3. 1942 waren die Eisenbahnen noch kein bevorzugtes Angriffsziel. Die Luftangriffe durch Einzelflugzeuge, Staffeln oder kleinere Verbände nahmen langsam zu. Ab und zu wurden Bahnanlagen im westlichen Reichsgebiet bombardiert. Diesen Angriffen lag offenbar kein bestimmtes Konzept zu Grunde. Die Auswirkungen auf den Betrieb der Eisenbahnen blieben weiterhin gering. Dennoch verstärkte die Reichsbahn ihre Luftschutzmaßnahmen sowohl beim baulichen Luftschutz als auch beim Feuerschutz[6]. Es wurden vor allem weitere Luftschutzräume für das Personal gebaut und der Splitterschutz für empfindliche Betriebseinrichtungen verbessert. Brandmauern wurden eingezogen, die Feuerwehren personell verstärkt und besser ausgebildet. Die Reichsbahn beschaffte ferner zusätzliche Feuerlöschgeräte, ergänzte die Wasserversorgung durch Ringleitungen und Löschteiche und baute Scheinanlagen. Wichtige Vorratslager von Stoffen und Geräten wurden dezentralisiert. Im Jahre 1941 begann der Bau volltreffersicherer Fernmeldegebäude bei den Reichsbahndirektionen und von fahrbaren Fernsprechzentralen (Basa). Im Benehmen mit den Transportkommandanturen wurden günstig gelegene Flakstellungen für die Luftwaffe erkundet. Um die Rangierarbeiten zu verringern und damit die Rangierbahnhöfe zu entlasten, wurde die Ganzzugbildung stark ausgebaut.

In der dritten Phase vom 28./29. 3. bis Ende 1942 nahmen die Angriffe auf die Eisenbahnen merklich zu. Nun bekam auch sie die massierten Bombenabwürfe (area bombing) zu spüren. Nicht nur die Zahl auch das Gewicht der Bomben und die Schäden nahmen stark zu. Das Bombengewicht stieg 1942 von 900 kg auf 3 600 kg. Auch die Brandbomben wurden hinsichtlich ihrer Wirksamkeit erheblich verbessert[7]. Die Angriffe auf Bahnhöfe waren weiterhin stark gestreut, so daß die örtlich recht störenden Schwierigkeiten durch entsprechende Dispositionen der Betriebsleitstellen noch verhältnismäßig leicht zu überbrücken waren. Durch die vielen Fliegeralarme wurde nun auch der Leistungsabfall in den Rangierbahnhöfen und den Ausbesserungswerken und damit die allgemeinen Schwierigkeiten deutlicher spürbar[8]. Die Wagenumlaufzeit der Güterwagen nahm zu. Um dem entgegenzuwirken, wurde das Betriebspersonal im August 1942 aufgefordert, die Luftschutzräume erst bei drohender Luftgefahr aufzusuchen[9]. Ab Dezember 1942 konnten die Luftgaukommandos Anträge auf Verdunklungserleichterungen für die Be- und Entladung von Güterwagen genehmigen, wenn die schlagartige Aufhebung der Aufhellung sichergestellt war.

[6] Erlaß L 4 g/Bmasle 411 vom 17. 1. 1941, Abschrift in Unterlagensammlung des Verfassers.
[7] Hampe (4), S. 124.
[8] Vgl. hierzu Hampe (4), S. 305.
[9] Erlaß L 4 g/Bmasle 478 vom 11. 8. 1942 (Hinweis).

Die vierte Phase des Luftkrieges vom Anfang 1943 bis zum 5. 6. 1944 war durch das Eingreifen der Amerikaner und durch eine wesentlich gesteigerte Intensität der Einflüge gekennzeichnet. Auf der Konferenz von Casablanca[10] im Januar 1943 wurden die Einzelheiten für eine kombinierte strategische Luftoffensive festgelegt. Als wichtigste Ziele galten nunmehr die Vernichtung militärischer und industrieller Anlagen, die Zerstörung des Verkehrssystems und die Brechung der Moral der Zivilbevölkerung durch Terrorangriffe[11]. Die Auswirkungen dieses Beschlusses zeigten sich bald sehr deutlich. Die Engländer griffen weiterhin nachts, die Amerikaner tagsüber an. Nunmehr ging die Luftherrschaft im Reichsgebiet endgültig auf die Alliierten über[12]. Als Angriffsziele zeichneten sich immer mehr bestimmte betriebliche Schwerpunkte ab. Wichtige Eisenbahnziele wurden jetzt nach der Methode „round the clock bombing" mehrmals hintereinander angegriffen, um die Wiederherstellungsarbeiten zu erschweren und die Betriebsschwierigkeiten zu vergrößern. Ein besonders eindrucksvolles Beispiel für die Auswirkungen dieser Angriffsmethode sind die vier großen Nachtangriffe auf Hamburg am 25./26. und 30. 7., sowie am 1. 8. 1943. Durch sie entstand ein Rückstau von rd. 200 Zügen. Vom 28. 7. bis 8. 8. 1943 mußten 602 000 Obdachlose mit 578 Zügen in die Räume Lübeck, Neumünster, Wittenberge und Uelzen gefahren werden. Die Lage erforderte am 29. 7. die Einrichtung einer Nebenstelle für die Betriebsleitung der Reichsbahndirektion Hamburg in Lüneburg.

Mit dem verstärkten Abwurf von verbesserten Brandbomben nahm auch die Zerstörungskraft des Feuers zu, das schwere Schäden an Gebäuden und rollendem Material anrichtete[13]. An Stelle zerstörter Betriebsgebäude wurden sogenannte Kauen als behelfsmäßige Dienst- und Schlafräume für betriebswichtige Posten aufgestellt. Immer mehr Bahnhöfe wurden von Luftangriffen betroffen. Der Gegner griff nun auch den rollenden Verkehr an. Bevorzugtes Ziel waren die Lokomotiven. Zum Schutz gegen Tieffliegerangriffe wurden die Lokführerstände gepanzert. Die Betriebsunterbrechungen wurden immer zahlreicher und länger, die Beseitigung der Schäden nahm immer mehr Zeit in Anspruch. Die Verluste an Lokomotiven und Wagen nahmen beträchtlich zu. Auch im Nachrichtenverkehr traten fühlbare Behinderungen ein[14]. Schwer getroffen wurden die Basaknoten in Dresden, Frankfurt/M., Köln, Königsberg, Mainz, München, Stuttgart, Wuppertal und Wien. Außerdem fielen immer mehr Stellwerke aus. All dies erschwerte die Betriebsabwicklung in einem bisher nicht gekannten Ausmaß und erforderte weitere Anstrengungen zur Wiederherstellung ausgefallener Anlagen. Unter Vorsitz des Betriebschefs wurde im Reichsverkehrsministerium im Oktober 1943 ein Einsatzstab für Katastrophenfälle gebildet, um erforderliche Maßnahmen schnell und unbürokratisch treffen zu können. Im Februar 1944 wurde eine zentrale Luftschutzbefehlsstelle im Reichsverkehrsministerium (Mineis-Luz) eingerichtet[15]. Ihre Aufgabe war der schwerpunktmäßige Einsatz von Kräften für die Wie-

[10] Bönnefarth, H., S. 209 f.
[11] Vgl. Baumbach, S. 226 f.
[12] v. Tippelskirch (2), S. 511.
[13] Hierzu Weber, S. 89—94.
[14] Quark, S. 21.
[15] Erlaß L 4 g/Bmasle 550 vom 7. 2. 1944, Unterlagensammlung des Verfassers.

derherstellung zerstörter Bahnanlagen. Bereits früher eingeleitete Luftschutzmaßnahmen wurden verstärkt fortgesetzt. Eine entscheidende und wirksame Maßnahme für die Aufrechterhaltung der Betriebsflüssigkeit war der Bau von zahlreichen Verbindungskurven zur Umfahrung bedrängter oder ausgefallener Knotenpunkte[16]. In kurzer Zeit wurde eine große Anzahl solcher Kurven auf unbürokratische Weise geplant und behelfsmäßig hergestellt. Die Möglichkeit dazu bot die Verordnung des Ministerrates für die Reichsverteidigung über die Durchführung kriegswichtiger Bauvorhaben der Deutschen Reichsbahn vom 23. 4. 1940[17].

Trotz ihrer großen Anstrengungen konnten die Alliierten den Betrieb der Reichsbahn nicht zum Erliegen bringen. Im wesentlichen erfüllte sie immer noch die gestellten Verkehrsaufgaben[18]. Der tägliche Umgang mit den Gefahren des Luftkrieges machte die Eisenbahner erfahrener, abgehärteter und damit widerstandsfähiger.

Auch verschiedene Lokomotivfabriken wurden nachhaltig bombardiert[19]. Durch die wirksamen Luftangriffe Mitte Mai 1943 auf die Möhne- und Edertalsperre entstanden an den unterhalb gelegenen Bahnstrecken erhebliche Zerstörungen mit länger andauernden Streckenunterbrechungen. Die Strecke Fröndenberg—Arnsberg war vom 16. 5. bis 7. 6. unterbrochen[20].

Die fünfte und letzte Phase im Luftkrieg begann am 6. 6. 1944 und zog sich bis zum Kriegsende hin. Nun erreichte der Luftkrieg seine volle Schärfe. Die Eisenbahnen wurden jetzt noch häufiger und nachhaltiger angegriffen. Einen Maßstab für die Intensivierung des Bombenkrieges gibt die durch die englischen und amerikanischen Luftstreitkräfte abgeworfene Bombentonnage, die in Deutschland nach dem 1. 7. 1944 72 Prozent aller abgeworfenen Bomben betrug[21]. Besonders seit September 1944 galten die Schwerpunktangriffe hauptsächlich den Öl- und Verkehrszielen, und so blieb es im großen und ganzen bis zur Kapitulation. Der Wettlauf zwischen Zerstörung und Wiederherstellung der Anlagen verlief immer mehr zu Ungunsten der Eisenbahn. Nachdem die Reichsbahn die zunehmenden Schäden nicht mehr allein beheben konnte, wurde gegen Ende 1944 die Technische Wehrmachthilfe für die Beseitigung von Verkehrsschäden eingerichtet[22]. Im westlichen Reichsgebiet konnte meist nur noch nachts und tagsüber nur bei schlechtem Wetter gefahren werden. Die vorrangigen Forderungen des Chefs des Transportwesens wurden auch in dieser Zeit noch erfüllt, allerdings nicht mehr mit der gewohnten Zuverlässigkeit und nur mit starken Verzögerungen[23]. Dagegen wurde die engverflochtene, arbeitsteilige Kriegswirtschaft durch den rapiden

[16] Beispiele bei Ulrich, S. 37.

[17] RGBl. 1940 I, S. 731; vgl. auch RGBl. 1940 I, S. 742, gedruckt in: Die Reichsbahn, Jg. 1940, S. 197.

[18] Siehe Statistik im Anhang, Seite 336, 338 u. 340.

[19] Beschädigt wurden z. B. Friedrich Krupp A. G. Essen schwer, Henschel & Sohn G. m. b. H. Kassel z. T., Wiener Lokomotivfabrik A. G. Wien total und Schneider-Creusot z. T., Teske (2), S. 205.

[20] Vgl. Niederschrift über die 30. Betriebsleiterbesprechung der Deutschen Reichsbahn vom 18. 8. 1943 (Bericht Nr. 4).

[21] Fuller, S. 372.

[22] Hampe (5), S. 280 ff; Hampe (1), S. 509 ff.

[23] Vgl. Westphal, S. 302 f.

Leistungsabfall der Reichsbahn entscheidend mitbetroffen. Nach einer Aussage von Speer war der technische Krieg bereits Anfang Mai 1944 entschieden[24].

Vor Beginn der alliierten Großoffensive im Westen am 23. 2. 1945 wurden die Eisenbahnverbindungen hinter der Angriffsfront durch nachhaltige und sehr wirksame Großangriffe unterbrochen. Beim Unternehmen Clarion waren 9 000 Flugzeuge eingesetzt[25]. Auf die Eisenbahnviadukte bei Arnsberg und Bielefeld wurden im März 1945 10 000-Kilo-Bomben mit nachhaltigen Auswirkungen abgeworfen. Im Frühjahr 1945 wurde der General der Technischen Truppen zum Bevollmächtigten für die Wiederherstellung aller Bahnverbindungen ernannt[26]. Auch Speer bestimmte am 18. 3. 1945 einen Generalkommissar für die Wiederherstellung der Reichsbahnanlagen[27]. Insgesamt waren 800 000 Menschen zur Schadenbeseitigung eingesetzt[28]. Trotz verzweifelter Anstrengungen kam der Eisenbahnbetrieb immer mehr ins Stocken und brach dann im April 1945 vollends zusammen[29].

Die Zerstörung von Eisenbahnanlagen, auch in Frankreich, Italien, Belgien und Holland, hat das militärisch erforderliche Maß — auch nach Auffassung der Amerikaner und Engländer — nicht unerheblich überschritten[30]. Der Kriegsverlauf hat eindeutig gezeigt, daß Eisenbahnen nur so lange ihre Aufgaben hinreichend erfüllen können, als sie ausreichend gegen Lufteinwirkung geschützt werden.

Organisation des Eisenbahnluftschutzes

Die Reichsbahn war einer der fünf selbständigen Luftschutzträger[31]. Sie erhielt Anordnungen und Weisungen vom Reichsminister für Luftfahrt und Oberbefehlshaber der Luftwaffe, und führte diese in eigener Verantwortung durch. Als Zwischenstellen fungierten die Luftgaukommandos[32].

Für den Schutz ihrer Anlagen und Bediensteten, der auf Bahngebiet liegenden Wohngebäude und der außerhalb des Bahngebietes liegenden Dienstgebäude hatte die Eisenbahn selbst zu sorgen. Soweit die eigenen Kräfte nicht ausreichten, konnte die Reichsbahn Betriebsfremde als Ergänzungs- und Zusatzkräfte zum erweiterten Selbstschutz sowie zum Eisenbahn-, Flugwarn-, Sicherheits- und Hilfsdienst heranziehen[33].

Innerhalb eines Direktionsbezirks trug der Bahnbevollmächtigte die Gesamtver-

[24] Speer, S. 357; IMT Bd. XVI, S. 533.

[25] Eisenhower, S. 443.

[26] Vgl. Rohde, S. 281.

[27] Janssen, S. 262; vgl. Schreiben des Reichsministers für Rüstung und Kriegsproduktion Z A 227—130/45 vom 13. 3. 1945 an die Betriebe der Rüstungsproduktion, betr. Abgabe von nicht mehr benötigten Arbeitskräften zur Wiederherstellung der Eisenbahnen, in: Bundesarchiv Koblenz R 3/ vorl. 1191.

[28] Im KTB/OKW Bd. IV, S. 1323 ist sogar von 2 Millionen die Rede. — Vgl. Volksaufgebot, S. 265.

[29] Siehe Wagenstellzahlen, Rückstauzahlen und Wagenumlaufzeit, S. 384 ff.

[30] Weber, S. 90.

[31] Kugler Bd. II/1, S. 246.

[32] Kugler Bd. II/1, S. 246.

[33] Auf Grund des Luftschutzgesetzes vom 26. 6. 1935 (RGBl. 1935 I, S. 827 f) sowie der Durchführungsverordnung vom 1. 9. 1939 (RGBl. 1939 I, S. 1631) und der Ausführungsbestimmungen.

antwortung für den Eisenbahnluftschutz[34]. In seinem Auftrag sorgte der Schutzdezernent als oberster Luftschutzleiter für die Durchführung aller erforderlichen Luftschutzmaßnahmen[35]. Er hatte Verbindung mit den Luftgaukommandos, mit den Oberpräsidenten und dem Reichsluftschutzbund zu halten. Im Bereich eines Betriebsamtes war der Amtsvorstand regionaler Luftschutzleiter, in den Ausbesserungswerken waren es die Werkdirektoren. Innerhalb des Bahnhofsbereiches war der Bahnhofsvorsteher örtlicher Luftschutzleiter. Die wichtigsten Einrichtungen des Eisenbahnluftschutzes waren der Eisenbahnluftschutzwarndienst, der Eisenbahnluftschutzhilfsdienst und der Selbstschutz im Eisenbahnluftschutz. Wegen der besonderen Eigenart des großräumigen Eisenbahnbetriebes erhielt die Reichsbahn ein eigenes Warnsystem. Die öffentliche Warnung erfolgte gebietsweise, während der Betrieb der Reichsbahn in ihrem verknoteten Netz eine streckenweise Warnung erforderte. Nur auf diese Weise war es möglich, den Eisenbahnbetrieb der jeweiligen Luftlage so anzupassen, daß möglichst geringe Leistungsverluste entstanden. Die Eisenbahnwarnzentralen werteten die ihnen von den Flugwachkommandos (Flukos) über direkte Fernsprechleitungen zugehenden Meldungen über Einflüge, Rückflüge, Bombenabwürfe und dergl. in eigener Verantwortung aus[36] und gaben sie durch die Eisenbahnflugwarnvermittlungen weiter. Am Sitze jeder Reichsbahndirektion war eine Eisenbahnluftschutzbezirksstelle (Eluz) eingerichtet, die eng mit der Oberzugleitung und den Wehrmachttransportstellen zusammenarbeitete. Die Eisenbahnflugwarnvermittlungen befanden sich an wichtigen Eisenbahnknoten und hatten ihre Meldungen und Warnungen streckenweise an die Bahnhöfe weiterzugeben. Auf den Bahnhöfen sorgten Eisenbahnluftschutzwarnstellen für die Unterrichtung der einzelnen Dienststellen und Dienstposten. Der Luftschutzwarndienst verfügte über eigene unabhängige Fernsprechverbindungen und konnte damit Warnmeldungen sicher und zeitgerecht abgeben. Bei Kriegsbeginn gab es drei Warnstufen: Luftgefahr, Fliegeralarm und Entwarnung. Im Sommer 1944 waren es fünf: Luftgefahr, Luftwarnung (1944), Fliegeralarm, Luftgefahr vorbei, aber gespannte Luftlage (1940) und Luftgefahr vorbei. Bei den Warnstufen Luftwarnung und Luftgefahr vorbei, aber gespannte Luftlage, lief der Betrieb weiter[37]. Für die Eisenbahn kam es sehr darauf an, die Alarmzeiten möglichst gering zu halten, da bei Fliegeralarm der Betrieb eingestellt werden mußte. Auf den Leitern der Eisenbahnwarnzentralen lag eine große Verantwortung, denn es war keine einfache Aufgabe, den Betrieb so lange als möglich aufrechtzuerhalten, ohne dabei die Sicherheit des Personals und der Reisenden zu gefährden.

Die Beseitigung von Schäden und Betriebshindernissen war Aufgabe des Eisenbahnluftschutzdienstes (Eluhilfsdienst). Zu seinen Aufgaben gehörten: Erste Maßnahmen beim Löschen von Bränden, Bergung von Verschütteten und erste Hilfsleistung für Verletzte, Verschüttete usw., Kenntlichmachung der Einschläge von Blindgängern, erste

[34] Über die Entwicklung des Eisenbahnluftschutzes siehe Seite 17 und 26 ff.
[35] Erlaß L 4 g/Bmasle 411 vom 17. 1. 1941, Abschrift in Unterlagensammlung des Verfassers.
[36] Vgl. Hampe (4), Tafel 11 und Tafel 12.
[37] Einzelheiten über die Alarmierung bei Hampe (4), S. 305—318.

Instandsetzungs- und Wiederherstellungsarbeiten an betriebswichtigen Anlagen und Feststellung und Beseitigung von Kampfstoffen.

Die benötigten Hilfskräfte waren in besonderen Trupps, sogenannten Elutrupps, zusammengefaßt. Sie versammelten sich bereits bei Luftgefahr in besonderen Schutzräumen, in denen ihre Schutzkleidung und Geräte gelagert waren. Der Eluhilfsdienst konnte im allgemeinen nur erste Hilfe leisten. Bei größeren Bränden und Schäden wurden soweit möglich die Ortsfeuerwehren und Kräfte des Sicherheits- und Hilfsdienstes am betreffenden Luftschutzort herbeigerufen. Die Ausbesserungswerke hatten ihren eigenen Werkluftschutz.

Luftschutzmaßnahmen

Notwendigkeiten und Möglichkeiten, die Eisenbahn gegen Luftangriffe zu schützen, gab es viele. Es würde den Rahmen des Buches sprengen, sie alle aufzuzählen[38]. Eine der wichtigsten Maßnahmen war der Schutz der Eisenbahnen gegen Sicht. Die Gebäude auf Betriebsgelände wurden mit Tarnanstrichen versehen. Offenbar war dadurch ihre Erkennbarkeit nur wenig beeinträchtigt, denn durch ihre Schlagschatten waren größere Gebäude in jedem Fall erkennbar. Wichtiger war die Verdunklung der Bahnanlagen, der Fahrzeuge und vor allem der Signale[39]. In diesem Zusammenhang ist der Bau von Scheinanlagen zur Irreführung des Gegners zu erwähnen. So bestand beispielsweise eine derartige Anlage bei Lauffen a. N. für Stuttgart Hbf. die 39 mal bombardiert wurde. Eine andere befand sich auf einer Altrheininsel bei Mainz für den Rangierbahnhof Mainz—Bischofsheim. Sie wurde 30mal angegriffen. Nach Einführung des Radarprinzips wurden die Scheinanlagen wertlos[40].

Bei Kriegsbeginn wurde im gesamten Reichsgebiet die Verdunklung als Dauerzustand eingeführt. Die Eigenheiten des Betriebes und die Notwendigkeit, die Leistungsfähigkeit zu erhalten, erforderten für die Reichsbahn Sonderregelungen. Solange keine Luftgefahr bestand, wurden für wichtige Bahnhöfe Erleichterungen gewährt. Nachdem sich herausgestellt hatte, daß die allgemeine Luftlage die Verdunklung nicht im ganzen Reichsgebiet erforderte, durften die Rangierbahnhöfe im östlichen Reichsgebiet wieder aufhellen, während im Westen mit eingeschränkter Beleuchtung gearbeitet werden mußte. Sobald die Luftlage es erforderte, wurde den Leitern der Warnzentralen Verdunklung befohlen, bei der alle außerhalb von Gebäuden vorhandenen Lichtquellen bis auf wenige stark abgeschirmte Richtleuchten gelöscht werden mußten. Diese Stellen waren auch für die Genehmigung von örtlichen Verdunklungserleichterungen zuständig[41]. Die Möglichkeit, rasch und wirksam zu verdunkeln, war durch zentral be-

[38] Grundlage für die Schutzmaßnahmen der Reichsbahn war die im Einvernehmen mit dem Reichsminister für Luftfahrt und Oberbefehlshaber der Luftwaffe herausgegebenen Dienstvorschrift 1104: Richtlinien über Maßnahmen zum Schutz der Bahnanlagen gegen Angriffe aus der Luft (Eluri) Berlin 1936.

[39] Vorläufige Richtlinien für die Verdunklung von Bahnanlagen n. f. D. gültig vom 1. 5. 1939. Herausgegeben mit Erlaß L 5 Bmasle 128 vom 25. 3. 1939 vom RVM, Unterlagensammlung des Verfassers.

[40] Vgl. Hampe (4), S. 561.

[41] Einzelheiten über den Luftschutzwarndienst bei Hampe (4), S. 304—318.

dienbare Schaltkreise, die auf 35, 50 und 100 Prozent Netzspannung geschaltet werden konnten, sichergestellt. Wegen des Leistungsabfalls durch die Verdunklung strebte das Reichsverkehrsministerium in langen Verhandlungen mit dem Oberkommando der Wehrmacht und dem Reichsluftfahrtministerium immer wieder Verdunklungserleichterungen an. Erst Anfang 1944 kam es zu einer generellen Regelung[42]. Von da an konnte die Reichsbahn in eigener Verantwortung über die Verdunklungsmaßnahmen entscheiden[43]. In den ersten Kriegsjahren wurden wichtige Bahnanlagen vernebelt[44]. Eine weitere Aufgabe des Eisenbahnluftschutzes war der Schutz des Betriebspersonals und der Reisenden vor den Wirkungen der Sprengbomben. Es war von vornherein klar, daß ein absoluter Schutz nicht geschaffen werden konnte. In erster Linie mußte das Personal auf wichtigen Posten möglichst am Einsatzort oder doch in dessen nächster Nähe gegen Sprengwirkungen geschützt werden. Zu Beginn des Krieges waren bei weitem nicht genügend Schutzräume für die Reisenden vorhanden. Im Herbst 1940 begann unter dem Stichwort „Führer-Sofortprogramm" der großzügige Ausbau von Luftschutzräumen für die Zivilbevölkerung, bei dem nun auch mehr für den Schutz der Reisenden gesorgt wurde[45]. Für sie baute die Reichsbahn im Rahmen des Möglichen Sammelschutzräume, Deckungsgräben und offene Spitterschutzgräben. An der Verbesserung des baulichen Luftschutzes wurde bis in die letzten Kriegsmonate hinein gearbeitet.

Bei dem ständig zunehmenden Abwurf von Brandbomben ergab sich, daß der vorhandene Feuerschutz nicht genügte. Die Reichsbahn konnte auch nicht mehr bestimmt mit der Unterstützung der öffentlichen Feuerwehren rechnen. Deshalb wurden weitere personelle und materielle Anstrengungen zur Verbesserung des Feuerlöschdienstes der Reichsbahn unternommen[46]. Besonders erfolgreich haben die Brandwachen in Gebäuden gearbeitet. Mutige Männer und Frauen haben durch sofortiges Unschädlichmachen von Brandbomben viel Unheil verhütet. Mancher Brand konnte auch durch die gegenseitige Nachbarschaftshilfe der Bahnfeuerwehren in ihren Ausmaßen eingedämmt oder gelöscht werden. Solche Hilfe wurde nicht nur den Nachbarbahnhöfen oder Nachbarbezirken, sondern auch in vielen Fällen den Ortsfeuerwehren selbst zuteil. Dafür sind den Reichsbahnfeuerwehren viele Anerkennungen zugegangen, die die mustergültige Organisation, die gute Ausbildung und die nachbarliche Hilfsbereitschaft rühmten[47].

In den Rangierbahnhöfen haben sich die dafür ausgerüsteten Lokomotiven vor allem bei der Bekämpfung von Wagenbränden innerhalb der schwer zugänglichen Gleise be-

[42] OBL Führungsstab Ia/Arbeitsstab LS AZ 41 L 48 Nr. 111/44 g (1/II B) St. Qu 26. 1. 1944, betr. Steuerung von Verdunklungserleichterungen bei der Reichsbahn und den deutschen Eisenbahnen der Generaldirektion der Ostbahn und den böhmisch-mährischen Bahnen, Abschrift in Unterlagensammlung des Verfassers.

[43] Vgl. auch Hampe (4), S. 546—558.

[44] Vgl. Hampe (4), S. 354—360.

[45] Vgl. Hampe (4), S. 291—297.

[46] Erlaß L 4 g/Bmasle 411 vom 17. 1. 1941, Abschrift in Unterlagensammlung des Verfassers; Lankenau, S. 52.

[47] Hampe (4), S. 499.

1) Reichsverkehrsminister
u. Generaldirektor der Deutschen
Reichsbahn Dr.-Ing. E. h. J. Dorpmüller

2) Staatssekretär u. stellvertretender
Generaldirektor der Deutschen Reichsbahn
W. Kleinmann

3) Staatssekretär u. stellvertretender
Generaldirektor der Deutschen
Reichsbahn Dr.-Ing. A. Ganzenmüller

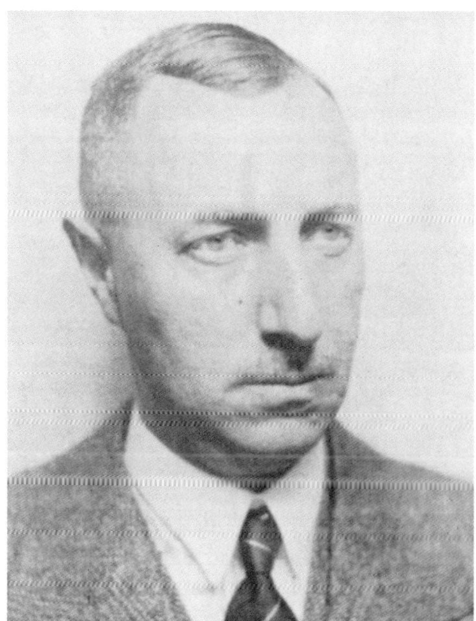

4) Ministerialdirigent Dr.-Ing. Fr. Ebeling
Leiter der Gruppe Landesverteidigung
im Reichsverkehrsministerium

5) Dorpmüller auf Inspektion im Osten, daneben Min. Dirig. Dr.-Ing. J. Müller Leiter der Zweigstelle Osten des RVM

6) Chef des Transportwesens General d. Inf. Gercke im Gespräch mit d. Leiter der HBD Ost Poltawa Rb. Abt. Präsident K. Meyer

7) Angehörige der Feldtransportabteilung und von Mineis (L) b. Tr. Chef im Quartier Mauerwald 1942

8) Transport von russischem Öl für Deutschland. Ölumschlag auf Bahnhof Przemysl Anfang 1940

9) Schiffstransport auf der Autobahn Nürnberg-Ingolstadt am 28.6.1941

10) Nachschubzüge für die Ostfront

11) Kohlenzug für Italien auf der Tauernstrecke

12) Truppenzüge nach dem Osten

13) Ausladung von Wintersachen im Januar 1942

14) Beutezüge auf Bf. Dijon-Perrigny Juli 1940

15) Behelfs-Panzerung auf Bahnhof Krottingen 22.6.1941

16) Eisenbahngeschütz in Feuerstellung

17) Kriegslokomotive 52001 Baujahr 1942

18) Bahnhof Radviliskis nach Fliegerangriff

19) Ins Meer gekippte Güterwagen auf Bahnhof Baltischport 9.9.1941

20) Zerstörte Eisenbahnstrecke in Rußland

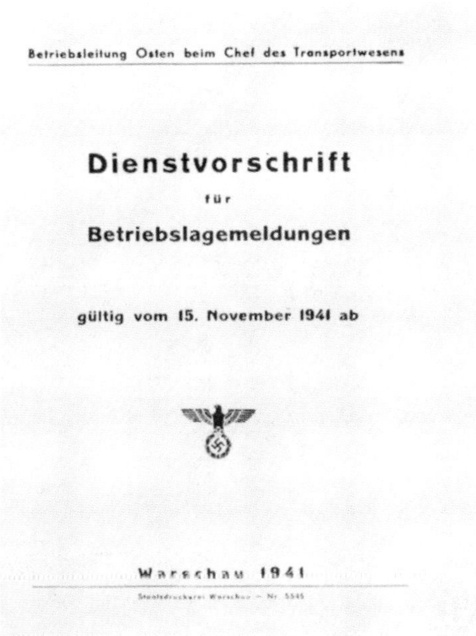

Betriebsleitung Osten beim Chef des Transportwesens

Dienstvorschrift

für

Betriebslagemeldungen

gültig vom 15. November 1941 ab

Warschau 1941

32) Betriebslagemeldung

Deutsche Reichsbahn
Generalverkehrsdirektion Osten

Oberkommando des Heeres
Chef des Transportwesens
(Planungsabteilung)

Sondervorschriften

für den

Fahrdienst der Feldeisenbahnen
in den besetzten Ostgebieten

(FV Feld)

nur für den Dienstgebrauch

Gültig vom 1. Juli 1944 an

1944

2408 A

33) Fahrdienst

32) und 33) Vorschriften für den Eisenbahnbetrieb

Nur für den Dienstgebrauch

FELDEISENBAHNDIREKTION 2

M – BUCHFAHRPLAN

Gültig ab 21 August 1941

Heft 2

enthalt die Fahrplane der Strecke:

a) Minsk – Orscha – Smolensk
(Seite 4 bis 35)

b) Abzw Otrowbrücke – Orscha West
(Seite 36 bis 39)

(FAHRPLANBLATT 2 M)

34) M-Buchfahrplan

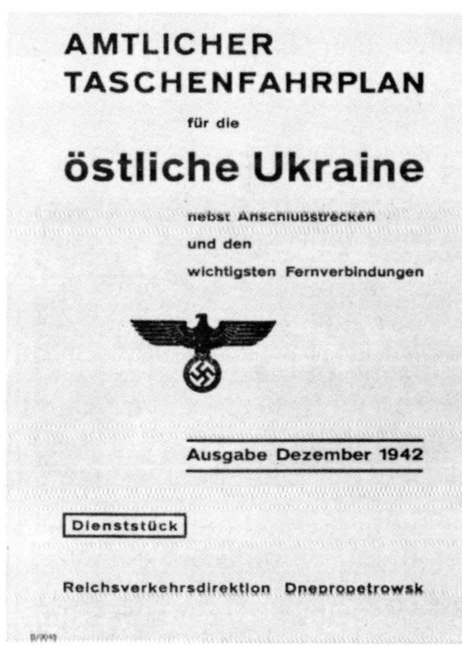

AMTLICHER
TASCHENFAHRPLAN

für die

östliche Ukraine

nebst Anschlußstrecken
und den
wichtigsten Fernverbindungen

Ausgabe Dezember 1942

Dienststück

Reichsverkehrsdirektion Dnepropetrowsk

35) Taschenfahrplan für die östl. Ukraine

34) und 35) Fahrplanunterlagen

36) Kesselwagenzug nach Fliegerangriff

37) Aufstellung eines Einmannbunkers

38) Zerstörungen im Rangierbahnhof Mannheim, 27.5.1944

39) Streckenunterbrechung bei Kempten 19.7.1944

40) Räder müssen rollen für den Sieg

41) Erst siegen, dann reisen

ALLIIERTES KOMMANDO

(Supreme Headquarters Allied Expeditionary Force)

AN DIE DEUTSCHEN

EISENBAHNER

IM RUHRGEBIET UND RHEINLAND

Eisenbahner von Ruhr und Rhein!

Ihr erkennt bereits, dass die Wucht der alliierten Luftoffensive dauernd zunimmt. Es war unausbleiblich, dass Ihr dabei schwere Verluste an Verwundeten und Toten zu beklagen habt.

Eure Eisenbahnen dienen nur drei Zwecken:

ERSTENS führen sie der Front Nachschub und Verstärkungen zu. Dieser Nachschub und diese Verstärkungen können nur dazu dienen, den verlorenen Krieg zu verlängern und dadurch die Verwüstung Eurer Heime und die Zahl der toten und verwundeten Soldaten und Zivilpersonen noch zu vergrössern.

ZWEITENS werden Eure Eisenbahnen dazu benützt, um dem Ruhrgebiet und dem Rheinland die Lebensmittel und Vorräte zu entziehen, welche diese Gebiete noch diesen Winter dringend benötigen werden.

DRITTENS werden sie dazu verwendet, hunderttausende Einwohner des Ruhrgebiets und

WG 29

Rheinlandes gewaltsam von ihren Heimen zu entfernen und sie tiefer ins Reichsinnere zu verschleppen.

Diese drei Verwendungen Eurer Eisenbahnen und Eurer Arbeitskraft können sich nur zu Eurem eigenen Schaden sowie zum Schaden Eurer Familien und Eures Landes auswirken. Die Zeit der Entscheidung ist für Euch gekommen — **Ihr müsst Euch nunmehr entscheiden, ob Ihr zur Verlängerung des Krieges beitragen wollt oder ob Ihr den Kriegsverlängerern Eure Mithilfe verweigert, solange es noch etwas zu retten gibt.** Wenn Ihr Euch weigert, so werdet Ihr die Qualen des Krieges für Eure Heimat abkürzen und einen wichtigen Beitrag leisten, um Frieden, Ordnung und Gerechtigkeit wieder in die Ruhr und in das Rheinland zu bringen.

Eisenbahner von Ruhr und Rhein! Tragt Euren Teil bei, um Eure Heimat zu retten, indem Ihr den verbrecherischen Kriegsverlängerern Eure Mithilfe verweigert. Ihr könnt dies auf folgende Weise tun:

1. Durch Störung der Zufuhr von Nachschub und Verstärkungen an die Front.

2. Durch Störung des Abtransports von Lebensmitteln und Vorräten, Maschinen und sonstigen Einrichtungen, die vom Ruhrgebiet und Rheinland ins Reichsinnere gehen.

3. Durch Störung der Verschleppung von Zwangsevakuierten aus ihren Heimatgebieten.

42) Flugblatt, Vorderseite

Rückseite

40-42) Propaganda im Kriege

Deutsche Reichsbahn — Reichsbahndirektion München

Zugeinschränkung an Sonntagen

Ab 18. Juni 1944 entfallen an Sonntagen mit nachstehenden Ausnahmen alle D-, DmW-, E- und EmW-Züge

Ausgenommen von der Einschränkung sind folgende Züge, die auch weiterhin täglich verkehren:

D 25/26 München—Regensburg—Hof—Berlin und zurück
D 31/32 Straßburg (Els)—Stuttgart—München—Wien und zurück
D 35/36 Metz—Saarbrücken—Stuttgart—München—Wien und zurück
D 37/38 Paris—Straßburg (Els)—Stuttgart—München—Wien und zurück
D 47/48 München—Ingolstadt—Nürnberg—Frankfurt (M)—Köln—Dortmund und zurück
D 49/50, D 71/70 München—Augsburg—Nürnberg—Berlin und zurück
D 65/66, D 67/68 München—Kufstein—Innsbruck und zurück
D 107/108 München—Stuttgart—Köln—Münster (Westf) und zurück
D 125/126 München—Hof—Dresden—Breslau und zurück
D 207/208 Innsbruck—Lindau—Ulm—Stuttgart—Köln und zurück
DmW 223/222 München—Hof—Dresden—Breslau—Krakau und zurück
D 387/388 München—Augsburg—Würzburg—Hamburg-Altona und zurück
D 525/526 Klagenfurt—Salzburg—Mühldorf (Oberb)—Landshut (Bay) und zurück

Ferner verkehren weiterhin täglich im Bereich der übrigen Reichsbahndirektionen:

D 1|2 Basel—Frankfurt (M)—Berlin und zurück
D 3|4 Wien—Budapest und zurück
D 3|4 Köln—Berlin—Myslowitz und zurück
D 5|6 Köln—Hannover—Berlin und zurück
D 7|8 Berlin—Dirschau—Eydtkau und zurück
D 7|8, D 9|10 Köln—Hannover—Berlin und zurück
DmW 11|12 Berlin—Schneidemühl—Kutno—Warschau und zurück
DmW 11|12 Salzburg—Graz und zurück
DmW 11|12 Berlin—Warnemünde und zurück
D 13|14 Konstanz—Stuttgart—Berlin und zurück
D 15|16 Berlin—Allenstein und zurück
D 17|18 Berlin—Memel und zurück
DmW 17|18 Hamburg—Warnemünde und zurück
DmW 21|22 Berlin—Danzig und zurück
D 23|24 Berlin—Warschau und zurück
D 27|28 Berlin—Königsberg (Pr) und zurück
DmW 30|31 Königsberg (Pr)—Brest-Litowsk und zurück
D 35|36 Köln—Berlin und zurück
D 37|32 Berlin—Breslau—Myslowitz und zurück
D 39|44 Berlin—Krakau und zurück
E 43|44 Hamburg—Kiel und zurück
D 51|52 Berlin—Tauroggen und zurück
D 51|52 Wien—Prag—Dresden—Berlin und zurück
D 65|66 Linz (Donau)—Prag—Berlin und zurück
D 67|68 Wien—Passau—Nürnberg—Köln—Den Haag und zurück
D 73|74 Berlin—Breslau—Lundenburg—Wien und zurück
D 75|76 Berlin—Breslau—Wien und zurück
D 75|76 Basel—Frankfurt (M), Kassel—Hamburg-Altona und zurück
DmW 81|82 Warschau—Marienburg—Dirschau—Danzig und zurück
D 91|92 Basel—Frankfurt (M)—Kassel—Magdeburg—Berlin u. zurück
D 99|100 Köln—Wuppertal—Münster—Bremen—Hamburg-Altona
D 103|104 Paris—Metz—Worms—Frankfurt (M)—Leipzig—Berlin und zurück
D 117|118 Wien—Lundenburg—Kattowitz—Warschau und zurück
D 127|128 Dirschau—Danzig und zurück
D 137|138 Den Haag—Utrecht—Hannover—Halle (S)—Leipzig—Dresden und zurück
D 141|142 Berlin—Frankfurt (O)—Breslau—Oderberg—Krakau und zurück
D 147|148 Szenc—Lundenburg—Prag—Dresden—Berlin und zurück
DmW 153|154 Berlin—Frankfurt (O)—Posen—Kutno—Warschau und zurück
D 155|156 Wien—Linz—Passau—Regensburg—Leipzig—Berlin und zurück
DmW 187|188 Belgrad—Zagreb—Marburg—Graz—Wien und zurück
D 189|190 Köln—Wuppertal—Hagen—Kassel—Erfurt—Leipzig und zurück
D 199|200 Aachen—Duisburg—Essen—Dortmund—Hamm und zurück
D 203|204 Krakau—Tschenstochau—Koluszki—Warschau und zurück
DmW 203|204 Tours—Dijon—Nancy—Metz und zurück
D 223|224 Berlin—Frankfurt (O)—Posen—Kutno—Litzmannstadt und zurück
DmW 225|226 Breslau—Krotoschin—Litzmannstadt—Warschau u. zurück
D 233|238 Krakau—Przemysl—Lemberg und zurück
DmW 235|236 Wien—Budapest—Belgrad und zurück
D 237|238 Stuttgart—Nürnberg—Gera—Leipzig—Berlin und zurück
D 251|252 Wien—Lundenburg—Breslau—Posen—Allenstein—Königsberg und zurück
EmW 279|280 Hamburg-Altona—Magdeburg—Dessau—Leipzig u. zurück
E 309|392 Aachen—M-Gladbach—Duisburg und zurück
D 317|318 Dziedítz—Krakau und zurück
D 337|338 Friedrichshafen—Ulm—Crailsheim und zurück
D 341|342 Oderberg—Teschen—Cadca und zurück
DmW 351|352 Halle (S)—Königsberg (Pr) und zurück
D 373|374 Heydebreck—Oderberg—Teschen—Cadca und zurück
E 384|385 Krakau—Sucha—Neumarkt—Zakopane und zurück
D 391|392 Paris—Metz—Worms—Frankfurt (M)—Magdeburg—Berlin und zurück
DmW 391|392 Augsburg—Nürnberg—Dresden—Breslau—Krakau und zurück
EmW 407|408 Paris—Belfort—Mühlhausen (Els) und zurück
D 491|492 Metz—Luxemburg—Trier—Koblenz—Gießen und zurück
D 563|564 Wien—Linz—Passau—Nürnberg—Frankfurt (M)—Köln—Dortmund und zurück

Ausgabe vom 15. Juni 1944

Änderungen bleiben vorbehalten.

43) Zugausfall von Reisezügen an Sonntagen 1944

DIE REICHSBAHN

Amtliches Nachrichtenblatt der Deutschen Reichsbahn

HERAUSGEGEBEN IM REICHSVERKEHRSMINISTERIUM, BERLIN W8, VOSS-STRASSE 35

Jahrgang 1945 / Januarheft

Eisenbahner und Eisenbahnerinnen!

Das vergangene Jahr hat von dem deutschen Eisenbahner und der deutschen Eisenbahnerin einen Einsatz gefordert, der in Worten kaum gewürdigt werden kann. An allen Fronten spielten sich bei den großräumigen Absetzbewegungen unzählige stille Heldentaten ab. In der Heimat aber erlebte die Öffentlichkeit den früher unvorstellbaren Einsatz des Eisenbahners und der Eisenbahnerin im Luftkrieg. Es war ein hartes Jahr, ein Jahr der Verteidigung, aber auch ein Jahr der Bewährung, die Ihr bestanden habt.

Das neue Jahr bricht an unter den Zeichen der vorstoßenden deutschen Panzer, der stürmenden Front und der Erfolge der deutschen Flugzeuge. Es wird ein Jahr des deutschen Angriffs. Jetzt gilt es erst recht, zu fahren Rohstoffe für die Rüstung, Ernährung für unser Volk und Waffen und Munition für die stürmende Front.

Der Dank des deutschen Volkes und die Anerkennung der Führung wurde auch im vergangenen Jahr zum „Tag des Deutschen Eisenbahners" der gesamten Gefolgschaft der Deutschen Reichsbahn zuteil. Für uns alle aber ist dies Verpflichtung, auch im kommenden Jahre nur eine Aufgabe zu erfüllen ohne Rücksicht auf uns selbst, zu kämpfen und zu fahren für Deutschland.

Berlin, den 1. Januar 1945.

Heil dem Führer!

44) Jahresaufruf 1945 an die deutschen Eisenbahner

45) Wiederaufbau der Rheinbrücken bei Düsseldorf

46) Behelfsbrücke über die Fulda, Strecke Kassel - Hann.Münden

47) Reisende in Hamburg Hbf. besteigen einen Leerwagenzug in Richtung Ruhrgebiet

währt. Die Brandbomben fanden in den vielen Holzteilen der Eisenbahnwagen reichlich Nahrung.

Für den Betrieb besonders gefährlich und störend waren die Langzeitzünderbomben und die Blindgänger. Durch die im Betrieb auftretenden starken Erschütterungen waren sie stets eine Gefahr und mußten sobald als möglich unschädlich gemacht werden. Bevor nach Angriffen der Betrieb wieder aufgenommen werden konnte, mußten die Bahnanlagen auf Einschläge hin abgesucht werden. Bei der Unschädlichmachung von Blindgängern war die Eisenbahn auf die Mitwirkung von Heeresfeuerwerkern angewiesen[48]. Als diese die Arbeit allein nicht mehr bewältigen konnten, schritt die Eisenbahn zur Selbsthilfe und bildete eigenes Personal im Erkennen von Blindgängern aus[49]. Mutige Eisenbahner haben sie gelegentlich sogar selbst entschärft[50]. Die Selbstschutzkräfte waren auch im Aufspüren und Unschädlichmachen von Kampfstoffen ausgebildet worden. Diese Tätigkeit ist ihnen glücklicherweise erspart geblieben.

Neben den vielen passiven Schutzmaßnahmen ist noch die ortsgebundene Flakabwehr mit 12,8 cm und 15 cm Geschützen der Luftwaffe zu erwähnen, die sie zum Schutz besonders wichtiger Bahnanlagen eingesetzt hat. Dazu gehörten auch die sogenannten Alarmflakbatterien und Heimatflakbatterien. Auch die Reichsbahn hat sich im aktiven Luftschutz betätigt. Im November 1943 lief eine Aktion „Eisenbahnflak" an, in der Eisenbahner auf der Flakartillerieschule in Deep (Pommern) in der Bedienung von Zwillingsmaschinengewehren[51] ausgebildet wurden. Wichtigen Transporten wurden Flakwagen beigestellt, die ebenfalls von ausgebildeteten Eisenbahnern bedient wurden. Diese Maßnahmen hatten mindestens den Erfolg, daß die Tiefflieger nicht ungehindert angreifen konnten.

Mit den üblichen Methoden der Betriebsführung war den Auswirkungen des verschärften Luftkrieges nicht mehr beizukommen[52]. An Stelle des im voraus weitgehend festgelegten Betriebsablaufes trat nun die Improvisation, das heißt die elastische Anpassung an die jeweilige Lage. Generalmajor a. D. Hampe bemerkt hierzu: „Das Glück, daß die richtigen geeigneten Männer auf den entscheidenden Posten saßen und der Umstand, daß auch das Personal des Außendienstes von einem eisernen Pflichtgefühl beseelt war, das es bis zum Äußersten auf seinem Posten aushalten ließ, ermöglichten die erstaunlichen Leistungen der Reichsbahn"[53]. Hinter dem eisernen Zwang, die Verkehrsforderungen zu erfüllen, mußte alles andere zurückstehen. Auch in den besetzten Ländern wurden die im Reichsgebiet bewährten Methoden des Eisenbahnluftschutzes soweit notwendig und möglich angewandt.

[48] Erlaß der Reichsbahndirektion Augsburg 36 Bbv L 21 Bmasle vom 30. 7. 1943, Unterlagensammlung der DB in Nürnberg, Mappe ee, Bl. 8.

[49] Erlaß 36 Bbv. L. 21 Bmasle vom 30. 7. 1943.

[50] Vgl. Aktenvermerk über die Fahrplanbesprechung der Deutschen Reichsbahn in Berlin (Fischerhütte) am 3.—5. 10. 1944, Anlage 2.

[51] Mg 151/20.

[52] Weitere Einzelheiten über betriebliche Maßnahmen, Seite 243 ff.

[53] Hampe (4), S. 502.

Noch Jahre nach der Kapitulation konzentrierte sich das Interesse der Besatzungsmächte bei den vielen Befragungen von Eisenbahnern auf die große Widerstandskraft der Deutschen Reichsbahn gegen die Auswirkungen des alliierten Luftkrieges.

6. Der Verkehr im Kriege

Der Güterverkehr[1]

Schon mehrere Jahre vor dem Kriege erlebte die deutsche Wirtschaft einen starken Aufschwung. Die damit verbundenen Transportanforderungen nahmen die Leistungsfähigkeit der Reichsbahn nicht nur voll in Anspruch, sie überschritten sie sogar zeitweise[2]. Die starke Inanspruchnahme für die Wehrmacht, Rüstungswirtschaft, d. h. für die Herstellung von Waffen, Munition und Kriegsgerät, und für die Versorgung der Bevölkerung machte zahlreiche gesetzliche Maßnahmen und auf ihnen fußend innerbetriebliche Anordnungen der Eisenbahnen erforderlich. Gleich nach Kriegsbeginn wurde die Kriegswirtschaftsverordnung erlassen, die mit dem Grundsatz sparsamer Wirtschaftsführung nicht vereinbare Transporte verbot[3]. Dazu kamen im Laufe des Krieges immer umfangreichere Bewirtschaftungsvorschriften, die dem Reichswirtschaftsminister und seinen Organen, den Reichsbeauftragten und den Reichsstellen weitgehende Ermächtigungen gaben und die sich naturgemäß auf die Gütertransporte der Eisenbahn auswirkten[4].

Die Anforderungen der Kriegführung führten zu einer weiteren Steigerung der Rüstungsproduktion. Damit war eine entsprechende Zunahme der Produktion bei den Grundstoffen wie Steinkohle und Braunkohle, Rohstahl, Aluminium und Buna, beim Eisen- und Manganerzbergbau und beim Erdöl im gesamten deutschen Machtbereich und auch in neutral gebliebenen Ländern (Spanien, Schweden) verbunden. Vor allem die Erdölförderung und synthetische Treibstoffherstellung mußte nach Kräften gesteigert werden. Ferner wurden die Zulieferindustrien und die Herstellung von Maschinen aller Art ausgeweitet. Auch die landwirtschaftliche Erzeugung nahm zu. Überall herrschte lebhafte Bautätigkeit, insbesondere durch Industrie-, Verkehrs- und Luftschutzbauten, ferner durch den Bau des Atlantikwalls, das Otto-, Peter- und Askaniaprogramm u. a. In dem vergrößerten Wirtschaftsraum erwies sich die Eisenbahn immer mehr als Angelpunkt der Kriegführung. In dem kriegswirtschaftlichen Lagebericht Nr. 4 des Wehrwirtschafts- und Rüstungsamtes vom 1. 1. 1940 heißt es u. a.: „Das Transportwesen ist gegenwärtig das Problem der deutschen Kriegswirtschaft.“ Die Zahl der in den einzelnen Kriegsjahren beförderten Tonnen, einschließlich Wehrmachtgut, und noch mehr der gefahrenen Nettotonnenkilometer zeigen dies in eindrucksvoller Weise.

[1] Dazu Einzelheiten über den Güterverkehr im Zweiten Weltkrieg bei Wehde-Textor (4), S. 1—47; Schmidt, G. W., S. 11—16; Sommerlatte (2), S. 177—187.

[2] Siehe Seite 32.

[3] RGBl. 1939 I, S. 1609.

[4] Pischel (1), S. 202 f.

	Beförderte Tonnen (Mio.)	Nettotonnenkilometer (Mio.)
1938	546,897 = 100	100 310 = 100
1939	563,891 = 104	113 880 = 114
1940	619,045 = 114	146 861 = 147
1941	656,146 = 120	150 837 = 151
1942	643,795 = 118	154 110 = 154
1943	675,053 = 124	178 058 = 178
1944 Jan.—Mai	264,845 = 124	72 243 = 168

Spürbaren Verkehrszuwachs brachte das am 11. 2. 1940 mit der Sowjetunion abgeschlossene Handelsabkommen. Im ersten Jahr dieses Abkommens erhielt Deutschland 1,5 Millionen Tonnen Getreide, 900 000 Tonnen Ölderivate, 100 000 Tonnen Baumwolle, 500 000 Tonnen Phosphate, 1 Million Tonnen Sojabohnen aus der Mandschurei und erhebliche Mengen anderer wichtiger Rohstoffe. Nach der Besetzung weiter Gebiete der Sowjetunion entwickelte sich zeitweise ein lebhafter Wirtschaftsverkehr von und nach und in diesen Gebieten.

Durch die Besetzung der Nachbarländer hatte sich der deutsche Machtbereich auf den mehr als vierfachen Umfang des Reichsgebietes vergrößert. Die Wirtschaft der besetzten Länder wurde für deutsche Interessen voll in Anspruch genommen. Andererseits mußte Deutschland die Kohlenversorgung von Italien, Dänemark, Norwegen, Schweden, Finnland, Rumänien und Griechenland übernehmen, die vorher teilweise anderweitig beliefert worden waren. Dazu kam noch die Dienstkohlenversorgung der Eisenbahn im besetzten Rußland. Im vergrößerten Wirtschaftsgebiet nahm die kilometrische Länge der Transporte erheblich zu. Die mittlere Transportweite, die 1938 noch 183 Kilometer betrug, war 1943 auf 270 Kilometer angestiegen[5].

Während des Krieges erhielt die deutsche Rüstungsindustrie Eisenerze aus Schweden, Frankreich und Luxemburg, Bauxit aus Ungarn, Frankreich, Jugoslawien und Italien, Nickel und Molybdän aus Finnland und Norwegen, Mangan aus Rußland (Nikopol), Chrom aus Bulgarien, Griechenland und der Türkei, Kupfer aus Jugoslawien (Bor). Beim Rückzug aus den besetzten Gebieten im Jahre 1944 mußten im Rahmen des Möglichen Maschinen und Rohstoffe zurückbefördert werden[6].

Die größeren Verkehrsaufkommen insbesondere von Massengütern wie Kohle, Koks, Erze, Baustoffe, Düngemittel und Holz suchte man in monatlichen Verkehrsprogrammen für den Binnenverkehr, den West-, Ost- und Südverkehr sowie für den Südostverkehr mit dem Reich zu erfassen und entsprechend auf den Schienen- und Wasserweg aufzuteilen[7]. Dabei stand die Kohle an Bedeutung und Umfang stets an erster Stelle.

[5] Wehde-Textor (4), S. 13.
[6] Vgl. Janssen, S. 250—254.
[7] Siehe Seite 233.

Sie beanspruchte durchschnittlich 58 Prozent des 0-Wagenbestandes, 40 Prozent des Kahnraumes der Binnenschiffahrt auf den Kanälen und 60 Prozent des Kahnraumes auf dem Rhein[8]. Zur Steigerung der Verkehrsleistungen wurden zahlreiche Verordnungen zur Änderung der Eisenbahn-Verkehrs-Ordnung (EVO)[9] erlassen und innerbetriebliche Anstrengungen zur Wagenumlaufbeschleunigung unternommen. Die Reichsbahn konnte dem Empfänger auch ohne Antrag Stückgüter und Wagenladungen zurollen oder durch Rollfuhrunternehmer zurollen lassen[10]. Auf dem Zielbahnhof eingetroffene Wagen mußten innerhalb der von der Bahn festgesetzten Abnahmefrist entladen werden[11]. Eine weitere Verordnung ermächtigte die Reichsbahn zur Zwangsentladung und Zwangszuführung durch die Fahrbereitschaftsleiter[12]. Die wichtigste Maßnahme zur Vergrößerung des Laderaumes war die Erhöhung der Tragfähigkeit der Güterwagen. Reichsbahnwagen durften ab 1940 mit einer Tonne[13] und ab Juli 1942 im Inlandverkehr mit zwei Tonnen und fremde Wagen je nach Bauart mit einer Tonne zusätzlich beladen werden[14]. Weiter wirksame Maßnahmen sind im Sommer 1942 eingeführt worden, nachdem der Beauftragte für den Vierjahresplan, Göring, seine Anordnung an die obersten Reichsbehörden, die Deutsche Reichsbahn und den Generalbevollmächtigten für den Arbeitseinsatz herausgegeben hatte[15]. Dort hieß es einleitend: „Die Größe des von Deutschland besetzten Raumes und der sich steigernde Bedarf der Front haben zu einer Verknappung der im Reich vorhandenen Lokomotiven und des Wagenraumes geführt. Den Bedürfnissen der Front muß auch fernerhin Rechnung getragen werden und gegenüber dem Heimatbedarf der Vorzug gegeben werden. Infolgedessen muß der vorhandene Laderaum so wirtschaftlich wie möglich ausgenützt und der Verkehr flotter abgewickelt und sparsamer gestaltet werden. Dies gilt ebenso für den Bahnverkehr wie für die Schiffahrt und die Straßenverkehrsmittel. Be- und Entladezeiten müssen daher auf die kürzeste Frist herabgesetzt werden. Be- und Entladung auch nachts und an Sonn- und Feiertagen." Damit und mit einem entsprechenden Erlaß des Reichsverkehrsministers[16] waren nun auch die Versender und Empfänger aufgerufen, ihren Beitrag zur besseren Ausnützung des Wagenparks zu leisten, denn diese hängt ja keineswegs von der Eisenbahn allein ab. Diese und andere Maßnahmen wirkten sich alsbald günstig auf den Wagenumlauf und damit auf die Wagenstellung aus. Vom Mai 1942 bis September 1942 erhöhte sich die Wagenstellung an Sonntagen von 40 000 auf 75 000 Wagen und erreichte im Frühjahr 1943 mitunter über 100 000 Wagen[17].

[8] Sarter (3), S. 15.

[9] Hierzu Pischel (1), S. 203—330. Diese Arbeit enthält ein Verzeichnis der 66 Kriegsverordnungen zur EVO. Ein Auszug befindet sich im Anhang, Seite 380 ff.

[10] Verordnung über die Entladung von Wagen vom 31. 11. 1939, RGBl. 1939 I, S. 2328.

[11] 17. Verordnung zur EVO vom 24. 2. 1940, RGBl. 1940 II, S. 38.

[12] Verordnung betr. Be- und Entladung von Beförderungsmitteln vom 30. 12. 1940, RGBl. 1941 I, S. 15.

[13] Erlaß RVM 30 Fewg 564 vom 21. 3. 1940, Abschrift in Unterlagensammlung des Verfassers.

[14] Aufzeichnung des Verfassers vom 3. 7. 1942.

[15] Erlaß VP 9712/2 vom 31. 5. 1942, siehe Anhang, Seite 357 f.

[16] Erlaß des Reichsverkehrsministers 10 Vgba 255/K 41 13 553 vom 6. 3. 1942, betr. Anordnung zur Beschleunigung des Transportmittelumlaufes, siehe Anhang, Seite 358 f.

[17] Vgl. Niederschrift über die 87. Präsidentenkonferenz der Deutschen Reichsbahn am 11. 9. 1942 und Wochenberichte des Hauptwagenamtes.

Der Beauftragte für den Vierjahresplan hat in seinem Erlaß auch die Wehrmacht angehalten, das ihrige zur Beschleunigung des Wagenumlaufes zu tun. Die Heimattransportabteilung des Chefs des Transportwesens[18] und das Oberkommando der Wehrmacht[19] gaben dazu entsprechende Befehle heraus. Diese lassen deutlich erkennen, wie die gebotene Sparsamkeit bei der Anforderung von Güterwagen außer acht gelassen wurde.

Zur Unterstützung der vom Beauftragten für den Vierjahresplan erlassenen Anordnung vom 30. 5. 1942 startete das Reichsverkehrsministerium mit Hilfe des Reichspropagandaministerium, das hierfür alle Mittel besonders die Presse und den Rundfunk zur Verfügung stellte, eine großangelegte Propagandaaktion zur Beschleunigung des Transportmittelumlaufes[20]. Diese Aktion sollte der breiten Öffentlichkeit die in der letzten Zeit getroffenen Maßnahmen zur Beschränkung des Verkehrs und zur Beschleunigung des Transportmittelumlaufs nahebringen und Verständnis für die dem deutschen Verkehrswesen gestellten gewaltigen Kriegsaufgaben erwecken. Unter dem Motto „Räder müssen rollen für den Sieg" wurden alle aufgefordert, die Eisenbahnen durch helfende Mitarbeit zu unterstützen[21]. Der Wortlaut der Propagandaaktion wurde in den in Hamburg erscheinenden Verkehrsnachrichten veröffentlicht[22]. Unter anderem heißt es in diesem Aufruf: „Die Reichsbahn ist ein Teil der Front. Sie allein kann nur einen Teilerfolg erringen. Entscheidendes hängt von der Mitarbeit der Verkehrstreibenden ab." Die festen Ladefristen wurden verkürzt und auf die Fahrpläne abgestimmt[23]. Ferner wurden die Wagenstandgeldsätze und das Lagergeld für Stückgüter stark angehoben. Auch die Wehrmacht mußte Wagenstandgeld bezahlen. Für vorzeitig entladene Wagen gab es Prämien[24]. Mit Hilfe von Fahrbereitschaften und Ladekolonnen konnten Wagen bereits bei drohender Überschreitung der Abnahmefristen zwangsweise ent- und beladen werden[25]. Kleinere Wagenschäden sollten gegen Vergütung durch Empfänger behoben werden. Die bahnamtliche Untersuchungsfrist für Güterwagen wurde von drei auf vier Jahre erhöht. Im nachhinein erhebt sich die Frage, warum die im Sommer 1942 eingeleiteten Maßnahmen zur Leistungssteigerung der Reichsbahn nicht schon bei Kriegsbeginn eingeführt worden sind.

[18] Befehl der Heimattransportabteilung des Chefs des Transportwesens Az 43 m 24 (Ib) Nr. 5100.42 vom 17. 6. 1942, betr. Beschleunigung des Transportmittelumlaufes, siehe Anhang, Seite 360 f.

[19] Befehl des Oberkommandos der Wehrmacht Az 43a/T WFSt/Org(I) Nr. 2698/42 — Az 43 f 18 (Ib) Ch.d.Trspw. Nr. 5333.42 vom 28. 6. 1942, betr. Leistungssteigerung im Güternahverkehr der Wehrmacht, siehe Anhang, Seite 362 f.

[20] Erlaß des Reichsverkehrsministers Pr Az 64 vom 20. 6. 1942, betr. Propagandaaktion „Räder müssen rollen für den Sieg". Der Erlaß trägt die Unterschrift Ganzenmüllers. Erlaß in der Unterlagensammlung der DB in Nürnberg, Anlage 19, Beilage 1.

[21] Aufruf der Deutschen Reichsbahn an die Verfrachter: „Räder müssen rollen für den Sieg", siehe Bild 40.

[22] Verkehrsnachrichten Nr. 134, 137 u. 140 vom 12., 16. u. 19. 6. 1942, In Unterlagensammlung der DB in Nürnberg, in Anlage 19, Beilage 2.

[23] Verordnung 40 zur EVO vom 12. 6. 1942, RGBl. 1942, II, S. 263; Erlaß RVM 10 Wwu 5 vom 5. 6. 1942 und 23 Bfg 107 vom 9. 6. 1942.

[24] Erlaß RVM 10 Vgba 256 vom 5. 6. 1942, Abschrift in Unterlagensammlung des Verfassers.

[25] Erlaß BTM I Ba 6451/42/447 vom 4. 6. 1942, gedruckt in: Die Reichsbahn, Jg. 1942, S. 297 f.

In verkehrlicher Hinsicht wird die Leistungsfähigkeit der Eisenbahn an der Wagenstellung gemessen. Mit ihrer Entwicklung befassen wir uns in den Ausführungen über die einzelnen Kriegsjahre[26]. Schon im ersten Kriegswinter kam es zu erheblichen Schwierigkeiten bei der Wagenstellung. Heraufbeschworen war diese Insuffizienz durch die ungenügende Beschaffung von Betriebsmitteln in der Vorkriegszeit, die in keiner Weise dem ansteigenden Verkehr und schon gar nicht den hohen Ansprüchen in einem Kriege entsprachen. Erst im Laufe des Krieges wurden Lokomotiven und Wagen in nennenswertem Umfang beschafft[27]. Die Bestände an Güterwagen entwickelten sich wie folgt:

Eigentumsbestände		Betriebsbestände	Neubeschaffungen
1938	650 229	616 477	~ 11 500
1939	660 546	674 598	13 465
1940	779 641	886 534	24 546
1941	824 185	1 019 953	43 074
1942	885 908	1 105 748	43 119
1943	973 045	1 208 439	51 969
1944	987 864	1 309 470	34 725

Durch eingeführte Dringlichkeitsstufen wurde die Gesamtwagenstellung ungünstig beeinflußt. Es entstanden zusätzliche Leerläufe, weil die Wagen nicht immer auf dem Entladebahnhof zur Wiederbeladung bereitgestellt werden konnten. Außerdem haben die größeren Transportweiten zur Verlängerung der Wagenumlaufzeiten und damit zur Beeinträchtigung der Wagenstellung beigetragen. Die Wagenumlaufzeit stieg von 3,9 Tagen im Jahr 1939 auf 5,8 im Jahr 1941 und dann auf 6,3 Tage im Jahre 1942[28].

Eine merkliche Verbesserung der deutschen Wagenstellung brachten die 1940 von Frankreich und Belgien abgezogenen 100 000 Güterwagen. Dieser Vorteil war nur vorübergehender Natur, da nach Beginn des Rußlandfeldzuges der Betrieb in den weiten Räumen des Ostens fast ausschließlich mit deutschen Wagen abgewickelt werden mußte. Durch den zunehmenden Partisanen- und Luftkrieg traten fühlbare Verluste an Güterwagen ein. Dennoch erreichte die Wagenstellung im Jahre 1943 einen Höchststand. Die Wagenstellung der Deutschen Reichsbahn betrug:

1938	47,2 Mio.	1942	45,3 Mio.
1939	46,1 Mio.	1943	48,6 Mio.
1940	47,2 Mio.	1944	43,3 Mio.
1941	47,1 Mio.		

[26] Siehe Seite 273 u. Anhang, Seite 338 u. 340.
[27] Siehe Seite 339.
[28] Vortrag Leibbrand auf der 85. Präsidentenkonferenz der Deutschen Reichsbahn am 31. 3. 1942.

Bei den schnellen Rückzügen in den Jahren 1943 und 1944 blieben viele Güterwagen zurück und fielen in die Hand der Gegner. Ungünstig wirkten sich auch die durch den Luftkrieg entstandenen Betriebsbehinderungen und der damit verbundene hohe Rückstau von Zügen aus. Um so erstaunlicher ist es, daß noch bis in den Sommer des Jahres 1944 hinein eine bemerkenswert hohe Wagenstellung erreicht wurde. Mit der ab Sommer 1944 beginnenden Lähmung des Eisenbahnbetriebes ging auch die Wagenstellung entsprechend stark zurück, bis sie im Frühjahr 1945 nahezu zum Stillstand kam.

Wegen der ab 1943 zunehmenden Zerstörung von Bahnanlagen konnten nicht mehr alle Transporte dem Empfänger zugeführt werden. Nach den zahlreichen und schweren Luftangriffen mußten immer mehr Zulaufsperren für angeschlagene Bahnhöfe angeordnet werden. Die Reichsbahn wurde ermächtigt, ohne die gesetzlich vorgeschriebene Anweisung des Versenders abzuwarten, Transporte an den Versender zurückzuschicken oder an einen von der zuständigen bewirtschafteten Stelle benannten Dritten abzuliefern[29].

Lenkung des zivilen Verkehrs[30]

Im Frieden kann jeder Verfrachter von Gütern das Verkehrsmittel und den Verkehrsweg nach eigenem Ermessen bestimmen. Im Wettbewerb miteinander sind alle Verkehrsträger bestrebt, möglichst viele gewinnbringende Frachten zu befördern. Der Anteil der Verkehrsträger am Gesamtverkehr wird in erster Linie durch die Tarife und die Qualität des Verkehrsangebotes bestimmt. Im Kriege ließen die hohen Verkehrsanforderungen und die veränderten Prioritäten das freie Spiel von Angebot und Nachfrage nicht mehr zu. Um die Transportbedürfnisse zu befriedigen und die Kapazitäten der Verkehrsträger bestmöglich ausnützen zu können, war eine einheitliche Verkehrslenkung erforderlich. Sie diente vor allem der Entlastung der Eisenbahn und erforderte die volle Ausnützung der Binnenwasserstraßen, der Küstenschiffahrt und der Straßen. Aber schon bald nach Kriegsbeginn wurden die Entlastungsmöglichkeiten durch den Straßenverkehr wegen des zunehmenden Mangels an Fahrzeugen und Betriebsstoff immer geringer. Für die vielen Fertigungsprogamme der Rüstungsindustrie und auch für die Versorgung der Bevölkerung mußten Prioritäten festgelegt und unnötiger Verkehr[31] unterbunden werden.

Für die Sicherstellung der Wirtschaftstransporte[32] im Kriege hatte der Generalbevollmächtigte für die Wirtschaft (GBW) schon vor dem Kriegsausbruch Grundsätze aufgestellt[33]. Danach war vorgesehen, daß die Wirtschaft auch im Kriege ihre Transporte in

[29] Verordnung 52 zur EVO vom 2. 10. 1943, RGBl. 1943 II, S. 406 u. Verordnung 62 zur EVO vom 27. 9. 1944, RGBl. 1944 II, S. 67.

[30] Bei der Abfassung dieses und der folgenden Kapitel wurde eine Ausarbeitung von Sarter (4) benutzt; vgl. auch Wehde-Textor (4), S. 14 ff; Splettstoeßer, Seite 73—81; Kleinmann (?), S. 46—55

[31] Hoffmann, R., S. 372—374.

[32] Die Begriffe Wirtschaftstransporte und Rüstungstransporte wurden im Kriege und auch danach nicht immer einheitlich verwendet.

[33] GBW/6/4322/39 vom 14. 8. 1939. Diese Grundsätze hat das RVM am 14. 8. 1939 mit Verf.

unmittelbarer Verbindung mit den Verkehrsträgern durchführen. Nur in Ausnahmefällen sollten Wirtschaftstransporte nach dem Verfahren für Wehrmachttransporte angemeldet und bearbeitet werden. Die Verteilung der Transporte auf die verschiedenen Transportmittel und -wege war Aufgabe des Reichsverkehrsministeriums. Der Generalbevollmächtigte für die Wirtschaft hatte im Benehmen mit dem Oberkommando der Wehrmacht (Wehrwirtschaftsstab) und dem Reichsverkehrsministerium die Einheitlichkeit der Vorbereitungen in der Ermittlung des wirtschaftlichen Transportbedarfs im Kriege sicherzustellen, für den erforderlichen Ausgleich unter den Bedarfsträgern zu sorgen und die zusammengefaßten Transportforderungen gegenüber dem Reichsverkehrsministerium zu vertreten. Die Weisungen des Chefs des Transportwesens beschränkten sich hinsichtlich der Wirtschaft auf die Festsetzung des für die Wirtschaftstransporte zur Verfügung stehenden Transportraumes. Verbindungsorgan des Chefs des Transportwesens zu den transportanfordernden Stellen (GBW und GBW-Ressorts) und zum Reichsverkehrsministerium war der Bevollmächtigte Kommissar für das Transportwesen Heimat. Der Generalbevollmächtigte für die Wirtschaft und die zum Zuständigkeitsbereich des Generalbevollmächtigten für die Wirtschaft gehörenden Ressorts bildeten gemeinsam mit dem Oberkommando der Wehrmacht (Wehrwirtschaftsstab), dem Chef des Transportwesens und dem Reichsverkehrsminister den „Reichstransportausschuß", in dem der Generalbevollmächtigte für die Wirtschaft den Vorsitz führte[34]. Eine Entscheidungsbefugnis gegenüber den Ressorts des Generalbevollmächtigten für die Wirtschaft und dem Reichsverkehrsministerium hatte der Reichstransportausschuß nicht.

In der Mittelinstanz waren Bezirkstransportausschüsse (BTA) tätig. Ihnen gehörte der Leiter der Wehrwirtschaftlichen Abteilung beim Oberpräsidenten, der Wehrwirtschaftsinspektor, der Transportkommandant, ein Vertreter der Reichsbahndirektion, der Wasserstraßenbevollmächtigte und der Nahverkehrsbevollmächtigte[35] an. Den Vorsitz führte der Leiter der Wehrwirtschaftlichen Abteilung. Die Zusammenarbeit in diesen Gremien war kompliziert, da sich die Verwaltungsbezirke der Beteiligten nicht deckten. Zur Vertretung der Transportforderungen im einzelnen wurden für den Bereich jeder Reichsbahndirektion ein Transportbeauftragter für die Wirtschaft (TbW) bestimmt[36]. Als Transportbeauftragte wurden die Leiter der Verkehrsabteilungen der Industrie- und Handelskammern am Sitz der Reichsbahndirektionen berufen[37]. Sie unterstanden dem Leiter der für die Reichsbahndirektion zuständigen Wehrwirtschaftlichen Abteilung beim Oberpräsidenten[38]. Die Transportbeauftragten hatten sich in dieser Form nicht be-

L 2 g Rs Bmbtw 19 (g) den Bahnbevollmächtigten der Reichsbahndirektionen und den Leitern der Oberbetriebsleitungen bekanntgegeben. Abschrift in der Unterlagensammlung des Verfassers.

[34] Vgl. Rohde, S. 165.

[35] „Die Bevollmächtigten für den Nahverkehr haben die Aufgabe für die Aufrechterhaltung des kriegs- und lebenswichtigen Straßenverkehrs zu sorgen. Dementsprechend sind sie für alle Maßnahmen zur personellen und materiellen Sicherung des Straßenverkehrs (Straßenbahnen, Kraftfahr- und Fuhrunternehmen sowie Speditions- und Lagerbetriebe) zuständig." Erlaß des Reichsverkehrsministers RL/ KG 127/40 vom 27. 1. 1940, Unterlagensammlung des Verfassers.

[36] Ziffer 18 der Grundsätze.

[37] Fricke, S. 93 f; Splettstoeßer, S. 77.

[38] Ziffer 19 der Grundsätze.

währt und wurden von der Industrie und der Reichsbahn als erschwerende Zwischeninstanz betrachtet[39].

In einer Besprechung mit führenden Industriellen beim Wehrwirschafts- und Rüstungsamt im Oberkommando der Wehrmacht am 16. 2. 1940 wurde von diesen vorgeschlagen, die Anforderungen des Wagenbedarfs nicht mehr durch die Transportbeauftragten vorzunehmen, sondern sie von den Leitern der Wirtschafts- und Fachgruppen unmittelbar beim Reichsverkehrsministerium anbringen zu lassen[40]. Dieser Vorschlag kam nicht zur Durchführung.

Im Sommer 1940 gab der Beauftragte für den Vierjahresplan, Reichsmarschall Göring, neue Richtlinien für die Sicherstellung der Wirtschaftstransporte heraus[41] und ernannte die bisherigen Transportbeauftragten für die Wirtschaft (TbW) zu Verkehrsbeauftragten für die Wirtschaft (VfW)[42]. Die Verkehrsbeauftragten bestanden bis zum Kriegsende[43].

Die Lenkung des zivilen Verkehrs war Aufgabe des Reichsverkehrsministeriums[44]. Kurz nach Kriegsausbruch, am 19. 9. 1939, wurde die erste „Verordnung zur Bekämpfung von Notständen im Verkehr" erlassen[45]. Ihr folgten im Laufe des Krieges zahlreiche weitere Verordnungen[46]. Auf Grund der ersten Verordnung konnten Transporte ohne Rücksicht auf den Verfrachter über Eisenbahnen, Wasserwege oder Landstraßen und Häfen geleitet werden, wo die Beförderung am zweckmäßigsten war. Ausgenommen hiervon war die Seeschiffahrt. Eventuelle Mehrkosten waren von dem zu zahlen, zu dessen Gunsten die Beförderung ausgeführt wurde. Die Beförderungspflicht wurde aufgehoben und die Lieferfristen außer Kraft gesetzt. Zur Durchführung vorstehender Verordnungen, d. h. zur Sicherstellung der Zusammenarbeit von Eisenbahnen, Schiffahrt und Straßenverkehr, zum Ausgleich aller Verkehrsmittel und zur Herausgabe von Anordnungen über die Wahl des Verkehrsmittels und der Verkehrswege setzte der Reichsverkehrsminister im September 1940 Verkehrsleitungen ein[47]. An der Spitze stand die Hauptverkehrsleitung (HVL) im Reichsverkehrsministerium. Ihr gehörten die Leiter der beteiligten Abteilungen des Reichsverkehrsministeriums an. Sie sollte Richtlinien herausgeben, hat sich aber auf gelegentliche Beratungen mit den Gebietsverkehrsleitungen und den Wirtschaftsträgern beschränkt. Den Vorsitz führte der Minister oder der Staatssekretär. Ihre Organe waren die Gebietsverkehrsleitungen (GVL) bei den Oberbetriebsleitungen und die Bezirksverkehrsleitungen (BVL) bei den Reichsbahn-

[39] Vgl. die Ausführungen von Ministerialdirektor Treibe in der 78. Präsidentenkonferenz der Deutschen Reichsbahn am 4. 6. 1940; vgl. Fricke, S. 94 u. 97.

[40] Vgl. Niederschrift über eine Besprechung des Verkehrsproblems am 16. 2. 1942 in: IMT Bd. III, Dok 1456 — PS, S. 411 f; Eichholtz, S. 117.

[41] V. P. 12 101/2/1 vom 2. 8. 1940, Unterlagensammlung der DB in Nürnberg, Anlage 13, Bl. 144. Diese Richtlinien ersetzten die Grundsätze zur Sicherstellung der Wirtschaftstransporte im Kriege. GBW 6/4322/39 g vom 14. 8. 1939. Siehe Seite 231, Anm. 33.

[42] Fricke, S. 96.

[43] Fricke, S. 97.

[44] Die Lenkung der Nachschubzüge wird auf Seite 312 ff. behandelt.

[45] RGBl. 1939 I, S. 1851.

[46] Siehe Anhang, Seite 380 ff.

[47] Erlaß RVM 19 Val I vom 14. 9. 1940. Betr. Verkehrsorganisation. — Einsetzung von Verkehrsleitungen, gedruckt in: Die Reichsbahn, Jg. 1940, S. 386 f. — Erlaß RVM (Hauptverkehrsleitung) 19 Va 223 vom 11. 1. 1941.

direktionen. Auch in den besetzten Gebieten wurden Gebiets- und Bezirksverkehrsleitungen eingerichtet. Die in den Verkehrsleitungen zusammengeschlossenen Verkehrsmittel waren der Größe und der Strecke nach sehr ungleich. Im Jahre 1940 beförderten die deutschen Eisenbahnen 738 Millionen Tonnen und die Binnenschiffahrt 90 Millionen Tonnen, das ist ein Verhältnis von 89 : 11. Mit Kriegsbeginn richteten der Reichswirtschaftsminister und der Reichsernährungsminister eigene Verkehrsreferate mit abgeordneten Verkehrsbeamten der Reichsbahn ein. Zum Reichswirtschaftsministerium wurde Reichsbahnoberrat Ottmann und zum Reichsernäherungsministerium Reichsbahnoberrat Bonitz abgeordnet. Zur Entlastung des Reichsverkehrsministeriums wurde im Juni 1942 die Zentralverkehrsleitstelle (ZVL) bei der Generalbetriebsleitung Ost eingerichtet[48]. Dadurch sollte auch vermieden werden, daß Anträge über die Versorgung von Laderaum an das Reichsverkehrsministerium gestellt wurden. Die Zentralverkehrsleitstelle stimmte in regelmäßigen Sitzungen die von den Ressorts angemeldeten Transportwünsche mit den Transportmöglichkeiten ab. Als Mitglieder gehörten der Zentralverkehrsleitstelle der Sonderbeauftragte für den Transport der Kohle (Vierjahresplan) und je ein Vertreter des Reichsministeriums für Bewaffnung und Munition, des Reichswirtschaftsministeriums und des Reichsministeriums für Ernährung und Landwirtschaft an. An den Sitzungen, die meist der Präsident der Generalbetriebsleitung Ost leitete, nahmen gewöhnlich Vertreter der wichtigsten zivilen und militärischen Bedarfsträger, Referenten der Abteilungen Eisenbahn und Binnenschiffahrt des Reichsverkehrsministeriums und der Leiter des Hauptwagenamtes teil[49].

Für die Bereiche der Generalbetriebsleitungen wurden Gebietsverkehrsleitungen geschaffen, bestehend aus dem Leiter (Präsident der Generalbetriebsleitung) und je einem Vertreter der Reichsbahn, Binnenschiffahrt, der Seeschiffahrt und des Straßenverkehrs. Die Gebietsverkehrsleitung West umfaßte die zur Generalbetriebsleitung West gehörenden Reichsbahnstrecken. Schon vorher waren bei der Generalbetriebsleitung West und Ost Transportausschüsse für Kohle und Erz gebildet worden, die formell bestehen blieben, praktisch aber Bestandteile der Gebietsverkehrsleitung wurden. Die Gebietsverkehrsleitung West behandelte daneben den Verkehr zwischen Deutschland und Frankreich, Belgien und Holland. Die Gebietsverkehrsleitung Süd war neben ihrem Eisenbahnbezirk für die Schiffahrt auf der Donau, dem Neckar und dem Main und die Gebietsverkehrsleitung Ost für die Wasserstraßen östlich der Elbe zuständig. Den Verkehr mit dem Südosten regelte die Frachtenleitstelle Südost in Berlin als selbständiges Organ[50]. Die Gebietsverkehrsleitungen hatten die Aufgabe, in ihrem Bezirk die vom Reichsverkehrsministerium oder von der Hauptverkehrsleitung gegebenen Richtlinien und Weisungen durchzuführen und in ihrem Bereich für den zweckmäßigsten Ausgleich der Aufgaben aller Verkehrsmittel zu sorgen. Sie konnten entscheiden, ob ein Gut auf dem Schienen- oder dem Wasserweg befördert werden sollte. Für die Bereiche der

[48] Erlaß RVM 19 Val 140 vom 2. 6. 1942. Betr. Einsetzung einer Zentralverkehrsleitstelle, Abschrift in Unterlagensammlung des Verfassers. — Notiz in: Die Reichsbahn, Jg. 1942, S. 214 f.

[49] Einzelheiten in den Niederschriften über die 1. (11. 6. 1942) bis 38. (21. 6. 1944) Sitzung der Zentralverkehrsleitstelle, Unterlagensammlung des Verfassers.

[50] Sommerlatte (1), S. 63 f.

Reichsbahndirektionen wurden Bezirksverkehrsleitungen eingesetzt mit dem Präsidenten als Leiter und Vertretern der einzelnen Verkehrszweige. Das waren Bahnbevollmächtigte, Wasserstraßenbevollmächtigte, Schiffahrtsbevollmächtigte und Bevollmächtigte für den Nahverkehr. Ihnen oblag die Verkehrslenkung in ihren Bezirken und die damit verbundene Kleinarbeit.

Die Verkehrsleitungen waren keine Behörden und bildeten keine besondere Instanz. Eine Änderung in den Zuständigkeiten der Behörden der Verkehrsverwaltung ergab sich durch die Einrichtung der Verkehrsleitungen nicht. Ihre Organisation war demokratischer Natur. Die Mitglieder der Verkehrsleitungen waren nicht deren Leiter unterstellt. Bei grundsätzlichen Maßnahmen hatte der Leiter ihr Einverständnis einzuholen. Die Tätigkeit der Verkehrsleitungen hat das gegenseitige Verständnis gefördert und dazu beigetragen, daß die kriegswichtigen Transporte trotz der großen Schwierigkeiten durchgeführt werden konnten, wenigstens so lange, wie der Apparat der Verkehrsträger technisch und einigermaßen in Ordnung war[51].

In den Verkehrsleitungen arbeiteten staatliche und nichtstaatliche Verkehrsträger mit der gewerblichen Wirtschaft zusammen. Während bei der Reichsbahn von Anfang an eine straffe Verkehrsleitung vorhanden war, mußte sie bei den anderen Verkehrsträgern erst geschaffen werden[52]. Den öfters unternommenen Ausbruchsversuchen der Wirtschaft mußte eine Stelle, die Transporte nach einheitlichen Gesichtspunkten den Bedürfnissen der Kriegswirtschaft entsprechend verteilte, gegenüberstehen. Durch die Zusammenfassung der Verkehrsträger in den Verkehrsleitungen war es der Wirtschaft nicht möglich, diese gegeneinander auszuspielen[53]. Von ihrer Anordnungsbefugnis machten die Leiter der Gebietsverkehrsleitungen verhältnismäßig wenig Gebrauch. In den Konzernen (Kohle, Eisen, Düngemittel u. a.) wären solche Anordnungen von vornherein schwer durchsetzbar gewesen[54].

Für die großen Verkehrsströme, insbesondere die Massengüter, wurden Jahres- bzw. Monatsprogramme aufgestellt, die allerdings nicht immer eingehalten werden konnten. Sie bildeten immerhin eine wichtige Grundlage der Verkehrsplanung und mußten, wo es notwendig war, entsprechend geändert werden. Ein wichtiges Mittel der Verkehrslenkung war auch die zeitliche Verlegung von Transporten zur Vermeidung von Verkehrsspitzen[55]. Es galt ferner Gegenläufe und Transporte auf unnötig weite Entfernungen zu unterbinden[56].

Die Zu- und Abfuhr der Eisenbahnfrachten erforderte enges Zusammenarbeiten mit den Bevollmächtigten für den Nahverkehr (NBv)[57]. Ihre Aufgabe war die einheitliche

[51] Wehde-Textor (4), S. 15.
[52] Wehde-Textor (4), S. 15.
[53] Sarter (4), S. 5.
[54] Sarter (4), S. 3, Punkt 4, 2. Absatz.
[55] Wehde-Textor (4), S. 21 f.
[56] Vgl. auch Kehrl, S. 275 mit Anm. 19 auf Seite 474.
[57] Diese wurden mit Erlaß des RVM RL/K 9, 127/40 vom 27. 1. 1940, betr. Bestellung von Bevollmächtigten für den Nahverkehr festgelegt, Unterlagensammlung der DB in Nürnberg, Anlage 13. — Vgl. auch Peisker, S. 216 ff.

Lenkung der noch vorhandenen d. h. nicht zur Wehrmacht eingezogenen Straßenverkehrsmittel für die Durchführung der kriegs- und lebenswichtigen Transporte.

Nach Kriegsausbruch nahm der Güteraustausch mit den Balkanstaaten sowie mit Ungarn an Wichtigkeit und Umfang beträchtlich zu. Für diesen Verkehr standen nurmehr die Eisenbahnen, die Donau- und Schwarzmeerschiffahrt zur Verfügung. Wegen der Vielzahl der an diesem Verkehr beteiligten Länder und Interessenten mußte eine zentrale Organisation geschaffen und das sogenannte Frachtenleitverfahren[58] eingeführt werden. Aufgabe dieses Verfahrens war es, die Güter auf die einzelnen Verkehrsmittel so aufzuteilen, daß sie bis zur Grenze ihrer Leistungsfähigkeit ausgenützt wurden. Ferner galt es, für die zeitliche Abbeförderung Dringlichkeitslisten aufzustellen und die Güter entsprechend in Marsch zu setzen. Zur Durchführung des Verfahrens wurden im Januar 1940 Frachtenleitstellen in Berlin und Bukarest und später auch in Sofia, Agram, Athen, Belgrad und Saloniki eingerichtet[59].

Anfang des Krieges versuchte man, den Verkehr mittels Dringlichkeitslisten[60] und Einzelgenehmigungen durch Frachtbriefgenehmigungsstellen bei den Reichsbahndirektionen zu lenken. Dieses Verfahren erwies sich als zu schwerfällig. Damit konnten die differenzierten Bedürfnisse der Wirtschaft nicht genügend befriedigt werden. Dann wurden Stichwortzettel wie z. B. v. Hanneken, Speer, Speer-O, GB-Bau, GB-Bau-Eilt, Schießbedarf, Marine, Mineralöl, Fahrzeugprogramm, Krauch, Panzer, Faust, Ju 88, Fliegerschaden, Jägerprogramm, Blitzmarke u. a. eingeführt[61], die von den wirtschaftslenkenden Stellen für die Einzelsendungen ausgegeben und auf die Frachtbriefe geklebt wurden. Dieses Verfahren lief gut, solange die Zahl der Stichworte klein war und ihre Ausgabe in einer Hand, z. B. der Verkehrsbeauftragten für die Wirtschaft (VfW), lag. Da sich aber die Zahl der ausgabeberechtigten Stellen z. B. der Generalbevollmächtigte für das Bauwesen, Reichsminister für Bewaffnung und Munition, Rüstungskommandos u. a. vermehrte, befriedigte auch dieses Verfahren nicht mehr.

Zu den vom Betriebsdienst wegen seiner großen Vorteile für die Beseitigung oder Verminderung von Betriebsschwierigkeiten geforderten Einführung eines Richtpunktverfahrens für die Leitung und Rangierung der Frachtgutwagenladungen ist es nicht gekommen. Sie scheiterte am Widerstand des Verkehrsdienstes. Das Richtpunktverfahren wurde erst bei der Bundesbahn im Jahre 1954 eingeführt[62]. Sperren[63] als äußerstes aber auch unentbehrliches Mittel zur Behebung von Betriebs- und Verkehrsschwierigkeiten und Erhaltung der Betriebsflüssigkeit waren sowohl beim Transportchef wie in der Wirtschaft verpönt. Der Chef des Transportwesens lehnte öfters beabsichtigte

[58] Verordnung über das Frachtenleitverfahren vom 1. 8. 1942, RGBl. 1940 II, S. 317; Sommerlatte (1), S. 63 f; Billing, S. 232 ff.

[59] Erlaß des RVM — RL/LV 3 Nr. 2482/40 vom 25. 5. 1940.

[60] Anlage H der Dienstanweisung zur Durchführung der Militärtransporte im Höchstleistungsfahrplan (DAzD) vom 2. 11. 1937.

[61] Vgl. Janssen, S. 255; vgl. Fricke, S. 95; vgl. Wehde-Textor (2), S. 23.

[62] Die Österreichischen Bundesbahnen hatten schon vor 1938 ein Leitungssystem und bei der Nationalgesellschaft der Französischen Staatseisenbahnen wurde ein solches 1941 eingeführt. Auch die Deutsche Reichspost führte im Februar 1944 Leitzahlen auf Postsendungen ein.

[63] Einzelheiten in der DV 731, § 1.

Sperren ab oder stimmte ihnen viel zu spät zu. Abgesehen von den dadurch zusätzlich verursachten Betriebsschwierigkeiten wurde der Wirtschaft dringend benötigter Wagenraum entzogen. Die diesbezügliche Kritik traf stets die Reichsbahn und nicht den Transportchef.

Der Gütertarif

In Friedenszeiten ist der Gütertarif ein geeignetes Mittel zur Beeinflussung der Verkehrswege und der Verkehrsintensität bei den einzelnen Beförderungsarten wie Wagenladungen, Stückgut, Eilstückgut — und Sammelladungsverkehr[64]. Die Tarifpolitik ist entscheidend für den Wettbewerb mit fremden Bahnen und mit anderen Verkehrsträgern. Mit Ausnahmetarifen konnte in Friedenszeiten Einfluß auf die Verkehrsströme im Reich ausgeübt und ein Ausgleich für die unterschiedlichen Standordbedingungen der Wirtschaft erzielt werden. Die Tarife der Deutschen Reichsbahn begünstigten die langen Läufe. Schon vor dem Kriege wurden für die Rüstungswirtschaft tarifarische Maßnahmen ergriffen, die den Wirtschaftsverkehr mit den angegliederten Gebieten erleichterten[65].

Im Kriege wurden andere Gesichtspunkte maßgebend. In den Regeltarifen des Güter- und Personenverkehrs traten keine grundlegenden Änderungen ein. Dagegen war die überbeanspruchte Reichsbahn an der Abgabe von Transporten an die Binnenschiffahrt interessiert. Sie betrieb daher im Jahre 1940 die Abdrängung der für sie ganz oder auf weite Entfernungen vermeidbaren Transporte mit allen zur Verfügung stehenden tarifarischen Mitteln[66]. Außerdem wurden die Ausnahmetarife reformiert und sachlich wie förmlich vereinfacht. Die Zahl der Ausnahmetarife wurde um mehr als die Hälfte vermindert. Im Verlauf des Krieges erhielt die Rüstungsindustrie neue Ausnahmetarife[67].

Der Personenverkehr

Vor dem Krieg betrug der Anteil achskilometrischer Leistungen im Personenverkehr am Gesamtverkehr etwa ein Drittel. Trotz seines geringeren Anteils war der Personenverkehr kaum weniger wichtig als der Güterverkehr.

Durch die Stillegung von Kraftwagen und Omnibussen entstand zusätzlicher Reiseverkehr. Mit der Steigerung der Rüstungsproduktion gewann auch der Berufsverkehr mehr an Bedeutung. Daneben entwickelte sich ein lebhafter Wochenendverkehr der nicht am Arbeitsort wohnenden Berufstätigen für Familien- und Verwandtenbesuche. So nahm auch der Personenverkehr während des Krieges, besonders ab 1941, erheblich zu.

[64] Die Reichsbahn, Jg. 1941, S. 184 u. 461.
[65] Einzelheiten bei Wehde-Textor (4), S. 35—38.
[66] Vgl. Ausführungen von Ministerialrat Dr. Schelp auf der ZVL-Sitzung am 11. 6. 1942.
[67] Über die Entwicklung des Gütertarifs vor und im Krieg vgl. Wyszomirski, S. 352—354.

	Beförderte Personen in Mio	Personenkilometer in Mia
1938	2 042	59,0
1939	2 212	61,9
1940	2 253	55,4
1941	2 655	69,4
1942	3 094	85,9
1943	3 539	107,3
1944	3 706	112,3

Weitere Einzelheiten des Personenverkehrs werden in dem Kapitel „Die Reichsbahn im Kriege" behandelt.

Während der verschiedenen Aufmärsche standen für den Personenverkehr jeweils nur die wenigen Stammplanzüge zur Verfügung. Mit diesen Stammplanzügen von 350—500 Tonnen Zuggewicht, hohen Fahrgeschwindigkeiten und kurzen Aufenthalten konnte der Reiseverkehr nur ungenügend bedient werden.

Zeitweise mußte der Reiseverkehr zu Gunsten des vorrangigen Wehrmacht- und Güterverkehrs eingeschränkt werden[68]. Zu größeren Dauerbeschränkungen des Reiseverkehrs ist es wegen dadurch möglicher Auswirkungen auf die Stimmung der Zivilbevölkerung nicht gekommen. Nur an Festtagen gab es Zulassungskarten, um keine großen Verkehrsspitzen aufkommen zu lassen. Erst gegen Ende des Krieges wurde der Reiseverkehr rigoros eingeschränkt[69]. Die durch den Ausfall von Reisezügen frei gewordenen Lokomotiven waren meist nur in geringem Umfang für die Beförderung von Güterzügen geeignet. Größere Verkehrsspitzen an Festtagen konnten im Kriege kaum verkraftet werden. Um sie in Grenzen zu halten, wurden Reisegenehmigungen und Zulassungskarten eingeführt. Ab Sommer 1942 durften Schlafwagen nur noch von dienstlich und beruflich fahrenden Reisenden benützt werden. Reisen von mehr als 75 Kilometer mit Fernzügen waren nur noch mit Dringlichkeitsbescheinigungen möglich. Für Geschäftsreisende wurden solche von den Industrie- und Handelskammern und für Privatreisende durch die Partei- oder Wohlfahrts- und Sanitätsdienststellen ausgestellt[70]. Durch diese Maßnahmen verlagerte sich der Reiseverkehr teilweise von Schnell- und Eilzügen auf Personenzüge. Im Krieg wurden immer mehr Menschen disloziert. Dadurch entstanden ständig neue Reisebedürfnisse.

Mangels anderer Reisemöglichkeiten und wegen des beschränkten Zugangebots waren die Züge von Kriegsbeginn an ständig überfüllt. Trotz aller Widrigkeiten ließ sich die Bevölkerung nicht vom Reisen abhalten. Zurückgebliebene Reisende waren keine Seltenheit. Das Reisen im Kriege wurde in den verdunkelten Zügen und seit 1944 auch oft beschädigten Wagen immer anstrengender und durch die Luftangriffe auf Bahnhöfe

[68] Vgl. Die Reichsbahn, Jg. 1941, S. 195; Jg. 1942, S. 202; Jg. 1943, S. 163; Jg. 1944, S. 151 u. 213.
[69] Vgl. Verordnung zur Einschränkung des Reiseverkehrs vom 1. 2. 1945, RGBl. 1945 II, S. 21.
[70] Fricke, S. 99; vgl. Erlaß RVM 15 Vpe vom 27. 5. 1944, betr. Reisebeschränkungen mit einer geringen und starken Einschränkungsstufe, in Unterlagensammlung der DB in Nürnberg, Anlage 16.

und fahrende Züge auch gefahrvoller. Gegen Ende des Krieges herrschten erbärmliche Zustände.

Im Kriege waren eine Reihe von zusätzlichen Aufgaben im Personenverkehr zu bewältigen. Bis Beginn des Krieges mußten im Westen des Reiches kurzfristig verschiedene Grenzgebiete von der Bevölkerung geräumt werden[71]. Nach Beendigung des Westfeldzuges wurden rd. 500 000 Evakuierte wieder an ihre Wohnorte zurückgebracht. Als nächste Sonderaufgabe waren umfangreiche Umsiedlungstransporte durchzuführen. 1939 wurden rd. 70 000 Baltendeutsche, die auf dem Seeweg ankamen, im Reich untergebracht[72]. Dann wurden in dem harten Winter 1939/40 über 120 000 Rückwanderer aus Wolhynien, Podolien und der Bukowina in das Reich gefahren[73]. Im Laufe des Jahres 1940 fielen weitere Transporte an. So wurden im Herbst des Jahres 25 000 Deutsche aus Kroatien und 135 000 Volksdeutsche aus dem sowjetisch besetzten Bessarabien und Nordbuchenland ins Reich befördert[74]. Dazu kamen noch rd. 80 000 aus dem Südbuchenland, der Dobrudscha und Altrumänien. Anfang 1941 wurden rd. 50 000 Volksdeutsche aus Litauen in das Reich befördert[75].

Erhebliche Anforderungen an die Leistungsfähigkeit der Reichsbahn stellten die vielen Evakuierungstransporte. Mit Beginn des verstärkten Luftkrieges mußten mehrere Millionen Frauen und Kinder aus den luftgefährdeten Städten auf das Land evakuiert werden. Dazu kam noch die Beförderung der vielen Obdachlosen nach schweren Luftangriffen, die binnen kürzester Zeit durchzuführen waren.

Nicht minder große und zusätzliche Aufgaben brachte die Verschickung von Arbeitern aus den besetzten Gebieten, vor allem aus dem Osten in das Reich, die in den Jahren 1942 und 1943 ihren Höhepunkt erreichten[76]. Die Transporte wurden mangels anderer Möglichkeiten meist in Güterwagen durchgeführt, wobei Züge von 25 Wagen und 1 000 Arbeitern bzw. Doppelzüge mit 2 000 Arbeitern vorgeschrieben waren[77]. Ende 1944 gab es insgesamt 7,1 Millionen ausländische Arbeiter und Kriegsgefangene im Reich[78], die nahezu ausschließlich mit der Eisenbahn befördert worden waren.

Als sich die Fronten dem Reich näherten, wurde in den östlichen und westlichen Grenzgebieten die Bevölkerung zu Schanzarbeiten herangezogen[79]. Zur Beförderung der Hunderttausenden von Schanzkräften, die zum Teil aus größeren Entfernungen herankamen, waren beträchtliche Zugleistungen nötig.

Ein düsteres Kapitel ist die Beförderung der Flüchtlinge aus den östlichen Pro-

[71] Siehe Seite 53 f.

[72] Steinweg, S. 29 f; Brozat, S. 98. Broszat spricht von 50 000 Umsiedlern.

[73] Pischel (3), S. 36; Die Reichsbahn, Jg. 1940, S. 150—152.

[74] Brozat, S. 98; Bathe — Glodschey, S. 36 f.

[75] Käß, S. 205—209.

[76] Vgl. Pfahlmann, S. 47 f; 53, 56—58, 62, 66, 172 f; vgl. Ewerth, S. 23—26, 28 u. 31; vgl. Reitlinger, S. 317; vgl. IMT Bd. III, S. 491 u. 509, vgl. IMT Bd. XV, S. 26 u. IMT Bd. XXVII, Dok. 1296 — Ps, S. 115—117; vgl. Broszat, S. 106 u. 107 f.

[77] Erlaß des Reichsverkehrsministeriums 21 Bfsv 435 vom 17. 4. 1942, Unterlagensammlung des Verfassers; vgl. Kanapin, S. 217—219 u. 246.

[78] Wagenführ, S. 46.

[79] Verfügung der Partei-Kanzlei 12/44 vom 1. 9. 1944, betr. Einsatz der Partei bei den Befestigungsmaßnahmen, abgedruckt bei Kissel (1), S. 96.

vinzen. Soweit die Transporte geplant werden konnten, wurden sie auch geordnet durchgeführt. Da die Parteistellen meistens eine rechtzeitige Räumung, ja nicht einmal ihre Vorbereitung zuließen, konnte der Abtransport von Flüchtlingen bei dem schnellen Vorrücken der Roten Armee dann nur noch unzureichend durchgeführt werden. Dabei mußten auch offene Güterwagen verwendet werden. Die Reichsbahn hat alles versucht, durch Improvisation möglichst vielen Flüchtlingen zu helfen. Ihre Eisenbahner haben sich in aufopfernder Weise für ihre Landsleute eingesetzt. Viele Flüchtlinge kamen nicht an das Ziel und starben bei eisiger Kälte in offenen Güterwagen. Immerhin hat die Reichsbahn über zwei Millionen Menschen vor dem Zugriff der Russen bewahrt.

Der deutsche Personen-, Gepäck- und Expreßguttarif, der auch im Generalgouvernement eingeführt worden war, hat bei Kriegsbeginn keine Änderung erfahren. Im Januar 1940 wurde ein großer Teil der Fahrpreisermäßigungen aufgehoben[80]. Ein Rückgang des Reiseverkehrs war damit nicht verbunden, da die Reisebedürfnisse nach wie vor groß waren und die Preise wegen des Mangels an anderen Konsumgütern keine entscheidende Rolle spielten.

7. Der Betrieb im Kriege

Zwischen Betrieb und Betriebsmaschinendienst und zwischen Betrieb und Verkehr (Beförderungsdienst) bestehen enge funktionelle Beziehungen. Die Trennung von Betrieb und Verkehr ist eine organisatorische Eigenheit der Deutschen Reichsbahn, die es in anderen Ländern kaum gibt. Eine gemeinsame Behandlung der drei Dienstzweige hat sich als sehr schwierig erwiesen. Deshalb wurde der Einzelbehandlung dieser Dienstzweige Vorzug gegeben, wenn auch Wiederholungen nicht ganz zu vermeiden waren[1].

Die Deutsche Reichsbahn ging mit einem ausgelasteten, zeitweise überforderten, Betriebsapparat und ohne materielle Reserven sowie mit einem sparsam bemessenen Bestand an betriebserfahrenem und diszipliniertem Personal in den Krieg. Jede der beiden Kriegsphasen — die Ausdehnung und die Schrumpfung des Machtbereiches — beeinflußte die Betriebsverhältnisse in eigener Weise, wobei die Ausdehnung wohl die schwierigeren Probleme mit sich brachte. In den meisten besetzten Ländern war nach der Beseitigung der Kriegsschäden der Betrieb zunächst unter deutscher Leitung geführt worden, bevor er wieder an die einheimischen Verwaltungen zurückgegeben wurde. Im Generalgouvernement und in Rußland blieb die deutsche Betriebsführung bis zur Aufgabe dieser Gebiete bestehen. Vor allem der Betrieb in Rußland zehrte schwer an der Substanz der Deutschen Reichsbahn. Auch bei der Schrumpfung des Machtbereiches traten schwierige Betriebsprobleme auf. Die Betriebsabwicklung in dem sich verkleinernden Raum wurde immer mehr durch Feindeinwirkungen aus der Luft und durch den wachsenden Widerstand in den besetzten Gebieten erschwert. In mehreren Ländern mußte daher deutscher Notbetrieb eingerichtet werden. Als besonders

[80] Vgl. Die Reichsbahn, Jg. 1940, S. 36 f.
[1] Einzelheiten über den Betrieb werden bei den verschiedenen Kriegsjahren behandelt. — Kleinmann, S. 22—27.

schwierig erwies sich die gleichzeitige Durchführung der Frontversorgung und der Räumungen[2]. In den besetzten Ländern hat es sich meist als zweckmäßig erwiesen, die vorhandene Betriebsorganisation bestehen zu lassen und sich auf die Überwachung des Betriebes zu beschränken[3].

Die einfachste Art des Betriebes war der durch die Anwendung primitiver Sicherungsmittel und Betriebsvorschriften gekennzeichnete Feldeisenbahnbetrieb auf frontnahen Spitzenstrecken. Im wesentlichen war dabei der Mensch der alleinige Träger der Betriebssicherheit. Die Züge fuhren mit geringen Geschwindigkeiten und die Zugfolge wurde durch Lotsen oder mittels des Stabverfahrens geregelt.

Aufmärsche, viele Truppenverschiebungen und Nachschubtransporte sowie die Kriegswirtschaft, Rüstung und Ernährung verlangten immer höhere Betriebsleistungen[4], die nur bei flüssigem Betrieb und durch Beschleunigung des Wagenumlaufes erbracht werden konnten. Nur durch Nutzung aller technischen und organisatorischen Möglichkeiten konnten die gestellten Aufgaben erfüllt werden. Dazu gehörten vor allem eine straffe und strenge Betriebsleitung, äußerste Betriebsdisziplin und eine verstärkte Beobachtung der Arbeit der Außendienststellen durch Kontrolleure der Generalbetriebsleitungen und Direktionen. In den Präsidentenkonferenzen und durch entsprechende Verfügungen wurden diese Unerläßlichkeiten immer wieder herausgestellt[5]. Die Eisenbahnen wurden allein nach ihren Leistungen und ihrer Anpassungsfähigkeit an die sich ständig ändernden Verhältnisse gemessen, wobei ihre Wirtschaftlichkeit ganz in den Hintergrund trat.

Bei der großen Ausdehnung des Machtbereiches war es nicht mehr möglich, den Betrieb von einer Stelle aus zu leiten und zu überwachen. Das Verkehrsministerium mußte sich von allen nicht unbedingt dorthin gehörenden Tätigkeiten entlasten und entbehrliche Aufgaben an nachgeordnete Stellen übertragen. Dies geschah durch Einrichtung der Generalbetriebsleitungen und der Generalverkehrsdirektion Osten, sowie der Hauptverkehrsdirektion Paris und Brüssel. Auch die Reichsbahndirektionen delegierten Aufgaben an die Ämter und diese wiederum an die Dienststellen.

Der umfangreiche Wehrmachtverkehr veränderte den Charakter der Betriebsleistungen. Eine Betriebsplanung, die das Verkehrsaufkommen weitgehend in Regelzügen beförderte, war nun nicht mehr möglich. Der gesamte Nachschubverkehr mußte weitgehend mit Bedarfsgüterzügen gefahren werden. Dadurch änderte sich das Verhältnis von Regel- zu Bedarfsverkehr immer mehr zu Gunsten des letzteren[6]. Diese veränderte Betriebsstruktur war nur mit einem gut funktionierenden und beweglichen Betriebsleitstellenapparat zu meistern. Zu den betriebsleitenden und betriebsüberwachenden

[2] Vgl. Ausführungen von Dilli in der 91 Präsidentenkonferenz der Deutschen Reichsbahn am 6. 3. 1943.

[3] Vgl. Halder-KTB Bd. III, 2. 8. 1941.

[4] Siehe Anhang, Seite 336 u. 338.

[5] Ausführungen der Ministerialdirektoren Treibe und Leibbrand in der 79. Präsidentenkonferenz der Deutschen Reichsbahn am 11. 10. 1940; Telegramm des Verkehrsministers an die Präsidenten vom 2. 2. 1942; Erlaß 20 Baü 208 vom 2. 12. 1943; verschiedene Aufrufe und Reden von Staatssekretär Ganzemüller; Erlaß 26 Baü 272 vom 22. 10. 1944, betr. Zusammenarbeit der Reichsbahndirektionen, unterzeichnet von Dorpmüller, Abschrift in Unterlagensammlung des Verfassers.

[6] Vor dem Kriege betrug das Verhältnis von Regel- zu Bedarfsverkehr (ohne die Massenveranstaltungen) 90:10.

Stellen gehören die Betriebsüberwachungen (BÜ), Oberzugleitungen (OZL), Zugleitungen (ZL), Zugüberwachungen (ZÜ)[7] und Bahnhofsbetriebsüberwachungen (BBÜ). Die wichtigen Betriebsleitstellen wie Betriebsüberwachungen, Oberzugleitungen, Lokleitungen, Oberzugleitung-Lokdienst, ferner die Zugleitungen und Lokleitungen sowie die Wagenbüros und die Transportgruppen der Bbv-Büros waren durchgehend besetzt. Außerdem wurden ihre Nachrichtenverbindungen wesentlich verbessert. Bei den ständig wechselnden Forderungen in den Frontgebieten war eine Betriebsabwicklung nach fester Planung nicht möglich. Der Betrieb mußte, auch wegen der durch äußere Einflüsse auftretenden Unregelmäßigkeiten, beweglich geführt werden.

Die Betriebsüberwachungen der Generalbetriebsleitungen und die Oberzugleitungen der Reichsbahndirektionen gewährleisteten zu jeder Zeit des Tagesablaufes ein gutes Bild über den Zuglauf auf den Bahnstrecken, über die Lage und Arbeit der Verschiebebahnhöfe und der größeren Personenbahnhöfe, über die Leistungen des Lokomotivdienstes und der Betriebswerkstätten sowie über den Stand des Wagendienstes im Personen- und Güterverkehr. Täglich zweimal ausgegebene Betriebslagemeldungen gaben allen beteiligten Stellen der Reichsbahn und des Wehrmachttransportwesens ein genaues Betriebsbild. Das große Informationsbedürfnis der Wehrmacht über den Lauf ihrer Transporte und das der Eisenbahn für ihre betriebsleitenden Stellen erforderte einen umfangreichen Meldeapparat. Bei den Zugleitungen und Oberzugleitungen waren dafür besondere Zuglaufüberwachungen eingesetzt. Auftretende Stauungen oder Störungen im Zuglauf und Schwierigkeiten in den Rangierbahnhöfen wurden durch Sofortmaßnahmen bekämpft, wie z. B. durch vorübergehend angeordnete Umleitungen von Zuggruppen oder durch Anordnung von Rückhaltesperren oder Annahmesperren, ferner durch Einführung anderer Zugbildungen und durch Bildung von Ganzzügen.

Die gebotene Leistungssteigerung erforderte verschiedene Maßnahmen. So wurde die Sonntagspause in den Rangierbahnhöfen nach und nach ganz aufgegeben und durchgehend gearbeitet. Bei drei zusätzlichen Achtstundenschichten in der Woche entspricht das einer Leistungssteigerung von 11,6 Prozent. Auf vielen eingleisigen Nebenstrecken wurde die Nachtruhe aufgegeben. Ab Sommer 1942 durften die Wehrmachtzüge mit zivilen Frachten ausgelastet werden, soweit dies im Rahmen der vorhandenen Zugkraft und der zulässigen Achszahl möglich war[8]. Viele bauliche Veränderungen an Bahnhöfen, Bahnbetriebswerken, Strecken und Neubauten haben wesentlich zur Leistungssteigerung beigetragen. Besonders hervorzuheben sind die Bauarbeiten in vielen Rangierbahnhöfen[9], deren Ein-, Ausfahr- und Umspanngruppen zusätzliche Gleise erhielten, um Zugbündel leichter aufnehmen und verarbeiten zu können. Es wurden auch neue Rangierbahnhöfe gebaut z. B. Linz, Regensburg Ost, Königswusterhausen. Auf stark belasteten Strecken kamen verlängerte und neue Überholungsgleise und Blockstellen dazu. Besondere Anstrengungen wurden auf dem Gebiete des Fernmeldewesens

[7] Zugüberwachungen (ZÜ) regeln den Zuglauf besonders stark belegter Strecken und sind nicht mit den Zuglaufüberwachungen, die den gesamten Zuglauf bestimmter Züge überwachen zu verwechseln.

[8] Erlaß RVM 23 Bfg 110 vom 16. 7. 1942, Abschrift in Unterlagensammlung des Verfassers.

[9] Erlaß RVM 22 Baü 136 vom 21. 2. 1941, Abschrift in Unterlagensammlung des Verfassers.

unternommen[10]. Erst spät erhielt der Betrieb Hilfe durch den Neubau von Lokomotiven und Wagen[11]. Die Hilfeleistung wurde bald wieder durch die Zerstörungen des Partisanen- und Luftkrieges zunichte gemacht.

Die Wehrmacht hat der Reichsbahn öfter zum Vorwurf gemacht, daß ihre Bediensteten sich zu sehr an die genauen, oft ins einzelne gehenden Dienstvorschriften hielten. Dabei übersah man, daß die Einhaltung dieser Vorschriften ein wesentliches Element der Betriebssicherheit und Leistungsfähigkeit darstellen. Sie in jeder Lage sorgfältig und rasch anzuwenden, war stets das Ziel der Ausbildung des Betriebspersonals. Im Laufe des Krieges wurden stark vereinfachte Vorschriften für den Betrieb unter außergewöhnlichen Verhältnissen herausgegeben und zahlreiche Erleichterungen bei der Handhabung bestehender Vorschriften zugelassen. Als erste Vorschrift dieser Art kamen die gemeinsam von der Planungsabteilung des Chefs des Transportwesens und der Verbindungsstelle der Reichsbahn beim Chef des Transportwesens aufgestellten Richtlinien für den Feldeisenbahnbetrieb (RiFeld) heraus[12]. Aus diesen Richtlinien entstanden die vorläufigen Fahrdienstvorschriften für den Feldeisenbahnbetrieb (FV-Feld)[13].

Auch ungenügendes Improvisationsvermögen ist der Reichsbahn vorgeworfen worden. Dabei wurde außer acht gelassen, daß der Improvisation natürliche Grenzen durch die Gebundenheit an den Schienenweg, die Konzentration der Betriebsabwicklung in Bahnhöfen und Bahnbetriebswerken, sowie durch das Fahren der Wagen in Zugeinheiten gesetzt sind.

Betriebsschwierigkeiten und ihre Bekämpfung

Der Betrieb hatte im Kriege mit vielen und unerwarteten Schwierigkeiten zu kämpfen. Dabei war zu unterscheiden zwischen solchen, die den Eisenbahnen immanent sind und anderen, die durch Kampfeinwirkungen entstanden. Die Betriebsabwicklung litt oft an Personalmangel, der durch Einberufungen zur Wehrmacht und durch Abgabe vieler erfahrener Fachkräfte in die besetzten Gebiete entstanden war. Durch Einsatz von Frauen im Zugbegleitdienst und Aufsichtsdienst und von Fremdarbeitern in den Rangierbahnhöfen konnten die Lücken zur Not geschlossen werden[14]. Die vielen fremden Sprachen machten die Zusammenarbeit mit den einheimischen Eisenbahnern und den Fremdarbeitern oft sehr kompliziert. Im deutschen Machtbereich gab es 15 verschiedene Sprachen, davon mehrere, die mit kyrillischen Schriftzeichen geschrieben werden. Viele fremde Betriebsvorschriften mußten in die deutsche Sprache übersetzt werden. Außerdem mußten dem Personal spezielle Fachwörterbücher an die Hand gegeben werden.

In der zweiten Kriegshälfte führte die allgemeine Personalnot zur Einmannbesetzung der Güterzüge, die mancherlei Betriebserschwernisse mit sich brachte[15]. Fast während

[10] Siehe Seite 250.
[11] Siehe Seite 262 f. und Anhang, Seite 339.
[12] Herausgegeben von der Planungsabteilung des Chefs des Transportwesens in Zusammenarbeit mit der Verbindungsstelle beim Chef des Transportwesens. Bearbeitet wurden sie von Reichsbahnoberrat Kreidler und Reichsbahnrat (SfK) Gustav Schäfer von der Feldeisenbahndirektion 4.
[13] Aufgestellt von der Generalverkehrsdirektion Osten in Warschau.
[14] Siehe Seite 265 ff.
[15] Erlaß RVM 24 Bavf 387 vom 1. 9. 1942, Unterlagensammlung des Verfassers.

des ganzen Krieges hatte die Betriebsabwicklung mehr oder weniger mit unechtem bzw. echtem Lokomotivmangel zu kämpfen[16]. Ohne die von Frankreich und Belgien abgezogenen 3 000 Lokomotiven hätte die Reichsbahn die gestellten Transportaufgaben nicht erfüllen können. Durch die Abgabe von Lokomotiven in den Osten und Südosten wurde die Lokomotivlage noch prekärer, obwohl in beachtlicher Zahl Lokomotiven neu gebaut wurden[17]. Durch verschiedenartige Bespannungsregelungen der Züge versuchte man den Lokomotivmangel zu vermindern[18]. Erhebliche Schwierigkeiten brachte die Zunahme technischer Mängel und Unfälle mit sich. Im Laufe der Zeit machte sich auch die erhöhte Beanspruchung und die ungenügende technische Unterhaltung der Anlagen und Fahrzeuge bemerkbar. Vor allem erschwerten die starke Zunahme der Heißläufer, Achsschenkelbrüche, Bremsschäden, Zugtrennungen und Schienenbrüche den Betriebsablauf auf den Strecken und in den Rangierbahnhöfen. Nach Angabe von Ministerialdirektor Bergmann hat sich die Zahl der Achsschenkelbrüche gegenüber 1938 verdreifacht und die Zahl der Heißläufer mehr als verzehnfacht[19]. Zur starken Zunahme der technischen Störungen haben auch die vielen Fremdwagen vor allem aus den südlichen und südöstlichen Ländern beigetragen, deren technischer Zustand zu wünschen übrig ließ. Nicht zuletzt hat auch die falsche Handhabung der technischen Einrichtungen durch die vielen neuen Arbeitskräfte zu den Schwierigkeiten beigetragen. Durch alle diese Umstände wurde die Sicherheit des Betriebes nachhaltig beeinträchtigt. Die Zahl der Unfälle, besonders der Entgleisungen und Zusammenstöße, die bei den steigenden Betriebsleistungen schon vor dem Kriege angestiegen waren, nahm vor allem durch die Verdunklung und die vermehrten Betriebsunregelmäßigkeiten durch technische Störungen erheblich zu. Weitere Ursachen sind in der Überlastung der Güterwagen und in der unvermeidlichen Verwendung von weniger tauglichem und ausgebildetem Personal zu suchen. Die Zahl der Unfälle pro eine Million Zugkilometer betrug 1937 3,28. Sie stieg im Jahre 1939 auf 5,29 und im Jahre 1943 auf 8,20[20].

Eine deutlich spürbare Erschwernis in der Betriebsabwicklung brachte die Verdunklung mit sich. Durch die anfangs eingeführte ständige Verdunklung gingen die täglichen Rangierleistungen im Winter gegenüber der Vorkriegsleistung bis zu 20 Prozent zurück. Bei der Alarmstufe „Luftgefahr" mit 50 Prozent eingeschränkter Beleuchtung entstand ein Leistungsabfall bis zu 40 Prozent und bei „Alarm" mit nur 25 Prozent Beleuchtung betrugen die Rangierleistungen nur noch 25 Prozent. Während eines „drohenden Angriffs" ruhte der Rangierbetrieb ganz. Die Leistungen der Rangierbahnhöfe während der Nachtstunden hingen natürlich auch noch vom Wetter und der Mondhelle ab. Die Minderleistungen durch Verdunklung zeigen deutlich die Wichtigkeit der auch aus anderen Gründen eingeführten Ganzzugbildung zur Entlastung der Rangierbahnhöfe.

16 Einzelheiten im Kapitel „Der Betriebsmaschinendienst im Kriege", Seite 254 ff.

17 Siehe Anhang, Seite 339.

18 Siehe Seite 255.

19 Vgl. Niederschrift über die 27. ZVL-Sitzung am 10. 11. 1943, bei der über die Höhe der zulässigen Überlastung der Güterwagen verhandelt wurde.

20 Vgl. Ausführungen von Ministerialdirektor Dilli auf der 91. Präsidentenkonferenz der Deutschen Reichsbahn am 6. 12. 1943.

In den ersten beiden Kriegswintern hatte die Betriebsabwicklung sowohl im Reichsgebiet, vor allem aber im Generalgouvernement, wo noch nicht alle Kriegsschäden beseitigt waren, durch ungewöhnlichen und lang andauernden Frost und starke Schneefälle zu leiden.

Weit größer und folgenreicher waren im Winter 1941/42 die von der Wehrmacht durch Fehleinschätzung des Kriegsverlaufs und der Verkehrsverhältnisse heraufbeschworenen Schwierigkeiten in Rußland, weil der für die Betriebsführung verantwortliche Chef des Transportwesens nicht rechtzeitig bessere Wintervorbereitungen veranlaßt hatte. Zu diesen Schwierigkeiten haben auch die fehlenden Erfahrungen des zum Teil aus dem Westen des Reiches abgeordneten Lokomotivpersonals beigetragen, das in der Heimat nicht unter solch extremen Winterverhältnissen und völlig unzureichenden maschinentechnischen Behandlungsanlagen zu arbeiten gewohnt war.

Die größten und folgenschwersten Behinderungen des Betriebes entstanden durch den Partisanen- und den Luftkrieg[21]. Da beide Kampfarten zunächst langsam anliefen, blieben die Auswirkungen auf den Betrieb lange Zeit in Grenzen. Ab 1942 ging man in den Partisanengebieten zu einer völlig beweglichen Betriebsführung über, die praktisch auf jede Planung verzichtete und sich ganz auf die Steuerung durch die betriebsüberwachenden Stellen von Fall zu Fall beschränkte[22]. Gegen Ende des Krieges fand die bewegliche Betriebsführung auch in weiten Teilen des Reiches Anwendung. Bei den ständigen Störungen durch Luftangriffe konnte der Betrieb nur durch täglich wechselnde Umleitungs- und Entlastungsmaßnahmen flüssig gehalten werden. Für die wichtigen Bahnhöfe wurden solche Maßnahmen bereits Anfang 1943 im voraus vorbereitet und im Bedarfsfalle von den Oberzugleitungen ganz oder teilweise in Kraft gesetzt und wieder aufgehoben. Sie waren für alle Stellen bindend[23]. Das Kursbuch vom 3. 7. 1944 enthält folgenden Hinweis: „In luftgefährdeten Gebieten muß damit gerechnet werden, daß Züge vorübergehend die größeren Städte nicht anlaufen, sondern um diese Städte herumgeleitet werden oder auf vorgelegenen Bahnhöfen beginnen und enden. Einzelheiten — insbesondere die Zu- und Abfahrmöglichkeiten zu diesen Zügen — werden durch besondere Anschläge bekanntgegeben.“ Eine wichtige Maßnahme war das Fahren auf Sicht auf zweigleisigen Strecken bei unterbrochener Verständigung[24].

Oberstes Ziel der Betriebsführung mußte sein, den Betrieb in allen Lagen flüssig zu halten und keine Betriebsstockungen aufkommen zu lassen. Die Betriebsflüssigkeit hing weitgehend vom guten Arbeiten der Rangierbahnhöfe, den Herzkammern der Eisenbahnen, ab. Deshalb wurden zur Verringerung des Arbeitsausfalls die Rangierbahnhöfe durch vermehrte Ganzzugbildung entlastet. Damit konnte bedrängten Rangierbahnhöfen ständig oder auch vorübergehend geholfen werden. Ebenso konnten Ganzzüge zur Schonung überlasteter Strecken über Umleitungsstrecken leichter an ihr Ziel gebracht werden.

[21] Siehe Seite 213 ff. und 217 ff.
[22] Logemann (1), S. 2.
[23] Vgl. Merkhefte über betriebliche, maschinendienstliche und verkehrliche Maßnahmen bei Ausfall von Bahnhöfen.
[24] Erlaß RVM 24 Bavf 495 vom 22. 3. 1944 (Hinweis); vgl. Pfister, S. 268.

Wichtige Merkmale für die Betriebslage sind der Rückstau, die abgestellten und auf Bespannung wartenden Züge. Über diese Begriffe bestanden bei Außenstehenden vielfach unklare Vorstellungen. Als zurückgestaut galten Züge, die wegen Stockens der Vorflut vor dem Zielbahnhof abgestellt waren (Punkt e der Betriebslagemeldung) oder nach ihrer Fertigstellung wegen Mangel an Personal oder Lokomotiven innerhalb von sechs Stunden (von Stunde 16 ab gerechnet) nicht abgefahren werden konnten (Punkt f der Betriebslagemeldung). Als abgestellt galten ferner Züge, die auf Aufruf warteten, oder solche, für die noch kein Ziel bestimmt war (z. B. Nachschubreserven)[25]. Rückstau beeinträchtigt die Leistungsfähigkeit und bedeutet Stillager von Güterwagen, Belegung von Bahnhofs- und Überholungsgleisen, Mehrverbrauch an Lokomotiven (unechter Mangel), von Personal und Betriebsstoffen. Er entsteht durch innerbetriebliche Hemmnisse, kann aber auch durch äußere Einflüsse entstehen. Gerade die Letzteren haben im Kriege eine besondere Rolle gespielt. So ist ein unmittelbarer Einfluß von militärischen Operationen — Vormarsch in die Sowjetunion 1941 und Sommeroffensive 1942 — ebenso unverkennbar, wie der von militärischen Großbauten — Westwall und Atlantikwall. Das gleiche gilt für Feindeinwirkungen durch Partisanen- und Luftangriffe[26]. In den ersten Kriegsjahren war es immer wieder möglich, den Rückstau zu beseitigen, ab Sommer 1943 nicht mehr[27]. Die Flüssighaltung des Betriebes hing weitgehend von der Schnelligkeit und dem Umfang der Schadenbeseitigung ab. Hierbei wurde mit vereinten Kräften Erstaunliches geleistet, bis dann die Eisenbahn allmählich den Wettlauf zwischen Zerstörung und Wiederherstellung verlor.

Manche Anstrengungen, den Betrieb flüssig zu halten, wurden durch den unerwarteten Verlauf eigener und gegnerischer Operationen zunichte gemacht. Durch rechtzeitiger ausgesprochene Sperren hätte manche Stockung nicht zu entstehen brauchen oder gemildert werden können. Viele Sperren hatten nicht die beabsichtigte Wirkung, weil zu viele Ausnahmen gefordert worden waren. Sperren durften erst angeordnet werden, wenn alle anderen Mittel zur Beseitigung der Schwierigkeiten erschöpft waren. Dazu gehörten Umleitungen, Aushilfe durch andere Bahnhöfe und Umladestellen, Druck auf säumige Empfänger, Änderung der Leerwagenverfügungen und -bewegungen, Personal- und Lokhilfe und vorübergehendes Anhalten von Güterzügen.

Anfang 1945 trat durch die Rückführung rollenden Materials eine Überfüllung des Netzes ein, welche die Betriebsabwicklung erheblich behinderte. Deshalb verfügte das Reichsverkehrsministerium die Ausgleisung von Wagen[28]. Im Bereich der Generalbetriebsleitung Süd waren bis zum April 1945 rd. 13 000 Güterwagen abgesetzt worden.

Ende Oktober 1944 wurden die Direktionen in drohender Form aufgefordert, das Äußerste zur Inganghaltung des Betriebes zu tun[29]. Eine grundlegende Wendung zum

[25] Vgl. Zugleitungsvorschrift (ZLV) DV 424 vom 1. 8. 1942.

[26] Vgl. Hampe (4), Tafel 25, S. 512.

[27] Einzelangaben Seite 273 ff.

[28] Erlaß RVM 38.380 Fa vom 21. 1. 1945, (Hinweis).

[29] Erlaß RVM 26 Baü 272 vom 22. 10. 1944, betr. betriebliche Zusammenarbeit der Reichsbahndirektionen, Abschrift in Unterlagensammlung des Verfassers.

Besseren war damit nicht mehr zu erzwingen. Der Betrieb geriet durch die andauernden und nachhaltigen Luftangriffe zunehmend in Unordnung, da die Wiederherstellung der Bahnanlagen und Fahrzeuge mit der Zerstörung nicht mehr Schritt halten konnte. Im März 1945 wurde den Reichsbahndirektionen die Weigerung von Truppentransporten und Ganzzügen verboten. Dies war ein letzter verzweifelter Versuch, militärische und lebenswichtige Transporte trotz verheerender Luftangriffe an ihre Ziele zu bringen[30].

Der Fahrplan

Der Reise- und Güterzugfahrplan wurde durch die sich ständig ändernden Verkehrsaufgaben und Betriebsverhältnisse immer wieder mit neuen Problemen konfrontiert[31]. Die Entspannung der Fahrzeiten und die Rücksichtnahme des Reisezugfahrplans auf die Planverbindungen für Wehrmachttransporte, die Zugbildungsänderungen bei den Reisezügen und Güterzügen, die Verminderung der Zugzahlen an Sonntagen, um Zeit zur Reparatur von Lokomotiven und Wagen zu gewinnen, erforderten umfangreiche Fahrplanarbeiten. Dazu kam die Bearbeitung der Fahrpläne für Fronturlauber, Leichtkranken-, Umsiedler-, Evakuierungs- und Räumungstransporte und die vielen Reisen nach Sondervorschriften für hochgestellte Persönlichkeiten.

Die Bewirschaftung des gesamten Personenwagenparks war Aufgabe der Generalbetriebsleitung Ost (Dezernat Pw). Es hatte für den Wagenausgleich bei den Fahrplanwechseln und bei besonderen Anforderungen zu sorgen. In den zahlreichen Sonderverkehren und in den Zügen für besondere Zwecke[32] war ein erheblicher Teil des Wagenbestandes gebunden.

Beim ersten Fahrplanwechsel im Kriege wurde die Zahl der Reisezüge verringert und der gesamte Fahrplan entspannt, die Höchstgeschwindigkeit der Reisezüge auf 90 Kilometer in der Stunde herabgesetzt und die Aufenthalts- und Anschlußzeiten verlängert. Dazu kam eine allgemeine Erhöhung der Fahrzeitreserven. Zur Ersparnis von Lokomotiven und Personal fuhren weniger aber längere Züge mit 600 Tonnen Zuggewicht. Im Laufe des Krieges wurde die Höchstgeschwindigkeit weiter auf 85 Kilometer pro Stunde herabgesetzt[33]. Im Sommer 1944 zwang die Luftlage im linksrheinischen Gebiet dazu, Reise- und Güterzüge mit gleicher Geschwindigkeit (Parallelfahrplan) zu fahren. Ab 1. Juni 1942 fuhren keine Speisewagen mehr[34]. Während des Krieges fanden insgesamt 12 Fahrplanwechsel statt[35].

Im Güterzugfahrplan brachten vor allem die Gebietsvergrößerung und die neuentstandenen Verkehrsbeziehungen viele zusätzliche Probleme mit sich. Die Zugbildungen, Leitungswege und Leitungsvorschriften, die Wagenübergangspläne und Rangierpläne

[30] Erlaß RVM 26 Baü vom 18. 3. 1945, Unterlagensammlung des Verfassers.
[31] Zahl und Daten der Fahrplanwechsel siehe Fußnote 35
[32] Siehe Seite 307 f.
[33] Erlaß RVM 20 Bfp 292 vom 14. 12. 1943, Unterlagensammlung des Verfassers.
[34] Die Reichsbahn, Jg. 1942, S. 192 a
[35] Fahrplanwechsel fanden statt:

1939 am 8. 10. u. 1. 12.	1942 am 4. 5. u. 2. 11.
1940 am 21. 1., 1. 4. u. 6. 10.	1943 am 17. 5. u. 1. 11.
1941 am 5. 5. u. 6. 10.	1944 am 3. 7.

wie auch Entlastungs- und Umleitungsfahrpläne erfuhren laufend Änderungen. Durch die baulichen Verbesserungen ergaben sich ebenfalls ständig Änderungen im Fahrplan. Die Zugbildungen wurden vereinfacht, um die Rangierbahnhöfe zu entlasten. Für die vielen Sonderverkehre und Abfuhrprogramme mußten Bedarfsfahrpläne vorgehalten werden. Auch im Güterzugfahrplan wurden ab 21. 1. 1940 die Fahrzeiten um 10 Prozent und die Höchstgeschwindigkeiten für Durchgangsgüterzüge auf 55 km/h und für Eilgüterzüge auf 60 km/h herabgesetzt. Dadurch sollten in erster Linie das rollende Material und der Oberbau geschont werden. Im Laufe des Krieges erfuhr der Güterzugfahrplan eine strukturelle Umgestaltung, so daß hohe militärische Transportanforderungen auch ohne Anwendung des Höchstleistungsfahrplanes erfüllt werden konnten[36].

Im gesamten Machtbereich galten einheitlich die mitteleuropäische Zeit (MEZ) und die sogenannte Sommerzeit[37]. Beide Maßnahmen führten vor allem in Rußland zu einer erheblichen zeitlichen Verschiebung des Sonnenauf- und untergangs.

8. Das Bauwesen im Kriege

Schon vor dem Kriege war die Bautätigkeit bei der Deutschen Reichsbahn sehr lebhaft. Im großen und ganzen entsprachen die baulichen Anlagen den allgemeinen Verkehrsanforderungen. In der Unterhaltung der Bahnanlagen, besonders beim Oberbau, waren allerdings Rückstände vorhanden, die in erster Linie auf ungenügende Stahlkontingente zurückzuführen waren[1]. Die Dringlichkeitseinstufung ihrer Bauvorhaben entsprach in keiner Weise der Bedeutung der Reichsbahn als Hauptverkehrsträger[2]. Mit Kriegsbeginn wurden nicht kriegswichtige Bauten nach und nach eingestellt und nur noch Bauten für die Wehrmacht und für die Kriegsindustrien fortgeführt. Zahlreiche Um- und Neubauten zur Steigerung der Leistungsfähigkeit wurden in Angriff genommen, vor allem in Rangierbahnhöfen und Bahnbetriebswerken. Dazu kam der Ausbau und Neubau von Bahnstrecken. Viele Aufgaben erwuchsen der Reichsbahn durch den Anschluß neuer Kriegsindustrien, sowie durch die Erweiterung und Verlagerung von Industrieanlagen. Zu allen Planungen und Bauausführungen von Wehrmachtstellen mußte die Zustimmung der Bahnbevollmächtigten eingeholt werden. Eine der wichtigsten Baumaßnahmen für den Betrieb war die Schaffung der vielen Verbindungskurven zur Umfahrung von Bahnknoten. Um die Planungen der Industrie frühzeitig zu erfahren und sie mit den betrieblichen Möglichkeiten abstimmen zu können, stellte die Reichsbahn den Oberreichsbahnrat Fechter als Sonderbeauftragten zur Reichsgruppe Industrie ab[3]. Sehr umfangreiche Bauaufgaben brachte dann die Wiederherstellung und der Ausbau von Bahnanlagen in den besetzten Gebieten, vor allem im Osten. Hierzu

[36] Einzelheiten Seite 310 f.
[37] RGBl. 1940 I, S. 232.
[1] Nach Halder fehlten in Deutschland pro Monat 600 000 Tonnen Stahl. Halder-KTB Bd. I, 29. 9. 1939.
[2] Siehe Seite 249; Erlaß des Generalbevollmächtigten für die Bauwirtschaft (Todt) vom 9. 12. 1938; vgl. Niederschrift über die 71. Präsidentenkonferenz der Deutschen Reichsbahn am 19. 5. 1939.
[3] Vgl. Niederschrift über die 76. Präsidentenkonferenz der Deutschen Reichsbahn am 19. 3. 1940.

kamen im Verlauf des Krieges viele Luftschutzbauten und nicht zuletzt die Beseitigung der Luftkriegsschäden an Bahnanlagen.

Bereits vor dem Kriege mangelte es in Deutschland an Arbeitskräften und Baustoffen, vor allem an Stahl, Holz und Zement. Es kam zu einer vollständigen Bewirtschaftung fast aller Baustoffe, die ihre Verwendung von einer Zuteilung abhängig machte. Zum Bezug der kontingentierten Baustoffe waren nur die sogenannten Baustoffkontingentträger, zu denen auch das Reichsverkehrsministerium gehörte, berechtigt. Besonders schwer waren Stahlkontingente zu erhalten, da diese vorwiegend der Rüstungsindustrie zur Verfügung gestellt wurden. Der Generalbevollmächtigte für die Regelung der Bauwirtschaft hatte Ende 1938 eine Dringlichkeitsliste für Bauvorhaben herausgegeben, bei der der Verkehr erst an fünfter Stelle stand. Alle Versuche der Reichsbahn um eine höhere Einstufung hatten keinen Erfolg[4]. Ohne Genehmigung des Generalbevollmächtigten für das Bauwesen konnte die Reichsbahn keine größeren Bauten in Angriff nehmen[5]. 1943 übertrug der Generalbevollmächtigte für das Bauwesen seine Befugnisse dem Hauptausschuß Bau, der aus Vertretern der Bauindustrie bestand. Ein Sonderausschuß 4 — Reichsverkehrsministerium — war für die Bauangelegenheiten der Reichsbahn zuständig. Die Einholung der Baugenehmigungen erforderte viele zeitraubende Verhandlungen und umfangreichen Schriftwechsel, durch die der Baubeginn oft stark verzögert wurde.

Die Aufstellung von Bauentwürfen wurde immer schwieriger, da die Reichsbahn viel eingearbeitetes und erfahrenes Personal an die besetzten Gebiete und an die Wehrmacht abzugeben hatte. Auch bei der Baudurchführung machte sich der Personalmangel empfindlich bemerkbar. Außerdem standen nicht immer rechtzeitig leistungsfähige Baufirmen zur Verfügung. Am 23. 4. 1940 hat der Ministerrat für die Reichsverteidigung eine Verordnung mit Gesetzeskraft[6] über die Durchführung kriegswichtiger Vorhaben der Deutschen Reichsbahn herausgegeben, nach der die anerkannten Bauvorhaben als festgestellt[7] galten und dafür benötigtes Gelände in Anspruch genommen werden konnte. Ebenfalls im April 1940 wurde die Bauabteilung (E II A) im Reichsverkehrsministerium, die bis dahin eine Unterabteilung der Betriebsabteilung (E II) war, der Bedeutung des Bauwesens im Kriege entsprechend eine selbständige Abteilung (E IV)[8].

Oberbauwesen

Wesentliche Voraussetzung für die Erfüllung der Kriegsaufgaben war ein leistungsfähiges Streckennetz bis unmittelbar zu den vorrückenden Fronten. Das Schienennetz der Deutschen Reichsbahn befand sich bei Kriegsbeginn in einem ausreichenden Unterhaltungszustand, wenn auch ziemliche Erneuerungsrückstände vorhanden waren. Sein Ausbau und seine Unterhaltung im erweiterten Machtbereich erforderte größte Anstren-

[4] Vgl. Niederschrift über die 71.Präsidentenkonferenz der Deutschen Reichsbahn am 19. 5. 1939.
[5] Vgl. Erlaß des Generalbevollmächtigten für die Regelung der Bauwirtschaft (Todt) Nr. GB XVII/033, betr. Dringlichkeitsbescheinigungen vom 20. 1. 1940, Unterlagensammlung des Verfassers.
[6] RGBl. 1940 I, S. 731 u. RGBl. 1940 I, S. 742.
[7] Nach § 27, Reichsbahngesetz vom 4. 7. 1939.
[8] Erlaß Oph vom 25. 4. 1940, gedruckt in: Die Reichsbahn, Jg. 1940, S. 181 f.

gung bei der Beschaffung der erforderlichen Oberbaustoffe und Arbeitskräfte. Reserven für einen Krieg in diesem Ausmaß waren nicht vorhanden. Zur Gewinnung der nötigen Oberbaustoffe mußten minderwichtige Gleise abgebaut werden[9]. Ein Teil der benötigten Stoffe wurde bei der S. N. C. F. ausgebaut[10]. Die anfallenden Altstoffe wurden so weit als möglich aufgearbeitet und in Nebengleisen eingebaut. Wegen Mangel an guten Imprägnierungsstoffen konnten die Holzschwellen oft nur unbehandelt oder salzgetränkt verlegt werden. Um den Aufwand im Oberbau zu mindern, wurden verschiedene Bestimmungen der Oberbauvorschrift vereinfacht. Eine weitere umfangreiche Aufgabe, an der auch die Reichsbahn mitwirkte, war die Umspurung der Gleise in Rußland, wo die Schienen allgemein auf Holzschwellen lagen.

Fernmeldewesen

Ein gut ausgebautes und leistungsfähiges Nachrichtennetz gehört zu den wichtigsten Hilfsmitteln für die Betriebsleitung und Betriebsführung. Bereits vor dem Kriege sind die Nachrichtenmittel der Deutschen Reichsbahn den ständig zunehmenden Verkehrsbedürfnissen angepaßt und hervorragend ausgebaut worden. Außerdem hatte der Luftschutz ein eigenes Fernsprechnetz erhalten. Über den normalen Bedarf hinaus waren Vorräte an Stoffen und Geräten nicht vorhanden. Nur für die Wiederherstellung von zerstörten Anlagen gab es einige mobmäßig vorbereitete Fernsprechbaukolonnen. Die Anforderungen an die Nachrichtenmittel nehmen im Kriege gewaltig zu. Neben den Unterhaltungsarbeiten konnte das Nachrichtennetz der Deutschen Reichsbahn in beachtlicher Weise verbessert werden. Der Zugleitungsapparat und der Luftschutzwarndienst benötigten zusätzliche Sprechmöglichkeiten. Voraussetzung für die Genehmigung von Verdunklungserleichterungen war die Möglichkeit des sofortigen Widerrufes. Zu diesem Zweck wurden auf den großen Bahnhöfen Sammelwarnanlagen eingerichtet, mit denen von einer Stelle eines Bahnhofes aus allen in Frage kommenden Stellen Warnungen und Verdunklungsbefehle übermittelt werden konnten. Nahezu 8 000 Kilometer Streckenfernmeldekabel wurden verlegt. In diesen Zahlen ist das 1 500 Kilometer lange Kabel Lemberg—Stalino nicht enthalten. In den hinzugekommenen Gebieten, vor allem im Osten, benötigte die bewegliche Betriebsführung besondere Installationen, die einen erheblichen Material- und Personalaufwand erforderten. Im Jahre 1941 wurde mit dem Bau von 19 volltreffersicheren Fernmeldegebäuden begonnen, von denen 14 in Betrieb genommen werden konnten. Wie wichtig diese Maßnahme war, zeigt der Umstand, daß neun Basaknoten vor Fertigstellung dieser neuen Fernmeldegebäude stark angeschlagen waren. Bei den vielen Außenarbeiten an Kabeln und Freileitungen kamen zusätzlich Bauzüge zum Einsatz. Als Ersatz für den Ausfall von Basaanlagen wurden einige fahrbare Basaanlagen gebaut[11]. Diese waren auf Lastkraftwagen und in D-Zugwagen installiert. Bei der Wiedereinrichtung und Verlegung von ausgebombten Dienst-

[9] Erlaß RVM 81 Stv 264 vom 10. 1. 1940 und 61 Stv vom 9. 4. 1940, Abschrift in Unterlagensammlung des Verfassers.
[10] Vgl. Durand, S. 216—220.
[11] Quark, S. 17 f.

stellen mußten schnellstens Ersatzverbindungen geschaffen werden. Nachdem 1944 immer mehr Störungen im Nachrichtennetz eintraten, mußten zahlreiche Sprechstellen abgeschaltet[12] und wichtige Verbindungen, die nur den Vermittlungen bekannt waren, auf Sonderziffern geschaltet werden. Für eilige und wichtige Betriebsgespräche und Fernschreiben führte man Dringlichkeitsstufen ein. Durch Mithören wurden unnötig lange Gespräche gekürzt und Privatgespräche sofort abgeschaltet. Im wesentlichen war die Reichsbahn auf Drahtverbindungen angewiesen. Erst in den letzten Kriegsmonaten gestattete ihr die Wehrmacht drahtlosen Nachrichtenverkehr[13]. Für Funkverbindungen, die beim Ausfall von Drahtverbindungen hätten gute Dienste leisten können, fehlten oft die erforderlichen Frequenzen.

Signalwesen

Umfangreiche Aufgaben hatte der Signaldienst vor allem in Rußland zu bewältigen, wo viele Stellwerke zerstört und Signalbaustoffe abtransportiert worden waren. Das russische Signalsystem war unbekannt, Planunterlagen waren beiseite geschafft worden. Vielfach mußte man sich mit provisorischen Wiederherstellungen behelfen. Es wurden auch ganz neue Anlagen eingerichtet, da mit einem Verlust der besetzten Gebiete nicht gerechnet wurde. Die Signalbaustoffe dafür mußten nahezu ausschließlich aus dem Reich beschafft werden.

Die Signalanlagen im Reich erlitten durch den Bombenkrieg schwere Schäden. Ausgefallene Stellwerke mußten vielfach durch behelfsmäßige Einrichtungen mit Stellböcken und Schlüsselwerken ersetzt werden. Zur raschen Beseitigung von Schäden wurden bewegliche Wiederherstellungstrupps eingesetzt. Insgesamt waren im Kriege 168 Stellwerkbauzüge eingerichtet worden. In geringem Umfang kamen vom Zentralamt Berlin und den Vereinigten Eisenbahnsignalwerken entwickelte fahrbare elektrische Stellwerke zum Einsatz[14]. Einen schweren Schlag erhielt der Signaldienst durch die Vernichtung der alleinigen Fertigungsstätte für elekrische Stellwerke, der Vereinigten Eisenbahnsignalwerke in Berlin-Siemensstadt am 30. 1. 1944. Hierdurch war die gesamte Fertigung elektrischer Stellwerke und der neuentwickelten Techniken lahmgelegt. Im gleichen Jahr mußte auch die induktive Zugbeeinflussung stillgelegt werden.

Ende 1942 hat die Planungsabteilung des Chefs des Transportwesens ein Signalbuch (SBFeld) herausgegeben[15], an dessen Stelle später das von der Generalverkehrsdirektion Osten herausgegebene Signalbuch für die besetzten Ostgebiete (SBOst) trat.

Luftschutzbauten

Bei Kriegsbeginn waren die baulichen Luftschutzmaßnahmen noch keineswegs abgeschlossen. Besonders im Westen des Reiches und dann auch im übrigen Reichsgebiet

[12] Vgl. Erlaß 60.605 Sftfs 1120 vom 2. 4. 1944 und 60.605 Sfb 18 vom 22. 4. 1944, Unterlagensammlung des Verfassers.

[13] Quark, S. 18.

[14] Während des Krieges wurden ungefähr 100 fahrbare Stellwerke in Mci-Wagen eingebaut.

[15] Bearbeitet wurde das Signalbuch durch die Feldbetriebsleitung beim Chef des Transportwesens in Warschau.

wurden sie mit Nachdruck weitergeführt und ergänzt. In den Dienstgebäuden wurden Splitterschutzzellen aus Stahl und im Freien kleine Betonbunker aufgestellt. Für den Schutz der Reisenden auf den Bahnhöfen sorgten Splitterschutzräume in den Bahnsteigunterführungen, ausgebaute Kellerräume und nahegelegene Deckungsgräben. Alle diese Maßnahmen reichten für die Unterbringung größerer Menschenmengen nicht aus. Es lief ein größeres Schutzprogramm, das sogenannte „Führersofortprogramm“ an. Dabei entstanden große Schutzräume mit einem Fassungsvermögen bis zu 5 000 Personen. In gebirgigem Gelände wurden auch Stollen vorgetrieben und vorhandene Bergwerkstollen zu Luftschutzräumen umgestaltet. Wegen der Zunahme der Sprengwirkung der Bomben mußten während des Krieges die Decken und Wände vieler Luftschutzräume verstärkt werden. Als volltreffersicher galten fortan nur Stahlbetondecken von vier bis fünf Meter Dicke.

Wiederherstellung von zerstörten Bahnanlagen

Durch die Bombardierung entstanden immer umfangreichere Schäden an den Bahnanlagen, deren Beseitigung für die Aufrechterhaltung des Betriebes von entscheidender Bedeutung war. Ein enormer Einsatz an Arbeitskräften und Baustoffen, der die übrige Bautätigkeit immer mehr einschränkte, war erforderlich. Auf manchen Bahnhöfen arbeiteten mehrere Tausend Arbeiter an der Instandsetzung. Die Reichsbahn erhielt bei den Instandsetzungsarbeiten durch die Organisation Todt und durch die Wehrmacht und die Parteiorganisationen tatkräftige Unterstützung. Auch Kriegsgefangene wurden bei diesen Arbeiten eingesetzt. Das Fehlen leistungsfähiger Großbaugeräte wie Bagger, Planierraupen, Kipper und dergl. hemmte die rasche Wiederherstellung zerstörter Bahnanlagen. Die Amerikaner waren uns auf diesem Gebiete mit ihren Arbeitskräfte sparenden Planierraupen und Bulldozern weit voraus.

Brückenbau

Der Brückenbau spielte im Kriege eine hervorragende Rolle. Um die Vormärsche aufzuhalten, waren von den Gegnern eine Unzahl von Bauwerken, angefangen von kleinen Durchlässen bis zu den größten Strombrücken, gründlich zerstört worden. Wohl nirgends kommt die zerstörerische Wirkung des Krieges so augenfällig zum Ausdruck wie bei der Sprengung von Eisenbahnbrücken. Ihre schnelle Wiederherstellung war von größter Bedeutung für die Kampfführung und in erster Linie Aufgabe der Eisenbahnpioniere. Da die Zahl ihrer Formationen nicht ausreichte, wurde auch die Reichsbahn mit ihren Stahlbauzügen, die Organisation Todt und viele Privatfirmen an der Wiederherstellung beteiligt. Auch das vorhandene und erbeutete Kriegsbrückengerät war mengenmäßig unzureichend, so daß viele Brücken zunächst behelfsmäßig wiederhergestellt werden mußten, was die Bauzeiten erheblich verlängerte. Kleinere Brücken wurden durch Stahlträger — vorzugsweise durch Peine-Träger bis zu einer Höhe von 100 cm und 33 m Länge — auf alten Widerlagern oder Schwellenstapeln ersetzt. Bei größeren Brücken verwendete man nach Möglichkeit die gesprengten Teile zum Wiederaufbau.

Während des Krieges entwickelte die deutsche Stahlindustrie im Auftrag der Wehrmacht und des Reichsverkehrsministeriums die Kriegsbrücken MZ, SZ, SKR 3 und SKR 6[16]. Von diesen haben sich die Kriegsbrücken SKR 3 (Schaper-Krupp-Reichsbahn) und SKR 6 besonders bewährt. Zur Einsparung von Material wurden 1943 die Berechnungsmethoden für Stahlbrücken durch Verringerung der Belastbarkeitsreserven geändert[17].

In Rußland mußten die Brücken besonders gegen Hochwasser und Eisgang gesichert werden. Mangels ausreichender Erfahrungen gab es dabei manche folgenschweren Überraschungen. So wurden u. a. am 13. 4. 1942 die Dubrowenka-Brücke in der Strecke Mogilew—Shlobin, am 15. 4. 1942 die Welikajabrücke in der Strecke Walk—Pleskau und am 16. 4. 1942 die Worsklabrücke in der Strecke Krementschug—Poltawa nachhaltig unterbrochen. Im letzten Kriegsjahr erlitten auch im Reich wichtige Brücken und Viadukte Zerstörungen[18], deren Wiederherstellung nur teilweise und unter allergrößten Anstrengungen gelang.

Die Kriegsgeschichte hat zahlreiche Beispiele hervorragender technischer Leistungen bei der Wiederherstellung von Brücken aufzuweisen. Sie im einzelnen aufzuführen, ginge über den Rahmen des Buches hinaus. Auch die Russen und Amerikaner haben bei ihren Vormärschen überraschend gute Leistungen vollbracht.

Die umfangreichsten Bauaufgaben waren im Generalgouvernement und in Rußland durchzuführen. Vom Chef des Transportwesens wurde 1940 das sogenannte Ottoprogramm zur Steigerung der Strecken- und Ausladeleistungen für einen Aufmarsch gegen die Sowjetunion befohlen[19]. Weit größere Aufgaben waren dann in Rußland durchzuführen, wo die Russen ihre Bahnanlagen entgegen den Erwartungen der Wehrmacht in einem kaum vorstellbaren Maße zerstört und geräumt hatten. Nach dem vorweg durchgeführten Sofortprogramm wurden in Rußland drei weitere kurzfristige Bauprogramme[20], der Ostbau 1942, der Winterostbau 1942/43 und der Ostbau 1943 durchgeführt, an deren Ausführung sich auch die Organisation Todt und im Bereich der Feldeisenbahnkommandos die Eisenbahnpioniere beteiligten[21]. Im Ostbau 1942 war im wesentlichen die Wiederherstellung noch nicht betriebener Strecken im rückwärtigen Gebiet, die Leistungssteigerung und der wintersichere Ausbau der schon wiederhergestellten Strecken vorgesehen. Für dieses Programm wurden rd. eine Million Tonnen Stahl verbraucht[22]. Im Winterostbau 1942/43 forderte der Chef des Transportwesens in der Hauptsache Baumaßnahmen zur Erhöhung der Streckenleistungen im Süd- und Südostraum. Die Arbeiten der Ostbauprogramme wurden teilweise durch Arbeitermangel erheblich erschwert, da Organe des Generalbevollmächtigten für den Arbeits-

16 Vgl. Giehrach, S. 49 f; Petter, S. 263; Lange, S. 66 f; Leeb, S. 49.

17 Erlaß RVM 72 Jbt 14 vom 21. 1. 1943, betr. Zulassung schwerer Lokomotiven auf Brücken, Unterlagensammlung der DB in Nürnberg, Anlage 29.

18 Siehe Seite 184 ff.

19 Siehe Seite 115, Einzelheiten vgl. Pottgießer, S. 21—23.

20 Sofortprogramm: 14. 1.—1. 5. 1942; Ostbau 1942: 1. 5.—1. 10. 1942; Winterostbau 1942/43: 1. 10. 1942—1. 5. 1943; Ostbau 1943: 1. 5.—1. 9. 1943.

21 Einzelheiten bei Pottgießer, S. 38—48.

22 Klein, S. 39.

einsatz (Sauckel) Arbeiter von den Baustellen der Reichsbahn abzogen[23]. Zur wirtschaftlichen Erschließung der Ukraine hatte die Reichsbahn ein umfangreiches Netz von Schmalspurbahnen mit verschiedenen Spurweiten in Angriff genommen[24]. Im Bereich der Reichsverkehrsdirektionen Kiew und Dnjepropetrowsk waren 36 Feldbahnen von 1 910 km Länge und verschiedenen Spurweiten geplant. Von diesem Bauprogramm wurde nur ein Bruchteil provisorisch fertiggestellt. Die Eisenbahnpioniere bauten im Osten mehrere hundert Kilometer Heeresfeldbahnen[25].

9. Der Betriebsmaschinendienst im Kriege

In erster Linie hatte der Betriebsmaschinendienst für den Lokomotiveinsatz, d. h. die Gestellung der Lokomotiven durch die Bahnbetriebswerke, sowie für die Regelung und Überwachung des Lokomotivlaufes durch besondere Organe zu sorgen. Gute Betriebsleistungen, flüssige Betriebsabwicklung und Zuverlässigkeit der Beförderung hängen weitgehend von der ausreichenden und rechtzeitigen Bespannung der Züge ab. Vorbereitung und laufende Unterhaltung der Lokomotiven sowie deren einfachere Ausbesserungen gehörten zu den Aufgaben der Bahnbetriebswerke, die der Personen-, Gepäck- und Triebwagen zu denen der Bahnbetriebswagenwerke. Die Untersuchung und Ausbesserung beschädigter Fahrzeuge geschah im allgemeinen in den Ausbesserungswerken.

Bei Kriegsbeginn war der Betriebsmaschinendienst ebenso voll ausgelastet wie der Betriebsdienst. Es standen rd. 20 800 betriebsfähige Dampflokomotiven und 800 elektrische Lokomotiven zur Verfügung. Der Ausbesserungsstand, d. h. die Zahl der nicht einsatzfähigen Lokomotiven, betrug in den ersten Kriegsjahren rd. 20 Prozent[1]. Anfang 1942 war er auf über 25 Prozent angestiegen[2]. Während des Krieges traten aus verschiedenen Gründen Bespannungsschwierigkeiten von zeitlich unterschiedlichem Ausmaß auf. Um die steigenden Anforderungen des Betriebes erfüllen zu können, mußten organisatorische und technische Mittel und Wege zur Leistungssteigerung angewendet werden, denn neue Lokomotiven konnten in kurzer Zeit nicht beschafft werden. In zahlreichen Lokomotivbehandlungsanlagen wurden bauliche Verbesserungen vorgenommen, die zu einer Verkürzung der Lokomotivbehandlungszeiten beitrugen. Zur Vereinfachung der Lokomotivunterhaltung teilte man den Bahnbetriebswerken möglichst gleichartige Lokomotiveinheiten zu. Daneben ging eine Vereinfachung der Unterhaltungsvorschriften einher.

[23] Hitler-Speer-Konferenz am 13./14. 10. 1942, Punkt 37, S. 198.

[24] Vgl. Niederschrift über die 87. Präsidentenkonferenz der Deutschen Reichsbahn am 11. 9. 1942; Pottgießer, S. 67. Dort sind höhere Zahlen angegeben. — Übersicht des Bevollmächtigten der Reichsbahn für die Organisation des Güterzubringerverkehrs in den besetzten Ostgebieten vom 30. 3. 1943, Unterlagensammlung des Verfassers.

[25] Siehe Seite 149, 157, 172 u. 174.

[1] Koppelmann, S. 5.

[2] Aufzeichnung einer fernmündlichen Mitteilung der Gruppe L an Mineis (L) beim Transportchef am 5. 3. 1942, Aufzeichnungen des Verfassers.

Für den optimalen Lokomotiveinsatz und für die überbezirkliche Verteilung der Bespannungsaufgaben sorgten bei jeder Oberbetriebsleitung je zwei Dezernenten und eine Gruppe mit den erforderlichen Bürokräften und Kontrolleuren[3]. Sie befaßten sich vor allem mit dem Lokomotivausgleich zwischen den Reichsbahndirektionen, mit der Bereinigung der Lokomotivtypen und mit dem Ausbau der Lokleitungen. Der Lokomotivdienst bei den Oberzugleitungen und Zugleitungen erhielt Verstärkung. Auch in den Bahnbetriebswerken wurden mehr Aufsichtskräfte eingesetzt. Durch die zeitlich und örtlich wechselnden Verkehrsströme änderten sich die Bespannungsaufgaben der Bahnbetriebswerke fortwährend, oft mußten sie überbezirklich gelöst werden.

Die allein schon durch hohe Betriebsforderungen schwierig gewordene Lokomotivlage verschärfte sich durch Betriebsschwierigkeiten zusehends. Zum echten Lokomotivmangel kam der unechte, hervorgerufen durch stockenden Zuglauf. Auch der Ausfall von Kleinlokomotiven im Rangierdienst wegen Mangel an Dieselöl machte sich störend bemerkbar. Ab Sommer 1942 konnte hier die Lage durch Einführung der Holzvergasung gemildert werden. Vorübergehende Einschränkungen des Reiseverkehrs brachten meist nur wenig Erleichterung für den Betriebsmaschinendienst, da die dort eingesetzten Lokomotiven für die Güterzugbespannung nicht geeignet waren[4].

Zur Besserung der Lokomotivlage wurden die Loklangläufe aufgegeben[5], Einheiten von Lokomotivpersonal und Zugpersonal gebildet und gemeinsame Umlaufpläne für Lokomotiven und Packwagen eingeführt. Die Auslastung der Güterzüge bekam Vorrang, vor dem Wagenumlauf. Bei stockendem Verlauf mußten Güterzüge rechtzeitig, d. h. spätestens nach zwei Stunden abgespannt werden.

Von größter Bedeutung war die Anwendung des zweckmäßigsten Bespannungsverfahrens[6], d. h. die Zuteilung der Bespannungsaufgaben an die Bahnbetriebswerke. Während der großen Betriebsschwierigkeiten und dem dadurch entstandenen wilden Lokomotivumlauf kam im Februar 1942 das sogenannte Kreislaufverfahren zur Anwendung, bei dem der Lokomotivumlauf nicht mehr an den Güterzugfahrplan gebunden war[7]. Dieses Verfahren brachte allerdings nur dann Vorteile, wenn die Lokomotiven planmäßig, d. h. ohne Verspätung fahren konnten. Beim Kreislaufverfahren nahmen die Lokomotiven die Züge mit, die gerade verhanden waren. Wenn keine Last da war, fuhren die Lokomotiven leer. Beim Kreislaufverfahren konnten die vorgesehenen Wagenübergänge in den Rangierbahnhöfen nicht mehr eingehalten werden. Dadurch entstanden zeitweise betriebliche Schwierigkeiten (Rückstau). Aus diesem Grunde mußte das Kreislaufverfahren im Herbst 1942 wieder aufgegeben werden. An seine Stelle trat die freie Lokomotivverwendung. Im Jahre 1943 hatte sich die Lokomotivlage durch die

[3] Erlaß 2 Obl vom 13. 2. 1940, Unterlagensammlung des Verfassers; Gbl 3 Ogd (Obl) 2 vom 24. 2. 1940, gedruckt in: Die Reichsbahn Jg. 1940, S. 97

[4] Vgl. Erlaß RVM 25 a Bl. 160 vom 4. 8. 1940, Abschrift in Unterlagensammlung des Verfassers.

[5] Erlaß 26 Baü 145 vom 8. 4. 1941.

[6] Zorn, S. 262—266; Friedrich, K., S. 6, dazu Abb. 1 u. 5; Osthoff, S. 5; über die Bespannungsregelung in Rußland vgl. Pottgießer, S. 50 f.

[7] Vgl. Richtlinien für die Durchführung des Verfahrens zur Bekämpfung von Betriebsunregelmäßigkeiten und der Lokschwierigkeiten, abgek. Bezeichnung: Kreislaufverfahren. Ausgabe Januar 1942, herausgegeben von der Reichsbahndirektion Breslau.

Neubeschaffungen und erhöhten Reparaturleistungen gebessert, bis sie dann durch Luftangriffe wieder verschärft wurde. Wegen der vielen Angriffe auf die Betriebswerke gestaltete sich bei Betriebsschwierigkeiten und bei besonderen Betriebsleistungen die Umdisponierung von Lokomotiven und die damit verbundene Unterbringung und Verpflegung der Lokpersonale immer schwieriger. Deshalb gab man ab Frühjahr 1944 die Umdisposition von Lokomotiven auf und übertrug planmäßig festgelegte Lokomotivleistungen notleidender Bahnbetriebswerke teilweise oder ganz auf Nachbarbetriebswerke, die wiederum in ähnlicher Weise entlastet werden konnten. Solche Maßnahmen waren stufenweise vorbereitet worden und konnten kurzfristig in Kraft gesetzt werden[8].

Um den Schadbestand an Lokomotiven und Wagen zu senken, verlegte man die Beseitigung kleinerer Schäden auf die Bahnbetriebs- und Bahnbetriebswagenwerke. Damit fielen die zeitraubenden Wege von und zu den Ausbesserungswerken weg. Eine weitere, allerdings zweischneidige Maßnahme zur Leistungssteigerung war die Verlängerung der bahnamtlichen Untersuchungsfristen.

Der Waffenstillstandsvertrag mit Frankreich und Belgien verpflichtete die beiden Länder zur Abgabe von 3 000 Lokomotiven[9]. Diese Hilfe brachte im Reich nur vorübergehend Erleichterungen, da im Jahre darauf in größerem Umfang deutsche Lokomotiven in Rußland eingesetzt werden mußten. Einige wenige Lokomotiven hatten die Schweizerischen Bundesbahnen (SBB) an die Reichsbahn ausgeliehen. Sie wurden Ende 1944 und Anfang 1945 wieder zurückgegeben[10].

Der zunehmende Luftkrieg ab 1942 erforderte neue Maßnahmen, wie die gelockerte Aufstellung der Lokomotiven und Reisezugwagen, die Anlage von Ausweichbetriebswerken, Notanlagen für Bewässerung und Bekohlung, sowie die Bildung von Einsatzreserven — Lokzüge — für besondere Betriebsforderungen. Die Lokzüge bestanden aus 8—10 Lokomotiven, denen Wohn-, Büro-, Schlaf- und Waschwagen beigestellt waren. Ihr Einsatz erfolgte überbezirklich durch die Generalbetriebsleitungen[11].

Die Ausfälle an Lokomotiven und Wagen durch den Luft- und Partisanenkrieg waren sehr hoch. Genaue Statistiken darüber sind nicht mehr vorhanden. Trotz größter Anstrengungen konnte die Wiederherstellung mit den Zerstörungen nicht mehr Schritt halten.

Die ungewöhnlichen Betriebsverhältnisse, das Fahren bei Fliegeralarm und durch Partisanengebiete stellte hohe Anforderungen an die Ausdauer und den Mut des Lokomotivpersonals, das oft weit über die festgesetzten Dienstzeiten hinaus unterwegs war und nie wußte, ob und wann es unversehrt zu seiner Dienststelle zurückkommen würde.

Zu den Aufgaben des Betriebsmaschinendienstes gehörte auch die schnelle Beseitigung von Unfallfolgen bei Zusammenstößen und Entgleisungen, sowie die Wegräumung von

[8] Siehe Seite 245.

[9] Da deren Ausbesserungsstand aber 35 Prozent gegenüber dem Regelausbesserungsstand der Reichsbahnlokomotiven von 15 Prozent beträgt und die Leistungsfähigkeit der Leihlokomotiven wesentlich unter der der deutschen Lokomotiven liegt, entspricht ihr Betriebswert bei weitem nicht ihrer Anzahl. Schreiben RVM 26 g/Baü 43 vom 27. 8. 1941, BA — MA Freiburg i. Br., W 01—8/27.

[10] Die in der „Neuen Zürcher Zeitung" vom 23. 3. 1969 ausgesprochene Vermutung über den Einsatz dieser Lokomotiven in Rußland ist nicht zutreffend.

[11] Koppelmann, S. 11.

Fahrzeugtrümmern nach Luftangriffen. Bei den umfangreichen Bauarbeiten waren häufig Kräne nötig, deren Einsatz deshalb intensiviert und von den Generalbetriebsleitungen überbezirklich gesteuert wurde. Zur Beseitigung der vielen Fahrzeugtrümmer, die bei Bombardierungen anfielen, wirkten ab Herbst 1943 von Ausbesserungswerken ausgerüstete und bemannte Aufräumungszüge mit, um eine schnellere Wiederaufnahme des durchgehenden Betriebes auf gestörten Strecken und Bahnhöfen zu ermöglichen.

Im Gegensatz zu einigen anderen europäischen Ländern hatte der elektrische Bahnbetrieb im Reich nur geringen Umfang, wie der nachstehende Vergleich aus dem Jahre 1940 zeigt.

	Gesamtstreckenlänge	davon elektrisch	%
Deutsches Reich	60 300	3 634	6
Schweiz	3 000	2 220	73,3
Italien	17 085	5 083	29,5
Schweden	7 455	3 876	52

Die Reichsbahn durfte aus militärischen Gründen nur in geringem Umfang elektrifizieren. Der Generalstab war der Auffassung, daß elektrischer Betrieb aus Gründen der Sicherheit nicht zu vertreten sei[12]. Für die wenigen elektrisch betriebenen Strecken hatte der Generalstab des Heeres weitgehende Sicherheitsmaßnahmen für Störungsfälle auferlegt. Die für die Dampfzugförderung erforderlichen Anlagen und Lokomotiven mußten weiterhin vorgehalten werden. Im Jahre 1941 hat die Reichsbahn ein Sofortprogramm von 1 538 km und ein Fünfjahresprogramm aufgestellt, das weitere 1 930 km umfaßte. Der Chef des Transportwesens hat der Verwirklichung dieses Programms nicht zugestimmt[13].

Der elektrische Betrieb hat sich im Luftkrieg nicht immer so störanfällig gezeigt, wie dies zunächst erwartet worden war. Die Wiederherstellung des Oberbaues und von Brücken dauerte oft länger als die der Fahrleitungen. Beim Ausfall von Unterwerken versuchte man die Stromversorgung durch Einsatz von fahrbaren Unterwerken aufrechtzuerhalten. Dies war besonders auf der Brennerstrecke der Fall.

10. Das Werkstättenwesen im Kriege

Die amtliche Untersuchung der Schienenfahrzeuge und die Ausbesserung beschädigter Lokomotiven und Wagen gehört überwiegend zu den Aufgaben der Ausbesserungswerke. Auch an das Werkstättenwesen wurden im Kriege hohe Anforderungen gestellt. Durch den vergrößerten Fahrzeugpark und den steigenden Anfall an Schadlokomotiven und Schadwagen nahm auch der Arbeitsumfang in den Ausbesserungswerken erheblich zu. Deshalb mußten die vorhandenen Lokomotiven und Wagen auf schnellstem Wege repariert werden. Zwecks Arbeitsverminderung wurden die Vorschriften für die amt-

[12] Vgl. Schneider, Albert, S. 93 f.

[13] Vgl. Vortragsnotiz der Planungsabteilung des Chefs des Transportwesens vom 13. 4. 1944, Unterlagensammlung des Verfassers.

lichen Untersuchungen gelockert[1]. Die Leistungen der Ausbesserungswerke konnten im Kriege erheblich gesteigert werden. Von 1940 bis 1943 stieg die monatliche Ausbesserungsleistung von Schadlokomotiven von 650 auf 1 650 und die der Schadwagen von 18 000 auf 35 000 Wagen[2]. Neben den üblichen Arbeiten hatten die Ausbesserungswerke zahlreiche Sonderleistungen auszuführen, wie die Einrichtung von Lazarettzügen, Bau- und Werkstattzügen, die Winterausrüstung von Lokomotiven und andere.

Solange die Werkstätten in den besetzten Gebieten noch nicht instand gesetzt waren, wurden die Ausbesserungswerke im Reich herangezogen. Da diese bereits voll beschäftigt waren, mußten die Ausbesserungswerke in den besetzten Gebieten so schnell wie möglich in Gang gebracht werden.

Im Feldwerkstättendienst verfügten die Feldeisenbahnkommandos über je eine Werkstättengruppe, die im Aufbau etwa einer Geschäftsführenden Direktion für das Werkstättenwesen entsprach. Den Werkstättengruppen unterstanden die Feldwerkstättenabteilungen (FWAbt). Ihre technische Ausrüstung war freilich sehr einfach.

In der zweiten Kriegshälfte verschlechterte sich die Lage im Werkstättenwesen zusehends, weil durch den Luftkrieg nicht nur die Zahl der Sonderfahrzeuge stark zunahm, sondern auch die Werke immer mehr bombardiert wurden. Besonders im Westen und Süden des Reiches waren fast alle Ausbesserungswerke mehr oder weniger stark angeschlagen[3]. Zeitweise wurden die Ausbesserungsleistungen durch starken Mangel an Arbeitskräften beeinträchtigt.

In den westlichen und südöstlichen Ländern ging die Wiederingangsetzung der Ausbesserungswerke nach der Besetzung verhältnismäßig rasch vonstatten. Anders war die Lage im Osten, wo die meisten Werke geräumt oder nachhaltig zerstört waren. Es dauerte geraume Zeit, bis die Werke wieder eingerichtet und leistungsfähig waren. Bis dahin wurde die Instandsetzung von Schadfahrzeugen unter Inkaufnahme langer Transportwege im Reich durchgeführt. Zur Bewältigung des großen Anfalles an Reparaturen wurden vier Ausbesserungswerke aus dem Reich in den Osten verlegt[4]. Ihre fehlende Kapazität übernahmen andere Werke, deren Leistung inzwischen gesteigert worden war. Trotz dieser Verlegung mußte immer noch eine große Anzahl von Lokomotiven im Reich und im Generalgouvernement ausgebessert werden. Der Schadlokbestand in den besetzten Ostgebieten war durchweg höher als im Reich[5].

Im April 1942 gründete der Reichsminister für Bewaffnung und Munition innerhalb des Hauptausschusses Schienenfahrzeuge[6] den aus 15 Reichsbahnern bestehenden Arbeitsausschuß Rationalisierung und Werkstättenbau der Reichsbahn, der am 8. 5. 1942 seine erste Arbeitstagung abgehalten hat[7]. Ziel der Anstrengungen war, den Schadlokbestand unter 20 Prozent zu senken. Die Ausbesserungswerke erhielten von Juni bis

[1] Für Reisezugwagen mit Erlaß RVM 30 Fav 243 vom 28. 5. 1942.
[2] Drechsler (2), S. 4—6 u. 15—19; vgl. Hitler-Speer-Konferenz am 23.—25. 5. 1942, Punkt 7, S. 125 f.
[3] Vgl. Niederschrift über die 37. ZVL-Sitzung am 1. 6. 1944.
[4] Vgl. Drechsler (2), S. 14.
[5] Aufzeichnung des Verfassers vom 1. 8. 1942.
[6] Siehe Seite 196.
[7] Drechsler (1), S. 2 f.

August 25 000 zusätzliche Arbeitskräfte[8], und die Reparaturleistungen konnten dadurch verbessert werden[9]. Dennoch herrschte in den Werkstätten zeitweise ein erheblicher Mangel an Arbeitern, so daß nur einschichtig gearbeitet und die volle Leistungsfähigkeit nicht ausgenützt werden konnte[10].

Eine Sonderaufgabe für den Werkstättendienst im Osten war die Umspurung von erbeuteten Güterwagen. Im Juni 1942 forderte das Reichsverkehrsministerium die Umspurung von rd. 69 000 Beutewagen. Diese wurden größtenteils von eigens dafür eingerichteten Umspurungszügen, die mit einer vom Reichsbahnzentralamt Berlin entwickelten Umpreßvorrichtung ausgerüstet waren, an Ort und Stelle durchgeführt[11]. Bei der Umspurung wurden die Räder auf den zylindrischen Achsschenkeln, die keinen Ansatz hatten, um je 40 mm nach innen gepreßt.

Großen Nutzen brachten die im Osten eingesetzten Eisenbahn-Ausbesserungszüge (EAZ), die an den Brennpunkten des Betriebes vor allem in der Lokomotivausbesserung eingesetzt werden konnten. Sie verfügten über den Ersatzstückvorrat für Bedarfsausbesserungen und Beseitigung leichterer Unfall- oder Kriegsschäden. Auch im Reich wurden Güterwagen wegen der zunehmenden Auswirkungen der Luftangriffe auf die Ausbesserungswerke mehr und mehr auf Bahnhöfen unter freiem Himmel repariert[12].

Im Reichsministerium für Bewaffnung und Munition kamen immer wieder Bestrebungen auf, das Ausbesserungswesen aus der Reichsbahn herauszulösen[13]. Hauptdienstleiter Saur, Chef des Technischen Amtes im Ministerium Speer sah die Leistungsmöglichkeiten der Ausbesserungswerke als nicht voll ausgenutzt an und veranlaßte im Juni 1944 die Einsetzung einer Untersuchungskommission unter Leitung von Degenkolb. Er argumentierte, der Neubau von Fahrzeugen sei weit mehr gesteigert worden als die Ausbesserungsleistungen der Deutschen Reichsbahn. Dabei ließ er außer Betracht, daß Ausbesserungen aufwendige Spezialarbeiten sind, die nicht im gleichen Maße Rationalisierungsmöglichkeiten wie die Neuanfertigungen boten. Vermutlich waren hier noch andere Interessen im Spiel. Degenkolb forderte nachdrücklich eine von der Reichsbahn unabhängige „Reichsbahn-Ausbesserungs-Werke AG". In dieser Kriegsphase hätte dadurch sicher keine Leistungssteigerung erzielt werden können. Zu einer solchen Lösung ist es dann nicht mehr gekommen. In mehreren Reichsbahnausbesserungswerken — Dessau, Brandenburg-West und Albrechtshof in Falkensee — waren Werkstätten für die Rüstungsproduktion zur Verfügung gestellt worden.

Es ist wenig bekannt, daß der Werkstättendienst der Deutschen Reichsbahn in beachtlichem Umfang für die Instandsetzung beschädigter motorischer Wehrmachtfahrzeuge und Panzermotoren arbeitete. Während des Polenfeldzuges zeigte es sich, daß

[8] Niederschrift über die 87. Präsidentenkonferenz der Deutschen Reichsbahn am 11. 9. 1942.

[9] Vgl. Hitler-Speer-Konferenz am 23.—25. 5. 1942, Punkt 7, S. 125 f.

[10] Vgl. Ausführungen von Ganzenmüller auf der 27. ZVL-Sitzung am 5. 11. 1943 und auf der 28. ZVL-Sitzung am 26. 11. 1943; vgl. ferner Schreiben L 3 gRs Bmfa 7(g) vom 23. 10. 1944 an den Chef des Transportwesens, Abschrift in Unterlagensammlung des Verfassers.

[11] Ausarbeitung über die Feldbetriebsleitung vom April 1943, von ihrem Leiter Abteilungspräsident Dr. Ing. Köhle, Unterlagensammlung des Verfassers.

[12] Freiluftausbesserung für Güterwagen, warum und wo, o. V. In: Die Reichsbahn, Jg. 1944, S. 258.

[13] Ganzenmüller auf der 87. Präsidentenkonferenz der Deutschen Reichsbahn am 11. 9. 1942.

die schadhaft gewordenen Wehrmachtfahrzeuge nicht rasch genug instand gesetzt und einsatzfähig gemacht werden konnten. Schon damals kamen beschädigte Wehrmachtfahrzeuge zur Wiederinstandsetzung in das Reichsbahnausbesserungswerk Opladen. Im Westfeldzug verlegte man wegen der großen Transportwege von der Front von diesem Ausbesserungswerk Ende Mai 1941 eine Instandsetzungsgruppe nach Belgien[14]. Ihr folgten weitere Gruppen nach Brüssel, La Fère, St. Quentin, Paris, Douai und Le Mans. Im Juni 1942 wurden die Feldbetriebsabteilungen des Reichsbahnausbesserungswerkes Opladen und Zugkraftwagen-Instandsetzungsdienste zum Reichsbahn-Großkraftfahrzeug- und Motorendienst (Reichsbahn GK Mot) zusammengefaßt, der nun auf allen Kriegsschauplätzen arbeitete[15]. 1943 entstand die Oberleitung und Bereichsleitungen für den Reichsbahn-GK-Mot-Dienst[16]. Gegen Ende des Krieges wurde dieser Sonderdienst dem Reichsbahnzentralamt München angegliedert.

Zur Zeit der größten Ausdehnung waren vier Hauptwerke, sieben Motorenwerke und 15 Nebenwerke vorhanden. Das Personal bestand im wesentlichen aus Eisenbahnern und Soldaten, die zum Reichsbahn-GK-Mot-Dienst beurlaubt waren, ferner aus Kriegsgefangenen und aus Dienstverpflichteten[17]. Die Gesamtstärke betrug 8 000 Mann. Unterlagen über Instandsetzungsleistungen liegen nicht mehr vor. Sie waren gewiß eine fühlbare Unterstützung der Wehrmacht. Am 30. 9. 1943 hat der Chef des Oberkommandos der Wehrmacht dem Reichsverkehrsminister und den Beteiligten seinen Dank ausgesprochen und betont, daß die Wehrmacht auf die Mitarbeit des Reichsbahn-GK-Mot-Dienstes nicht mehr verzichten könne[18].

11. Das Beschaffungs- und Konstruktionswesen im Kriege[1]

Die Deutsche Reichsbahn war nach der Wehrmacht der größte Auftraggeber der deutschen Wirtschaft[2]. Die zentrale Beschaffung von Stoffen und Geräten, sowie das Konstruktionswesen gehörten zu den Aufgaben der beiden Reichsbahnzentralämter in Berlin und München. Ohne Widerspruch der Wehrmacht betrieb die Reichsbahn stets eine äußerst sparsame Vorratswirtschaft nach wirtschaftlichen Gesichtspunkten. Nennenswerte Vorräte an Stoffen und Geräten für die Betriebsführung in einem Kriege waren nicht angelegt worden.

[14] Motorenabteilung des RAW Opladen. Feldbetriebsabteilungen.

[15] Erlaß 2 Ogwa vom 29. 6. 1942, Unterlagensammlung der DB in Nürnberg.

[16] Erlaß 2 Ogwa vom ?. Juni 1943, Unterlagensammlung der DB in Nürnberg.

[17] Vgl. OKW-Chef des Wehrmachtkraftfahrwesens, Az 58c 12—IV(b), Nr. 1454/43 vom 13. 8. 1943, betr. Verwaltungsbestimmungen für den bei der Wehrmacht eingesetzten Reichsbahn-Groß-Kraftfahrzeug- und Motorenausbesserungsdienst (Rb-GK-Mot), Abschrift in Unterlagensammlung des Verfassers.

[18] Abschrift in der Unterlagensammlung des Verfassers.

[1] Die Ausführungen zu diesem Kapitel stützen sich teilweise auf eine Ausarbeitung von E. Schröder: Die zentralen Beschaffungen und Konstruktionen im Zweiten Weltkrieg, in der Unterlagensammlung der DB in Nürnberg.

[2] So sind beispielsweise für Beschaffungen, Lieferungen und sonstige Arbeitsaufträge einschl. der Neubaurechnung der Reichsbahn im Jahre 1940 der deutschen Wirtschaft unmittelbar rd. 2,6 Milliarden Reichsmark zugeflossen. Geschäftsbericht der Deutschen Reichsbahn für das Geschäftsjahr 1940.

Mit Zunahme der Betriebsaufgaben und der Ausweitung des Betriebsbereiches ging eine vermehrte und mit Schwierigkeiten verbundene Beschaffungstätigkeit der Reichsbahnzentralämter einher. Die Reichsbahn konnte ihre Aufträge wegen des Vorranges der Rüstungsaufträge oft nur schwer unterbringen. Durch die eingeschränkten Beschaffungen der Reichsbahn Anfang der dreißiger Jahre waren die Lieferungskapazitäten der Eisenbahnindustrien zurückgegangen und manche Lieferindustrien hatten ihre Produktion inzwischen anders orientiert. Erschwert wurde die Beschaffung durch die Bindung an die Stoppreisvorschriften des Reichssparkommissars, während es für neue Rüstungsaufträge der Wehrmacht vielfach keine festen Richtpreise aus früherer Zeit gab[3].

Neben den Beschaffungen nahmen die Konstruktionsarbeiten auf den verschiedensten technischen Fachgebieten einen breiten Raum ein. Zahlreiche Einschränkungs- und Verbotsvorschriften auf allen Gebieten, Stoffmangel, Ersatzstoffe und die Notwendigkeit, Fertigungsstunden einzusparen, machten neue Entwicklungen erforderlich. Dazu kamen vielerlei Sonderaufgaben wie. z. B. die Wintersicherung im Betriebsmaschinendienst, die Panzerung der Lokomotiven gegen Bordwaffenbeschuß, der Bau von Holzvergasern, Luftschutzprobleme und viele andere waren zu lösen. Eine spezielle Sonderaufgabe war die Konstruktion eines Minensuchgerätes für Bahngleise und des Minenräumfahrzeuges „Rema", von dem 105 Geräte eingesetzt waren. Für den Betrieb im Osten mußten kältebeständige Schmieröle entwickelt werden. Manche Neukonstruktionen haben sich so bewährt, daß sie auch nach dem Kriege beibehalten wurden. Mit besonderem Nachdruck wurde die Sammlung und Wiederverwertung aller anfallenden Altstoffe betrieben[4]. Jedermann bekam immer wieder die Parole „Kampf dem Verderb" zu hören.

Als Auswirkung der Kontingentierungen war schon vor Kriegsbeginn im Mai 1939 beim Reichsbahnzentralamt Berlin eine neue Abteilung für die „Sicherung der Fahrzeugbeschaffung" (SF) eingerichtet worden, in deren Tätigkeit im Laufe des Krieges auch die meisten anderen Beschaffungen einbezogen wurden. Zur Intensivierung ihrer Tätigkeit richtete man sogenannte SF-Außenstellen ein. Diese hatten die Industriebetriebe in ihren Bereichen zu betreuen und die Interessen der Reichsbahn bei den maßgebenden örtlichen Amtsstellen zu vertreten. Dazu gehörten z. B. die Einordnung in die Dringlichkeitsstufen, Verteilung der zugewiesenen Kontingente, Unterbringung der Reichsbahnaufträge, sowie die Sicherstellung der Arbeitskräfte und der Energieversorgung der Lieferfirmen. Nach der Besetzung der Nachbarländer konnte die Reichsbahn Lieferungsaufträge auch dorthin vergeben, wodurch sich der Arbeitsbereich weiter vergrößerte.

Während des ersten Kriegswinters in Rußland setzte sich endlich die Erkenntnis durch, daß der Neubau und die Ausbesserung von Schienenfahrzeugen eine dringliche Rüstungsaufgabe sei. Durch einen Befehl Hitlers erhielten der Neubau und die Reparatur von Schienenfahrzeugen der Reichsbahn Ende 1941 Vorrang vor allen Ferti-

[3] Schröder, S. 3. Verordnung über das Verbot von Preiserhöhungen vom 26. 11. 1936, RGBl. 1936 I, S. 955.

[4] Müller, L. u. Koch, S. 327 ff.

gungen mit Ausnahme des Mineralöls. Das Programm sah den Bau von 3 000 Lokomotiven bis zum 1. 12. 1942 und von weiteren 2 000 Lokomotiven bis zum 1. 12. 1943 vor[5]. Nun gab es auch die nötigen Stahlkontingente. Diese Bevorzugung der Reichsbahn war allerdings nur vorübergehend, denn in den Jahren 1942 und 1943 wurden ihr die Stahlkontingente bereits wieder gekürzt[6]. Bei der Herstellung von Schienenfahrzeugen traten während des Krieges grundlegende Organisationsänderungen ein. Der Neubau von Wagen und Lokomotiven wurde dem Reichsminister für Bewaffnung und Munition übertragen. Die Ausbesserungen verblieben weiterhin bei der Reichsbahn[7]. Speer richtete im März 1942 den Hauptausschuß Schienenfahrzeuge mit 26 Arbeitsausschüssen ein und übertrug deren Leitung dem früheren Direktor der Demag in Duisburg, Degenkolb. Der Hauptausschuß bestand aus je einem Sonderausschuß für Lokomotiven und Wagen. Die Sonderausschüsse hatten alle Maßnahmen hinsichtlich Konstruktion und Fertigung in eigener Verantwortung zu treffen und waren nicht an Weisungen der Reichsbahn gebunden. Dem Hauptausschuß und den Sonderausschüssen gehörten allerdings Mitglieder des Reichsbahnzentralamtes Berlin an, so daß die praktischen Erfahrungen der Reichsbahn nicht unberücksichtigt blieben.

An Neukonstruktionen entstand aus der Lokomotiv-Baureihe 50 die vereinfachte Kriegslokomotive Baureihe 52 und später die etwas schwerere und leistungsfähigere Kriegslokomotive Baureihe 42[8]. Eine Anzahl von Lokomotiven erhielt Kondensationseinrichtungen für den Betrieb in wasserarmen Gebieten und solchen mit hoher Wasserhärte im Osten. Das Beschaffungsprogramm sah innerhalb von zwei Jahren den Bau von 15 000 Lokomotiven vor. Im Jahre 1942 standen dafür 16 Lokomotivfabriken zur Verfügung[9]. Es wurden abgeliefert:[10]

1942	2 159 Lokomotiven	1944	3 061 Lokomotiven
1943	4 535 Lokomotiven	1945	111 Lokomotiven.

Die höchste Stückzahl kam somit im Jahre 1943 zur Auslieferung. Danach gingen die Lieferungen aus Mangel an Stoffen und Arbeitskräften, durch bevorzugte Fertigung von Waffen und nicht zuletzt durch die Einwirkungen des Luftkrieges wieder zurück. Im Laufe des Jahres 1944 sammelte sich im Reichsgebiet ein größerer Bestand an rückgeführten Schadlokomotiven an. Durch Instandsetzung solcher Lokomotiven konnte die Fertigung von neuen Lokomotiven wesentlich eingeschränkt werden[11]. Insgesamt

[5] Erlaß RVM 34 Ma 30 vom 11. 7. 1942, Aufzeichnung des Verfassers vom 1. 8. 1942; vgl. Janssen, S. 89.

[6] Vgl. Ganzenmüller in der Sitzung der Zentralen Planung am 2. 3. 1943.

[7] Siehe auch Seite 259.

[8] Die Kriegslokomotiven haben durch Alfred Gottwaldt eine ausführliche Darstellung erfahren. Vgl. auch Witte (1). Auch in England und den Vereinigten Staaten wurden „Kriegslokomotiven" gebaut.

[9] Wehde-Textor (4), S. 44.

[10] Schröder, S. 9; Boelcke (1), gibt auf S. 108 höhere Zahlen an.

[11] Schreiben der Gruppe L des Reichsverkehrsministeriums L 3 gRs/Bmfa 7(g) vom 23. 10. 1944 an den Chef des Transportwesens, Abschrift in der Unterlagensammlung des Verfassers; vgl. Janssen, S. 256.

wurden während des Krieges 13 000 Lokomotiven gebaut[12]. Wie kriegswichtig die Neuanschaffungen waren, zeigt der Umstand, daß bis Ende 1943 9 800 Lokomotiven an außerdeutsche Gebiete abgegeben worden waren, davon allein 8 000 nach dem Osten.

In den Jahren 1939—1945 konnte die Reichsbahn rd. 200 000 Güterwagen beschaffen[13], davon einen Teil aus Wagenfabriken in den besetzten Gebieten[14]. Für den umfangreichen und kriegswichtigen Transport von Treibstoffen und Chemikalien kamen noch rd. 30 000 Kesselwagen dazu mit ganz neuen Konstruktionsprinzipien. Durch die Benutzung des Kessels als tragendes Element konnte das Untergestell des Wagens eingespart werden. Für Sondertransporte des Heeres, der Marine und der Luftwaffe waren neue Tiefladewagen zu konstruieren. Zur Beförderung von schweren Panzern (Tiger und Panther) wurden neue Flachwagen mit 52 Tonnen (SSy und SSys) und mit 82 Tonnen (SSyms) Tragfähigkeit entwickelt und in größerer Zahl geliefert.

Für die Heizung der Lazarettzüge wurden etwa 200 Heizkesselwagen beschafft, außerdem mußten zusätzlich Schneepflüge und Schneeschleudern, vor allem für den Betrieb in Rußland gebaut werden. Der unzureichende Kranwagenpark erhielt Zuwachs durch konstruktiv verbesserte Kranwagen. Sowohl im Güter- wie im Personenwagenbau standen zahlreiche Konstruktionsprobleme zur Ersparnis von Material und Arbeitsstunden an. Der Sonderausschuß Eisenbahnwagen entwickelte einfachere Kriegsgüterwagen der G-, O- und R-Wagenklasse[15], bei denen das Stahlgewicht und der Aufwand an Fertigungsstunden erheblich niedriger waren[16]. Zur Beförderung leichtverderblicher Nachschubgüter auf große Entfernungen ohne Zwischenbehandlung wurden 6 000 neue Kühlwagen beschafft, die sowohl mit Wasser als auch mit Trockeneis gekühlt werden konnten. Dadurch waren Zwischenbeeisungen unterwegs nicht mehr erforderlich. Auch im Personenwagenbau ging man zu einfacheren Konstruktionen über. Aus dem großräumigen Gl-Güterwagen entstand der vielseitig verwendbare Mci-Wagen und der Mc4i-Wagen[17].

Zu erwähnen sind ferner die zahlreichen Sonderzüge für die Reichsregierung und die Wehrmacht und die Herrichtung von 137 Lazarettzügen, 26 Leichtkrankenzügen und 67 Behelfslazarettzügen. Ab 1943 wurden für Behelfsunterkünfte transportable Wagenkästen, die sogenannten Kauen, gebaut, bis Kriegsende rd. 11 000 Stück. Versuche, Güterwagenaufbauten aus Spannbeton herzustellen, blieben ohne brauchbare Ergebnisse[18].

Um Kleinlokomotiven und Triebwagen trotz der Verknappung der flüssigen Kraftstoffe weiter in Betrieb halten zu können, erhielten diese teilweise Holz- und Holzkohlengeneratoren oder Flüssiggasbehälter. Wegen Mangel an trockenem Holz und an Holzkohlen konnte dieses Verfahren allerdings nur in beschränktem Umfang angewendet werden.

12 Siehe Anhang, Seite [illegible]. — Die Angaben bei Boelcke (1), S. 108, sind unzutreffend.
13 Siehe Anhang, Seite 339. — Boelcke (1), S. 128 f., auch hier werden höhere Zahlen genannt.
14 Janssen, S. 151.
15 G = gedeckte Güterwagen, O = offene Güterwagen, R = Rungenwagen.
16 Vgl. Glasers Annalen, Jg. 1942, S. 219.
17 Mielich, S. 40—44.
18 Schröder, S. 12.

Mit Kriegsbeginn trat ein großer Bedarf an Oberbaustoffen auf, der zu einer weiteren Zurückstellung der planmäßigen Erneuerung zwang. Im Oktober 1940 ernannte der Reichsverkehrsminister den Präsidenten des Zentralamtes Berlin zum Kommissar für die Versorgung kriegswichtiger Bauvorhaben mit Oberbaustoffen. Dazu kam Ende 1941 der Direktor des Reichsbahnzentralamtes Berlin Dr. Ing. Niemann als Kommissar für die Beschleunigung der Weichenherstellung und um die Lieferungen zu erhöhen. Die Weichenkonstruktion wurde wesentlich vereinfacht. Zur Stahlersparnis durfte nur noch die leichtere Schienenform 8a beschafft und die neuen Schienen nur noch auf Holzschwellen verlegt werden. Der größte Oberbaubedarf bestand im Generalgouvernement und in den besetzten Ostgebieten.

Die Entwicklungsaufgaben des Reichsbahnzentralamtes Berlin auf dem Gebiete des Fernmeldewesens beschränkten sich im wesentlichen auf kriegsbedingte Aufgaben. Dabei nahm die Umstellung auf Ersatzstoffe wegen Rohstoffmangel einen breiten Raum ein. Die Wichtigkeit der Fernmeldeeinrichtungen und ihre technische Verbesserung fanden bei der Wehrmacht nicht immer das erforderliche Verständnis. Der im Jahre 1941 eingesetzte Generalbevollmächtigte für die technischen Nachrichtenmittel, zu dem ein Verbindungsbeamter abgeordnet war, bemühte sich zwar, der Reichsbahn zu helfen, so weit dies bei dem Vorrang der Wehrmacht noch möglich war[19].

Die Beschaffung und Verteilung der Signalbaustoffe erfolgte durch das Reichsbahnzentralamt Berlin. Schon kurz vor dem Kriege war ein Sonderbeauftragter für die Beschaffung und Fertigung bei den Signalanstalten eingesetzt worden. Im Jahre 1942 wurde die Aufarbeitung der Signalbaustoffe intensiviert, um vor allem den hohen Bedarf im Osten bewältigen zu können. Die Entwicklungsarbeiten im Signalwesen für Blockwerke, Gleisbildstellwerke und Mehrreihenstellwerke konnten während des Krieges fortgesetzt werden[20]. Zum Einbau von Neukonstruktionen kam es nicht mehr.

Im Laufe des Krieges konzentrierte man die Beschaffung fast aller vom Betriebsmaschinendienst benötigten maschinellen Anlagen beim Reichsbahnzentralamt Berlin. Auch der Transportchef ließ seinen Bedarf durch die Reichsbahnzentralämter beschaffen. Die materielle Versorgung der besetzten Ostgebiete durch die Reichsbahnzentralämter war wohl die umfangreichste und am schwierigsten zu lösende Beschaffungsaufgabe. Die Reichsbahn erfuhr die nötige Unterstützung erst, nachdem die Auswirkungen der unzureichenden Beschaffungen auf die Leistungsfähigkeit der Reichsbahn und damit auch auf die Kampfführung nicht mehr zu übersehen waren.

Der wichtigste Betriebsstoff bei der Reichsbahn war die Kohle. Zeitweise, besonders während der Wintermonate[21], herrschte Knappheit und auch ihre Qualität verschlechterte sich zusehends, was sich in vielen Betriebsstörungen durch Dampfmangel störend bemerkbar machte. Besonders bedrohlich entwickelte sich die Kohlenversorgung Ende 1942, als im Dezember die Vorräte im Reich auf vier Tage abgesunken waren. 1943 stieg die Bevorratung wieder auf rd. 20 Tage an, fiel aber im Januar 1944 auf 12 Tage

[19] Quark, S. 15.
[20] Sasse, S. 89—96.
[21] Halder-KTB Bd. II, 19. 2. 1941.

ab[22]. Von 1943 an mußte wegen der allgemeinen Kohlenlage auch Koks und ab November 1944 in zunehmendem Maße Braunkohle und in den letzten Kriegsmonaten stellenweise sogar Holz verfeuert werden. Bei der Braunkohlenverfeuerung entstand starker Funkenflug, der den Tieffliegern ihre Ziele besonders leicht erkennbar machte. Zur Sicherung der Kohlenversorgung mußte die Reichsbahn im Jahre 1944 verschiedentlich auf beschlagnahmte Privatkohle zurückgreifen. Der spezifische Kohlenverbrauch pro Leistungseinheit stieg immer stärker an. Zur Kohlenersparnis wurde die Heizung in den Reisezügen wesentlich eingeschränkt. Erhebliche Anstrengungen erforderte die Dienstkohlenversorgung in Rußland, wo die Versorgungslage zeitweise auch recht kritisch war. Wegen der beschränkten Eignung der Donezkohle für die Lokomotivbefeuerung mußte in beachtlichem Umfang Dienstkohle aus dem Reich herangefahren werden. Die Dienstkohlenzüge machten einen erheblichen Teil des Gesamtverkehrs aus. Der Zugverteiler vom 15. 12. 1942 sah einen Grenzübergang von 260 Zügen vor. Davon waren 54 Dienstkohlenzüge, das sind rd. 21 Prozent des Gesamtübergangs. Der Bedarf betrug 850 000 Tonnen pro Monat[23]. In den strengen Wintern wurden viele Kohlenzüge unterwegs geplündert, so daß sie oft nur mit einem Bruchteil ihrer Fracht zum Ziel gelangten[24].

12. Das Personalwesen im Kriege

Tragendes Element im Kriegseinsatz der Eisenbahn waren die Eisenbahner. Das Personal der Reichsbahn bestand aus Beamten und Arbeitern, von denen der überwiegende Teil unabkömmlich gestellt war. Die Zahl der Angestellten lag weit unter 1 000. Die umfangreichen und zusätzlichen Kriegsaufgaben erforderten einen weiteren Personalaufwand, der bis 1943 ständig zunahm. Der vermehrte Personaleinsatz und die vielen Personalveränderungen verursachten eine Unmenge von Verwaltungsarbeit[1]. Bereits im Frieden wurden wichtige Personalangaben aller Eisenbahner, wie dienstliche und militärische Ausbildung, Laufbahn, erlerntes Handwerk, Verwendungsmöglichkeiten, Fähigkeiten, Sonderausbildungen, Familienstand u. a., in Personalkarteien (Perskab), die bei den Bbv-Büros geführt wurden, erfaßt. Schon vor dem Kriege war die Personallage der Deutschen Reichsbahn allmählich schwieriger geworden, weil durch den wirtschaftlichen Aufschwung und die dadurch eingetretene Vollbeschäftigung ein allgemeiner Mangel an Arbeitskräften entstand. Ein großer Teil der Eisenbahner — die Jahrgänge 1900—1918 — hatte nicht gedient und nur wenige Jahrgänge waren nach Wiedereinführung der allgemeinen Wehrpflicht militärisch ausgebildet worden. In der Gruppe des einfachen bis gehobenen Dienstes waren etwa 15 Prozent Versorgungsanwärter von der Reichswehr oder der Schutzpolizei. Das Personal der Bahnpolizei und

[22] Janssen, S. 257.
[23] Unterlagensammlung des Verfassers; vgl. Vermerk OKW vom 6. 6. 1942 über die Wehrkraft 1942, abgedruckt bei Jacobsen (1), S. 320.
[24] Kühle, S. 8.
[1] Vgl. Schrag, S. 167—169.

die Stammkräfte für den verstärkten Bahnschutz stammten vorzugsweise aus ihren Reihen.

Die Reichsbahn konnte ihre Aufgaben nur erfüllen, wenn sie ihr Personal jeweils dort einsetzen durfte, wo es gerade benötigt wurde. Ebenso wie für die Wirtschaft waren dafür in mehreren Gesetzen und Verordnungen generell die Voraussetzungen geschaffen worden. So wurden die Beschränkung in der Verwendung der Beamten außer Kraft gesetzt, die Altersgrenze von 65 Jahren auf 68 Jahre heraufgesetzt und pensionierte Beamte reaktiviert[2]. Beamte konnten sich nicht mehr entlassen lassen[3]. Veränderungen der Arbeitsverhältnisse bedurften der Zustimmung der Arbeitsämter.

Ebenso wichtig wie die Mobilität im Personaleinsatz waren Maßnahmen zur besseren Ausnützung der Arbeitskraft. So wurde z. B. ab 1. 3. 1939 in den Ausbesserungswerken, Signalwerkstätten und Schwellentränkanstalten sechs Stunden Überzeitarbeit eingeführt[4]. Auch im inneren Dienst erhöhte man die Arbeitszeit. Ab Juni 1942 wurde sie im äußeren und inneren Dienst auf 60 Stunden erhöht und die Dienstschichten verlängert. In der Industrie erreichte sie nicht diese Höhe. Dort betrug sie 1941 50,3 Stunden und im März 1943 49,1 Stunden[5]. Der Urlaub wurde verkürzt und konnte vorübergehend auch gesperrt werden. Eine totale Urlaubssperre bestand von Kriegsbeginn bis Oktober 1939. Im März 1941 wurde der Urlaub für polnische Arbeiter und im August 1943 für alle fremden Arbeiter gesperrt. Von März 1943 an betrug der Höchsturlaub 14 Tage. Während des Krieges herrschte ein allgemeiner Lohnstopp. Um die erforderlichen Arbeitskräfte zu bekommen und Dienstposten überhaupt besetzen zu können, mußten die strengen Vorschriften an die körperliche Tauglichkeit gemildert, die Anforderungen an die Vorbildung herabgesetzt, die Ausbildungszeit verkürzt und die Prüfungen erleichtert werden. Alle diese Maßnahmen blieben natürlich nicht ohne Auswirkungen auf die Qualität des Personals. Für die Bewältigung ihrer Aufgaben im Kriege kam der Reichsbahn zugute, daß ihre Personalpolitik bis dahin ausschließlich nach den Grundsätzen des Leistungsprinzips orientiert war. Ein Personalüberschuß, d. h. personelle Reserven für den Kriegseinsatz waren nicht vorhanden und von militärischer Seite auch nie gefordert worden.

Für die Deckung des zusätzlichen Kräftebedarfs besonders im verstärkten Bahnschutz und im Luftschutz konnte sich die Reichsbahn wie auch andere Behörden der Notdienstverordnung vom 15. 10. 1939[6] bedienen. Als zusätzliche Arbeitskräfte wurden vorzugsweise Frauen eingestellt[7]. Abgesehen von körperlich besonders anstrengenden Arbeiten konnten sie sehr vielseitig eingesetzt werden. Sie haben überall ihren Mann ge-

[2] Verordnung über Maßnahmen auf dem Gebiete des Beamtenrechts vom 1. 9. 1939, RGBl. 1939 I, S. 1603 f.; Rödl, S. 430—434.

[3] Gesetz zur Änderung des Deutschen Beamtengesetzes vom 25. 3. 1939, RGBl. 1939 I, S. 577.

[4] Vgl. Dienst- und Lohnvertrag für die Arbeiter der Deutschen Reichsbahn (Dilo), Ausgabe 1943/1944, § 6.

[5] Bogatsch, S. 178.

[6] RGBl. 1939 I, S. 1775; Erlaß RVM 51.561 Pwhp vom 2. 12. 1939, betr. Notdienst, Dienstverpflichtung, Luftschutzrecht; Absolon, S. 107.

[7] Thiedemann, S. 403—407.

standen[8]. In etwas geringerem Umfang arbeiteten Kräfte aus allen besetzten Gebieten vor allem aus dem Osten für die Reichsbahn. Der Einsatz fremdländischer Arbeiter brachte unlösbare Probleme hinsichtlich Spionageabwehr und eine erhöhte Sabotagegefahr mit sich. Auch Kriegsgefangenen wurden eingesetzt. Ihre Bewachung war allerdings recht schwierig. Der Einsatz von Strafgefangenen und KZ-Häftlingen blieb gering.

Bei den Eisenbahnern im Reich änderte sich der Beamtenstatus nicht. Außerhalb des Reiches waren die Eisenbahner, solange sie dem Chef des Transportwesens unterstanden, als Wehrmachtgefolge oder als Wehrmachtangehörige (Soldaten oder Sonderführer) eingesetzt[9]. Im allgemeinen Sprachgebrauch haben sich die Bezeichnungen blaue und graue Eisenbahner eingebürgert, die es in den gesetzlichen Bestimmungen jedoch nicht gab. Da bei der Aufstellung der Feldeisenbahneinheiten nicht genügend gediente Eisenbahner — besonders im Offiziersrang — zur Verfügung standen, mußten viele Stellen mit sogenannten Sonderführern besetzt werden[10]. Für Sonderführer gab es folgende Stellengruppen: G = Gruppenführer (Unteroffizier), O = Feldwebel, Z = Zugführer (Leutnant), K = Kompanieführer (Hauptmann) und B = Bataillonsführer (Major), die nicht der Vielzahl der zivilen Eisenbahndienstgrade entsprachen. 1943 wurde mit dem Abbau der Sonderführer begonnen. Sie kamen in Ausbildungsbataillone bei den Feldeisenbahnkommandos und erhielten entsprechende Dienstgrade, wodurch die Unzuträglichkeiten und Reibungen verringert wurden. Die bei der Eisenbahnbetriebstruppe eingesetzten Eisenbahner hatten eine klare dienstrechtliche Stellung auch im internationalen Kriegsrecht, außerdem war ihre Versorgung und Betreuung geregelt.

Die größere Zahl der in den besetzten Gebieten eingesetzten deutschen Eisenbahner gehörte zeitweise dem Wehrmachtgefolge an. Damit hatten sie die Pflichten eines Soldaten, aber nicht seine vollen Rechte[11].

Als äußeres Kennzeichen trugen die zum Wehrmachtgefolge gehörigen Eisenbahner gelbe Armbinden mit der Aufschrift „Deutsche Wehrmacht". Außerdem bekamen sie einen Kombattantenausweis, der sie zum Führen von Waffen berechtigte und zum Kampfeinsatz verpflichtete[12]. Sie unterlagen den militärischen Strafvorschriften, insbesondere den Kriegsgesetzen, sowie der Disziplinarstrafordnung für das Heer[13]. Die rechtliche Stellung des Wehrmachtgefolges war unklar. Nach dem Disziplinarrecht mußte das Wehrmachtgefolge Waffen tragen, während es nach dem Völkerrecht

[8] Vgl. Rede Dorpmüllers am Vorabend des 7. 12. 1944 (Tag des Deutschen Eisenbahners) in: Die Reichsbahn, Jg. 1944, S. 282.

[9] Vgl. Rohde, S. 299.

[10] Vgl. Rohde, S. 254.

[11] „Die Zivilpersonen, die auf Grund des Erlasses des Chefs des Oberkommandos der Wehrmacht und des Oberbefehlshabers der Wehrmachtteile dem Militärstrafgesetzbuch und der Disziplinarstrafordnung unterworfen waren, galten für die Dauer dieser Anordnung als Angehörige im Sinne des § 21 des Wehrgesetzes, ohne damit die Eigenschaft von Soldaten erhalten zu haben. Aktiven Wehrdienst gemäß § 7 Abs. 1 des Wehrgesetzes leisteten sie nicht. Die arbeits- und dienstrechtlichen Bestimmungen hatten Vorrang vor dem Wehrmachtstrafgesetzbuch und der Wehrmachtdisziplinarstrafordnung. Die schärferen militärischen Vorschriften sollten nur in Ausnahmefällen bei wirklicher Notwendigkeit angewendet werden, wenn die allgemeinen Bestimmungen nicht genügten." Absolon, S. 216.

[12] Siehe Anhang, Seite 372 f.

[13] Erlaß des Oberbefehlshabers des Heeres vom 12. 3. 1940.

(Haager Landkriegsordnung) im Falle der Bewaffnung als Spion behandelt werden konnte[14]. Als die Gegner die Reichsgrenzen überschritten, erhielten auch die in der Heimatverteidigungswehr zur Verteidigung fester Plätze und bei der Fliegerabwehr eingesetzten Eisenbahner gelbe Armbinden und Kombattantenausweise.[15]

Die blaue Eisenbahneruniform eignete sich wegen ihrer großen Schmutzempfindlichkeit und Erkennbarkeit nur wenig für den rauhen Kriegsbetrieb, besonders im Osten. Ein großer Fehlschlag war die Einführung einer feldgrauen Eisenbahneruniform im besetzten Westen. Mit ihrem vielen Gold in den Rangabzeichen und Uniformknöpfen gab es bei der Truppe peinliche Verwechslungen, so daß sie bald wieder abgeschafft werden mußte[16]. Von da ab wurden feldgraue Uniformen nur noch von Beamten im Führerhauptquartier und in militärischen Hauptquartieren getragen[17].

In personellen Angelegenheiten kam es während des Krieges immer wieder zu Auseinandersetzungen mit der NSDAP, weil sie in zunehmendem Umfang Eisenbahner zum Parteidienst, vor allem in der SA und im Luftschutzdienst heranziehen wollte. Mit sogenannten Verwendungsverfügungen wurden auch die Eisenbahner angewiesen, sogar während der Dienststunden zum Parteidienst zu erscheinen. Bei der gespannten Personallage und den hohen Anforderungen an das Betriebspersonal waren diese Parteiforderungen nicht erfüllbar und stießen auf Ablehnung. Im Dezember 1939 führte dieses Verhalten der Parteidienststellen zu einer nachdrücklichen Beschwerde des Reichsverkehrsministers beim Stellvertreter des Führers mit der Forderung, das Personal des Außendienstes und auch des Verwaltungsdienstes soweit es im Betriebs-, Verkehrs- und Betriebsmaschinendienst tätig war, nicht mehr zur Ableistung von Parteidienst aufzufordern. Die Reichsleitung der NSDAP konnte sich dieser Forderung nicht ganz entziehen. Im August 1942 wies der Leiter der Parteikanzlei in einem Rundschreiben erneut darauf hin, daß bei der Heranziehung zur aktiven Mitarbeit in der Partei auf die starke berufliche Inanspruchnahme der Eisenbahner Rücksicht zu nehmen sei. Die politische Begutachtung der Parteistellen bei Einstellungen, Anstellungen und Beförderungen von Reichsbahnern wurde während des ganzen Krieges weiter praktiziert.

Im Kriege mußte die Reichsbahn große Anstrengungen machen, daß ihr soviel Personal belassen wurde, wie sie für die Erfüllung ihrer Aufgaben benötigte. Dazu waren immer wieder lange und schwierige Verhandlungen mit dem Oberkommando der Wehrmacht zu führen, das der Reichsbahn zu hohe Personalzahlen vorhielt und dabei die mindere Leistungsfähigkeit der Ersatzkräfte nicht genügend berücksichtigte[18]. Der Vorwurf der Wehrmacht, die Reichsbahn habe schlechtes Personal in die besetzten Gebiete geschickt, trifft in dieser allgemeinen Form nicht zu. Wohl entsprach das Personal

[14] Mitteilung von Herrn Direktor Stotz in Kassel vom 24. 9. 1958. — Stotz war im Kriege Personaldezernent bei der Wehrmachtverkehrsdirektion Paris.

[15] Erlaß RVM L 2 g Rs/Bem Berv 139(o) vom 25. 9. 1944, betr. Kennzeichnung der Kombattanten, Abschrift in Unterlagensammlung des Verfassers.

[16] Uniformvorschrift vom 8. 3. 1940, RGBl. 1940 I, S. 463.

[17] Vgl. Erlaß RVM L 2 g/Bmpak 4(o) vom 29. 5. 1942, Abschrift in Unterlagensammlung des Verfassers; vgl. auch Niederschrift über die 76. Präsidentenkonferenz am 19. 3. 1940.

[18] Vgl. KTB/OKW Bd. III, 20. 1. 1943, S. 55, KTB/OKW Bd. II, 1. 3. 1943, S. 178 f. u. KTB/OKW Bd. III, 31. 3. 1943, S. 253.

hinsichtlich des Alters und der Gesundheit nicht immer allen Anforderungen. Dabei bleibt immerhin zu berücksichtigen, daß für einen so großen Personaleinsatz keinerlei vorbereitende Maßnahmen getroffen worden waren, und daß die nicht minder hohen Anforderungen im Reich auch nur mit gutem Personal zu erfüllen waren. Im Frühjahr 1941 forderte die Reichsbahn die Rückgabe von 35 000 Beamten und Angestellten vom Jahrgang 1918 und älter[19]. Im April 1942 wurden auf einen Führerbefehl hin alle Lokomotivführer aus der Wehrmacht und der Waffen-SS entlassen[20]. Für die Sommeroffensive 1942 in Südrußland mußte die Reichsbahn 50 000 Mann bereitstellen[21]. Am 13. 1. 1943 gab Hitler einen Erlaß über den umfassenden Einsatz von Männern und Frauen für Aufgaben der Reichsverteidigung heraus[22]. Der Sonderbeauftragte für die Nachprüfung des Kriegseinsatzes, General von Unruh — im Volksmund „Heldenklau" genannt — erhielt neue Normen für seine Aufgabe. Die Gesamtforderungen des Oberkommandos der Wehrmacht betrugen insgesamt 800 000 Mann[23]. Die Reichsbahn hatte hierzu 80 000 aus bisher uk-gestellten Jahrgängen 1901 bis 1908 abzugeben[24]. Diese Forderung war am 25. 9. 1943 erfüllt. Die Auseinandersetzungen wegen weiterer Personalabgaben gingen auch im Jahre 1944 weiter. In einer Besprechung mit Dorpmüller am 7. 4. 1944 forderte Keitel die Einberufung von weiteren 40 000 Eisenbahnern im Mai und Juni. Ein von Dorpmüller verlangter gemeinsamer Vortrag bei Hitler kam offenbar nicht zustande. Im Herbst 1944 dauerten die Auseinandersetzungen noch immer an[25]. Die Zahl der uk-gestellten Eisenbahner sank von Ende August bis Ende November 1944 von 1 052 000 auf 955 000. Zur Freimachung weiterer uk-gestellter Eisenbahner wurden nun auch noch Gau- und Kreiskommissionen der NSDAP tätig[26], zu denen Vertreter der Reichsbahn abgestellt worden waren.

Im wachsenden Personalbestand der Deutschen Reichsbahn, der bei Kriegsbeginn 958 000 betrug und bis Mai 1944 auf 1 581 000 anstieg, spiegeln sich die steigenden Kriegsaufgaben deutlich wider. In den Zwischenjahren betrug der Personalbestand:

1940 = 1 145 600	1942 = 1 386 000
1941 = 1 253 100	1943 = 1 529 000.

Durch den Einsatz der zur Wehrmacht einberufenen und in die besetzten Gebiete abgeordneten Eisenbahner war die Fluktuation beim Personal in allen Bereichen be-

[19] Halder-KTB Bd. I, 3. 4. 1941.

[20] KTB/OKW Bd. II, 12. 4. 1942, S. 320; Allgemeine Heeresmitteilungen (n. f. D.), Jg. 1942, S. 194, 18. 4. 1942, u k — Stellung aller Lokführer.

[21] Pottgießer, S. 54; vgl. Allgemeine Heeresmitteilungen (n. f. D.), Jg. 1942, S. 147: 2. 3. 1942 Hilfsmaßnahmen für die Reichsbahn.

[22] Abgedruckt bei Jacobsen (1), S. 373—375.

[23] KTB/OKW Bd. III, 1. 3. 1943, S. 178 f.

[24] Niederschrift über die 90. Präsidentenkonferenz der Deutschen Reichsbahn am 11. 5. 1943; vgl. Allgemeine Heeresmitteilungen (n. f. D.), Jg. 1943, S. 339; Aufhebung aller Verfügungen und Hilfsmaßnahmen für die Deutsche Reichsbahn.

[25] Vgl. Hitler-Speer Konferenz am 18. 10. 1944, Punkt 26, S. 427 u. am 1.—4. 11. 1944, Punkt 46, S. 439 f.

[26] Erlaß 50.510 Pwhp (Nr. 13) vom 24. 1. 1945. Dabei als Anlage Schreiben des Leiters der Parteikanzlei vom 23. 1. 1945 an das Reichsverkehrsministerium (Rundschreiben 7/45g), Unterlagensammlung der DB in Nürnberg, Anlage 32, Bd. I.

trächtlich. Der Einsatz des Eisenbahnpersonals außerhalb der Reichsgrenzen führte zu erheblichen Mißlichkeiten. Eine eindrucksvolle Übersicht über die Zusammensetzung des Personals der Deutschen Reichsbahn hat der Leiter der Personalabteilung, Ministerialdirektor Hassenpflug, auf der außerordentlichen Präsidentenkonferenz am 7. 10. 1943 gegeben. Danach setzte sich der Personalbestand wie folgt zusammen:

Deutsche Männer	738 000	Übertrag	1 240 000
Volksdeutsche	43 000	Kriegsgefangene	36 000
Schutzangehörige*	70 000	Strafgefangene	1 000
Elsäßer, Lothringer, Luxemburger	40 000		
Deutsche Frauen	182 000	Darüber hinaus befanden sich:	
Ausländer (darunter 12 000 Frauen)	167 000	im Wehrdienst	180 000
		in den besetzten Gebieten	98 000
	1 240 000		1 555 000

* sind Kräfte, die in den östlichen Direktionen mit Gebietszuwachs beschäftigt sind (ohne Gedob).

Von den außerhalb des Reichsgebietes eingesetzten Einsenbahnern arbeiteten die meisten in Rußland. Am 1. 1. 1943 waren es rd. 105 000[27]. Vor Invasionsbeginn befanden sich in Frankreich und Belgien 33 000 deutsche Eisenbahner.

Die in den besetzten Gebieten, fern der Heimat, eingesetzten und weit verstreuten Eisenbahner waren Anfechtungen verschiedenster Art ausgesetzt. Vor ihrer Abordnung wurden sie auf das von ihnen erwartete Verhalten eindringlich hingewiesen[28]. Nachlässigkeiten im Dienst und schlechtes Benehmen zogen unnachsichtig harte Maßnahmen nach sich[29]. Zur Aufrechterhaltung der Disziplin erließ der Reichsverkehrsminister am 5. 2. 1942 eine Dienststrafordnung für die in den besetzten Gebieten eingesetzten und dem Reichsverkehrsminister unterstellten Eisenbahner[30]. Außer den bereits möglichen Dienst- und Ordnungsstrafen wurden verschiedene Arreststrafen eingeführt. Es konnten auch Dienstverrichtungen außer der Reihe angeordnet werden. Dienstvorgesetzte durften, wenn es die Manneszucht forderte, Eisenbahner sogar vorläufig festnehmen. Anfang 1945 erhielten auch einige Präsidenten im Reichsgebiet die Befugnis, falls nötig, die vorgenannte Dienststrafordnung anzuwenden[31]. Im Hinblick auf die vielen

[27] Vgl. GVD Osten KDS 116 Aü. Abgedruckt bei Pottgießer, S. 141.

[28] Merkblatt über das Verhalten im besetzten Gebiet. Erlaß RVM 52.502 Pa(R) vom 7. 7. 1941, Abschrift in Unterlagensammlung des Verfassers.

[29] Hinweis auf Disziplinschwierigkeiten in Polen in der Niederschrift über die 76. Präsidentenkonferenz der Deutschen Reichsbahn am 19. 3. 1940.

[30] Verordnung des Generalbevollmächtigten für die Reichsverwaltung über den Erlaß einer Dienststrafordnung für das in den besetzten Gebieten eingesetzte und dem Reichsverkehrsminister unterstellte Reichsbahnpersonal vom 30. 1. 1942, RGBl. 1942 I, S. 54. — Die Dienststrafordnung ist abgedruckt in: Die Reichsbahn, Jg. 1942, S. 60—62.

[31] Verordnung über die Anwendung der „Dienststrafordnung für die in den besetzten Gebieten eingesetzten und dem Reichsverkehrsminister unterstellten Eisenbahner" im Reichsgebiet vom 31. 12. 1944, RGBl. 1945 I, S. 4.

Eisenbahner in den besetzten Gebieten und ihre allgemein gute Haltung war die Zahl der Gemaßregelten gering.

Eine wichtige Aufgabe war die Erhaltung der Einsatzfähigkeit der Eisenbahner, die ihre Arbeit im Kriege unter sehr erschwerten Bedingungen verrichten mußten. Daher wurde die soziale Betreuung der Eisenbahner mit allen verfügbaren Mitteln gefördert[32]. Für die erforderliche überbezirkliche Zusammenfassung und Bearbeitung der vielen neu aufkommenden Probleme richtete der Verkehrsminister im Juni 1942 das Reichsbahn-Zentralamt für Sozial- und Personalwesen ein[33]. Besondere Bedeutung hatte die warme Verpflegung der Eisenbahner im Dienst. Viele neue Betriebsküchen und Kantinen, auch Werkküchenzüge, wurden eingerichtet[34]. Die im Osten eingesetzten Eisenbahner erhielten außerdem zusätzliche Winterausrüstung. Für ihre Nacht-, Lang- und Schwerarbeiter bekam die Reichsbahn seit Kriegsbeginn Sonderzuteilungen an Lebensmitteln. Auch bei der Betreuung der bei ihr beschäftigten ausländischen Arbeiter und Kriegsgefangenen hat die Reichsbahn im Rahmen des Möglichen alle Anstrengungen unternommen[35].

Nachdem Hitler am 25. 9. 1944 die Aufstellung des Volkssturmes befohlen hatte[36], wurden auch Eisenbahner zum Volkssturm herangezogen[37]. Zum 1. Aufgebot gehörten Eisenbahner, deren Dienst den Einsatz ohne Beeinträchtigung der Betriebs- und Verkehrsaufgaben zuließen und zum zweiten Aufgebot die unentbehrlich waren, solange Betriebs- und Verkehrsaufgaben erfüllt werden mußten. Wegen der Freistellung des Betriebs- und Verkehrspersonals fanden lange Verhandlungen mit den Parteistellen statt, die sich bis zur Kapitulation hinzogen.

Viele Eisenbahner erhielten für ihren Einsatz im Kriege Orden und Ehrenzeichen, auch solche, die im allgemeinen Soldaten vorbehalten waren[38]. Von den insgesamt 204 Ritterkreuzträgern des Zweiten Weltkrieges waren 29 Eisenbahner, davon 22 mit und sieben ohne Schwerter. Am Tag des Deutschen Eisenbahners, am 7. 12. 1943, erhielten 138 blaue Eisenbahner das Eiserne Kreuz 2. Klasse[39]. Während des Krieges hatten die Eisenbahner nicht nur mit eisenbahndienstlichen Angelegenheiten sich auseinanderzusetzen, sie waren vielfach im Kampfe mit Partisanen verwickelt und zum Bahnschutz und zur Fliegerabwehr eingesetzt. Die gegnerische Propaganda durch Rundfunk und Flugblätter[40] hatte nicht den erwarteten Einfluß auf den Arbeitswillen der Eisenbahner.

Ab 1944 wurden die Arbeits- und Lebensbedingungen der Eisenbahner immer schwerer. Die vielen Alarme während der Dienstausübung und die damit verbundene Lebens-

[32] Vgl. Stuckenberg, S. 304—307.

[33] Erlaß 2 Ogd vom 26. 6. 1942, gedruckt in: Die Reichsbahn, Jg. 1942, S. 218 f.; Erlaß 2 Ogd (RZASP) vom 16. 6. 1942. Geschäftsanweisung, gedruckt in: Die Reichsbahn, Jg. 1943, S. 170—176.

[34] Sommer, S. 119 f.

[35] Vgl. Hering, S. 88 ff.

[36] Kissel (1), Anlage 2. — Im Volkssturm fanden die für Wehrmachtangehörige geltenden Strafbestimmungen Anwendung.

[37] Dazu Kissel (1), S. 32—34; Erlaß RVM L 2 g Rs/Rm Berv 140(o) vom 9. 11. 1944, Unterlagensammlung der DB in Nürnberg, Mappe b.

[38] Vgl. v. Seemen, S. 323.

[39] Die Reichsbahn, Jg. 1944, S. 288.

[40] Siehe Bild 42.

gefahr, das Arbeiten in zerstörten Gebäuden, in Kellern, Bunkern und bei Verdunklung, die Überzeitarbeit und die vielen Dienstbereitschaften, die Ausbombung und Trennung von der Familie durch Evakuierung, die zeitaufwendigeren Wege von und zum Dienst blieben nicht ohne Auswirkungen und führten, wie auch bei anderen Berufsgruppen, allmählich zu einem Nachlassen der physischen Kräfte.

Viele Eisenbahner mußten im Kriege ihr Leben lassen. Andere erlitten Verwundungen und gesundheitliche Schäden. Über die wirklichen Verluste sind keine Unterlagen vorhanden. Sie waren jedenfalls wesentlich höher als die 14 000 Tote im Ersten Weltkrieg[41].

Bei der Behandlung des Personalwesens ist auch ein Wort über die Mitarbeit der einheimischen Eisenbahner in den besetzten Gebieten angebracht. Solange das Kriegsglück auf deutscher Seite stand, haben die fremden Eisenbahner im allgemeinen willig ihren Dienst getan. Sie mußten arbeiten, um sich und ihre Familien ernähren zu können. Ohne ihre Mitarbeit wäre zudem die Wirtschaft in ihrem Lande und die Versorgung der Bevölkerung unmöglich gewesen. Man kann ihnen daher wohl nicht den Vorwurf der Kollaboration[42] machen. Mit den zunehmenden Kriegserfolgen der Gegner formierte sich der Widerstand unter diesen Eisenbahnern immer mehr. Auch bei ihnen sind große Verluste zu beklagen.

13. Das Finanzwesen im Kriege

Zum Finanzwesen, dem im Kriege nicht ganz die Bedeutung wie ehedem zukam, kann im Rahmen dieses Buches nur wenig gesagt werden. Das im Reichsbahngesetz vom 4. 7. 1939 festgelegte Sondervermögen der Reichsbahn und die von der allgemeinen Rechnung des Reiches getrennte Wirtschafts- und Rechnungsführung blieb auch im Kriege bestehen. Die Ostbahn war finanziell unabhängig von der Deutschen Reichsbahn. Ihr Vermögen wurde im Auftrag des Generalgouverneurs unter Aufsicht des Reichsverkehrs- und Finanzministeriums von der Generaldirektion der Ostbahn verwaltet.

Die Reichsbahn hielt auch in der Kriegszeit eine den Friedensgrundsätzen ähnliche Finanzwirtschaft aufrecht. In der Betriebsführung spielte die Wirtschaftlichkeit nicht mehr die ausschlaggebende Rolle. Maßgebend war vielmehr die Erfüllung der geforderten Verkehrs- und Betriebsleistungen unter allen Umständen. Der Unterhaltungs- und Erneuerungsaufwand der Reichsbahn für die Bahnanlagen und Fahrzeuge stieg ab 1937 beträchtlich an[1]. Um den erhöhten finanziellen Erfordernissen entsprechen zu können. hat die Deutsche Reichsbahn 1940 und 1941 je eine Schatzanweisungsanleihe in Höhe von 500 bzw. 1 500 Millionen Reichsmark aufgelegt. Bereits im Jahre 1935 hatte sie eine 500-Millionen-Anleihe plaziert und im Jahr darauf 500 Millionen Reichsbahnschatzanweisungen ausgegeben. Von den letzteren wurden 400 Millionen Reichsmark dem Un-

[41] Sarter (1), S. 154.
[42] de Jong, S. 251.
[1] Siehe Anhang, Seite 333.

ternehmen „Reichsautobahnen" zur Verfügung gestellt. Die Ausweitung der Kriegsaufgaben kommt deutlich in der Steigerung der Erträge und Aufwendungen zum Ausdruck. Sie betrugen in Milliarden Reichsmark:

	Erträge	Aufwendungen
1939	5,8	5,6
1943	11,8	11,3

Bemerkenswert ist, daß der Anteil der Einnahmen aus dem Personenverkehr, der vor dem Kriege weniger als 30 Prozent ausmachte, im Jahre 1943 mit 48 Prozent an den Verkehrseinnahmen beteiligt war[2].

Zur Vereinfachung des Verwaltungsaufwandes wurden die Leistungen im Wehrmachtverkehr pauschal vergütet[3]. Aus der Verwaltung und Beaufsichtigung fremder Bahnen ergaben sich zahlreiche Sonderrechnungen. In der Bilanz des Jahres 1942 findet man 237 Millionen Forderungen für die Betriebsführung in den besetzten Gebieten. Diese Ausgaben wurden der Reichsbahn vom Reich ersetzt.

Die Betriebsrechnung war in allen Jahren ausgeglichen[4], es darf aber nicht übersehen werden, daß die Unterhaltung und Erneuerung der Anlagen immer mehr vernachlässigt werden mußte und erhebliche Kriegsschäden entstanden, die nicht mehr beseitigt werden konnten. Gegen Ende des Krieges war infolge der Feindeinwirkungen eine geordnete Wirtschafts- und Kassenführung nicht mehr möglich.

14. Die Reichsbahn im Kriege[1]

Nach den planmäßig verlaufenden Aufmärschen im Osten und Westen begann am 1. 9. 1939 der Krieg gegen Polen und endete bereits einen Monat später.

Zur Durchführung der Mobilmachung und des Aufmarsches mußte der gesamte Personenverkehr mit Ausnahme des Berufsverkehrs und der Güterverkehr auf kurze Zeit stark eingeschränkt werden. Während des Polenfeldzuges wurde der Fahrplan allmählich wieder aufgestockt. Auch der für kurze Zeit unterbrochene internationale Verkehr mit den neutralen und befreundeten Staaten kam wieder in Gang. Schon Anfang September gab es wieder einen Wechselverkehr mit der Slowakei, Ungarn, Jugoslawien,

[2] Geschäftsbericht der Deutschen Reichsbahn über das Geschäftsjahr 1943, S. 5.

[3] Die Reichsbahn erhielt pro Reise 6,— RM und pro Reisegepäcksendung 3,— RM. Frachtgutladungen und Wehrmachtzüge wurden mit 25 Pf. pro Achskilometer verrechnet. Eine Sendung und je 500 kg Stückgut wurden mit 6,— RM vergütet; vgl. Vogel, S. 905—907.

[4] Vgl. Geschäftsberichte der Deutschen Reichsbahn (Weißbücher). Die Betriebszahlen, d. h. das Verhältnis der Betriebsaufwendungen zu den Betriebserträgen war
1939 = 91.96 1942 = 94.81
1940 = 93.78 1943 = 94.47
1941 = 94.93

[1] Zur Vermeidung von Wiederholungen behandeln wir hier in erster Linie die Verkehrs- und Betriebsverhältnisse.

Italien, der Schweiz, Belgien, Holland, Dänemark und Schweden. Am Ende des Jahres stand dem Reise- und Güterverkehr wieder ein ausreichender Fahrplan zur Verfügung.

Das polnische Eisenbahnnetz hatte durch die Zerstörungen der polnischen Armee und durch die deutschen Bombardierungen schwere Schäden erlitten. Ihre rasche Beseitigung wurde mit großer Energie betrieben. Die Wiederaufnahme des durchgehenden Eisenbahnverkehrs nach Ostpreußen verzögerte sich durch die zahlreichen Brückensprengungen vor allem der großen Weichselbrücken bei Dirschau und Thorn.

Mit Kriegsbeginn änderte sich die Struktur der Betriebsleistungen erneut sehr stark sowohl hinsichtlich ihrer Zusammensetzung und der Verkehrsströme[2] als auch nach Zugbildungen und Geschwindigkeiten. Durch die Umstellung der deutschen Wirtschaft auf die Erfordernisse des Krieges und durch die Truppen- und Nachschubtransporte nahm die Belastung der Reichsbahn, die wegen der Einschränkung des Güterkraftverkehrs in großem Umfang Transporte von der Straße übernehmen mußte, weiter zu[3]. Im letzten Drittel des Jahres 1939 war die Betriebslage in dem gegen 1938 um reichlich ein Drittel erweiterten Netz gespannt. Dies wurde im Generalstab des Heeres, in der Wirtschaft und in der Parteiführung mit Unbehagen und einer gewissen Sorge zur Kenntnis genommen[4]. Bis zum Eintritt des starken Frostes blieb der Betrieb flüssig. Als dann im Winter durch die Vereisung der Wasserstraßen die Schiffahrt fast völlig ausfiel, konnte die Reichsbahn, deren Leistungsfähigkeit durch die ungewöhnlich strenge Kälte und durch Schneeverwehungen ebenfalls beeinträchtigt war, zusätzliche Beanspruchungen nicht übernehmen[5]. Wegen ungenügender Wagenstellung trat eine Kohlenkrise ein, die spürbare Auswirkungen auf die Rüstung[6], Elektrizitätswerke und Gaswerke sowie für die Hausbrandversorgung hatte. Die Transportschwierigkeiten blieben den Gegnern nicht verborgen und wurden von ihnen propagandistisch genützt[7].

In der Annahme, er könne die Transportlage mit personellen Maßnahmen grundlegend bessern, schlug der Vorsitzende des Reichsverteidigungsrates und Bevollmächtigte für den Vierjahresplan Göring den Chef des Transportwesens als Staatssekretär im Reichsverkehrsministerium vor[8], drang aber mit seinem Vorschlag nicht durch.

Der Ausbau der Betriebs- und Verkehrslagen wurde auch nach Kriegsbeginn fortgesetzt, hielt aber keineswegs Schritt mit den ständig steigenden Verkehrsanforderungen.

Das Jahr 1940 brachte den Westfeldzug und die Besetzung von Dänemark und Norwegen. Es begann mit großen Betriebsschwierigkeiten, die wegen des strengen und langen Winters bis in den März hinein andauerten und die Wirtschaft weiterhin beeinträchtigten[9]. Angesichts dieser Lage rief der Reichsverkehrsminister eine außer-

[2] Beispiele für neue und veränderte Verkehrsströme bei Wehde-Textor (4), S. 10 f.

[3] Verordnung über die Weiterbenützung von Kraftfahrzeugen vom 6. 9. 1939, RGBl. 1939 I, S. 1698 u. vom 17. 10. 1939, RGBl. 1939 I, S. 2055; Verordnung über die Einschränkung des Güterverkehrs mit Kraftfahrzeugen vom 6. 12. 1939, RGBl. 1939 I, S. 2410.

[4] Vgl. Halder-KTB Bd. I, 22. 9. 1939, 1. 11. 1939 u. 4. 11. 1939.

[5] Vgl. Lagebericht des Sicherheitsamtes der SS vom 14. 12. 1939, abgedruckt bei Boberach, S. 24—28.

[6] Thomas, S. 254 f.

[7] Vgl. Boberach: Bericht Nr. 24 vom 4. 12. 1939, S. 24 f.

[8] Halder-KTB Bd. I, 30. 12. 1939, sowie 1. u. 22. 1. 1940; vgl. Rohde, S. 122 f.

[9] Vgl. Lagebericht des Sicherheitsdienstes SS vom 8. 1. 1940 u. vom 5. 4. 1940, abgedruckt bei Boberach, S. 24—26, 34—36 u. 57.

ordentliche Präsidentenkonferenz ein, in der die Ursachen der Misere behandelt wurden. Anschließend waren die Teilnehmer der Präsidentenkonferenz zur „Entgegennahme einer Erklärung" des Generalfeldmarschalls Göring in seiner Eigenschaft als Vorsitzender des Reichsverteidigungsrates in das Reichsluftfahrtministerium geladen. Am 17. 1. 1940 verbot Reichspropagandaminister Goebbels der deutschen Presse über Bahnverkehr und Transporte zu berichten[10]. Anfang Januar 1940 betrug der Rückstau 657[11], am 18. 1. 1 500[12] und gegen Ende des Monats 916 Züge[13]. Am 24. 1. mußte eine allgemeine Annahmesperre — ausgenommen Rüstungsgüter, Wehrmacht, Kohle und Lebensmittel — im ganzen Reich ausgesprochen werden[14]. Die Forderungen des Transportchefs waren hoch. Nach Halder waren am 9. 1. 1940 ca. 335 Wehrmachtzüge für Bewegungen bereitgestellt und rd. 100 Züge in Bewegung[15]. Während des monatelang dauernden Hinausschiebens des Angriffstermins im Westen befanden sich in der Transportchefreserve viele Wagen, die von der Rüstung und Wirtschaft dringend benötigt wurden.

Zur Behebung der Betriebsschwierigkeiten im Ruhrgebiet und den angrenzenden Nachbardirektionen und zur Beschleunigung des Wagenumlaufes setzte der Verkehrsminister den Präsidenten des Reichsbahnzentralamtes München, Wilhelm Emrich, als Ministerkommissar West mit besonderen Vollmachten ein[16]. Von der Partei wurden Kräfte für die Entladung von Kohlenwagen, Be- und Entladung der Rollfahrzeuge und andere Notstandsarbeiten zur Unterstützung der Reichsbahn mobilisiert. Der Reiseverkehr wurde ab 10. 1. 1940 stark eingeschränkt, ab 21. 1. bis auf den Stammplan, in einigen Bezirken sogar darüber hinaus. Anfang Februar erklärte Dorpmüller dem Transportchef, daß die Reichsbahn bei den vorhandenen Betriebsschwierigkeiten keine große Offensivhandlung durchhalten könne[17]. Im Oberkommando der Wehrmacht bestanden offenbar Hemmungen, Hitler über diese Transportsituation zu unterrichten[18]. Am 10. 2. hat der Chef des Wehrmachtführungsstabes Jodl dann doch Hitler „erstmalig eindringlicher" die Transportlage vorgetragen[19]. Ende Februar trat eine leichte Entspannung der Betriebslage ein, der Rückstau sank unter 200 Züge[20].

Eine wichtige zusätzliche Betriebsaufgabe hatte die Reichsbahn mit der Beförderung von monatlich einer Million Tonnen Kohle nach Italien erhalten. Drei Viertel der

[10] Hagemann, S. 171.
[11] Niederschrift über die 75. Präsidentenkonferenz der Deutschen Reichsbahn am 6. 2. 1940; Halder-KTB Bd. I, 9. 1. 1940; Die Reichsbahn, Jg. 1940, S. 36.
[12] Geißler-Tagebuchnotizen, 18. 1. 1940.
[13] Halder-KTB Bd. I, 26. 1. 1940.
[14] Geißler-Tagebuchnotizen, 24. 1. 1940, Unterlagensammlung der DB in Nürnberg, Mappe xx; Halder-KTB Bd. I, 24. 1. 1940.
[15] Halder-KTB Bd. I, 9. 1. 1940.
[16] Telegramm des RVM EMB Nr. 104 1/2 DD vom 1. 2. 1940 (Abschrift). Weitere Akten in der Unterlagensammlung des Verfassers.
[17] Halder-KTB Bd. I, 9. 2. 1940; vgl. auch IMT Bd. XXVIII, Dok. 1809—PS, S. 404, Jodl-Tagebuch, 14. 2. 1940.
[18] Halder-KTB Bd. I, 11. 2. 1950; vgl. IMT Bd. XXVIII, Dok. 1809—PS, S. 401, Jodl-Tagebuch, 10. 2. 1940.
[19] IMT Bd. XXVIII, Dok. 1809—PS, S. 402, Jodl-Tagebuch, 10. 2. 1940.
[20] Halder-KTB Bd. I, 29. 2. 1940.

täglich für die rd. 50 Züge erforderlichen Wagen mußten von der Reichsbahn gestellt werden[21]. Das waren immerhin etwa 8 Prozent ihres 0-Wagenparkes.

Anfang April wurden die Aufmarschtransporte für die Besetzung Dänemarks und Norwegens (Unternehmen „Weserübung") ohne nennenswerte Schwierigkeiten und Auswirkungen auf den sonstigen Verkehr planmäßig durchgeführt. Im April trat dann eine merkbare Besserung in der Wagenversorgung der Rüstungsindustrie ein[22]. Die planmäßig durchgeführten Truppenbewegungen für den Frankreichfeldzug blieben nicht ohne Auswirkungen auf den Rüstungs- und Wirtschaftsverkehr, da im Westen des Reiches am 10. 5. der Höchstleistungsfahrplan eingeführt wurde und die westlichen Direktionsbezirke durch eine Annahme- und Rückhaltesperre entlastet werden mußten[23]. Ab 25. 5. wurde der Höchstleistungsfahrplan auf die linksrheinischen Strecken beschränkt und am 13. 6. ganz aufgegeben. Im Laufe des Sommers besserte sich die Betriebs- und Verkehrslage, dennoch konnten nicht alle Wagenforderungen der Wirtschaft und Rüstung erfüllt werden, weil nach Beendigung des Westfeldzuges umfangreiche Truppenbewegungen von Westen nach Osten und Beutetransporte zu fahren waren[24]. Besonders stark liefen die Bewegungen im Juli und im September[25]. Die Wagenstellung stieg auf 155 000 Wagen pro Tag[26]. Ende Juli fiel der Dortmund-Emskanal durch einen Fliegerangriff aus, wodurch vorübergehend eine Erschwerung bei der Kohlenabfuhr aus der Ruhr eintrat. Im Herbst verschlechterte sich die Wagenlage durch hohe Anforderungen der verschiedenen Verkehrsträger. Anfang November war der Rückstau auf 650 Züge angestiegen[27].

Am 18. 10. 1940 hatte Hitler die Fortführung des Vierjahresplanes angeordnet und die besondere Weisung erteilt, die Durchführung des Vierjahresplanes den Kriegserfordernissen anzupassen[28]. In der Sitzung des Beirates der Deutschen Reichsbahn am 26. 11. erklärte Dorpmüller dem Chef des Transportwesens, daß die Reichsbahn in Zukunft die bisherigen Forderungen nicht erfüllen könne[29]. Wegen Verschlechterung der Betriebslage und des zunehmenden Rückstaues infolge von Winterschwierigkeiten durch Frost mußten wieder umfangreiche Verkehrssperren ausgesprochen werden[30]. Versuche der Reichsbahn, die Wirtschaft und Rüstung im eigenen Interesse zu einer vorübergehenden Selbstbeschränkung ihrer Wagenforderungen bei gestörten Versandrelationen zu bewegen und damit zur Entspannung der Betriebslage und zur Leistungssteigerung beizutragen, blieben erfolglos. Die Produzenten sahen darin erklärlicherweise eine Gefährdung der von ihnen abgeforderten Produktionsmengen. Da den Be-

[21] Wehde-Textor (4), S. 11; Thomas, S. 255.
[22] Thomas, S. 255.
[23] Niederschrift über die 78. Präsidentenkonferenz der Deutschen Reichsbahn am 4. 6. 1940.
[24] Niederschrift über die 79. Präsidentenkonferenz der Deutschen Reichsbahn am 11. 10. 1940.
[25] Niederschrift über die 79. Präsidentenkonferenz der Deutschen Reichsbahn am 11. 10. 1940.
[26] KTB/OKW Bd. I, 29. 8. 1940, S. 51.
[27] Halder-KTB Bd. II, 5. 11. 1940.
[28] RGBl. 1940 I, S. 1395.
[29] Halder-KTB Bd. II, 26. 11. 1940.
[30] Niederschrift über die 79. Präsidentenkonferenz der Deutschen Reichsbahn am 11. 10. 1940.

triebsschwierigkeiten mit anderen Mitteln nicht beizukommen war, mußten dann eben doch weiterhin Wagenausfälle in Kauf genommen werden[31].

Der Schwerpunkt der Bautätigkeit lag in den eingegliederten Ostgebieten, in denen die Strecken und Bahnhöfe den veränderten Verkehrsverhältnissen und den steigenden Anforderungen angepaßt werden mußten. Obwohl nicht einmal alle notwendigen baulichen Verbesserungen bei der Reichsbahn durchgeführt werden konnten, ordnete Hitler am 25. 7. 1940 mit dem Erlaß zur „Sicherstellung des Sieges" den unverzüglichen Wiederbeginn seiner Berliner und Nürnberger Bauten an. Ein von Speer hierzu aufgestelltes Sofortprogramm des Führers wurde als „Kriegsprogramm Wasserstraßen und Reichsbahnen Berlin" getarnt[32]. Im Gegensatz dazu sei die Tatsache erwähnt, daß der im Programm für 1940 vorgesehene Bau von 1 350 Lokomotiven und 65 000 Güterwagen nicht die vorgesehene Höhe[33] erreichte. Geliefert wurden 1 023 Lokomotiven und 24 546 Güterwagen.

Das Jahr 1941 stand weiterhin im Zeichen der Ausdehnung des Machtbereiches der Achsenmächte. Zur Vorbereitung des Rußlandfeldzuges war der Barbarossa-Aufmarsch gegen die Sowjetunion zu fahren — die umfangreichste Transportaufgabe dieser Art, die jemals einer Eisenbahn gestellt worden war. Während seines Ablaufes mußte völlig unvorbereitet und kurzfristig der Aufmarsch gegen Jugoslawien gefahren werden. Er ist als transporttechnische Spitzenleistung der Reichsbahn in die Kriegsgeschichte eingegangen.

Die Betriebsabwicklung litt bis zum beginnenden Frühling noch unter den Auswirkungen des wiederum ungewöhnlich strengen Winters. Schon seit langer Zeit gab es in Deutschland nacheinander keine zwei so ungewöhnlich lange, kalte und schneereiche Winter[34].

In der Zeit der militärischen und politischen Erfolge paßte das begrenzte Leistungsvermögen der Reichsbahn nicht in die Gedankenwelt der politischen und militärischen Führung. Auch Rüstungsindustrie und Öffentlichkeit hatten wenig Verständnis für die außergewöhnliche Lage der Reichsbahn, hin und wieder wurde sogar von bösem Willen und Unvermögen der Reichsbahn gesprochen[35]. Durch die Fülle militärischer und kriegswirtschaftlicher Transportforderungen war die Reichsbahn weiterhin überfordert. Versuche des Reichsverkehrsministers, eine Einschränkung der Programme der verschiedenen Bedarfsträger zu erreichen, blieben erfolglos[36]. Die von der Wirtschaft und Rüstung gemachten Angaben über die prozentuale Erfüllung ihrer Wagenanforderungen sind nicht immer zutreffend, da auch überhöhte Bedarfsmeldungen abgegeben wurden, mit dem Hintergedanken, bei der Wagenzuteilung dann besser wegzukommen.

In den östlichen Gebieten, vor allem im Generalgouvernement, hielt die schwierige Betriebslage auch nach dem Winter an. Anfang Mai betrug der Rückstau dort rd. 500

31 Dazu Niederschrift über die 80. Präsidentenkonferenz der Deutschen Reichsbahn am 13. 12. 1940.
32 Speer, S. 192.
33 Thomas, S. 254; IMT Bd. XXVIII, Dok. 1809—PS, S. 400, Jodl-Tagebuch, 3. 2. 1940.
34 Rückel, S. 149—163.
35 Niederschrift über die 82. Präsidentenkonferenz der Deutschen Reichsbahn am 1. 4. 1941.
36 Vgl. Thomas, S. 293—295.

Züge[37], so daß mehrere Annahmesperren ausgesprochen werden mußten[38]. Im Reich lag die Wagenstellung in den ersten drei Monaten dank der Übernahme französischer und belgischer Leihwagen höher als im Vorjahr. Für die weitere Durchführung des seit Anfang Februar laufenden Barbarossa-Aufmarsches mußte am 22. 5. 1941 der Höchstleistungsfahrplan eingeführt werden. Westlich der Elbe wurde er am 7. 6. wieder aufgehoben[39]. Schon vorher war zur betrieblichen Entlastung der östlichen Bezirke eine Zulaufsperre für die Reichsbahndirektionsbezirke Breslau, Danzig, Königsberg, Oppeln, Osten, Posen, Stettin östlich der Oder und für die Generaldirektion der Ostbahn ausgesprochen worden[40]. Diese Sperre dauerte mit gewissen Schwankungen und Ausnahme der Reichsbahndirektion Königsberg bis zum 17. 5.. Vom 17. 5. ab wurde die Wagenstellung auf 123 000 Wagen und ab 19. 5. auf 103 000 Wagen gedrosselt. Das war etwa ein Fünftel bzw. ein Drittel der Soll-Stellung bei normaler Betriebslage. Auch die Wagenstellung für die oberschlesische Kohle mußte vorübergehend eingeschränkt werden. Durch diese Maßnahmen verringerte sich in der Zeit vom 11. bis 28. 5. der Rückstau von 766 auf 49 Züge, so daß danach wieder eine bessere Wagenversorgung der Wirtschaft möglich war[41]. Am 28. 5. stieg die Wagenstellung wieder auf 123 000 an. Aus diesen Zahlen geht deutlich hervor, daß der Barbarossa-Aufmarsch zeitweise erhebliche Auswirkungen auf die Wirtschaft und die Rüstung hatte. In seinem Schreiben vom 27. 8. 1941[42] teilte der Reichsverkehrsminister dem Beauftragten für den Vierjahresplan Göring mit: „Die Deutsche Reichsbahn war in den Wochen nach Einführung des Höchstleistungsfahrplanes für den Ostaufmarsch am 22. Mai 1941 nicht mehr in der Lage, die Kriegswirtschaft ausreichend zu bedienen. Die Güterbeförderung, insbesondere die Kohlentransporte, blieb so weit hinter dem Soll zurück, daß die Fehlbeträge nicht mehr nachgeholt werden können. Die Einschränkungen des Reiseverkehrs erstreckten sich zum Teil sogar auf den Berufsverkehr." Die Betriebs- und Verkehrslage blieb auch nach Ablauf des Barbarossa-Aufmarsches durch die weiterhin hohen Anforderungen insbesondere für die Wehrmacht allgemein gespannt[43]. Dieser Zustand hielt auch im Herbstverkehr an. Durch die Vergrößerung des Versorgungsraumes der Wehrmacht im Osten und die damit verbundenen längeren Wagenumlaufzeiten war der Wagenraum wieder knapper geworden[44]. Dazu trug auch die Zunahme der Leerläufe der Güterwagen bei, die die Reichsbahn kaum beeinflussen konnte. Der betriebliche Nutzeffekt ausgedrückt durch die Verhältniszahl der Achskilometer der beladenen und leeren Wagen war von 70,56 Prozent im Jahre 1938 auf 68,07 Prozent im Jahre 1941 ge-

[37] Halder-KTB Bd. II, 10. 5. 1941.
[38] Vgl. Thomas, S. 293—295.
[39] Halder-KTB Bd. II, 7. 6. 1941.
[40] Niederschrift über die 83. Präsidentenkonferenz der Deutschen Reichsbahn am 7. 10. 1941.
[41] Halder-KTB Bd. II, 12. 6. 1941.
[42] Der Reichsverkehrsminister und Generaldirektor der Deutschen Reichsbahn 26 g/Baü 43 vom 27. 8. 1941, BA—MA Freiburg i. Br., W 01—8/27.
[43] Niederschrift über die 9. Sitzung der Gebietsverkehrsleitung Süd am 17. 7. 1941 in Wien, Unterlagensammlung des Verfassers.
[44] Niederschrift über die 10. Sitzung der Gebietsverkehrsleitung Süd am 21. 10. 1941 in Wien, Unterlagensammlung des Verfassers.

sunken[45]. In den Monaten Juni bis Dezember beeinträchtigte auch die laufende Abgabe von Lokomotiven, Wagen und Personal nach Rußland die Betriebsabwicklung und Verkehrsbedienung im Reich. Die ungenügende Rücksichtnahme auf die geringe Leistungsfähigkeit der Eisenbahnen und die mangelhafte Vorflut in den neubesetzten Gebieten des Ostens und Südostens wirkte sich ebenfalls ungünstig auf die Betriebsabwicklung im Generalgouvernement und im Reich aus.

Für den Personenverkehr stand auch 1941 nur ein eingeschränkter Fahrplan zur Verfügung, obgleich die Zahl der beförderten Personen ständig zunahm. Die Verminderung der Zugleistungen betraf in der Hauptsache die Schnell- und Eilzüge; die Personenzüge mußten wegen des starken Berufs- und Ortsverkehrs geschont werden. Der Fernreiseverkehr zu Weihnachten und Neujahr wurde in der Zeit vom 20. 12. 1941 bis 4. 1. 1942 durch Zulassungskarten kontingentiert. Ein Anspruch auf Beförderung oder auf einen Sitzplatz war damit nicht garantiert[46]. Der Lokomotivpark war im Jahre 1941 außerordentlich stark beansprucht.

Der dritte Kriegswinter ließ sich im Reich nicht ganz so streng an wie die beiden vorausgegangenen. Umso schwerwiegender und folgenreicher waren dagegen die Winterschwierigkeiten des Betriebes in Rußland durch ihre Auswirkungen auf die rückwärtigen Gebiete.

Im Jahre 1942 erreichte die Ausdehnung des deutschen Machtbereiches ihren Höhepunkt. Am Jahresende wurden von der Reichsbahn im Reich und in den besetzten Ost- und Westgebieten insgesamt 152 000 Kilometer Bahnen betrieben oder beaufsichtigt[47]. Durch die Vergrößerung des Betriebsraumes stieg die Laufweite eines Güterwagens zwischen zwei Beladungen, die 1939 noch 261 km betrug, im Januar 1942 auf 377 km und die Wagenumlaufzeit von 3,9 auf 6,3 Tage an[48]. Mit der Übertragung der Verantwortung für den Eisenbahnbetrieb in den besetzten Ost- und Westgebieten am 15. 1. 1942, bzw. am 15. 6. 1942 an den Reichsverkehrsminister war die Voraussetzung für eine straffere Führung des Betriebes nach einheitlichen Gesichtspunkten und eine bessere Ausnützung des gesamten Betriebsapparates im Machtbereich geschaffen worden. Die Betriebsleistungen lagen höher als im Jahr 1941. Gegenüber dem Vorjahr waren die tonnenkilometrischen Leistungen der Reichsbahn von 150 837 Milliarden auf 154 110 Milliarden, das sind drei Prozent, angestiegen, die Wagenstellung jedoch von 47 164 178 auf 45 353 675 Wagen zurückgegangen. Im großen und ganzen hatten Betrieb und Verkehr durch unmittelbare Feindeinwirkungen noch verhältnismäßig wenig zu leiden.

Durch Winterschwierigkeiten und die Rückwirkungen des Desasters im besetzten Rußland hatte sich die Betriebslage im Reich in den ersten Monaten des Jahres wieder verschlechtert. Der Rückstau stieg auf mehr als 1 000 Züge an. Nur durch eine starke Drosselung der Wagenstellung und vorübergehende Einschränkung des Reiseverkehrs

[45] Leibbrand auf der 85. Präsidentenkonferenz der Deutschen Reichsbahn am 31. 3. 1942.
[46] Notiz in: Die Reichsbahn, Jg. 1941, S. 461 f.
[47] Geschäftsbericht der Reichsbahn über das Geschäftsjahr 1942.
[48] Vortrag von Leibbrand auf der 85. Präsidentenkonferenz der Deutschen Reichsbahn am 31. 3. 1942.

konnte der Betrieb wieder flüssiger gestaltet werden. Am 19. 1. mußte die Wagenstellung auf 110 000 Wagen herabgesetzt und vom 23. bis 25. 1. eine totale Annahmesperre ausgesprochen werden. Dann wurden einige Tage lang nur 80 000 Wagen gestellt. Erst nach einer nochmaligen totalen Annahmesperre ging es wieder aufwärts. Diese einschneidenden Maßnahmen blieben nicht ohne schwerwiegende Auswirkungen auf die Kohlenversorgung und Rüstungswirtschaft, die durch den Ausfall der Binnenwasserstraßen vom 15. 1. bis 11. 3. wesentlich verschärft wurde[49]. Anfang März 1942 erreichte die tägliche Wagenstellung 107 000 Wagen, etwa die Hälfte des tatsächlichen Bedarfs[50]. Im Frühjahr 1942 besserte sich die Lage der Reichsbahn, aber die Transportanforderungen überstiegen weiterhin ihre Leistungsfähigkeit. Zur geringeren Wagenstellung in der ersten Jahreshälfte hat auch beigetragen, daß die umgespurten Strecken in den besetzten russischen Gebieten mit deutschen Fahrzeugen betrieben werden mußten[51].

Nach den personellen Veränderungen im Reichsverkehrsministerium im Juni[52] und anderen Maßnahmen[53] wie die Heranziehung bzw. Anmietung weiterer Wagen aus den besetzten Westgebieten, die Verringerung der Transportchefreserve, in der Ende April 1942 rd. 1 600 Züge gebunden waren[54], sowie die verstärkte Mitarbeit der Verlader auf Grund des Erlasses des Beauftragten für den Vierjahresplan[55] und den Einsatz von Ladekolonnen stiegen die Verkehrsleistungen der Reichsbahn beträchtlich an. Es wurden Wagenstellzahlen bis über 170 000 Wagen erreicht. Im Spätsommer waren sogar Güterwagen überzählig abgestellt[56].

In den östlichen Reichsbahndirektionen trat in der zweiten Jahreshälfte eine Verschlechterung der Betriebslage ein. Ähnlich wie im vergangenen Jahr wirkten sich während der Sommeroffensive in Südrußland und die durch starke Partisanentätigkeit in Weißrußland entstandenen Betriebsschwierigkeiten mit hohem Rückstau über das Generalgouvernement hinaus bis hinein in das östliche Reichsgebiet aus[57]. Zu der schwierigen Betriebslage hat auch der zunehmende Wirtschaftsverkehr von Osten nach Westen beigetragen. Im übrigen Reichsgebiet blieb die Betriebslage weiterhin flüssig[58]. Die

[49] Nach Thomas, S. 359, waren im Februar 1942 143 Rüstungsbetriebe ganz und 35 teilweise stillgelegt. Leider macht Thomas keine Angaben über die Art und die Größe der betroffenen Betriebe, so daß die Zahlen nur wenig Aussagekraft haben.

[50] Mitteilung des RVM an Mineis (L) beim Transportchef vom 5. 3. 1942 zur Übermittlung an den Transportchef, Unterlagensammlung des Verfassers; vgl. Hitler-Speer-Konferenz am 5./6. 3. 1942, Punkt 12, S. 71.

[51] Vgl. Bericht des Reichswirtschaftsministeriums vom 8. 12. 1942 zur Verkehrslage der Reichsbahn, gedruckt bei Wehde-Textor (4), S. 41 f.; vgl. Ausarbeitung des OKW: Wehrkraft der Wehrmacht im Frühjahr 1942 vom 6. 6. 1942, Kapitel B Rüstungswirtschaft, Punkt 7 Verkehr, gedruckt bei Jacobsen (1), S. 327.

[52] Siehe Seite 205.

[53] Siehe Seite 228 ff.

[54] Aufzeichnung des Verfassers vom 29. 4. 1942; vgl. auch Hitler-Speer-Konferenz am 30. 5. 1942, Punkt 3, S. 131.

[55] Erlaß VP 9712/2 vom 31. 5. 1942, gedruckt in: Die Reichsbahn, Jg. 1942, S. 196 f.

[56] Niederschrift über die 87. Präsidentenkonferenz der Deutschen Reichsbahn am 11. 9. 1942; 7. ZVL-Sitzung am 22. 9. 1942.

[57] Niederschrift über die 88. Präsidentenkonferenz der Deutschen Reichsbahn am 8. 12. 1942.

[58] Niederschriften über die ZVL-Sitzungen am 22. 9., am 6. 10. u. am 22. 12. 1942.

Zahl der außerhalb des Reiches befindlichen Reichsbahn-Güterwagen hatte inzwischen einen beträchtlichen Umfang angenommen. Am 1. 6. 1942 befanden sich 242 275 Güterwagen im Ausland, davon im Norden 4 139, im Osten 142 159, im Südosten 28 785, im Süden 17 141 und im Westen 47 960[59]. Auf Bahnhöfen der Ostbahn waren im Dezember 1942 rd. 500 Züge abgestellt und damit alle Abstellmöglichkeiten in Anspruch genommen. Zum Jahresende entspannte sich die Betriebslage, der Rückstau ging erheblich zurück, auch bei der Ostbahn, während in Rußland die Schwierigkeiten andauerten.

Bei der Behandlung des Jahres 1942 sollen auch die Pläne für den Bau einer Supereisenbahn erwähnt werden. Anfang 1942 trat Todt mit dem Vorschlag, eine Breitspurbahn vom Ruhrgebiet nach der Ukraine zu bauen, an Hitler heran. Am 21. 5. 1942 fand darüber eine Unterredung mit den Reichsministern Speer und Dorpmüller statt[60]. Hitler zeigte sich sehr interessiert und gab den Auftrag, Pläne vorzubereiten. Das Reichsverkehrsministerium stand diesen Plänen reserviert gegenüber, konnte sich aber der Mitwirkung bei den angeordneten Untersuchungen nicht entziehen[61]. Auch der Chef des Transportwesens war zu einer Stellungnahme zu diesen Plänen aufgefordert. Hierzu hatte ich ihm eine Expertise auszuarbeiten, die ich ihm mit dem Hinweis vortrug, daß ein zweites Bahnsystem für Militärtransporte wegen der fehlenden Freizügigkeit nur von beschränktem Nutzen wäre. Da keine Möglichkeit des Wagenüberganges vorhanden sei, müßten an den Übergangsbahnhöfen große Umschlageinrichtungen geschaffen werden, die ebenso wie die neue Breitspurbahn geeignete und bevorzugte Angriffsobjekte für Luftangriffe sein würden. Außerdem betonte ich, daß mehrgleisige Normalspurbahnen und eine Verdichtung des vorhandenen Netzes sinnvoller seien als eine solche Superbahn. Der Transportchef sagte dazu, es sei Hitlers Wunsch, nicht nur seine Autobahnen zu bauen, sondern auch ein internationales Breitspurbahnnetz zu schaffen, ohne selbst dazu Stellung zu nehmen[62]. Auch dieses Vorhaben ist ein Beispiel für die Megalomanie Hitlers und einiger seiner engeren Mitarbeiter zu einer Zeit, in der wahrhaftig wichtigere Aufgaben einer Lösung bedurften. Am 1. 8. 1942 wurde im Reichsverkehrsministerium eine Planungsabteilung unter Leibbrand eingerichtet, die sich speziell mit den Plänen für eine Superbahn befaßte. Den Planungen lagen nachstehende Daten zugrunde:

Spurweite: Drei Meter; Achsdruck: Güterzuglok 35 t; Güterwagen 35 t;
Gewicht eines D-Zugwagens: 125 t; Länge der Personenwagen: 41 bzw. 54 m;
Geschwindigkeiten: Personenzüge 200—250 km/h, Güterzüge 100 km/h;
Oberbau: Stoßloses Gleis auf Längsschwellen oder auf Betonfundamenten;
Güterzuggewicht: 10 000 t bei 5% Steigerung und 35 t Achsdruck[63].

59 Aufzeichnung des Verfassers vom 16. 6. 1942.
60 Picker, S. 373, vgl. auch S. 299.
61 Reichsbahnbaudirektion München III/b 631 b vom 26. 3. 1943: Auszug aus der „Bestimmung der grundsätzlichen Bauart von Lokomotiven und Wagen für Breitspurbahnen" vom 25. 11. 1942, hrsgb. von den Eisenbahnabteilungen des Reichsverkehrsministeriums in Berlin, Unterlagensammlung des Verfassers; weitere Angaben bei Witte (2), S. 296—311.
62 Aufzeichnung des Verfassers vom 21. 3. 1942.
63 Wiens (1), S. 20—22; Picker, S. 156.

Das Jahr 1943 brachte die entscheidende Wende in der Kriegführung und für Deutschland eine erhebliche Verschlechterung der Kriegslage. Im Osten ging das Gesetz des Handels an die Sowjets über, die große Teile ihrer verlorenen Gebiete zurückeroberten. Nordafrika ging verloren. Nach der Besetzung von Sizilien und Süditalien trat Italien auf die Seite der Alliierten. Die Luftherrschaft ging völlig an die Westgegner über. All diese Umstände hatten mehr oder weniger Auswirkungen auf die Reichsbahn.

Die immer noch ansteigende Rüstungsproduktion und die militärischen Ereignisse auf den Kriegsschauplätzen mit umfangreichem Truppenersatz und Nachschubbedarf führten zu weiteren Transportforderungen an die Reichsbahn. Neue Aufgaben brachte auch der Räumungsverkehr[64] aus den Rückzugsgebieten und die Evakuierung der Zivilbevölkerung aus den Städten. Während des Sommers mußten außerdem wieder einmal Transporte von den Binnenwasserstraßen übernommen werden, da diese wegen Niedrigwasser nicht voll ausnützbar waren.

In der zweiten Jahreshälfte verursachten die zunehmenden Luftangriffe auf Rangierbahnhöfe und Knotenbahnhöfe spürbare örtliche Schwierigkeiten im Betrieb. Es gelang jedoch immer wieder, den Luftkriegseinwirkungen zu begegnen und die betrieblichen Störungen zu überwinden. Bis zum Jahresende hatte der Luft- und Partisanenkrieg die Jahresproduktion 1943 an Fahrzeugen aufgebraucht[65].

Im Januar 1943 trat durch Wintereinflüsse in den östlichen Bezirken wieder eine Verschlechterung der Betriebslage ein. Um den Rückstau aufzuarbeiten und die aus dem Osten angesammelten Leerwagen abfahren zu können, wurde am 14. 1. eine einschneidende Sperre verhängt. Vorübergehend mußte auch der Reiseverkehr eingeschränkt werden. Zusätzliche Belastungen fielen durch den Ausfall der östlichen Binnenwasserstraßen infolge Vereisung an. Der Rhein blieb eisfrei. Mit dem Eintritt milderer Witterung setzte im Februar eine allgemeine Besserung ein, die im März und April andauerte. Mitte März war auch der Bereich der Generaldirektion der Ostbahn fast ohne Rückstau. Durch die Kriegsereignisse in Rußland und die Auswirkungen der Industrieverlagerungen sowie den steigenden Wirtschaftsverkehr mit den besetzten russischen Gebieten stiegen die Anforderungen an die östlichen Bezirke und die Generaldirektion der Ostbahn erheblich an und erreichten ein bisher unbekanntes Ausmaß. Die Steuerung des Wirtschaftsverkehrs ging am 1. 5. 1943 vom Transportchef an die Reichsbahn über[66]. Diese Maßnahme hat auch zur flüssigeren Betriebsabwicklung in

[64] Vgl. Thomas, S. 373 f.

[65] Ganzenmüller auf der 52. Sitzung der Zentralen Planung am 21. 12. 1943, Bundesarchiv Koblenz, R 3 fol 1—1720.

[66] Bereits im Dezember 1942 hatte sich der Transportchef wegen Übernahme der Wirtschaftstransporte an den Verkehrsminister gewandt. Sein Schreiben Az 431 F. Abt./Gr. Wi., Nr. 8462.42 vom 3. 12. 1942 lautet: „Betr. Steuerung der Wirtschaftstransporte im Ostraum. In der grundlegenden Weisung des Führers vom 4. 1. 1943 Ziff. 1b ist zum Ausdruck gebracht: ‚Transportchef gibt die Weisungen zur Ausnutzung des Netzes für die Zwecke der Wehrmacht.' Bewußt ist der Wirtschaftsverkehr in diese Weisung nicht mit aufgenommen worden. Tr.-Chef hat zunächst den Wünschen des RVM entsprechend auch nach dem 14. 1. 1942 die Steuerung der Wirtschaftstransporte beibehalten. Der Streckenausbau war noch nicht weit genug fortgeschritten, so daß die Streckenleistungen für den anfallenden Bedarf in keiner Weise ausreichten, weshalb nach Ansicht des RVM und der Bedarfsträger eine einheitliche Steuerung aller Transporte beibehalten werden sollte. Im Laufe dieses Jahres haben

den Ostbezirken beigetragen. Von den betriebsleitenden und verkehrslenkenden Stellen der Reichsbahn konnten nun die Transporte unmittelbar mit den Bedarfsträgern festgelegt und besser den jeweiligen Betriebsverhältnissen angepaßt werden. In den ersten Sommermonaten herrschte eine gute Betriebs- und Verkehrslage. Im August verschlechterte sich die Wagenlage stark. Ursache dafür waren hauptsächlich die hohen Wehrmachtforderungen und Evakuierungsmaßnahmen, die einen hohen Lokomotivaufwand erforderten, ferner das Ansteigen der deutschen Wagenbestände im Ausland — allein in Italien befanden sich rd. 40 000 Wagen, die nicht zurückgefahren werden konnten[67] — und Feindeinwirkungen auf den Betrieb. Dazu kam noch der frühe Erntebeginn mit sehr guten Erträgen.

Bei den zunehmenden Lufteinwirkungen der Gegner zeigte sich immer mehr, wie entscheidend die Arbeit der Betriebsleitstellen und die schnelle Schadenbeseitigung für die Erhaltung der Betriebsflüssigkeit und Leistungsfähigkeit geworden war. Die flüssige Betriebslage dauerte trotz hohen Anforderungen und Fliegerangriffen bis Ende September. Anfang Oktober versteifte sich die Betriebslage, besonders im Osten nahm der Rückstau wieder stärker zu. Auch die Wagenlage verschlechterte sich zunehmend, wovon vor allem der Kohlenverkehr betroffen wurde[68]. Eine am 15. 11. in Kraft getretene Güterannahmesperre mußte wegen ihrer Auswirkung auf Rüstung und Wirtschaft nach drei Tagen wieder aufgehoben werden[69]. Zeitweise litt die Betriebsabwicklung stark unter Bespannungsschwierigkeiten. In der Zeit vom 25. 11. bis 1. 12. 1943 mußten zum Beispiel 7 624 Züge durchschnittlich 2,7 Stunden auf Bespannung warten[70]. Im Dezember verschärfte sich die Betriebslage, der Betrieb wurde in einigen Bezirken sehr zähflüssig, was an einigen Tagen zu sehr hohem Rückstau führte. Anfang Dezember waren im täglichen Durchschnitt 604 Züge zurückgestaut[71]. Der Reiseverkehr zu Weihnachten und Neujahr wurde mittels Reisegenehmigungen und Zulassungskarten

sich die Grundlagen für die Durchführung des Wirtschaftsverkehrs und auch der Verkehr der Wirtschaft so geändert, daß der Tr.-Chef es für zweckmäßig hält, den gesamten Wirtschaftsverkehr von und nach dem Osten und innerhalb der Ostgebiete nach den übrigen Verkehrsgebieten üblichen Grundsätzen des Wirtschaftsverkehrs führen zu lassen. Die für eine Leistungssteigerung notwendigen Ausbauten sind nunmehr durchgeführt. Die Bearbeitung der Wirtschaftstransporte nach den für Wehrmachttransporten gültigen Grundsätzen (Fahrtnummernerteilung) ist zu schwerfällig geworden und hat eine außerordentliche Belastung der Transportdienststellen und der Bedarfsträger sowie der Bahndienststellen mit sich gebracht. Durch die militärische Bearbeitung der Wirtschaftstransporte (Fahrtnummernerteilung) tritt zwangsläufig eine Verzögerung in der Bedienung und auch im Wagenumlauf ein. Der Tr.-Chef bittet das RVM, daß der Wirtschaftsverkehr im Osten nunmehr nach den in anderen Verkehrsgebieten üblichen Grenzen abgewickelt wird. Lediglich für die betrieblich schwierigsten Gebiete (augenblicklich Ostteil der RVD Poltawa, Rostow sowie die Strecken der Feldeisenbahnkommandos behält sich der Tr.-Chef besondere Abmachungen über die Durchführung von Wirtschaftstransporten vor. Durch die Steuerung des Wirtschaftsverkehrs durch das RVM dürfen die Wehrmachtbelange nicht beeinträchtigt werden. Tr.-Chef wünscht dauernde Unterrichtung über den Wirtschaftsverkehr und baldmögliche Übernahme der Steuerung." Aufzeichnung des Verfassers vom 9. 12. 1942.

[67] Mitgeteilt von Dilli auf der 91. Präsidentenkonferenz der Deutschen Reichsbahn am 6. 12. 1943.

[68] Janssen, S. 256.

[69] Niederschrift über die 27. ZVL-Sitzung am 26. 11. 1943.

[70] Wochenbericht des Hauptwagenamtes vom 11. 12. 1943.

[71] Wochenbericht des Hauptwagenamtes über die Wagenlage vom 11. 12. 1943.

stark gedrosselt[72]. Im Güterverkehr trat zwischen Weihnachten und Neujahr nicht die übliche Entspannung ein, da die Produktion nicht eingeschränkt wurde.

Die Wagenumlaufzeit war von 3,7 Tagen in der Vorkriegszeit am Ende des Jahres 1943 auf 7,6 Tage angestiegen, was praktisch einer Verringerung des Wagenraumes um mehr als die Hälfte gleich kam[73].

Alles in allem hat die Reichsbahn ihre Betriebs- und Verkehrsleistungen im Jahre 1943 weiter gesteigert. Sie erreichten in diesem Jahr den Höhepunkt im Zweiten Weltkrieg[74], dennoch sind damit nicht alle Forderungen der Bedarfsträger erfüllt worden. So wurden beispielsweise vom wichtigen Grundstoff Kohle 263 Millionen Tonnen mit der Bahn befördert, das sind 95,8 Prozent der geforderten Solleistung[75]. Zu den höheren Leistungen hat nicht zuletzt die starke Anlieferung von Lokomotiven und Güterwagen beigetragen[76].

Ohne Aussicht auf einen baldigen Frieden brachte das Jahr 1944 eine weitere Verschlechterung der Kriegslage. Unaufhaltsam wichen die Fronten zurück und kamen gegen Jahresende an die Reichsgrenzen heran. Vom Sommer ab nahmen die ständigen Luftangriffe auf die Verkehrsanlagen bedrohliche Ausmaße an und machten allmählich eine geordnete Betriebsabwicklung und Verkehrsbedienung nahezu unmöglich. Im ersten Halbjahr sanken die Betriebs- und Verkehrsleistungen unter die des Vorjahres und fielen dann vom September an rapide ab. Demgegenüber waren die Anforderungen der Bedarfsträger zur Versorgung der Fronten durch Truppentransporte und durch die großen Rüstungsanstrengungen nach wie vor hoch. Die Verlegung von Rüstungsbetrieben in weniger luftgefährdete Gebiete verursachte zusätzlichen Wagenverbrauch[77]. In zunehmendem Umfange fielen Räumungstransporte aus den besetzten Gebieten ins Reichsgebiet an[78]. Zeitweise mußten sogar Leerwagen aus dem Reich in die Räumungsgebiete gefahren werden[79]. Immer mehr machten sich nun die Verluste an Triebfahrzeugen und Wagen aller Art durch Luftangriffe und Zurücklassen in den besetzten Gebieten bemerkbar. Auch die Binnenwasserstraßen erlitten durch Luftangriffe erhebliche Zerstörungen und konnten die Reichsbahn immer weniger entlasten[80].

Im Zuge der Verlegung von Rüstungsbetrieben unter die Erde mußte sich die Reichsbahn sehr gegen die rücksichtslosen Forderungen des Jägerstabes zur Freigabe von Eisenbahntunneln wehren, die auch von Wehrmachtstellen immer mehr für die Unterstellung von Befehls-, Munitions- und Treibstoffzügen begehrt wurden.

Wie üblich hatte sich die Betriebs- und Verkehrslage nach den Weihnachtsfeiertagen etwas entspannt. In den ersten drei Monaten des Jahres 1944 blieb die Betriebslage

[72] Vgl. Niederschrift über die 30. ZVL-Sitzung am 6. 11. 1944, S. 7.
[73] Sarter (2), S. 16.
[74] Siehe Anhang, Seite 336, 338 u. 340.
[75] Bericht der Gbl Ost an das Reichsverkehrsministerium Pr(Z) 81 Val 5 vom 31. 5. 1944.
[76] Siehe Anhang, Seite 339.
[77] Niederschrift über die 92. Präsidentenkonferenz der Deutschen Reichsbahn am 18. 4. 1944.
[78] Vgl. Janssen, S. 251—254 u. 305; Hitler-Speer-Konferenz am 12. 10. 1944, Anmerkung zu Punkt 18, S. 416.
[79] Niederschrift über die 34. ZVL-Sitzung am 30. 3. 1944.
[80] Vgl. Wagenführ, S. 97.

dann mehr oder weniger stark angespannt. So stieg der Rückstau im März zeitweise bis auf 1 100 Züge an[81]. Anlaß dazu waren Frost und Schnee und die immer noch zunehmenden Lufteinwirkungen mit Ausfällen von Rangieranlagen und Streckensperrungen. Sie verzögerten den Wagenumlauf beträchtlich. In der Woche vom 24. 2. bis 1. 3. warteten 9 297 Züge durchschnittlich drei Stunden auf Bespannung[82]. Die Wagenstellung war unbefriedigend, die Zahl der Schadwagen hoch. Ein Vorschlag des Reichsverkehrsministeriums, nun auch im Wehrmachtverkehr — Truppentransporte und Frontversorgung ausgenommen — Dringlichkeitsstufen für die Wagenstellung einzuführen und damit alle Bedarfsträger einheitlich zu bedienen, ist über Erörterungen nicht hinausgekommen[83]. Anfang Februar mußten zahlreiche Einheitszüge für Truppentransporte bereitgestellt werden. Erst Anfang April trat noch einmal eine vorübergehende Besserung der Betriebslage ein, durch die der Rückstau auf 144 Züge zurückging[84]. Infolge der Verkehrsschwierigkeiten sank die Grundproduktion (Kohle und Eisen) im April leicht ab[85]. Mitte Mai verschärfte sich die Betriebslage wieder durch die Lufteinwirkungen besonders im Westen[86].

Mit Beginn der Invasion in Frankreich mußten erhöhte Transportforderungen der Wehrmacht erfüllt werden[87]. Wegen der großen Betriebsschwierigkeiten wurden ab 18. Juni an Sonntagen die meisten Tages-Schnell- und Eilzüge ausgelegt. Nur die Fronturlauberzüge und einzelne Tages-Schnellzüge mit Auslandsanschlüssen verkehrten weiter[88]. Die Wagenbestände reichten bei weitem nicht mehr aus, um die Forderungen aller Bedarfsträger zu erfüllen[89]. Von Juli an verschärfte sich die Wagenlage zusehends. Die Wagenstellung, die im Juli noch 136 000 Wagen pro Tag betrug, ging von Monat zu Monat zurück und sank im Dezember auf 87 000 ab[90]. Viele Forderungen der Bedarfsträger blieben unerfüllt.

Ab August 1944 wurde die Bevölkerung zu Schanzarbeiten in den östlichen und westlichen Grenzgebieten herangezogen. Hierfür mußten besonders an den Wochenenden zahlreiche Sonderzüge gefahren werden. So beförderte z. B. die Reichsbahndirektion Oppeln vom August bis zum 18. Januar 1945 an jedem Wochenende 100 Züge mit 100 000 Menschen[91].

Im Westen zwangen die Kriegsverhältnisse dazu, die linksrheinischen und die an den Rheinufern gelegenen Rangierbahnhöfe weitgehend zu entlasten und auf den Strecken westlich der Linie holländische Grenze—Coesfeld—Dorsten—Osterfeld Süd Oberhausen/West—Wedau — Wuppertal— Vohwinkel — Betzdorf — Limburg — Frankfurt/M.— Darmstadt — Kranichstein — Heidelberg — Bruchsal—Bretten—Mühlacker —

[81] Niederschrift über die 33. ZVL-Sitzung am 9. 3. 1944.
[82] Wochenbericht des Hauptwagenamtes über die Wagenlage vom 4. 3. 1944.
[83] Vgl. Niederschrift über die 33. ZVL-Sitzung am 9. 3. 1944, S. 4.
[84] Wochenbericht des Hauptwagenamtes über die Wagenlage vom 22. 4. 1944.
[85] Hitler-Speer-Konferenz am 22./23. 5. 1944, Punkt 7, S. 368.
[86] Niederschrift über die 36. ZVL-Sitzung am 16. 5. 1944.
[87] Niederschrift über die 38. ZVL-Sitzung am 21. 6. 1944.
[88] Notiz in ZVMEV, Jg. 1944, S. 213.
[89] Niederschrift über die 38. ZVL-Sitzung am 21. 6. 1944.
[90] Wagenführ, S. 94.
[91] Vgl. v. Ahlfen, S. 177.

Pforzheim—Calw—Horb—Hausach—Neustadt / Schw.—Waldshut—Schweizer Grenze wegen der Tieffliegerangriffe möglichst nachts und zur Erreichung größtmöglicher Leistungen Reise- und Güterzüge parallel, d. h. mit gleicher Geschwindigkeit zu fahren[92].

Allmählich wirkten sich im Ruhrgebiet die Luftangriffe besonders nachhaltig auf die Wagenstellung aus. Während sie im September im Tagesdurchschnitt noch 19 900 Einheiten zu 10 Tonnen betrug, waren es Anfang Oktober nur noch 7 700[93].

Unter außergewöhnlichen Betriebsbedingungen mußten im November und Dezember die Aufmarsch- und Nachschubtransporte für die am 16. 12. beginnende Ardennenoffensive durchgeführt werden[94]. Am 18. Dezember war der Rückstau auf 1000 Züge angestiegen[95]. Die Wagenumlaufzeit betrug am Jahresende 9,6 Tage[96].

Bei den abnehmenden Leistungen der Reichsbahn führte die Priorität der Forderungen des Transportchefs dazu, daß die übrigen Bedarfsträger immer weniger bedient wurden.

Für die Reichsbahn bedeutete der Rückgang der Wagenstellung keine entsprechende Verringerung im Betriebsaufwand. Durch die Betriebsschwierigkeiten war vielmehr der unproduktive Aufwand so erheblich gestiegen, daß der Kohlenverbrauch, der Lokomotiv- und Wageneinsatz sowie der Einsatz von Arbeitskräften nicht weniger groß war, als wenn 180 000 Wagen täglich gestellt worden wären[97]. Im Bereich der Generalbetriebsleitung Süd lagen die täglichen Güterzugkilometer im Juli 1944 noch so hoch wie 1941. Im Dezember waren sie nur ein Drittel und im März 1945 um ein weiteres Drittel zurückgegangen[98].

Am 20. Juli fand der mißglückte Staatsstreichversuch gegen Hitler statt. Der Chef des Transportwesens mit seinem Stab und Angehörige der Reichsbahn waren daran nicht beteiligt[99]. Ob die Verlegung von Dienststellen des Chefs des Transportwesens aus dem Mauerwald nach dem Lager Maybach bei Zossen am 12. 7. einen Bezug zum Staatsstreichversuch gehabt hat, bleibt allerdings offen. Eine zwingende Notwendigkeit zur Verlegung bestand nicht. Am 28. 7. wurden diese Stellen wieder in den Mauerwald zurückverlegt. Dort blieben sie bis zum 23. 10.. Irgendwelche Transportanordnungen

[92] Erlaß RVM 23 Bfg 144 vom 19. 9. 1944 betr. Sondermaßnahmen „West" im Güterverkehr, Abschrift in Unterlagensammlung des Verfassers.

[93] Vgl. 4. Hydrier-Denkschrift Speers an Hitler vom 5. 10. 1944, gedruckt bei Birkenfeld (1), S. 251 f. Speer gibt dort irrtümlich Wagen an, es handelt sich aber um statistische Einheiten à 10 Tonnen. Auch andere Autoren machen diesen Fehler.

[94] Siehe Seite 182 f.

[95] Bei Wagenführ sind auf Seite 94 2 000 Züge Rückstau angegeben. Diese Zahl scheint offensichtlich falsch zu sein, denn es war bei den damaligen Betriebsverhältnissen bestimmt unmöglich, den Rückstau bis zum 28. 12., d. h. innerhalb von 10 Tagen, um 900 Züge zu verringern.

[96] Vermerk von Ministerialrat Dr. Ottmann im Reichswirtschaftsministerium vom 2. 1. 1945 über die Verkehrslage beim Jahreswechsel 1944/45, gedruckt im Archiv für Eisenbahnwesen, Jg. 1961, S. 46.

[97] Vermerk von Ministerialrat Dr. Ottmann im Reichswirtschaftsministerium vom 2. 1. 1945 über die Verkehrslage beim Jahreswechsel 1944/45, gedruckt im Archiv für Eisenbahnwesen, Jg. 1961, S. 46.

[98] Vgl. Bericht der Gbl Süd über die Betriebs- und Baulage im April 1945 (Zahlen vom März 1945 ohne Reichsbahndirektion Karlsruhe), Unterlagensammlung der DB in Nürnberg, Beitrag Gbl Süd.

[99] Vgl. Heiber (1), S. 277. — Der von Rohde erwähnte konspirierende Oberst Steltzer konnte in seiner Eigenschaft als Wehrmachttransportoffizier Skandinavien im Reichsgebiet wohl kaum praktisch wirksam werden. Vgl. Rohde, S. 121.

im Rahmen der Walküre-Pläne[100] (Mobilmachung des Ersatzheeres) sind nicht gegeben worden.

Nach fünfeinhalb Jahren Krieg ging das Dritte Reich im Jahre 1945 mit Riesenschritten dem totalen Zusammenbruch entgegen. Die Alliierten setzten ihre Vormärsche an allen Fronten fort und hatten bei der Kapitulation am 8. 5. das Reich bis auf kleine Restgebiete besetzt. In einem pathetischen Jahresaufruf forderte Ganzenmüller die Eisenbahner und Eisenbahnerinnen zum weiteren Durchhalten auf[101]. Ab Januar bekam die Reichsbahn die volle Wucht des Luftkrieges zu spüren. Die Angriffe auf Verkehrsziele rückten nun an die erste Stelle[102]. Immer mehr wichtige Verkehrsanlagen, vor allem Rangierbahnhöfe und Bahnbetriebswerke, fielen aus. Auch die Rheinbrücken wurden jetzt systematisch angegriffen. Einige waren wochenlang unbefahrbar. Durch abgestürzte Brückenteile wurde auch die Rheinschiffahrt stark behindert[103]. Dazu kamen in der zweiten Januarhälfte Schwierigkeien durch Frost und Schnee. Die Bahnleistungen sanken ab und der Rückstau stieg am 21. 1. auf 2 100 Züge an[104], so daß immer einschneidendere Sperren ausgesprochen werden mußten. So untersagte z. B. die Mineissperre 67 die Güterannahme von und nach allen Stationen des gesamten Reichsgebietes, ausgenommen waren nur bestimmte Wehrmachttransporte, die Beförderung von Brennstoffen und Behälterwagen in Ganzzügen, ferner der (kontingentierte) Binnen- und Nahverkehr, der Versand von Expreß- und Eilfrachtgut sowie der Arzneimittelverkehr. Im Stückgutverkehr war lediglich die Versendung von Waffen, Munition und Nachrichtengerät sowie ein kontingentierter Binnen- und Nachbarverkehr zugelassen[105]. Die Gesamtwagenstellung ging auf 70 000 Wagen zurück. Im Januar stellten die ersten Rüstungsbetriebe ihre Produktion ein[106]. Noch immer herrschte im Osten und Westen des Reiches lebhafter Truppenverkehr[107].

Nach der mißglückten Ardennenoffensive begann der Abtransport der 6. Armee nach Ungarn. Im Osten nahmen die Flüchtlingstransporte zu. Am 21. 1. 1945 wurde der Schnellzugverkehr eingestellt[108]. Ende Januar trat eine ganz leichte Besserung der Betriebslage ein, die aber nur von kurzer Dauer war. Am 17. 2. war der Rückstau auf 2 100 Züge angestiegen[109]. An der Ruhr sank die Wagenstellung auf 8 000 Einheiten ab[110]. Das ständige Zurückfahren von Wagen aller Art, die teilweise auf Überholungs- und Kreuzungsgleisen und Abschnitten zweigleisiger Strecken abgestellt werden mußten, machte den Betrieb immer unbeweglicher. Abhilfe konnte nur noch das rücksichtslose

100 Vgl. Hoffmann, P., S. 379.
101 Die Reichsbahn, Jg. 1945, S. 1, siehe Bild 44.
102 Janssen, S. 261; siehe Seite 221.
103 KTB/OKW Bd. IV, 10. 1. 1945, S. 1006; KTB/OKW Bd. IV, 21. 1. 1945, S. 1029; vgl. Wagenführ, S. 97.
104 KTB/OKW Bd. IV, Lagebuch WFStab vom 21. 1. 1945, S. 1029.
105 Mineissperre 67, vgl. Wagenführ, S. 96
106 Janssen, S. 261.
107 KTB/OKW Bd. IV, Lagebuch WFStab vom 7. 3. 1945, S. 1150; KTB/OKW Bd. IV, S. 1306 ff.; Philippi-Heim, S. 280; vgl. v. Ahlfen, S. 54, 67, 79 u. 82.
108 KTB/OKW Bd. IV, 21. 1. 1945, S. 1029.
109 Wagenführ, S. 96.
110 KTB/OKW Bd. IV, 21. 2. 1945, S. 1116.

Ausgleisen von Wagen bringen. Die Wagenumlaufzeit stieg auf über 20 Tage an[111]. Insgesamt wurden nur noch 39 000 Wagen gestellt. Wegen der vielen Zerstörungen an Bahnanlagen konnten immer weniger Züge auf längere Entfernungen durchgebracht werden. Durch den Vormarsch der Gegner und die Ausfälle von Rangieranlagen gelang es nicht mehr, die Zugbildung den sich ständig und rasch ändernden Verhältnissen anzupassen. Viele Wagen konnten nicht mehr zum Ziel gebracht werden und blockierten die Bahnhöfe.

Die allgemeine Nervosität der leitenden Stellen führte zu immer neuen kaum noch überschaubaren Anordnungen[112], die unwirksam blieben, weil sie von den Außenstellen nicht mehr durchgeführt werden konnten[113]. Durch die vielen Zerstörungen im Nachrichtennetz verloren die leitenden Stellen zusehends ihren Einfluß auf den Betrieb. Am 26. 2. hatte das Reichsverkehrsministerium mit 16 Reichsbahndirektionen keine Verbindung mehr[114]. Wegen des rapiden Absinkens der Wagenstellung, insbesondere für Kohle, kamen immer mehr Rüstungsbetriebe zum Erliegen[115].

Die Zerrüttung des Eisenbahnbetriebes setzte sich im März durch die Zerstörung weiterer Knotenbahnhöfe und Brücken fort. Daran konnte auch das Volksaufgebot zur Wiederherstellung zerstörter Eisenbahnanlagen nichts mehr ändern[116]. Der Rückstau schwankte zwischen 2 000 und 2 200 Zügen. Die Rückstauzahlen der letzten Kriegsmonate kennzeichnen die Betriebslage erst dann richtig, wenn man die inzwischen eingetretene Verkleinerung des Netzes berücksichtigt. Die Gesamtwagenstellung war auf 15 000 Wagen gesunken. An der Ruhr wurden am 9. 3. nur noch 700 Einheiten gestellt[117]. In der Zeit vom 18. 1. bis zum 19. 3. sind acht Mineissperren[118] ausgesprochen worden. Es bedarf kaum besonderer Erläuterungen, daß die Reichsbahn in dieser Lage keine nennenswerten Forderungen der Bedarfsträger mehr erfüllen konnte. Zu all den vorhandenen Betriebsschwierigkeiten kam nach dem Verlust aller Steinkohlenreviere noch der Mangel an Dienstkohlen.

Rückblickend erscheint es heute kaum faßbar, daß trotz des unerbittlichen und konzentrierten Luftkrieges gegen die Eisenbahn der Betrieb immer noch nicht ganz zum Erliegen kam[119].

Über die Ereignisse im April und Mai kann mangels exakter Unterlagen nicht viel

[111] Wagenführ, S. 96.

[112] Z. B. Erlaß 26 s Bfg 156/10 Vgal vom 14. 2. 1945, betr. Reichs- und Rüstungszüge u. Erlaß 26 Baü vom 18. 3. 1945, betr. Weigerung von Zügen, Abschrift in Unterlagensammlung des Verfassers. — Vgl. auch Vermerk von Ministerialrat Dr. Ottmann im Reichswirtschaftsministerium vom 2. 1. 1945 über die Verkehrslage beim Jahreswechsel 1944/45, gedruckt bei Wehde-Textor (4), S. 47.

[113] Einsatz eines „Verkehrsstabes" unter Speer, dem die Aufteilung des Transportraumes übertragen wurde. Janssen, S. 262; KTB/OKW Bd. IV, S. 1323.

[114] KTB/OKW Bd. IV, 26. 2. 1945, S. 1126.

[115] Spetzler, S. 312; vgl. KTB/OKW Bd. IV, S. 1321 u. S. 1322.

[116] KTB/OKW Bd. IV, Lagebuch WFStab vom 16. 3. 1945, S. 1176; Wagenführ, S. 96.

[117] KTB/OKW Bd. IV, Lagebuch WFStab vom 9. 3. 1945, S. 1159.

[118] Mineissperren betrafen das ganze Reichsgebiet, sie wurden vom Reichsverkehrsministerium ausgesprochen.

[119] Vgl. KTB/OKW Bd. IV, Auszüge aus den Niederschriften über die Teilnahme des Oberbefehlshabers der Kriegsmarine an den Führerlagen. Ausführungen Hitlers auf einer Lagebesprechung im Januar 1945, ohne Datum, S. 1653.

gesagt werden. Die Agonie setzte sich fort und erfaßte nun auch die Reichsbahndirektionen und nachgeordneten Dienststellen.

Während sich in den von den Alliierten besetzten Reichsgebieten militärische Einheiten der Gegner um die Wiederherstellung durchgehender Eisenbahnverbindungen zur Aufrechterhaltung ihres Nachschubs bemühten, wurden dazu auch deutsche Eisenbahner herangezogen.

Nach fast sechs schweren Kriegsjahren bot die einst weltweit angesehene und von den Gegnern im Kriege oft bewunderte Deutsche Reichsbahn ein trostloses Bild. Unmittelbar nach der Kapitulation regten sich allerorts fleißige Hände und begannen mit dem unendlich schwierigen und viele Jahre erfordernden Wiederaufbau der zerstörten Eisenbahnen[120].

120 Siehe Anhang, Seite 378 ff.

III Das Wehrmachttransportwesen im Kriege

1. Aufgaben und Organisation

Eine kurzgefaßte Formulierung des Begriffes Wehrmachttransportwesen[1] ist wegen seiner Komplexheit nicht ganz einfach. Allgemein gesehen beinhaltet das Wehrmachttransportwesen alles, was einen Bezug zu Transporten für militärische Zwecke hat. Im Rahmen dieses Kapitels befassen wir uns nur sehr kurz und nur soweit mit dem Wehrmachttransportwesen, als es sich der Eisenbahn bediente.

Aufgabe des Wehrmachttransportwesens war, die Transportbedürfnisse der Wehrmacht zeitgerecht und zuverlässig zu erfüllen. Die Eisenbahntransporte wurden überwiegend von zivilen Verkehrsträgern und zu einem geringeren Teil von der Eisenbahntruppe bzw. den Feldeisenbahnkommandos durchgeführt. Wehrmacht und Eisenbahn waren auf enge Zusammenarbeit angewiesen.

Das Wehrmachttransportwesen hatte in seinem horizontalen und vertikalen Aufbau eine einheitliche Organisation[2]. Auch Befehlsgebung und Arbeitsweise der Dienststellen waren einheitlich, und gerade darauf beruhte die Schlagkraft und Wendigkeit. Wegen der räumlich begrenzten Unterbringungsmöglichkeiten im Hauptquartier des Oberkommandos des Heeres konnten dort nicht alle Abteilungen des Chefs des Transportwesens Platz finden.

Im Laufe des Krieges haben sich Umfang und Aufgaben des Transportwesens erheblich ausgeweitet. Dennoch blieb seine Grundstruktur im wesentlichen erhalten. Von den Veränderungen waren vor allem die in Berlin verbliebenen Dienststellen des Chefs des Transportwesens betroffen. Die große Ausdehnung des Arbeitsbereiches und der Umfang der Transportaufgaben führten zu einer Dezentralisierung der Aufgaben und Zuständigkeiten.

Die Zusammenarbeit zwischen Wehrmacht und der Eisenbahn war in der Militär-Eisenbahn-Ordnung (MEO) von 1932 bzw. der Wehrmacht-Eisenbahn-Ordnung (WEO) von 1942 geregelt. Nach § 2 der Wehrmacht-Eisenbahn-Ordnung[3] vertrat das Oberkommando der Wehrmacht die Interessen der Wehrmacht an der militärischen Nutzung

[1] Sehr ausführlich hat sich Rohde mit dem Wehrmachttransportwesen im Zweiten Weltkrieg befaßt. Sein Buch behandelt die Entstehung, Organisation und Aufgaben des Wehrmachttransportwesens. Es soll keine Gesamtgeschichte des Transportwesens sein. Rohde, S. 8.

[2] Siehe Organogramme, Anhang Seite 327 u. 328. Dargestellt und ergänzt nach einer von der Feldtransportabteilung herausgegebenen Übersicht in der Unterlagensammlung des Verfassers.

[3] Militär-Eisenbahn-Ordnung gültig vom 1. 1. 1932, Ausgabe 1942, Berlin 1941. Vgl. Verordnung über die Einführung der Militär-Eisenbahn-Ordnung, RGBl. 1931 II, S. 565 ff.

der Eisenbahnen, gab hierfür die leitenden militärischen Gesichtspunkte und stellte militärische Forderungen. Die Bestimmungen der Wehrmacht-Eisenbahn-Ordnung fanden auch in den besetzten Gebieten Anwendung.

Für die Vorbereitung der Verteidigungsbereitschaft und im Kriege bildete das Reichsverteidigungsgesetz vom 4. 9. 1938[4] die Grundlage für das Verhältnis der Wehrmacht zum Reichsverkehrsministerium. Danach war der Reichsverkehrsminister für die unmittelbaren Belange der Wehrmacht an die Forderungen des Oberkommandos der Wehrmacht[5], von dem er auch Weisungen zur Ausnützung der Verkehrsmittel erhielt, gebunden[6]. Außerdem hatte er den Forderungen des Generalbevollmächtigten für die Wirtschaft zu entsprechen[7].

Das Oberkommando der Wehrmacht konnte im Einvernehmen mit dem Generalbevollmächtigten für die Reichsverwaltung (GBV) und dem Generalbevollmächtigten für die Wirtschaft (GBW) im Bereich des Verkehrsministers Rechtsverordnungen geben, die von den Gesetzen abwichen[8]. Damit war die Machtfülle des Oberkommandos der Wehrmacht gegenüber dem Reichsverkehrsminister erheblich ausgeweitet worden[9]. Die Behauptung Rohdes, daß die Stellung des Chefs des Transportwesens in seinem Verhältnis zu den Eisenbahnen denkbar ungünstig gewesen sei[10] und sich gegenüber der Stellung des Feldeisenbahnchefs im Ersten Weltkrieg nachteilig geändert habe[11], stimmt mit den vorgenannten Tatsachen schlecht überein. In Wirklichkeit konnte der Transportchef durch seine Forderungen in erheblichem Ausmaß Einfluß auf die Eisenbahn ausüben. Von dieser Möglichkeit hat er auch stets Gebrauch gemacht.

An der Spitze des Wehrmachttransportwesens stand im Kriege die mobilmachungsmäßig aus der 5. Abteilung des Generalstabes des Heeres hervorgegangene Dienststelle des Chefs des Transportwesens im Generalstab des Heeres[12]. Sie war eine selbständige Abteilung im Oberkommando des Heeres[13]. Der Transportchef unterstand nicht dem Generalquartiermeister, wie dies bei Heeren in anderen Ländern der Fall ist. Die organisatorische und technische Fortentwicklung des militärischen Transportwesens hat mit den nach dem Ersten Weltkrieg eingetretenen Wandlungen der Kriegs- und Verkehrstechnik nicht Schritt gehalten[14].

Der Chef des Transportwesens verfügte im Auftrage des Oberkommandos der Wehrmacht über die Ausnützung der Eisenbahnen, Straßen und Wasserstraßen für die

[4] Bis dahin galt das Reichsverteidigungsgesetz vom 21. 5. 1935.
[5] Reichsverteidigungsgesetz vom 4. 9. 1938, § 5, Abs. 1.
[6] Reichsverteidigungsgesetz vom 4. 9. 1938, § 5, Abs. 2.
[7] Reichsverteidigungsgesetz vom 4. 9. 1938, § 5, Abs. 4.
[8] Reichsverteidigungsgesetz vom 4. 9. 1938, § 5, Abs. 4.
[9] Vgl. Halder-KTB Bd. I, 15. 2. 1940.
[10] Rohde, S. 304.
[11] Rohde, S. 293.
[12] Aufgaben und Organisation des Chefs des Transportwesens sind in der HDv g/92 Handbuch für den Generalstab im Kriege festgelegt. Daneben gab es noch eine Dienstanweisung für den Chef des Transportwesens. Rohde, S. 348, Anm. 140a.
[13] Über die Stellung des Chefs des Transportwesens innerhalb der Spitzengliederung der Wehrmacht (OKW und OKH) vgl. Rohde, S. 277—292.
[14] Vgl. Rohde, S. 66 u. 304; vgl. Krumpelt (2), S. 180.

Zwecke der Wehrmacht und der Kriegs- und übrigen Wirtschaft und gab dazu die erforderlichen Anordnungen[15]. Ihm oblagen die Planungen, militärische Transportbearbeitung und Befehlsgebung für die Wehrmachttransporte auf der Eisenbahn und den Wasserstraßen. Kraftwagentransporte (Kolonnen) waren Sache der Kommandobehörden der Truppe und soweit sie den Großtransportraum betrafen des Generalquartiermeisters[16]. See- und Lufttransporte für das Heer gehörten zur Zuständigkeit des Oberkommandos der Kriegsmarine (OKM) bzw. des Oberkommandos der Luftwaffe (OKL). Der Transportchef hatte Wehrmachtsbefugnisse, d. h. er konnte in Eisenbahntransportangelegenheiten Weisungen an alle drei Wehrmachtteile geben[17].

Bedauerlicherweise wurde im Heer die Tätigkeit im Wehrmachttransportwesen und in der Versorgungsführung als zweitrangig angesehen[18]. Andere Generalstabsstätigkeiten und der Dienst in der Truppe waren begehrter. Nicht zuletzt trugen auch Eigenschaften des Transportchefs General Gercke dazu bei, daß Offiziere aus dem Transportportwesen wegstrebten[19].

Der Mobilmachungsabschnitt 1939/1940 sah im Transportwesen folgende Spitzengliederung vor: Chef des Transportwesens mit Chef des Stabes, Transportgruppe, Technische Gruppe, Organisationsgruppe, Bevollmächtigter Kommissar für das Kriegstransportwesen — Heimat[20] und Befehlshaber der Eisenbahneinheiten. Im Januar 1940 entstanden aus den einzelnen Gruppen des Chefs des Transportwesens unter teilweiser Zusammenfassung drei selbständige Abteilungen und zwar die Feldtransportabteilung, die Planungsabteilung und die Heimattransportabteilung[21]. Die letztere ging aus der Gruppe Kommissar für das Kriegstransportwesen — Heimat hervor[22]. Die eigenen Geschäftssachen des Transportchefs bearbeitete eine kleine Chefgruppe innerhalb der Feldtransportabteilung[23]. Im August 1940 wurde eine Eisenbahntransportabteilung Mitte in die Heimattransportabteilung eingegliedert[24]. Aus dieser entstand im Oktober 1942 die selbständige Wehrmachttransportleitung Mitte[25]. Von der Heimattransportabteilung blieb ein kleiner Rest bestehen, der im September 1943 aufgelöst wurde[26]. Die Technische Gruppe und die Organisationsgruppe wurden in der Planungsabteilung vereinigt, deren erste Staffel zum Hauptquartier des Oberkommandos des Heeres kam. Die zweite Staffel blieb in Berlin und arbeitete dort weiter mit dem Reichsverkehrsministerium zusammen. Aus der zweiten Staffel wurde im Dezember 1942 die Verkehrsabteilung gebildet[27]. Sie war insbesondere für Angelegenheiten des Wehrmacht-

[15] Bork (4), S. 50.
[16] Später der Oberquartiermeister.
[17] Vgl. KTB/OKW Bd. IV, S. 1749; KTB/OKW Bd. I, S. 170 E.
[18] Vgl. Teske (2), S. 96; Krumpelt (2), S. 109.
[19] Vgl. Teske (2), S. 97.
[20] Rohde, S. 199.
[21] Rohde, S. 97.
[22] Rohde, S. 200.
[23] Müller-Hillebrand Bd. I, S. 95.
[24] Rohde, S. 200.
[25] Rohde, S. 202.
[26] Rohde, S. 202.
[27] Rohde, S. 170.

tarifwesens und der Verkehrsbestimmungen, sowie der materiellen Ausrüstung der Feldeisenbahnbetriebstruppe zuständig.

Im Jahre 1943 hatte die Zentrale des Chefs des Transportwesens vier Abteilungen: die Feldtransportabteilung, die Planungsabteilung, die Personalabteilung und die Verkehrsabteilung in Berlin. In der Feldtransportabteilung wurden die Truppentransporte (Gruppe Ia), die Nachschub- und Verwundetentransporte (Gruppe Ib), die Wirtschaftstransporte (Gruppe Ib Wi)[28], der Wehrmachtreiseverkehr (Gruppe Ic) sowie die Vorschriften und das Ausbildungswesen (Gruppe Id) bearbeitet. Die Planungsabteilung war für die Organisation des Transportwesens, für die Aufstellung und den Einsatz der Transportdienststellen und Eisenbahnbetriebstruppen sowie für die materielle Ausrüstung zuständig. In der Personalabteilung wurden die personellen Angelegenheiten der Transportdienststellen, der Eisenbahnbetriebstruppe, der Sonderführer und des Wehrmachtgefolges behandelt. Zur Personalabteilung gehörte noch der Leitende Sanitätsoffizier, der in Zusammenarbeit mit dem Heeresarzt beim Generalquartiermeister u. a. den Einsatz der Lazarett- und Leichtkrankenzüge regelte. Für die Angelegenheiten der Generale des Transportwesens wurde im Mai 1944 die Stelle eines Bevollmächtigten Generals beim Chef des Transportwesens eingerichtet[29].

Der Oberbefehlshaber der Luftwaffe und der Chef des Heeresnachrichtenwesens hatten Verbindungsoffiziere zum Chef des Transportwesens abgestellt. Gegen Ende des Krieges kam noch ein Verbindungsoffizier der Waffen-SS dazu.

Zum Chef des Transportwesens war ferner eine Gruppe von Reichsbahnbeamten (Mineis (L) beim Transportchef) abgeordnet, die bei der Planung und Bearbeitung von Transportaufgaben mitwirkten und ihn in eisenbahnfachlichen Angelegenheiten berieten[30].

Dem zentralen Führungsapparat des Chefs des Transportwesens waren regional die Transportkommandanturen mit Sitz bei den Eisenbahndirektionen und Transportgruppen der Feldeisenbahnkommandos nachgeordnet. Ihnen oblag die militärische Transportbearbeitung in den Transportbezirken im Benehmen mit der Truppe und den Bahnbevollmächtigten, außerdem die Kontrolle ihrer Durchführung[31]. Die Transportdienststellen konnten für die Transportdurchführung bindende Weisungen an die Truppe geben. Für die Zusammenarbeit und Beratung der Wehrkreiskommandos und der Militärbefehlshaber waren Transportverbindungsoffiziere (TVO) abgeordnet.

[28] Ab September 1941.

[29] Rohde, S. 314 (Generalmajor Koerner). — Die dadurch frei gewordene Stelle des Chefs der Feldtransportabteilung erhielt Oberst i. G. Petri.

[30] Siehe Seite 207 f. — Der Verfasser wurde am 27. 2. 1942 zu Mineis (L) beim Transportchef (Verbindungsstelle) abgeordnet. Vom 22. 2. 1943 bis zur Kapitulation war er Leiter von Mineis (L) beim Transportchef. — Rohde benutzt auffallender Weise im Textteil seines Buches kein einziges Mal die während des ganzen Krieges überall gebräuchliche und weithin bekannte offizielle Dienststellenbezeichnung Mineis (L) beim Transportchef, obwohl sie mit diesem Namen in vielen Unterlagen des Transportchefs aufgeführt ist.

[31] Die Bemerkung des ehemaligen Transportkommandanten in Königsberg, von Watzdorf, daß der Bahnbevollmächtigte bei Kriegsbeginn dem Transportkommandanten unterstellt wurde, ist ebenso unzutreffend, wie die Behauptung, daß der Güterzugfahrplandezernent Leiter des Bbv-Büros war. Vgl. v. Watzdorf, S. 352.

Im rückwärtigen Heeres- und im Heimatkriegsgebiet gab es für überbezirkliche Transportangelegenheiten den Transportkommanturen übergeordnete Eisenbahntransportabteilungen (Etra), die ab Juni 1941 in Wehrmachttransportleitungen (WTL) umgewandelt wurden[32]. Sie waren zuständig für die in ihrem Bereich aufkommenden Transporte und für die Überwachung der durch die Feldtransportabteilung befohlenen Transporte und arbeiteten mit den überbezirklichen Stellen der Generalbetriebsleitungen der Reichsbahn, der Generaldirektion der Ostbahn und der Generalverkehrsdirektion Warschau sowie den Hauptverkehrsdirektionen zusammen. Zu den Eisenbahntransportleitungen waren anfangs Bevollmächtigte der Reichsbahn (BvRb) abgeordnet, die gewisse Weisungsbefugnisse an die Bahnbevollmächtigten der Eisenbahndirektionen hatten. Bei der Umwandlung in Wehrmachttransportleitungen im Jahre 1942 wurden die Bevollmächtigten der Reichsbahn zum Wehrdienst eingezogen und galten von da ab nicht mehr als ihre Beauftragten[33]. 1943 bestanden die Wehrmachttransportleitungen West in Paris, Mitte in Berlin, Weichsel in Warschau, Ukraine in Dnjepropetrowsk, Ostland in Minsk und Südost in Wien.

Zur Leitung und Überwachung deutscher Transporte in verbündeten Ländern und zur transporttechnischen Beratung der dortigen Generalstäbe und Eisenbahnbehörden waren deutsche Transportbevollmächtigte eingesetzt[34]. Ihre Transportanforderungen übermittelten sie durch die Generalstäbe ihrer Einsatzländer. Wo es zu einer unmittelbaren Zusammenarbeit mit Eisenbahnverwaltungen kam, wurden ihnen Transportkommandanturen, Bahnhofsoffiziere und Ausladekommissare beigegeben.

Den Transportkommandanturen unterstanden die Bahnhofskommandanturen und im Frontbereich fallweise Ausladekommissare. Sie handhabten die militärische und militärpolizeiliche Ordnung in ihrem Einsatzbereich. Ferner hatten sie die Ein- und Ausladungen zu überwachen und dabei die Bahndienststellen und die Truppe zu unterstützen. Den Transportkommandanturen unterstanden auch die Weiterleitungsstellen. Sie wurden im Benehmen mit dem Generalquartiermeister und der Reichsbahn eingerichtet und hatten die Aufgabe, Nachschubeinzelsendungen und Wagenladungen den Verteiler- bzw. Ausladebahnhöfen zuzuleiten[35]. Die Ausbildung des Personals der Transportdienststellen fand in der dem Transportchef unmittelbar unterstellten Transportschule in Venlo statt, die später nach Beaune und dann nach Bad Schandau kam[36].

Bei den Heeresgruppen und Armeen gab es anfangs Bevollmächtigte Transportoffiziere (BvTO), die einander gleichgestellt waren und unmittelbar dem Transportchef unterstanden. Sie waren Berater der Heeresgruppen bzw. der Armeen, besaßen aber nur geringe transportliche Anordnungsbefugnisse. Den Bevollmächtigten Transportoffizieren waren Bevollmächtigte Vertreter der Reichsbahn (BvRb) zugeteilt[37].

Wie bei der territorialen Organisation des Transportwesens ergab sich im Laufe des Krieges auch bei den im Bereich der Heeresgruppen vorhandenen Transportdienst-

32 Rohde, S. 244—246.
33 Erlaß L 2 g/Bmarmf 2 (o) vom 26. 6. 1942, Abschrift in Unterlagensammlung des Verfassers.
34 Rohde, S. 237—239.
35 Vgl. Kriegsmerkbuch, S. 57—61.
36 Vgl. Rohde, S 192—198.
37 Geschäftsanweisung für die BvRb, siehe Anhang, Seite 367 f.; vgl. Teske (2), S. 203.

stellen die Notwendigkeit zur Zentralisierung. Im Sommer 1942 richtete der Transportchef bei den Heeresgruppen Generale des Transportwesens (Gen. Trspw.) ein[38]. Anfang 1944 gab es die Generale des Transportwesens West, Italien, Südost, Nord, Mitte und Süd. Ihnen wurden die Bevollmächtigten Transportoffiziere bei den Armeen unterstellt, ebenso alle dem Transportwesen dienenden Verbände, Einheiten und Dienststellen. Damit entstanden gemischte Transportverbände unter einheitlicher Führung, die die in operativen Rahmen geforderten Aufgaben besser erfüllen konnten[39]. In ihren Bereichen übernahmen sie auch die Aufgaben von Wehrmachttransportleitungen. Gleichzeitig mit der Einrichtung der Generale des Transportwesens wurde den Heeresgruppen die Versorgung ihrer Truppen in eigener Verantwortung mit vollen Oberquartiermeisterstäben übertragen[40].

Im Laufe der Sommeroffensive 1942 nach Stalingrad und in den Kaukasus wurden die Generale des Transportwesens bei den Heeresgruppen A und B vorübergehend einem Bevollmächtigten General Südrußland unterstellt, in dessen Dienststelle auch die Wehrmachttransportleitung Ukraine eingegliedert wurde[41].

Dem Chef des Transportwesens unterstanden auch die Eisenbahntruppe (Eisenbahnpioniere) und die Eisenbahnbetriebstruppe[42] und die als Wehrmachtgefolge eingesetzten blauen Eisenbahner, solange er für die Eisenbahner in den besetzten Gebieten des Westens und Ostens zuständig war. Auch Transportbegleitregimenter, örtliche Sicherungs- und Bewachungskräfte und Heeresnachrichteneinheiten waren ihm zeitweise zugeteilt und unterstellt. Der Personalbestand aller zum Chef des Transportwesens gehörigen Dienststellen betrug am 25. 8. 1939 26 553 Mann, davon 47 Wehrmachtgefolge und stieg bis zum 20. 8. 1941 auf 153 133, davon 47 537 Wehrmachtgefolge an[43].

Für den Betrieb der Eisenbahnen in den Operationsgebieten wurde vor Beginn des Rußlandfeldzuges eine eigene Eisenbahnbetriebstruppe aufgestellt[44]. Im allgemeinen Sprachgebrauch bezeichnete man ihre Angehörigen als graue Eisenbahner. Die wenigen bereits in der Eisenbahn-Pioniertruppe vorhandenen Eisenbahnbetriebskompanien traten im Sommer 1941 zur neuen Betriebstruppe über. Zunächst wurden vier Feldeisenbahndirektionen (FBDen) aufgestellt in einer Stärke von durchschnittlich je 10 000 Mann[45]. Ihr Personal bestand etwa zu 90 Prozent aus eingezogenen Eisenbahnern. Mangels vorheriger Einübung konnten die Feldeisenbahndirektionen ihre Erfahrungen in der Führung und im Einsatz ihrer Einheiten erst an der Front erwerben. Zur Betonung ihres

38 Vgl. Rohde, S. 229—237.

39 Vgl. Teske (2), S. 250—255.

40 Krumpelt (2), S. 153.

41 Eingerichtet am 19. 9. 1943; weitere Einzelheiten bei Rohde, S. 235 ff.

42 Einzelheiten bei Lange, S. 62—67; Tessin, S. 51 f; Keiling Bd. I/11/252; Müller-Hillebrand Bd. I, S. 144 u. bei Petter, S. 232 f.

43 Übersicht über den Personalbestand der dem Chef des Transportwesens unterstellten Transportdienststellen, Eisenbahnpioniertruppen, Feldeisenbahneinheiten u. Verkehrsorganisationen (einschl. Wehrmachtgefolge). Die herausgebende Stelle ist nicht angegeben, verm. Chef Trspw, Planungsabteilung, BA—MA Freiburg i. Br., H 12/190.

44 Richtlinien für den Einsatz eines Feldeisenbahnkommandos, siehe Anhang, Seite 368 f.

45 Köhle, S. 1. — Die Zahl von 22 000 Mann bei Teske (2), S. 113 u. die von Keilig I/11/215 angegebene Gesamtzahl ist falsch.

militärischen Charakters erhielten sie im März 1942 die Bezeichnung Feldeisenbahnkommandos. Später kamen noch drei weitere dazu. Als erste kam die Feldeisenbahndirektion 1 auf dem Balkankriegsschauplatz zum Einsatz[46]. In Rußland arbeiteten die Feldeisenbahnkommandos 2, 3, 4 und 5 und auf dem Balkan die Feldeisenbahnkommandos 6 und 7. Die Stäbe der Feldeisenbahnkommandos hatten folgende Standorte[47]:

Fekdo 1 in Belgrad	Fekdo 5 in Jasinowataja später Kawkasskaja
Fekdo 2 in Smolensk	Fekdo 6 in Saloniki
Fekdo 3 in Poltawa später Charkow	Fekdo 7 in Agram
Fekdo 4 in Pleskau	

Mit der ab 1943 beginnenden Verkleinerung der besetzten Gebiete verringerte sich auch die Zahl der eingesetzten Feldeisenbahner. Am 21. 3. 1944 betrug der Personalbestand der Feldeisenbahnkommandos nur noch 39 055 Mann. Davon waren im Osten 16 957, im Südosten 11 568, in Italien 4 583, im Raum Wien für das Unternehmen Margarethe 5 967 Mann[48]. Um nicht ständig Bezirksänderungen und ihre nachteiligen Folgen auf den Betrieb in Kauf nehmen zu müssen, verblieben nach einer Vereinbarung zwischen Staatssekretär Ganzenmüller und dem Transportchef blaue Eisenbahner an mehreren Stellen in ihren zum Frontgebiet gewordenen Bezirken[49]. Eine zusammenfassende Kommandobehörde für die Feldeisenbahnen bestand nicht. Ihre oberste Vertretung lag bei den Abteilungen des Chefs des Transportwesens und zwar in Personalangelegenheiten bei der Personalabteilung und in Einsatz- und Organisationsangelegenheiten bei der Planungsabteilung. Ab Dezember 1943 war die Eisenbahnbetriebstruppe als eigene Waffengattung anerkannt[50]. Im Bereich der Feldeisenbahnkommandos gab es keine Transportkommandanturen. Ihre Funktion übten deren Transportgruppen aus[51].

Die Feldeisenbahnkommandos setzten sich aus Heeres- und eingezogenem Reichsbahnpersonal zusammen. Das erstere hatte die Kommandeur-, Adjutanten- und Kompanieführerstellen, die vereinzelt mit zum Wehrdienst eingezogenen Eisenbahnern besetzt waren, inne. Dazu kam das von der Reichsbahn gestellte Betriebspersonal, dessen Offiziersstellen überwiegend mit Sonderführern im Offiziersrang, die teilweise sehr kurz oder überhaupt nicht gedient hatten[52], besetzt wurden. Ein Teil dieser Eisenbahner hatte nicht den militärischen Dienstrang, der ihrer Stellung bei der Reichsbahn entsprach und der für ihre fachlichen Anordnungen und Verhandlungen mit anderen Wehrmachtstellen zweckmäßig gewesen wäre.

[46] Vgl. Halder-KTB Bd. II, 4. 4. 1941.
[47] Vgl. Rohde, S. 257.
[48] Chef des Transportwesens der Wehrmacht Planungsabteilung Nr. 003113/44 gKdos, Vortragsnotiz vom 23. 3. 1944, betr. Personallage der Reichsbahn, BA—MA Freiburg i. Br., H 12/213.
[49] Aufzeichnung des Verfassers vom 31. 1. 1943.
[50] Allgemeine Heeresmitteilungen 1943 Nr. 817.
[51] Vgl. Rohde, S. 256.
[52] Zeitweise bis zu 2 000 Sonderführer im Offiziersrang, Kausche, S. 10 f. — Über die militärische Ausbildung der Sonderführer im Offiziersrang und ihre Beförderung zu militärischen Dienstgraden und Übernahme in die Offizierslaufbahn siehe Anhang Seite 370 f.

Nach Abgabe der Betriebsführung in Rußland an die Reichsbahn im Januar 1942 richtete der Chef des Transportwesens für den noch verbliebenen Betriebsbereich der Feldeisenbahnkommandos 2, 3 und 4 in Warschau die Feldbetriebsleitung beim Transportchef in Warschau ein. Diese wurde nach Übernahme des gesamten Betriebes in den besetzten russischen Gebieten durch die Generalverkehrsdirektion Warschau im Dezember 1942 aufgelöst.

Aufgabe der Eisenbahnpioniere war die erste Wiederherstellung der Strecken beim Vormarsch, vor allem der Brücken, und die Umspurung in Rußland, außerdem der Bau und Betrieb von Heeresfeldbahnen und Seilbahnen. Bei den Rückzügen hatten sie die Bahnen für den Gegner unbrauchbar zu machen[53]. An der Spitze der Eisenbahnpioniere stand der Befehlshaber der Eisenbahntruppen (Bedeis), ab 1941 General der Eisenbahnpioniere und 1942 schließlich General der Eisenbahntruppen. Diese Stellung hatte während des ganzen Krieges General Will inne. Ihm unterstanden Gruppenkommandeure bei den Heeresgruppen (Grukodeis) und Kommandeure der den Armeen zugeteilten Eisenbahnpionierregimenter (Kodeis). Auch bei den Eisenbahnpionieren befand sich eine große Zahl von Eisenbahnern.

Die Neuaufstellung der im Versailler Vertrag verbotenen Eisenbahnpionierformationen begann im Oktober 1935[54]. Bei Kriegsbeginn gab es ein Eisenbahn-Pionierregiment mit acht Kompanien und zwei Eisenbahn-Pionierbataillone mit je vier Kompanien, die sich bis Ende des Krieges auf drei Brigaden mit insgesamt acht Regimentern vergrößerten[55].

Die Eisenbahnpanzerzüge unterstanden zunächst den Eisenbahnpionieren. Sie wurden 1943 den Panzertruppen angegliedert[56]. Die Eisenbahnartillerie[57] unterstand nicht dem Transportchef.

2. Zusammenarbeit von Reichsbahn und Wehrmacht

In der Zusammenarbeit der Eisenbahn mit dem Militär im Kriege sind grundsätzlich zwei Formen möglich[1]. Entweder bleibt die Eisenbahn in der Betriebsführung selbständig und hat die militärischen Transportforderungen vorrangig zu erfüllen, wie dies während des Zweiten Weltkrieges in Deutschland der Fall war, oder die Eisenbahn wird der Befehlsgewalt des Militärs unterstellt, d. h. sie wird militarisiert. Die Frage des Rechtes der Befehlserteilung des Transportchefs an das Reichsverkehrsministerium ist von der Wehrmacht bereits im Frieden und nachdrücklich im Kriege

[53] Vgl. Teske (7), S. 522. — Für das Zerstören von Gleisen ohne Sprengstoff benutzten sie leistungsfähige mechanische Gleiszerstörer; vgl. Hitler-Speer-Konferenz am 30. 9.—1. 10. 1943, Punkt 17, S. 302 u. Pottgießer, S. 120.

[54] Potttor, S. 232 f.

[55] Vgl. Mitteilungen der Kameradschaft ehemaliger Eisenbahnpioniere, Stuttgart 1960, Heft 4, S. 11 f; Müller-Hillebrand Bd. II, S. 127 u. 160.

[56] Keilig 1/II/252; Müller-Hillebrand Bd. III, S. 194.

[57] Müller-Hillebrand Bd. II, S. 158.

[1] Zu diesem Problem hat sich der Verfasser ausführlicher in „Bemerkungen zu Wilhelm Groeners Lebenserinnerungen“ geäußert. Kreidler (2), S. 860—862; vgl. Rohde, S. 299.

aufgeworfen worden[2]. Zu der angestrebten Militarisierung, d. h. zur Unterstellung der Reichsbahn unter die militärische Führung, kam es durch eine ablehnende Entscheidung Hitlers nicht[3].

Von der Möglichkeit, im Wehrmachttransportwesen auch zivile Eisenbahner einzusetzen und sie mit ihrer Tätigkeit entsprechenden militärischen Rängen auszurüsten, wurde kein Gebrauch gemacht. Der Gedanke einer ranglichen Gleichstellung von Eisenbahnern und Soldaten hatte in den Vorstellungen der deutschen Wehrmacht keinen Platz. Bei der amerikanischen Armee hingegen fand er erfolgreiche Anwendung. Im amerikanischen und englischen Wehrrecht gibt es für die Dauer der entsprechenden Tätigkeit von zivilen Fachleuten im Kriege den sogenannten „temporary rank".

Es verdient erwähnt zu werden, daß der General des Transportwesens Mitte Oberst i. G. Teske im Februar 1944 mit Hilfe des Generalkommissars SS-Obersturmführer Hattenhauer die Unterstellung der Reichsverkehrsdirektion Minsk zu erreichen versuchte[4].

Während des Krieges fehlte es bei den Transportdienststellen an qualifizierten Fachkräften, die den Betrieb und Verkehr der Eisenbahn aus eigener Erfahrung oder aus der Zusammenarbeit mit ihr kannten. Diesen Mangel konnte die kurze Unterrichtung der Reserveoffiziere und Unteroffiziere auf der Transportschule nur teilweise beheben. Weder der Transportchef noch das Reichsverkehrsministerium hatten vor dem Krieg Wert darauf gelegt, Eisenbahner als Reserveoffiziere auszubilden, um sie im Bedarfsfalle im Wehrmachttransportwesen einsetzen zu können. Im Laufe des Krieges kamen nur einige wenige Eisenbahner in niederen Offiziersrängen in die Planungsabteilung und Personalabteilung des Chefs des Transportwesens und einige andere Stellen und konnten dort ihre Eisenbahnkenntnisse in begrenztem Umfang zur Geltung bringen.

Ein großer Nachteil für die Reichsbahn war, daß vielen ihrer ungedienten höheren und mittleren gehobenen Beamten Sicherheit im Auftreten gegenüber der Wehrmacht und Erfahrung im dienstlichen Umgang mit ihr fehlte.

Bis zum Kriegsausbruch war im Wehrmachttransportwesen eine qualifizierte Stellenbesetzung vorhanden, die eine gute Zusammenarbeit mit der Reichsbahn ermöglichte[5]. Dies änderte sich mit der großen Ausweitung des Wehrmachttransportwesens und dem allgemein hohen Bedarf an Generalstabsoffizieren, deren Ausbildung und Schulung immer mehr verkürzt wurde[6]. Allmählich kamen Kräfte mit unzureichenden Kenntnissen und Erfahrungen[7] in das Transportwesen, die sich nur langsam in diesem Sachgebiet zurechtfanden. Dies und auch der häufige Stellenwechsel im Wehrmachttransportwesen erschwerte die Zusammenarbeit sehr.

[2] v. Natzmer, S. 7.

[3] Bork (2), S. 33.

[4] Schreiben des Direktors der GVD Osten in Warschau Ministerialdirektor Müller an Staatssekretär Ganzenmüller vom 7. 2. 1944, BA—MA Freiburg i. Br., H 12/213; Teske (2), S. 200; siehe auch Seite 172.

[5] Vgl. Rohde, S. 89.

[6] Model, S. 116; vgl. Müller-Hillebrand Bd. II, S. 103; vgl. Rohde, S. 195—197. Die Bemerkung Rohdes auf Seite 198, daß mehr Generale Eisenbahner als Eisenbahner Generale geworden seien, ist ebenso sinnlos wie überflüssig, zumal letzteres gar nicht möglich war.

[7] Vgl. Teske (9), S. 98.

Während des Krieges trübte sich das Verhältnis zwischen Reichsbahn und Wehrmacht aus verschiedenen Gründen[8]. So wurden beispielsweise die Folgen der Feindeinwirkungen auf den Betrieb oft verniedlicht. Für den Einsatz von blauen Eisenbahnern in den besetzten Gebieten waren vom Transportchef keinerlei Vorbereitungen getroffen worden. Die Wehrmacht war nicht im Stand, genügend für deren Unterkunft und Versorgung zu sorgen[9]. Bei ihren berechtigten Forderungen auf bessere materielle und auch personelle Unterstützung sah sich die Reichsbahn mehr als einmal im Stich gelassen, weil sich der Transportchef nicht oder nur unzureichend durchsetzen konnte. Dazu kam, daß der Transportchef, ja nicht einmal der Chef des Generalstabes, die den Operationen durch die Leistungsfähigkeit gesetzten Grenzen bei Hitler zur Geltung bringen konnten[10].

Daraus resultierende Pressionen auf den Chef des Transportwesens zu höheren Leistungen gab dieser rücksichtslos und manchmal auch wider besseres Wissen an seine nachgeordneten Stellen und die Reichsbahn weiter[11]. Mit seinem Druck ging nicht selten der beleidigende Vorwurf der Schlappheit und Unfähigkeit, ja sogar die Drohung mit dem Kriegsgericht einher. Die Verhaftung und Einbringung zweier Betriebsleiter im Osten in das Konzentrationslager Oranienburg sind heute noch in schlechter Erinnerung.

Um von eigenen Fehlern abzulenken hat die Wehrmacht des öfteren der Reichsbahn unbegründete Vorwürfe gemacht. So wurde das Festhalten an den Betriebsvorschriften bemängelt und der Reichsbahn vorgehalten, sie sei nicht wendig genug und könne auch nicht improvisieren. Die Meisterung vieler Krisensituationen und das mutige Verhalten der Eisenbahner an der Front, im Luft- und Partisanenkrieg widerlegen diese Vorwürfe.

Die Abneigung mancher Wehrmachtstellen gegen die Eisenbahn resultierte aus ihrer ungenügenden Kenntnis des Eisenbahnbetriebes, ihrer Vorliebe für den Kraftwagen und wohl auch daraus, daß sie auf die Eisenbahn angewiesen waren und nicht in ihre Betriebsführung hineinbefehlen konnten. Dazu kam, daß die Gültigkeit der festgelegten Eisenbahnleistungen für militärische Zwecke durch die nachhaltigen Feindeinwirkungen immer fragwürdiger wurde. Die Transportdienststellen konnten nun nicht mehr auf der Einhaltung festgelegter Leistungen bestehen. Sie waren gezwungen, wegen der Durchführbarkeit ihrer Transportforderungen von Fall zu Fall mit der Eisenbahn zu verhandeln, wobei meist hart gerungen wurde.

Anlaß zu ständigen Auseinandersetzungen gab auch das umfangreiche und differenzierte Meldewesen zur Überwachung des Eisenbahnbetriebes und der Transportleistungen. Auch die aus innerbetrieblichen Notwendigkeiten verschiedenen Meldezeiträume der Reichsbahn, bei der die Betriebslage um 6 und um 16 Uhr und die Betriebs-

[8] Auch im Ersten Weltkrieg war es beim Einsatz von zivilen Eisenbahnern im Bereich der Militär Eisenbahnbehörden zu Unzuträglichkeiten und Reibereien gekommen, vgl. Sarter (1), S. 154—157. Folgerungen wurden daraus nicht gezogen.

[9] Bork (2), S. 53; vgl. Rohde, S. 297 u. 300.

[10] Vgl. Rohde, S. 297.

[11] Vgl. Rohde, S. 297. — Schärfstem Druck waren die Eisenbahner in der Sowjetunion ausgesetzt. Vgl. Kravschenko, S. 498.

leistungen von 0 bis 24 Uhr gemeldet wurden, haben hierzu beigetragen. Die Meldungen der Außenstellen an den Transportchef und den Generalquartiermeister stimmten nicht immer mit denen der Eisenbahn überein. Mit seinen besseren Sprechmöglichkeiten war der Transportchef oft schneller unterrichtet als die Eisenbahn, so daß sie Vorwürfe über Fehlleistungen oder Verzögerungen nicht immer sofort beantworten und begründen konnte. Durch die vielen Doppelmeldungen der Bahn- und Transportdienststellen wurden die Fernsprechnetze unnötig belastet[12]. Es hätte sehr wohl Möglichkeiten zur Rationalisierung des Meldewesens gegeben, denn letzten Endes stammten die Angaben über die Transportdurchführung alle von Eisenbahnstellen und hätten von diesen auch unmittelbar gemeldet werden können.

Bei der Zusammenarbeit der unter verschiedener Führung stehenden und unter unterschiedlichen Bedingungen und zweierlei Rechtsstellung arbeitenden blauen und grauen Eisenbahnern gab es öfters Reibereien, vor allem bei der Änderung von Bezirksgrenzen. Auch die Zusammenarbeit der Eisenbahnpioniere mit den Feldeisenbahnkommandos war nicht spannungsfrei[13].

Das mehr konventionelle Verhältnis zwischen dem Chef des Transportwesens einerseits und Reichsverkehrsminister Dorpmüller und dem Leiter der Gruppe L im Reichsverkehrsministerium Ebeling andererseits kühlte sich im Laufe des Krieges ab, so daß persönliche Kontakte zwischen ihnen seltener wurden. Dazu trug auch der durch die zunehmenden Mißerfolge in der Kriegführung entstandene Vertrauensschwund bei. Staatssekretär Ganzenmüller, der noch 1945 an ein gutes Kriegsende glaubte, genoß durch seine unermüdlichen Aktivitäten mehr Vertrauen, aber auch er war nur selten beim Transportchef zu sehen. Gerckes Charaktereigenschaften, die der Verfasser über drei Jahre lang fast täglich beobachten konnte, ließen nur selten engere und vertrauensvolle Beziehungen zu seiner Person aufkommen[14]. Mit einem konzilianteren General an der Spitze des Transportwesens wäre sicher ein sachdienlicheres und verbindlicheres Zusammenwirken möglich gewesen. Daß Gercke seine Stellung trotz aller Krisen bis zum Kriegsende behalten konnte, ist nicht zuletzt auf sein positives Verhältnis zum Chef des Generalstabes des Heeres Halder und seine Eingenommenheit für Hitler zurückzuführen.

3. Die Wehrmachttransporte

Den speziellen Bedürfnissen entsprechend gab es verschiedene Transportarten wie Truppentransporte, Nachschubtransporte, Verwundetentransporte, Kriegsgefangenentransporte und andere. Die wichtigsten Bedarfsträger waren die Operationsabteilung und der Generalquartiermeister. Für die Durchführung und Überwachung erhielten

12 Vgl. Teske (2), S. 255. – Die Transportdienststellen durften auch das Basanetz der Reichsbahn benutzen.

13 Vgl. Pottgießer, S. 29 f.

14 Auch das Verhältnis zwischen Generalquartiermeister und dem Chef des Transportwesens war nicht gut. Vgl. Teske (2), S. 178; Krumpelt (2), S. 197; Rohde, S. 289.

alle Wehrmachttransporte Fahrtnummern[1]. Die Transportdienststellen und die Eisenbahn benutzten einheitliche Befehlsmuster, welche die Bearbeitung, Befehlsgebung und den Geschäftsverkehr erheblich vereinfachten.

Truppentransporte[2]

Nach Bekanntwerden der operativen oder taktischen Absichten stellte die Feldtransportabteilung im Benehmen mit Mineis (L) beim Transportchef einen „Transportentwurf" auf. Im Transportentwurf ist der zeitliche Ablauf bis zum Eintreffen im Zielgebiet übersichtlich dargestellt. Fand dieser Zustimmung, dann ergingen getrennte Transportbefehle für die Durchführung an die Transportkommandanturen und Bahnbevollmächtigten[3]. Truppentransporte fielen als Bewegungen und als Einzeltransporte an. Vorbereitung, Bearbeitung und Durchführung von Transportbewegungen erfolgten nach den beiden für Wehrmacht und Reichsbahn geltenden Dienstvorschriften Etrari und Freia. Die Ein- und Ausladeleistungen der Bahnhöfe waren in der sogenannten EAV, d. i. die Übersicht der Ein- und Ausladeverhältnisse in einem Direktionsbezirk, zusammengestellt. Nach den großen Aufmärschen in den Jahren 1939 bis 1941 wurden vor allem Truppenbewegungen von und nach den verschiedenen Kriegsschauplätzen und auch kleinere Aufmärsche für besondere Operationen gefahren wie z. B. für Alarich, Zitadelle, Ardennen, Ungarn. Dazu kam noch der Transport aufzufrischender Einheiten.

Truppentransporte fuhren bereits im Frieden überwiegend in sogenannten Einheitszügen, deren Zusammensetzung den besonderen Bedürfnissen von nichtmotorisierter Infanterie (I-Züge) und motorisierten Einheiten (K-Züge) entsprach. Im Kriege wurde die Zusammensetzung der Einheitszüge mehrmals den geänderten Truppenstärken und der veränderten Bewaffnung und Ausrüstung angepaßt. 1943 hatten die Einheitszüge folgende Zugbildung:

I-Zug: Lok, 1 B, 1 BC, 1 C, 13 M, 1 L, 12 Pf, 1 L, 9 R, 14 F = 53 Wagen, Länge ohne Lok = 521 m.

K-Zug: Lok, 1 B, 1 BC, 4 C, 2 M, 1 L, 19 R, 21 F = 49 Wagen, Länge ohne Lok = 525 m[4].

Die Militärfahrzeuge waren in Ladeklassen eingeteilt, mit denen der Bedarf an passenden Eisenbahnwagen leicht ermittelt werden konnte. Einheitszüge waren vielseitig verwendbar und brachten der Eisenbahn betriebliche Erleichterungen. Ihre Wiederverwendbarkeit verminderte die Zugbildungsarbeiten und ermöglichte eine schnellere Bereitstellung. Auf dem Balkan, in Italien und Norwegen konnten wegen der dortigen Bahnhofs- und Steigungsverhältnisse nur verkürzte Einheitszüge (Ib-, Im-, Kb- und Km-

[1] MEO S. 41, Randziffer 167; Siehe auch Seite 284.
[2] Vgl. Rohde, S. 147 ff.
[3] Die Feldtransportabteilung hat keine Transportbefehle an Bahnbevollmächtigte gegeben.
[4] B = Reisezugwagen 2. Klasse, C = Reisezugwagen 3. Klasse, M = Mannschaftswagen, L = Luftschutzwagen, F = Flachwagen, R = Rungenwagen, Pf = Pferdewagen.

Züge)[5] gefahren werden. Zur Gewinnung der erforderlichen Flachwagen mußten in wechselndem Umfang offene Güterwagen abgebordet werden. Verlademittel, dazu gehören Überladebrücken, fahrbare Laderampen (FLR) und Befestigungsmittel, sowie Ausrüstungsgegenstände, d. s. Bänke, Vorlegebäume, Öfen, hielt die Reichsbahn zu Lasten der Wehrmacht vor.

Eine wesentliche Voraussetzung für rasches und pünkliches Anlaufen von Truppenbewegungen ist die rechtzeitige Leermaterialbereitstellung. Sie wurde für den gesamten Machtbereich von Mineis (L) beim Transportchef verfügt. Alle Truppenbewegungen erhielten aus Gründen der Geheimhaltung Decknamen, um den Inhalt zu tarnen. Für die Beförderung einer Infanterie-Division wurden etwa 65 Züge, für eine Panzer-Division bis zu 100 Züge benötigt. SS-Verbände, die an Personalstärke und Kampfkraft bedeutend stärker waren, brauchten bis zu 120 Züge. Im Laufe des Krieges haben sich die Zugzahlen für Divisionen verschiedentlich geändert[6]. Um Bewegungen jederzeit rasch anfahren zu können, ließ der Transportchef stets in wechselndem Umfang Einheitszüge, die sogenannte „Transportchefreserve" vorhalten, die beispielsweise Ende April 1942 rd. 1 600 Züge umfaßte[7]. Damit und durch andere organisatorische Maßnahmen konnte die Anlaufzeit einer Truppenbewegung im Laufe des Krieges auf sechs Stunden herabgesetzt werden. Es darf jedoch nicht verkannt werden, daß dem Verkehr zu Lasten anderer Bedarfsträger ein erheblicher Wagenbestand entzogen wurde.

Ursprünglich fuhren die Divisionen nur geschlossen in Transportbewegungen. Im Laufe des Krieges, erstmalig beim Aufmarsch gegen Jugoslawien, ging man dazu über, die Kampftransporte in Kampfstaffeln und Ergänzungsstaffeln aufzuteilen. Die eiligen Kampftransporte für den unmittelbaren Einsatz im Gefecht umfaßten nur die reine Kampfkraft der Einheiten und was sie in den ersten vier bis fünf Tagen benötigten. Die Kampfstaffeln wurden sofort in den Einsatzraum gefahren und die Ergänzungsstaffeln mit den für den ersten Einsatz entbehrlichen Trossen und Fahrzeugen sowie der Masse der Versorgungstruppen nachgeführt.

Es bleiben noch die Truppeneinzeltransporte, vornehmlich mit Ersatzmannschaften für die Fronten, zu erwähnen, die im Verlauf des Krieges erheblich zunahmen. Teilweise wurden auch sie zu Bewegungen in geringem Tempo zusammengefaßt. Die Wagenstellzahlen für Truppentransporte sind in den Statistiken der Deutschen Reichsbahn nicht ausgewiesen, so daß der prozentuale Wagenaufwand für Truppentransporte an der Gesamtwagenstellung unbekannt ist.

Durch die einheitliche Festlegung der Zuglänge auf 550 bzw. 290 Meter und der Zuggewichte ohne Lokomotive und Tender auf 850 bzw. 380 Tonnen war eine freizügige Durchführung der Truppentransporte auf den meisten Strecken im gesamten Kriegsbereich gewährleistet. Bei der Beförderung der 1942 eingeführten überschweren

[5] Zugbildungen der verkürzten Einheitszüge:
Ib — Zug: Lok, 1 B, 1 BC, 1 C, 13 M, 1 L, 12 Pf, 3 R, 14 F = 48 Wagen, Länge ohne Lok = 470 m.
Im — Zug: Lok, 1 BC, 8 M, 1 L, 10 Pf, 8 R, 9 F = 37 Wagen, Länge ohne Lok = 368 m.
Kb — Zug: Lok, 1 B, 1 BC, 4 C, 2 M, 1 L, 15 R, 21 F = 45 Wagen, Länge ohne Lok = 467 m.
Km — Zug: Lok, 1 B, 2 C, 2 M, 1 L, 25 R = 31 Wagen, Länge ohne Lok = 372 m.

[6] Vgl.. Rohde, S. 151 f.

[7] Aufzeichnung des Verfassers.

Panzertypen Tiger und Panther mußte wegen ihrer Lademaßüberschreitung bei zweigleisigen Strecken das Nachbargleis gesperrt werden, was für die Betriebsabwicklung recht hinderlich war. Einwendungen des Reichsverkehrsministeriums gegen die Konstruktion überschwerer Panzer mit Lademaßüberschreitung fanden kein Gehör. Wegen Überschreiten des zulässigen Metergewichtes mußten besondere Flachwagen (Typ SSyms) mit einer Tragfähigkeit von 83 Tonnen und einer Breite von 3,5 Meter gebaut werden[8].

Bei Kriegsbeginn betrug die Marschgeschwindigkeit, d. h. einschließlich der Betriebs- und Verpflegungsaufenthalte[9], der Truppentransporte durchschnittlich 30 km/h, das sind etwa 700 Kilometer pro Tag, sie sank dann aber durch die Partisanentätigkeit und die Auswirkungen der Luftangriffe ganz empfindlich ab.

Die Truppenbewegungen fuhren in einem bestimmten Tempo auf sogenannten Transportstraßen, für die durchgehende Fahrpläne (Planverbindungen) auf größere Entfernungen bearbeitet waren. Als Transportstraßen waren Strecken festgelegt, die möglichst unabhängig voneinander in hohem Tempo befahren werden konnten. Bei Einführung des Höchstleistungsfahrplanes konnte auf zweigleisigen Strecken im Tempo 72 und auf eingleisigen Strecken im Tempo 36 gefahren werden. Die längste Transportstraße verlief von Hendaye (Frankreich) nach Armavir (Rußland) und war über 4 000 Kilometer lang.

Um die Eisenbahnen zu entlasten, drängte der Chef des Transportwesens immer wieder auf eine Verminderung der Zugzahlen für die verschiedenen Verbände. Durch laufende Kontrollen und Einwirkung auf die Truppe, die Ladekapazität voll auszunutzen, versuchte er, das Mitführen von nicht zur Kriegsstärkenachweisung gehörenden Fahrzeugen und Geräten sowie von unnötigem Ballast zu unterbinden[10]. Im Jahre 1943 wurde die Überladung des Raumes über den Puffern benachbarter Eisenbahnwagen zugelassen und damit die Belademöglichkeit der Züge erhöht. Der Gewinn an Laderaum betrug 15 bis 20 Prozent. Bei den russischen Eisenbahnen war das Überladen schon lange vorher üblich.

Nachschubtransporte

Der laufende Bedarf und die Bevorratung der Front an Versorgungsgütern für die Kampfhandlungen wurden durch den Nachschub gedeckt[11]. Dieser mußte im wesentlichen aus der Heimat herausgefahren werden.

Den Armeen wurden die Versorgungsgüter im allgemeinen mit der Eisenbahn zugeführt. Von den Ausladebahnhöfen wurden sie dann mit Nachschubkolonnen zu den Bedarfsstellen gebracht[12]. Durch die Technisierung und Spezialisierung der Kriegführung

[8] Leeb, S. 47; vgl. Janssen, S. 91, Anm. 212.
[9] Bork (1) gibt auf Seite 41 800 km/Tag an. — 1914 betrug die Marschgeschwindigkeit der Truppentransporte etwa 20 km/h.
[10] Vgl. auch Tschuikow, S. 86 f.
[11] Vgl. Krumpelt (2), S. 107. — Im Schrifttum stößt man nicht selten auf Verwechslungen der Begriffe Versorgung und Nachschub.
[12] Krumpelt (2), S. 112.

hat der Bedarf an Versorgung nach Art und Umfang ständig zugenommen[13]. Aus dem differenzierten Bedarf und bedingt durch die Mangellage bei verschiedenen Versorgungsgütern ergab sich eine große Vielfalt an Nachschubzügen, die ihre Steuerung und Heranführung sehr komplizierte. Es gab artreine und gemischte Züge. Bereits beim Westfeldzug war es nicht mehr möglich, die notwendigen Nachschubzüge in die Truppenbewegungen einzugliedern. Der Versuch, den Nachschub in besonderen Bewegungen zu fahren, verursachte große Schwierigkeiten, so daß andere Methoden gefunden werden mußten. Infolge des hohen Verbrauches an Gerät, Munition und Betriebsstoff war ein laufender Nachschub des Bedarfs während der Operationen oft nicht möglich. Dann mußte die erforderliche Bevorratung vor Beginn der Operationen herangefahren und in Nachschubsammelgebieten abgestellt werden[14]. Die Heranführung der Nachschubzüge war bei den raschen Frontbewegungen, den großen Entfernungen und den oft wechselnden Bedürfnissen ein schwieriges Problem, besonders wenn die Ausladungen nicht mit der befohlenen Zugführung von Zügen Schritt hielten.

Die wichtigsten Zugarten waren Munitions-, Treibstoff- und Verpflegungszüge. Die Munition stellte wegen ihrer hohen Gewichte tonnenmäßig die weitaus höchsten Anforderungen an den Transportraum[15]. Bei Offensiven lag, solange sie fortschritten, der versorgungsmäßige Schwerpunkt auf dem Betriebsstoffsektor[16]. Ein weiterer Bedarf an Zügen entstand für die Rauhfutterversorgung der vielen Pferdekolonnen im Osten[17]. Das Rauhfutter mußte teilweise aus Frankreich und dem Reich besorgt werden, weil solches in Rußland nicht an die Verladebahnhöfe herangebracht werden konnte. Für den Transport von Treibstoffen wurden vor und während des Krieges in großem Umfange neue Kesselwagen mit einem Fassungsvermögen bis zu 60 m^3 beschafft[18]. Die Höchstmaße für Nachschubzüge waren 550 Meter Zuglänge und 850 Tonnen Bruttogewicht, bzw. 500 Tonnen Nettogewicht.

In den Nachschubzügen mit ihren langen Laufzeiten und Abstellungen in Nachschubgebieten, aber auch in den zurückgestauten Nachschubzügen in den rückwärtigen Frontgebieten, war ständig ein großer Wagenbestand gebunden[19]. Ebenso wurden dem allgemeinen Verkehr durch übermäßig lange Abstellung von Zügen und Einzelwagen im Reich ganz erheblicher Wagenraum entzogen[20]. So warteten z. B. am 31. 12. 1942 allein im Reich 4 600 Wagen länger als 14 Tage auf Abruf, was bei einer Wagenumlaufzeit von sechs Tagen einen Ausfall von etwa 20 000 Wagen ausmachte. Zur Verringerung des Wagenbedarfs wurden gegen Schluß des Krieges die fertigen Waffen und die Munition, die Panzerwagen und sonstigen Geräte nicht mehr den Zeugämtern zugeführt. Vielmehr wurden beispielsweise Munitionsteile unter Aufsicht von Abnahme-

[13] Nach Speth Seite 359 betrug der Nachschubbedarf pro Kopf und Tag: 1939=12 kg, 1944=20 kg.
[14] Vgl. Kriegswirtschaftlichen Lagebericht des OKW/WiRüAmtes Nr. 31 (Februar 1941), BA—MA Freiburg i. Br., W 01—8/56.
[15] Krumpelt (2), S. 145.
[16] Krumpelt (2), S. 145.
[17] Loosch, S. 298.
[18] Gundelach, S. 687; vgl. Halder-KTB Bd. II, 9. 11. 1940.
[19] Vgl. Pottgießer, S. 67.
[20] Niederschrift über die 14. ZVL-Sitzung am 5. 1. 1943.

kommandos gleich bei einigen großen Firmen zu fertigen Schüssen laboriert, zu Munitionszügen zusammengestellt und unmittelbar an die Front versandt. Das gleiche geschah in der letzten Kriegsphase auch mit den fertigen Geschützen, Panzerwagen u. a.[21].

Ein wichtiges, mengenmäßig zwar nicht so sehr ins Gewicht fallendes Transportgut war die Feldpost, deren schnelle Beförderung für die Stimmung der kämpfenden Truppe und ihrer Angehörigen in der Heimat sehr von Bedeutung war. Sie wurde in der Hauptsache mit Feldpostsonderzügen oder in kleinen Mengen mit Feldpostgruppen in Nachschubzügen befördert[22].

Zu erwähnen sind noch die Kampfstoff-[23] und V-Waffentransporte[24], deren Durchführung besondere Aufmerksamkeit erforderten. Die Beförderung der im Raum Peenemünde und Nordhausen aufkommenden V-Waffen war wegen ihrer Größe nur mit der Eisenbahn möglich. Diese Transporte mußten unter größter Geheimhaltung und strengster Bewachung nachts gefahren werden. Ihre Durchführung bei den vielen Luftangriffen und der zunehmenden Sabotage in Holland, Belgien und Nordfrankreich bereitete oft beträchtliche Schwierigkeiten.

Verwundeten- und Krankentransporte

Der Transport Verwundeter und Kranker[25] von der Front in Lazarette erfolgte mit Lazarettzügen (Laz) und Leichtkrankenzügen (LKZ). Nach der Kriegssanitätsvorschrift waren für Verwundetentransporte auf der Bahn nur Lazarett- und Leichtkrankenzüge vorgesehen. Diese wurden während der Mobilmachung aus Reisezugwagen mit besonderen Abmessungen und Vorrichtungen zusammengestellt und ausgerüstet. Insgesamt hat die Deutsche Reichsbahn 137 Lazarettzüge, 26 Leichtkrankenzüge und 67 Behelfslazarettzüge eingerichtet[26]. In den Lazarettzügen konnten liegende und in den Leichtkrankenzügen sitzende Verwundete befördert werden. Beide führten dauernd die Einrichtungen und das Personal eines ortsfesten Lazarettes mit sich. Lazarett- und Leichtkrankenzüge wurden in behelfsmäßiger Aufmachung (beh. Laz und beh. LKZ) vorgehalten. Daneben gab es noch Stammzüge für behelfsmäßigen Verwundetentransport (StbVTr) und Behelfsmäßige Verwundetenzüge (BVZ). Die Stammzüge für behelfsmäßigen Verwundetentransport waren aus besonders ausgerüsteten großräumigen Güterwagen (Gl-Wagen)[27] gebildet und durch Sanitätsdienstgrade begleitet. Diese Züge durften im Lauf zur Front mit Nachschubgütern ausgelastet werden. Behelfsmäßige Verwundetenzüge wurden auf den Einladebahnhöfen aus gedeckten Güterwagen zusammengestellt, behelfsmäßig mit Stroh, Betten, Öfen und Sanitätsgerät durch die

[21] Leeb, S. 22; Donat, S. 460 f.

[22] Das Feldpostwesen im Zweiten Weltkrieg hat Gericke behandelt; vgl. Wagner, E., S. 250.

[23] Halder vermerkt in seinem Kriegstagebuch (Bd. II, 25. 6. 1941) die vorgesehene Bereitstellung von Zügen mit Gasmunition für den Rußlandfeldzug. Ob die Transporte durchgeführt wurden, ist nicht bekannt.

[24] Siehe Seite 70.

[25] Vgl. Brandlmeier, S. 25 f; Hartleben, S. 67 f; Wagenbach, S. 296 f.

[26] Vgl. Beitrag VII Schröder, E., S. 16.

[27] Vgl. Hitler-Speer-Konferez am 1.—3. 12. 1942, Punkt 32, S. 206.

Sanitätsdienststellen ausgerüstet und am Zielbahnhof wieder aufgelöst. Während Urlaubssperren benutzte man auch Fronturlauberzüge für den Verwundetentransport. Im Rußlandfeldzug stieg die Zahl der Verwundeten stark an. Für die Steuerung der Verwundetenzüge gab es in Berlin einen „Arbeitsstab für Lazarettzüge", der die Entladebezirke bestimmte. Sanitätsoffiziere bei den Transportkommandanturen regelten die örtliche Zusammenarbeit der Bahnhöfe mit den Lazaretten. Große Schwierigkeiten traten beim Transport von Verwundeten und Kranken in den anfangs mangelhaft ausgerüsteten behelfsmäßigen Verwundetenzügen im harten Winter 1941/42 auf, so daß der Heeresarzt im Oberkommando des Heeres den Transport in leeren Nachschubzügen untersagte. Infolge der Zunahme der Verwundeten und der Notwendigkeit, beim Rückzug Feldlazarette zu räumen, mußten immer mehr behelfsmäßige Verwundetenzüge eingesetzt werden. Im Oktober 1941 liefen 82 Lazarettzüge (Laz und LKZ)[28]. Es war stets das Ziel der Eisenbahn, die Verwundetentransporte rasch zu befördern[29] und auch dazu beizutragen, daß Verwundete nicht in Gefangenschaft gerieten. Bei den schnellen Rückzügen ist das leider nicht immer gelungen.

Urlaubertransporte

Für die Beförderungen von Wehrmacht-Urlaubern und dienstreisenden Wehrmachtangehörigen wurden besondere Schnellzüge für Fronturlauber (SF-Züge) gefahren[30]. Es gab auch kombinierte Züge für Wehrmachtangehörige und Zivilisten (SFR-Züge)[31]. Schon bald nach Kriegsbeginn entstand ein besonderes Zugnetz für Urlauber. Neben den Fronturlauberschnellzügen liefen in vielen Reisezügen des allgemeinen Verkehrs besondere Wagengruppen für Urlauber[32]. An der Ostgrenze des Reiches und des Generalgouvernements wurde der Urlauberverkehr gebrochen, da alle Soldaten vor dem Grenzübertritt in die Heimat sich einer Entlausung und Desinfektion unterziehen mußten. Die Belegung der SF-Züge außerhalb des Reichsgebietes war Aufgabe der Transportkommandanturen. Der geringe Reiseverkehr im besetzten Rußland war nahezu ausschließlich der Beförderung der Wehrmachtangehörigen und des Wehrmachtgefolges vorbehalten. Um die Strapazen der langen Urlaubsfahrten erträglicher zu machen, liefen im besetzten Osten in den Urlauberzügen besonders dafür eingerichtete Mannschaftswagen aus zweiachsigen großräumigen gedeckten Güterwagen (Mci)[33]. Je nach Einsatz- und Heimatort dauerten Urlaubsreisen auf der Eisenbahn bis zu einer Woche. Ein Teil der Urlauberzüge führte Eisenbahnküchenwagen. Für die Verpflegung und während des Aufenthalts der Urlauber auf den Unterwegs- und Umschlagbahnhöfen sorgten zahlreiche Betreuungsstellen.

[28] Halder-KTB Bd. III, 2. 10. 1941.

[29] Vgl. Sauerbruch, S. 361.

[30] Vgl. 11. Verzeichnis der SF-Züge, herausgegeben von der Generalbetriebsleitung Ost in Berlin, Ausgabe: 5. Mai 1941.

[31] Bis zum 4. 3. 1940 hießen diese Züge Fronturlauberzüge (Fu) und Wehrmachturlauberzüge (Wu).

[32] DmW-, EmW- und PmW-Züge, das sind D-, Eil- und Personenzüge mit Wehrmachtteil.

[33] Mielich, S. 40—44.

Kriegsgefangenentransporte

In der Zeit der raschen Vormärsche und großen Kesselschlachten, bei denen kurzfristig viele Hunderttausend Gefangene aufkamen, warf der Transport von Kriegsgefangenen kaum lösbare Probleme auf[34]. Die Kriegsgefangenen wurden wie die Mannschaften in geschlossenen Zügen aus Güterwagen aber mit höheren Belegungszahlen durchgeführt[35]. Bei der mangelhaften Verpflegung und ärztlichen Betreuung und besonders in den Wintermonaten überstanden viele Kriegsgefangene, die oft schon in den Sammellagern und durch den Anmarsch zu den Verladebahnhöfen völlig entkräftet waren, den Transport nicht. Hier waren sowohl die militärischen Stellen als auch die Eisenbahn einfach überfordert. Ähnliche Schwierigkeiten traten offenbar auch bei den großen Schlachterfolgen der Sowjets ein[36].

Räumungstransporte

Während der großen Rückzüge aus den besetzten Ländern erhielten die Eisenbahnen zusätzliche Transportaufträge für die Räumung. So weit als möglich mußten militärische Versorgungslager, wichtige industrielle Einrichtungen und Wirtschaftsgüter zurückgeführt werden[37]. Nur wenige Räumungen, wie die der Frontbogen bei Rshew[38] und bei Orel[39], verliefen nach ihrer Planung. Im allgemeinen konnten die Eisenbahnen trotz der Feindeinwirkungen in den rückwärtigen Gebieten beachtliche Transportleistungen aufweisen. Dennoch mußten viele mühsam nach vorne gebrachten Versorgungsgüter aller Art[40] und technische Einrichtungen vernichtet oder den Gegnern überlassen werden, weil einfach nicht genügend Zeit und Transportraum dafür zur Verfügung stand. Nicht selten mußten die Güter wild, d. h. ohne Angabe von Zielbahnhöfen und Empfänger zurückgefahren werden. In der Erwartung, daß die Fronten bald wieder zum Stehen kämen, wurden die Räumungszüge vielfach nicht weit genug zurückgefahren, so daß Rückstau in der Heimatrichtung entstand[41]. Nicht zuletzt ging dadurch eine namhafte Zahl von Zügen verloren. Über die in Verlust geratenen Räumungszüge sind keine Unterlagen mehr vorhanden.

Züge für spezielle Zwecke

Neben den vorgenannten Transportarten sind noch zahlreiche Züge für andere Zwecke zu erwähnen, wie die Salonzüge für Hitler, Göring, für den Reichsaußenminister, Reichsführer-SS und den Chef des Transportwesens, ferner die Befehlszüge der

[34] Krumpelt (2), S. 137 u. 201. — In der Kesselschlacht östlich von Kiew im September 1941 kamen beispielsweise 665 000 Kriegsgefangene auf, Chronik, 29. 6. 1941.
[35] Vgl. IMT Bd. XXI, S. 436 f, Aussage des Transportchefs General Gercke.
[36] Vgl. Vgl. Sörensen, S. 34 u. 42; weitere Einzelheiten bei Böhme, K. W., S. 51—65.
[37] Einzelheiten über Räumungstransporte aus besetzten Ostgebieten bei Pottgießer, S. 102—121
[38] Zeitzler, S. 113—116; Teske (2), S. 169 f.
[39] Teske (2), S. 191.
[40] Teske (2), S. 196 f.
[41] Vgl. Befehl des Chefs des Transportwesens F. Abt. Ib Nr. 7577 vom 5. 2. 1943. Dort wurden die Generale des Transportwesens dafür verantwortlich gemacht, daß die Räumungszüge von vorn herein weit zurückliegende Ziele erhalten. Aufzeichnung des Verfassers vom 5. 2. 1943.

Wehrmachtbefehlshaber und Heeresgruppenführer u. a.[42] und die Kurierzüge zu den Hauptquartieren. In diesen teilweise wenig ausgenützten Zügen war eine große Zahl von Wagen und Begleitpersonal gebunden, außerdem nahm ihre Abstellung oft wertvollen Gleisraum in Anspruch. Weiterhin sind zu nennen Panzerzüge[43] und Eisenbahngeschütze[44] der Wehrmacht, Bauzüge und Werkstattzüge der Reichsbahn und der Eisenbahnpioniere, Wehrmacht-Küchenzüge[45], Druckereizüge, Reichsstellenhilfszüge[46], Handwerkshilfszüge[47], Kraftwerkzüge[48] und andere.

Auch die Straßenroller, die sogenannten Culemeyer-Fahrzeuge[49], mit denen Güterwagen auf der Straße transportiert werden konnten und die die Rolle von Anschlußgleisen zu Flugplätzen und Lagereinrichtungen aller Art übernahmen, waren ein wichtiges Transportmittel. Mit ihnen wurden auch andere Transporte durchgeführt. So fuhren im Jahre 1940 Elb- und Rheinkähne für Öltransporte aus Rumänien[50] und im Jahre 1942 vor Beginn der Sommeroffensive Minenräum-, Schnell- und Unterseeboote und Marinefährprähme aus der Nordsee elbaufwärts nach Dresden, von dort auf Straßenrollern über die Reichsbautobahn nach Regensburg und dann donauabwärts in das Schwarze Meer[51]. Auf dem Seeweg waren solche Transporte nicht möglich, da nach der Vereinbarung von Montreux[52] Kriegsschiffe die türkischen Meerengen nicht passieren durften.

Wehrmachttarif

An Stelle des Militärtarifs für Eisenbahnen vom 18. 12. 1931 trat am 9. 6. 1938 ein neuer Wehrmachttarif für Eisenbahnen in Kraft[53]. Mit Kriegsbeginn ergab sich die Notwendigkeit, das Prinzip der Abgeltung aller Einzeltransportleistungen aufzugeben und eine Pauschalierung der Vergütung für einen Teil der dem Militär erbrachten Transportleistungen einzuführen[54]. Die pauschalen Tarifsätze waren ab 1. 9. 1939 gültig. Im Jahre 1944 wurde die Ermittlung und Abzahlung der Transportleistungen für die Wehrmacht wegen der gebotenen Arbeitseinsparung noch einmal wesentlich vereinfacht[55].

[42] Vgl. Hitler-Speer-Konferenz am 30. 5. 1942, S. 130 f; Dost (3), S. 174—179.
[43] Vgl. Hitler-Speer-Konferenz am 3.—5. 1. 1945, Erläuterungen zu Punkt 3, S. 462; Rohde, S. 65 u. 211; vgl. Lusar, S. 92 f.
[44] Vgl. v. Senger und Etterlin, S. 151—170; vgl. Lusar, S. 43—50; Leeb, S. 40; vgl. Boehm, S. 110—112. — Die Eisenbahngeschütze verloren gegen Ende des Krieges an Bedeutung. An ihre Stelle traten die V-Waffen.
[45] Hampe (4), S. 612.
[46] Hampe (4), S. 613.
[47] Hampe (4), S. 614.
[48] Hampe (6), S. 155—162.
[49] Bode, S. 881—906.
[50] Neubacher, S. 43.
[51] Heine, S. 427.
[52] Rönnefarth, H., Vereinbarung von Montreux am 20. 7. 1936, S. 141 u. 146.
[53] Einzelheiten bei Vogel, S. 898—912.
[54] Verordnung zum Wehrmachttarif für Eisenbahnen vom 28. 9. 1939, RGBl. 1939 II, S. 980.
[55] Vereinbarungen zwischen dem Oberkommando der Wehrmacht und dem Reichsverkehrsministerium vom 3. 7. und 2. 8. 1944, Text bei Wehde-Textor (2), S. 39 f.

Expedition und Bearbeitung der Wehrmachttransporte auf der Eisenbahn

Die Transporte für die Wehrmacht konnten als Wehrmachtgut[56], als Privatgut für die Wehrmacht[57] oder als Wehrmachtnachschubsendung[58] befördert werden. Wehrmachtgüter waren Güter und Tiere, die sich bei der Auflieferung im Eigentum oder Besitz der Wehrmacht befanden und deren Frachtkosten dem Wehrmachthaushalt zufielen. Wehrmachtgut durfte von Wehrmachtstellen an andere Wehrmachtstellen und an Private sowie von Privaten an Wehrmachtstellen und an Private verfrachtet werden. Als Privatgut für die Wehrmacht galten Bedarfsgegenstände für die Wehrmacht, die der Eisenbahn von einer privaten Stelle zur unmittelbaren Beförderung an eine Wehrmachtstelle übergeben wurden, für deren Beförderung der Wehrmachthaushalt die Frachtkosten nicht zu tragen hatte. Wehrmachtnachschubsendungen waren Sendungen an Einheiten des Feldheeres oder eingesetzter Teile der Luftwaffe und der Kriegsmarine. Wehrmachtgut und Wehrmachtnachschubsendungen wurden nach dem Wehrmachttarif und Privatgut für die Wehrmacht nach den öffentlichen Tarifen befördert.

Wehrmachttransporte erhielten als Kennzeichen für ihre Transportbearbeitung und Überwachung eine Fahrtnummer[59]. Mit Fahrtnummer versehene Transporte hatten hinsichtlich Wagenstellung und betrieblicher Durchführung Vorrang vor anderen Transporten. Besonders eilige Wehrmachteinzeltransporte beförderte die Reichsbahn als Sonderplanwagen, d. h. abweichend von den normalen Leitungswegen und Wagenübergangsplänen für Frachtgutwagenladungen.

4. Der Fahrplan für besonders hohe militärische Transportforderungen

Im Frieden fahren die Wehrmachtzüge nach Fahrplänen der für den öffentlichen Verkehr vorgesehenen Bedarfsgüterzüge. Für hohe Anforderungen, wie sie bei Aufmärschen und während eines Krieges auftreten, reicht die Zahl der Bedarfsfahrpläne nicht aus. Dafür sind besondere Fahrpläne notwendig. Die höchsten Streckenleistungen werden mit Parallelfahrplänen gleicher Geschwindigkeit M-(Manöver)-Plänen im Mindestzugabstand erreicht.

Nach 1935 kamen neue Vorschriften und Richtlinien für die Aufstellung und Anwendung des Militärfahrplanes heraus, in denen einige Erfahrungen beim Beginn des Ersten Weltkrieges[1] Berücksichtigung fanden. Dem technischen Fortschritt entsprechend wurden neue Fahrplanelemente (Höchstgeschwindigkeiten auf Hauptbahnen 55 km/h und auf Nebenbahnen 45 km/h) zugrunde gelegt. Außerdem schloß man die M-Pläne

[56] Wehrmacht-Eisenbahn-Ordnung § 47, Ziff. 235 u. Kriegsmerkbuch für die Abfertigung von Transporten der Wehrmacht und der Waffen-SS, herausgegeben vom Deutschen Eisenbahn-Verkehrs-Verband, 1. 1. 1943, § 4.

[57] Kriegsmerkbuch von 1943, § 52.

[58] Kriegsmerkbuch von 1943, § 55.

[59] Wehrmacht-Eisenbahn-Ordnung § 41, Ziff. 167.

[1] Vgl. Das Deutsche Feldeisenbahnwesen, S. 42—46.

auf Transportstraßen zu durchgehenden Planverbindungen (PV) auf große Entfernungen zusammen, wodurch sich die Planbearbeitung und die Anordnung der Transporte wesentlich vereinfachte und beschleunigte. 1935 wurde dann der sogenannte Höchstleistungsfahrplan aufgestellt, in dem durch den Stammplan in bescheidenem Maße Raum für den nichtmilitärischen Verkehr gelassen wurde. Der Höchstleistungsfahrplan ist somit eine Kombination von Fahrplänen (Parallelfahrplänen) und dem Stammplan[2]. Im Gegensatz zu den wenigen parallel liegenden sogenannten Militärlokalzügen für zivile Bedürfnisse im Militärfahrplan von 1914[3] hatten die Stammplanzüge Fahrplanelemente des Winterfahrplanabschnittes 1935/36, d. h. ihre Fahrpläne lagen nicht parallel zu den M-Plänen. Die alljährliche Neuaufstellung des Höchstleistungsfahrplanes mit anderen Fahrzeiten der Stammplanzüge verursachte der Reichsbahn einen großen Arbeitsaufwand und Terminnot. Aus diesem Grunde wurde der Stammfahrplan ab 1937 nicht mehr alljährlich geändert. Die Unterlagen für den Fahrplan 1937 wurden nachgedruckt und in den Verteilerstellen für den Mobilmachungsfall deponiert.

Der Höchstleistungsfahrplan von 1937 hatte immer noch den großen Nachteil, daß mit seiner Einführung der öffentliche Güter- und Reiseverkehr weitgehend lahmgelegt wurde. Wegen der Auswirkungen auf die Versorgung der Bevölkerung und der Industrie mußten die Beschränkungen in der Annahme von Gütern[4] rasch wieder gelockert und weitere Züge eingelegt werden. Bei der Durchführung der Stammplanzüge des Reiseverkehrs machten die Vollauslastung der Züge und die kurzen Aufenthalte, die bei der Verdunklung nicht mehr ausreichten, ziemliche Betriebsschwierigkeiten.

Nach Beginn des Krieges mußte ein Fahrplan aufgestellt werden, bei dem neben dem Wirtschafts- und Berufsverkehr genügend Fahrpläne für Wehrmachttransporte vorhanden waren. Um ein Tempo 36 bei möglichster Schonung des zivilen Regelverkehrs fahren zu können, wurden im Dezember 1939 auf den zweigleisigen Strecken die erforderlichen W-(Wehrmacht)-Fahrpläne in den normalen Güterzugfahrplan eingearbeitet, der ab 1. 4. 1940 gültig war. Die roten W-Pläne waren Bedarfsgüterzugfahrpläne und sind nicht mit den grünen M-(Manöver)-Plänen zu verwechseln.

Die ungünstigen Erfahrungen mit dem Höchstleistungsfahrplan in den Jahren 1939 bis 1941 lösten Überlegungen aus, ob die Erfüllung militärischer Transportforderungen nicht auf andere Weise sicherzustellen wären. Daß auch ohne Höchstleistungsfahrplan hohe Zugzahlen erreichbar sind, zeigen zwei Beispiele von Höchstleistungen aus dem Barbarossa-Aufmarsch, bei dem am 5. 5. 1941 2 608 Züge ohne Höchstleistungsfahrplan und am 7. 6. 1941 2 988 Züge mit Höchstleistungsfahrplan gefahren worden sind[5]. Man ging dabei von der Erfahrung aus, daß Wehrmachttransporte am besten und pünklichsten laufen und die Versorgung der Wirtschaft am wenigsten erschüttert wird, wenn

[2] Vgl. Dienstanweisung zur Durchführung von Militärtransporten im Höchstleistungsfahrplan (DAzD), § 1.

[3] Vgl. Das Deutsche Feldeisenbahnwesen, S. 8—11.

[4] Anlage 4 der Dienstanweisung zur Durchführung von Militärtransporten im Höchstleistungsfahrplan (DAzD).

[5] Mitgeteilt in der 83. Präsidentenkonferenz der Deutschen Reichsbahn am 7. 10. 1941.

der eingespielte allgemeine Fahrplan bei Wehrmachtbewegungen beibehalten und für sie ausgenutzt wird. Um größere Wehrmachtbewegungen während des Krieges im allgemeinen Fahrplan durchführen zu können, wurde dieser mit einer entsprechenden Anzahl von Bedarfsgüterzugplänen aufgefüllt, die wechselseitig für den Wehrmachtverkehr und den allgemeinen Verkehr benützbar waren. Dabei waren bei zwei- und eingleisigen Bahnen je sechs Stufen mit der entsprechenden Zahl von W-Plänen vorgesehen. Verdrängte Regelzüge mußten bei diesem Verfahren ausgelegt oder durch betriebliche Anordnungen in einem veränderten Fahrplan durchgeführt werden[6]. Die Bedienung des für die Wirtschaft und Bevölkerung kriegswichtigen Verkehrs wurde dem geforderten Tempo durch einen neuen Stammplan ständig verkehrender Reise- und Güterzüge angepaßt. Der letzte Höchstleistungsfahrplan war für den Sommerfahrplanabschnitt 1943 aufgestellt worden. Die Unterlagen des Höchstleistungsfahrplanes mußten weiterhin aufbewahrt werden. Ab Winterfahrplan 1943/44 fuhren alle Wehrmachtbewegungen unter Fortfall des Höchstleistungsfahrplans im Fahrplan des allgemeinen Verkehrs. Nun war ein Gesamtfahrplan geschaffen, der gleichzeitig den Kriegs- und Wirtschaftsforderungen Rechnung trug. Ab 3. 11. 1943 konnten mit der für die einzelnen Fälle erforderlichen Drosselung des öffentlichen Verkehrs Wehrmachtbewegungen bis zum Tempo 72 auf zweigleisigen und bis Tempo 24 bzw. 36 auf eingleisigen Strecken ohne Einführung des Höchstleistungsfahrplanes im Rahmen des Regelfahrplanes gefahren werden.

Die Anwendung der neuen Fahrplankonstruktion stellte hohe Anforderungen an die Betriebsstellen und ist ein eindrucksvoller Beweis für die Anpassungsfähigkeit und Beweglichkeit, die die Betriebsführung im Krieg erreicht hat.

Die Frage, zu welchem Zeitpunkt der Höchstleistungsfahrplan eingeführt werden soll, ist wegen der möglichen folgenschweren Auswirkungen nicht leicht zu entscheiden. Wegen der nachteiligen Auswirkungen auf die Wirtschaft und den möglichen politischen und militärischen Folgen bei den Nachbarstaaten kann der Höchstleistungsfahrplan stets erst im letzten Augenblick eingeführt werden; durch seine Einführung und die Aufmarschtransporte an die Grenzen bleiben die militärischen Absichten der Öffentlichkeit und dem Gegner nicht mehr verborgen. Hier stoßen sich gegensätzliche Interessen der Politiker und Militärs[7]. Erstere wollen sich möglichst lange die politische Handlungsfreiheit offenhalten, während die Militärs die Vorteile eines frühzeitigen Aufmarsches nützen möchten. Die Einführung des Höchstleistungsfahrplanes bedeutete in jedem Falle einen tiefen Eingriff und eine gewaltige Umstellung im Betriebsablauf und erforderte sehr umfangreiche Vorbereitungen und viele Einzelmaßnahmen, die im Mobilmachungskalender der Reichsbahn festgelegt waren[8].

[6] Einzelheiten in der Niederschrift über die 41. Reichsbahngüterzugfahrplan-Besprechung am 10. u. 11. 9. 1940 in Freiburg i. Br., Punkt 8 und über die 48. Reichsbahngüterzugfahrplan-Besprechung am 3. u. 4. 4. 1944 in Breslau.

[7] Diese Problematik behandelt Elble, S. 365—373.

[8] Siehe Seite 39 f.

5. Steuerung der Nachschubzüge

Das militärische Transportaufkommen im Kriege unterscheidet sich vom zivilen Friedensverkehr, vor allem hinsichtlich seiner Dringlichkeit und Zusammensetzung. Daher bedarf besonders der differenzierte Nachschubverkehr bei den nach Menge und Art oft rasch wechselnden Bedürfnissen an den Fronten der entsprechenden Steuerung, damit die Transporte zeitgerecht zur Verfügung stehen und Rückstau nach Möglichkeit vermieden wird.

Vor dem Zweiten Weltkrieg waren Methoden zur Steuerung der Nachschubtransporte nicht vorbereitet worden. Nahezu alle Erfahrungen auf diesem Gebiete aus dem Ersten Weltkrieg waren in Vergessenheit geraten. Die Probleme der Nachschubsteuerung stellten sich bei den damaligen mehr starren Fronten, dem geringeren und weniger differenzierten Bedarf an Versorgung und den kürzeren Transportentfernungen um einiges einfacher dar.

Bei Kriegsbeginn waren die Truppenbewegungen die einzigen zentral gesteuerten Wehrmachttransporte. Alle anderen Transporte in Zügen und Einzelwagen wurden wie zivile Transporte durchgeführt, d. h. nach ihrer Beladung wurden sie auf den normalen Leitungswegen für Frachtgutwagenladungen zum Zielbahnhof gefahren. Wegen der starken Zunahme des Nachschubverkehrs konnte so nicht mehr länger verfahren werden. Um Ordnung in der Heranführung des Nachschubs zu halten und Betriebsschwierigkeiten nach Möglichkeit zu vermeiden, wurde das Abrufverfahren eingeführt. In der Art wie es angewendet wurde, war den betrieblichen Erfordernissen nicht ausreichend gedient. Nach vielen wiederholten Versuchen zu einer besseren Lösung entwickelte sich allmählich das sogenannte Leitstellenverfahren, das im Jahre 1943 allgemein eingeführt wurde. Damit war endlich eine betrieblich befriedigende Methode für die zeitgerechte Heranführung der Nachschubtransporte an die Grenzübergänge im Osten vorhanden. Schon im Kriege 1870/71 sind große Betriebs- und Versorgungsschwierigkeiten durch Rückstau entstanden. Interessanterweise hat sich diese Erscheinung seither in allen Kriegen und bei allen Beteiligten in mehr oder weniger großem Ausmaß wiederholt.

Geordnete Betriebsverhältnisse in der Nachschubzuführung können nur aufrechterhalten werden, wenn alle Beteiligten darauf achten, daß die Beladung und der Zulauf gleich der Entladung und dem Rücklauf sind. Das ist leichter gesagt als getan. Die Befehlsgebung zur Beladung und Abfahrt von Versorgungszügen muß aber dort aufhören, wo durch Nachschubzufuhr entstandene Betriebsschwierigkeiten und ihre Auswirkungen auf die Kriegführung nicht mehr vertretbar sind.

Betriebliches Ziel der Transportsteuerung war, die Züge möglichst ohne Zwischenabstellung, d. h. mit geringstem Betriebsaufwand, zu den Ausladebahnhöfen zu fahren oder als Nachschubreserve in Frontnähe abzustellen. Durch wechselnde Kampflagen veränderten sich die Nachschubbedürfnisse oft schlagartig und gaben Anlaß zu kurzfristigen Änderungen bereits getroffener Dispositionen. In krisenhaften Notlagen mußte entscheidend wichtiger Bedarf nicht selten ohne Rücksicht auf betriebliche Auswirkungen und von weit her als Blitz- oder Pfeiltransport vorrangig durchgeführt werden. Blitztransporte konnte nur der Transportchef befehlen. Häufig blieben mühsam nach vorn gebrachte Züge, die wegen fehlender Kräfte oder Vorrückens der Truppe nicht ausgeladen werden konnten, stehen und belegten wichtige Betriebsgleise. Die Vielfalt der militärischen Bedürfnisse und ihre betriebliche Durchführung stellte an die Wendigkeit der disponierenden und ausführlichen Stellen sehr hohe Anforderungen[1].

Schon beim Aufbau einer Versorgungsbasis für den Ostfeldzug ergaben sich Betriebsschwierigkeiten[2], die während des Vormarsches noch erheblich zunahmen. Die Züge wurden nach den Bedarfsmeldungen des Generalquartiermeisters vom Transportchef zur Beladung und Abfahrt befohlen, auch wenn die betriebliche Zuführung in die Ausladeräume nicht gesichert war. Da es für vorübergehende Abstellungen im Osten über die vereinbarte „Nachschubreserve" hinaus nur geringe Abstellmöglichkeiten gab, entstand ein Rückstau von Nachschubzügen, der sich allmählich weit ins Reichsgebiet hinein erstreckte. Auf die immer wieder geforderte bessere Abstimmung der Transportforderungen mit den Leistungsmöglichkeiten der Eisenbahn und den Ausladeleistungen ging der Transportchef allenfalls nur zögernd ein. Bei dem hohen Rückstau in den östlichen Bereichen im Jahre 1941 erklärte der damalige Chef der Feldtransportabteilung Oberst i. G. Bork auf Vorhaltungen von Mineis (L) beim Transportchef einfach: „Und wenn der Rückstau bis hinter den Rhein steht, es wird weiter beladen[3]." Rohde versucht mit seinen Ausführungen den Transportchef von der Mitverantwortung für die Betriebsschwierigkeiten im Osten zu entlasten, wozu gar keine Veranlassung besteht[4].

Während der Schwierigkeiten im ersten Kriegswinter in Rußland wurde im Dezember 1941 der Versuch unternommen, Nachschubtransporte in Bewegungen zu fahren. Dieser Versuch mißlang schon nach kurzer Zeit und mußte wieder aufgegeben werden. Nachschubzüge haben eben den Nachteil, daß sie nach ihrem Eintreffen auf den Entladebahnhöfen nicht sofort innerhalb kürzester Zeit ausgeladen werden.

Im Winter 1941/42 entstand der Zugverteiler[5], der von der Feldtransportabteilung in Zusammenarbeit mit den Bedarfsträgern und Mineis (L) beim Transportchef herausgegeben wurde. Er enthielt, meist für den Zeitraum eines Monats, die der Leistungsfähigkeit der Zulaufstrecken angepaßten Zugkontingente der verschiedenen Bedarfsträger. Der Zugverteiler stellte Mindestforderungen an die Eisenbahn dar, galt für alle Strecken im besetzten Rußland jenseits der Reichsgrenze und wurde im allgemeinen

[1] Mehrere Einträge Halders bezeugen die Schwierigkeiten der Transportsteuerung. Vgl. Halder-KTB Bd. III, 3. 8. 1941, 16. u. 17. 11. 1941, sowie 20. 12. 1941.

[2] Vgl. Befehl der Feldtransportabteilung Az 43 e (Ib) Nr. 2751.40 vom 16. 4. 1940. Betr. Annahmesperren für Wehrmachtgut. Hier wird betont, daß die Entladeleistung hinter dem Zulauf zurückblieb. Abschrift in Unterlagensammlung des Verfassers, siehe Anhang Seite 347.

[3] Mitteilung von Bb. Vizepräsident a. D. Huber vom 10. 8. 1971; vgl. Rohde, S. 370, Anm. 125.

[4] Vgl. Rohde, S. 370, Anm. 125.

[5] Sinn und Bedeutung des Zugverteilers sind in der Verfg des RVM Zweigstelle Osten 20 L g/Bmbt 47 vom 2. 10. 1942, betr. Zugverteiler ausführlich dargestellt. Siehe Seite 364 ff.; die Ausführungen von Rohde über den Zugverteiler sind unzureichend und fehlerhaft. Er verkennt die Bedeutung des Zugverteilers als unentbehrliches Steuerungselement und als Grundlage für die betriebliche Durchführung der Züge. Vgl. Rohde, S. 160 f. — Daß noch Originale von Zugverteilern vorhanden sind, war Rohde nicht bekannt.

nur für die Frontrichtung aufgestellt. Ergänzend zum Zugverteiler der Feldtransportabteilung gaben die Generale des Transportwesens für die Spitzenstrecken eigene Zugverteiler heraus, in denen die Weiterführung der nach dem Zugverteiler der Feldtransportabteilung anzubringenden Züge festgelegt war. Dieser änderte sich den Verhältnissen an der Front entsprechend in kürzeren Zeitabständen.

Die Steuerung der Nachschubtransporte war Aufgabe der Wehrmachttransportleitungen und der mit ihnen zusammenarbeitenden Leitstellen der Reichsbahn[6]. Während die Wehrmachttransportleitungen mehr allgemeine Weisungen gaben, hatten die Leitstellen die Forderungen der Wehrmacht mit der Leistungsfähigkeit der Eisenbahnen in Einklang zu bringen und die Erfüllung der gestellten Forderungen im Rahmen deren Leistungsfähigkeit zu veranlassen. Betriebliche Anordnungsbefugnisse hatten die Leitstellen nicht, sie konnten jedoch die Abfahrt und Abstellung von Nachschubzügen befehlen. Die für die Steuerung des Nachschubs eingerichteten Leitstellen sind nicht mit den Frachtenleitstellen der Deutschen Reichsbahn für zivile Transporte zu verwechseln[7].

Die Steuerung der Nachschubtransporte in den besetzten Westen während des Westfeldzuges oblag der Eisenbahntransportabteilung West in Frankfurt/M.. Nach Beendigung des Westfeldzuges ging die Transportsteuerung an die Eisenbahntransportabteilung Paris über. Anfang 1941 wurde in Breslau bei der Außenstelle der Generalbetriebsleitung Ost eine Leitstelle eingerichtet, der es allerdings nicht gelang, den Rückstau an Nachschubzügen wirksam abzubauen. Eine Woche vor Beginn des Rußlandfeldzuges nahm die Leitstelle Osten in Berlin, die ihren Sitz bei der Generalbetriebsleitung Ost hatte, ihre Tätigkeit auf und steuerte nun alle Nachschubtransporte nach dem Osten. Transportchef und Generalquartiermeister stellten Verbindungsoffiziere, die bis dahin bei der aufgelösten Leitstelle Ost in Breslau tätig waren, zu dieser Leitstelle ab. Von da an durften Nachschubtransporte (geschlossene Züge und Gruppen über 20 Wagen) in die Reichsbahndirektionsbezirke Königsberg, Danzig, Posen, Breslau und Oppeln, die das Nachschubsammelgebiet (NSG) bildeten, nur noch mit Genehmigung der Leitstelle gefahren werden. Mitte September verlegte die Leitstelle Osten nach Warschau. Der militärische Teil der Leitstelle kam zur Wehrmachttransportleitung Weichsel. Die guten Erfahrungen mit der Leitstelle Osten führten dazu, daß im Herbst 1943 auch in Wien bei der Wehrmachttransportleitung Südost eine Leitstelle Süden für Nachschubtransporte nach dem Süden und Südosten eingerichtet wurde. Sie war zuständig für alle Nachschubtransporte in geschlossenen Zügen für die Grenzübergänge vom Brenner bis Cadca[8]. Im Frühjahr 1944 wurde in Paris eine weitere Leitstelle West beim General des Transportwesens West für die Nachschubtransporte nach Frankreich eingerichtet. Beim Rückzug 1944/45 verlegte sie in mehreren Etappen ihren Sitz über Nancy und Marbache sur Moselle nach Andernach. Unter dem Zwang der Verhältnisse

[6] Die Aufgaben einer Leitstelle und eines Bevollmächtigten der Reichsbahn bei einer Wehrmachttransportleitung sind in der Verf L 2 g/Bmarm 47 (o) vom 12. 10. 1943 festgelegt, Abschrift in Unterlagensammlung des Verfassers.

[7] Siehe Seite 234 ff.

[8] Vgl. Erlaß RVM L 2 g/Bmarm 48 (o) vom 13. 9. 1943, Abschrift in Unterlagensammlung des Verfassers.

entstand am 10. 8. 1944 in Berlin eine Leitstelle Mitte unter Vereinigung mit den Leitstellen West und Ost. Diese hatte nun alle Nachschubtransporte mit Ausnahme des Südostens zu steuern. Eine zentrale Steuerung der Wehrmachttransporte, die auch für die Versorgungsführung zweckmäßig gewesen wäre, war bereits im März 1944 von Ministerialdirektor Schelp, dem Leiter der Verkehrsabteilung des Reichsverkehrsministeriums, vorgeschlagen worden[9].

Abschließend kann festgestellt werden, daß die Steuerung von Nachschubzügen seit eh und je eine komplexe und schwer zu lösende Aufgabe war, deren Durchführung große technische und organisatorische Schwierigkeiten bereitete, die zu vielen Auseinandersetzungen unter den Beteiligten führten.

[9] Niederschrift über die 33. Sitzung der Zentralverkehrsleitstelle am 9. 3. 1944.

Schlußbetrachtung

Vor und während des Zweiten Weltkrieges waren die Eisenbahnen im Machtbereich der Achsenmächte das wichtigste Transportmittel zu Lande. Um so verwunderlicher ist es, daß sie für einen Krieg mit so weitgesteckten Zielen nur ungenügend ausgestattet worden sind. Nach Auffassung der damaligen Machthaber mußte es möglich sein, die Gegner nacheinander in kurzen Feldzügen niederzuwerfen. Anfänglich gelang dies auch, jedoch nicht bei der Sowjetunion. Ihre Wehr- und Widerstandskraft ist von vornherein unterschätzt worden.

Für die Sicherstellung der hohen Transportanforderungen im Kriege waren dirigistische Lenkungsmaßnahmen nötig, die von allen Bedarfsträgern als unbequem empfunden wurden. Die Verhältnisse zwangen dazu, der vorhandenen Verkehrsnot mit Prioritäten und Kontingenten, den typischen Attributen des Mangels, zu begegnen.

Schon die Betriebsschwierigkeiten in den beiden ersten Kriegswintern zeigten deutlich die Leistungsgrenzen der Deutschen Reichsbahn und hätten eigentlich Anlaß sein müssen, ihr eine weitere Verbesserung ihrer Leistungsfähigkeit zu ermöglichen. Dies geschah jedoch erst nach der bedrohlichen Transportkrise im Winter 1941/42 in Rußland durch die Übernahme des Lokomotiv- und Wagenbaues in das Rüstungsprogramm und durch andere Maßnahmen. Die damit erreichte Stärkung zerrann in den Weiten Rußlands und wurde durch die zunehmenden Auswirkungen des Partisanen- und Luftkrieges größtenteils zunichte gemacht. All die ungeheuren und verzweifelten Anstrengungen zur Aufrechterhaltung des Eisenbahnbetriebes konnten schließlich den Zusammenbruch des Verkehrs nicht mehr aufhalten, da die Kräfte der Zerstörung größer waren als die zur Wiederherstellung.

Obwohl die Deutsche Reichsbahn im Kriege vielen und nachhaltigen Feindeinwirkungen ausgesetzt war, konnte sie bis in das Jahr 1943 hinein ihre Leistungen steigern. Die von der Wehrmacht und Kriegswirtschaft gestellten Forderungen waren freilich meist höher als die zu ihrer Erfüllung vorhandenen materiellen und personellen Mittel. Das Unvermögen der Reichsbahn, stets allen Forderungen der Bedarfsträger nachzukommen, ist seitens der Wehrmacht und Kriegswirtschaft und nicht zuletzt von Parteistellen immer wieder kritisiert worden, ohne die wahren Gründe des Leistungsmangels zu nennen. Dazu darf wohl festgehalten werden, daß die Leistungsfähigkeit und das Improvisationsvermögen der Deutschen Reichsbahn im Kriege ein außerordentliches und von den Gegnern nicht für möglich gehaltenes Maß erreichten.

Bei der autoritären und eigenwilligen Führung Hitlers konnte weder der Chef des Generalstabes noch der Transportchef die den Operationen durch die Kapazität der Eisenbahnen gesetzten Grenzen wirksam zur Geltung bringen[1]. Dadurch kamen die Eisenbahnen mehrfach in krisenhafte Situationen. Von der Wehrmacht hat die Reichsbahn nicht immer die nötige Unterstützung und vor allem nicht den ausreichenden Schutz gegen Feindeinwirkungen erhalten. Durch die Anstrengungen des Reichsministers für Bewaffnung und Munition wurde der Reichsbahn im Kriege mehr geholfen. Dem Chef des Transportwesens fehlte mitunter auch die erforderliche Durchschlagskraft, notwendige Hilfen innerhalb der Wehrmacht durchzusetzen. Die Meinung, daß dies nicht möglich war, weil die Eisenbahn kein Teil des militärischen Apparates war[2], ist wenig überzeugend.

Konsequente und zielstrebige Kriegführung erfordert die Koordination der militärischen und zivilen Bedarfsträger des Verkehrs, der Transportmittel und vor allem Rücksichtnahme auf das Leistungsvermögen der verschiedenen Verkehrsmittel. Es ist erstaunlich, daß Erfahrungen des Ersten Weltkrieges und die anschließende Entwicklung der Kriegstechnik und des Verkehrswesens bei der Kriegsorganisation des gesamten Transportwesens, vor allem beim Nachschub, nicht mehr berücksichtigt worden sind.

Bei der Wehrmacht sind wichtige organisatorische Fragen des Transportwesens und der Versorgungsführung ungelöst geblieben. Dazu gehört vor allem die Zusammenfassung ihrer eigenen Transportmittel, die sicher effektiver hätten ausgenützt werden können[3]. Zweckmäßigere Lösungen sind im Kriege über Erörterungen nicht hinausgekommen. Auch das Problem der Zuteilung des Wagenraumes an die militärischen und zivilen Bedarfsträger nach übergeordneten Gesichtspunkten der Kriegführung blieb ungelöst.

Die Zusammenarbeit zwischen Reichsbahn und Wehrmacht und auch der Wirtschaft war nicht spannungsfrei. Die Ursache der Spannungen lag letzten Endes in der ständigen Überforderung der Bahn.

Erstmals in der deutschen Kriegsgeschichte wurde im Jahre 1942 die Betriebsführung und Betriebsaufsicht bei Eisenbahnen in besetzten Ländern einer zivilen Verwaltung übertragen[4], was sich günstig ausgewirkt hat. Die danach eingetretene Besserung der Verkehrsverhältnisse hat die bis dahin herrschende Auffassung widerlegt, daß sich die Eisenbahnbetriebsführung in besetzten Gebieten in militärischer Hand befinden muß[5].

Es ist müßig zu fragen, ob die Eisenbahnen schuldhaft zum verlorenen Kriege beigetragen haben, denn heute wissen wir, daß politische und militärische Fehler zur totalen Niederlage geführt haben. Eine Tragik liegt allerdings darin, daß die enormen Anstrengungen zur Erhaltung der Funktionsfähigkeit der Eisenbahnen den bereits 1943

[1] Vgl. Rohde, S. 297.
[2] Vgl. Rohde, S. 297.
[3] Vgl. Rohde, S. 278.
[4] Generalfeldmarschall Keitel bezeichnet die Übertragung der Betriebsführung im Osten als eine an sich erstmalige, bisher völlig ungewöhnliche Lösung, weil die Leitung des gesamten Transportwesens in den besetzten Gebieten sonst Sache des Wehrmachttransportchefs war, Brief von Keitel an Rechtsanwalt Dr. Nelte vom 30. 9. 1946, gedruckt bei Görlitz (3), S. 301.
[5] Vgl. Kesselring (2), S. 189.

verlorenen Krieg verlängert haben. Der Verlauf des Krieges hat deutlich bewiesen, daß es kaum ein wirksameres Mittel für die Heraufbeschwörung militärischer Rückschläge gibt, als die Mißachtung gegebener Transportverhältnisse.

Nachdem der Zweite Weltkrieg nun schon fast 30 Jahre zurückliegt und die Zahl der am Kriegsgeschehen beteiligten Eisenbahner immer kleiner wird, geraten deren Leistungen immer mehr in Vergessenheit. In der vorliegenden Arbeit sollten sie endlich eine Darstellung und Würdigung finden, denn sie werden trotz des verlorenen Krieges immer interessant und beispielhaft bleiben.

Durch die sich ständig verändernde Kriegstechnik, die über immer größere Zerstörungskräfte und größere Beweglichkeit der Truppenverbände verfügt, haben die Eisenbahnen an Bedeutung für die Kriegführung verloren. Sie sind aber keinesfalls bedeutungslos geworden und verdienen bei logistischen Überlegungen weiterhin gebührende Beachtung. Die Rückschläge und Unzuträglichkeiten im Kriege würden sich wiederholen, wenn die Erfahrungen auf dem Gebiete des militärischen Eisenbahnwesens wiederum ungenützt blieben.

Sicher ist es eine sinnvolle und lohnende Aufgabe, den Unzulänglichkeiten des militärischen und zivilen Transportwesens im Zweiten Weltkrieg und ihren Folgen nachzugehen und sie entsprechend auszuwerten. Mit dieser Feststellung äußert der Verfasser die Hoffnung, daß eine praktische Anwendung ihrer Ergebnisse nicht mehr erforderlich werden wird.

Dritter Teil

ANHANG

Organogramme

Reichsbahn

1. Gliederung des Reichsverkehrsministeriums im Jahre 1937.
2. Aufbau der Geschäftsstellen der Deutschen Reichsbahn am 1. 4. 1938.
3. Eisenbahnen im Machtbereich der Achsenmächte (Stand Ende 1942).

Wehrmachttransportwesen

4. Organisation des Militärtransportwesens nach dem Ersten Weltkrieg bis 1937.
5. Organisation des Wehrmachttransportwesens vor dem Zweiten Weltkrieg 1938—1939.
6. Kriegsorganisation des Chefs des Transportwesens (Stand 1941).
7. Außenstellen des Chefs des Transportwesens (Stand Anfang 1943).

Gliederung des Reichsverkehrsministeriums im Jahre 1937

Reichs- u. Preußischer Verkehrsminister Dr. Ing. E. h. Dorpmüller
zugleich Generaldirektor der Deutschen Reichsbahn

Staatssekretär Kleinmann		Staatssekretär Koenig	
	Eisenbahnabteilungen	Abt. W	Wasserbautechnische Abteilung
Gruppe A	Allgemeine Verwaltung	Abt. S	Schiffahrtsabteilung
Abt. E I	Verkehrs- u. Tarifabteilung	Abt. K	Abteilung für Kraftfahr- u. Straßenwesen
Abt. E II	Bau- u. Betriebsabteilung		
Abt. E II A	Bauabteilung		
Abt. E III	Maschinentechnische u. Einkaufsabteilung		
Abt. E IV	Finanz- u. Rechtsabteilung		
Abt. IV A	Rechtsabteilung		
Gruppe L	Eisenbahnmilitärische Angelegenheiten		

Quelle: Reichsbahn-Handbuch 1937, Leipzig 1938, S. 4.

Aufbau der Geschäftsstellen der Deutschen Reichsbahn[1] am 1. 4. 1938

Reichs- u. Preuß. Verkehrsminister
zugl. Generaldirektor der Deutschen Reichsbahn

Staatssekretär
zugl. stellvertr. Generaldirektor

Eisenbahnabteilungen des Reichsverkehrsministeriums

- 26 Rb. Direktionen
- 2 Reichsbahnbaudirektionen
- 2 Reichsbahn-Zentralämter
- 3 Oberbetriebsleitungen

(unter den Rb. Direktionen:)

- 327 Betriebsämter
  - 2 500 Bahnmeistereien
  - 8 536 Bahnhöfe
- 124 Verkehrsämter
  - 8 536 Bahnhöfe
  - 1 111 selbständige Abfertigungsstellen
- 128 Maschinenämter
  - 550 Betriebs- u. betriebswagenwerke
  - 29 Fahrleitungsmeistereien
- 78 Ausbesserungswerke

[1] Vereinfacht dargestellt; ohne den österreichischen Teil der Reichsbahn. 1941 bestanden 3 Gbl, 31 RBD, 429 BA, 165 VÄ, 100 MÄ und 95 RAW.

Quelle: Reichsbahn-Handbuch 1937, S. 22 u. 23.

Eisenbahnen im Machtbereich der Achsenmächte (Stand Ende 1942)

I. *Der Aufsicht des Reichsverkehrsministeriums - RVM - unterstellt:*

Großdeutsches Reich DR	Generalgouvernement [PKP] - X	Sowjet-Union [SZD] - X	Frankreich (SNCF)	Belgien (SNCB)	Holland (NS)	Dänemark (DSB)
3 Generalbetriebsleitungen	GD Ostbahn Krakau	GVD Osten Warschau[1]	HVD Paris[2]	HVD Brüssel[2]	Bbv der Deutschen	Bbv der Deutschen
Ost Berlin	OBD Krakau	OBL Südrußland	EBD Nord	EBD Brüssel	Reichsbahn für die	Reichsbahn für
Süd München	OBD Warschau	Dnjepropetrowsk	EBD Ost		Niederlande in	Dänemark in
West Essen	OBD Lemberg	RVD Riga	EBD Süd	EBD Nancy	Utrecht	Aarhus
Hauptwagenamt Berlin		RVD Minsk	EBD West	EBD Lille		
31 Reichsbahndirektionen		RVD Kiew	EBD Bordeaux			
Eingegliederte Gebiete		RVD Dnjepropetrowsk	EBD Lyon			
Österreich [ÖBB]		RVD Rostow	EBD Toulouse			
Sudetenland [CSD]						
Memelland [LG]						
Bialystok [PKP]						
Slowenien [JZ]						
Luxemburg [CFL]						
Elsaß-Lothringen [SNCF]						
Eupen-Malmedy [SNCB]						

Reichsbahndirektionen

1. Augsburg, 2. Berlin, 3. Breslau, 4. Danzig, 5. Dresden, 6. Erfurt, 7. Essen, 8. Frankfurt/M, 9. Halle, 10. Hamburg, 11. Hannover, 12. Karlsruhe, 13. Kassel, 14. Köln, 15. Königsberg, 16. Linz, 17. Mainz, 18. München, 19. Münster (Westf.), 20. Nürnberg, 21. Oppeln, 22. Osten in Frankfurt (Oder), 23. Posen, 24. Regensburg, 25. Saarbrücken, 26. Schwerin, 27. Stettin, 28. Stuttgart, 29. Villach, 30. Wien, 31. Wuppertal

II. *Der Aufsicht des Chefs des Transportwesens - Chef Trspw - unterstellt:*

Sowjetrußland - [SZD] - X		Norwegen - (NSB)	Kroatien - (HDŽ)	Serbien - (SDŽ)	Griechenland - (CEH)
FBL in Warschau[4]		TK Oslo		WVD Belgrad[3]	
Fekdo 4 Pleskau	3 Charkow				
Fekdo 2 Smolensk	5 Krasnodar				

III. *Selbständige Eisenbahnverwaltungen:*

Protektorat Böhmen und Mähren [ČSD] [5]	Slowakei [ČSD] [6]	Rumänien CFR Transnistrien [SZD]	Bulgarien BDŽ	Ungarn MÁV	Italien FS[7]	Finnland VR
Böhmisch-Mährische Bahnen Beauftragter des RVM beim Ministerium für Verkehr- und Technik in Prag EBD Brünn EBD Pilsen EBD Königgrätz EBD Prag EBD Olmütz	Beauftragter des RVM beim Slowakischen Ministerium für Verkehr und öffentl. Arbeiten: Abt Eisenbahnen in Preßburg	Generalvertreter der Deutschen Reichsbahn in Bukarest	Generalvertreter der Deutschen Reichsbahn in Sofia			

Erläuterungen

( ) Selbständige Betriebsführung, Überwachung durch RVM oder Chef Trspw
X Deutsche Betriebsführung
[ ] Eisenbahnverwaltung vor der Besetzung (Abkürzung)
SZD Eisenbahnen der U.d.S.S.R.

Abkürzungen

GD = Generaldirektion
GVD = Generalverkehrsdirektion
RVD = Reichsverkehrsdirektion
HBD = Haupteisenbahndirektion
HVD = Hauptverkehrsdirektion
WVD = Wehrmachtverkehrsdirektion
EBD = Eisenbahndirektion
OBD = Ostbahndirektion
FBL = Frontbetriebsleitung beim Chef des Transportwesens in Warschau
Fekdo = Feldeisenbahnkommando
Bbv = Bahnbevollmächtigter
BvRb = Bevollmächtigter der Reichsbahn

Anmerkungen:

[1] bis 14. 1. 1942 Betriebsleitung Osten in Warschau beim Chef Trspr: HBD Nord, HBD Mitte, HBD Süd, HBD Ost;
ab 15. 1. 42 RVM Zweigstelle Osten in Warschau,
ab 1. 12. 42 GVD Osten in Warschau

[2] bis 14. 6. 1942 WVD Paris u. WVD Brüssel (Chef Trspw)

[3] ab August 1943 General Transportwesen Südost Belgrad;
Fekdo 1 Belgrad, Fekdo 6 Saloniki, Fekdo 7 Agram

[4] am 23. 12. 1942 aufgelöst. Aufgaben gehen an GVD Osten über.

[5] [6] RVM ist weisungsberechtigt.

[7] ab September 1943 General Transportwesen Italien, WVD Bologna.

Organisation des Militärtransportwesens nach dem Ersten Weltkrieg bis 1937

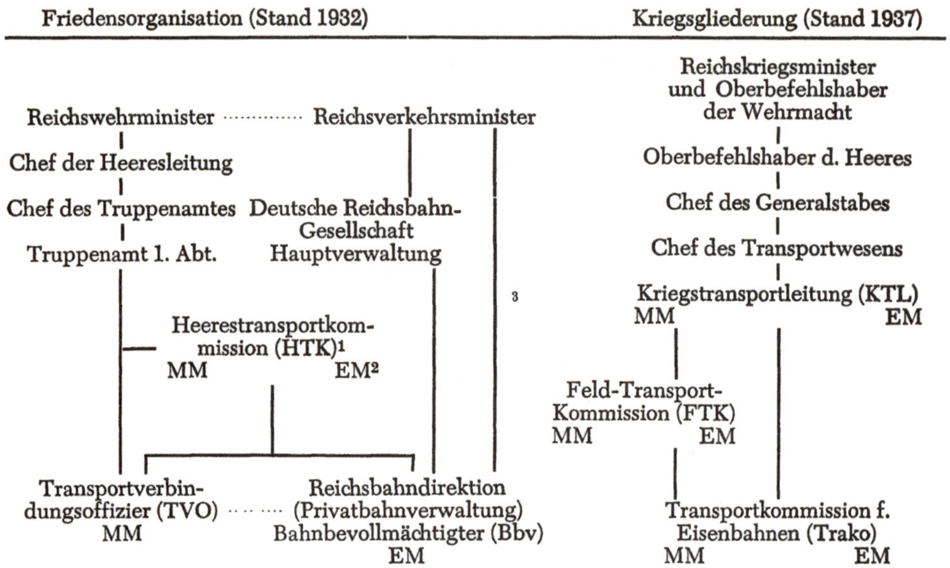

MM = militärisches Mitglied
EM = eisenbahntechnisches Mitglied

[1] Später Transportkommission f. Eisenbahn (TKE).
[2] EM = Referent 21 der Hauptverwaltung
[3] ab 1937

Organisation des Wehrmachttransportwesens vor dem Zweiten Weltkrieg 1938—1939

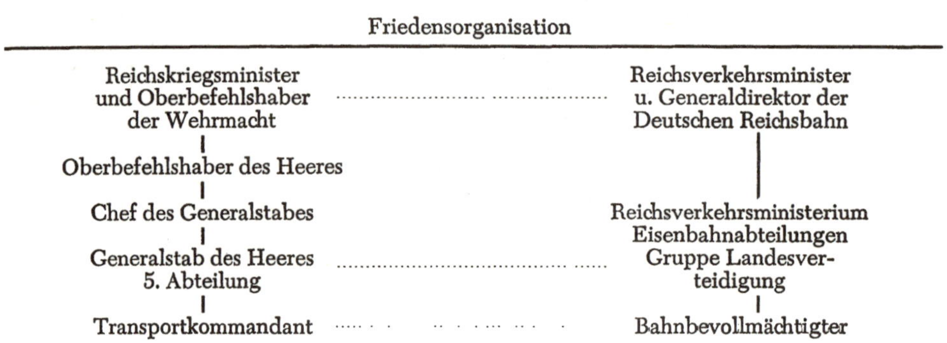

Kriegsorganisation des Chefs des Transportwesens
(Stand Frühjahr 1941)

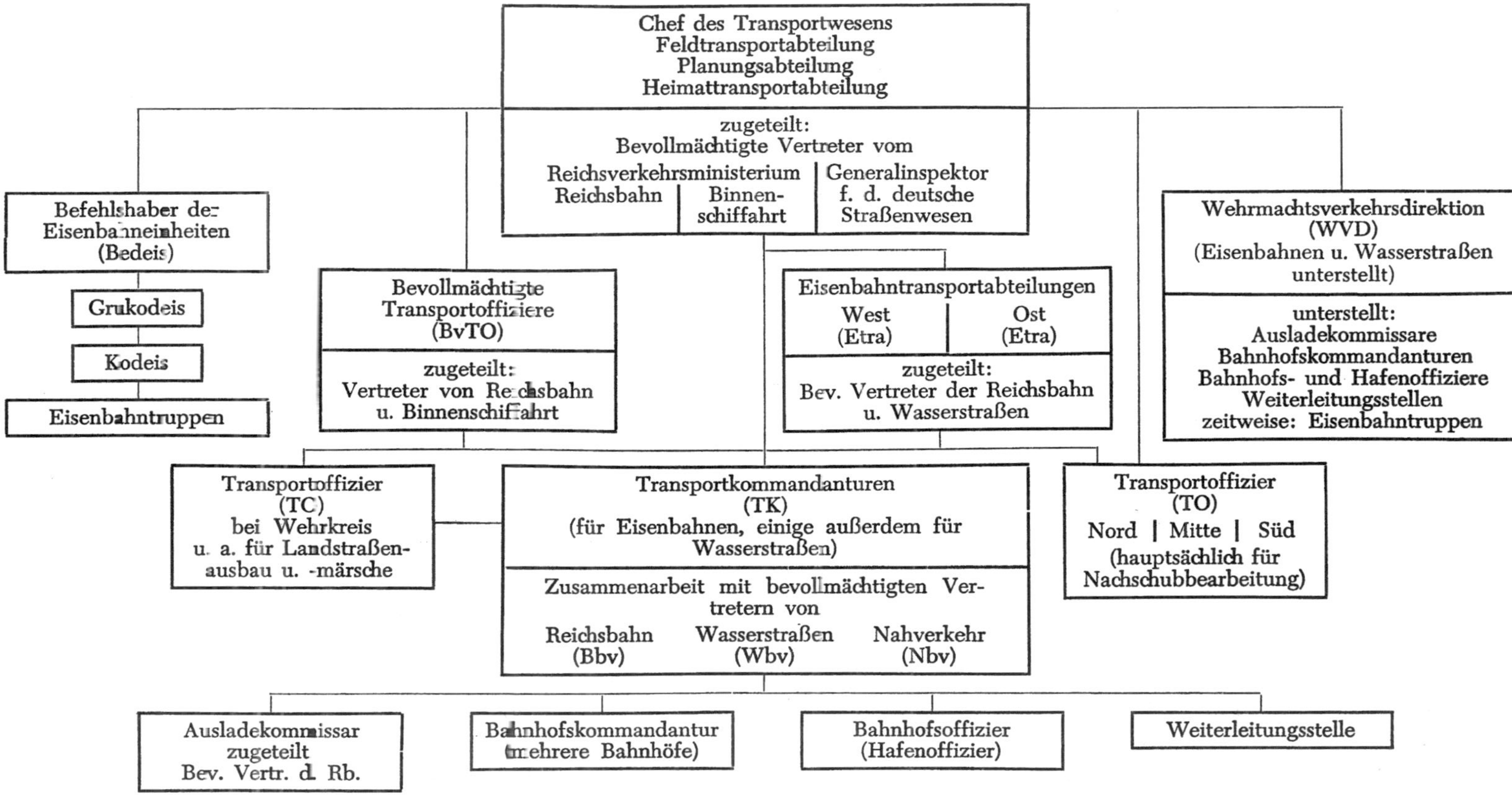

Herausgegeben vom Chef des Transportwesens — Feldtransportabteilung.

Außenstellen des Chefs des Transportwesens (Stand: Anfang 1943)[1]

WTL Mitte Berlin[2]

TK Augsburg
TK Berlin
TK Dresden
TK Erfurt
TK Essen
TK Frankfurt/O
TK Frankfurt/M
TK Halle (Saale)
TK Hamburg
TK Hannover
TK Karlsruhe
TK Kassel
TK Köln
TK Mainz
TK München
TK Münster
TK Nürnberg
TK Saarbrücken
TK Schwerin
TK Stettin
TK Stuttgart
TK Wuppertal

WTL Weichsel Warschau Leitstelle Osten

TK Breslau
TK Danzig
TK Krakau
(Außenstelle Lemberg)
TK Königsberg
(Außenstelle Bialystock)
TK Oppeln
TK Posen
TK Warschau

WTL Ostland Minsk

Gen. Trspw. Nord

TK Riga
Außenstelle Reval
Außenstelle Minsk
FEKdo 4 Pleskau

Gen. Trspw. Mitte

TK Minsk
Außenstelle Smolensk
FEKdo 2 Smolensk

Bev. Gen. Trspw. Südrußland mit eingegliederter WTL Ukraine

Gen. Trspw. A | Gen. Trspw. B

TK Kiew
Außenstelle Woroshba
TK Dnjepropetrowsk
TK Außenstelle Jusowka
Außenstelle Simferopol
TK Rostow

Fekdo 5 Kawkasskaja | Fekdo 3 Charkow

Gen. Trspw. Südost Saloniki

WVD Südost Belgrad
TK Agram
TK Belgrad
Außenstelle Saloniki
Außenstelle Nish

WTL Südost Wien Leitstelle Südost[3]

TK Brünn
TK Budapest
TK Bukarest
TK Odessa
TK Linz
TK Prag
TK Pressburg
TK Regensburg
TK Sofia
TK Villach
TK Wien

Gen. Trspw. Italien[4]

WVD Italien Bologna
TK Bologna
TK Mailand
TK Rom
TK Triest

Gen. Trspw. West[5] — Außenstelle Felber

WTL Paris

TK Bordeaux
TK Brüssel
TK Lille
TK Nancy
TK Paris
TK Paris Ost
TK Paris Süd
TK Paris West
TK Utrecht
TK Lyon
TK Toulouse

S e l b s t ä n d i g e T r a n s p o r t d i e n s t s t e l l e n:

Im Norden: Deutscher Transportbevollmächtigter Finnland in Helsinki, T. O. beim Wehrmachtsbefehlshaber Norwegen in Oslo mit T. K. Oslo, T. K. Kopenhagen und Außenstelle Aarhus der T. K. Kopenhagen für Jütland- und Fünentransporte

Im Süden: Bv. T. O. Rom

A n m e r k u n g e n:

[1] Dargestellt und zeitlich ergänzt nach einer von der Feldtransportabteilung herausgegebenen Übersicht, in: Unterlagensammlung des Verfassers.

[2] Im Herbst 1944 Leitstelle Mitte in Berlin für alle Fronten eingerichtet.

[3] Im Herbst 1943 eingerichtet.

[4] Ab 9. 9. 1943.

[5] Im Frühjahr 1944 Leitstelle Westen eingerichtet.

Statistiken

Übersicht

Anmerkungen zu den Statistiken

Allgemeines

Von keinem anderen Verkehrsträger liegen so umfangreiche und detaillierte Statistiken vor wie von der Deutschen Reichsbahn, die ihre wichtigsten Daten in den Geschäftsberichten (Weißbücher) und den statistischen Angaben über die Deutsche Reichsbahn (Blaubücher) veröffentlicht hat. Zur Vereinfachung der Verwaltung im Kriege sind nach Kriegsbeginn zahlreiche statistische Erhebungen ganz oder teilweise eingestellt worden. Die Betriebs- und Verkehrsleistungen wurden noch bis in das Jahr 1945 hinein ermittelt, konnten in den letzten Kriegsmonaten aber nicht mehr zentral erfaßt werden. Letztmalig gab der Reichsverkehrsminister im April 1945 statistische Jahreszahlen über die Deutsche Reichsbahn bis einschl. 1944 den Eisenbahnabteilungen und Unterabteilungen des Reichsverkehrsministeriums bekannt[1].

Aus Gründen der Geheimhaltung wurden die Transportleistungen für die Wehrmacht nicht besonders ausgewiesen[2]. Daher sind auch keine Aussagen möglich, welchen Anteil die Wehrmachttransporte am Gesamtverkehr der Reichsbahn gehabt haben.

Vergleiche über die Nutzleistungen (Nettotonnenkilometer) der Verkehrsträger im Kriege sind mangels entsprechender Zahlen für die Binnenschiffahrt und den Kraftwagentransport nicht möglich. Es liegen nur Angaben über die beförderten Tonnen vor.

Die Gebietsveränderungen in den Jahren 1938 bis 1941 und im Jahre 1944 erschweren Vergleiche sehr. Daher ist bei Gegenüberstellungen für einen längeren Zeitraum Vorsicht geboten. Der Einfluß der Gebietsvergrößerung ließe sich ausschalten, wenn man die Leistungen je Betriebskilometer errechnete. Auch dies ist problematisch, da die Eisenbahnen in den hinzugekommenen Gebieten eine andere Ausrüstung und einen anderen Leistungsstand hatten.

Jedenfalls bestätigen die statistischen Zahlen die Rolle der Deutschen Reichsbahn als wichtigsten Verkehrsträger. Sie zeigen auch, daß die Eisenbahn ihre Leistungen trotz der zunehmenden Feindeinwirkungen bis in das Jahr 1943 hinein beachtlich steigern konnte. Dennoch darf nicht übersehen werden, daß die Transportanforderungen der Wehrmacht und Kriegswirtschaft die erbrachten Leistungen fast immer überstiegen.

Anmerkungen zu 1:

Erst ab 1937 begannen die Gesamtausgaben für die Unterhaltung und Erneuerung der Bahnanlagen und Fahrzeuge stark zu steigen. Ab 1940 nahmen sie dann um ein Mehrfaches zu. Der Unterhaltsaufwand lag stets höher als der Erneuerungsaufwand, wobei auch der Mangel an Baustoffen eine Rolle gespielt hat. Am niedersten waren die Aufwendungen für die Erneuerung der Fahrzeuge. Im Jahre 1943 machten sich bei den Erneuerungsausgaben der Bahnanlagen die Auswirkungen der Zerstörungen durch Luftangriffe bemerkbar.

Anmerkungen zu 2:

Die Entwicklung des Fahrzeugbestandes zwischen 1929 und 1938 entsprach nicht dem starken Verkehrsanstieg. Lokomotiv-, Güter- und Personenwagenbestände hatten

[1] Anlage zum Erlaß: Der Reichsverkehrsminister 4 Aü vom 4. 4. 1945.
[2] Siehe die Fußnoten zu den statistischen Übersichten 3.2, 3.4 und 3.5.

1938 den Stand von 1929 noch nicht erreicht. Die leistungssteigernde Auswirkung der Typenbereinigung bei Lokomotiven und Güterwagen und deren höhere Tragfähigkeit kommen in der Statistik allerdings nicht zum Ausdruck. Der Anteil der elektrischen und Diesellokomotiven blieb weiterhin gering, während die Kleinlokomotiven bemerkenswert zunahmen. 1938 war der Güterwagenpark noch um rd. 70 000 Wagen, d. h. um 10 Prozent kleiner als 1929.

Anmerkungen zu 3:

Die vorliegenden Statistiken nehmen das Jahr 1933, den Beginn des Dritten Reiches, zum Bezugspunkt. Dies führt natürlich zu hohen Steigerungsprozenten. Es ist richtiger, das Jahr 1936 als Ausgangspunkt zu wählen, weil dieses Jahr in der Wirtschaftsgeschichte Deutschlands als Normaljahr anzusehen ist. Eine weitere Verzerrung der Prozentzahlen entsteht, wenn man Zahlenwerte von 1939 und später ohne Rücksicht auf die Gebietsveränderungen mit denen des Jahres 1933 vergleicht, was ebenfalls abwegig ist.

Anmerkung zu 4:

In den Vorkriegsjahren hat die Gesamtwagenstellung von Jahr zu Jahr zugenommen. Erstmalig war im Jahr 1939 ein Rückgang zu verzeichnen, der auf die Einführung des Höchstleistungsfahrplans und auf Winterschwierigkeiten beruhte. In den Jahren 1940 und 1941 entsprach die Wagenstellung etwa der von 1938. Nach einem Rückgang im Jahre 1942, vor allem in der ersten Jahreshälfte, erreichte die Wagenstellung 1943 den höchsten Stand im Kriege. 1944 begann sie dann merkbar abzusinken. In den Monatszahlen kommen die Auswirkungen der Winterschwierigkeiten und Folgen militärischer Ereignisse ebenso deutlich zum Ausdruck wie die Sondermaßnahmen zur Beschleunigung des Wagenumlaufes.

Anmerkungen zu 5:

Eine Gegenüberstellung der Nutzleistungen (Nettotonnenkilometer) der Hauptverkehrsträger Reichsbahn, Binnenschiffahrt und Kraftwagen ist nur für die Jahre 1937 und 1938 möglich. In den späteren Jahren wurden die Nettotonnenkilometer nicht mehr ermittelt. Die Nettotonnenkilometer der Deutschen Reichsbahn in 3.5 beziehen sich auf alle Züge. Über die beförderten Tonnen liegen Vergleichszahlen vor.

Anmerkungen zu 6:

Der Netzumfang in den besetzten russischen Gebieten betrug rd. 45 Prozent des Reichsbahnnetzes von 1943. Durchschnittlich waren 17 Prozent des Eisenbahnpersonals Deutsche, bei den Feldeisenbahnkommandos betrug der Anteil 25,8 Prozent. Den niedrigsten Anteil an deutschem Personal hatte die Ostbahn.

Anmerkungen zu 7:

Diese Zusammenstellung von Mineis (L) beim Transportchef ist die einzige Jahresstatistik über die Partisanenanschläge auf die Eisenbahnen im besetzten Osten. Der Umfang und die Auswirkungen der Anschläge bei den Reichsverkehrsdirektionen ist verhältnismäßig größer als bei den räumlich kleineren Feldeisenbahnkommandos. Die Zahlen über die materiellen Auswirkungen sowie über die Strecken- und Gleissperrungen belegen auch ohne Kommentar in eindrucksvoller Weise die Wirksamkeit des Partisanenkrieges auf den Eisenbahnbetrieb.

Anmerkungen zu 8:

Die Statistiken des Internationalen Eisenbahnverbandes (UIC) und die der Deutschen Reichsbahn sind nicht kongruent, da ihre Werte nach verschiedenen Richtlinien (Merkmalen) ermittelt werden. Dieser Auszug aus der Statistik des Internationalen Eisenbahnverbandes gibt einen hinreichenden Überblick über die Größe der Ausstattung und der Verkehrsleistungen der vom Zweiten Weltkrieg betroffenen Eisenbahnen.

1 Unterhaltungs- und Erneuerungsaufwand der Reichsbahn für die Bahnanlagen und Fahrzeuge in Mio DM

Jahr	Unterhaltung Bahnanlagen	Unterhaltung Fahrzeuge	Erneuerung Bahnanlagen	Erneuerung Fahrzeuge	Summe
1929	344	497	402	254	1 497
1930	569	520	413	181	1 683
1931	496	411	352	128	1 387
1932	421	324	325	81	1 151
1933	466	333	316	92	1 207
1934	487	419	296	131	1 333
1935	472	424	286	150	1 332
1936	481	435	314	141	1 371
1937	559	445	567	224	1 795
1938	670	569	575	260	2 074
1939	731	630	492	333	2 186
1940	1 039	787	1 275	420	3 521
1941	1 251	924	1 243	661	4 079
1942	1 400	1 054	1 415	711	4 580
1943	1 685	1 292	2 435	868	6 280

Quelle: Geschäftsberichte der Deutschen Reichsbahn.

2 Entwicklung des Fahrzeugbestandes bei der Deutschen Reichsbahn

	1929	1932	1935	1937	1938[2])	1938[3])
Lokomotiven[1])	24 089	21 489	21 656	21 838	25 209	22 133
davon Dampf	23 698	21 002	20 176	20 166	23 188	
„ Diesel	3	2	3	2	6	
„ Ellok	388	400	484	543	812	
„ Kleinlok	—	85	993	1 127	1 203	
Personenwagen[1])	63 641	64 413	60 343	60 629	68 942	61 309
Güterwagen[1])	647 530	626 948	580 148	574 996	650 229	577 060[4])
Gepäckwagen[1])	20 990	21 063	20 303	19 969	22 028	
Bahndienstwagen	13 218	14 567	16 449	18 092	19 910	

[1] Jeweils am Jahresende.
[2] Angaben für Altreich, Sudetenland und Ostmark.
[3] Angaben für Altreich: Die Reichsbahn, Jg. 1939, S. 331.
[4] Ohne Bahndienstwagen.

Quelle: Statistische Angaben über die Deutsche Reichsbahn (Blaubücher).

3 Zahlen von der Reichsbahn und anderen Verkehrsmitteln in den Jahren 1933—1945[1]

Inhalt

1. Fahrzeugbestände von Schienenbahnen, Kraftverkehr und Binnenschiffahrt
2. Verkehrsleistungen der Schienenbahnen, des Kraftverkehrs und der Binnenschiffahrt
3. Betriebslänge und Fahrzeugbestand bei der Reichsbahn am Jahresende
4. Entwicklung des Reichsbahn-Personenverkehrs
5. Entwicklung des Reichsbahn-Güterverkehrs
6. Entwicklung der im arbeitstäglichen Durchschnitt bei der Reichsbahn gestellten Güterwagen
7. Ablieferung der fertiggestellten neuen Fahrzeuge für die Deutsche Reichsbahn (in Stückzahlen)

Die Zahlenangaben über die Reichsbahn umfassen — falls nicht durch Fußnoten auf Abweichungen hingewiesen wird — den Wehrmachtsverkehr und beziehen sich auf das von der Reichsbahn betriebene Bahnnetz innerhalb des Reichsgebietes ohne Protektorat und Generalgouvernement in folgendem Umfang:

1938	des Altreiches, der Alpen- und Donau-Reichsgaue und des Sudetenlandes	
1939	wie 1938	zuzüglich des Memellandes
1940	wie 1939	zuzüglich der eingegliederten Ostgebiete, Eupen, Malmedy und Moresnet, Elsaß, Lothringen und Luxemburg
1941	wie 1940,	mithin ohne Untersteiermark, Oberkrain und Bialystok
1942	wie 1941	zuzüglich der Untersteiermark, Oberkrain und Bialystok
1943	wie 1942	
1944	wie 1943,	ohne Bialystok ab Oktober und ohne Elsaß und Lothringen ab November 1944
1944	vorläufige Zahlen soweit nicht anders vermerkt	

Wo Zahlen fehlen, bedeutet ——, daß die Zahlen nicht mehr ermittelt werden.

[1] Quelle: Erlaß: Der Reichsverkehrsminister 4 Aü vom 31. März 1945. Abschrift in Unterlagensammlung des Verfassers.

3.1 Fahrzeugbestände von Schienenbahnen, Kraftverkehr und Binnenschiffahrt 1933—1944

1	2	3	4	5	6	7	8	9	10	11
	Schienenbahnen						Kraftwagen (Stück)[6]		Binnenschiffahrt	
	Lokomotiven			Güterwagen						
Jahr	DR	Privatbahnen	Nebenbahnähnl. Kleinbahnen	DR (einschl.) Dienstgüter- u. Bahn-Dienstwagen	Privatbahnen	Nebenbahnähnl. Kleinbahnen	Lastkraftwagen	Zugmaschinen	Schiffsbestand in Stück	Tragfähigkeit in Mio. t
1933	20 669	890	1 299	622 408	12 008	15 214	174 000	29 000	17 833	6,44
1934	21 105	884	1 294	594 128	12 004	15 548	192 000	32 000	17 726	6,38
1935	21 656	877	1 253	596 597	11 931	15 604	244 000	36 000	17 714	6,38
1936	21 792	876	1 245	595 360	11 817	15 512	271 000	47 000	17 863	6,42
1937	21 838	907	1 193	593 088	11 681	15 082	322 000	61 000	17 881	6,45
1938	25 183	748	1 200[2])	650 229	9 734	15 080[2])	383 000	55 000	17 757	6,47
1939	25 889	906	1 222[2])	660 546	12 145	15 862[2])	430 000	82 000	17 735	6,53
1940[1])	28 586	932	1 279	779 641	12 238	17 528	267 000	91 000	18 595	6,97
1941	30 011	905	1 290	824 185	12 421	17 886	404 550[3])	144 490[3])	19 290	7,30
1942	32 243	—	—	885 906	—	—	389 943[7])	152 241[7])	—	—
1943	36 329	—	—	973 045	—	—	—	—	—	—
1944	40 295[4])	—	—	987 864[5])	—	—	—	—	—	—

[1] Ohne Elsaß, Lothringen und Luxemburg.
[2] Altreich.
[3] Stand am 1. Oktober 1941.
[4] Stand am 31. August 1944.
[5] Stand am 30. Juni 1944.
[6] Quelle für Jahre 1933—1939: „Tatsachen und Zahlen" 1938 S 18/19, Reichsverband der Automobil-Industrie.
Quelle für Jahre 1940—1941: Statistisches Reichsamt, bewinkelte Lastkraftwagen und zugelassene Zugmaschinen.
Quelle für Jahr 1942: Übersicht des Statistischen Reichsamts — Sammelstelle für Nachrichten über Kraftfahrzeuge.
[7] Stand am 30. Juni 1942.

3.2 Verkehrsleistungen der Schienenbahnen, des Kraftverkehrs und der Binnenschiffahrt 1933—1944
Beförderte Tonnen in Mio

1	2	3	4	5	6	7	8	9	10	11	12
	Schienenbahnen				Kraftwagen						Summe
Jahr	DR öffentl. und Dienst. gut	Privat-Bahnen	Neben-bahn-ähnl. Klein-bahnen	Straßen-bahnen und Bahnen bes. Bauart	Insgesamt[2]	Gesamtverkehr der DR	Privater Güterverkehr: RKB[3]	Privater Güterverkehr: Werk-fern-verkehr	Gesamt-verkehr	Binnen-schiff-fahrt	Schienen-bahnen und Binnen-schiffahrt (Sp. 6+11)
1933	308,1	30,1	28,1	0,8	367,1	0,9	—	—	—	78,2	445,3
1934	365,6	37,1	35,0	1,0	439,7	3,0	—	—	—	94,9	533,6
1935	408,0	40,5	38,4	1,3	488,2	4,7	—	—	5,5	101,4	589,6
1936	452,4	44,4	41,9	1,2	539,9	4,4	—	—	7,0	116,1	656,0
1937	499,0	48,3	44,4	1,3	593,0	4,3	8,88	5,3	18,48	133,1	726,1
1938	547,0	54,5	46,5	1,0	649,0	4,6	10,43	6,8	21,83	136,1	785,1
1939[1])	563,8	56,5	46,9	1,3	668,5	4,9	11,23	—	—	126,9	795,4
1940[1])	619,0	64,1	55,5	1,3	739,9	4,6	6,50	—	—	89,7	829,6
1941[1])	656,1	54,9	60,0	1,3	772,3	4,6	6,34	—	—	112,7	885,0
1942[1])	643,8	55,0	65,0	1,3	765,1	4,2	—	—	—	98,5	863,6
1943[1])	675,1	57,0	65,0	1,3	799,7	4,5	—	—	—	82,0	881,7
1944[1])	625,0	52,0	57,7	—	—	—	—	—	—	—	—

[1] Ohne Wehrmachtverkehr ab Oktober 1939.
[2] Der Wechselverkehr zwischen den einzelnen Bahnunternehmen ist doppelt erfaßt.
[3] Reichs-Kraftwagen-Betriebsverband.

3.4 Entwicklung des Reichsbahn-Personenverkehrs

1	2			3			4			5		
	Beförd. Personen			Personenkilometer			Zugkilometer			Achskilometer		
Jahr	Mio.	1933 = 100%		Mia. km	1933 = 100%		Mio. km	1933 = 100%		Mia. km	1933 = 100%	
1933	1 240	100		30,1	100		423	100		8,7	100	
1934	1 360	110		34,8	116		448	106		9,3	107	
1935	1 489	120		39,5	131		486	115		10,0	115	
1936	1 611	130	100	43,5	145	100	506	120	100	10,3	118	100
1937	1 808	146	112	50,1	166	116	526	124	104	11,1	128	107
1938	2 042	165	127	59,0	196	136	613	145	121	13,0	149	126
1939	2 212[1])	178	132	61,9[1])	206	142	568	134	112	13,1	151	127
1940	2 253	182	158	55,4	184	127	474	112	94	12,6	145	122
1941	2 655[2])	214	165	69,4[2])	231	159	520	123	102	14,0	161	136
1942	3 094	250	193	85,9	285	197	486	115	96	13,7	157	133
1943	3 539	285	219	107,3	356	245	514	122	101	15,2	175	147
1944	3 706[3])	299	231	112,3[3])	373	258	491[4])	116	97	14,4[4])	166	140

[1] Einschl. eingegliederte Ostgebiete.
[2] Einschl. Untersteiermark, Oberkrain u. Bialystok.
[3] Voraussichtliches Ergebnis.
[4] Endgültige Zahlen.

Anm.: Beförderte Personen, Personenkm ohne Wehrmachtverkehr, Zug- u. Achskm einschl. der Züge mit Wehrmachtzugteil (Zg. 14, 24 u. 34) sowie der Schnellzüge für Fronturlauber u. Heimattruppen (Zg. 32 u. 33); Zg. = Zuggattung.

3.3 Betriebslänge und Fahrzeugbestand bei der Reichsbahn am Jahresende

Jahr	Betriebslänge			Eigentumsbestand an: Dampflok			Triebwagen			Personenwagen			Güterwg. (einschl. Dienstgüter- und Bahndienstwagen		
	am Jahresende	1933 = 100%		am Jahresende	1933 = 100%		am Jahresende	1933 = 100%		am Jahresende	1933 = 100%		am Jahresende	1933 = 100%	
1933	53 891	100		20 030	100		1 334	100		61 328	100		622 408	100	
1934	53 946	100		19 887	99		1 384	104		59 925	98		594 128	95	
1935	54 365	101		20 176	101		1 561	117		60 343	98		596 597	95	
1936	54 491	101	100	20 187	101	100	1 688	127	100	60 339	98	100	595 360	96	100
1937	54 556	101	100	20 166	101	100	1 762	132	104	60 629	99	100	593 088	95	99
1938	64 051	119	118	23 162	116	115	2 170	163	128	68 942	112	114	650 229	104	109
1939	72 656[1])	135	133	23 826	119	118	2 306	173	143	68 462	112	114	660 546	106	111
1940	75 553	140	139	26 481[2])	132	131	2 479[2])	186	146	70 443[2])	115	117	779 641[2])	128	131
1941	78 257[3])	145	144	27 859	139	138	2 572	193	152	70 529	115	117	824 185	132	138
1942	78 730	146	144	30 035	150	149	2 569	193	153	72 448	118	120	885 908	142	150
1943	78 879	146	144	33 982	170	168	2 519	189	149	71 018	116	117	973 045	156	180
1944	75 763	141	139	37 810[4])	189	187	2 431[5])	182	144	70 400[5])	115	117	987 864[6])	159	166

[1] Einschl. eingegliederte Ostgebiete.
[2] Ohne Elsaß, Lothringen u. Luxemburg.
[3] Einschl. Untersteiermark, Oberkrain u. Bialystok.
[4] Stand am 31. 8. 1944.
[5] Stand am 30. 9. 1944.
[6] Stand am 30. 6. 1944.

3.5 Entwicklung des Reichsbahn-Güterverkehrs

1	2			3			4			5		
Jahr	Beförderte Mengen			Nettotonnen-kilometer			Zugkilometer			Achskilometer		
	Mio. t	1933 = 100%		Mia. tkm	1933 = 100%		Mio. km	1933 = 100%		Mia.	1933 = 100%	
1933	308	100		47,8	100		203	100		13,8	100	
1934	366	119		57,0	119		226	111		16,3	118	
1935	408	132		63,5	133		248	122		17,8	129	
1936	452	147	100	70,7	148	100	266	131	100	19,5	141	100
1937	499	162	108	79,8	167	113	297	146	112	22,0	159	113
1938	547	178	121	92,8	194	131	347	171	130	24,4	177	130
1939	564[1])	183	125	—	—	—	377	186	141	28,0	203	145
1940	619	201	135	—	—	—	448	221	168	34,6	251	177
1941	656[2])	213	145	—	—	—	499	246	187	39,2	284	201
1942	644	209	142	—	—	—	489	241	184	38,0	275	195
1943	675	219	149	—	—	—	518	255	198	40,1	288	205
1944	625[3])	203	138	—	—	—	470[4])	232	176	35,6[4])	258	182

[1] Einschl. eingegliederte Ostgebiete.
[2] Einschl. Untersteiermark, Oberkrain u. Bialystok.
[3] Voraussichtliches Ergebnis.
[4] Endgültige Zahlen.

Anm.: Beförderte Mengen ohne den Wehrmachtverkehr; Zug- u. Achskm einschl. Wehrmachtzüge (Zg. 69).

3.6 Entwicklung der im arbeitstäglichen Durchschnitt bei der Reichsbahn gestellten Güterwagen

1	2	3			4			5		
Jahr	Zahl der Arbeits-tage	O-Wagen-Stellung			G-Wagen-Stellung			Wagenstellung insgesamt		
		Wagen (Stück)	%	%	Wagen (Stück)	%	%	Wagen (Stück)	%	%
1933	303,1	37 684	100		53 193	100		104 926	100	
1934	303,3	44 076	117		56 344	106		117 488	112	
1935	303,4	49 507	131		57 349	108		124 314	118	
1936	304,7	55 075	146	100	60 804	114	100	135,200	129	100
1937	304,7	61 837	164	112	63 932	120	105	146 720	140	109
1938	305,8	65 899	175	119	66 657	125	109	154 526	147	115
1939	303,8	66 099	175	120	63 860	120	105	151 868	145	112
1940	308,5	72 526	192	131	57 043	107	93	152 747	146	113
1941	306,9	76 494	203	139	54 682	103	90	153 679	146	114
1942	307,0	76 139	202	139	51 782	97	85	147 732	141	109
1943	307.0	80 425	213	146	55 807	105	92	158 352	151	117
1944[1])	306,0	71 639	190	130	48 437	91	79	141 501	135	105

[1] Endgültige Zahlen.

3.7 Ablieferung der fertiggestellten neuen Fahrzeuge für die Deutsche Reichsbahn
(in Stückzahlen)
(Ausgang aus den Fahrzeugbauanstalten)

1	2		3		4		5		6
im	Dampflokomotiven im		Elektr. Lokomotiven im		Personenwagen im		Güterwagen im		Bemerkungen
	einzelnen	ganzen	einzelnen	ganzen	einzelnen	ganzen	einzelnen	ganzen	
Jahr 1940		979		44		673		24 546	
Jahr 1941		1 393		37		73		43 074	
Jahr 1942		2 159		61		188		43 119	
Jahr 1943		4 533		70		327		51 969	
1944									
Januar	354	—	2	—	10	—	3 470	—	
Februar	326	680	1	3	4	14	4 262	7 732	
März	318	998	—	3	11	25	3 583	11 315	
April	295	1 293	1	4	6	31	3 012	14 327	
Mai	260	1 553	1	5	24	55	3 060	17 387	
Juni	255	1 008	7	12	27	82	3 726	21 113	
Juli	258	2 066	2	14	29	111	3 034	24 147	
August	314	2 380	2	16	28	139	3 118	27 265	
September	264	2 644	2	18	18	157	2 320	29 585	
Oktober	188	2 832	1	19	24	181	1 524	31 109	
November	143	2 975	1	20	45	226	1 889	32 998	
Dezember	88	3 063	1	21	30	256	1 727	34 725	
1945									
Januar	40	—	—	—	112[1]	—	1 135	—	[1] Einschl. 87 Mci

4 Monatliche Wagenstellung der Deutschen Reichsbahn in Millionen

Jahr	Gesamtwagenstellung	I	II	III	IV	V	VI	VII	VIII	IX	X	XI	XII
1937	44 705 658 (Altreich)	3.16	3.14	3.52	3.78	3.37	3.76	3.95	3.84	3.98	4.21	4.12	3.87
1938	47 230 223 (Altreich)	3.35	3.37	3.99	3.59	3.81	3.76	4.00	4.11	3.75	3.88	3.94	3.60
1939	46 137 625[1])	3.99	3.85	4.40	3.69	4.08	4.36	4.35	3.94	3.10	3.45	3.60	3.12
1940	47 122 508[2])	2.93	2.98	3.47	3.94	3.75	3.91	4.36	4.47	4.21	4.63	4.52	3.76
1941	47 164 178[2])	3.40	3.49	3.62	3.61	3.78	3.74	4.17	4.10	4.10	4.22	3.84	3.77
1942	45 353 675	3.11	2.66	3.23	3.40	3.81	3.93	4.49	4.12	4.32	4.38	4.03	4.02
1943	48 614 078	3.61	3.63	4.34	4.21	4.31	4.24	4.43	4.15	4.05	4.14	3.81	3.67
1944[3])	43 300 000	3.78	3.63	3.98	3.82	3.98	4.00	3.96	3.92	3.45	3.23	2.96	2.85

[1] Ohne eingegliederte Ostgebiete.
[2] Mit Elsaß-Lothringen u. Luxemburg.
[3] Nach Wehde-Textor (2), S. 28.
Quelle: Statistische Angaben über die Deutsche Reichsbahn (Blaubücher).

5 Nutzleistungen (Nettotonnenkilometer) der Reichsbahn, der Binnenschiffahrt und des Kraftwagens in den Jahren 1937 und 1938 in Mia

Jahr	Reichsbahn	%	Binnenschiffahrt[1])	%	Kraftwagen[2])	%
1937	88.5	74	29.2	23.4	3.2	2.6
1938	94.9 (Altreich)	74	29.5	23	4.0	3

[1] Statistik des Deutschen Reiches. Die Binnenschiffahrt.
[2] Vierteljahreshefte zur Statistik des Deutschen Reiches.

6 Statistische Angaben über die Eisenbahnen im besetzten Osten *)
Stand 1. 1. 1943

1	2	3	4	5	6	7	8	9	10	11	12	13	14	15	16	17	18
		RVD Riga	Fekdo 4 Pleskau	RVD Minsk	Fekdo 2 Smolensk	RVD Kiew	RVD Dnjepro	Fekdo 3 Char-kow	RVD Rostow	Fekdo 5 Kawkasskaja	alle RVD'en	alle Fekdo's	RVD'en + Fekdo's	Reich	Gedob 31.12.42	Reich + Gedob	Reich + Gedob + bes. Osten
1	Gesamtfläche km²	176 700	61 000	236 800	30 000	260 000	197 500	109 400	32 500	102 800	903 300	353 200	1 256 500	857 000 1.7.39	142 113	729 113	1 985 613
2	Betriebene Strecken in km einschl. Schmalspurbahnen	7 162	1 219	5 707	2 039	7 440	5 779	2 523	892	1 525	26 980	7 999	34 979	78 675	7 111	85 788	120 795
3	Personalstand	72 440	25 964	81 486	36 964	136 418	144 831	58 415	25 894	35 043	461 069	154 386	615 455	1 415 869 Nov. 42	128 379	1 544 248	2 159 703
4	davon Deutsche %	5 431 7,5	8 736 33,5	20 344 25,0	11 388 30,6	15 927 11,8	18 769 13,0	10 283 17,5	4 698 18,3	9 323 26,6	65 169 14,5	39 730 25,8	104 899 17,0		7 000 5,5		
5	Lokomotivbestand (betriebsfähig)	667	206	723	261	1 016	875	440	169	314	3 450	1 221	4 671	28 630	2 088	30 718	35 389
6	Tägl. Wagenstellung	2 268	1 023	1 771	1 599	1 747	2 634	816	342	812	8 762	4 250	13 012	157 572 1.1.43	3 625	161 197	174 208

* Auszug aus: GVD Osten KDS 116 Aü in Unterlagensammlung der Deutschen Bundesbahn in Nürnberg.

7 Auswirkung der Bandenanschläge auf die Eisenbahnen im besetzten Osten
Jahreszusammenstellung 1943

Mineis (L) beim Transportchef

den 25. Februar 1944
Geheim

Bezirk	Zahl der Anschläge	Tote				Verletzte				Beschädigte			Streckensperrungen				Gleissperrungen (nur 1 Gl. b. 2-gleis. Strecken)			
		Zusammen	davon Wehrmacht	davon Dtsch. Eisenbahner	davon Einheim. Bedienstete	Zusammen	davon Wehrmacht	davon Dtsch. Eisenbahner	davon Einheim. Bedienstete	Lok	Wagen	Brücken	Zusammen	davon mit einer Sperrdauer bis 12 Std.	über 12 bis 24 Std.	über 24 Std.	Zusammen	davon mit einer Sperrdauer bis 24 Std.	über 12 bis 24 Std.	über 24 Std.
Fekdo 4	911	47	32	15	-	263	166	96	1	324	1 031	66	659	499	134	26	234	207	25	2
Fekdo 2	620	29	20	6	3	145	95	45	5	183	511	3	413	356	50	7	283	239	37	7
Fekdo 3	71	9	8	-	1	34	32	-	2	21	67	10	44	31	6	7	2	2	-	-
Summe A	1 602	85	60	21	4	442	293	141	8	528	1 609	79	1 116	886	190	40	519	448	62	9
RVD Riga	1 049	79	30	3	46	279	149	36	94	347	1 129	54	556	384	140	32	507	414	81	12
RVD Minsk	8 911	829	642	68	119	2 808	1 790	779	239	2 914	10 881	367	7 689	5 969	1 391	329	3 616	3 180	374	62
RVD Kiew	3 422	564	296	93	175	1 302	731	301	270	1 427	5 444	125	2 206	1 819	307	80	1 134	1 004	118	12
RVD Dnepro**	179	32	27	5	-	50	42	3	5	40	105	1	108	94	12	2	6	6	-	-
Summe B	13 561	1 504	995	169	340	4 439	2 712	1 119	608	4 728	17 559	557	10 559	8 266	1 850	443	5 263	4 604	573	86
Gesamtsumme	15 163	1 589	1 055	190	344	4 881	3 005	1 260	616	5 256 ×	19 168 ××	636	11 675	9 152	2 040	483	5 782	5 052	635	95
Monatsdurchschnitt	1 264	132				406				438	1 597		973				482			

Verteiler:
Trsp. Chef, F. Abt. (mit 3 Nebenabdrucken).
Pl. Abt. (mit 2 Nebenabdrucken).
VO des Trsp. Chefs bei OKW/WFSt.
Mineis (L) Berlin, Mineis (L) beim Transportchef (mit 3 Vorrat).

* F. E. Kdo. 3 nur 3 Monate (Juni—August).
** Dnepro November und Dezember keine Meldung.

Außerdem im Zeitraum August—Dezember 1943
16 001 Minen ausgebaut,
60 563 Schienensprengungen beabsichtigt.

× davon 1 230 Lok schwer beschädigt.
×× davon 1 316 Wagen total beschädigt.

Quelle: Unterlagensammlung des Verfassers.

8 Statistische Angaben über Eisenbahnen Europas vor dem Zweiten Weltkrieg

Land	Streckenlänge 1.1 eingl. Sp 4—9	Streckenlänge 1.1 zweigl. Sp 5—10	Streckenlänge 1.1 insges. Sp 14	Streckenlänge 1.1 Betriebslänge Sp 15	Lokomotiven 1.2 Gleislänge Sp 18	Lokomotiven 1.2 insges. Sp 25	Lokomotiven 1.2 pro km Betriebslänge Sp 26	Personenwagen 1.3 insges. Sp 18	Personenwagen 1.3 pro km Betriebslänge Sp 14	Güterwagen 1.3 insges. Sp 42	Güterwagen 1.3 pro km Betriebslänge Sp 45	Güterverkehr 2.3 Nettotonnenkilometer in Mio [3] Sp 21	Personalstand 4.1 insges.[3] Sp 4	Personalstand 4.1 pro km Betriebslänge Sp 14
Deutschland	30 611	22 383	53 648	53 598	122 759	20 482	0,38	187 172	1,23	570 595	10,73	79 757	703 546	12,92
Österreich	3 998	1 446	5 456	5 363	10 615[1]	2 040	0,38	5 724	1,07	32 136	5,99	4 151[2]	56 903	9,79
Belgien	2 009	2 809	4 832	4 847	13 583	3 525	0,73	7 248	1,50	101 800	21,00	6 353	81 279	16,77
Niederlande	1 657	1 685	3 342	3 367	7 227	1 086	0,32	2 236	0,66	27 226	8,09		31 054	9,22
Luxemburg	160	21	181	181	304	66	0,36	108	0,59	2 343	12,94	159	1 952	10,78
Frankreich	20 738	20 533	41 768	41 640	88 298	18 636	0,45	31 590	0,76	482 757	11,59	36 562	499 597	12,00
Ungarn	6 771	873	7 647	7 823	11 476	1 832	0,24	3 781	0,48	40 072	5,12	2 962	53 672	6,86
Jugoslawien	6 705	599	7 304	7 252	9 987	1 648	0,23	2 953	0,41	42 556	5,87	3 187	74 158	7,86
Rumänien	10 296	316	10 612	10 589	14 730	3 374	0,32	3 512	0,33	53 919	5,09	5 761	84 500	7,51
Bulgarien	2 910	-	2 910	2 828	3 717	480	0,17	592	0,21	9 500	3,36	984	16 176	5,72
Griechenland	1 440	-	1 440	1 444	1 651	166	0,11	350	0,24	4 602	3,19	195	6 363	4,41
Dänemark	1 825	549	2 387	2 398	4 422	605	0,25	1 944	0,79	11 502	4,66	627	20 316	7,92
Norwegen	2 906	48	2 954	2 933	3 552	436	0,15	868	0,30	9 319	3,18	747	16 285	4,47
Tschechoslowakei	11 032	1 949	12 985	13 236	20 992	4 086	0,31	9 757	0,74	93 223	7,04	10 871	157 964	11,66
Polen	12 879	5 484	18 363	18 102	35 199	5 187	0,29	8 800	0,49	153 394	8,47	22 069	181 955	10,05
Litauen	1 084	131	1 215	1 215	1 821	160	0,13	240	0,20	3 812	3,14	300	6 841	5,63
Estland	761	11	772	732	1 234	103	0,14	300	0,39	3 488	4,58	237	8 504	5,93
Lettland	2 312	43	2 355	2 332	3 310	214	0,09	629	0,27	4 654	2,00	597	14 030	4,42
U.d.S.S.R.					Keine Angaben							205 746[4]	2 155 815[5]	14,21
Finnland	5 284	205	5 489	5 536	7 703	738	0,13	970	0,18	23 768	4,29	2 712	27 723	5,01

[1] Voll- und Schmalspur.
[2] nur öffentlicher Verkehr.
[3] zum Teil mit Schmalspur.
[4] Geschäftsjahr 1934.
[5] Geschäftsjahr 1935.

Luxemburg — nur Prinz-Heinrich Bahnen (Wilhelm Luxemburg Bahnen bei Elsaß-Lothringen).
Tschechoslowakei — Staatsbahnen und staatlich betriebene Privatbahnen.
Estland — Breit- und Vollspur.

Quelle: Internationale Eisenbahnstatistik für das Geschäftsjahr 1937. — Herausgegeben vom Generalsekretariat des Internationalen Eisenbahnverbandes (UIC) Paris.

Dokumente

1. Schreiben des Militärischen Mitgliedes der Transportkommission für Eisenbahn Az. 43 n 40 5. Abt. (IVb) Gen. St. d. H. Nr. 126/37 gKdos vom 5. 2. 1937 an das Eisenbahntechnische Mitglied (HV) der Transportkommission für Eisenbahn, betr. Sicherung und Sperrung der Rheinbrücken.
2. Befehl des Chefs des Transportwesens Feldtransportabteilung Az. 43 e (Ib) Nr. 2751.40 vom 16. 4. 1940, betr. Annahmesperre für Wehrmachtgut.
3. Befehl des Transportchefs des Generalstabes des Heeres Az. 10 k 10/2 Pl. Abt. (1) 1. St. Nr. 01273.41 vom 6. 9. 1941, betr. die Organisation des Chefs des Transportwesens für die besetzten Ostgebiete.
4. Einsatz von Sonderbeauftragten bei den Haupteisenbahndirektionen in der Winterkrise 1941, Fernschreiben des Chefs des Transportwesens vom 26. 12. 1941.
5. Erlaß des Reichsverkehrsministers 2 Arl(o) vom 13. 1. 1942, betr. Übernahme von Eisenbahnen im besetzten Ostraum durch den Reichsverkehrsminister.
6. Erlaß des Reichsverkehrsministers 2 Arl(W) vom 13. 6. 1942, betr. Übernahme der Eisenbahnen in den besetzten französischen Gebieten und Belgien.
7. Anordnung des Reichsmarschalls des Großdeutschen Reiches und Beauftragten für den Vierjahresplan vom 31. 5. 1942 über die Beschleunigung des Transportmittelumlaufes.
8. Erlaß des Reichsverkehrsministers 10 Vgba 255/K 41 15 553 vom 3. 6. 1942, betr. Anordnung zur Beschleunigung des Transportmittelumlaufes.
9. Befehl der Heimattransportabteilung des Chefs des Transportwesens Az. 43 m 24 (Ib) Nr. 5160.42 vom 17. 6. 1942, betr. Beschleunigung des Wagenumlaufes.
10. Befehl des Oberkommandos des Heeres Az. 43 a/T WFSt/Org(I) Nr. 2698/42/Az. 43 f 18 Ib Ch. d. Trspw. Nr. 5333.42 vom 28. 6. 1942, betr. Leistungssteigerung im Güterverkehr der Wehrmacht.
11. Auszug aus Verfügung der Zweigstelle Osten des RVM 20 Lg/Bmt 47 vom 2. 10. 1942, betr. Zugverteiler.
12. Erlaß RVM L 2 g/Bmarm 47(o) vom 12. 10. 1943, betr. Dienstanweisung für eine Leitstelle und einen Bevollmächtigten der Reichsbahn (BvRb) bei einer Wehrmachttransportleitung.
13. Richtlinien für den Einsatz eines Feldeisenbahnkommandos aufgestellt vom Feldeisenbahnkommando 5 (o. D.) etwa 1942.
14. Befehl des Chefs des Transportwesens über die militärische Ausbildung der Sonderführer im Offiziersrang, ihre Beförderung zu militärischen Dienstgraden und Übernahme in die Offizierslaufbahn, bekanntgegeben durch das Feldeisenbahnkommando 3 am 20. 12. 1942.

15. Erlaß RVM L 2 g Rs/Bm Berv 139(o) vom 25. 9. 1944, betr. Kennzeichnung der Kombattanten.
16. Fernschreiben der GVD Warschau 36. 360 GRS/BMAS 7(G) vom 29. 9. 1943, betr. Anforderung von Streckenschutz beim Chef des Transportwesens.
17. Erlaß RVM L 2 g Rs/Bm Berv 139(g) vom 25. 9. 1944, betr. A R L Z - Maßnahmen (Auflockerung, Räumung, Lähmung und Zerstörung).
18. Befehl des Chefs des Transportwesen, Pl. Abt. III Br 0433/45 gKdos vom 29. 3. 1945 zur Zerstörung von Verkehrsanlagen im Reichsgebiet.
19. Aufruf der RBD München vom 12. 5. 1945 zur Wiederherstellung der Bahnanlagen.
20. Wichtige Kriegsmaßnahmen im Eisenbahnverkehr.

Dokument 1

Transportkommission für Eisenbahn
Das Militärische Mitglied
Az: 43 n 40. 5. Abt. (IV b) GenStdH
Nr. 126/37 g Kdos

Berlin W 35, den 5. Febr. 1937

K.Kdos 15 Abdrucke
Prüfnummer 12

An das
Eisenbahntechnische Mitglied (H. V.)
der Transportkommission für Eisenbahn

Betr.: Sicherung und Sperrung der Rheinbrücken

Die Sicherung und Bewachung der Rheinbrücken erfolgt nunmehr in einer Spannungszeit und bei einer Mobilmachung durch die Wehrmacht.

Die Aufstellung des verstärkten Bahnschutzes an diesen Brücken entfällt dabei. Die Wehrmacht veranlaßt auch die Vorbereitung und Durchführung der Sperrung der Rheinbrücken.

Für die in der Anlage aufgeführten Brücken obliegt in einer Übergangszeit, deren Beendigung mitgeteilt wird, diese Aufgabe noch der Deutschen Reichsbahn mit den z. Z. hierfür vorgesehenen Sperrtrupps und den hierfür gegebenen Bestimmungen.

gez. Zorn

1 Anlage

Anlage zu oben

Im Bereich des W. K. VI
Eisenbahnbrücke Köln Süd
Neuß
Duisburg-Hochfeld
Beckernwerth
Wesel

Im Bereich des W. K. XII
Eisenbahnbrücke Remagen

Quelle: Militärarchiv Freiburg i. Br., H 12/222.

Dokument 2

Abschrift

Der Chef des Transportwesens
Feldtransportabteilung
Az. 43 e (I B) Nr. 2751.40

H Qu, den 16. 4. 1940

An
Verteiler A

Betreff: Annahmesperren für Wehrmachtgut

In letzter Zeit hat sich in mehreren Fällen die Notwendigkeit ergeben, Wehrmachtgut für einzelne Empfangsstellen der Wehrmacht zu sperren, da die Entladeleistung hinter dem Zulauf zurückblieb. Bei der Einholung der Zustimmung des Transportchefs zu der Sperrenanordnung mußte von diesem erst bei den örtlichen Transportkommandanturen Rückfrage gehalten werden, weil nur die Bahnbevollmächtigten an das Reichsverkehrsministerium und nicht die Transportkommandanten an den Transportchef berichtet hatten.

Um derartige Verzögerungen künftig zu vermeiden, haben die Transportkommandanturen *gleichzeitig* mit den entsprechenden Anträgen der Bahnbevollmächtigten an das *RVM* die Verhängung von

Sperren auch für Wehrmachtgut

beim Chef des Transportwesens zu beantragen und zu begründen. Der Chef des Transportwesens behält sich grundsätzlich die Genehmigung derartiger Sperren vor. Das RVM ist von dieser Regelung in Kenntnis gesetzt und wird die Bahnbevollmächtigten anweisen, vor Abgang derartiger Anträge die Transportkommandanten entsprechend zu benachrichtigen.

I. A.
gez. Bork

Deutsche Reichsbahn
Eisenbahnabteilungen des
Reichsverkehrsministeriums
L 2 Bmvu 7

Berlin, den 29. April 1940

An
die Bahnbevollmächtigten
der Reichsbahndirektionen
und der Generalbetriebsleitungen
— je besonders —

Betreff: Annahmesperren für Wehrmachtgut
Bezug: Fernschreiben L 2 Bmvu 7 vom 11. 1. 1940

Vom Chef des Transportwesens ist es abgelehnt worden, die Anordnung von Annahmesperren für Wehrmachtgut, die nur örtliche Bedeutung haben, den Bahnbevollmächtigten und Transportkommandanturen zu übertragen. Alle Sperren für Wehrmachtgut, Privatgut für die Wehrmacht und Rüstungsgut a sind daher wie bisher beim Reichsverkehrsministerium zu beantragen. Entsprechend dem beigefügten Befehl des Chefs des Transportwesens an die Transportkommandanturen ist bei diesem Antrag anzugeben, daß der Transportkommandant gleichzeitig einen entsprechenden Antrag an den Chef des Transportwesens gerichtet hat. Die Fachdezernenten sind zu beteiligen.

gez. Ebeling

Reichsbahndirektion München
Der Bahnbevollmächtigte
30 Bbv L 15 Bmvu

München, den 10. Mai 1940

In Abschrift an
Dez. 7, 30, 31, 32, 36
— je besonders —

zur gefälligen Beachtung. Sollten im Bezirk Annahme- bzw. Rückhaltsperren für Wehrmachtgut, Privatgut für die Wehrmacht und Rüstungsgut Abteilung a notwendig werden, so bitte ich, mich umgehend zu benachrichtigen, damit der Antrag ohne Verzögerung an das RVM (L) weitergeleitet werden kann.

gez. Müller

Quelle: Unterlagensammlung des Verfassers.

Dokument 3

Abschrift

Chef des Transportwesens
des Generalstabes des Heeres
Az. 10 k 10/2 c Pl.Abt. (I) 1. St.
Nr. 01273.41

den 6. September 1941

Betr.: Organisation des Chefs des Transportwesens für die besetzten Ostgebiete

Zur Unterstützung des Chefs des Transportwesens bei der Leitung der Wehrmachttransporte und zur Sicherstellung einheitlicher Betriebsführung und Leistungssteigerung durch organisatorische und eisenbahntechnische Maßnahmen in den *besetzten Ostgebieten* tritt bis auf weiteres folgende Organisation in Kraft:

1.) *Gruppe Mineis (L) beim Transportchef*

a) Min.-Rat Elias übernimmt die Aufgaben, die Gruppe Mineis (L) bisher im Reichsgebiet hatte, auch in den besetzten Ostgebieten (Unterstützung bei Durchführung von Wehrmachttransporten, Gestellung des Leermaterials, Verbindung zum RVM).

b) Min.-Dirig. Lüttge unterstützt als eisenbahntechnischer Fachberater den Chef des Transportwesens in der Organisation der Bahnverwaltung, bei dem Einsatz neuer Direktionen und Ämter und der Stellenbesetzung dieser Dienststellen mit Fachkräften sowie in der materiellen eisenbahnmäßigen Ausstattung der Bahnen in den besetzten Ostgebieten.

Min.-Dirig. Lüttge und Min.-Rat Elias sind befugt, im Auftrage des Chefs des Transportwesens Weisungen an die eisenbahntechnischen Sachbearbeiter der unterstellten Transportdienststellen (BvRb., Bbv., HBD und FBD) zu erteilen und sinngemäß Berichte und Meldungen anzufordern. Dazu verkehren sie innerhalb ihres Arbeitsbereichs unmittelbar mit diesen Dienststellen.

Dienstsitz unmittelbar beim Chef des Transportwesens.

2.) *Betriebsleitung Osten beim Chef des Transportwesens*

Leiter: Min.-Dirig. Dr. Müller
Dienstsitz: Warschau
Aufgaben:

a) Betriebsüberwachung für die Bahnen im besetzten Ostgebiet, die dem Transportchef unterstehen.
b) Zweckmäßiger Einsatz der Betriebsmittel.
c) Anforderung von Lok und Kohlen für den Betrieb der FBD und RBD beim Nachschubstab Berlin, bei Kohlen nur nach vorheriger Genehmigung durch den Chef des Transportwesens.
d) Vorschläge für die Umspurung von rollendem Material und Leistungssteigerung der Strecken.
e) Weisung für Fahrplangestaltung und Vorbereitung zur Aufnahme des öffentlichen Verkehrs.
f) Regelung des Werkstättenwesens im Benehmen mit der geschäftsführenden Direktion für das Werkstättenwesen (GDW — FBD 4). Der Betriebsleitung wird hierzu ein Verbindungsoffizier der GDW beigegeben.

Der Leiter der Betriebsleitung Osten ist befugt, im Auftrage des Chefs des Transportwesens Weisungen an die FBD und HBD zu erteilen und sinngemäß Berichte und Meldungen anzufordern. Dazu verkehrt die Betriebsleitung Osten innerhalb ihres Arbeitsbereiches unmittelbar mit diesen Dienststellen.

Mit den W.Trsp.Ltg. ist enge Verbindung zu halten.

Soweit die vorgenannten Aufgaben bisher durch Planungsabteilung (I) bearbeitet wurden, gehen diese mit dem Inkrafttreten der neuen Organisation an die Betriebsleitung Osten über, die alle betrieblichen und eisenbahntechnischen Aufgaben im Auftrage des Chefs des Transportwesens selbständig bearbeitet.

3.) *Meldungen über Betriebslage*

sind durch die FBD und HBD an den Leiter der Betriebsleitung Osten zu erstatten. Durch die Betriebsleitung sind sie ausgewertet über Gruppe Mineis (L) dem Chef des Transportwesens vorzulegen.

Meldungen über Betriebsmittel

sind durch die FBD und HBD unmittelbar an Chef des Transportwesens, (Gruppe Mineis (L)), in Abschrift an Betriebsleitung Osten, zu geben.

4.) *Unterstellung der FBD und HBD:*

Für die Dauer des Bestehens der Betriebsleitung Osten unterstehen die FBD unmittelbar dem Chef des Transportwesens; die HBD bleiben wie bisher gleichfalls dem Chef des Transportwesens unterstellt.

In Fragen der Versorgung und Ausstattung mit heeresüblichem Gerät und Material sind die FBD und HBD einheitlich durch W.Trsp.Ltg. Ost bzw. Nordost zu betreuen.

Alle übrigen Bestimmungen der „Dienstanweisung einer Wehrmachttransportleitung" bleiben in Kraft.

W.Trsp.Ltg. und Betriebsleitung Osten halten gegenseitig enge Verbindung. Die W.Trsp.Ltg. haben das Recht, Vorschläge über Betriebsführung, Betriebsüberwachung und den Einsatz der FBD und HBD vorzulegen.

Bei grundsätzlichen, das Aufgabengebiet der W.Trsp.Ltg. betreffenden Fragen sind sie durch Betriebsleitung Osten und die Abt. des Chefs des Transportwesens zu beteiligen.

Auf baulichem Gebiet stellen die W.Trsp.Ltg. ihre Vorschläge und unterrichten sich über die Durchführung der Baubefehle des Chefs des Transportwesens durch die ihnen unterstellten Transportdienststellen.

5.) *Es ergeben sich folgende Befehlswege:*

Betriebliche Anweisungen ergehen im Auftrag des Chefs des Transportwesens von der Betriebsleitung an die FBD bzw. HBD unmittelbar, Meldungen von diesen unmittelbar zur Betriebsleitung Osten,

Transporttechnische Befehle von Chef des Trspw/Feldtransportabteilung und Mineis (L) an W.Trsp.Ltgen bzw. BvRb. und an Trsp.Kdtren und Bbv. bzw. Transportgruppen der FBD; Meldungen sinngemäß,

*Organisations- und Einsatz*befehle von Chef des Trspw/Planungsabteilung an FBD und HBD unmittelbar, Meldungen sinngemäß,

Baubefehle von Chef Trspw.Pl.Abt.
an HBD und FBD (Nachrichtl. an Betriebsleitung Osten Chef Trspw. und W.Trsp.Ltgen); Meldeweg sinngemäß. Bei Bauausführungen durch Befehlshaber der Eisenbahntruppen ergehen Baubefehle durch Chef Trspw.Pl.Abt. an diesen, nachrichtlich an die oben genannten Dienststellen.

Personelle Anordnungen von Chef d. Trspw/Pers.Gr. an FBD und HBD unmittelbar. Personalanforderungen von *FBD und HBD* an Pers.Gr. unmittelbar, von dort *für Rb.-Personal* über Mineis (L) (Min.-Dirig. Lüttge) an RVM, für Heerespersonal wie sonst für Trsp.-Dienststellen.
Personalbearbeitung der Trsp.Kdtren und *diesen* (nicht den FBD!) unterstellte Trsp.-Dienststellen über W.Trsp.Ltgen an Pers.Gr.,

Materielle Anforderungen der *FBD* und HBD hinsichtlich *eisenbahntechnischem Gerät, Oberbaustoffen, Betriebsstoffen (ausschl. Lok und Kohlen), Ersatzstücken und Betriebsmitteln* an Pl.Abt./Nachschubstab Berlin unmittelbar, von dort an RZA bzw. AHA (In 10) (Lieferung nach Anordnung des Nachschubstabes). Anforderungen der FBD und HBD an Lok und Kohlen an Betriebsleitung Osten, von dort geprüft an Nachschubstab Berlin, der Abgabe veranlaßt. Anforderungen der FBD und HBD hinsichtlich

Heeresüblicher Ausstattung und Versorgung an W.Trsp.Ltg., von dort, soweit erforderlich, an Planungsabteilung (Lieferung sinngemäß).

6.) *Nachrichtenwesen:*
Im Bereich der FBD bleibt der Nachr.Offz. des Chefs des Trspw. verantwortlich. Im Bereich der HBD übernimmt die Reichsbahn das gesamte Nachrichtenwesen mit Ausnahme der taktischen Nachr.-Verbindungen der Trsp.-Dienststellen (sogenannte Hektorverbindungen). Die Verantwortung für diese Verbindungen bleibt beim Nachr.Offz. des Chefs des Trspw., der jeder W.Trsp.Ltg. und HBD einen Nachr. Offz. zugeteilt hat.
Die Nachr.Anlagen sind in den neubesetzten Ostgebieten so zu gestalten, daß sowohl die militärischen Trsp.-Dienststellen das Eisenbahnnetz als umgekehrt die Eisenbahndienststellen das Hektornetz ausnutzen können.
Nachrichtengeräte und Leitungsbaustoffe sind beim Chef des Transportwesen — Nachr.Offz. anzufordern.

7.) *Regelung der Diszipl. und Pers.-Angelegenheiten* wird gesondert befohlen.

8.) Dieser Befehl tritt mit sofortiger Wirkung in Kraft.
Alle in bisherigen Verfügungen diesem Befehl entgegenstehenden Bestimmungen treten hiermit außer Kraft.

gez. Unterschrift

Generaldirektion der Ostbahn
Der Bahnbevollmächtigte
30 Bbv L 1 g/Bmarm (o)

Krakau, den 15. September 1941

An
die Herren Abt.L. und Referenten,
Eisenbahnbetriebsdirektionen und
Außenstelle des Bbv in Warschau
— je besonders —

Betr.: Organisation des Chefs des Transportwesens für die besetzten Ostgebiete.

Anliegende Abschrift Transportchef 10 k 10/2 c Pl Abt (I) 1. St. Nr. 01273.41 vom 6. 9. 1941 übersende ich zur gefl. Kenntnis.

I. V.
gez. Dr. Ing. Massute

Dienstsiegel

Beglaubigt

R.O.I.

Quelle: Unterlagensammlung des Verfassers.

Dokument 4

Abschrift

Fernschreiben
SSD Trsp. 2580 26. 12. 41 1840

An
FBD 3

Gltd.: An HBD Nord, Mitte, Süd, Ost, Betriebsleitung Osten,
Bv. T. O. Nord, Mitte, Süd, W. Trsp. Ltg. Nordost, Ost,
nachr.: FBD 3, 4 und 2.—

1) Mit sofortiger Wirkung werden bei allen HBD Sonderbeauftragte des Transportchefs S.B.Trsp.Ch. eingesetzt.—
2) Hierzu werden ernannt:
Bei HBD Mitte Gen.Maj. Göritz unter Beibehaltung seiner Stellung als Kdr. der W.Trsp.Ltg.Nordost.—
Bei HBD Nord Oberst Schiel.—
Bei HBD Süd Oberstlt. Gunderloch, unter Beibehalt seiner Stellung als Kdr. d. W.Trp.Ltg.Ost.—
Bei HBD Ost Oberstlt. Gosselk.—
3) Auftrag:
Die Sonderbeauftragten des Transportchefs überwachen die Durchführung der vom Transportchef und den Transportdienststellen gegebenen Befehle und zwar sowohl bezüglich der Durchführung der Transporte als auch der Durchführung der befohlenen Baumaßnahmen.—
Besonders ist darauf zu achten daß:
A) Die vom Transportchef befohlenen Zugzahlen auch tatsächlich gefahren werden.—
B) Die befohlenen Baumaßnahmen mit der erforderlichen Schnelligkeit und Energie planmäßig durchgeführt werden.—
4) Bei Beanstandungen und Verstößen sind durch die Sonderbeauftragten die zuständigen vorgesetzten Bahndienststellen zu unterrichten und um Abhilfe bzw. Eingreifen zu ersuchen. Soweit erforderlich ist Meldung an Chef Transportwesen zu erstatten.—
5) Mit örtlich zuständigen Bahndienststellen sind sich ergebende Vorschläge zur Verbesserung der Streckenleistung zu klären.
6) Die Präsidenten der HBD sind grundsätzlich die technischen Berater der Sonderbeauftragten. Für die Einzelgebiete sind die Fachdezernenten der HBD unter Verfügung zu stellen.—
7) Bei jeder HBD und den selbständigen Betriebsämtern sind Außenstellen der Sonderbeauftragten zu bilden. Stärke: 1 Offizier (B), 1 Schreiber (M).— 1 Offizier (K/Z), 2 Kraftfahrer (M), 1 Schreiber (G), 2 l. o. m. Pkw.— Dazu tritt ein Vertreter der HBD und die erforderlichen Fachdezernenten (oder Vertreter) sowie die notwendige Zahl von Betriebskontrolleuren. Die Außenstellen haben dieselben Aufgaben in ihrem Bereich wie die Sonderbeauftragten bei den HBD.

8) Personelle Einzelheiten regelt Pers.Abt. Kraftfahrzeuge werden durch Plan.Abt. zugewiesen.
9) Fernschreiben f. Abt. Ia Nr. 9222/L.Abt.I Nr. 624 vom 19. 12. 41 betr. Kommissionen des Transportchefs tritt außer Kraft.—

OKH/Gen.St.d.H. Transportchef/Pl.Abt.I
1.St. gez. Gercke,

f.d.R.
gez. Körner
Oberstlt. i.G.

Quelle: Unterlagensammlung des Verfassers.

Dokument 5

Der Reichsverkehrsminister
2 Arl (0)

Berlin W 8, den 13. Januar 1942
Voßstraße 35

Telegrammbrief
An die
Herren Präsidenten der
Generalbetriebsleitungen,
Reichsbahndirektionen,
Reichsbahnbaudirektionen,
Reichsbahn-Zentralämter,

nachrichtlich
Herrn Präsidenten der Generaldirektion der Ostbahn in Krakau und an die Herren Leiter der Elektrischen Oberbetriebsleitung Innsbruck und der Obersten Bauleitungen für Elektrisierungen Leipzig und Salzburg
— je besonders —

Betr.:
Übernahme von Eisenbahnen im besetzten Ostraum durch den Reichsverkehrsminister

I. Der Führer und Oberste Befehlshaber der Wehrmacht hat am 4. Januar 1942 folgenden Befehl erlassen:

"1) Von einem noch festzusetzenden Tag ab tritt für das Eisenbahnnetz im besetzten Ostraum folgende organisatorische Regelung in Kraft:

a) Der Ausbau und die Unterhaltung des Netzes für höchste Leistungen sowie die Betriebsführung innerhalb eines noch näher bezeichneten Raumes obliegt dem Reichsverkehrsminister.
b) Der Transportchef stellt das Leistungsprogramm für den Ausbau des Netzes nach Umfang und Zeit fest. Er gibt die Weisungen zur Ausnutzung des Netzes für die Zwecke der Wehrmacht.

2) Das nach 1a) erforderliche Betriebspersonal stellt die Reichsbahn, der es in dienstlicher und disziplinarischer Hinsicht untersteht. Die disziplinarischen und strafrechtlichen Verhältnisse sind nötigenfalls durch ergänzende Bestimmungen zu regeln. Verpflegung und Unterkunft des Reichsbahnpersonals wird im Einvernehmen mit dem Generalquartiermeister besonders geregelt.

3) Die erforderlichen Arbeitskräfte für den Ausbau des Netzes werden durch Bauformationen der Reichsbahn, des Heeres, der Organisation Todt, des Baustabes Speer oder sonst etwa aufzustellender Bauformationen nach den Bauplanungen der betriebsführenden Eisenbahndienststellen gestellt.

4) Für den Ausbau des Netzes und für die Betriebsführung stellt die Reichsbahn die erforderlichen maschinellen Einrichtungen, Geräte und Materialien soweit möglich aus ihren Beständen. Fehlende Mengen sind durch sie zu beschaffen. Hierfür erhält die Reichsbahn Sonderkontingente vom Reichswirtschaftsminister. Die Fertigung erfolgt in der höchsten Dringlichkeitsstufe (SS).

5) Für die im militärischen Betrieb verbleibenden Strecken stellt die Deutsche Reichsbahn ebenfalls alle erforderlichen Einrichtungen, Geräte und Materialien in gleicher Weise wie für die von ihr im Ostraum betriebenen Strecken.

6) Engste Zusammenarbeit zwischen Reichsverkehrsministerium und Transportchef ist sicherzustellen.

7) Die erforderlichen Bestimmungen zur Durchführung und Ergänzung dieser Anordnung erläßt der Chef des Oberkommandos der Wehrmacht.

gez. Adolf Hitler."

II. Stichtag für die Übernahme des Betriebes durch mich wird voraussichtlich der 15. Januar sein. Ich habe dazu noch folgendes bestimmt:

1. Von dem nach dem Führer-Befehl noch festzusetzenden Tag ab wird die Betriebsleitung Osten dem Reichsverkehrsminister unterstellt. Sie erhält die Bezeichnung „Reichsverkehrsministerium Zweigstelle Osten" und behält den Sitz in Warschau. Der Betriebsreferent der Zweigstelle wird zugleich Bahnbevollmächtigter; außerdem wird ein Dezernat 37 eingerichtet.
2. Den Haupteisenbahndirektionen (HBD Nord, HBD Mitte, HBD Süd, HBD Ost) obliegen sehr wichtige, beschleunigt durchzuführende Aufgaben des Ausbaus. Dazu werden bei den Haupteisenbahndirektionen sofort Bauabteilungen eingerichtet.
3. Personalanforderungen der Haupteisenbahndirektionen gehen von der Zweigstelle unmittelbar an die Reichsbahndirektionen. Darüber folgt noch ein besonderer Erlaß.

Material- und Geräteanforderungen einschließlich Baracken, jedoch ausgenommen Fernmeldematerial (welches über die Zweigstelle anzufordern ist), gehen von der Haupteisenbahndirektion unmittelbar an das Reichsbahn-Zentralamt Berlin bezw. München.

4. Jede Haupteisenbahndirektion verwaltet die Ausbesserungswerke ihres Bezirks selbst (keine Geschäftsführenden Direktionen für das Werkstättenwesen).
5. Die den Haupteisenbahndirektionen unterstehenden Ämter (Betriebsämter, Maschinenämter, Verwaltungsämter) sind zu Eisenbahn-Betriebsdirektionen zusammengefaßt. Bei jeder Eisenbahn-Betriebsdirektion wird alsbald ein Neubauamt eingerichtet. Weitere Neubauämter, auch an anderen Orten, werden nach Bedarf eingerichtet.

III. Die Übernahme der Eisenbahnen im besetzten Ostraum bedeutet für die Reichsbahn eine große, sehr schwere, aber auch ehrenvolle Aufgabe. Die Transportfrage im Osten ist jetzt das Wichtigste unter allem, was uns obliegt. Ich brauche die Gründe dafür nicht näher zu umschreiben. Wir allle wissen, welche Verantwortung mit dieser neuen Aufgabe uns auferlegt ist. Die Herren Präsidenten müssen sich dessen bewußt sein, wenn nunmehr auch an sie neue Anforderungen auf Material und Personal herantreten. Für unser Heer, das für die Heimat in schwerem Abwehrkampf steht, bringen wir jedes Opfer. Und auf rasche Leistung kommt es dabei besonders an!

gez. Dorpmüller

Deutsche Reichsbahn
Reichsbahndirektion Berlin
Der Präsident
(Pr) 5 A 5 Ogdf

Berlin, den 17. Januar 1942

An die
Herren Abtl., Dez., Hilfsdez., Hilfsarb. und Direktionsbüros
— je besonders —

Abschrift vorstehenden Erlasses zur gefl Kenntnis. Der Tag der Übernahme wird noch bekanntgegeben.

Dienstsiegel

gez. Beck
Beglaubigt:
Holzheimer
ROS

Quelle: Unterlagensammlung des Verfassers.

Dokument 6
Abschrift

Der Reichsverkehrsminister
2 Arl (W)

Berlin W 8, den 13. Juni 1942
Voßstraße 35

Telegrammbrief!

An die
Herren Leiter der Wehrmachtverkehrsdirektionen Paris u. Brüssel,
nachr. Herrn Leiter des Reichsverkehrsministeriums, Zweigstelle Osten in Warschau,
an die Herren Präsidenten der Generalbetriebsleitungen,
der Reichsbahndirektionen, der Generaldirektion der Ostbahn Krakau, der Reichsbahnbaudirektionen, der Reichsbahn-Zentralämter,
Herrn Leiter der Elektrischen Oberbetriebsleitung Innsbruck, sowie den Herrn Reichsprotektor in Böhmen und Mähren — Abteilung Verkehr in Prag
— je besonders —

Betr.:
Übernahme der Eisenbahnen in den besetzten
französischen Gebieten und Belgien.

Auf Grund einer Besprechung im Führer-Hauptquartier werden die WVD'en Paris und Brüssel mit Ausnahme der bei ihnen tätigen Angehörigen der Wehrmacht mit sofortiger Wirkung dem Reichsverkehrsminister unterstellt.

Stichtag für die Übernahme der WVD'en durch mich ist der 15. Juni 1942. Ich bestimme hierzu folgendes:

1) Vom 15. Juni 1942 ab unterliegen die Wehrmachtverkehrsdirektionen Paris und Brüssel ausschließlich meinem Weisungsrecht. Die Abteilungen Eisenbahn und Wasserstraßen werden zu Hauptverkehrsdirektionen mit dem Sitz in Paris und Brüssel zusammengefaßt. Leiter der Hauptverkehrsdirektion (HVD) Paris ist Vizepräsident Münzer, Leiter der HVD Brüssel ist Oberreichsbahnrat Bauer.
2) Der Aufbau, der sachliche Aufgabenkreis und die bezirkliche Abgrenzung der HVD'en bleiben bis auf weiteres unverändert.
   Bei der HVD Paris wird ein Finanz- und Kassendezernat eingerichtet. Die Finanz- und Kassendezernenten der HVD'en nehmen die Aufgaben für beide Abteilungen wahr. Wegen der Einsetzung von Bbv und WbV ergeht besondere Weisung.
3) Die den HVD'en nachgeordneten Stellen (Eisenbahnbetriebsdirektionen, Außenstellen der Wasserstraßenverwaltung, Überwachungsämter u.s.w.) führen unter ihrer bisherigen Bezeichnung ihre Aufgaben in den ihnen zugewiesenen Bezirken bis auf weiteres unverändert fort.
4) Wegen der Personalfragen ergeht besonderer Erlaß. Ebenso werden die Bau-, Finanz- und Kontingentsangelegenheiten sowie das Maschinenwesen durch besondere Anordnung geregelt.
   Mit dem Übergang der WVD'en Paris und Brüssel in den Bereich der Zivilverwaltung übernehmen wir eine Verantwortung und Verpflichtung gegenüber Führer und Reich, der sich alle bewußt sein müssen, die an den großen Verkehrsaufgaben mit-

wirken. Sie stellt die Verkehrsverwaltungen vor neue und große Aufgaben, die nur durch eine kameradschaftliche und vertrauensvolle Zusammenarbeit mit alllen Stellen, insbesondere aber mit den Stellen der Wehrmacht in den besetzten französischen Gebieten und Belgien, gelöst werden können.

gez. Dorpmüller

Quelle: Mappe ax, Bl. 434, Unterlagensammlung der DB in Nürnberg.

Dokument 7

Der Reichsmarschall
des Großdeutschen Reiches
Beauftragter
für den Vierjahresplan
V P 9712/2

Berlin W 8, den 31. Mai 1942
Leipziger Str. 3

An die
Obersten Reichsbehörden,
die Deutsche Reichsbahn,
den Herrn Generalbevollmächtigten
für den Arbeitseinsatz

Die Größe des von Deutschland beherrschten Raumes und der sich steigernde Bedarf der Front haben zu einer Verknappung der im Reich vorhandenen Lokomotiven und des Wagenraumes geführt. Den Bedürfnissen der Front muß auch fernerhin Rechnung getragen und gegenüber dem Heimatbedarf der Vorrang gegeben werden. Infolgedessen muß der vorhandene Laderaum so wirtschaftlich wie möglich ausgenutzt und der Verkehr flotter abgewickelt und sparsamer gestaltet werden. Dies gilt ebenso für den Bahnverkehr wie für die Schiffahrt und die Straßenverkehrsmittel.

Gegenüber den Laufzeiten des rollenden Materials haben die Standzeiten der Wagen stark zugenommen. Durch eine schnellere Be- und Entladung kann die Umlaufzeit der Wagen erheblich gesenkt und damit die Leistungsfähigkeit der Verkehrsmittel beträchtlich erhöht werden. Die Be- und Entladezeiten müssen daher auf die kürzeste Frist herabgesetzt werden. Die Beschleunigung der Be- und Entladung kann erreicht werden durch rechtzeitige Benachrichtigung der Beteiligten, stärkste Ausnutzung der Ladezeiten und Bereitstellung des erforderlichen Personals. Be- und Entladung müssen auch nachts und an Sonn- und Feiertagen durchgeführt werden.

Das ständige Personal der Reichsbahn reicht für diese Zwecke nicht aus. Es bedarf dazu der Heranziehung und des kurzfristigen Einsatzes geeigneter Hilfskräfte. Soweit der Einsatz von Kriegsgefangenen möglich ist, hat dieser in erster Linie zu erfolgen. Darüber hinaus sind Hilfskräfte bereitzustellen, die binnen kürzester Frist herangezogen werden können. Ihre Inanspruchnahme erfolgt auf Grund der Notdienst-Verordnung durch die Landräte und Oberbürgermeister auf Anforderung der Reichsbahndienststellen zu befristetem Notdienst. Hierbei soll nach Möglichkeit eine Störung des übrigen wirtschaftlichen Lebens durch Abzug von ständigen Arbeitskräften in der Kriegswirtschaft vermieden werden. Der Abzug von ungelernten Arbeitskräften aus einer anderen Beschäftigung ist bei Bedarf auf befristete Zeit zulässig. Der Hin- und Abtransport der einzuladenden oder zu entladenden Güter muß gegebenenfalls durch Inanspruchnahme von Fahrzeugen auf Grund des Reichsleistungsgesetzes sichergestellt werden, sofern nicht eine vorübergehende Stapelung an den Entladestellen erfolgen kann.

Die Landräte und Oberbürgermeister sind mir dafür verantwortlich, daß alles geschieht, um die Be- und Entladezeiten auf ein Mindestmaß herabzudrücken. Bei dem Einsatz von Be- und Entladekolonnen ist mit den zuständigen Arbeitsämtern engste Fühlung zu halten.

Der Herr Reichsverkehrsminister läßt die zur Durchführung einer beschleunigten Beladung, Entladung und Abfuhr erforderlichen Weisungen ergehen, der Herr Reichsminister des Innern hat dafür Sorge zu tragen, daß die zur beschleunigten Be- und Entladung erforderlichen zusätzlichen Kräfte auf Grund der Notdienstverordnung im Bedarfsfalle in kürzester Zeit zur Verfügung gestellt werden.

gez. Göring

Gedruckt in: Die Reichsbahn, Jg. 1942, S. 196 f.

Dokument 8

Der Reichsverkehrsminister

Berlin W 8, den 3. Juni 1942
Voßstraße 35

10 Vgba 255
K 41 13 553

Betr.:
Anordnung zur Beschleunigung des Transportmittelumlaufs

Zur Durchführung der vorstehenden Anordnung des Reichsmarschalls des Großdeutschen Reiches und des nachstehenden Erlasses des Reichsministers des Innern bestimme ich folgendes:

1. Die bisher geltenden Be- und Entladefristen im Eisenbahnverkehr werden aufgehoben und je nach den örtlichen Betriebsverhältnissen neu festgesetzt. Dabei ist die weitestgehende Kürzung unter Berücksichtigung einer laufenden Tag- und Nachtsowie Sonn- und Feiertags-Be- und -Entladung vorzusehen.

2. Nach § 1 der Verordnung über die Entladung und Abfuhr von Wagen vom 30. Dezember 1940 (EntlVO) — RGBl. I 1941 S. 15 — sind Empfänger und Auflieferer von Gütern und deren Beauftragte verpflichtet, Güterbeförderungsmittel sofort nach Bereitstellung, und zwar spätestens innerhalb der festgesetzten Be- und Entladefristen, zu be- oder entladen. Kommen sie dieser Verpflichtung nicht nach, so sind bereits bei drohender Überschreitung der Be- und Entladefristen unnachsichtig Zwangsmaßnahmen nach § 5 der EntlVO durchzuführen.

3. Zur Durchführung einer zwangsweisen Be- und Entladung sind in erster Linie Kriegsgefangene einzusetzen. Zur Sicherung dieses Einsatzes sind entsprechende Vorbereitungen mit den zuständigen Wehrmachtdienststellen zu treffen. Soweit ein Einsatz von Kriegsgefangenen z. Z. nicht möglich ist, sind die gemäß dem nachstehenden Erlaß des Herrn Reichsministers des Innern gebildeten Be- und Entladekolonnen heranzuziehen. Die Entscheidung darüber, bei welchen Wagen die Be- und Entladung erfolgen soll, hat der Vorsteher der Güterabfertigung, der in Zweifelsfällen die Entscheidung des Vorstandes des Reichsbahn-Verkehrsamtes einholt.

4. Auf Antrag der Auflieferer oder Empfänger von Gütern sind Ladekommandos gemäß vorstehender Ziffer 3 und, soweit notwendig, Fahrzeuge gemäß § 16 RLG für die Be- oder Entladung bereitzustellen. Handelt es sich um den Ladedienst im inneren Eisenbahnbetrieb, so haben die für die Be- oder Entladung zuständigen Stellen die Lade- oder Fahrzeughilfe über den Nbv (Fahrbereitschaftsleiter) oder die Ladehilfe je nach den Umständen unmittelbar bei den Landräten, Oberbürgermeistern oder staatlichen Polizeiverwaltungen zu veranlassen.

5. Um die reibungslose Durchführung aller getroffenen Beschleunigungsmaßnahmen zu gewährleisten, ist von den nachgeordneten Dienststellen, insbesondere auch bei Verstößen gegen die im § 3 der EntlVO auferlegten Pflichten, in jedem Falle von den in §§ 5 und 7 der EntlVO vorgesehenen Strafbestimmungen Gebrauch zu machen.

6. Die Änderung der Eisenbahn-Verkehrsordnung und der Tarife wird besonders bekanntgegeben.

gez. Dorpmüller

Gedruckt in: Die Reichsbahn, Jg. 1942, S. 197.

Dokument 9
Abschrift

Heimattransportabteilung
des Chefs des Transportwesens
des Generalstabes des Heeres

Berlin W 8, den 17. 6. 42
Voßstr. 33

Az. 43 m 24 (Ib)
Nr. 5160.42

An
Verteiler A
lfd. Nr. 12, 14, 16, 17, 22—27, 29, 30, 31, 33, 34, 36, 37, 39, 41, 42, 44, 45, 47, 49, 56, 57, 58, 61, 63, 65, 66, 68, 69, 70, 71

nachr.:
Chef des Transportwesens, Feldtransportabteilung
Chef des Transportwesens, Planungsabteilung 1. u. 2. St.
W. Trsp. Ltg. Nord, Südost

Betr.: Beschleunigung des Wagenumlaufes.
Bezug: Erlaß des Reichsmarschalls des Großdeutschen Reichs/ Beauftragter für den Vierjahresplan VP 97212/vom 31. Mai 1942

Den Transportkommandanturen ist eine Abschrift des Bezugserlasses zugegangen.

Der geforderte raschere Wagenumlauf wird erreicht, wenn die Be- und Entladezeiten herabgemindert und jegliches Umherstehen von be- oder entladenem Wagenmaterial und damit auch das bei einem Teil der Wehrmachtdienststellen geübte Horten von Leermaterial für eigene Transporte durch Nichtherausgabe entladener Wagen und vorzeitige Anforderung von Leermaterial mit allen Mitteln unterbunden wird. Entsprechendes, bei jeder sich bietenden Gelegenheit zu wiederholendes Einwirken auf die Dienststellen ist Vorbedingung.

Um bei Nichtbeachtung und auftretenden Mißständen sofort eingreifen zu können, ist eine laufende Überwachung durch die Transportkommandanturen notwendig. Die Transportkommandanturen werden daher beauftragt, bis auf weiteres täglich durch Rückfrage bei den Bahnbevollmächtigten der Reichsbahndirektionen bezüglich der in Frage kommenden Wehrmachtdienststellen die Zahl der täglich von Wehrmachtdienststellen des Bezirkes nicht entsprechend den von der Deutschen Reichsbahn angeordneten Ladefristen be -und entladenen Wagen festzustellen.

Das RVM wird die Reichsbahndirektionen anweisen, den Transportkommandanturen die erforderlichen Unterlagen zu geben. Ergibt sich aus den Feststellungen, daß

a) Wagen angefordert wurden, ohne daß Verladebereitschaft bestand,
b) zu langsam beladen wird,
c) Wagen nicht unmittelbar nach Beladung als transportbereit gemeldet und abgefahren wurden,

d) zur Entladung eingetroffene Wagen nicht sofort entladen wurden,

e) entladene Wagen nicht sofort der Bahn zur Verfügung gestellt wurden,

so sind durch sofortiges Eingreifen (notfalls fernmündlich) diese Mißstände zu beheben und evtl. die verantwortlichen Wehrmachtdienststellen zu eingehender Klärung zu veranlassen. Wird nicht unverzügliche Abhilfe geschaffen, so ist Meldung an die im Bereich befehlende Dienststelle der Wehrmacht, nachr. Heimattransportabteilung zu erstatten.

Für alle Transporte hat die Gestellung des Leermaterials grundsätzlich erst auf den Zeitpunkt der tatsächlichen Verladebereitschaft zu erfolgen, die bei der einladenden Dienststelle zu ermitteln ist. Dies gilt auch für die von der Feldtransportabteilung befohlenen Transporte. Die völlige Auslastung aller beladenen Wagen ist durch Stichproben zu überwachen.

Die Transportdurchführung hat, wenn nicht betriebstechnische oder sonstige Gründe entgegenstehen, immer auf dem kürzesten Wege zu erfolgen. Umwege verlängern die Umlaufzeit und müssen deshalb, wenn irgend möglich, vermieden werden.

Die Transportkommandanturen geben zum Ersten jeden Monats, erstmals zum 1. Juli 1942, einen kurzen Erfahrungsbericht.

gez. Wagner

Abschrift

Fernschreiben: TMIT 3500 v. 29. 6. 42, $17.^{00}$

An

Verteiler A lfd. Nr. 12, 14, 16, 17, 22—27, 29, 30, 31, 33, 34, 36, 37, 39, 41, 42, 44, 45, 47, 49, 56, 57, 58, 61, 63, 65, 66, 68, 70, 71

nachr.:

lfd. Nr. 2—5

Chef des Transportwesens, Feldtransportabteilung

Chef des Transportwesens, Planungsabteilung 1. St.

Betr.: Beschleunigung des Wagenumlaufs

Bezug: H Abt Az. 43 m 24 (Ib) Nr. 5160.42 v. 17. 6. 42

1.) Bei allen Transportkommandanturen ist ein besonderer Offizier einzusetzen, dem die Überwachung der fristgerechten Be- und Entladezeiten gemäß Bezugsverfügung verantwortlich zu übertragen ist. Bahnhofskommandanturen und Bahnhofsoffiziere sind zur Überwachung heranzuziehen.

2.) Dienststellen, die in Bezug auf Transportverzögerung besonders auffallen, sind unabhängig von dem zum 1. jeden Monats verlangten Erfahrungsbericht unter Angabe des gegen diese Stellen Veranlaßten an Heimattransportabteilung von Fall zu Fall zu melden.

Heimattransportabteilung (Ib)

Nr. 1307

gez. Wagner

Oberst i. G.

Quelle: Unterlagensammlung des Verfassers.

Dokument 10

Abschrift

Oberkommando der Wehrmacht — F.H.Q., den 28. Juni 1942
Az. 43 a/T WFStOrg (I) Nr. 2698/42
Az. 43 f 18 (Ib) Ch.d.Trspw.
Nr. 5333.42

Betr.: Leistungssteigerung im Güternahverkehr der Wehrmacht

An
Genst.d.H.
Chef H Rüst u. BdE
OKM
ObdL/Gen.Qu.

Die Wagenlage der Deutschen Reichsbahn zwingt zu größerer Sparsamkeit in der Benutzung des für die Gütertransporte der Wehrmacht in Anspruch genommenen Transportraumes.
Der vorhandene Transportraum reicht bei weitem nicht aus, um die von seiten der Wehrmacht und der Wirtschaft gestellten Forderungen gleichzeitig zu befriedigen.
Eine Leistungssteigerung durch Vermehrung der Anzahl der Eisenbahnwagen kann nur sehr langsam erzielt werden. Dem bestehenden Wagenmangel muß daher durch *Beschleunigug des Wagenumlaufs* begegnet werden.
Hierzu ist erforderlich, daß alle Güter versendenden Stellen folgendes beachten:

I.

1.) Nur das zur Zeit des Versandes kriegswichtige und vordringliche Gut darf verladen werden.
2.) Es dürfen nur soviele Eisenbahnwagen angefordert werden, als bei voller Ausnutzung jedes Wagens erforderlich sind und innerhalb der von der Deutschen Reichsbahn vorgeschriebenen Ladefristen beladen werden können.
3.) Es dürfen nur solche Wagengattungen angefordert werden, die für das Ladegut erforderlich sind, also keine Rungenwagen (R), wenn Plattformwagen (F) oder offene Wagen (O) ausreichen.
4.) Die Anforderung von Eisenbahnwagen darf erst erfolgen, wenn
   a) das zu versendende Gut verladebereit ist,
   b) zur Verladung ausreichende Kräfte und Nahverkehrsmittel zur Verfügung stehen,
   c) der Abtransport unmittelbar nach der Beladung feststeht.
   Keinesfalls dürfen Eisenbahnwagen zu früh verlangt werden aus Sorge, die erforderlichen Wagen nicht vollzählig oder rechtzeitig zu erhalten.
5.) Die Be- und Entladung muß sofort und schnell, auch an Sonnabenden, Sonntagen und Festtagen, notfalls auch nachts, innerhalb der von der Deutschen Reichsbahn festgesetzten Ladefrist erfolgen. Verantwortlich für die Be- und Entladung ist der Leiter der absendenden bzw. empfangenden Dienststelle. Auf Antrag haben die

Standortältesten die Bereitstellung von Arbeitskräften und Fahrzeugen ohne Rücksicht auf die Zugehörigkeit zu den Wehrmachtteilen zu veranlassen. Die Standortältesten können auf Antrag von Transport- und Eisenbahndienststellen auch Zwangsbe- und -entladungen anordnen.

6.) Um die Transportwege möglichst kurz zu halten, muß der Bedarf an Nachschubgut aus solchen Aufkommensorten gedeckt werden, die dem endgültigen Zielort am nächsten liegen. Müssen Güter zwischengelagert werden (Zeugämter, Muna), so sind Orte zu wählen, die in Richtung auf das zukünftige Verwendungsgebiet liegen.

7.) Werden beladene Eisenbahnwagen zur Zugbildung zu einem Sammelbahnhof gefahren, so muß Entladung erfolgen, wenn die Abfahrt des Zuges nicht zeitgerecht stattfinden kann. Ausgenommen sind hiervon lediglich die vom Chef des Transportwesens befohlenen Züge.

8.) Leere Eisenbahnwagen sind der Reichsbahn sofort wieder zuzuführen. Es ist verboten, leere Wagen zurückzuhalten aus Sorge, für spätere Verladung nicht rechtzeitig oder gar keine Wagen zu erhalten.

II.

Die derzeitige Wagenlage verbietet, daß rollendes Material seinem eigentlichen Zweck entzogen wird.

1.) Es ist daher nicht tragbar, daß Einheiten oder Einrichtungen wie Eisenbahnflak, Eisenbahnartillerie, Handwerker- und Werkstätteneisenbahnzüge, Druckereizüge usw. ohne zwingende Notwendigkeit auf die Dauer in Eisenbahnwagen untergebracht werden. Es ist zu prüfen, inwieweit hier Wagenmaterial durch ortsfeste Unterbringung — auch vorübergehend — und Änderung der KStN freigemacht werden kann.

2.) Die Abstellung von Versorgungszügen als bewegliche Reserve der Generalquartiermeister muß auf ein Mindestmaß beschränkt bleiben.

III.

Zur Entlastung der Reichsbahn sind Gütertransporte, soweit Art, Ziel und Dringlichkeit dies zulassen, auf den Wasserweg zu verweisen. Vorstehende Bestimmungen gelten sinngemäß.

IV.

Die Durchführung vorstehender Richtlinien wird vom Chef des Transportwesens überwacht. Er gibt umgehend erforderliche Befehle an die unterstellten Transportdienststellen.

V.

Verstöße gegen die vorstehenden Bestimmungen sind auf Antrag der Transportdienststellen durch die zuständigen Disziplinarvorgesetzten zu verfolgen. Die Schuldigen sind disziplinarisch zu bestrafen.

VI.

Die Einführung des Wagenstandgeldes für die Wehrmacht bei mangelnder Entladung ist in Vorbereitung.

Der Chef des Oberkommandos der Wehrmacht
gez. Keitel

Quelle: Unterlagensammlung des Verfassers.

Dokument 11
Auszug

aus Verfügung der Zweigstelle Osten des RVM
20 L g/Bmbt 47 v. 2. 10. 42 betr. Zugverteiler.

Sinn und Bedeutung des Zugverteilers werden noch nicht einheitlich ausgelegt. Sie werden daher nachstehend kurz erläutert.

In den besetzten Ostgebieten ist die Eisenbahn als der Hauptträger der Versorgung von kriegsentscheidender Bedeutung für die gesamte Kriegsführung. Bei dem derzeitigen vorläufigen Ausbauzustand der Bahnanlagen und der beschränkten Anzahl der verfügbaren Betriebsmittel dürfen deshalb nur solche Zugleistungen übernommen werden, die unter Anlegung des schärfsten Maßstabes mittel- oder unmittelbar ausschließlich den Bedürfnissen der kämpfenden Truppe oder der Stärkung der inneren Front dienen. Jeglicher öffentlicher Verkehr ist deshalb auch aus diesem Grunde vorläufig unterbunden. Aber selbst dann kann das Transportproblem in den Weiten [?] Beschränkungen aufzuerlegen. Deshalb wird unter bester Ausnutzung der baulichen und betrieblichen Möglichkeiten und nach genauer gegenseitiger Abwägung des Nachschubbedarfs der einzelnen Bedarfsträger für einen bestimmten Zeitraum festgelegt, welches Kontingent an Zügen täglich zur Sicherstellung zugestanden werden kann und mindestens durchzubringen ist.

Die beiden großen Bedarfsträger in den besetzten Ostgebieten sind

a) die Wehrmacht und

b) die Reichsbahn selbst.

Der Zugverteiler für die Wehrmacht wird von der F. Abt. zusammen mit Mineis (L) beim Transportchef nach vorheriger Abstimmung der Forderungen Wehrmacht/Reichsbahn mit den betrieblichen Möglichkeiten zwischen Mineis (L) bei Transportchef und Osteis herausgegeben.

Dem Zugverteiler sind folgende Angaben zu entnehmen:

a) Die Gesamtzahl der über die einzelnen Grenzübergänge auf den einzelnen Strecken durchzubringenden Züge,

b) deren Aufteilung auf die einzelnen Bedarfsträger der Wehrmacht, nämlich
Gen Qu Heer (aufgeteilt nach Fnr[Fahrtnummer]- und Sammelzügen, Feldpostzügen und Zügen in Streckenführungen,
Luftwaffe (Storchstreckenführungen),
Truppen-Ersatz,
Gendeis,
zbV und
SF [Schnellzüge für Fronturlauber]

c) die Streckenführungen, in denen die Züge durchzuführen sind.

Ergänzend zum Zugverteiler der F. Abt. geben die Generale des Transportwesens für die Spitzenstrecken besondere Zugverteiler heraus, denen die Weiterführung der nach Zugverteiler der F. Abt. anzubringenden Züge zu entnehmen ist. Diese ändert sich häufiger, so daß zwecks schneller Anpassung gute Zusammenarbeit mit dem BvRb bezw. General des Transportwesens erforderlich ist.

Der Zugverteiler muß auch über die Bezirksgrenze hinaus durchgearbeitet werden, wenn noch mit Grenzverschiebungen zu rechnen ist, damit sofort nach Übernahme neuer Strecken Unterlagen über das Streckensoll vorhanden sind.

Der Zugverteiler für Nicht-W-Züge wird von uns nur für die einzelnen Grenzübergänge nach den besetzten Ostgebieten herausgegeben, und zwar getrennt nach

a) Odk [Dienstkohle für den Osten],
b) Peter [Baustofflieferungen für Ostbauprogramme],
c) (Wi) + Dg [Wirtschaftsgüter + Durchgangsgüterzüge],
d) Reisezüge (ausschl. Grenznahverkehr),
e) Grenzverkehr.

Für die einzelnen Strecken ergibt sich der Zugverteiler an Nicht-W-Zügen aus den Fahrplänen der genehmigten fahrplanmäßigen Züge. Der Bahnbevollmächtigte hat deshalb vor Einlegung neuer dienstlicher Züge entscheidend und verantwortlich mitzuwirken, damit die Erfüllung der Wehrmachtforderungen nicht durch zu große Leistungen an Nicht-W-Zügen in Frage gestellt wird. Außerdem ist er bei Anträgen auf Genehmigung neuer Züge zu beteiligen; in den Anträgen ist dieses zum Ausdruck zu bringen.

Der Zugverteiler wird im allgemeinen nur für die Frontrichtung aufgestellt, da die Leistungen in der Gegenrichtung bis auf Ausnahmen (Richardmaßnahmen) im allgemeinen unter den Leistungen der Frontrichtung liegen. Es sind laufend Unterlagen darüber zu führen, in welchem Verhältnis sich die Leistungen der Gegenrichtung zur Frontrichtung verhalten, vor allem auf welchen Strecken sie diese überschreiten.

Abgesehen von vorübergehenden Ausnahmezuständen bildet in der Heimat der Regelfahrplan zusammen mit den eingearbeiteten Sonderzügen nach Fahrplananordnung die Grundlage für die gesamte Betriebsabwicklung. In den neu besetzten Ostgebieten haben wir nur ein W-Fahrplannetz, in das die Fahrpläne der wenigen Regelzüge — gemessen an der Zahl der Sonderzüge — eingearbeitet sind. Hinzu kommt, daß sich der Lauf der Sonderzüge fast durchweg immer noch durch die großen Verspätungen, vor allem bei der Übernahme, zeitlich so sehr verschiebt, daß nach den Fahrplanunterlagen von der Transportüberwachung nur noch die Durchführung des einzelnen Zuges überwacht werden kann. Eine Neubearbeitung ist bei dem derzeitigen Fernsprechnetz nur in den wenigsten Fällen möglich. Die zahlenmäßige Erfüllung des Tagessolls ist daher nach den Fahrplanunterlagen nicht mehr zu überwachen, ist der Zugverteiler zu benützen.

Damit ist nicht gesagt, daß wir uns mit den großen Verspätungen abfinden dürfen. Nach wie vor muß unermüdlich und ohne sich durch Mißerfolg entmutigen zu lassen, daran gearbeitet werden, den Zuglauf planmäßiger zu gestalten.

Federführend für den Zugverteiler ist der Bahnbevollmächtigte. Seine Aufgabe ist es, den Zugverteiler nach den obigen Gesichtspunkten auszuwerten. Zu diesem Zweck muß sich die Ermittlung des Solls nach Zugverteiler wenigstens auf folgende Punkte erstrecken:

1) Wieviel Züge insgesamt auf den einzelnen Strecken liegen sollen,
2) wie sich das Soll auf die Kontingente der einzelnen Bedarfsträger verteilt und
3) wie deren Züge im einzelnen vom Grenzübergangsbahnhof bis zum Ziel geleitet werden sollen.

Zu 3) Diese Angaben sind besonders wichtig, wenn bei länger anhaltenden Betriebsschwierigkeiten oder Streckensperrungen im Benehmen mit der Transportkommandantur sofort festgestellt werden muß:

a) Welche Züge nach Zugverteiler auf den betroffenen Strecken liegen sollen,
b) in welchem Umfange andere Strecken in Mitleidenschaft gezogen werden und
c) soweit hierüber kein Befehl der F. Abt., W. Trsp. Ltg. oder des Gen. d. Trspw. vorliegt, welche im Zugverteiler vorgesehenen Pläne nicht belegt werden dürfen und auf welche Umleitungsstrecken die restlichen Züge ggf. unter Wegfall anderer zu legen sind.

Der Bahnbevollmächtigte muß ferner

a) überwachen, daß die täglichen Abrufe der Wehrmachttransportleitungen unter Berücksichtigung der befohlenen Drosselungen das Soll nach Zugverteiler nicht überschreiten und
b) sich laufend ein Urteil bilden über die jeweiligen Zusammenhänge zwischen
   1. Soll nach Zugverteiler,
   2. Soll nach Abzug der gedrosselten Streckenführungen,
   3. Abruf der Wehrmachttransportleitungen und
   4. Istleistungen.

Außerdem muß er dem Betrieb rechtzeitig die erforderlichen Unterlagen über das Soll zur Verfügung stellen, damit dieser in der Lage ist

1. die Betriebsmittel entsprechend anzufordern und einzusetzen und
2. die Erfüllung des Solls auf allen Strecken ohne Rücksicht auf die Verspätungen der einzelnen Züge zu überwachen und sicherzustellen. Dieses Soll muß deshalb allen betriebsführenden und überwachenden Stellen rechtzeitig bekanntgegeben werden, und zwar für sämtliche, nicht nur für die Meldestrecken. Nur so wird erreicht, daß alle Stellen mitarbeiten und rechtzeitig die erforderlichen Vorbereitungen treffen, die zur Erfüllung des Solls notwendig sind.

Für die Auswertung des Zugverteilers sind in jedem Falle folgende Unterlagen zu führen:

a) eine Karte mit den geforderten Zugzahlen für die einzelnen Strecken des Bezirks, getrennt nach Wehrmacht- und Nicht-W-Zügen,
b) eine Karte mit Aufschlüsselung des Solls nach den einzelnen Bedarfsträgern auf den einzelnen Strecken, ferner
c) je nach Bedarf eine Karte mit den Leitungswegen der auf die einzelnen Bedarfsträger entfallenden Züge,
d) ein Verzeichnis der gegenüber dem Zugverteiler vorübergehend ausgefallenen oder umgeleiteten Züge mit Angabe der Dauer der Änderung und des sich dadurch für die einzelnen Strecken neu ergebenden Solls.

Die Bearbeitung des Zugverteilers nach den obigen Gesichtspunkten wird zweckmäßig dem Transportgruppenleiter oder dem Bürobeamten übertragen, der die baulich gesicherten Streckenleistungen bearbeitet. Er hat der Ozl und der Transportgruppe laufend die Unterlagen für das Soll zu liefern. Die Unterlagen für den Zugverteiler für die Nicht-W-Züge liefert ihm das Fahrplanbüro, so daß die Sollzahlen für die dienstlichen Züge von ihm nur noch hinsichtlich der Bbv-Forderungen bearbeitet und in den allgemeinen Zugverteiler übernommen zu werden brauchen. Name und Fernsprech-

nummer des Bearbeiters, der uns fernmündlich jederzeit Auskunft über das für die einzelnen Strecken zugrunde gelegte Soll geben können muß, sind uns mitzuteilen.
Zur Klarstellung weisen wir abschließend darauf hin, daß der Zugverteiler Mindestforderungen darstellt. Darüber hinaus ist stets Durchbringung weiterer Züge bis zur höchstmöglichen Streckenleistung anzustreben.

gez. Schröder

Quelle: Unterlagensammlung des Verfassers.

Dokument 12

Abschrift

Anlage zu Erlaß RVM (L) L 2 g/Bmarm 47 (o) v. 12. 10. 43

Dienstanweisung

für eine Leitstelle und einen Bevollmächtigten der Reichsbahn (BvRb) bei einer Wehrmachttransportleitung.

1. Dem Leiter der Leitstelle obliegt die Aufgabe, auf Grund der Transportanmeldungen der Wehrmachttransportleitung und der festgelegten Streckenleistungen in Zusammenarbeit mit der Wehrmachttransportleitung die Beladung der Nachschubzüge mit dem Fahrplan und dem Fahrweg abzustimmen und festzulegen und den Ablauf der Züge zu überwachen. Truppeneinzeltransporte sind gleichfalls, soweit möglich, durch die Leitstelle an die Grenze heranzuführen.
2. Der Leiter der Leitstelle ist gleichzeitig BvRb der Wehrmachttransportleitung und als solcher eisenbahnfachlicher Berater des Kommandeurs der Wehrmachttransportleitung. Er arbeitet mit ihm sinngemäß zusammen, wie es für die Zusammenarbeit Bahnbevollmächtigter-Transportkommandant angeordnet ist.
3. Der Leiter der Leitstelle und BvRb wird vom RVM abgeordnet und erhält von diesem seine Weisungen. Er ist dienstlicher und persönlicher Vorgesetzter der ihm zu seiner Unterstützung beigegebenen Kräfte der Reichsbahn.
4. Der Dienstbereich des Leiters der Leitstelle erstreckt sich auf alle im Wehrmachttransportwesen eingesetzten Reichsbahnstellen, so wie sie an der Durchführung der Wehrmachtzüge beteiligt sind. Er hat in engster Zusammenarbeit mit den Betriebsleitern und Bahnbevollmächtigten zu bleiben.
   Anordnung auf dem Gebiete der Betriebsführung steht ihm nur zu, soweit er dazu vom RVM ermächtigt wird (Abstellung von Zügen).
5. Als BvRb deckt sich sein Dienstbereich räumlich mit dem Dienstbereich der Wehrmachttransportleitung, wobei unbeschadet der notwendigen engen Zusammenarbeit die Belange der Reichsbahn vom BvRb, die Belange der Wehrmacht von der Wehrmachttransportleitung vertreten und bearbeitet werden.
6. Die Aufgaben des Leiters der Leitstelle und des BvRb bestehen darin, die Forderungen der Wehrmacht mit der Leistungsfähigkeit der Eisenbahn in Einklang zu

bringen und die Erfüllung der gestellten Forderungen im Rahmen der Leistungsfähigkeit zu veranlassen.

7. Als Leiter der Leitstelle fallen ihm insbesondere folgende Transportaufgaben zu:
   A) *In eigener Zuständigkeit*
      a) Planbearbeitung,
      b) Transportüberwachung und Auswertung der Genzübergänge für die Wehrmachttransportleitung,
      c) Zusammenstellung des Grenzabrufes.
   B) *In gemeinsamer Bearbeitung mit der Wehrmachttransportleitung*
      a) Zusammenstellung der Ver- und Beladeprogramme,
      b) Aufteilung der Züge auf die einzelnen Streckenführungen und täglichen Grenzübergänge,
      c) Herausgabe der Inhalts- und Beladebefehle, Elida usw.

8. Als Bv Rb hat er insbesondere folgende Aufgaben:
   a) Die Mitwirkung und Mitzeichnung bei allen Transportanordnungen der Wehrmachttransportleitung, soweit sie nicht von der Leitstelle in eigener Zuständigkeit bearbeitet werden,
   b) Unterrichtung der Wehrmachttransportleitung über die Betriebslage, Einholung aller damit zusammenhängenden Unterlagen,
   c) Überwachung der glatten Durchführung aller Wehrmachttransporte und der Streckenbelegung im eigenen Bereich,
   d) Überwachung der Leerwagengestellung bei größeren Transportanforderungen,
   e) Bearbeitung aller allgemeinen Eisenbahnfragen (Tariffragen usw.),
   f) Zusammenstellung statistischer Unterlagen über transporttechnische Angelegenheiten.

Quelle: Unterlagensammlung des Verfassers.

Dokument 13

Abschrift

ohne Datum

Feldeisenbahnkommando 5

Richtlinien für den Einsatz

Das Feldeisb.Kdo. hat die Aufgabe, die vom Chef des Trspw. zur Wiederherstellung und Inbetriebnahme befohlenen Strecken unverzüglich zu besetzen und zu betreiben.

Die erste Erkundung feindfrei gewordener Strecken wird vom Kdr. d. Eisb. Pi. bei den Armeen durchgeführt, dessen Aufgabe es ist, zerstörte Strecken für die Wiederinbetriebnahme durch das Feldeisb.Kdo. in möglichst kurzer Zeit wiederherzustellen und ggf. umzuspuren. Es ist unbedingt erforderlich, daß die zum *Einsatz befohlenen Abteilungen des Feldeisb.Kdos. sofort Verbindung mit dem zuständigen Kdr. d. Eisb. Pi. aufnehmen.* Sie unterrichten sich dort fortlaufend über die Lage und werten alle einlaufenden Erkundungsmeldungen für ihre Aufgaben aus. Mit den Einheiten des Kdr. d. Eisb. Pi. ist dauernd engste Fühlung zu halten und vertrauensvolle Zusammenarbeit anzustreben. Ebenso ist umgehend Verbindung mit dem zuständigen *Bv.T.O. der Armee* aufzunehmen, der die Abteilungen von den Absichten der Armee über Nachschubführung (Ausladebahnhöfe und geforderte Ladeleistungen) in Kenntnis setzt.

Wird eine neue Strecke zur Wiederherstellung befohlen, setzen die Feldeisb. Betr. Abt. und Masch. Abt. *frühzeitig Vorkommandos in Marsch, deren Aufgabe es ist, gleichzeitig oder noch vor den Truppen des Kdr. d. Eisb. Pi. eine erste Besetzung des feindfrei gewordenen Streckenabschnitts* vorzunehmen. Sie führen erste Erkundungen der Bahnanlagen durch und stellen alle vorgefundenen Eisenbahnstoffe und Geräte sicher. Besonderes Augenmerk ist auf sofortige Beschlagnahme aller vorgefundenen Pläne und sonstiger Unterlagen für den Betrieb zu richten. *Belegung von Bahngebäuden durch fremde Truppen ist zu verhindern.* Unterkünfte sind, soweit möglich, für die nachfolgende Einheit bereitzustellen, die *Reinigung mit einheimischen Kräften vorzunehmen.*

Die Vorkommandos melden *täglich* an Feldeisb.Kdo. und Feldeisb. Betr. Abt. bzw. Feldeisb. Masch. Abt. *fernmündlich oder durch Kurier über folgende Punkte: Standort, Tätigkeit, Erkundungsergebnis, Feindlage und besondere Vorkommnisse.*

Die volle Besetzung der Strecke ist unverzüglich nach Inmarschsetzung des Vorkommandos einzuleiten und muß diesem dichtauffolgend durchgeführt werden. Sie ist, ohne Rücksicht auf den Zerstörungsgrad der Strecke, unter Ausnutzung aller sich bietenden Möglichkeiten vorzunehmen und hat ggf. *im Landmarsch* zu erfolgen.

Nach Eintreffen am Einsatzort sind ohne Zeitverlust die Arbeiten für die Wiederaufnahme des Betriebes in Angriff zu nehmen. Alle bisher im russischen Eisenbahndienst tätig gewesenen einheimischen Kräfte *müssen baldmöglichst erfaßt und wieder an ihren ehemaligen* Arbeitsstätten eingesetzt werden. *Mit Hilfe der Dolmetscher und Starosten* muß an den Strecken die Organisation des russischen Schneeräumdienstes aufgespürt und für eigene Zwecke voll bereitgestellt werden.

Im Einvernehmen mit dem Kdr. d. Eisb. Pi. ist der Betrieb alsbald verantwortlich zu übernehmen.

Mit allen Transportdienststellen (BO, Ausl.K.) und den am Ort befindlichen Dienststellen (Ortskommandantur) ist Verbindung aufzunehmen.

Erster Grundsatz *bleibt immer: Hilf Dir selbst.*

Einzelheiten über die Aufgaben bei der ersten Besetzung der Bfe, Bm und Bw sind aus den an die Abteilungen verteilten bzw. noch zur Verteilung gelangenden Merkblättern zu ersehen.

Blume

Hauptmann und Stabsoffizier II

Quelle: Unterlagensammlung des Verfassers.

Dokument 14

Abschrift

Feldeisenbahnkommando 3 — O. U., den 20. 12. 1942
Az.: 34 — Stb.O.I.
Anl.: — 1 —

Befehl über die militärische Ausbildung der Sdf.i.Ofz.Rang,
ihre Beförderung zu militärischen Dienstgraden und Übernahme in die Offizierslaufbahn.
(Zusätze zu AHM 42 Nr. 931)

I.

Ch.d.Trspw. hat mit Nr. X 50 300/42 befohlen, daß durch den Kommandeur des F.E.Kdo. 3 *alle* Sdf.i.Offz.Rang so auszubilden und zu erziehen sind, daß sie die an einen Offizier zu stellenden hohen Anforderungen und damit die Bedingungen für eine Beförderung erfüllen. Dabei muß vermieden werden, daß durch eine nur oberflächliche Ausbildung der soldatische Wert der auf diese Weise beförderten Sdf. unter dem des Truppenoffiziers liegt.

Nur, wenn die Anforderung und die Ausbildung auf hoher Stufe stehen, wird der zum Offz. beförderte Sdf. die notwendige innere Befriedigung, Sicherheit und die Anerkennung seiner Mannschaft finden.

Die Tüchtigkeit eines Mannes, die Lauterkeit seines Strebens und seiner Gesinnung, sowie die bedingungslose Einsatzbereitschaft seiner Person für Führer, Volk und Vaterland sind die allein geltenden Maßstäbe für die Auslese zum militärischen Führer (s. HVBl. 42 C Nr. 698).

II.

Für die militärische Ausbildung usw. sind die im AHM 1942 Nr. 931 aufgeführten Bestimmungen in Verbindung mit nachstehenden Zusätzen maßgebend.

1.) Zu AHM 1942 Nr. 931 I Abs. 1 (Laufende Kurse).
Ab 20. 1. 1943 werden laufend Ausbildungslehrgänge beim Lds.Sch.Btl. 528, Charkow, stattfinden, in denen Sdf., die schon den militärischen Rang als Uffz. oder Feldw. erworben haben, Gelegenheit geboten wird, ihre militärischen Kenntnisse so zu fördern, daß sie in der Lage sind, die Aufgaben zu erfüllen, die an einen Feldw. im Truppendienst herantreten. Gleichzeitig soll ihnen dabei Gelegenheit gegeben werden, ihre Eignung zur Übernahme in die Offz.-Laufbahn zu beweisen.
Unabhängig davon ist von den Abteilungs-Kommandeuren und Kp.-führern jede Gelegenheit wahrzunehmen, ihre Sonderführer weiterzubilden, insbesondere im militärischen Benehmen, Auftreten, in ihrer inneren und äußeren Haltung. Zum großen Teil läßt sich dies schon bei den gemeinsamen Mittagessen und Abendessen erreichen. Es ist deshalb bei allen Stäben (Abt.- und
T. Kp.-Stab) ein gemeinsames Mittag- und Abendessen einzurichten. Vollzugsmeldung zum 15. 1. 1943.

2.) Zu AHM 1942 Nr. 931 II (Beförderung zu militärischen Dienstgraden).
Anl. Zum 30. 12. 1942 ist nach beiliegendem Muster (Anlage 1) eine Meldung über alle Sdf.i.Offz.Rang vorzulegen. Dabei ist auch anzugeben, wieviel Sdf. ohne Grundausbildung für einen Lehrgang z. Zt. zur Verfügung stehen.

Es ist beim Ch.d.Trspw. beantragt, daß Sdf. ohne Grundausbildung nicht zu Ersatz-Truppenteilen kommandiert werden, sondern daß die Ausbildung durch das Landesschützen-Btl. erfolgt.
Es wird ausdrücklich darauf verwiesen, daß für die Durchführung der Grundausbildung vorübergehende Unbequemlichkeiten in Kauf genommen werden müssen, insbesondere auch vermehrter Dienst der Vertreter.
Zu II (Beförderung) wird darauf verwiesen, daß eine Beförderung bei Vorhandensein der formalen Bedingungen erst dann gerechtfertigt ist, wenn der zu Befördernde hinsichtlich seiner soldatischen (inneren und äußeren) Haltung und seiner truppendienstlichen Leistungen dem neuen Dienstgrad voll entspricht (Führereigenschaft, Auftreten als Vorgesetzter). Die die Beförderung aussprechenden Vorgesetzten sind dafür verantwortlich und haben sich durch *geeignete Maßnahmen* zu überzeugen, daß nur solche Soldaten befördert werden, die diese Anforderungen erfüllen.

3.) Den Vorschlägen für die Ernennung zum O.A. sind die vollständigen Unterlagen nach III A und III B Abs. 1 und 2 beizufügen, aus denen sich die Erfüllung aller Voraussetzungen für die Ernennung ergibt. Die Ernennung erfolgt durch den Kommandeur des F.E.Kdo. 3.

4.) Sonderführer, bei denen die für die Ausbildung getroffenen Maßnahmen keinen Erfolg haben, sind dem F.E.Kdo. (Pers.-Gruppe) zur Aufhebung ihrer Beleihung und Versetzung zum Ersatztruppenteil zu melden. Von diesem Recht ist gegebenenfalls ohne Rücksicht Gebrauch zu machen.
Die Abteilungen haben ab 1. 1. 1943 unter Führung eines geeigneten Offiziers Lehrgänge einzurichten, in denen sich Sdf. mit Grundausbildung in 14tägigen Lehrgängen die militärischen Kenntnisse aneignen, die von einem Uffz. im Truppendienst verlangt werden. Meldung der Teilnehmerzahl, Name
T. des Ausbildungsleiters und Ort der Ausbildung zum 10. 1. 1943 an F.E.Kdo. 3.
Die Teilnehmerzahl ist nicht zu groß zu halten.

Im Entwurf gez.
Frh. v. Stenglin

F. d. R.
Unterschrift
(unleserlich)

Sonderverteiler.

Quelle: Unterlagensammlung des Verfassers.

Dokument 15

Abschrift

Deutsche Reichsbahn
Eisenbahnabteilungen des
Reichsverkehrsministeriums
L 2 g Rs/Bm Berv 139 (o)

Berlin W 8, den 25. Sept. 1944
Voßstr. 35

An
die Generalbetriebsleitungen Ost, Süd, West,
die Reichsbahndirektionen,
die Reichsbahn-Zentralämter Berlin u. München,
das Reichsbahn-Zentralamt für Sozial- und Personalwesen, Berlin,
die elektrische Oberbetriebsleitung, Innsbruck,
die Generalverkehrsdirektion Osten in Bromberg,
den Deutschen Staatsminister für Böhmen und
Mähren, Abt. Verkehr, in Prag,
die Generaldirektion der Ostbahn in Krakau,
den Beauftragten des RVM beim Slowakischen Ministerium
für Verkehr und öffentliche Arbeiten,
Abteilung Eisenbahnen, Preßburg

— je besonders —

Betr.: Kennzeichnung der Kombattanten

Nach Entscheidung des Oberkommandos der Wehrmacht Nr. 5490/44 AWA/W Allg. (II c)—WR vom 28. August 1944 gelten Personen außerhalb der Wehrmacht, der Waffen-SS usw. nur als Kombattanten, wenn sie von einer militärischen Dienststelle mit der gelben Armbinde mit der Aufschrift „Deutsche Wehrmacht" versehen sind und einen Kombattantenausweis (siehe Anlage) erhalten haben.

Für die besetzten westlichen Gebiete und für Dänemark war die Ausgabe dieser Kennzeichen rechtzeitig angeordnet worden. Nachdem jetzt auch Teilen der Gefolgschaft in der Heimat Verteidigungsaufgaben gegen den Feind übertragen worden sind oder noch übertragen werden können (Fliegerabwehr, Küstenverteidigung, Sondereinsätze usw.) muß dafür gesorgt werden, daß die dafür vorgesehenen Kräfte ebenfalls rechtzeitig vorsorglich mit diesen Kennzeichen versehen werden, damit die Bestimmungen der Haager Landkriegsordnung betreffend Kombattanten auf sie angewandt werden können. Der Ausweis wird von jedem Truppenteil und jeder Dienststelle der Wehrmacht bzw. Waffen-SS ausgestellt.

gez. Ebeling

Quelle: Unterlagensammlung des Verfassers.

Anlage:

Kombattantenausweis

Der Inhaber dieses Ausweises . . . .

. . . .

ist Angehöriger der deutschen Streitkräfte und gleichzusetzen einem *) Offizier, Unteroffizier mit — ohne Portepee — Soldaten. Er ist zwecks Kennzeichnung seiner Zugehörigkeit mit einer gelben Armbinde mit der Aufschrift „Deutsche Wehrmacht" versehen und beim Tragen der Armbinde zum Führen von Waffen berechtigt und zum Kampfeinsatz verpflichtet.

Unterschrift

*) Nichtzutreffendes ist zu streichen.

Dokument 16

Fernschreiben + B VON GVD WARSCHAU NR. 85 29/9 1830 =

AN OKH/ CHEF TRSPW. = — GEHEIM —
AN NACHR: MINEIS (L) B TRSPCHEF.—
GLTD:= AN OKH/CHEF TRSPW. NACHR. MINEIS L BEIM TRSPCHEF
UND BV RVM BEIM REICHSF SS CH BKV =

ZU FS SSD TANNA 0192 VOM 17. 9, 43 PL ABT. ROEM 3 OP
NR. 06319 /43 GEH. —
AUSREICHENDER STRECKENSCHUTZ FÜR BARANOWITSCHE — LUNINIEC
BISHER NICHT EINGETROFFEN. IN DEN NÄCHTEN ZUM
20. UND 21. 9. WIEDER 8 158 M SCHIENEN ZERSTÖRT.
WIEDERHERSTELLUNGSARBEITEN EINGESTELLT BIS AUSREICHENDER
SCHUTZ EINGETROFFEN =
GVD WARSCHAU 36.360 GBS/ BMAS 7 (G)+

Quelle: Unterlagensammlung des Verfassers.

Dokument 17

Deutsche Reichsbahn
Eisenbahnabteilungen des
Reichsverkehrsministeriums

Berlin W 8, den 25. Sept. 1944
Voßstraße 35

L 2 g Rs/Bm Berv 139 (g)

— geheim —

An
den Bahnbevollmächtigten der General-
verkehrsdirektion Osten in Bromberg,
die Bahnbevollmächtigten der General-
betriebsleitungen Ost, Süd, West,
den Bahnbevollmächtigten der General-
direktion der Ostbahn in Krakau,
die Bahnbevollmächtigten der Reichsbahndirektionen,
den Bahnbevollmächtigten der Deutschen
Reichsbahn für Dänemark in Aarhus,
den Beauftragten des RVW beim Slowakischen Ministerium
für Verkehr und öffentliche Arbeiten,
Abteilung Eisenbahnen, in Preßburg

— je besonders —

Betr.
ARLZ-Maßnahmen

Zur Klarstellung der Verantwortlichkeit für Auflockerungs-, Räumungs-, Lähmungs- und Zerstörungs-(ARLZ-)Maßnahmen hat das Oberkommando der Wehrmacht die z. Zt. geltende Regelung wie folgt zusammengefaßt:

I. Verantwortlichkeit im militärischen Bereich

1) Wehrmacht verantwortlich für Vorbereitung und Durchführung von ARLZ-Maßnahmen allein im militärischen Bereich. Dabei rechnen zum militärischen Bereich außer allen Betrieben, Lagern, Unterkünften und sonstigen Enrichtungen der Wehrmacht alle unmittelbar der Kampfführung dienende Objekte.

2) Innerhalb der Wehrmacht ist verantwortliche oberste Kommandodienststelle grundsätzlich der Oberbefehlshaber der Heeresgruppe bzw. Wehrmachtbefehlshaber oder Wehrkreisbefehlshaber für seinen Befehlsbereich. Sachbearbeiter der Kommandobehörden sind nach den Weisungen der O.Qu die höheren Feldwirtschaftsoffiziere, im Heimatkriegsgebiet die Wwi-Offz bei den Wehrkreisbefehlshabern.

OKM und OKL sind hinsichtlich besonderer, die Kriegsmarine bzw. Luftwaffe eigentümlicher Einrichtungen (z. b. U-Boot-Bunker, Flugplätze) selbstverantwortlich.

II. Verantwortlichkeit im zivilen Bereich

Vorbereitung und Durchführung von ARLZ-Maßnahmen im zivilen Bereich (auch Rüstungswirtschaft) ist grundsätzlich Aufgabe ziviler Dienststellen nach Maßgabe folgender Erläuterungen:

1) Im Heimatkriegsgebiet und in den Operationszonen Alpenvorland und Adriatisches Küstenland sind einheitlich verantwortlich die Gauleiter und Reichsverteidigungskommissare (Oberste Kommissare) nach den Weisungen der Obersten Reichsbehörden. Klärung der Notwendigkeit auf Grund der militärischen Lage mit dem örtlich zuständigen militärischen Befehlshaber (Oberbefehlshaber, Wehrmachtbefehlshaber, Wehrkreiskommando).

2) In außerdeutschen Gebieten richtet sich die Verantwortlichkeit nach deren staatsrechtlichem Verhältnis zum Reich bzw. der für dieses Gebiet befohlenen Verwaltungsform. Als Anhalt kann dienen:

   a) In Ländern mit deutscher Zivilverwaltung:
   Oberster Hoheitsträger des Reiches (Reichskommissar, Reichsbevollmächtigter);

   b) In befreundeten Staaten:
   Oberster diplomatischer Vertreter Deutschlands (bezüglich deutscher (verlagerter) Industrie und sonstiger deutscher Einrichtungen);

   c) In Gebieten mit deutscher Militärverwaltung einschl. des Bereiches des Bev. Generals d. Dt. Wehrmacht in Italien:
   Oberbefehlshaber (Ob West, Ob Südwest, Ob Südost) mit der Befugnis zur verantwortlichen Beauftragung der Territorialbefehlshaber. Sie sind gehalten, die Wünsche der Obersten Reichsbehörden weitestmöglich zu berücksichtigen.

3) Sondervollmacht des Reichsministers für Rüstung und Kriegsproduktion für ARLZ-Maßnahmen in Rüstungsindustrie und Rüstungswirtschaft, die jeweils durch Einzelanordnungen geregelt wird (z. B. für Frankreich), ist zu beachten.

III. Sonderaufgaben der Wehrmacht

1) In den Kampfzonen ist für sämtliche ARLZ-Maßnahmen militärischen und zivilen Bereichs die Kommandodienststelle gem. Ziff. I,2 (Oberbefehlshaber der Heeresgruppe) verantwortlich.

   Rückwärtige Grenze der Kampfzonen im Sinne dieser Verantwortlichkeit ist von Fall zu Fall im Einvernehmen mit den örtlich zuständigen zivilen Dienststellen festzulegen (Berücksichtigung territorialer Grenzen und geschlossener Wirtschaftsräume).

2) Im übrigen beschränkt sich die Tätigkeit der Wehrmacht hinsichtlich ARLZ-Maßnahmen des zivilen Bereichs mit Ausnahme der Sonderregelung in Ziff. II, 2c auf Unterstützungsmaßnahmen, die bestehen können in

   a) Zusammenwirken mit verantwortlicher Zivildiensstelle in der kalendermäßigen Vorbereitung,

   b) Unterstützung der Zivildienststellen in der Entschlußfassung durch laufende Unterrichtung über die Lage,

   c) Hilfeleistung bei Durchführung
   (Pionierkräfte, Transportmittel, Sprengmittel usw.).

IV. Ergänzende Bestimmungen

1) Für Erdölindustrie hat sich der Führer Auslösung von ARLZ-Maßnahmen vorbehalten und entschieden, daß in der Regel nur Räumung oder Lähmung, nicht Zerstörung, in Frage kommt.

Daher, wenn möglich, Bestätigung Chefs OKW (WFSt/Qu) einholen, bevor Wehrmacht auf Ersuchen ziviler Dienststellen derartige Maßnahmen auslöst.

2) Allgemein gültige Richtlinie über Wahl des Mittels, das einzelne Objekt der Nutzbarmachung durch den Gegner zu entziehen (R-, L- und Z-Maßnahme), kann nicht gegeben werden. Sie bleibt im militärischen Bereich grundsätzlich dem verantwortlichen Truppenführer überlassen. Anhalt: Objekte, die der unmittelbaren Kampfführung dienen, zerstören; bei übrigen Objekten Vor- und Nachteil der anzuordnenden Maßnahmen abwägen; in Gebieten, die voraussichtlich in Kürze zurückgewonnen werden, und im Reichsgebiet im allgemeinen von Zerstörungsmaßnahmen absehen; in Zweifelsfällen von grundsätzlicher Bedeutung, gegebenenfalls fernmündlich, Entscheidung des OKW (WFSt/Qu) einholen.

3) Für die Rückführung von Menschen gelten vorstehende Bestimmungen entsprechend. Sie beziehen sich auf Reichs- und Volksdeutsche, Landeseinwohner, die sich im Dienst für Deutschland oder durch deutschfreundliche Haltung hervorgetan haben, Kriegsgefangene, Wehr- und Arbeitsfähige. (Mitnahme von Angehörigen je nach Lage).

Hiervon außerhalb der Kampfzone militärischer Bereich lediglich Rückführung der Kriegsgefangenen; Rückführung Deutscher im Ausland und ausländischer Bevölkerung Aufgabe des Reichsführers SS und Chefs der Dt. Polizei (Zusammenarbeit mit GBA); Evakuierung deutscher Zivilbevölkerung Aufgabe der Gauleiter.

4) Dringlichkeitsfolge für personelle und materielle Räumungsmaßnahmen und Bestimmungen über Anmeldeverfahren und technische Durchführung von Räumungstransporten werden gesondert befohlen.

5) Über personelle und materielle ARLZ-Maßnahmen an allen Verkehrseinrichtungen entscheidet allein die verantwortliche oberste Kommandodienststelle der Wehrmacht, soweit sich nicht das OKW (WFSt), auf dem Ostkriegsschauplatz der Chef Gen. St. d. H., diese Entscheidung selbst vorbehalten hat.

V. Dringlichkeitsordnung: Bahntransporte

Die beiliegende Dringlichkeitsordnung ist für den miltärischen und zivilen Bereich verbindlich.

Hinsichtlich des Anmeldeverfahrens für Räumungs-Bahntransporte gilt folgendes:

1) Räumung innerhalb der Kampfzone:
Transportanmeldungen für alle Rückführungsgüter sind zwecks Prüfung und Weitergabe an die zuständige Transportdiensstelle an das Oberkommando der Heeresgruppe bzw. Armee (O.Qu.) zu richten; Leermaterialzufuhr zu den Verladestellen entsprechend den Anträgen der verantwortlichen Kommandobehörde durch Gen. d. Trsw. bzw. BvTO.

2) Räumung außerhalb der Kampfzone:
Entscheidungsbefugnis im Rahmen der Dringlichkeitsordnung über Zuweisung von Transportraum für Rückführungsgut haben die unter Ziff. II aufgeführten deutschen zivilen Dienststellen.
Demgemäß sind Transportanmeldungen vorzulegen:
a) für den zivilen Bereich unmittelbar den genannten deutschen Dienststellen oder einer von diesen beauftragten Dienststelle zwecks Weitergabe an die Reichsbahn;
b) für den militärischen Bereich der verantwortlichen Kommandobehörde (Obkdo, HGr, Wehrkreisbefehlshaber), die entsprechend dem ihr von der entscheidungsberechtigten zivilen Dienststelle zugestandenen Wagenkontingent die Leermaterialzuführung und Fahrtnummererteilung bei der zuständigen militärischen Transportdienststelle beantragt.

Ebeling S

Die Dringlichkeitsordnung nach Absatz V ist wegen ihres Umfangs hier nicht abgedruckt.

Quelle: Unterlagensammlung des Verfassers.

Dokument 18

Abschrift

Fernschreiben — KR 29. März 1945
RVM

Zur Durchführung des Führerbefehls OKW West/OP/Qu 2 Nr. 271/45 gKdos. v. 19. 3. 1945 über Zerstörungen im Reichsgebiet wird für die
Verkehrsanlagen angeordnet:

1. Verkehrsanlagen künftig bei jeder Geländepreisgabe grundsätzlich nachhaltig zerstören. Abweichungen befiehlt in Einzelfällen OKW. Alle einschränkenden Befehle einschl. der mit Verfg. OKW/West/Qu 2 Nr. 07069/45 geh. v. 15. 9. 44 Ziff. 4 gemachten Vorbehalte entfallen.
2. Verantwortlich für die Zerstörung aller Verkehrsanlagen sind die Kommandobehörden. Sie befehlen Vorbereitung, Auslösung und Durchführung.
3. Der Gen.d.Trspw. ist hierbei fachlicher Berater seiner Kommandobehörde. Er schlägt im Benehmen mit örtlichen Dienststellen des RVM Objekte und Umfang der Zerstörung von Verkehrsanlagen (Eisenbahn und Binnenschiffahrt) vor.
4. Zerstörungen sind nur wirkungsvoll, wenn sie auf breitester Basis erfolgen. Durchführung muß deshalb in erster Linie durch das RVM mit seinen eigenen Kräften und den ihm zur Verfügung stehenden Hilfskräften erfolgen. Für technisch schwierige Objekte sind Eisenbahn-Pioniere, wo diese nicht ausreichen, Truppen-

pioniere und sonstige Kräfte der Truppe, einzusetzen. Zusammenwirken dieser verschiedenen Kräfte ist durch Gen.Trspw. im Benehmen mit den betr. örtlichen Dienststellen des RVM sicherzustellen.

5. Ziel ist Schaffen einer Verkehrswüste im preisgegebenen Gebiet. Verknappung von Sprengmitteln verlangt erfinderisches Nutzen aller Möglichkeiten nachhaltigen Zerstörens (Verwendung jeder Munitionsart, auch Beutemunition, Feueranlegen, Zertrümmern wichtiger Teile).
   Neben allen verkehrswichtigen Objekten (Kunstbauten jeder Art, Gleisanlagen, Betriebs- und Werkstätteneinrichtungen) auch gesamtes rollendes und schwimmendes Material (besonders Lokomotiven, Zugschiffe, Selbstfahrer) soweit nicht abziehbar, unter Ausschöpfung aller Hilfsmittel restlos zerstören. Hierbei durch Zusammenfahren rollendes Material und Brandanlegen sowie Schiffsversenkungen starke Sperren schaffen. Ausfall von Lokomotiven und Wagen wirksam für auf Beute angewiesene Ostgegner.
6. RVM und Reichsministerium Speer werden um entsprechende Anweisung ihrer nachgeordneten Dienststellen nach vorstehenden Richtlinien gebeten.

Chef d. Transportwesens d. Wehrmacht-
Planungsabteilung III Br. 0433/45 g.Kds.

i. A. Härtel, Oberst i. G.

Quelle: IMT Bd. XLI, Dok. Speer 28.

Dokument 19

RBD München München, den 12. Mai 1945

An alle BA und MA
nachr VA und RAW

Die Verhandlungen mit der amerikanischen Militärregierung haben ergeben, daß die Bahnanlagen sofort wieder in Ordnung gebracht werden müssen.
An der Wiederherstellung haben sich alle Eisenbahner ohne Unterschied, auch Frauen, zu beteiligen.
Fernbleiben wird als feindselige Haltung ausgelegt und durch Militärgerichte bestraft.
Auch die Bediensteten des Baustabes, RZA usw. sowie die Angehörigen fremder RBD'en die sich zur Zeit im RBD-Bezirk München aufhalten, haben sich voll im Rahmen der RBD einzusetzen. Die Meldung hat umgehend bei der für die Wohnung nächstliegenden Dienststelle (Bahnhof, Bm, RAW) zu erfolgen.
Fachkräfte sind nach Möglichkeit ihrer Fachausbildung entsprechend zu verwenden und nicht bei allgemeinen Aufräumungsarbeiten einzusetzen.
Ausländer dürfen nicht zur Arbeit herangezogen werden, auch wenn sie sich freiwillig melden.

Arbeitszeit ist bis auf weiteres von 8—17 Uhr an allen Tagen auch an Samstagen, sowie Sonn- und Feiertagen.
Jeder Dienststellenleiter ist persönlich verantwortlich für einen vollen und zweckmäßigen Einsatz seiner Bediensteten sowie aller übrigen Kräfte, die sich bei ihm zum Einsatz melden.
Der Deutsche Gruß ist verboten.
Zur Kennzeichnung ist von jedem Eisenbahner eine weiße Armbinde zu tragen mit der Aufschrift:

„R. R. Worker"

Weitere Ausweise sind von den örtlichen amerikanischen Kommandostellen zu erwirken.
Essen ist zum Arbeitsplatz vorerst selbst mitzubringen. Es wird versucht, eine Gemeinschaftsverpflegung wieder aufzubauen. Die Wiederherstellung hat nach folgenden Gesichtspunkten zu erfolgen:

I) *Wiederherstellung der Gleisanlagen:*
   1) Strecke München — Augsburg,
   2) Strecke München — Ingolstadt,
   3) Strecke München — Garmisch,
   4) Güterbahnhöfe München.

Die Dienststellen haben sich nachbarliche Hilfe zu leisten, um eine möglichst schnelle Fertigstellung in obiger Reihenfolge zu gewährleisten.
   5) Fertigstellung der Strecken, die für die Versorgung mit Kohle, Milch und Nahrungsmitteln notwendig sind.

Ein öffentlicher Personenverkehr kommt vorerst nicht infrage. Lokomotiven können für Arbeitszüge bei den Bw angefordert werden; bei dem Kohlenmangel ist äußerste Sparsamkeit geboten. Brücken werden grundsätzlich von den amerikanischen Truppen wiederhergestellt, soweit nicht Sonderweisung erfolgt. Aufräumungsarbeiten auch an den Brücken sind durch unsere Kräfte durchzuführen.
Weichen sind an das Stellwerk anzuschließen, wenn möglich, für örtliche Bedienung einzurichten.
Auf Bedienung der Hauptsignale wird vorerst verzichtet. Elektrische Strecken sind vorerst profilfrei zu machen (mindest 4,80 über S.O.). Die Drähte sind, wenn sie stören sollten, aufzurollen.

II) *Fernsprech- und Fernmeldeanlagen* sind nach Möglichkeit instandzusetzen.

III) *Lok und Lokbehandlungsanlagen* sind schnellstens instandzusetzen. Die Lokomotiven sind mit Ölfarbe mit der Aufschrift „USA" zu kennzeichnen. Hoheitszeichen an Lok und Fahrzeugen sind zu entfernen.

IV) *Die Wiederherstellung von Hochbauten* hat vorerst zu unterbleiben.

Die Herren BA-Vorstände in München melden persönlich täglich möglichst frühzeitig spätestens bis 15 Uhr an den Betriebsleiter Ferdinand Maria Str. 21 (die auswärtigen Ämter geben ihre Meldungen täglich auf kürzestem Wege an diese Stelle):

1) Vorhandene Schäden,
2) Kräfteeinsatz,
3) Arbeitsfortgang,
4) Wiederbefahrbarkeit der Strecken (Dampf, elektrisch),
5) Besondere Ereignisse.

Das gleiche gilt für die Herren MA-Vorstände für die Unterrichtung des Leiters der maschinentechnischen Abteilung, ebenfalls Ferdinand Maria Str. 21.

Ferner sind zu melden:

1) Dolmetscher namentlich, Fachkenntnisse sind anzugeben,
2) Geräte-, Bau-, Lazarett-, Regierungssonder-, Befehlszüge usw. nach Ort und Zusammensetzung,
3) Schienenkrafträder und Draisinen,
4) Pkw und Lkw,
5) Die bei den einzelnen Dienststellen eingesetzten höheren Beamten namentlich.

Es wird nochmals daraufhingewiesen, daß Bedienstete für Büroarbeiten nur in den unumgänglich notwendigsten Fällen zu verwenden sind; alle Kräfte auch die von Betrieb und Verkehr haben sich für einen möglichst schnellen Wiederaufbau der Strecken, Wiederherstellung der Lokomotiven und Wagen zur Verfügung zu stellen und sind vorerst nur dort zu verwenden.
Die Bw sind von den MA-Vorständen zu beauftragen, die täglichen Meldungen an die Oberzugleitung (Lokdienst) ab sofort wieder aufzunehmen und zwar vorerst durch Boten.

gez. Knorr

Quelle: Unterlagensammlung des Verfassers.

Dokument 20

Maßnahmen zur Koordinierung der Verkehrsträger und zur Bewirtschaftung der Verkehrsmittel während des 2. Weltkrieges

1. *8. Verordnung zur EVO vom 21. 8. 1939 (RGBl II 1939, S. 952)*
   Auf Anordnung des RVM kann das der Eisenbahn übergebene Gut mit einem anderen Verkehrsmittel weiterbefördert werden. Die Eisenbahn kann dann das Gut auch nach einem anderen Bestimmungsbahnhof zur Übergabe an das andere Verkehrsmitel befördern und Fracht- und Lieferfrist für diesen Weg berechnen.

2. *Einführung von Hochbedarfsmaßnahmen*
   Auf Grund der Dienstanweisung zur Durchführung des Höchstleistungsfahrplanes (DAzD) — geheim —) wird am 26. 8. 1939 der Hochbedarf für alle Wagengattungen bekanntgegeben und während des ganzen Kriegs beibehalten.

3. *Kriegswirtschaftsverordnung vom 4. 9. 1939 (RGBl I 1939, S. 1609)*
Transporte, die mit sparsamer Wirtschaftsführung nicht vereinbar sind, werden verboten.

4. *9. Verordnung zur EVO vom 6. 9. 1939 (RGBl II 1939, S. 962)*
Mit Rücksicht auf die jetzige Inanspruchnahme der Eisenbahn durch die Wehrmacht werden sämtliche Lieferfristen aufgehoben.

5. *Verordnung zur Bekämpfung von Notständen im Verkehr vom 19. 9. 1939 (RGBl I 1939, S. 1851)*
Die freie Wahl des Beförderungsmittels wird dem Verfrachter entzogen. Transporte können ohne Rücksicht auf seinen Willen entweder über Eisenbahnstrecken, Wasserwege oder Landstraßen geleitet werden.

6. *Verordnung über die Entladung der Wagen vom 30. 11. 1939 (RGBl I 1939, S. 2328)*
Empfänger von Waren sind verpflichtet, die bereitgestellten Eisenbahngüterwagen innerhalb der von der Eisenbahn festgesetzten Entladefrist zu entladen. Das gilt auch für Sonn- und Feiertage.

7. *13. Verordnung zur EVO vom 30. 11. 1939 (RGBl II 1939, S. 1005)*
Sonn- und Feiertage gelten für den Lauf der Abnahmefrist und für die Berechnung des Wagenstandgeldes als Werktage.

8. *Einführung von Stichworten* zur Sicherung der Wagenzuweisung für besondere Programme der Rüstung und Wirtschaft.

9. *Verordnung zur Einschränkung des Güterverkehrs mit Kraftfahrzeugen vom 6. 12. 1939 (RGBl I 1939, S. 2410 f)*
Kraftfahrzeuge sollen während des Krieges in erster Linie für die Bedienung des notwendigen Orts- und Nachbarortsverkehrs und nur in dringenden Fällen im Fernverkehr eingesetzt werden.

10. *Nachtrag IV zum Deutschen Eisenbahngütertarif Teil I A, gültig vom 29. 1. 1940*
Die Auslastung der Güterwagen wird mit 1 to (später mit 2 to) über die angeschriebene Tragfähigkeit hinaus zugelassen.

11. *17. Verordnung zur EVO vom 24. 2. 1940 (RGBl II 1940, S. 38)*
Die Eisenbahn kann dem Empfänger auch ohne Antrag Stückgüter und Wagenladungen selbst zurollen oder durch Rollfuhrunternehmer zuführen lassen. Sie kann bei Überschreitung der Abnahmefrist Güter auf Gefahr und Kosten des Empfängers ausladen und ihm zuführen.

12. *Verfügung des RVM vom 30. 3. 1940 — 10 Vgaw 22 —*
Einschränkung der Nebenleistungen der Reichsbahn, insbesondere der Verwiegung von beladenen Güterwagen. Verbot der Verwiegung leerer Güterwagen zur Entlastung des Betriebs- und Rangierdienstes.

13. *Bekanntmachung des Verbandsleiters des Deutschen Eisenbahnverkehrs-Verbandes im Tarif- und Verkehrs-Anzeiger III 1940 373/42 (ergänzt durch TVA III 1942 12/1)*
Die Weiterabfertigung und das Umstellen von Güterwagen an andere Ladestellen werden von einer Genehmigung des Verkehrsamtes abhängig gemacht.

14. *Verordnung gegen mißbräuchliche Inanspruchnahme der Eisenbahn vom 8. 4. 1940 (RGBl I 1940, S. 624)*
Für falsche Angaben bei der Anforderung von Beförderungsleistungen, durch die die Durchführung kriegswichtiger Transporte gefährdet wird, werden hohe Strafen angedroht.

15. *Verfügung des RVM vom 9. 5. 1940 — 11 Vgav 38 —*
Es werden Bestimmungen über die Voransage und Vorbenachrichtigung eingeführt.

16. Erlaß des RVM vom 25. 5. 1940 — RL/LV 3 Nr. 2482/40 —
Es werden Frachtenleitstellen eingerichtet, die über die Lenkung und Leitung der Transporte nach und von den Balkanländern zu bestimmen haben und entweder den Bahnweg, den Donauweg oder die Benutzung der Schwarzmeerschiffahrt vorschreiben können. (Später auch auf den nordischen Verkehr und Westeuropa ausgedehnt).

17. *Verordnung betreffs Verkehrslenkung vom 22. 6. 1940 (RGBl I 1940, S. 910)*
Die Präsidenten der Generalbetriebsleitungen werden ermächtigt, den Verfrachtern bestimmte Verkehrswege und Verkehrsmittel vorzuschreiben. Am 5. 11. 1940 geht diese Ermächtigung auf die Gebietsverkehrsleitungen über.

18. *Erlaß des RVM vom 29. 6. 1940 (Reichsverkehrsblatt A, S. 200)*
Bei den Generalbetriebsleitungen Ost und West ist je ein Kohlen- und Erztransportausschuß zu bilden mit der Aufgabe, ein Kohlen- und Erztransportprogramm aufzustellen und eine Verteilung auf die verschiedenen Verkehrsmittel vorzunehmen.

19. *Verfügung des RVM vom 4. 9. 1940 — 11 Vga 28 —*
Die Aufgabe von Sendungen auf Bahnhofsschein ist abzulehnen, wenn ein anderes Beförderungsmittel benutzt werden kann.

20. *Erlaß des RVM vom 14. 9. 1940 — 19 VAL 1 —*
Es werden eine Hauptverkehrsleitung sowie Gebiets- und Bezirksverkehrsleitungen eingerichtet, die über die Dringlichkeit der Transporte, die Beförderungswege und das Transportmittel zu entscheiden haben. In ihnen sind vertreten: die Reichsbahn, der Bevollmächtigte für den Nahverkehr (Straßenverkehr), die Binnenschiffahrt und Seeschiffahrt, die Transportkommandantur der Wehrmacht, die Rüstungsinspektion, die Post, der Verkehrsbeauftragte für die Wirtschaft bei den Handelskammern, das Landeswirtschaftsamt, das Landesernährungsamt, der Bevollmächtigte des Bauwesens (Ministerium Speer), das NSKK und der SD. Mit Erlaß des RVM vom 2. 6. 1942 tritt an die Stelle der Hauptverkehrsleitung die Zentralverkehrsleitung (ZVL) in

Berlin mit der Aufgabe, Wirtschaft und Rüstungsindustrie mit Wagenraum nach Dringlichkeit zu versorgen.

21. *Verordnung betreffs Be- und Entladung von Beförderungsmitteln vom 30. 12. 1940 (RGBl I 1941, S. 15)*
Diese Verordnung ermächtigt zur Zwangsentladung und Zwangszuführung durch die Fahrbereitschaftsleiter.

22. *Anordnung des Beauftragten für den Vierjahresplan vom 13. 5. 1942 — V P 9712/2 —*
Be- und Entladezeiten der Eisenbahnwagen sollen auf ein Mindestmaß herabgedrückt werden. Hierzu *Erlaß des RMdI I Ra 6451/42/447 vom 4. 6. 1942*, wonach in allen Orten, in denen es die Reichsbahn für erforderlich erachtet, Belade- und Entladekolonnen zu bilden sind, die im Bedarfsfalle auf schnellstem Wege eingesetzt werden können. (Bekanntgegeben mit Verfügung des RVM vom 5. 6. 1942 — 10 Vgba 255 II und K 41.13553 —).

23. *Erlaß des RVM vom 2. 6. 1942 — 19 VAL 140 —*
Es werden Verkehrsbeauftragte für die Wirtschaft (VfW) bestellt, die die Wirtschaft in Transportfragen zu beraten haben.

24. *Erlaß des RVM vom 5. 6. 42 — 10 Vgba 256 —*
Für die vor Ablauf der Ladefrist ausgeführte Be- und Entladung von Eisenbahnwagen und ihre vorzeitige Rückgabe wird eine Prämie eingeführt.

25. *Erlaß des RVM vom 5. 6. 1942 — 10 Vwu 5 —*
Die Ladefrist wird allgemein auf 6 Stunden herabgesetzt. Es wird Nacht- und Sonntagsarbeit und der Einsatz von Kriegsgefangenenkolonnen gefordert.

26. *Verordnung über das Frachtenleitverfahren vom 1. 8. 1942 (RGBl II 1942, S. 317)*
Der Verkehr nach bestimmten Ländern wird von Transportbewilligungen abhängig gemacht. Die Frachtenleitstellen können den Verkehrsweg und das Verkehrsmittel vorschreiben.

27. *40. Verordnung zur EVO vom 12. 6. 1942 (RGBl II 1942, S. 263)*
Die in der EVO festgesetzten Ladefristen werden außer Kraft gesetzt und der jeweiligen Fahrplanlage angepaßt. Bekanntmachung der geltenden Fristen durch örtlichen Aushang. Die Eisenbahn wird ermächtigt, bereits bei drohender Überschreitung der Abnahmefrist beim Nahverkehrsbevollmächtigten die Zwangsentladung und Zwangsabfuhr zu beantragen.

28. *Anordnung des Reichsministers Speer vom 30. 9. 1942 — GB Tgb Nr. 3493/42 —*
Für die Rüstungsbetriebe werden Transportbeauftragte (TBa) bestellt, die die Begünstigungsbetriebe in Transportfragen zu beraten haben.

29. *Erlaß des Reichsministers für Bewaffnung und Munition vom 26. 8. 1943 — ZW/Ch 9040 —*
Zur besseren Ausnutzung von Güterwagen werden Bezugs-, Transport- und Absatzgemeinschaften gebildet.

30. *52. Verordnung zur EVO vom 2. 10. 1943 (RGBl II 1943, S. 406)*
Die Eisenbahn wird ermächtigt, das Gut ohne Anweisung an den Absender zurückzusenden, wennn infolge Feindeinwirkung entweder die ordnungsmäßige Verkehrsabwicklung durch Güteranhäufung gefährdet oder die Weiterbeförderung behindert ist.

31. *Verordnung zur Einschränkung des Reiseverkehrs vom 1. 2. 1945 (RGBl II 1945, S. 21)*
Der Reiseverkehr erfährt eine starke Drosselung.

Kartenverzeichnis

Karte 1: Vormarsch in Belgien und Frankreich

Karte 2: Rückzug aus Frankreich, Belgien und Holland

Karte 3: Vormarsch in die Sowjetunion

Karte 4: Rückzug aus der Sowjetunion

Karte 5: Rückzug aus Italien

Karte 6: Rückzug aus dem Balkan

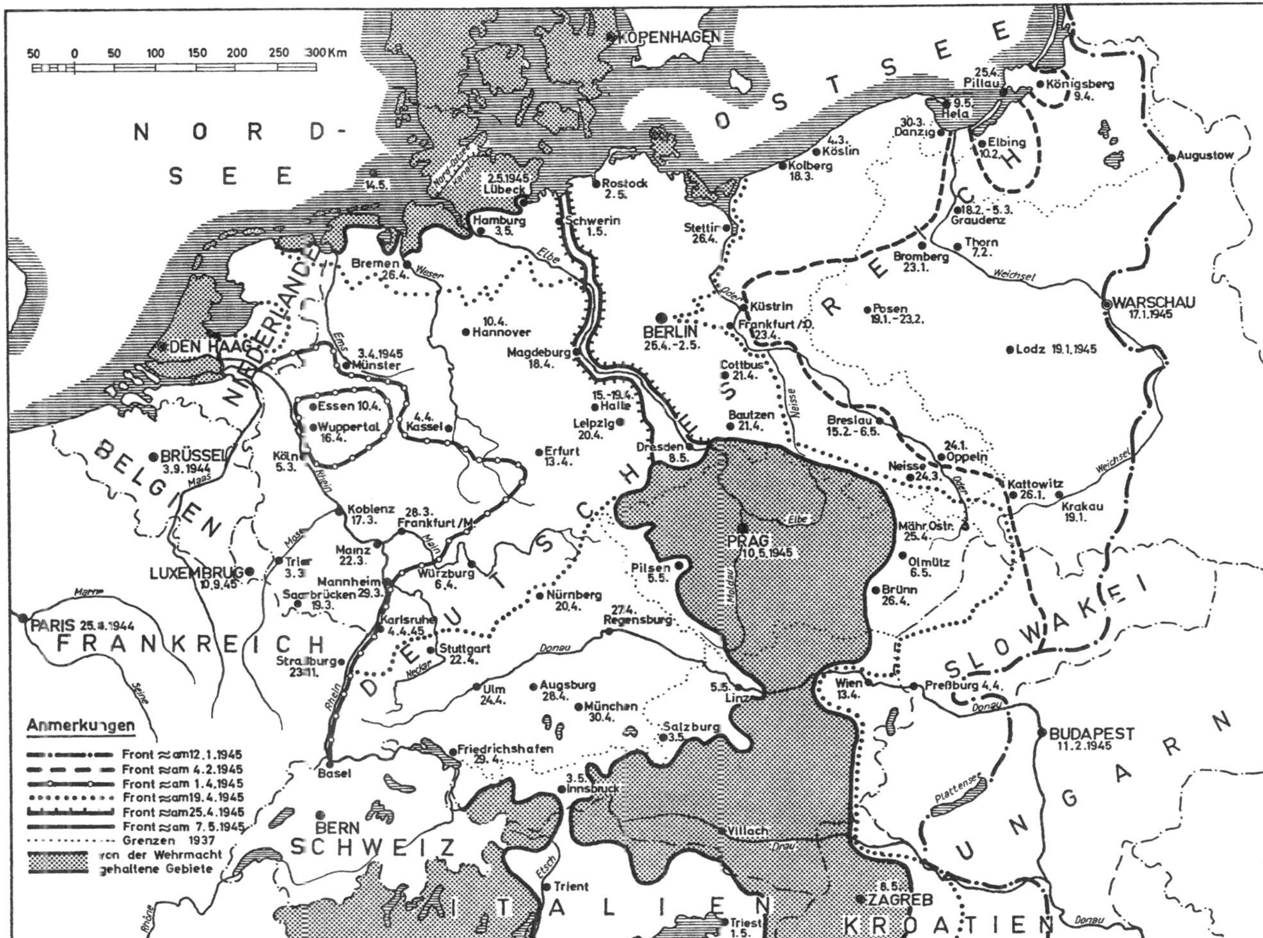

Karte 7: Frontverlauf ab Januar 1945

Karte 8: Eisenbahnen in Norwegen

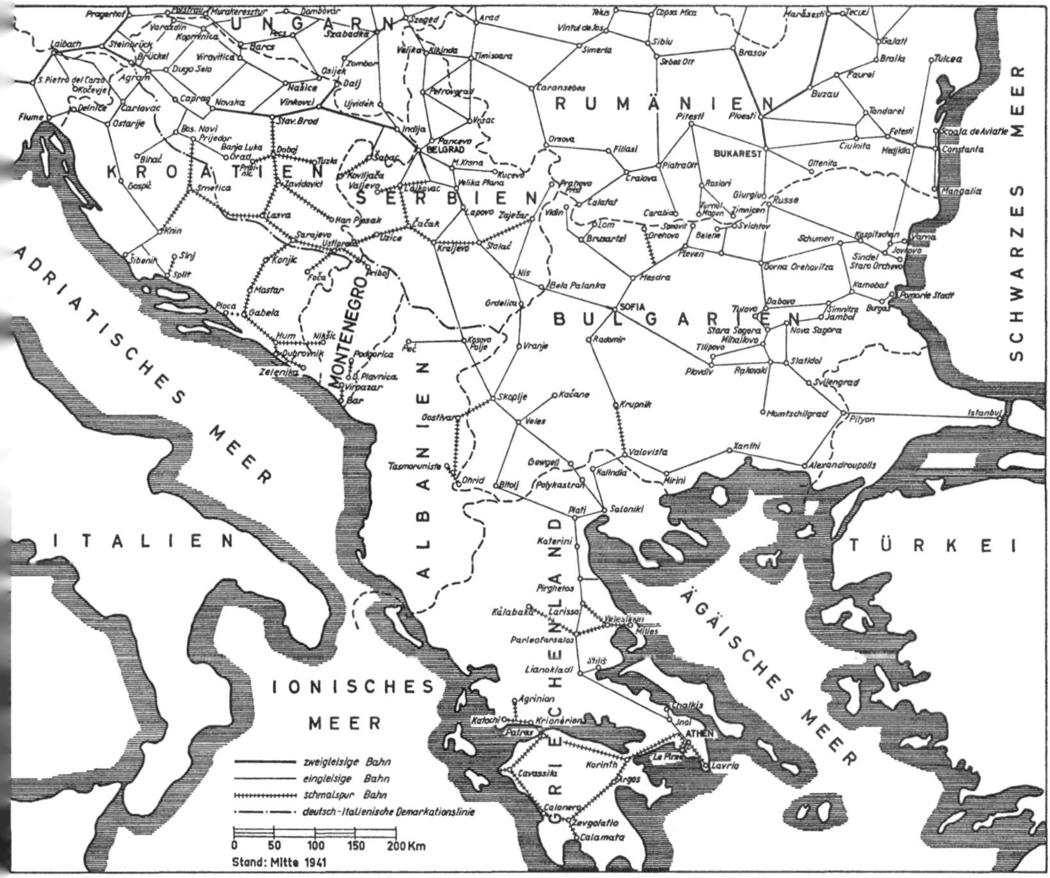

Karte 9: Eisenbahnen im Balkan

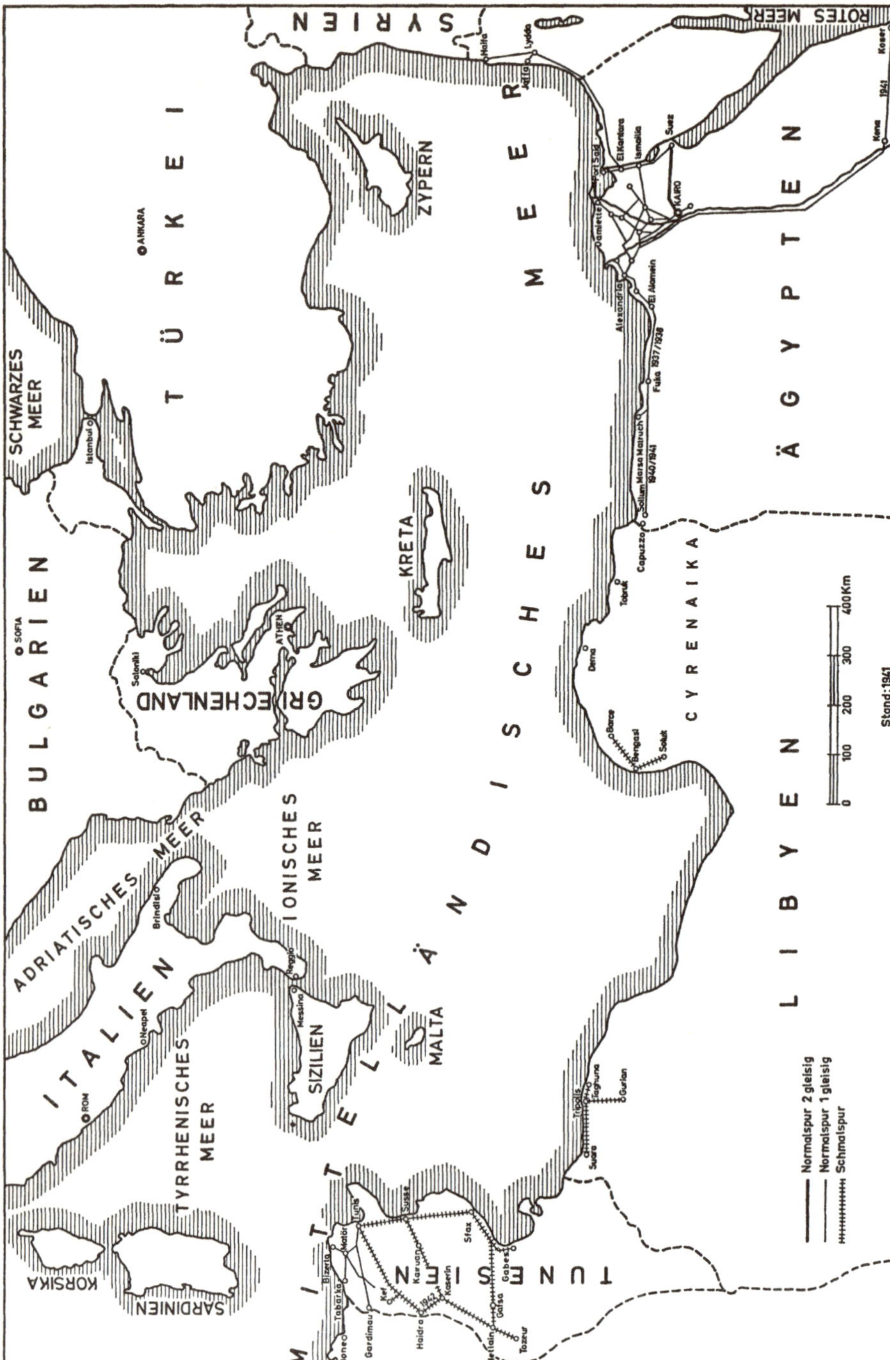

Karte 10: Eisenbahnen in Nordafrika

Ladoga See
Tichwin
Wolchowstroy
Leningrad
Mga
HELSINKI
Finnischer Meerbusen
Hanko
Schudowo
Wejmarn
Jeglino
Reval
Taps
Luga
Batezkaja
Wolchow
Narwa
Nowgorod
Peipus See
DAGÖ
ESTLAND
Bologoje
ÖSEL
Dorpat
Staraja Russa
Demjansk
Dno
Lichoslawl
Pleskau
O S T S E E
Walk
LETTLAND
Lowat
Soblage
Ostrow
Reshew
Riga
Semzy
Düna
Kreuzburg
Welikije Luki
Rositten
Idriza
Mitau
Newel
S O
Libau
Wjasma
Dünaburg
Polozk
Schaulen
Witebsk
Smolensk
LITAUEN
Lepel
Orscha
Sanosnaja
Krolewschisna
Tilsit
Memel
Dnjepr
Roslawl
Kritschew
Königsberg
Wilna
Molodeczno
Hela
Danzig
Mogilew
Stolp
Dirschau
Lida
Minsk
Sosa
Bobruisk
Konitz
Grodno
Memel
Unetscha
Shlobin
Desna
Bialystok
Baranowicze
Timkowitschi
Gomel
Thorn
Weichsel
Kalinkowitschi
Posen
Gnesen
Pinsk
Luniniec
Kutno
WARSCHAU
Bug
Zabinka
Brest
Pripjet
Seim
Warthe
Bachmatsch
Lodsch
Neschin
Lissa
Oder
Sarny
Owrutsch
Korosten
Lublin
Kowel
Priluki
Darniza
Radom
Wolynskij Post
Kiew
Dnjepr
Grebenka
Breslau
Rowne
Shitomir
Zdolbunow
Fastow
Kielce
Rozwadow
Schepetowka
Solotonosch
Oppeln
Weichsel
San
Kasatin
Bobrinskaja
Oder
Lemberg
Kalinowka
Krakau
Gretschany
Oderberg
Tarnopol
Winniza
Snamenka
Shmerinka
Christinowka
Prerau
Sillein
Stryj
Bug
Mogilew-Podolskij
Wapnjarka
Pomoschnaja
SLOWAKEI
Dnjestr
Podgorodnaja
Mosii
Czernowitz
Wosnesensk
Slobodka
Birsula
R E
Dnjestr
Bug
WIEN
Theiß
Bressburg
Miskolc
Nikolajew
Donau
U N G A R N
BUDAPEST
Debrecen
Des
Pascani
Rasdelnaja
Pruth
Jasi
Tighina
Tiraspol
Odessa
Szolnok
Nagyvarad
Szeretfalva
Deda
Gyimesbükk
Madefalva
Sereth
Teius
Adjud
Arad
Galati
Sibiu
Focsani
Timisoara
Braila
Kronstadt
Drau
R U M Ä N I E N
Buzau
Streckenzustand am 1.No
Zeichenerklärung
zweigleisige
eingleisige
2.Gleis im Ba
in Umspurun
in Betrieb
nicht in Betri
Gleis im Bau
in Betrieb
im Bau
wichtige Stre
Frontverlauf im Nov. 1942
Ploesti
Donau
Save
Orsowa
BELGRAD
Donau
BUKAREST
Donau
Constanta
Anmerkung:
Jm westlichen Kartenteil sind nicht
alle Eisenbahnstrecken dargestellt.
Giurgiu
Russe
JUGOSLAWIEN
BULGARIEN

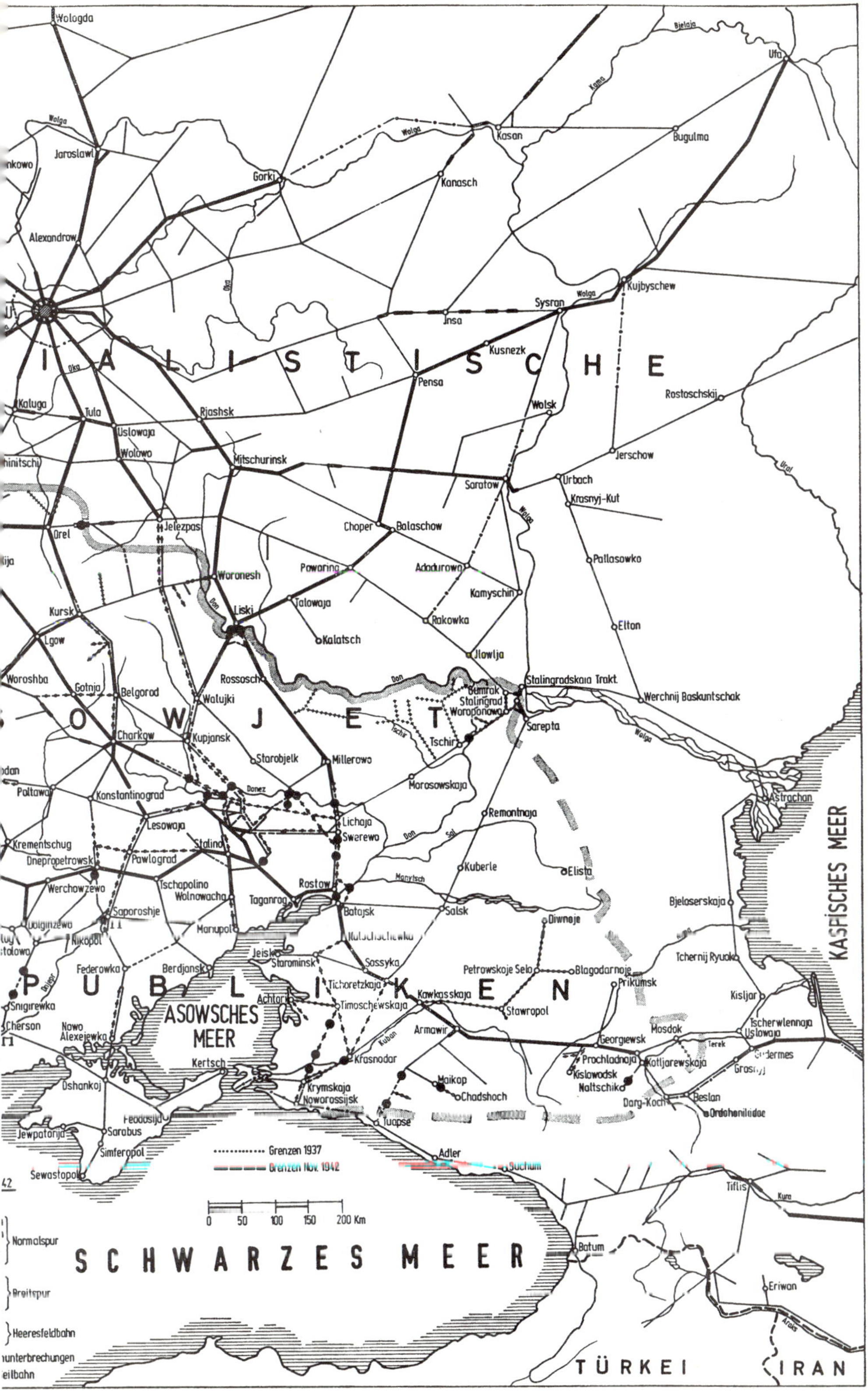

Karte 11: Eisenbahnen in der Sowjetunion

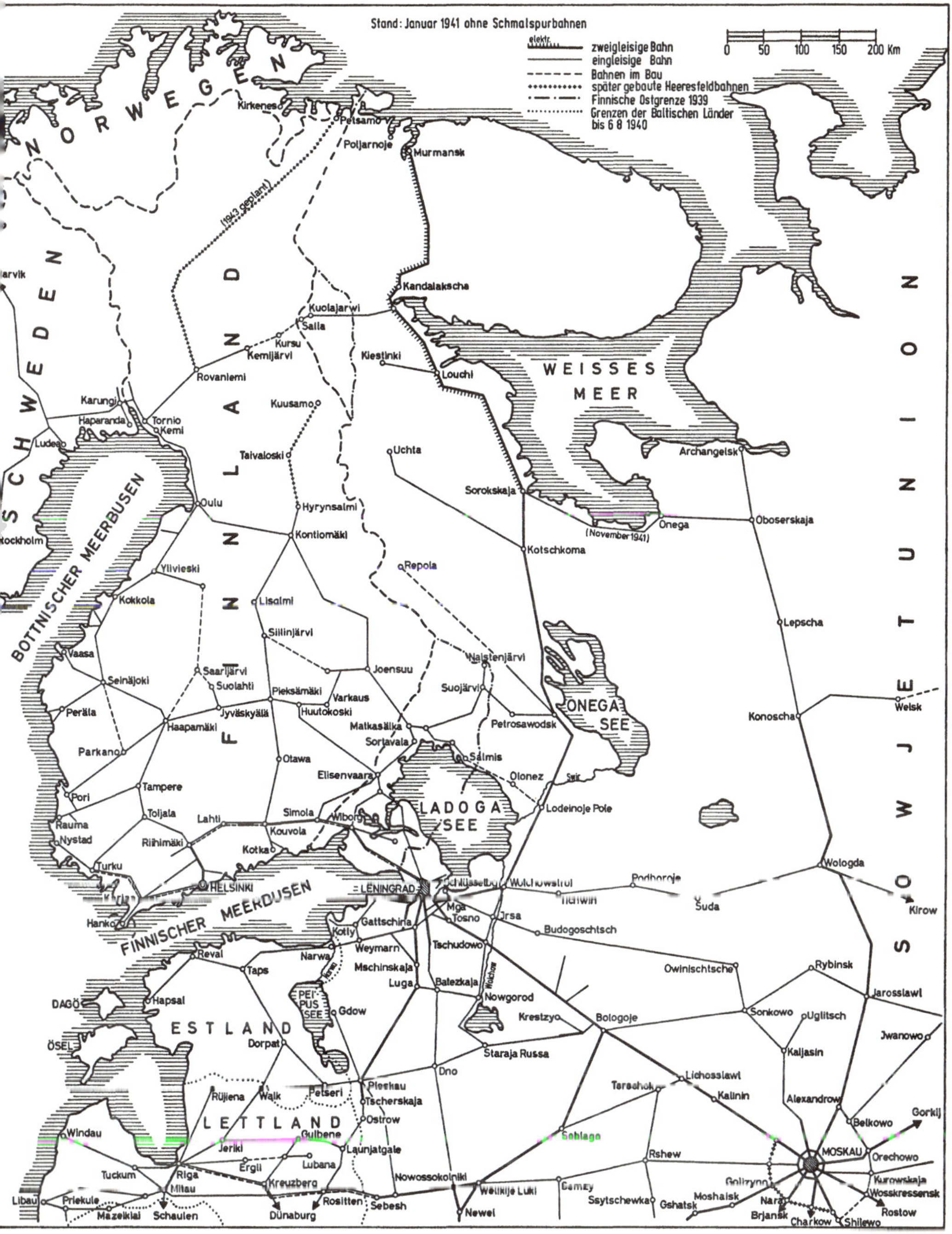

Karte 12: Eisenbahnen in Finnland

Quellen und Schrifttum

Ungedruckte Quellen

1. Akten des Militärarchivs, Freiburg i. Br.

(Weitere einschlägige Akten bei Rohde, S. 404—412.)

H 12/77 Ch.d.Trspw.(IIIa); Deckzahlen, Gesetze, Haushalt, Organisation im Westen und Südosten u. a. m.; 1931—1944.

H 12/186 Ch.d.Trspw./Pl.Abt.: Strategischer Ausbau des deutschen Eisenbahnnetzes (Gesamtausbau mit Geländekarten); 1936—1940.

H 12/190 Ch.d.Trspw.: Übersicht über den Personalbestand der dem Ch.d.Trspw. unterstellten Transportdienststellen, Eisenbahn-Pioniertruppen, Feldeisenbahn-Einheiten und -Verkehrsorganisationen (einschl. Wehrmachtgefolge); 1939—1941.

H 12/203 Gen.d.Trspw.West: Tätigkeitsberichte vom Juni 1944 bis Februar 1945.

H 12/212 Mineis(L) beim Transportchef: Handakten von Oberreichsbahnrat Kreidler: Besprechungen und Berichte von verschiedenen Kriegsschauplätzen; 1943—1944.

H 12/213 Mineis(L) beim Transportchef: Handakten von Oberreichsbahnrat Kreidler: Transportsteuerung, Personalabgaben der Deutschen Reichsbahn u. a.; 1944.

H 12/222 Eisenbahntruppen, Bahnschutz.

H 12/223 Gen.St.d.H./5. Abt.: Handakte mit Mobgliederung des Heeres 1939/40, Erfahrungsberichte, Sudeteneinmarsch 1938 u. a. m.

H 12/227 Mineis(L) beim Transportchef: Handaktenstück von Oberreichsbahnrat Kreidler: Alliierte Erfahrungen bei einem Eisenbahnaufmarsch, Kriegseisenbahnbetrieb in Afrika und Italien, Aufstellungen über Beuteschriften u. a. m.; 1942—1945.

H 12/241 Ch.d.Trspw.: Luftschutz von Eisenbahntransporten (Vorbereitungen).

H 12/244 Ch.d.Trspw.: RVM-Erfahrungsberichte; 1939—1944.

H 14/79.1 Ch.d.Trspw.: Streckenzustandsmeldungen vom 26. 7. 1941—31. 8. 1941.

H 14/79.2 Ch.d.Trspw.: Streckenzustandsmeldungen von 1. 9. 1941—30.9.1941.

W 01—8/55 u. 56 Kriegswirtschaftliche Lageberichte des Wehrwirtschafts- und Rüstungsamts Nr. 1—38 (1. 10. 1939—10. 11. 1942).

75 587 Mil.Bef. Frankreich: WVD Paris und Brüssel, Allgemeine Wirtschaftstransporte; 1940—1944.

2. Akten des Bundesarchivs, Koblenz

Reichsministerium für Rüstung und Kriegsproduktion Ministerbüro Speer.

R 3/vorl. 1191: Der Reichsminister für Bewaffnung und Kriegsproduktion ZA 227—130/45 vom 13. 3. 1945, betr. finanziellen Ausgleich bei Abgabe von Arbeitskräften zu öffentlichen Notdienstmaßnahmen.

R 3/1960 fol. 1—132: Niederschriften über die Besprechungen der Zentralen Planung, Ergebnisse der 52. Sitzung der Zentralen Planung am 21. 12. 1943, Verkehrslage.

R 5/4: Akten des Reichsfinanzministeriums, betr. Ausweichquartiere von zentralen Stellen.

3. Unterlagensammlung der Deutschen Bundesbahn, Nürnberg (Verkehrsmuseum)

(Die Sammlung befand sich bis 1970 bei der Bundesbahndirektion Köln.)

Sammlung von Akten und anderen Unterlagen in 137 Mappen geordnet nach Reichsbahndienststellen im Reich und in den besetzten Gebieten.

Sammlung mit verschiedenem Inhalt wie Protokollen, Niederschriften, Akten, Denkschriften, Aufzeichnungen, Ausarbeitungen, Statistiken, Photographien, Auszügen und anderem Material in 33 sogenannten Anlagen, die zum Teil mehrere Ordner umfassen. Darin sind u. a.:

Niederschriften über Präsidentenkonferenzen der Deutschen Reichsbahn;

Niederschriften über Betriebsleiterbesprechungen der Deutschen Reichsbahn;

Niederschriften über Güterverkehrsbesprechungen der Deutschen Reichsbahn;

Niederschriften über Besprechungen der Hauptverkehrsleitung der Deutschen Reichsbahn.
Vorläufige Zusammenfassung für verschiedene Fachgebiete (Beiträge) zu einer Gesamtdarstellung der Leistungen der deutschen Reichsbahn im Zweiten Weltkrieg.

4. Unterlagensammlung und Aufzeichnungen des Verfassers

Niederschriften über die Sitzungen der Zentralverkehrsleitstelle in Berlin vom 11. 6. 1942 = 1. Sitzung bis 10. 7. 1944 = 39. Sitzung.
Wochenberichte des Hauptwagenamtes Berlin über die Wagenlage im Reichsgebiet vom 9. 7. 1942 bis 17. 6. 1944.
Wochenberichte der Generalbetriebsleitung Ost in Berlin vom 10. 6. 1942 bis 22. 12. 1944.
Einzelne Betriebslagemeldungen.
Akten verschiedener Provenienz.
Aufzeichnungen des Verfassers aus der Zeit vom 1. 3. 1942 bis 7. 4. 1943.

5. Ausarbeitungen in Beständen der US-Historical-Division, Karlsruhe

Bork, Max (1), Die Bedeutung des Bahn- und Straßennetzes als Mittel der Operation (Osten), Neustadt, Kr. Marburg/Lahn 1948 (M T—7 713).
Ders. (2), Die Dienststelle Chef des Transportwesens als Vertreterin der Führungsbelange des Heeres auf dem Gebiete des Verkehrswesens, Organisation, Aufgabe, Wirkungsmöglichkeiten dieser Dienststelle im Kriege 1939—1945, Einzelbearbeitung 1: Organisation und Aufgaben der Dienststelle „Chef des Transportwesens" als Spitze des militärischen Verkehrswesens, als Kommandobehörde der Eisenbahntruppen und in der Zusammenarbeit mit den Reichsbehörden, vor allem dem Reichsverkehrsministerium. Teil 1: Vom Kriegsausbruch bis Januar 1942, Neustadt, Kr. Marburg/Lahn 1947 (MS P—041 r).
Ders. (3), Die Leistungsfähigkeit der Eisenbahnen und festen Straßen des polnischen Verkehrsraumes im Durchgangsverkehr West/Ost und Ost/West, Königstein 1950.
Klein, Hans, Die Planungsabteilung des Chefs des Transportwesens in ihrer Aufgabe und Arbeit als Arbeitsstab für Planung und Ausbau des Eisenbahnnetzes in Rußland 1941—1942, (o. O.) 1948.
Koerner, Karl-Theodor (1), Teil 2: Januar 1942 bis Kriegsende, Neustadt, Kr. Marburg/Lahn 1948, siehe Bork (2).
Ders. (2), Eisenbahntransportfragen Italiens, Neustadt, Kr. Marburg/Lahn 1947.
Ders. (3), Die deutsche Eisenbahn-Transportlage bei der deutschen Offensive in den Ardennen im Dezember 1944, Leverkusen 1950.
Natzmer, Oldwig von, Einzelbearbeitung 2: Die Feldtransportabteilung in ihrer Tätigkeit a) als Führungsstab des Chefs des Transportwesens und b) als befehlsführende Dienststelle für personelle und materielle Transporte auf Schiene, Straße und Binnengewässer, Neustadt, Kr. Marburg/Lahn 1947.
Rieben, Vico von, Das deutsche militärische Transportwesen in Südrußland (Teil A), Rumänien (Teil B), Ungarn (Teil C) in der Zeit vom 24. 11. 1942 bis 25. 3. 1945, (o. O.) 1947, Nr. 402.
Teske, Hermann (1), Die Außenstellen des Chefs des Transportwesens Wehrmachttransportleitung, Transportkommandantur, General des Transportwesens und Bevollmächtigter Transportoffizier — als Beratende ihrer Kommandobehörden und in Durchführung von Transportaufgaben, (o. O.) 1948.

6. Ausarbeitungen in der Unterlagensammlung der Deutschen Bundesbahn, Nürnberg

Bartsch, Hans, Die Kriegsschauplätze Frankreich, Dänemark, Finnland und Norwegen, (o. O., o. J.).

Drechsler, Friedrich, Kriegstagebuch des Arbeitsausschusses Rationalisierung und Werkstättenbau der Deutschen Reichsbahn im Hauptausschuß Schienenfahrzeuge beim Reichsminister für Bewaffnung und Muinition für das Jahr 1942.
Fülling, Fritz, Leistungen der Deutschen Reichsbahn im letzten Weltkriege. Bereich der Generalbetriebsleitung Süd, Stuttgart 1954.
Geißler, Ferdinand, Tagebuchnotizen Mappe xx, Bl. 982—989.
Gerteis, Adolf, Fünf Jahre Ostbahn, (o. O.) 1949.
Haustein, Werner (3), Schriftwechsel mit Generaloberst a. D. Franz Halder, Bielefeld 1949.
Huber, Viktor, Die Entwicklung des Militärtransportwesens, Bonn 1953.
Kausche, Günther (1), Die Organisation der militärischen Transportdienststellen und der Einsatz der Eisenbahnen im Kriege (gesehen aus der Arbeit im Stabe des Chefs des Transportwesens), (o. O., o. J.).
Ders. (2), Geschichtliches und Organisatorisches (des Militärtransportwesens von 1914 bis 1945), (o. O., o. J.).
Koppelmann, Hans Ulrich, Der Betriebsmaschinendienst, (o. O., o. J.).
Laupheimer, Josef, Werterhöhungen durch Betriebsverbesserungen und Ausbaumaßnahmen an den Eisenbahnanlagen in Jugoslawien und Griechenland (o. O., o. J.).
Logemann, Wilhelm (3), Betriebsführung in Front- u. Bandengebieten, Vortrag gehalten am 15. 11. 1944.
Massute, Erwin (1), Vorläufiger Bericht über den Kapitalaufwand der Deutschen Reichsbahn und des Deutschen Reiches für die bleibende Werterhöhung der Eisenbahnen in Europa außerhalb der Grenzen Deutschlands von 1937, Speyer 1947.
Ders. (2), Eisenbahnverkehr im Osten im Zweiten Weltkrieg (o. O., o. J.).
Michaelsen, Otto, Kriegsschaupltäze Balkan und Italien, (o. O., o. J.).
Ottensmeyer, Gustav, Kriegsschauplätze Frankreich, Norwegen und Rumänien, (o. O., o. J.).
Quarck, Hans, Das Eisenbahnfernmeldewesen im Zweiten Weltkrieg, Mainz (o. J.).
Sarter, Adolf (4), Die Verkehrsleitung der Generalbetriebsleitung West und der Gebietsverkehrsleitung West von 1940 bis Ende 1944, Köln etwa 1952.
Ders. (5), Die Leistungen der Deutschen Reichsbahn im Zweiten Weltkrieg, Köln 1954.
Schröder, Ernst, Die zentralen Beschaffungen und Konstruktionen im Zweiten Weltkrieg (o. O., o. J.).

7. Ausarbeitungen in den Unterlagen des Verfassers

Besnerais, M. le, Exposé au conseil général des transports le 7 octobre 1943 sur la situation de la S.N.C.F., Paris 1943.
Emrich, Wilhelm, Erinnerungen über meine Beteiligung am Kampf zur Befreiung Bayerns von der Räteherrschaft, München 1937.
Köhle, Julius, Die Feldbetriebsleitung des Chefs des Transportwesens in Warschau, Stuttgart-Vaihingen 1943, (Auszug).

Gedruckte Quellen

Halder, Franz, Kriegstagebuch. Tägliche Aufzeichnungen des Chefs des Generalstabes des Heeres 1939—1942, zitiert: Halder-KTB
Bd. I: Vom Polenfeldzug bis zum Ende der Westoffensive (14. 8. 1939—30. 6. 1940). Bearb. von Hans-Adolf Jacobsen in Verbindung mit Alfred Philippi, Stuttgart 1962.
Bd. II. Von der geplanten Landung in England bis zum Beginn des Ostfeldzuges (1. 7. 1940—21. 6. 1941). Bearb. von Hans-Adolf Jacobsen, Stuttgart 1963.

Bd. III: Der Rußlandfeldzug bis zum Marsch auf Stalingrad (22. 6. 1941—24. 9. 1942). Bearb. von Hans-Adolf Jacobsen, Stuttgart 1964.

Kriegstagebuch des Oberkommandos der Wehrmacht (Wehrmachtführungsstab), zitiert: KTB/OKW.

Bd. I: 1. 8. 1940—31. 12. 1941, zusammengestellt und erläutert von Hans-Adolf Jacobsen, Frankfurt/M. 1965.

Bd. II: 1. 1.—31. 12. 1942, zusammengestellt und erläutert von Andreas Hillgruber, 1. u. 2. Halbband, Frankfurt/M. 1963.

Bd. III: 1. 1.—31. 12. 1943, zusammengestellt und erläutert von Walther Hubatsch, 1. u. 2. Halbband, Frankfurt/M. 1963.

Bd. IV: 1. 1. 1944—22. 5. 1945, eingeleitet und erläutert von Percy Ernst Schramm, 1. u. 2. Halbband, Frankfurt/M. 1962 [siehe Hillgruber (8)].

Der Prozeß gegen die Hauptkriegsverbrecher vor dem Internationalen Militärgerichtshof Nürnberg. 14. 11. 1945—1. 10. 1946, Bd. I—Bd. XXXXII Nürnberg 1947—1949, zitiert: IMT

Bd. I: Einführungsband
Bd. II—XXII: Verhandlungsprotokolle
Bd. XXIII—XXIV: Indexband
Bd. XXV—XXXXII: Prozeßdokumente

Hitler, Weisungen für die Kriegführung 1939—1945, Dokumente des Oberkommandos der Wehrmacht, hrsg. von Walther Hubatsch, Frankfurt/M. 1962, zitiert: Weisungen.

Deutschlands Rüstung im Zweiten Weltkrieg. Hitlers Konferenzen mit Albert Speer 1942—1945, hrsg. und eingeleitet von Willi A. Boelcke (1), Frankfurt/M. 1969, zitiert: Hitler-Speer-Konferenz.

Picker, Henry, Hitlers Tischgespräche im Führerhauptquartier 1941—1942, neu hrsg. von Percy Ernst Schramm, Stuttgart 1963.

Heiber, Helmut (1), Hitlers Lagebesprechungen. Protokollfragmente seiner militärischen Konferenzen 1942—1945, Quellen und Darstellungen zur Zeitgeschichte, Bd. 10, Stuttgart 1962.

Das dienstliche Tagebuch des Chefs der Abteilung Landesverteidigung im Wehrmachtführungsamt bzw. des Chefs des Wehrmachtführungsamtes, Generalmajor Alfred Jodl. 4. 1. 1937—29. 9. 1938 und 23.—25. 8. 1939 = IMT Bd. XXVIII, S. 345 ff; 13. 10. 1939—30. 1. 1940, hrsg. von Walther Hubatsch, in: Die Welt als Geschichte, 1952, S. 274—287 und 1953, S. 58—71. 1. 1.—26. 5. 1940 = IMT, Bd. XXVIII, S. 297 ff, zitiert: Jodl-Tagebuch.

Der Generalquartiermeister. Briefe und Tagebuchaufzeichnungen des Generalquartiermeisters des Heeres, General der Artillerie Eduard Wagner, hrsg. von Elisabeth Wagner, München, Wien 1963, zitiert: Wagner-Tagebuch.

Thomas, Georg, Geschichte der deutschen Wehr-und Rüstungswirtschaft (1918—1943/1945), hrsg. von Wolfgang Birkenfeld, Boppard 1966.

Die Berichte des Oberkommandos der Wehrmacht vom 1. September bis zum Waffenstillstand in Frankreich, nach amtlichem Material zusammengestellt und bearbeitet von Konradjoachim Schaub, Berlin 1940.

Konferenzen und Verträge (Vertragsploetz) bearb. von Helmut Rönnefarth u. Heinrich Euler, 2. erw. und veränd. Aufl. Bd. 4 A, Neueste Zeit 1914—1959, Würzburg 1959.

Ursachen und Folgen. Vom deutschen Zusammenbruch 1918 und 1945 bis zur staatlichen Neuordnung Deutschlands in der Gegenwart. Eine Urkunden- und Dokumentensammlung zur Zeitgeschichte. Herausgeber und Bearbeiter: Herbert Michaelis, Ernst Schraepler unter Mitwirkung von Günter Scheel, Bd. 13: Das Dritte Reich auf dem Weg zum Zweiten Weltkrieg. Von der Besetzung Prags bis zum Angriff auf Polen 1939, Berlin 1968.

Weltgeschichte der Gegenwart in Dokumenten. Geschichte des Zweiten Weltkrieges in Dokumenten, hrsg. von Michael Freund.
Bd. I: Der Weg zum Kriege 1938—1939, Freiburg i. Br., München 1953.
Bd. II: An der Schwelle des Krieges 1939, Freiburg und München 1955.
Bd. III: Der Ausbruch des Krieges 1939, Freiburg und München 1956.
Stalin, Josef Wissarionowitsch, Über den Großen Vaterländischen Krieg der Sowjetunion, (3. Ausg.) Moskau 1946.
The United Staates Strategic Bombing Survey. The effects of Strategic Bombing on German Transportation, Washington 1947.

Amtliche Veröffentlichungen

Geschäftsberichte der Deutschen Reichsbahn (Weißbücher), Berlin 1933 bis einschl. 1943.
Statistische Angaben über die Deutsche Reichsbahn (Blaubücher) bis einschl. 1943.
Reichsbahnhandbuch 1927, 1929, 1933, bearb. in der Hauptverwaltung der Deutschen Reichsbahn-Gesellschaft, Berlin 1928, 1930 und 1934.
Reichsbahn-Handbuch 1937, bearb. in den Eisenbahnabteilungen des Reichsverkehrsministeriums, Leipzig 1938.
Organisation der Deutschen Reichsbahn 1940, bearb. in den Eisenbahnabteilungen des Reichsverkehrsministeriums, Berlin 1941 (n. f. D.).
Verzeichnis der oberen Reichsbahnbeamten, aufgestellt durch das Reichsverkehrsministerium (Eisenbahnabteilungen), Berlin; letztmalig erschienen als 40. u. 41. Jg., Dresden 1944.
Stationsverzeichnis der Eisenbahnen Europas (früher Dr. Kochs Stationsverzeichnis). Nach amtlichem Material im Auftrage des Vereins Mitteleuropäischer Eisenbahnverwaltungen, hrsg. von A. Nether. 51.. verb. und erw. Auflage, Berlin 1936.
Internationale Eisenbahnstatistik, Geschäftsjahr 1937, hrsg. vom Internationalen Eisenbahnverband (IEV) in Paris, Paris 1938.
Amtsblätter der Reichsbahndirektionen, Reichsverkehrsdirektionen und deren Vorgängerinnen.
Reichsbahnkursbücher.
Amtliche Taschenfahrpläne der Reichsverkehrsdirektionen, Verzeichnisse der Schnellzüge für Fronturlauber (SF-Züge), hrsg. von der Generalbetriebsleitung Ost, Berlin.
Wissenswerte Angaben über den Bezirk der Hauptverkehrsdirektion Brüssel (3. Ausg. Juli 1944).
Allgemeine Heeresmitteilungen (n. f. D.) hrsg. vom Oberkommando des Heeres; 1934—1945.
Amtsblätter der Feldeisenbahnkommandos.

Gesetze und Dienstvorschriften

Reichsgesetzblatt I und II, zitiert: RGBl.
Eisenbahngesetze, Textausgabe mit Erläuterungen und Sachverzeichnis von Hans-Joachim Finger (2. neubearb. Auflage), München und Berlin 1943.
Eisenbahn-Bau- und Betriebsordnung (BO) vom 17. 7. 1928, gültig vom 1. 5. 1940 und 1. 3. 1943, Berlin 1940 u. 1943.
Militär-Eisenbahn-Ordnung I. Teil (Militär-Transport-Ordnung und Militärtarif für Eisenbahnen), Berlin 1899 mit 13 Nachträgen.
Militär-Eisenbahn-Ordnung (MEO) mit den militärischen und eisenbahntechnischen Ausführungsbestimmungen, gültig vom 1. 1. 1902, Berlin 1901.
Wehrmacht-Eisenbahn-Ordnung (WEO) mit den Ausführungsbestimmungen der Wehrmacht und der Eisenbahn (n. f. D.), gültig vom 1. 1. 1932 an. Ausgabe 1942, Berlin 1941.
Reichsverteidigungsgesetz vom 21. 5. 1935

Reichsverteidigungsgesetz vom 4. 9. 1938.
Die technische Einheit im Eisenbahnwesen (TE) Fassung 1938, kommentiert von Ernst Besser, Berlin 1939.
DV 407 Dienstvorschrift für die Ermittlung der Betriebsleistungen (VBL), gültig vom 1. 1., 1939, Köln 1938.
DV 408 Fahrdienstvorschriften (FV), gültig ab 1. 9. 1933, Ausgabe 1938 und 1. 4. 1944, Berlin 1938 und 1944.
Fahrdienstvorschriften für die besetzten Ostgebiete (FVOst) vom 1. 7. 1944, hrsg. von der Generalverkehrsdirektion Osten, Warschau 1944.
Sondervorschriften für den Fahrdienst der Feldeisenbahnen in den besetzten Ostgebieten (FVFeld), gültig vom 1. 7. 1944, gemeinsam herausgegeben von der Generalverkehrsdirektion Osten und dem Chef des Transportwesens, Planungsabteilung (n. f. D.).
Vorläufige Bestimmungen für das Fahren auf Sicht, RVD Kiew 1943.
DV 424 Dienstvorschrift für Zugleitungsstellen. Oberzugleitungen (OZL), Zugleitungen (ZL) und Zugüberwachungen (ZÜ) und für Betriebslagemeldungen und Betriebsberichte (ZLV) — Zugleitungsvorschrift — vom 1. 8. 1942, Berlin 1942.
DV 731 Dienstvorschrift für die Anordnung und Durchführung von Sperren im Betriebs- und Verkehrsdienst, gültig vom 1. Oktober 1939 an. Ausgabe 1939, Köln 1939.
Dienstanweisung für die Handhabung des Betriebsdienstes auf den belgischen und französischen Eisenbahnen im Notbetrieb (DA-Not), Ausgabe 1943, WVD Brüssel 1943.
Dienstanweisung zur Durchführung der Militärtransporte im Höchstleistungsfahrplan (DAzD) vom 2. 11. 1937, Berlin (geheim).
DV 637 Deutscher-Eisenbahn-Verkehrsverband: Kriegsmerkbuch für die Abfertigung von Transporten der Wehrmacht und der Waffen-SS, gültig vom 1. 4. 1940, 1. 8. 1941 und 1. 1. 1943 an, Berlin 1940, 1941 und 1942.
DV 186 Dienst- und Lohnordnung für die Arbeiter der Deutschen Reichsbahn (Dilo), gültig vom 1. 4. 1938 an. Ausgabe 1943/1944, Berlin 1943.
Anweisung für den verstärkten Bahnschutz, hrsg. von der Deutschen Reichsbahn-Gesellschaft, Berlin im Mai 1936 (gKdos).
Verschlußsachen-Anweisung für sämtliche Verwaltungsbehörden mit Zusatzbestimmungen des Reichsverkehrsministeriums für die Behandlung von Eisenbahn-Wehrmachtangelegenheiten, Auszug A, Ausgabe 1941, Berlin 1941 (geheim).
DV 1104 Richtlinien über Maßnahmen zum Schutz der Bahnanlagen gegen Angriffe aus der Luft (Eluri), gültig vom 1. 1. 1937, Berlin 1937 (geheim).
Vorläufige Richtlinien für die Verdunklung von Bahnanlagen, gültig vom 1. 5. 1939, Berlin 1939 (n. f. D.).
Heeresdienstvorschrift 309: Grundsätze über die militärische Ausnützung der Eisenbahnen und Schiffswege, Berlin 1923.
Heeresdienstvorschrift 90: Versorgung des Feldheeres (VdF), Teil 1 u. 2 vom 1. 6. 1938, Berlin 1938 (n. f. D.).
Heeresdienstvorschrift g 6: Richtlinien für die Vorbereitung, Bearbeitung und Durchführung von Transportbewegungen auf Eisenbahnen (Etrari), Berlin 1936 (geheim).
Heeresdienstvorschrift 6: Handbuch für Transportdienststellen (HT), Richtlinien für einen freien Abtransport von Truppen (Freia), Berlin 1939 (geheim).
HDv 68/5 Truppentransportvorschrift: Heft 5 (Entwurf) Grundsätze für die Fahrzeugverladung auf offenen Eisenbahnwagen und für die Errechnung des Wagenbedarfs (Fahrzeug-Verladungsgrundsätze) (F.V.Gr.), August 1938.
Richtlinien für den Feldeisenbahnbetrieb (RiFeld), Ausgabe 1. 6. 1942, hrsg. vom Chef des Transportwesens, Planungsabteilung.
Dienstanweisung für Weiterleitungsstellen (W. L. St.) vom 30. 12. 1939 u. 1. 10. 1942, hrsg. vom Chef Trspw. Pl. Abt. (II) 1. St. Az. II e/7/Nr. 09632.42 (n. f. D.).

Merkblatt für den Bau und Betrieb von Heeresfeldbahnen, hrsg. vom Oberkommando des Heeres, Chef H Rüst u. BdE AHA In 10 Nr. 9168, Berlin 1941 (n. f. D.).
Dass. 1. Nachtrag (Betriebsdienst) vom 1. 12. 1942 (n. f. D.).
LDv 1202 (Entwurf) Schutz von Transportzügen gegen Fliegerangriffe, Ausgabe September 1940 (n. f. D.).
LDv 400 b Richtlinien für den Einsatz von Eisenbahnflakartillerie, hrsg. vom ObdL/General der Flakwaffe (L In 4), Dezember 1942 (n. f. D.).
Kampfanweisung für die Bandenbekämpfung, hrsg. vom Chef der Bandenkampfverbände 1943.

Bibliographien und Nachschlagewerke

Wehrwissenschaftliche Quellenkunde. Vierteljahresbeilage der Zeitschrift „Deutsche Wehr“, Zeitschrift für Wehrmacht und Wehrpolitik. 1. Jg. = 1937 bis 1944, Oldenburg i. O.
Bücherschau der Weltkriegsbücherei Stuttgart, Jg. 11—31 (1939—1959), Stuttgart 1953—1961.
Jahresbibliographien der Bibliothek für Zeitgeschichte Stuttgart, neue Folge der Bücherschau der Weltkriegsbücherei Jg. 32—43 (1960—1971), Stuttgart 1961—1971.
Railroads in Defense and War. A Bibliography. Compiled by Helen R. Richardson, Association of American Railroads, Bureau of Railway Economics Library, Washington, D. C. 1953.
Jacobsen, Hans-Adolf (1), 1939—1945. Der Zweite Weltkrieg in Chronik und Dokumenten (5. vollständig überarbeitete und wesentlich erweiterte Auflage), Darmstadt 1961.
Ders. (2), Zur Konzeption einer Geschichte des Zweiten Weltkrieges 1939—1945. Disposition mit kritisch ausgewähltem Schrifttum, Schriften der Bibliothek für Zeitgeschichte, Heft 2, Stuttgart 1964.
Geschichte des Zweiten Weltkrieges, erw. Sonderausgabe aus der 25. Aufl. von: Ploetz, Auszug aus der Geschichte, (2. Aufl.), 2 Bände.
Hillgruber, Andreas (1) — Hümmelchen, Gerhard, Chronik des Zweiten Weltkrieges. Herausgegeben vom Arbeitskreis für Wehrforschung, Frankfurt/M. 1966, zitiert: Chronik.
Die höheren Dienststellen der Deutschen Wehrmacht 1933—1945. Im Auftrage des Instituts für Zeitgeschichte, zusammengestellt und erläutert von Fritz Frhr. von Siegler, München 1953.
Keilig, Wolf, Das deutsche Heer 1939—1945. Gliederung, Einsatz, Stellenbesetzung (3 Bände), Bad Nauheim 1956 ff.
Dokumente deutscher Kriegsschäden, hrsg. von Karlheinz Kugler, Bonn 1960, Band II, 1, Soziale und rechtliche Hilfsmaßnahmen für die luftkriegsbetroffene Bewölkerung, Kapitel: Luftschutz, S. 226—406.

Zeitschriften

Die Reichsbahn, Amtliches Nachrichtenblatt der Deutschen Reichsbahn(-Gesellschaft), 1.—21. Jg., Berlin 1925—1945.
Der Reichsbahnkamerad, Berlin 1942—1944 (sehr propagandistisch).
Die Bundesbahn, Amtliches Organ der Hauptverwaltung der Deutschen Bundesbahn (früher: Die Reichsbahn), Darmstadt ab 1950.
Zeitung des Vereins Mitteleuropäischer Eisenbahnverwaltungen, Berlin 1933—1945 (Heft 1), zitiert: ZVMEV.
Verkehrstechnische Woche, Zeitschrift für das gesamte Verkehrswesen, Berlin 1933—1940.
Großdeutscher Verkehr, Organ des Reichsverkehrsministers, Organ der Wissenschaftlichen Vereinigung für Verkehrswesen e. V. (WVV), Organ des Vereins für Eisenbahnkunde, Berlin ab 1941 bis 1943.

Archiv für Eisenbahnwesen, hrsg. in der Hauptverwaltung der Deutschen Bundesbahn, Berlin, Göttingen, Heidelberg, letzter Jahrgang 1965.

Organ für die Fortschritte des Eisenbahnwesens, Technisches Fachblatt des Vereins Mitteleuropäischer Eisenbahnverwaltungen, Berlin 1933 ff.

Glasers Annalen, Zeitschrift für Verkehrstechnik und Maschinenbau. Organ der Deutschen Maschinentechnischen Gesellschaft, Berlin.

Zeitschrift des Vereins deutscher Ingenieure (VDI-Ztschr.), Berlin 1933 ff.

Zeitschrift des Internationalen Eisenbahn-Verbandes, deutsche Ausgabe, hrsg. vom Generalsekretariat der Union Internationale des Chemins de fer (UIC) in Paris.

Zeitschrift für den internationalen Eisenbahnverkehr. Monatsschrift des Zentralamts für den internationalen Eisenbahnverkehr in Bern, Bern.

Bulletin de l'Union Internationale des Chemins de fer, Paris.

Der Eisenbahnbau, Zeitschrift für alle Fragen auf den Gebieten des Bahnhofs- und Streckenbaus, des Hochbaus, des Brückenbaus, des Oberbaues und des Vermessungswesens der Eisenbahnen, Frankfurt/M.

Signal und Draht, Zeitschrift für das Signal- und Fernmeldewesen der Eisenbahnen, Frankfurt/M.

Zeitschrift für Verkehrswissenschaft, Düsseldorf.

La vie du rail, Journal Hebdomadaire familial, Sonderausgabe: Aux Cheminots morts pour la France, vom 28. 8. 1964, Paris.

Militärwissenschaftliche Rundschau, hrsg. vom Reichskriegsministerium, ab 1938 vom Gen.St.d.H., ab 1944 vom OKW/Der Beauftragte des Führers für die militärische Geschichtsschreibung, Berlin.

Wehrwissenschaftliche Rundschau, Zeitschrift für die europäische Sicherheit, hrsg. vom Arbeitskreis für Wehrforschung, Darmstadt, zitiert: WWR.

Wehrkunde, Zeitschrift für Wehrfragen, Organ der Gesellschaft für Wehrkunde, München.

Wehrtechnische Monatshefte, Zeitschrift für Wehrtechnik, Wehrindustrie und Wehrwirtschaft, Frankfurt/M.

Truppenpraxis, Führung, Technik und Ausbildung für den Offizier der Bundeswehr, Frankfurt/M.

Pionier, Vierteljahresschrift für Pioniere und Infrastruktur, Darmstadt.

Mitteilungen der Kameradschaft der ehem. Eisenbahn-Pioniere, Sitz Frankfurt/M., Stuttgart.

Wehrmedizinische Mitteilungen, Darmstadt.

Bundeswehrverwaltung, Bonn — Köln.

Ziviler Luftschutz und „baulicher Luftschutz“, Wissenschaftlich technische Zeitschrift für das gesamte Gebiet des zivilen Luftschutzes, Koblenz.

Militärgeschichtliche Mitteilungen, hrsg. vom Militärgeschichtlichen Forschungsamt Freiburg i. Br.

Zeitschrift für Militärgeschichte, hrsg. vom Institut für deutsche Militärgeschichte, Berlin-Treptow, Berlin (Ost).

Allgemeine Schweizerische Militärzeitschrift, Organ der Schweizerischen Offiziersgesellschaft, Frauenfeld.

Österreichische Militärische Zeitschrift, Wien.

Der Vierjahrsplan, Zeitschrift für nationalsozialistische Wirtschaftspolitik. Amtliche Mitteilungen des Beauftragten für den Vierjahresplan, Ministerpräsident Generalfeldmarschall Göring, Berlin.

Vierteljahreshefte für Zeitgeschichte, hrsg. im Auftrage des Instituts für Zeitgeschichte München, Stuttgart.

Politische Studien, Zweimonatsschrift für Zeitgeschichte und Politik, München.

Darstellungen

Abetz, O., Das offene Problem. Ein Rückblick auf zwei Jahrzehnte deutscher Frankreichpolitik, Köln 1951.

Absolon, Rudolf, Wehrgesetz und Wehrdienst 1939—1945. Personalwesen in der Wehrmacht, Bonn 1960.

Ahlfen, Hans v., Der Kampf um Schlesien. Ein authentischer Dokumentarbericht, München 1961.

Alboth, Herbert, Eisenbahnsabotage. Ein Bericht der dänischen Widerstandsbewegung, in: Allgemeine Schweizerische Militärzeitschrift. Jg. 1952, S. 291—305.

Badoglio, Pietro, Italien im Zweiten Weltkrieg, München 1947.

Balke, Hans, Brückenschlag über die Weichsel. Eisenbahnpioniere bei Dirschau 1939, in: Truppenpraxis Jg. 1962, S. 208—212 u. 293—299.

Barthelmeß, Heinz, Der Faktor Zeit bei Truppentransporten auf der Schiene, in: Truppenpraxis, Jg. 1970, S. 822—825.

Barz, E., Eisenbahntransporte auf dem Eis in Rußland, in: ZVMEV, Jg. 1942, S. 654—658.

Bathe, Rolf, Der Feldzug der 18 Tage, Berlin 1939.

Bathe, Rolf — Glodschey, Erich, Der Kampf um den Balkan, Oldenburg/O., Berlin 1942.

Bauer, Eddy, Der Panzerkrieg. Die wichtigsten Panzeroperationen des Zweiten Weltkrieges in Europa und Afrika, Bd. II, der Zusammenbruch des Dritten Reiches, Bonn 1965.

Baumbach, Werner, Zu spät? Aufstieg und Untergang der deutschen Luftwaffe, (2. durchges. Aufl.) München 1949.

Baumgart, Winfried, Eisenbahnen und Kriegführung in der Geschichte, in: Technikgeschichte, hrsg. vom Verein Deutscher Ingenieure, Bd. XXXVIII, Düsseldorf 1971.

Bekker, Cajus, Ostsee, Deutsches Schicksal 1944—1945, Oldenburg/O., Hannover 1959.

Benicke, Fritz, Die Bedeutung von Brückenköpfen, dargestellt am Beispiel der Brückenköpfe Saporoshje und Dnjepropetrowsk, in: Wehrkunde, Jg. 1961, S. 349—352.

Benoist-Méchin, Jacques, Der Himmel stürzt ein. Frankreichs Tragödie 1940, bearb. u. aus d. Französischen übertragen von Hans Steinsdorff, Düsseldorf 1958.

Bergès, Le rôle des Chemins de fer, in: La Revue de la Défense nationale, Paris, Jg. 1947, Heft 4 u. 5.

Berkenkopf, Paul, Verkehrsprobleme der Sowjetunion, in: Zeitschrift für Verkehrswissenschaft, Köln, Jg. 1942/43, S. 233—256.

Bernhardt, Walter, Die militärische Aufrüstung 1934—1939, Frankfurt/M. 1969.

Besymenski, Lew, Sonderakte „Barbarossa". Dokumente, Darstellung, Deutung, Berlin (Ost) 1968.

Billing, Erhard, Das Frachtenleitverfahren als Beispiel eines gelenkten Verkehrs, in: Großdeutscher Verkehr Jg. 1943, S. 232—234.

Birkenfeld, Wolfgang (1), Der synthetische Treibstoff 1933—1945, Göttingen 1964.

Ders. (2), Stalin als Wirtschaftspartner Hitlers 1939—1941, in: Vierteljahresschrift für Sozial- und Wirtschaftsgeschichte, Jg. 1966, S. 477—510, Wiesbaden 1966.

Blumentritt, Günther, Die Überwindung der Krise vor Moskau im Winter 1941—1942, dargestellt an der 3. Armee, in WWR, Jg. 1954, S. 105—115.

Boberach, Heinz, Meldungen aus dem Reich. Auswahl aus den geheimen Lageberichten des Sicherheitsdienstes der SS 1939—1944, Berlin 1965.

Bode, Wolfgang, Schwerlastbeförderung auf der Straße, in: Die Reichsbahn, Jg. 1937, S. 881—906.

Boehm, Robert, Die 80-cm-Eisenbahnkanone Dora, in: Wehrtechnische Monatshefte, Jg. 1959, S. 104—112.

Böhme, Hermann, Entstehung und Grundlagen des Waffenstillstandes von 1940, Stuttgart 1966.

Böhme, Kurt W., Die deutschen Kriegsgefangenen in sowjetischer Hand. Eine Bilanz. München 1966 = Bd. VII. Zur Geschichte der deutschen Kriegsgefangenen im Zweiten Weltkrieg.

Hrsg. von Professor Erich Maschke, Leiter der Kommission für deutsche Kriegsgefangenengeschichte.
Boelcke, Willi (2), Wollt Ihr den totalen Krieg? Die geheimen Goebbelskonferenzen 1939—1943, Stuttgart 1967.
Bogatsch, R., Politische und militärische Probleme nach dem Frankreichfeldzug, in: Politik und Zeitgeschichte, Hamburg, Jg. 1962, S. 149—172 u. 173—187.
Bondil, Le Chemin de fer et les transports interalliés 1944—1945, in: Revue Historique de l'Armée, Paris, Jg. 1959, S. 83—98.
Bor, Peter, Gespräche mit Halder, Wiesbaden 1950.
Bork, Max (4), Das deutsche Wehrmachttransportwesen — eine Vorstufe europäischer Verkehrsführung, in: WWR, Jg. 1952, S. 50—56.
Brandlmeier, Paul, Die Organisation der Verwundetentransporte mit der Eisenbahn während des Zweiten Weltkrieges, in: Wehrmedizinische Mitteilungen, Jg. 1958, S. 25—26.
Brandt, Willy, Norwegens Freiheitskampf 1940—1945, Hamburg 1948.
Braubach, Max, Der Einmarsch deutscher Truppen in die entmilitarisierte Zone am Rhein im März 1936, Veröffentlichungen der Arbeitsgemeinschaft für Forschung des Landes Nordrhein-Westfalen, Geisteswissenschaften, Heft 54, Köln 1956.
Braun, Julius, Enzian und Edelweiß. Die 4. Gebirgs-Division 1940—1945, Bad Nauheim 1955.
Broszat, Martin, Nationalsozialistische Polenpolitik 1939—1943, Stuttgart 1961.
Brüning, Heinrich, Memoiren 1918—1934, Stuttgart 1970.
Buchheit, Gert (1), Hitler als Feldherr, München 1965.
Ders. (2), Der deutsche Geheimdienst, München 1966.
Burdick, Charles, Planungen für das Einrücken deutscher Kräfte in Spanien in den Jahren 1942—1943. Die Unternehmen „Ilona" und „Gisela", in: WWR, Jg. 1963, S. 164—178.
Busch, Eckart, Das Reichsverteidigungsgesetz vom 21. 5. 1935, in: WWR, Jg. 1960, S. 613—618.
Bykowsky, J. und Larsen, H., Transportation Corps: Operations overseas, in: United States Army in World War II, The Tecnical Services, Vol. 1, 3, Washington 1957.
Carell, Paul (1), Unternehmen Barbarossa, Zürich 1963.
Ders. (2), Verbrannte Erde, Schlacht zwischen Wolga und Weichsel, Berlin 1966.
Cartier, Raymond, Der Zweite Weltkrieg, 2 Bde., München 1967.
Chales de Beaulieu, Walter, Sturm bis vor Moskaus Tore, in: WWR, Jg. 1956, S. 349—365 u. S. 423—439.
Clark, Mark W., Mein Weg von Algier nach Wien, Velden a. W. 1954.
Cleinow, Georg, Roter Imperialismus. Eine Studie über die Verkehrsprobleme der Sowjetunion, Berlin 1931.
Dahms, Hellmut Günther, Der Zweite Weltkrieg, Tübingen 1960.
Dallin, Alexander, Deutsche Herrschaft in Rußland 1941—1945. Eine Studie über Besatzungspolitik, Düsseldorf 1958.
Detwiler, Donald S., Hitler, Franco und Gibraltar. Die Frage des spanischen Eintritts in den Zweiten Weltkrieg, Veröffentlichungen des Instituts für Europäische Geschichte Mainz, Bd. 27, Wiesbaden 1962.
Dieckert, Kurt u. Großmann, Horst, Der Kampf um Ostpreußen, München 1960.
Dixon, C. Aubrey u. Heilbrunn, Otto, Partisanen. Strategie und Taktik des Guerillakrieges, Frankfurt/M., Berlin 1956.
Dönitz, Karl, Zehn Jahre und zwanzig Tage, Frankfurt/M., Bonn 1965.
Doernen, Heinz, Wirtschaftliche Beeinträchtigungen des deutschen Verkehrswesens, insbesondere der deutschen Eisenbahnen, durch das Versailler Diktat (1919) und durch sonstige Feindbund-Vorschriften bis zur Lausanner Konferenz 1932, Dissertation TH München 1933.
Doerr, Hans (1), Der Feldzug nach Stalingrad. Versuch eines operativen Überblicks, Darmstadt 1955.

Ders. (2), Der Vormarsch des LII.A.K. durch die Kalmückensteppe (Juli—August 1942), in: Wehrkunde, Jg. 1956, S. 376—386.
Domarus, Max, Hitler-Reden und Proklamationen 1932—1945, 2 Bde., Würzburg 1962 u. 1963.
Donat, Gerhard, Der Munitionsverbrauch der Deutschen Wehrmacht im Zweiten Weltkrieg, in: WWR, Jg. 1966, S. 458—469.
Donat, Richard von, Logistische Probleme beim Rückzug aus Südfrankreich, in: Truppenpraxis, Jg. 1963, S. 946—951 u. Jg. 1964, S. 27—31.
Dornberger, Walter, V 2 — Der Schuß ins Weltall, Eßlingen a. N. 1952.
Dost, Oskar Paul (1), Militärische Spurweiten, in: Glasers Annalen, Jg. 1942, S. 188—194.
Ders. (2), Über die Bedeutung des Verwundetentransportes, in: Wehrmedizinische Mitteilungen 1957, S. 24 ff.
Ders. (3), Der rote Teppich — Geschichte der Staatszüge und Salonwagen, Stuttgart 1965.
Dragojlov, Fedor, Der Krieg auf dem Gebiete des „unabhängegen Staates Kroatien", in: Allgemeine Schweizerische Militärzeitschrift, Jg. 1956, S. 345—364, 425—449 u. 509—523.
Drechsler, Friedrich, Leistungssteigerung auch im Werkstättendienst, in: Die Reichsbahn, Jg. 1944, S. 4—6 u. 15—19.
Durand, Paul, La S.N.C.F. pendant la guerre. Sa résistance à l'occupant, Paris 1968.
Durcansky, Ferdinand, Es war nur eine sowjetische Partisanenaktion, in: Politische Studien, München, Jg. 1964, S. 567—575.
Eccles, Henry, E., Logistik und Landesverteidigung, Neckargemünd 1963.
Eichholtz, Dietrich, Geschichte der Deutschen Kriegswirtschaft 1939—1945, Bd. I, 1939—1941, Berlin (Ost) 1969.
Eisen, Heinrich, Der Schienenwolf, Darmstadt 1957.
Eisenhower, Dwight D., Kreuzzug in Europa, Amsterdam 1948.
Elble, Rolf, Mobilmachung als politisches Problem — gezeigt an der Mobilmachung des deutschen Heeres im Sommer 1939, in: Wehrkunde, Jg. 1971, S. 365—373.
Erfurth, Waldemar (1), Der finnische Krieg 1941—1944, Wiesbaden 1950.
Ders. (2), Das Problem der Murmanbahn, in: WWR, Jg. 1952, S. 281—296 u. S. 342—349.
Ders. (3), Die Geschichte des deutschen Generalstabes 1918—1945, 2. neubearb. u. erw. Aufl., Göttingen, Berlin, Frankfurt/M. 1960.
Erofejeff u. Raeff, Das russische Eisenbahnwesen, Berlin-Lichterfelde-West 1933.
Esebeck, Hanns Gert Frhr. v., Afrikanische Schicksalsjahre. Geschichte des deutschen Afrikakorps unter Rommel, Wiesbaden 1949.
Ewerth, Lutz, Der Arbeitseinsatz von Landesbewohnern besetzter Gebiete des Ostens und Südostens im Zweiten Weltkrieg, Inaugural-Dissertation, Tübingen 1954.
Fabry, Philipp W., Balkan-Wirren 1940—1941, Darmstadt 1966.
Feuchter, Georg W., Der Luftkrieg, 2. verb. u. erw. Aufl., Frankfurt/M., Bonn 1962.
Feuerstein, Valentin, Irrwege der Pflicht, Wels 1963.
Finger, Hans Joachim, Kriegsrecht, in: Die Reichsbahn, Jg. 1940, S. 158 ff., 454 ff., Jg. 1941, S. 122 ff., 432 ff., Jg. 1942, S. 208 ff., 364 ff., Jg. 1943, S. 125 ff., 282 ff., Jg. 1944, S. 89 ff.
Fischer, Johannes, Über den Entschluß zur Luftversorgung Stalingrads, in: Militärgeschichtliche Mitteilungen, Freiburg i. Br., Jg. 1969, S. 7—67.
Forstmeier, Friedrich, Die Räumung des Kubanbrückenkopfes im Herbst 1943, Beiträge zur Wehrforschung, Bd. II/III, hrsg. vom Arbeitskreis für Wehrforschung, Darmstadt 1964.
Forwick, Helmuth, Der Rückzug der Heeresgruppe Nord nach Kurland. Abwehrkämpfe am Nordflügel der Ostfront 1944—1945, Forschungsreihe des Militärgeschichtlichen Forschungsamtes, Bd. 5, Stuttgart 1960.
Fricke, Hans Joachim, Die Verkehrsarbeit der Industrie- und Handelskammern im Zweiten Weltkrieg, Schriftenreihe des Deutschen Industrie- und Handelstages, Nr. 77, S. 92 ff., Bonn 1962.

Friedrich, Fritz, Der deutsche Einmarsch in Österreich 1938, in: Militärhistorische Schriftenreihe, Heft 8, hrsg. vom heeresgeschichtlichen Museum (Militärwissenschaftliches Institut), Wien 1968.

Friedrich, Kurt, Lokomotiveinsatz und seine Abhängigkeiten, Warschau 1944.

Frießner, Hans, Verratene Schlachten. Die Tragödie der deutschen Wehrmacht in Rumänien und Ungarn, Hamburg 1956.

Fuller, John F. C., Der Zweite Weltkrieg 1939—1945. Eine Darstellung seiner Strategie und Technik, Wien, Stuttgart 1950.

Gärtner, Walter, Die Organisation des Verkehrswesens der Sowjeteisenbahnen, in: ZVMEV, Jg. 1944, S. 255—259.

Gafencu, Grigore, Vorspiel im Osten, Zürich 1944.

Gause, Alfred, Der Feldzug in Nordafrika im Jahre 1942, in: WWR, Jg. 1962, S. 594—618, 652—680 u. 720—728.

Gehlen, Reinhard, Der Dienst, Mainz, Wiesbaden 1971

Gericke, Bodo, Die deutsche Feldpost im Zweiten Weltkrieg. — Eine Dokumentation über Einrichtung, Aufbau und Dienste, in: Archiv für deutsche Postgeschichte, Jg. 1971, S. 1—164, Frankfurt/M.

Geschke, Günter, Die deutsche Frankreichpolitik 1940 von Compiègne bis Montoire, Beiheft 12/13 der WWR Berlin, Frankfurt/M. 1960.

Gessler, Otto, Reichswehrpolitik in der Weimarer Zeit, Stuttgart 1958.

Gheorge, Jon, Rumäniens Weg zum Satellitenstaat, Heidelberg 1952.

Giehrach, Ulrich, Konstruktionsmerkmale und Verwendungsmöglichkeiten geschraubter Brücken, in: Der Eisenbahnbau, Jg. 1949, S. 49 ff.

Girbig, Werner (1), 1000 Tage über Deutschland. Die 8. amerikanische Luftflotte im Zweiten Weltkrieg, München 1964.

Görlitz, Walter (1), Der deutsche Generalstab, Frankfurt/M. 1950.

Ders. (2), Der Zweite Weltkrieg 1939—1945, 2 Bde., Stuttgart 1951 u. 1952.

Ders. (3), Generalfeldmarschall Keitel — Verbrecher oder Offizier — Erinnerungen, Briefe, Dokumente des Chefs OKW, Göttingen, Berlin, Frankfurt/M. 1961.

Götzel, Hermann, Die Luftlandung bei Korinth am 26. 4. 1941, in: Wehrkunde, Jg. 1961, S. 199—205.

Gosztony, Peter (1), Der Kampf um Budapest 1944/45, in: WWR, Jg. 1963, S. 575—585, 654—672 u. 729—739.

Ders. (2), Der Krieg zwischen Bulgarien und Deutschland, in: WWR, Jg. 1967, S. 22—28, 89—99 u. 163—176.

Ders. (3), Das private Kriegstagebuch des ungarischen Generalstabschefs vom Jahre 1944, in: WWR, Jg. 1970, S. 634—659 u. 703—732.

Ders. (4), Der Kampf um Berlin in Augenzeugenberichten, Düsseldorf 1970.

Gottwaldt, Alfred B., Deutsche Kriegslokomotiven 1939—1945. Die Eisenbahn im Zweiten Weltkrieg. Bd. 2, Lokomotiven, Wagen, Panzerzüge und Geschütze. Entwurf, Bau und Verwendung, Stuttgart 1973.

Greiner, Helmuth, Die oberste Wehrmachtführung 1939—1945, Wiesbaden 1951.

Guderian, Heinz (1), Erinnerungen eines Soldaten, 4. Aufl., Neckargemünd 1960.

Ders. (2), Erfahrungen im Rußlandkrieg, in: Bilanz des Zweiten Weltkrieges. Erkenntnisse und Verpflichtungen für die Zukunft, Oldenburg, Hamburg 1953, S. 81—98.

Guillaume, Augustin, Warum siegte die Rote Armee?, Baden-Baden 1950.

Gummich, Karl Heinz, 125 Jahre deutsche Eisenbahn, in: Der operative Dienst, Jg. 1960, Heft 11, Berlin (Ost).

Gundelach, Karl, Drohende Gefahr West — Die deutsche Luftwaffe vor und während der Invasion 1944, in: WWR, Jg. 1959, S. 299—328.

Hahn, Eugen, Eisenbahner in Krieg und Frieden, Frankfurt/M. 1954.

Hagemann, Walter, Publizist im Dritten Reich, Hamburg 1946.
Hampe, Erich (1), Die Technischen Truppen im Zweiten Weltkrieg, in: WWR, Jg. 1953, S. 509—520.
Ders. (2), Luftschutztruppen einst, jetzt und in Zukunft, in: WWR, Jg. 1959, S. 455—465.
Ders. (3), Die Wandlungen des zivilen Luftschutzes während des Zweiten Weltkrieges, in: Ziviler Luftschutz und „baulicher Luftschutz", Koblenz, Jg. 1959, S. 231—264.
Ders. (4), Der zivile Luftschutz im Zweiten Weltkrieg, Frankfurt/M. 1963.
Ders. (5), Technische Wehrmachthilfe. Ihre geschichtliche und ihre aktuelle Bedeutung, in: WWR, Jg. 1963, S. 280—286.
Ders. (6), Fahrbare Kraftwerke, in: Wehrtechnische Monatshefte, Jg. 1964, S. 155—162.
Hartleben, Hans, Die Organisation des Verwundetentransportes mit der Eisenbahn während des Zweiten Weltkrieges, in: Wehrmedizinische Mitteilungen, Jg. 1958, S. 67 f.
Hassell, Ulrich von, Vom anderen Deutschland — Aus den nachgelassenen Tagebüchern 1938—1944, Zürich u. Freiburg i. Br. 1946.
Hauck, Friedrich Wilhelm, Der Gegenangriff der Heeresgruppe Süd im Frühjahr 1943, in: WWR, Jg. 1962, S. 452—482 u. 520—550.
Haustein, Werner (1), Das Werden der Großdeutschen Reichsbahn im Rahmen des Großdeutschen Reiches, in: Die Reichsbahn, Jg. 1942, S. 76—88 u. 114—125.
Ders. (2), Die völkerrechtliche Stellung der Eisenbahnen in Kriegs- und Nachkriegszeiten, Schriftenreihe „Die Bundesbahn", Folge 1, Köln, Darmstadt 1952.
Heiber, Helmut (2), Der Stand der Partisanenbewegung in Jugoslawien Ende September 1941, in: Gutachten des Instituts für Zeitgeschichte München, Bd. II, S. 292—301, Stuttgart 1966.
Heiges, Karl, Der Bahnschutz ruft, Baruth/Mark 1937.
Heine, Wilhelm, Die Bedeutung der Verkehrswege für die Planung und Ablauf militärischer Operationen, in: Wehrkunde, Jg. 1965, S. 424—429.
Henrig, A., Die Gemeinschaftslager der Deutschen Reichsbahn für ausländische Arbeitskräfte, in: Die Reichsbahn, Jg. 1943, S. 88 ff.
Henrici, Gotthart u. Hauck, F. W., Zitadelle. Der Angriff auf den russischen Stellungsvorsprung bei Kursk, in: WWR, Jg. 1965, S. 463—486.
Hepp, Leo, Die 12. Armee im Balkanfeldzug 1941, in: WWR, Jg. 1955, S. 199—216.
Herhudt v. Rohden, Hans Detlef (1), Die Luftwaffe ringt um Stalingrad, Wiesbaden 1950.
Ders. (2), Die Luftverteidigung des Deutschen Reiches im Weltkrieg 1939—1945 und ihre Lehren, in: Allgemeine Schweizerische Militärzeitschrift, Jg. 1951, S. 730—745, 808—825 u. 888—910.
Ders. (3), Luftkrieg und Wirtschaft. Das luftstrategische Ziel der Alliierten im Zweiten Weltkrieg, in: Zeitschrift für Geopolitik, Jg. 1952, S. 270—275.
Heß, Wilhelm, Eismeerfront 1941. Aufmarsch und Kämpfe des Gebirgskorps Norwegen in den Tundren von Murmansk, Heidelberg 1956.
Hesse, Erich, Der sowjetische Partisanenkrieg 1941—1945 im Spiegel deutscher Kampf-Anweisungen und Befehle, Göttingen 1969.
Heusinger, Adolf, Befehl im Widerstreit. Schicksalsstunden der deutschen Armee 1923—1945, (2. Aufl.), Tübingen 1957.
Hillgruber, Andreas (2), Hitler, König Karol und Marschall Antonescu. Die deutsch-rumänischen Beziehungen 1938—1944, Wiesbaden 1954.
Ders. (3), Die Krise in den deutsch-rumänischen Beziehungen im Herbst 1943 im Zusammenhang mit dem Problem der Räumung der Krim und der Benützung Transnistriens als rückwärtiges Heeresgebiet, in: WWR, Jg. 1956, S. 663—672.
Ders. (4), Das deutsch-ungarische Verhältnis im letzten Kriegsjahr, in: WWR, Jg. 1960, S. 78—104.

Ders. (5), Der Einbau der verbündeten Armeen in die deutsche Ostfront 1941—1944, in: WWR, Jg. 1960, S. 659—682.

Ders. (6), „Nordlicht“ — Die deutschen Pläne zur Eroberung Leningrads im Jahre 1942, in: Festschrift Percy Ernst Schramm zu seinem 70. Geburtstag, Wiesbaden 1964.

Ders. (7), Hitlers Strategie. Politik und Kriegführung 1940—1941, Frankfurt/M. 1965.

Ders. (8) Der Krieg in Finnland, Norwegen und Dänemark vom 1. 1. bis 31. 3. 1944. Nachtrag zu: Kriegstagebuch des Oberkommandos der Wehrmacht, Bd. IV/1: Kriegstagebuch 1944, Frankfurt/M. 1969.

Hnilička, Karl, Das Ende auf dem Balkan 1944/45. Die militärische Räumung Jugoslawiens durch die Deutsche Wehrmacht, Göttingen, Zürich, Frankfurt/M. 1970.

Hölter, Hermann, Armee in der Arktis. Die Operationen der deutschen Lapplandarmee, Bad Nauheim 1953.

Hoffmann, Peter, Zum Ablauf des Staatsstreichversuches des 20. Juli 1944 in den Wehrkreisen, in: WWR, Jg. 1964, S. 277—297.

Hoffmann, Rudolf, Vereinfachung der Baustofftransporte für das Kriegsbauprogramm, in: Der Vierjahresplan, Jg. 1941, S. 372—374.

Holtz, Ludwig (1), Die Neuregelung des Eisenbahnverkehrs zwischen Deutschland und der Tschechoslowakei infolge Änderung der Landesgrenzen, in: Die Reichsbahn, Jg. 1938, S. 2047—2052.

Ders. (2), Neuregelung des Eisenbahnverkehrs zwischen dem Protektorat Böhmen und Mähren und dem übrigen Reichsgebiet, sowie zwischen Deutschland und der Slowakei, in: Die Reichsbahn, Jg. 1940, S. 27—29.

Horne, Alistair, Über die Maas, über Schelde und Rhein. Frankreichs Niederlage 1940, München 1969.

Horthy, Nikolaus von, Ein Leben für Ungarn, Bonn 1953.

Hoßbach, Friedrich (1), Zwischen Wehrmacht und Hitler 1934—1938, (2. durchges. Auflage), Göttingen 1965.

Ders. (2), Die Schlacht um Ostpreußen. Aus den Kämpfen der deutschen 4. Armee um Ostpreußen in der Zeit vom 19. 7. 1944 bis 31. 1. 1945, Überlingen/Bodensee 1951.

Hoy, Günther; Zoppoth, Gerhard, Die Schlußphase des Zweiten Weltkrieges auf österreichischem Boden, in: Österreichische Militärische Zeitschrift, Wien, Jg. 1965, S. 151—158.

Hubatsch, Walther (1), Die deutsche Besetzung von Dänemark und Norwegen 1940, Göttingen 1952.

Ders. (2), „Weserübung“. Die deutsche Besetzung von Dänemark und Norwegen 1940, (2. völlig umgearb. Aufl.), Göttingen, Berlin, Frankfurt/M. 1960.

Ders. (3), Das Kulminationsjahr 1943, in: Die deutsche militärische Führung in der Kriegswende, Arbeitsgemeinschaft für Forschung des Landes Nordrhein-Westfalen — Geisteswissenschaften — Heft 118, S. 7—24, Köln, Opladen 1964.

Ders. (4), Kriegswende 1943, Darmstadt 1966.

Hülsenkamp, Fritz, Zwanzig Jahre Bahnschutz, in: Die Reichsbahn, Jg. 1939, S. 391—403.

Hümmelchen, Gerhard, Balkanräumung 1944, in: WWR, Jg. 1959, S. 565—583.

Hüttenberger, Peter, Die Gauleiter, Stuttgart 1969.

Huppert, Walter, Wirtschaftslenkung. Staatliche Lenkung und Planung der industriellen Wirtschaft, Meisenheim/Glan 1955.

Irving, David, Die Geheimwaffen des Dritten Reiches, Gütersloh 1965.

Jacobsen, Hans Adolf (3), Motorisierungsprobleme im Winter 1939/40, in: WWR, Jg. 1956, S. 497—518.

Ders. (4), Dokumente zur Vorgeschichte des Westfeldzuges 1939—1940, Göttingen, Berlin, Frankfurt/M. 1957.

Ders. (5), „Fall Gelb“. Der Kampf um den deutschen Operationsplan zur Westoffensive 1940, Wiesbaden 1957.
Ders. (6), Dokumente zum Westfeldzug 1940, Göttingen 1960.
Ders. (7), Deutsche Kriegführung 1939—1945. — Ein Überblick, in: Schriftenreihe der Niedersächsischen Landeszentrale für politische Bildung, Zeitgeschichte, Heft 12, Hannover 1961.
Jäckel, Eberhard, Frankreich in Hitlers Europa. Die deutsche Frankreichpolitik im Zweiten Weltkrieg, Stuttgart 1966.
Jäger, Jörg-Johannes, Die wirtschaftliche Abhängigkeit des Dritten Reiches vom Ausland, dargestellt am Beispiel der Stahlindustrie, Berlin 1969.
Jaggi, O., Normandie 1944. Auswirkungen der alliierten Luftüberlegenheit auf die deutsche Abwehr, in: Allgemeine Schweizerische Militärzeitschrift, Jg. 1958, S. 333—348.
Janssen, Gregor, Das Ministerium Speer. Deutschlands Rüstung im Krieg, Berlin, Frankfurt/M., Wien 1968.
Jong, Louis de, Die deutsche 5. Kolonne im Zweiten Weltkrieg, Stuttgart 1959.
Jung, Hermann, Die Ardennenoffensive 1944/45, Frankfurt/M. Zürich, Göttingen 1971.
Käß, Friedrich, Die Deutsche Reichsbahn und die Umsiedlung der Volksdeutschen aus Litauen, in: Die Reichsbahn, Jg. 1941, S. 205—209.
Kaißling, Karl, Eisenbahn-Ausbesserungswerke im besetzten Gebiet, Krakau 1944.
Kalinow, Kyrill D., Sowjetmarschälle haben das Wort, Hamburg 1950.
Kannapin, Hans-Eckhardt, Wirtschaft unter Zwang, Köln 1966.
Kaps, Johannes, Die Tragödie Schlesiens in Dokumenten 1945/46, München 1952.
Kehrl, Hans, Krisenmanager im Dritten Reich, Düsseldorf 1973.
Keller, Werner, Ost minus West = 0, München, Zürich 1971, S. 285.
Kesselring, Albert (1), Soldat bis zum letzten Tag, Bonn 1953.
Ders. (2), Gedanken zum Zweiten Weltkrieg, Bonn 1955.
Kissel, Hans (1), Der deutsche Volkssturm 1944/45, in WWR, Beiheft 16/17, Darmstadt 1962.
Ders. (2), Die Katastrophe in Rumänien 1944, Darmstadt 1964.
Ders. (3), Die Eisenbahnbrücke von Przemysl, in: WWR, Jg. 1970, S. 209—223.
Kittel, Theodor, Die Deutsche Reichsbahn in Österreich, in: Archiv für Eisenbahnwesen, Jg. 1938, S. 525—534.
Klee, Karl, Dokumente zum Unternehmen „Seelöwe“. Die geplante deutsche Landung in England 1940. Studien und Dokumente zur Geschichte des Zweiten Weltkrieges, hrsg. vom Arbeitskreis für Wehrforschung, Bd. 4 b, Göttingen, Berlin, Frankfurt/M. 1959.
Kleinmann, Wilhelm (1), Die deutschen Verkehrsmittel in der Friedens- und Kriegswirtschaft, in: Der Vierjahresplan, Berlin, Jg. 1941, S. 22—27.
Ders. (2), Verkehrslenkung und Zusammenarbeit der Verkehrsmittel, in: Großdeutscher Verkehr, Jg. 1941, S. 46—55.
Kleist, Peter, Zwischen Hitler und Stalin 1939—1945, Bonn 1950.
Klink, Ernst (1), Deutsch-finnische Waffenbrüderschaft 1941—1944, in: WWR, Jg. 1958, S. 389—412.
Ders. (2), Das Gesetz des Handelns. Die Operation „Zitadelle“ 1943, Beiträge zur Militär- und Kriegsgeschichte, vom Militärgeschichtlichen Forschungsamt, Bd. 7, Stuttgart 1966.
Krannhals, Hanns von, Der Warschauer Aufstand 1944, (2. überarb. Aufl.), Frankfurt/M. 1964.
Kravschenko, Viktor A., Ich wählte die Freiheit, Zürich 1947.
Kreidler, Eugen (1), Zur Problematik der Kriegsgeschichte der Deutschen Reichsbahn im Zweiten Weltkrieg, in: Bücherschau der Weltkriegsbücherei, Jg. 1957, S. 309—312.
Ders. (2), Bemerkungen zu Wilhelm Groeners Lebenserinnerungen, in: Die Bundesbahn. Jg. 1958, S. 860—862.
Krumpelt, Ihno (1), Die Bedeutung des Transportwesens für den Schlachterfolg, in: Wehrkunde, Jg. 1965, S. 465—471.
Ders. (2), Das Material und die Kriegführung, Frankfurt/M. 1968.

Ders. (3), Truppenführung im Atomzeitalter, in: Wehrkunde, Jg. 1960, S. 329—336, 385—389 u. 454—460.
Kühnrich, Heinz, Der Partisanenkrieg in Europa 1939—1945, (2. Aufl.), Berlin (Ost) 1968.
Kumanev, Georgij Aleksandrovič, Sovetskij transport v Stalingradskoj bitve. [Das sowjetische Verkehrswesen in der Schlacht von Stalingrad], in: Istoričeskie zapiski 85 (1970), S. 429 ff, Moskau 1970.
Ders., Sovetskij Železnodorožniki v godi Velikoj Otečestvennoj vojny (1941—1945). [Die sowjetischen Eisenbahnen in den Jahren des Großen Vaterländischen Krieges (1941—1945)], 2. Auflage, Moskau 1973.
Kurz, Hans Rudolf (1), Die Schweiz in der Planung der kriegführenden Mächte während des Zweiten Weltkrieges, Biel 1957.
Lange, Kurt, 100 Jahre Eisenbahnpioniere, in: Pioniere, Jg. 1967, S. 62—67.
Lankenau, B. H., Polizei im Einsatz des Krieges 1939—1945 in Rheinland-Westfalen, Bremen 1957.
Leeb, Emil, Aus der Rüstung des Dritten Reiches, Heereswaffenamt 1938—1945, Beiheft 4 der Wehrtechnischen Monatshefte, Darmstadt 1958.
Leibbrand, Max, Leistungen des Reichsbahnbetriebes, in: Verkehrstechnische Woche, Jg. 1939, S. 141—146.
Lidell-Hart, Basil Henry (1), Die Strategie einer Diktatur, Zürich 1948.
Ders. (2), Jetzt dürfen sie reden. Hitlers Generale berichten, Stuttgart, Hamburg 1950.
Lippert, J., Stalingrad, ein Transportproblem, in: Aus Politik und Zeitgeschichte, Beilage zur Wochenzeitung „Das Parlament", Nr. B 20/60 vom 18. Mai 1960, S. 325 f.
Liß, Ulrich (1), Der französische Gegenangriff gegen den deutschen Maasdurchbruch im Mai 1940, in: Allgemeine Schweizerische Militärzeitschrift, Jg. 1958, S. 698—707.
Ders. (2), Westfront 1939/40, Neckargemünd 1959.
Logemann, Wilhelm (1), Starre oder bewegliche Betriebsführung, Bielefeld 1947.
Ders. (2), Die Generalbetriebsleitungen, in: Die Bundesbahn, Jg. 1953, S. 684—706.
Loosch, Gerhard, Die Verpflegung der Heeresgruppe A vom 1. 2. 1943 bis 21. 12. 1944, in: Bundeswehrverwaltung, Bonn-Köln, Jg. 1959, S. 198—202 u. 296—299, Jg. 1960, S .210—215, Jg. 1961, S. 271—276.
Loßberg, Bernhard von, Im Wehrmachtführungsstab, Hamburg 1949.
Lusar, Rudolf, Die deutschen Waffen und Geheimwaffen des Zweiten Weltkrieges und ihre Weiterentwicklung, 6. stark überarb. u. erw. Aufl., München 1971.
Luther, Hans, Der französische Widerstand gegen die deutsche Besatzungsmacht und seine Bekämpfung, Tübingen 1957.
Manstein, Erich von, Verlorene Siege, Bonn 1955.
Mantello, H. H., Versammlung und Vorstoß der 6. deutschen Panzerdivision zur Befreiung von Stalingrad vom 28. 11. bis 23. 12. 1942, in: Allgemeine Schweizerische Militärzeitschrift, Jg. 1950, S. 464—475 u. 548—565.
Marshall, George C., — King, Ernest J. — Arnold, Henry H., Der Bericht des amerikanischen Oberkommandos, New York o. J.
Meier-Welcker, Hans, Abwehrkämpfe am Nordflügel der Ostfront 1944—1945, Stuttgart 1963.
Meinck, Gerhard (1), Der Reichsverteidigungsrat in: WWR, Jg. 1956, S. 411—421.
Ders. (2), Hitler und die deutsche Aufrüstung 1933—1937, Wiesbaden 1959.
Meister, Jürg, Der Seekrieg in ostdeutschen Gewässern 1941—1945, München 1958.
Messe, Giovanni, Der Krieg im Osten, Zürich 1948.
Middeldorf, Eike, Taktik im Rußlandfeldzug, Darmstadt 1956.
Mielich, Adolf, Der Mci-Wagen, in: Die Reichsbahn, Jg. 1944, S. 40—44.
Milward, Allan S., Die deutsche Kriegswirtschaft 1939—1945, Stuttgart 1966.
Minoth, Rodney G., Top secret, Hitlers Alpenfestung, Einbeck 1967.
Mittermeier, Wilhelm, Zuschrift zum Aufsatz Krumpelt (1).

Model, Hansgeorg, Der deutsche Generalstabsoffizier. Seine Auswahl und Ausbildung in Reichswehr, Wehrmacht und Bundeswehr, Frankfurt/M. 1968.
Montgomery, Bernard Law (1), Von El Alamein zum Sangro, Hamburg 1949.
Ders. (2), Von der Normandie zur Ostsee, Hamburg 1949.
Mordal, Jacques, Die letzten Bastionen. Das Schicksal der deutschen Atlantikfestungen 1944/45, Oldenburg, Hamburg 1966.
Müller-Hillebrand, Burkhart, Das Heer 1933—1945. Entwicklung des organisatorischen Aufbaus, Bd. I: Das Heer bis zum Kriegsbeginn, Darmstadt 1954.
Bd. II: Die Blitzfeldzüge 1939—1941. Das Heer im Kriege bis zum Beginn des Feldzuges gegen die Sowjetunion im Juni 1941, Frankfurt/M. 1956.
Bd. III: Der Zweifrontenkrieg. Das Heer vom Beginn des Feldzuges gegen die Sowjetunion bis zum Kriegsende, Frankfurt/M. 1969.
Müller, Ludwig u. Koch, Walter, Neue Wege der Altstoffgewinnung bei der Deutschen Reichsbahn im Rahmen des Vierjahresplanes, in: Großdeutscher Verkehr, Jg. 1942, S. 327—337.
Münzer, Hans (1), Die französischen Eisenbahnen im Jahre 1941, in: ZVMEV, Jg. 1942, S. 533—545.
Ders. (2), Die französischen Eisenbahnen im Jahre 1942, in: ZVMEV, Jg. 1944, S. 65—71.
Nash, George C., The L M S (London Midland and Scottish Railway, Euston) at war, London 1946.
Nekritsch, Alexander, Grigorenko, Piotr, Genickschuß. Die Rote Armee am 22. 6. 1941, hrsg. u. eingel. von Haupt, Georges, Frankfurt/M., Wien 1969.
Neubacher, Hermann, Sonderauftrag Südost. Bericht eines fliegenden Diplomaten 1940—1945, (2. durchges. Aufl.) Göttingen, Berlin, Frankfurt/M. 1957.
Neufeldt, Hans Joachim, Huck, Jürgen, Tessin, Georg, Zur Geschichte der Schutzpolizei 1936—1945, Koblenz 1967.
Noel, Léon, Der deutsche Angriff auf Polen, Paris 1948.
Norman, Albert, Entscheidungsschlachten des Zweiten Weltkrieges. Stalingrad, Normandie, Ardennenoffensive, Frankfurt/M. 1959.
Orezeanu, T. C., Rumänien im Kriege. Die Verkehrsorganisation der Rumänischen Eisenbahnen, Bukarest 1942.
Osthoff, Max, Einsatz von Lokomotiven, Wagen und Personal in Reise- und Lastzügen von Eisenbahnen, Selbstverlag Königsberg 1942.
Paget, Reginald T., Manstein. Seine Feldzüge und sein Prozeß, Wiesbaden 1952.
Paszkowski, Fritz (1), Eisenbahnpolitik Norwegens, in: Archiv für Eisenbahnwesen, Jg. 1943, S. 1—134.
Ders. (2), Norwegens Staatsbahnen während und nach dem Krieg, in: Zeitschrift für den Internationalen Eisenbahnverkehr, Bern, Jg. 1948, S. 261—267.
Patton, George, S., Krieg, wie ich ihn erlebte, Bern 1952.
Paulus, Wilhelm Ernst, Die Entwicklung der Planung des Rußlandfeldzuges 1940/41, Inauguraldissertation Bonn, 27. 2. 1957.
Pawlow, Dimitrij W., Die Blockade von Leningrad 1941, Frauenfeld, Stuttgart 1967.
Petter, Dietrich, Pioniere. Entwicklung einer Waffengattung, Darmstadt 1963.
Petzina, Dieter, Autarkiepolitik im Dritten Reich. Der nationalsozialistische Vierjahresplan, Schriftenreihe der Vierteljahreshefte für Zeitgeschichte Nummer 16, Stuttgart 1968.
Pfahlmann, Hans, Fremdarbeiter und Kriegsgefangene in der deutschen Kriegswirtschaft, in: Beiträge zur Wehrforschung, hrsg. vom Arbeitskreis für Wehrforschung Bd. XVI/XVII, Darmstadt 1968.
Pfister, Eberhard von, Das Eisenbahnwesen 1942/43 im Kaukasusgebiet, in: Wehrkunde, Jg. 1954, S. 267—269.

Philibert, P. L., Logistique interalliée Juillet 1940 à Mai 1945, in: Revue de Défense Nationale, Jg. 1956, Märzheft, Paris.
Philippi, Alfred u. Heim, Ferdinand, Der Feldzug gegen Sowjetrußland 1941 bis 1945. Ein Operationsüberblick, Stuttgart 1962.
Pischel, Werner (1), Die Eisenbahnverkehrsordnung vom 8. 9. 1938 — Schicksale eines Gesetzes, in: Archiv für Eisenbahnwesen, Jg. 1961, S. 303—330.
Ders. (2), Eisenbahnen und Wirtschaft des Eisenbahndirektionsbezirks Breslau, in: Archiv für Eisenbahnwesen, Jg. 1963, S. 36—77.
Ders. (3), Die Generaldirektion der Ostbahn in Krakau 1939—1945, in: Archiv für Eisenbahnwesen, Jg. 1964, S. 1—80.
Ders. (4), Sudetenland und Deutsche Reichsbahn, in: Archiv für Eisenbahnwesen, Jg. 1965, S. 222—263.
Plaetschke, Bruno, Die wichtigsten Eisenbahn-Neubauten in der Sowjetunion, in: Petermanns geographische Mitteilungen, Jg. 1940, S. 161—166.
Platonow, S. P., Pawlenko, N. G. u. Parotkin, I. W., Geschichte des Zweiten Weltkrieges (2 Bde.), Berlin (Ost) 1961.
Plehwe, Friedrich Karl von, Schicksalsstunden in Rom. Ende eines Bündnisses, Berlin 1967.
Pottgießer, Hans, Die Deutsche Reichsbahn im Ostfeldzug 1939—1944, Neckargemünd 1960.
Procopé, Hjalmar J., Sowjetjustiz über Finnland. Prozeßakten aus dem Verfahren gegen die Kriegsverantwortlichen in Finnland, Zürich 1947.
Rabcewicz, von, Einiges vom Bau der Transiranischen Eisenbahn, in: Organ für Eisenbahnwesen, Jg. 1941, S. 16—27.
Raus, E., Die Pommernschlacht und Abwehrkämpfe an der Oder, in: Schweizerische Militärzeitung, Jg. 1951, S. 174—198.
Rebentisch, Ernst, Die Geschichte der 23. Panzer-Division 1941—1945, Eßlingen 1963.
Reitlinger, Gerald, Ein Haus auf Sand gebaut. Hitlers Gewaltpolitik in Rußland 1941—1944, Hamburg 1962.
Rendulic, Lothar, Gekämpft, gesiegt, geschlagen. Wels, Heidelberg 1952.
Riedel, Matthias, Eisen u. Kohle für das Dritte Reich, Göttingen, Frankfurt/M., Zürich 1973.
Riggert, Ernst, Norwegische Widerstandsbewegung 1940—1945, in: Wehrkunde, Jg. 1959, S. 652—656.
Rintelen, Enno von (1), Operation und Nachschub, in: WWR, Jg. 1951, S. 46—51.
Ders. (2), Mussolini als Bundesgenosse. Erinnerungen des deutschen Militärattachés in Rom 1936—1943, Tübingen, Stuttgart 1951.
Rödl, Max, Einsatz der Beamten und Ruhestandsbeamten wärend des Krieges, in: Die Reichsbahn, Jg. 1940, S. 430—434.
Rönnefarth, Helmut K. G., Die Sudetenkrise in der internationalen Politik. Entstehung — Verlauf — Auswirkung, (2 Bde.), Wiesbaden 1961.
Rohde, Horst, Das deutsche Wehrmachttransportwesen im Zweiten Weltkrieg. Entstehung, Organisation, Aufgaben, Stuttgart 1971.
Rohwer, Jürgen, Der Nachschubverkehr zwischen Italien und Libyen vom Juni 1940 bis Januar 1943, in: Marine-Rundschau, Jg. 1959, S. 105—107.
Roß, Friedrich, Die Eisenbahnen Sowjet-Rußlands im militärischen und volkswirtschaftlichen Transporteinsatz.
Teil I: Allgemeine Entwicklung des sowjetischen Eisenbahnwesens.
Teil II: Verkehrspotential und Transportrichtungen des sowjetischen Eisenbahnverkehrs, Berichte und Abhandlungen des Ostsee-Instituts für Wirtschaftsforschung in Danzig, Danzig 1944.
Rückel, Rolf, Der Kampf der Reichsbahn gegen Frost und Schnee und seine Bewährung im Kriegswinter 1940/41, in: ZVMEV, Jg. 1942, S. 149—163.
Ruge, Friedrich, Rommel und die Invasion, Stuttgart 1959.

Rumpf, Hans (1), Der hochrote Hahn. Die Zeit der großen Feuerschläge, Darmstadt 1952.
Ders. (2), Das war der Bombenkrieg, Oldenburg/O. 1961.
Ryan, Cornelius, Der letzte Kampf, München, Zürich 1966.
Salewski, Michael, Die Entwaffnung und Militärkontrolle in Deutschland 1919—1927, München 1966.
Saller, Heinrich, Die Schneeverhältnisse der Sowjeteisenbahnen, in: Organ für die Fortschritte des Eisenbahnwesens, Jg. 1942, S. 200—203.
Samsonow, Alexander Michailovic, Die große Schlacht vor Moskau 1941—1942, Berlin (Ost) 1959.
Sarafis, Stephanos, In den Bergen von Hellas, Berlin (Ost) 1964.
Sarter, Adolph (1), Die deutschen Eisenbahnen im Kriege, Stuttgart, Berlin, Leipzig 1930.
Ders. (2), Landesverteidigung und Eisenbahn, Bad Hersfeld 1955.
Ders. (3), Kittel, Theodor, Kalb, Albert, Was jeder von der Deutschen Bundesbahn wissen muß, Frankfurt/M. 1959.
Sasse, Hans Wolfgang, Die deutsche Signaltechnik im Zweiten Weltkrieg, in: Signal und Draht, Berlin, Jg. 1958, S. 89—96.
Sauerbruch, Ferdinand, Das war mein Leben. Goldmanns Gelbe Taschenbücher Nr. 1823/24, München, o. J., S. 361.
Sawjalow, A. S. — Kaljadin, T., Die Schlacht um den Kaukasus 1942—1943, Berlin (Ost) 1959.
Schäfer, J., Entscheidung im Westen, Köln 1940.
Schäfer, Joachim, Die Bahnbauten für Aufmarsch und Etappe, in: Osteuropa, Zeitschrift für die gesamten Fragen des europäischen Ostens, Königsberg u. Berlin, 12. Jg., 1936/37, S. 228—242.
Schaper, Gottwald (1), Zerstörung und Wiederherstellung von Eisenbahnbrücken und -tunneln im ehemaligen Polen, in: ZVMEV, Jg. 1939, S. 917 ff. u. 829 ff.
Ders. (2), Die Wiederherstellung zerstörter Eisenbahnbrücken durch die Deutsche Reichsbahn im Jahre 1939/40, in: Der Vierjahresplan Jg. 1941, S. 695—702.
Scheibert, Horst (1), Nach Stalingrad — 48 Kilometer. Der Entsatzvorstoß der 6. Panzerdivision Dezember 1942, Heidelberg 1956.
Ders. (2), Entsatzversuch von Stalingrad. Dokumentation einer Panzerschlacht in Wort und Bild, Neckargemünd 1968.
Schell, Adolf von, Grundlagen der Motorisierung und ihre Entwicklung im Zweiten Weltkrieg, in: WWR, Jg. 1963, S. 210—229.
Schellenberg, Walter, Memoiren, Köln 1959.
Schickel, Alfred, Hat Deutschland den Zweiten Weltkrieg durch Verrat verloren?, in: WWR, Jg. 1968, S. 241—262.
Schlauch, Wolfgang, Rüstungshilfe der USA an die Verbündeten im Zweiten Weltkrieg, Beiträge zur Wehrforschung, hrsg. vom Arbeitskreis für Wehrforschung Bd. XIII, Darmstadt 1967.
Schmidt, Georg Wilhelm, Maßnahmen zur Beschleunigung des Güterwagenumlaufes, in: ZVMEV, Jg. 1943, S. 11—16.
Schmidt, Walter, Die Deutsche Reichsbahn im Sudetengau, in: ZVMEV, Jg. 1939, S. 501—518.
Schmidt-Richberg, Erich, Der Endkampf auf dem Balkan. Die Operation der Heeresgruppe E von Griechenland bis zu den Alpen, Heidelberg 1955.
Schneider, Albert, Das deutsche Eisenbahnwesen unter dem Einfluß des Weltkrieges 1914—1918. Inaugural-Dissertation der Universität Erlangen 1928.
Schneider, Ascanio, Die Gebirgsbahnen Europas, Zürich 1963.
Schnez, Albert, Luftkrieg ohne Terrorangriffe. Studie über Kampf gegen Transportsysteme, in: WWR, Jg. 1952, S. 275—281.
Schrag, Wolfgang, Arbeitseinsatzmaßnahmen der Deutschen Reichsbahn, in: ZVMEV, Jg. 1942, S. 167—169.

Schröder, Josef, Italiens Kriegsaustritt 1943. Die deutschen Gegenmaßnahmen im italienischen Raum: Fall „Alarich" und „Achse", Göttingen, Zürich, Frankfurt/M. 1969.
Schukow, Georgi K., Erinnerungen und Gedanken, Stuttgart 1969.
Schulz Joachim, Die Schlacht um Berlin, in: Allgemeine Schweizerische Militärzeitschrift, Jg. 1955, S. 277—290 u. 349—363.
Schulze, Adolf, Die Nationale Gesellschaft der Belgischen Eisenbahnen im Kriegsjahr 1940, in: ZVMEV, Jg. 1942, S. 337—338.
Schweitzer, Maria, Die Bahnpolizei und ihr Verhältnis zur allgemeinen Polizei, Inauguraldissertation, Universität Tübingen 1932.
Seemen, Gerhard von, Die Ritterkreuzträger 1939—1945, Bad Nauheim 1945.
Seidl, Alfred, Die Beziehungen zwischen Deutschland und der Sowjetunion 1939—1941, Dokumente des Auswärtigen Amtes, Tübingen 1949.
Seidler, Ernst, Fünf Jahre Wiederaufbau Österreichische Bundesbahnen 1945—1950, Sonderheft der Zeitschrift „Eisenbahn", Wien 1950.
Senger und Etterlin, F. M. von, Die deutschen Geschütze 1939—1945, München 1960.
Seraphim, Hans Günter u. Hillgruber, Andreas, Hitlers Entschluß zum Angriff auf Rußland. Eine Entgegnung, in: Vierteljahreshefte für Zeitgeschichte, Stuttgart, Jg. 1954, S. 240—254.
Seversky, Alexander de, Entscheidung durch Luftmacht, Stuttgart 1951.
Shirer, William L., Aufstieg und Fall des Dritten Reiches, Köln, Berlin 1961.
Smith, Walter Bedell, General Eisenhowers sechs große Entscheidungen — Europa 1944 — 1945, Zürich 1946.
Snell, John L., Illusionen und Realpolitik, München 1966.
Sörensen, Hanno, Finale Rumänien, Die Tragödie der 70 000 Kriegsgefangenen, Berlin 1949.
Sommer, Willy, Werkküchenzüge der Reichsbahn, in: Die Reichsbahn, Jg. 1944, S. 119—120.
Sommerlatte, Paul (1), Frachtenleitverfahren im Verkehr mit den Südoststaaten, in: Die Reichsbahn, Jg. 1942, S. 63—64.
Ders. (2), Wandlungen im Güterverkehr, in: ZVMEV, Jg. 1942, S. 177—187.
Speer, Albert, Erinnerungen, Berlin 1969.
Speidel, Hans, Invasion 1944, 3. Aufl., Tübingen 1949.
Sperlich, Günter, Leistungen eingleisiger Eisenbahnen der Regelspur unter Sonderbedingungen im osteuropäischen Raum, Dissertation TH Stuttgart 1944.
Speth, Otto, Straßenzustand und Beweglichkeit, in: Wehrkunde, Jg. 1961, S. 359—362.
Spethmann, Hans, Die Eroberung des Ruhrgebietes im Februar 1945, Beiträge zur Geschichte von Stadt und Stift Essen, 65. Heft, Essen o. J.
Spetzler, Eberhard, Luftkrieg und Menschlichkeit, Göttingen, Berlin, Frankfurt/M. 1956.
Splettstoeßer, Hans, Verkehrslenkung in der Kriegswirtschaft, in: ZVMEV, Jg. 1943, S. 73—81.
Staiger, Jörg, Rückzug durchs Rhônetal, Neckargemünd 1965.
Steinert, Marlis G., Die 23 Tage der Regierung Dönitz, Düsseldorf, Wien 1967.
Steinweg, Günther, Die Deutsche Handelsflotte im Zweiten Weltkrieg. Aufgaben und Schicksal, Göttingen 1954.
Stoy, W., Brückenbauten der Eisenbahnpioniere in Norwegen, in: VDI-Zeitschrift, Berlin, Jg. 1941, S. 349—356.
Strauß, M., Der Kriegseinsatz der Eisenbahnen, in: Kurz, H. R., Die Schweiz im Zweiten Weltkrieg. Das große Erinnerungswerk an die Aktivdienstzeit 1939—1945, Thun 1959, S. 305—310.
Strößenreuther, Hugo, Eisenbahnen und Eisenbahner zwischen 1920 und 1945. Dokumentarische Enzyklopädie in fünf Bänden. Herausgegeben in Zusammenarbeit mit dem Dokumentationsdienst der Deutschen Bundesbahn, Frankfurt/M. 1968—1973.
Stuhlpforrer, Karl, Die Operationszonen „Alpenvorland" und „Adriatisches Küstenland" 1943—1945, Wien 1969.

Telpuchowski, Boris Semenowitsch, Die sowjetische Geschichte des Großen Vaterländischen Krieges 1941—1945, im Auftrag des Arbeitskreises für Wehrforschung, hrsg. und kritisch erl. von Andreas Hillgruber und Hans Adolf Jacobsen, Frankfurt/M. 1961.

Teske, Hermann (2), Die silbernen Spiegel. Generalstabsdienst unter der Lupe, Heidelberg 1952.

Ders. (3), Die Eisenbahn als operatives Führungsmittel im Kriege gegen Rußland, in: WWR, Jg. 1951, S. 51—55.

Ders. (4), Partisanen gegen die Eisenbahn, in: WWR, Jg. 1953, S. 468—475.

Ders. (5), Die militärische Bedeutung des Verkehrswesens, in: Bilanz des Zweiten Weltkrieges, Oldenburg, Hamburg 1953, S. 297—310.

Ders. (6), Die Eisenbahn als operatives Führungsmittel, in: Wehrkunde, Jg. 1953, S. 9—11.

Ders. (7), Der Wert von Eisenbahnbrücken im Zweiten Weltkrieg, in: WWR, Jg. 1954, S. 514—523.

Ders. (9), Die Bedeutung der Eisenbahn bei Aufmarsch, Verteidigung und Rückzug einer Heeresgruppe. Dargestellt an der deutschen Operation „Zitadelle" gegen Kursk und ihre Auswirkungen im Sommer 1943, in: Allgemeine Schweizerische Militärzeitschrift, Jg. 1955, S. 120—135.

Ders. (9), Militärische Transportprobleme in Vergangenheit und Zukunft, in: Revue Générale, Jg. 1959, Paris, S. 88—100.

Ders. (10), Über die deutsche Kampfführung gegen russische Partisanen, in: WWR, Jg. 1964, S. 662—675.

Thiedemann, Fritz, Die Frau im Kriegseinsatz der Deutschen Reichsbahn, in: ZVMEV, Jg. 1941, S. 403—407.

Tippelskirch, Kurt von (1), Operativer Überblick über den Feldzug in Polen, in: WWR, Jg. 1954, S. 252—267.

Ders. (2), Geschichte des Zweiten Weltkrieges, (3. unveränd. Aufl.) Bonn 1959.

Treue, Wilhelm, Hitlers Denkschrift zum Vierjahresplan, in: Vierteljahreshefte für Zeitgeschichte, Jg. 1955, S. 184—210.

Tschuikow, Wassilij, Das Ende des Dritten Reiches, München 1966.

Uhlig, Heinrich, Das Einwirken Hitlers auf Planung und Führung des Ostfeldzuges, in: Vollmacht des Gewissens Bd. II, hrsg. von der Europäischen Publikation e. V. Frankfurt/M., Berlin 1965, S. 147—286.

Ulrich, Johann, Der Luftkrieg über Österreich 1939—1945, Militärhistorische Schriftenreihe, hrsg. vom Heeresgeschichtlichen Museum Wien, Wien 1967.

Umbreit, Hans, Der Militärbefehlshaber in Frankreich 1940—1944, Boppard a. Rh. 1968.

Vetsch, Christian, Aufmarsch gegen die Schweiz. Der deutsche Fall „Gelb". Irreführung der Schweizer Armee 1939/40, Olten u. Freiburg i. Br. 1973.

Vogel, Walter, Geschichte und Gestalt des Eisenbahnmilitärtarifs, in: Die Reichsbahn, Jg. 1933, S. 898—912.

Volk, Franz, Der Aufbau der Gesellschaft Reichsautobahnen, Leipzig 1935.

Vormann, Nikolaus von, Der Feldzug 1939 in Polen, Weißenburg 1958.

Wagenbach, Gisela, Die Organisation des Wehrmachtsanitätswesens im Zweiten Weltkrieg — unter besonderer Berücksichtigung des Jahres 1943, in: WWR, Jg. 1965, S. 285—301 u. 350—363.

Wagener, Carl (1), Kampf und Ende der Heeresgruppe B im Ruhrkessel, in: WWR, Jg. 1957, S. 535—564.

Ders. (2), Heeresgruppe Süd. Der Kampf im Süden der Ostfront 1941—1945, Bad Nauheim 1967.

Wagenführ, Rolf, Die deutsche Industrie im Kriege 1939—1945 (2. Aufl.), Berlin 1963.

Wagner, Dieter — Tomkowitz, Gerhard, Ein Volk, ein Reich, ein Führer. Der Anschluß Österreichs 1938, München 1968.

Warlimont, Walter, Im Hauptquartier der deutschen Wehrmacht 1939—1945, Grundlagen — Formen — Gestalten, (2. Aufl.) Frankfurt/M. 1964.

Watzdorf, Bernhard, Vorbereitung der faschistischen Wehrmacht auf dem Gebiete des Transportwesens für den Überfall auf Polen, in: Zeitschrift für Militärgeschichte, Berlin (Ost), Jg. 1964, S. 351—358.

Weber, Theo, Über die Wirkung alliierter Luftangriffe gegen Eisenbahnziele mit besonderer Berücksichtigung der Rollmaterialverluste, in: Flugwehr und Flugtechnik, Jg. 1947, S. 89—94.

Wehde-Textor, Otto (1), Die britischen Eisenbahnen im Zweiten Weltkrieg 1939—1945, in: Archiv für Eisenbahnwesen, Jg. 1957, S. 429—459.

Ders. (2), Die Eisenbahnen der Vereinigten Staaten von Amerika im Zweiten Weltkrieg, in: Archiv für Eisenbahnwesen, Jg. 1958, S. 127—151.

Ders. (3), Die sowjetischen Eisenbahnen vor und im Zweiten Weltkrieg, in: Archiv für Eisenbahnwesen, Jg. 1959, S. 42—69.

Ders. (4), Die Leistungen der Deutschen Reichsbahn im Zweiten Weltkrieg, in: Archiv für Eisenbahnwesen, Jg. 1961, S. 1—47.

Wehner, Heinz (1), Der Einsatz der Eisenbahnen für die verbrecherischen Ziele des faschistischen deutschen Imperialismus im Zweiten Weltkrieg, Dissertation Dresden 1961.

Ders. (2), Die Rolle des faschistischen Verkehrswesens in der ersten Periode des Zweiten Weltkrieges, Bulletin des Arbeitskreises „Zweiter Weltkrieg", Berlin (Ost), Heft I 1966, Heft II 1966.

Weinberg, Gerhard L., der deutsche Entschluß zum Angriff auf die Sowjetunion, in: Vierteljahreshefte für Zeitgeschichte, Stuttgart, Jg. 1953, S. 301—318.

Weinknecht, F., Der Generalquartiermeister des Heeres — Amt und Mensch, in: E. Wagner, S. 247—260.

Welter, Erich, Falsch und richtig planen. Eine kritische Studie über die deutsche Wirtschaftslenkung im Zweiten Weltkrieg, Heidelberg 1954.

Wernekke (1), Die französischen Eisenbahnen im Kriege, in: ZVMEV, Jg. 1940, S. 563—568.

Ders. (2), Die italienischen Eisenbahnen unter der Herrschaft des Faschismus, in: Archiv für Eisenbahnwesen, Jg. 1941, S. 955—1014.

Ders. (3), Die Eisenbahnen in Tripolitanien, in: ZVMEV, Jg. 1942, S. 644—645.

Ders. (4), Die Murman-Eisenbahn, in: ZVMEV, Jg. 1942, S. 587—589.

Werner, Max, Der Aufmarsch zum Zweiten Weltkrieg, Strasbourg 1938.

Werth, Alexander, Rußland im Krieg 1941—1945, München 1965.

Westphal, Siegfried, Heer in Fesseln, Bonn 1952.

Wheatley, Ronald, Operation Seelöwe, Minden 1958.

Wiens, Günther (1), Fernbahnen und ihre Verkehrsmittel, in: Großdeutscher Verkehr, Jg. 1942, S. 6—23.

Ders. (2), Die Zukunft der Schienenwege, in: Organ für die Fortschritte des Eisenbahnwesens, Jg. 1943, S. 71—77.

Ders. (3), Kämpferischer Einsatz der Fronteisenbahner beim Aufstand in Warschau, in: Die Reichsbahn, Jg. 1944, S. 278—280.

Wilckens, H. J. von, Die große Not. Danzig — Westpreußen 1945, Sarstedt 1957.

Wilhelmi, Hans Herbert, Staat und Staatseisenbahn. Die Entwicklung der Eisenbahnverfassung in Deutschland, in: Archiv für Eisenbahnwesen, Jg. 1963, S. 420—422.

Wilmot, Chester, Der Kampf um Europa, Frankfurt/M. 1954.

Windisch, Die deutsche Nachschubtruppe im Zweiten Weltkrieg, Selbstverlag 1953.

Wischniakowsky, Berthold, Russische Verkehrsfragen, in: Archiv für Eisenbahnwesen, Jg. 1937, S. 1451—1496.

Witte, Friedrich (1), Zehn Jahre Reichsbahn-Zentralamt und die Kriegslokomotiven 1935—1945, Lok-Magazin Stuttgart, Jg. 1970, S. 4—20.

Ders. (2), Eine Drei-Meter-Breitspur-Transkontinentalbahn. Nach alten Denkschriften aus den Jahren 1942—1944, Lok-Magazin Stuttgart, Jg. 1970, S. 296—311.
Woodhouse, C. M., Zur Geschichte der Résistance in Griechenland, in: Vierteljahreshefte für Zeitgeschichte, Jg. 1958, S. 138—150.
Wyszomirski, Kurt, Die Entwicklung des Deutschen-Eisenbahn-Gütertarifs. Chronologische Darstellung mit Fundstellennachweis, in: Archiv für Eisenbahnwesen, Jg, 1957, S. 352—354.
Zeitzler, Kurt, Die ersten beiden planmäßigen Rückzüge des deutschen Heeres an der Ostfront im Zweiten Weltkrieg, in: Wehrkunde, Jg. 1960, S. 109—117.
Ziel, Ron, Räder müssen rollen. Die Eisenbahn im Zweiten Weltkrieg. 1. Eine Dokumentation in Bildern und Berichten von den Kriegsschauplätzen in Europa, Afrika und Asien, Stuttgart 1973.
Ziggel, M., Die militärischen Atlanten (tägliche Lagekarten), hrsg. von der Operationsabteilung des Generalstabs des Heeres, in: Das Militärarchiv, Jg. 1963, Bl. 20—26.
Zissel, Albert (1), Die Reichsbahn und die Westbefestigungen, in: Verkehrstechnische Woche, Jg. 1939, S. 313—317.
Ders. (2) und Sack, Eduard, Die Reichsbahn und die Westbefestigungen, in: Die Reichsbahn, Jg. 1939, S. 628—640.
Zorn, Wilhelm, Die wirtschaftliche Lokomotivverwendung, in: Die Reichsbahn, Jg. 1944, S. 262—266.

Darstellungen ohne Verfasserangabe und Gemeinschaftsarbeiten

Das deutsche Feldeisenbahnwesen. Erster Band: Die Eisenbahnen zu Kriegsbeginn. (Weitere Bände nicht erschienen.) Der Weltkrieg 1914—1918, bearb. im Reichsarchiv. Die militärischen Operationen zu Lande, Berlin 1928.
Die deutschen Eisenbahnen 1910—1920, hrsg. vom Reichsverkehrsministerium, Berlin 1923.
Ruhrbesetzung und Reichsbahn, hrsg. von der Deutschen Reichsbahn-Gesellschaft, Berlin 1925.
Uns gehören die Schienenwege. Festschrift des Ministeriums für Verkehrswesen der Deutschen Demokratischen Republik zum 125jährigen Jubiläum in Deutschland, Berlin (Ost) 1960.
Die deutschen Rheinbrücken einschl. der Brücken an der französischen und schweizer Grenze, o. V., Stahlbauverlag, Köln 1956.
Die nicht reichseigenen Eisenbahnen, ihre Bedeutung und ihr Anteil an den Kriegsleistungen, in: Die Reichsbahn, Jg. 1944, S. 206—208.
Geschichte des Großen Vaterländischen Krieges der Sowjetunion.
Bd. 1: Die Vorbereitung und Entfesselung des Zweiten Weltkrieges durch die imperialistischen Mächte, Berlin (Ost) 1962.
Bd. 2: Die Abwehr des wortbrüchigen Überfalls des faschistischen Deutschland auf die Sowjetunion. Die Schaffung der Voraussetzungen für den grundlegenden Umschwung im Kriege, Berlin (Ost) 1963.
Bd. 3: Der grundlegende Umschwung im Verlauf des Großen Vaterländischen Krieges, Berlin (Ost) 1964.
Bd. 4: Die Vertreibung des Gegners vom Territorium der Sowjetunion und der Beginn der Befreiung Europas vom faschistischen Joch, Berlin (Ost) 1965.
Bd. 5: Die siegreiche Beendigung des Krieges mit Deutschland. — Die Niederlage des imperialistischen Japan, Berlin (Ost) 1967.
Bd. 6: Die Ergebnisse des Großen Vaterländischen Krieges, Berlin (Ost) 1968.
Bd. 7: Kartenatlas.
Der Luftkrieg in Polen, in: Allgemeine Schweizerische Militärzeitschrift, Jg. 1948, S. 57—65 u. 128—136.

Der Aufmarsch der 2. deutschen Armee gegen Jugoslawien Anfang April 1941, in: Österreichische militärische Zeitschrift, Jg. 1963, S. 61—66.
Kowel, Das hohe Lied der Fronteisenbahner, in: Die Reichsbahn, Jg. 1944, S. 136—141.
Die kritische Transportweite im Kriege, in: Zeitschrift für Verkehrswissenschaft, Düsseldorf, Jg. 1955, S. 119—124.
Bilanz des Zweiten Weltkrieges. Erkenntnisse und Verpflichtungen für die Zukunft, Oldenburg/O., Hamburg 1953.
Griechenland, The reconstruction of the net during 1950, hrsg. von der Hellenischen Staatsbahn, Athen 1950.
Zentralarchiv der Pioniere. Deutsche Pioniere 1939—1945. Eine Dokumentation in Bildern. Neckargemünd 1970, Eisenbahnpioniere, S. 209—223.

Karten

a) Vom Oberkommando des Heeres herausgegebene Karten

Deutsche Heereskarte, Operationskarte Rußland, Blatt 1, M 1 : 1 000 000, Stand 1930—1941, einzelne Nachträge 1942 (n. f. D.).
Dass., Blatt 2, M 1 : 1 000 000, Stand 1930—1941, einzelne Nachträge 1942 (n. f. D.).
Dass., Blatt 5, M 1 : 1 000 000, Sonderausgabe, Stand 1930—1941, einzelne Nachträge 1942 (n. f. D.).
Dass., Operationskarte Ost, Blatt II, M 1 : 1 000 000, Ungarn u. Rumänien hrsg. vom OKH/Gen.St.d.H. Chef des Kriegskarten- und Vermessungswesens, Stand 1944 (n. f. D.).
Operationsatlas Hgr. Nord.
Lagekarten Westfeldzug.
Lagekarten Osten, Bundesarchiv.

b) Vom Oberkommando des Heeres herausgegebene und beim Chef des Transportwesens bearbeitete Eisenbahnkarten

Eisenbahnkarte Deutschland M 1 : 1 250 000, Stand August 1938.
Dass., M 1 : 1 250 000, Stand Februar 1941.
Dass., M 1 : 1 000 000, Stand April 1942.
Dass., M 1 : 1 250 000, Stand April 1943.
Dass., M 1 : 1 000 000, Westblatt, Stand Mai 1944.
Eisenbahnkarte von Frankreich mit Belgien und Niederlande M 1 : 1 000 000, Stand Oktober 1939.
Eisenbahnkarte von Frankreich M 1 : 1 250 000, Stand 1942, einzelne Nachträge 1943.
Dass., M 1 : 1 250 000, Stand Januar 1943.
Eisenbahnkarte Großbritannien und Irland M 1 : 1 000 000, Stand März 1941.
Europäischer Südostraum M 1 : 2 500 000, Stand Dezember 1940.
Eisenbahnkarte Osteuropa M 1 : 2 500 000, Stand Ende 1940.
Eisenbahnkarte Westeuropa M 1 : 2 500 000, Stand Oktober 1942.
Eisenbahnkarte der östlichen Bezirke M 1 : 1 000 000, Sonderdruck für die Deutsche Reichsbahn, Januar 1940 (n. f. D.).
Eisenbahnkarte asiatisches Rußland, Ostblatt M 1 : 4 000 000, Stand Februar 1942.
Dass., Westblatt, Stand Juli 1941.
Eisenbahnkarte von Griechenland M 1 : 750 000, hergestellt von der Wehrmacht-Transportleitung Südost in Wien, Stand April 1941.
Eisenbahnkarte von Jugoslawien M 1 : 1 800 000, hrsg. von der Wehrmacht-Transportleitung Südost in Wien, Stand 1. 9. 1942.

c) Vom Chef des Transportwesens herausgebene Eisenbahnkarten von Rußland M 1 : 2 500 000

Streckenzustandskarten, 5. Folge vom 1. 12. 1941, 6. Folge vom 1. 1. 1942, 7. Folge vom 15. 1. 1942, 8. Folge vom 1. 2. 1942, 9. Folge vom 1. 3. 1942, 13. Folge vom 15. 6. 1942, 14. Folge vom 1. 8. 1942, 15. Folge vom 1. 9. 1942, 18. Folge vom 1. 12. 1942, 20. Folge vom 1. 2. 1943, 21. Folge vom 1. 3. 1943.

Streckenleistungskarten vom 15. 3. 1942 (10. Folge), 15. 4. 1942 (11. Folge), 15. 5. 1942 (12. Folge), 15. 6. 1942 (13. Folge), 1. 8. 1942 (14. Folge), 1. 9. 1942 (15. Folge), 1. 10. 1942 (16. Folge), 1. 11. 1942 (17. Folge), 1. 1. 1943 (19. Folge), 1. 7. 1943 (25. Folge), 1. 10. 1943 (28. Folge), 1. 11. 1943 (29. Folge), 1. 2. 1943 (30. Folge) und 1. 6. 1944 (36. Folge).

Zugverteiler (Rußland) vom 20. 3. 1942, 1. 1. 1943, 1. 3. 1943 und 1. 11. 1943.

d) Karten von Eisenbahnverwaltungen

Eisenbahnen im Deutschen Reich, bearb. in der Hauptverwaltung der Deutschen Reichsbahn-Gesellschaft, Berlin 1935, 25. Auflage, M 1 : 250 000.

Karten der einzelnen Reichsbahndirektionen, verschiedene Maßstäbe.

Übersichtskarte der Ostbahn M 1 : 725 000, hrsg. von der Generaldirektion der Ostbahn in Krakau, 1. 5. 1943.

Übersichtskarte der Protektoratsbahnen Böhmen u. Mähren M 1 : 400 000, Stand 1. 10. 1940, bearb. u. hrsg. vom Verkehrsministerium Prag.

Carte Spéciale de la Société Nationale des Chemins de fer, Paris o. M., Stand 1942, Einteilung der S.N.C.F. in Regionen.

Eisenbahnkarten der Haupteisenbahndirektionen bzw. Reichsverkehrsdirektionen mit verschiedenen Maßstäben.

Entfernungskarte der wichtigsten Güterzugstrecken in Mittel-, Süd- u. Osteuropa, Maßstab schematisiert, hrsg. von der Generalbetriebsleitung Süd in München, Januar 1943.

e) Eisenbahnkarten von geographischen Instituten

Eisenbahnkarte von Frankreich M 1 : 2 000 000, hrsg. vom Institut Géographique National Paris, Stand 1941.

Carte des Chemins de fer Français M 1 : 800 000, hrsg. vom Institut Géographique National Paris 1942.

f) Sonstige Karten

Tschudi, Erwin, Die Feldzüge in Europa 1939—1945, M 1 : 5 000 000, Bern, o. J.

Abkürzungen

Das Verzeichnis enthält nur Abkürzungen, die häufiger vorkommen.

AHA	Allgemeines Heeresamt
AK	Armeekorps
AOK	Armeeoberkommando
BA	Bundesarchiv
Bbv	Bahnbevollmächtigter
Bbv-Büro	Büro des Bahnbevollmächtigten
Bef	Befehlshaber
BvRb	Bevollmächtigter der Reichsbahn
BvTO	Bevollmächtigter Transportoffizier
Chef Trspw	Chef des Transportwesens
Chefs	Chefsache
DA	Dienstanweisung
DB	Deutsche Bundesbahn
DR	Deutsche Reichsbahn
Div.	Division
Dok.	Dokument
DV	Dienstvorschrift
EBD	Eisenbahnbetriebsdirektion
Elu	Eisenbahnluftschutz
EM	Eisenbahntechnisches Mitglied der Transportkommission
Etra	Eisenbahntransportabteilung
EVO	Eisenbahn-Verkehrs-Ordnung
FBD	Feldeisenbahndirektion
FBL	Feldbetriebsleitung
Fekdo	Feldeisenbahnkommando
FHQu	Führerhauptquartier
Fsch.Jäg.Div.	Fallschirmjäger-Division
g	geheim
GBL	Generalbetriebsleitung
GBW	Generalbevollmächtigter für die Wirtschaft
Geb.Div.	Gebirgsdivision
Gedob	Generaldirektion der Ostbahn

Gen.St.d.H.	Generalstab des Heeres
Gen.Trspw.	General des Transportwesens
GG	Generalgouvernement
GGVK	Geschichte des Großen Vaterländischen Krieges
gKdos.	geheime Kommandosache
g Rs	geheime Reichssache
GVD	Generalverkehrsdirektion Osten
GVL	Gebietsverkehrsleitung
HBD	Haupteisenbahndirektion
H-Fahrplan	Höchstleistungsfahrplan
HGr	Heeresgruppe
HQu	Hauptquartier
HTK	Heerestransportkommission
HV	Hauptverwaltung der Deutschen Reichsbahn-Gesellschaft
HVBl	Heeresverordnungsblatt
HVD	Hauptverkehrsdirektion
i.G.	im Generalstab
Inf. Div.	Infanterie-Division
IMT	Internationales Militär-Tribunal
KStN	Kriegsstärkenachweisung
KTB	Kriegstagebuch
L	Landesverteidigung
le.Div.	leichte Division
MA	Militärarchiv
MEO	Militär-Eisenbahn-Ordnung
Mineis	Reichsverkehrsministerium — Eisenbahnabteilungen
Mineis (L)	Gruppe Landesverteidigung im Reichsverkehrsministerium
MM	Militärisches Mitglied der Transportkommission
Mob	Mobilmachung
Muna	Munitionsanstalt
Nbv	Nahverkehrsbevollmächtigter
n. f. D.	nur für den Dienstgebrauch
(o)	offen
Ob.d.H.	Oberbefehlshaber des Heeres
OBL	Oberbetriebsleitung
OKH	Oberkommando des Heeres
OKW	Oberkommando der Wehrmacht
Osteis	Zweigstelle des Reichsverkehrsministeriums in Warschau
o. V.	ohne Verfasserangabe
Pv	Planverbindung
Pz.Gr.Div.	Panzergrenadier-Division
Rb	Reichsbahn
RBD	Reichsbahndirektion

RGBl.	Reichsgesetzblatt
RM	Reichsministerium
RVD	Reichsverkehrsdirektion
RVM	Reichsverkehrsministerium
RVM (L)	Gruppe Landesverteidigung im Reichsverkehrsministerium
RZA	Reichsbahnzentralamt
Sdf	Sonderführer
S.N.C.F.	Nationalgesellschaft der Französischen Staatseisenbahnen
S.N.C.B.	Nationalgesellschaft der Belgischen Eisenbahnen
Tba	Transportbeauftragte in der Rüstungsindustrie
TbW	Transportbeauftragte für die Wirtschaft
TK	Transportkommandantur
TO	Transportoffizier
Trüa	Transportübungsaufgabe
uk.	unabkömmlich
VfW	Verkehrsbeauftragte für die Wirtschaft
WEO	Wehrmacht-Eisenbahn-Ordnung
WFSt	Wehrmachtführungsstab
WTL	Wehrmachttransportleitung
WVD	Wehrmachtverkehrsdirektion
W-Zug	Wehrmachtzug
ZVL	Zentralverkehrsleitstelle

Bildnachweis

1.	Reichsverkehrsminister Dorpmüller	Bibliothek für Zeitgeschichte, Stuttgart
2.	Staatssekretär Kleinmann	Aus: Die Reichsbahn, 1937, S. 153
3.	Staatssekretär Ganzenmüller	Bildarchiv RVM Berlin, Ittenbach
4.	Ministerialdirigent Ebeling	Privataufnahme
5.	Dorpmüller im Osten	Bibliothek für Zeitgeschichte, Stuttgart
6.	General Gercke	Lichtbildstelle HBD Ost, Poltawa
7.	Angehörige d. F.Abtg. u. v. Mineis(L) b. Trsp.Chef (1942)	Privataufnahme
8.	Transport von russischem Öl	Weltbild, Berlin
9.	Schiffstransport auf Autobahn	Lichtbildstelle RBD Nürnberg
10.	Nachschubzüge für die Ostfront	Bildarchiv RVM Berlin, Ittenbach
11.	Kohlenzug für Italien	Weltbild, Berlin
12.	Truppenzüge nach dem Osten	Bildarchiv RVM Berlin, Ittenbach
13.	Ausladung von Wintersachen	Bibliothek für Zeitgeschichte, Stuttgart
14.	Beutezüge in Frankreich	Privataufnahme
15.	Panzerzug	Bibliothek für Zeitgeschichte, Stuttgart
16.	Eisenbahngeschütz	Bibliothek für Zeitgeschichte, Stuttgart
17.	Kriegslokomotive Baureihe 52	Dt. Lokomotivbild-Archiv RVM, Berlin
18.	Bahnhof Radviliskis	Bibliothek für Zeitgeschichte, Stuttgart
19.	Abgekippte Güterwagen	Bibliothek für Zeitgeschichte, Stuttgart
20.	Zerstörte Eisenbahnstrecke	Bibliothek für Zeitgeschichte, Stuttgart
21.	Eisenbahnpioniere beim Umspuren	Bibliothek für Zeitgeschichte, Stuttgart
22.	Umspurung eines Drehgestells	Lichtbildstelle BD Nürnberg
23.	Hochwasserschäden	HBD Ost, Poltawa
24.	Gesprengte Eisenbahnbrücke	8. Eisenbahn-Pionier-Regiment 3
25.	Wiederherstellung der Narwabrücke	8. Eisenbahn-Pionier-Regiment 3
26.	Strecke im Partisanengebiet	Bildarchiv RVM Berlin, Bandelow
27.	Vereistes Triebwerk	Bildarchiv RVM Berlin, Bandelow
28.	Eingestürzte Behelfsbrücke	Lichtbildstelle HBD Ost, Poltawa
29.	Palisadenschutz gegen Partisanen	Bildarchiv RVM Berlin, Bandelow
30.	Weichenposten im Partisanengebiet	Bildarchiv RVM Berlin, Bandelow
31.	Schutzwagen vor einem Güterzug	Bildarchiv RVM Berlin, Bandelow
32.	Vorschrift über Betriebslagemeldung (Titelseite)	Privatbesitz Kreidler
33.	Fahrdienstvorschrift (Titelseite)	Privatbesitz Kreidler
34.	M-Buchfahrplan (Titelseite)	Privatbesitz Kreidler
35.	Taschenfahrplan RVD Dnjepropetrowsk (Titelseite)	Privatbesitz Kreidler
36.	Kesselwagenzug nach Fliegerangriff	Bildarchiv RVM Berlin, Bandelow
37.	Aufstellung eines Einmannbunkers	Bildarchiv RVM Berlin, Bandelow
38.	Zerstörung im Rangierbahnhof Mannheim	Lichtbildstelle RBD Karlsruhe

39. Streckenunterbrechung bei Kempten	Lichtbildstelle RBD Augsburg
40. Räden müssen rollen für den Sieg	Pressedienst RVM Berlin
41. Erst siegen dann reisen	Pressedienst RVM Berlin
42. Aufruf an die deutschen Eisenbahner (Flugblatt)	Alliiertes Oberkommando
43. Zugausfall von Reisezügen	RBD München
44. Jahresaufruf 1945	Aus: Die Reichsbahn 1945
45. Wiederaufbau der Rheinbrücken bei Düsseldorf	Lichtbildstelle RBD Wuppertal
46. Behelfsbrücke über die Fulda	Lichtbildstelle RBD Kassel
47. Reisende in einem Leerwagenzug Richtung Ruhrgebiet	Lichtbildstelle RBD Hamburg

Personenregister

Sachregister